U0736372

"五格三全"
教师培养工程丛书

要素重构
学校课程建设的实践与思考

Yaosu Chonggou

Xuexiao Kecheng Jianshe De Shijian Yu Sikao

杨国青 徐文彬 彭小虎 ◎ 主编

中国海洋大学 出版社
CHINA OCEAN UNIVERSITY PRESS

·青岛·

致　谢

　　书中参考使用的部分图片，由于权源不详，无法与著作权人一一取得联系，未能及时支付稿酬，在此表示由衷的歉意。请相关著作权人与我社联系。

图书在版编目（CIP）数据

要素重构：学校课程建设的实践与思考 / 杨国青，徐文彬，彭小虎主编. —青岛：中国海洋大学出版社，2018.11

ISBN 978-7-5670-1477-0

Ⅰ.①要…　Ⅱ.①杨…　②徐…　③彭…　Ⅲ.①中小学—课程建设—研究　Ⅳ.①G632.3

中国版本图书馆CIP数据核字（2018）第267175号

出版发行	中国海洋大学出版社
社　　址	青岛市香港东路23号　　邮政编码　266071
网　　址	http://www.ouc-press.com
出 版 人	杨立敏
责任编辑	孟显丽　刘宗寅
电　　话	0532-85901092
电子信箱	1079285664@qq.com
印　　制	青岛国彩印刷有限公司
版　　次	2018年11月第1版
印　　次	2018年11月第1次印刷
成品尺寸	185 mm × 260 mm
印　　张	38.25
字　　数	786千
印　　数	1~3600
定　　价	96.00元
订购电话	0532-82032573（传真）

发现印装质量问题，请致电0532-88194567，由印刷厂负责调换。

"五格三全"教师培养工程丛书

编委会

主　　任　王轶强

副 主 任　王　红　刁丽霞　冯　骋

委　　员　杨国青　董坤凌　关　茜　王贞桂　杨　蔚　杨希婷

　　　　　叶少远　王　蕾　余　颖　从德娟

本册主编　杨国青　徐文彬　彭小虎

编　　者　（以姓氏笔画为序）

　　　　　于　瑛　孙达勋　刘华艳　孙　良　刘新颜　李　欣

　　　　　杨国青　李妮妮　吴学峰　杨　荣　李俊青　陈晓霞

　　　　　张海霞　郇新红　姜爱杰　徐文彬　贾振君　彭小虎

　　　　　韩　敏　蔡军萍　魏　鹏

序

青岛市历来就有注重借助科研推动学校教育内涵建设和特色发展的传统，市南区教育体育局在这方面更是堪为典范。1996年夏天，我有幸随全国教育科学规划领导小组基础教育学科组各位专家听取市南区教育局领导介绍当地教学改革与研究工作，还专程深入青岛嘉峪关学校等几所学校考察市南区教科所主持的整体改革实验。后来，还有机会深入课堂，分享市南区在青岛市教科所领导下开展的双语教学改革实验。市南区教育局领导、教科研部门及基层学校校长、教师砥砺奋进，追求教育变革的努力都给我留下难以忘怀的印象。尽管如此，当我看到由青岛市市南区教育研究中心具体实施的"五格三全"教师培养工程的丰硕成果，还是感到非常意外的惊喜！

这套由青岛市市南区教育研究中心推出的丛书包括《行思：教师队伍建设本土化研究实录》《良师良策：班主任工作经验谈》和《要素重构：学校课程建设的实践与思考》。丛书记述并呈现了市南区教育研究中心的研究人员结合教师队伍建设和学校特色发展实际需求，带领基层众多教师历经多年探索开展的教师培训本土实践研究、班主任工作实践案例研究和学校特色课程建设专题研究等方面开展的创新实践及取得的研究成果。

学习他们的成果，我觉得有以下几个方面的特点值得关注。首先，市南区创建了实际有效的教师培训制度。他们将本区教师队伍培训按照不同类别和层级的教师群体及其需求，细分为"新教师入格培训""骨干教师升格培训""学科带头人风格培训""音体美教师优格培训"和"班主任高格培训"，并规划了与之相应的培训目标和课程板块，邀请区域内外优秀专家参与培训，还注重参加培训的教师的学习体验与教学实践改进，从而保证了培训的实效性和质量。其次，他们以参学人员面临的现实问题和发展需求作为贯穿培训及研究始终的主线。以班主任培训为例，他们将班主任的职责确定为班级管理、日常道德教育和学生管理的实施者、中小学生健康成长的引领者和中小学生的人生导师。按照这样一个职责定位，在为期三年的培训与实践过程中，他们以指导家庭教育、促进家校沟通与合作为主要学习与行动领域，引导班主任将理论学习、工作改进与案例研究相结合，由此促进班主任在理论与教学有机整合，并在研究中取得了高质量的成果。第三，借助行动研究推动学校层面创建特色课程。学校课程建设主题涉及"教育戏剧""国学教育""梦想教育""致知明德""数学特色课程""科学技术"及"特色体育"等主题，创造了"学—研—做—创"项目式研学的方式，并以"背景问题、目标确立、内容选择、组织实施、课程评价"等要素规范校本课程建设实践的专业水准和成果呈现，以努力保障实践创新的科学性及研究成果的规范性。第四，更值得嘉许的是，上述成果都以第一人称方式记述，体现出依靠教育研究机制促进教师培训、教学业务改进和学校特色建设的实践已经在青岛市市南区教育工作者当中深入人心，成为越来越多的教育工作者的自觉行为。

青岛市市南区的上述研究及其成果，对于我们认识如何将教育行政部门、教科研机构与基层学校密切合作，以有效增强基层教师培训的适切性和实效性，提升班主任工作的专业化水平和成就体验，推动学校的特色课程建设，特别是运用课题研究机制增强专业学习、实践改进、成果转化一体化，并借此增强本地区的教育能力建设，无疑都是值得学习借鉴的成功经验。

为此，我愿意在自己得益的基础上向更多的同志推荐。

张铁道

2018年11月25日

（作者系北京开放大学原副校长，研究员，著名教师研修专家，教师研修理念的倡导者和践行者）

教师如何从学科教授者转变为课程建设者

——《要素重构：学校课程建设的实践与思考》代序

中小学教师是奉献基础教育事业并从事某一门或几门学科教学的教育工作者，是实施素质教育的中坚力量。自21世纪初开始的"基础教育课程改革"在理念甚至实践层面上，要求中小学教师成为学校课程的建设者，需要有课程意识，而不仅仅只是教授学科或教材。那么，中小学教师如何才能够从普通教师转变为课程建设者呢？

首先，这是一个理论问题。中小学教师之所以要成为学校课程的建设者，这是科技进步、社会发展和教育改革的迫切需要，以及这种需要对中小学教师所提出的必然要求。科技进步已经正在促使生产方式从"制造"转变为"智造"，而这就需要教育尤其是基础教育培养出越来越多的"全新"的智造者，而非"传统"的制造者。"自然科学是一切科学的基础。"科技的进步必然会导致社会发展，而社会发展不仅需要"智造者"，而且更需要"智慧者"，这就需要教育尤其是基础教育培养出越来越多的"世界公民"而非"局域者"。可以说，基础教育改革尤其是课程改革就是因科技进步和社会发展的迫切需要而启动、发展和深化的，它需要中小学教师成为有智慧的教育者，而有智慧的教育者必然要有学校课程建设的能力和行为。由此可见，传统的"一劳永逸"或者"修修补补"的课程建设时代已经不能满足"智造者"和"世界公民"的培养了，它需要有智慧的教师开展学校课程建设。

其次，这也是一个实践问题。立足学生发展，坚持终身学习，促进学校发展，可从"基于学科的校本课程建设"和促进学生、教师和学校共同发展的"学校课程体系建设"两方面入手。前者强调学科核心素养或学科思维的师生共同培养和发展，而后者则强调学生核心素养的培养和提升；前者可以教师个体、备课组、教研组、学科组等形式来开展课程建设活动，而后者则可以学科组、年级组、教科室、中层干部、学校领导、全校教职员工等形式来开展课程建设活动。由此可见，传统的"零打碎敲"式的"课程建设"应该被有意识、有目的、有组织、有领导、系统化的自下而上和自上而下相结合的"学校整体课程建设"方式逐步取代，以适应时代发展和教育发展的需要。

最后，这更是一个制度问题。中小学教师要想通过自己的课程建设实践来造就自己的"智慧教育者"的理想，就必然要求相关"教研制度"的改革、改进或完善。整体而言，这需要国家、各级地方政府、教育主管部门以及学校本身的"教研制度"乃至"教育体制"的改革、改进或完善。这既需要"自上而下"的所谓顶层设计和逐级指导，也需要"自下而上"的基层创新和"百花齐放"，更需要基层学校、地方政府和科研或教研机构的"三结合"式的智慧集成，以充分发挥政府、学校和科研机构各自的优势，并促使其切实转换为实际的教育力量。

在教育理论百家争鸣、实践界百花齐放、制度体系不断建设和完善的当下，中小学教师如何才能从学科教授者切实地转变为课程的建设者呢？青岛市市南区的一群有志于此的老师们给我们做出了回答。

首先，要有核心领导和有效组织。青岛市市南区领导高度重视，教育体育局领导亲力亲为，教育研究中心具体落实，学校和教师倾心尽力，合作科研机构竭尽全力，有目标、有计划、有组织、循序渐进地开展"基于学科的校本课程建设"和"学校课程体系建设"之"三结合"式的课程建设研究活动，历时一年有余。

其次，要有独立思考和不断尝试。在好的制度保障之下，参与人员本着"实践尝试、独立思考、实践再尝试"的课程建设思路，一是提出问题：为什么要建设某某课程？建设该课程是要解决什么样的教育或教学问题？二是表达问题：建设该课程的核心问题是什么？主要困难何在？三是分析问题：课程的要素和结构分别是什么？课程目标只能指向学生发展吗？能否也同时指向教师和学校发展呢？四是解决问题：所建设的课程在多大程度上实际解决了预期所要解决的教育或教学问题？是否出现了新问题？……

第三，要有规范意识和成果呈现。其实，在开展本次"三结合"式的课程建设研究之前，教师和学校都会或多或少地开展过学校课程或校本课程建设，但是成效不够显著。究其原因，其中之一便是规范意识不强、成果呈现不足。因此，本次课程建设活动十分具体地强调规范意识和成果呈现要求。最后的课程建设成果之一，便是这里展现给大家的《要素重构：学校课程建设的实践与思考》一书（"基于学科的校本课程建设"和"学校课程体系建设"上下两卷）。

其实，这里所呈现的"基于学科的校本课程建设"和"学校课程体系建设"众多案例不可能是最后的"定稿"，它们还只是我们中小学教师从学科教授者转变为课程建设者的"上下求索"路途中的一些路标，但却有可能指引我们走向理想的教育百花园。

南京师范大学课程与教学研究所

徐文彬

2018年11月8日

前言

随着我国21世纪初的课程与教学改革的不断深入，课程建设逐渐成为教育的焦点。面对新的课程改革，教师应以怎样的身份参与课程与教学改革、课程与教学改革和教师专业发展有着怎样的关系等成为被广泛关注的话题。

我们认为作为教育中活跃的因子，教师要投身改革，以其自身的跃动为课程与教学的变革带来活力。正像杨四耕教授说的，教师是学科建构者、课程的生成者。也就是说，教师不只是学科知识的教授者和课程的消费者。那么，如何唤醒教师的课程意识，并将课程建设作为教师专业发展新的增长点，就成为我们这些教师培训者思考的问题。基于对市南区教师专业发展需求的调研，我们发现有着一定工作经验和成绩的市南区学科带头人培训班的老师们，正处于专业发展的突破和退守期，与其让他们在专业发展的高原上止步观望，不如推动他们挑战自我、寻求突破。于是，我们尝试在培训班中以提升课程建设与实施能力为目标，以学校课程建设为抓手，以"学—研—做—创"项目式研学为路径，以自愿参加为原则，以教师、培训组织者、高校研究人员的三方合作为支持，推动一线教师投身课程建设的学习、研究、实践、创造之中，让课程建设研究项目促进教师的主动自主学习、主动进行实践，并在实践创新中提升专业自信、实现发展突破。

历经一年多的"学—研—做—创"项目式研学，学校课程建设项目组的老师们合作完成了《要素重构：学校课程建设的实践与思考》一书的编创任务。本书聚焦学生发展核心素养、育人目标在学校课程建设与实施中的落地方式与路径，分为上、下两篇，共18章。其中，上篇为"基于学科的校本课程建设的实践与思考"，主体部分呈现的是初中、小学学段的数学、语文、科学、体育、道德与法治等13个基于学科的校本课程；下篇为"学校课程体系建设的实践与思考"，分别呈现了初中、小学两个学段5个学校的课程体系。本书反映了市南区一线优秀教师在学校发展理念引领下，基于育人目标，遵循教育规律和儿童发展规律，在学校课程建设中践行立德树人理念的研究与实践，所有的课程都按照"背景与问题""目标的确立""内容的选择""组织与实施"以及"课程的评价"的体例呈现，符合学术逻辑，同时又具有实践意义，展现了作为课程建设者与学习促进者的教师，将学生放在学科的中央，尊重学生的成长需要，遵循学习规律，在整合课程内容、拓展课程资源、创新学习方式等方面的探索、实践与思考的成果。在导言部分，南京师范大学课程与教学研究所的徐文彬副所长站在课程研究者的角度阐述了当下基于学校的校本课程建设、学校课程建设中的关键问题。在余论部分，我们从区域教师培训者的角度论述了借力学校课程建设项目促进教师专业发展的思考。

本书完稿出版正值市南区课程深度建构年，在区域引领下，海洋教育课程、学校特色课程建设工作如火如荼地开展。学科带头人班的老师们进行的课程研究既与之同质，又有错位。同质，是因为无论是区域课程建设、学校课程群建设、基于学科的校本课程建设，都是以立德树人、促进学生发展为目标的。错位，是因为所建设的课程适用的领域不同。目前，本书中所呈现的课程已经在相关学校全面开设，给学科教学、学校课程实施以有力的补充。

可以说，本书的出版为身处教学一线的干部、教师提供了学校课程建设的范例，对一线教师立足岗位开展科学、规范的实践研究具有示范作用；同时，也为区域、学校的教师管理者、培训者通过项目研究激发教师发展内驱力、促进教师主动发展提供了借鉴。

《要素重构：学校课程建设的实践与思考》是市南区学科带头人培训班学员和区域教师培训组织者共同努力的成果，也是南京师范大学课程与教学研究所徐文彬教授、南京晓庄学院彭小虎教授倾力指导的结果。感谢两位教授一年多的陪伴与指导，他们带给我区教师的不只是课程理念的提升、课程建设能力的提高，还有治学态度的严谨、研究方式的规范、学术逻辑的严密。这种对待学习、对待研究的态度将成为我区优秀教师长远发展的坚强动力。

在本书即将出版之际，特别感谢市南区教育体育局在引领区域特色高水平教育现代化发展中，为教师专业成长搭建的发展平台。正是市南教育这片沃土，涵养了教师的品性、武装了教师的头脑、提升了教师的能力、拓展了教师的发展空间，从而使得一线教师从学科的教授者转身为课程的建设者。

青岛市市南区教育研究中心

杨国青

2018年初冬

目录

上篇

基于学科的校本课程建设的实践与思考

导　言

严格而言，校本课程的产生和推动来自21世纪初的课程改革。课程改革中课程三级管理体系的确立让学校掌握了课程开发的自主权，从而使学校可在学校发展和学生发展的诉求下开发相应的校本课程。就校本课程而言，最主要的是丰富内涵、开发、实施以及评价等问题。

一、为什么要建设校本课程

依照现代课程的分类，校本课程并非一种课程类型，而是属于课程管理的范畴。[①]从狭义上而言，校本课程专指学校课程，即学校在实施好国家课程和地方课程的前提下，自己开发的适合本校实际的、具有学校自身特点的课程。[②]因此，校本课程是国家赋权学校所开发的课程，它较好地契合了学校自身发展的需要。正因为如此，校本课程的出现具有以下一些目的。

一是确保国家课程的有效实施。校本课程的主体是学校，学校对校本课程的开发会充分考虑学校自身的实际，但从根本上来说，此种考虑须在国家课程标准和相关政策的基础上进行，尤其是与国家关于人才培养的政策和规定相契合。从某种程度上而言，校本课程的产生是为了充分利用学校的优势和特点，更好地发挥培养人才的目的。因而，校本课程一定是在国家课程有效实施的基础上开展的，它一定不是学校为了特色而特色、为了发展而发展的一种"速效药"。换言之，校本课程是在国家课程有效实施基础上的思考，这是校本课程产生的初衷，也是校本课程开发的准绳。

二是照顾学生的个别差异，满足学生多样化的需要。就国家课程而言，其普适性造成个别性或差异性的缺失。然而，差异性是教育的特性之一，如果仅有国家课

---

① 廖哲勋.关于校本课程开发的理论思考［J］.课程·教材·教法，2004（8）：11-18.
② 许洁英.国家课程、地方课程和校本课程的含义、目的及地位［J］.教育研究，2005（8）：32-35.

程，教育中的差异性自然会被忽视，而这差异性却是教育发展和提升的重要资源。以此观之，校本课程应很好地顾及学生的差异性。校本课程是立足于每一所学校的，每一所学校的情况在一定程度上是由其学生所体现的，因此，校本课程立足于学校其实也就是立足于学生，而立足于学生实质上也就是顾及学生个别差异。

三是促进教师的发展。教师是校本课程开发和落实的主要责任主体，因此，教师的情况往往决定了学校能否开发和落实某一课程。譬如，某所学校要开发书法课程，那么教师书法的水平一定影响着校本课程的开发和落实。但从另一方面来说，校本课程也会促进教师的发展。这一促进主要体现在教师课程开发能力与教师专业拓展两个方面。一方面，校本课程须由教师予以开发，这本身即是课改后对教师所提出的新的要求，而校本课程的开发能够很好地培养教师课程开发的能力。另一方面，某些校本课程的开发实质上也是教师专业拓展的渠道。譬如，上述所提及的书法课程，如果教师在书法上还不太精通，那无论是自己学习还是跟着他人学习，这都在拓展教师的能力，从而提升教师的专业素质。

四是体现学校的特色。这是校本课程对学校最具效用的一种体现。一个学校的特色一方面是由其国家课程实施的情况来反映的，但另一方面校本课程的情况也能较好地体现学校的特色。从学校的发展来说，学校特色是其保持活力和长久发展的重要渠道。因此，校本课程作为学校特色的一种体现，能够较好地反映学校对于人才培养的认识、对于学生的认识以及对于教育的认识。这一认识体现在校本课程中，能够让这些理念落实在学生和教师身上，从而真正地将特色落到实处、体现在学校的方方面面。

校本课程的内涵与目的具有关联性、校本性和可选择性三个特点。[①]其中，关联性是指课程计划中的校本课程与同一课程计划中的国家课程和地方课程之间具有相互依存、相互制约的关系。这是校本课程确保国家课程有效实施的一种保证。从课程开发的主体来说，三者之间是有差异的，但具有不同的主体并不意味着三者之间是彼此独立的，它们之间具有内在的关联性。从育人的角度来说，三者之间是相辅相成的，共同促成育人目标的达成。校本性是指校本课程具有服务学校、依靠学校、植根于学校的特性。这是校本课程顾及学生差异、促进教师发展以及体现学校特色的反映。因而，校本性是校本课程的出发点和落脚点，它从学校、教师和学生的实际出发，通过学校的课程开发和实施促进学生的个性成长、教师的专业发展以

---

① 廖哲勋.关于校本课程开发的理论思考［J］.课程·教材·教法，2004（8）：11—18.

及学校的特色发展。可选择性是指校本课程的多样性具有满足学生自主选择课程的可能性。可选择性是保证校本课程促进学生个性发展的关键，个性发展的前提是学生能够有所选择，学生在选择中尽可能找到发展自己个性的最佳途径。

二、如何开发校本课程

从实践的角度来说，校本课程的开发可能需要思考这样三个基本问题：为谁开发、谁来开发以及怎样开发。[①]

弄清"为谁开发"实质上是明确校本课程开发中最为基础的目的。从上述论述可知，校本课程指向国家课程的有效实施、学生个性的发展、教师的发展以及学校特色发展等方面。但就校本课程的开发而言，其最为基础的目的应指向学生的个性发展，换言之，须指向"学生的获得"。按照古德莱德的课程层次说，学校层面实际上发生着三种课程：教师领悟的课程（perceived curriculum）、运作的课程（operational curriculum）与学生经验的课程（experiential curriculum）。三者的关系是教师领悟的课程影响运作的课程，运作的课程影响学生经验的课程。其中，学生经验的课程是与学生最切近的课程，这种课程实质上是学生本位的课程。因此，学生经验的课程才是校本课程中最为基础也最为重要的课程；也就是说，所谓"校本课程"，实质上就是"学本课程"。这种课程凸显了学生学习的主体地位，以学生兴趣为出发点，以学生的发展为依归，关注学生学习利益的获取。

"谁来开发"实质上是校本课程开发主体的问题。从课程改革的三级课程管理来说，校本课程开发的主体是学校，然而，学校中存在学校领导和教师，二者之间的关系影响着校本课程开发的质量。从实践的角度来说，校本课程开发理应由校长与教师合作进行。但在合作之中，二者须理清各自的主要职责。对校长而言，其最为关键的是课程领导力，校长的课程领导力直接决定着校本课程开发的质量。其中，校长的课程领导力体现在时间、整体谋划以及合作领导三个方面。时间是指校长在校本课程的开发中须有足够的时间，以此来关心校本课程的开发过程，从而保证校本课程开发中能有校长的实质参与，而非只是作为一个局外人参与校本课程开发。整体谋划表现在校长应在校本课程开发组织建立、课程发展规划编制、课程制度健全、课程发展团队组建、校本课程文化营造等方面进行统筹规划，从而从整体上保证校本课程开发的顺利进行。合作领导的要义在于校长要学会课程领导。好的

---

① 李臣之.校本课程开发的三个基本问题［J］.课程·教材·教法，2012（5）：8-14.

课程领导者体现在他应是课程愿景的筹划者、课程团队和资源的组织者、学校专业文化的倡导者、课程发展的协调者、课程革新的激励者等方面。对教师而言，其最为重要的是从"执行"到"领导"的转变，要强化教师的课程领导意识。强化教师课程领导意识的关键在于让教师充分参与校本课程的开发之中，而不是让教师只是作为课程的执行者而远离校本课程开发甚至与校本课程开发隔绝，要让教师在校本课程开发中拥有话语权。如此，校长与教师之间的合作才能形成良性互动，校本课程开发才能保证质量。

"怎样开发"关涉的是开发的方法和技术问题。其中，"三级""三类"课程之间关系的明晰，主动接纳"地方"，促进校本课程的发展，是怎样开发中需要思考的两个问题。从逻辑角度看，国家、地方和学校三个层面的课程是"一般"与"具体"的关系，三级课程之间相互联系、彼此促进，自上而下逐级引领（或一般化），自下而上逐级具体化。一般化，重在共同性要求、概括性寻求。具体化，强调实践（praxis）和具现化课程（embodied），追求情境化、特殊化。国家课程精神沉淀、消融在地方层面，学校层面课程则是具体体现国家精神与地方课程要求，通过师生共建，形成服务于学生学习的课程整体。课程教学总是发生于一定地方、社区或校区环境，这些环境业已形成的历史文化传统、民俗风尚、流传故事中包含着丰富的社会经验或本土知识，可以作为教学内容重组的资源。学生长期生长在这些社会经验与本土知识中，有意与无意接触这些经验与知识，利用这些资源，可以使教学内容的学习建立在学生已有经验基础之上，易于产生有意义的学习。[①]

三、如何组织校本课程的实施

校本课程的实施是校本课程建设的重要一环，从一定程度上来说，校本课程实施的情况决定着学生的获得、教师的发展甚至学校的发展。在校本课程实施中，课程目标、课时安排、教学方式、教学评价可能是保证校本课程实施的重要因素。

课程目标是任何课程实施时首先要考虑的因素，没有目标抑或目标混乱的课程一定不能确保课程实施的质量。仅就学校实施而言，其目标可能需要考虑学生的认知水平和已有的生活经验、学生的个性以及评价的可行性。学生的认知水平和已有生活经验是学生学习的基础，任何课程的实施一定建立在学生的基础之上，校本课程也不例外。然而，因为校本课程没有国家课程那么成熟，导致其在实施中往往忽

---

① 李臣之.校本课程开发的三个基本问题［J］.课程·教材·教法，2012（5）：8-14.

视或拔高学生的认知，从而导致其校本课程无法达致其所应有的效果。因而，校本课程实施目标的制定一定要建立在充分了解学生的基础上，这是校本课程实施的前提。学生的个性是课程目标的核心。区别于国家课程和地方课程，校本课程的关键在于其与学生个性的呼应、对学生个性的发展。如果在校本课程实施中偏离或遗忘这一核心，则校本课程将丧失其特殊性，进而将在平庸中重复着"昨天的故事"。评价的可行性关涉学生表现的评价问题，校本课程实施中最为棘手的问题是如何评价学生。其中，课程目标无法"评价化"可能是原因之一。因而，在校本课程实施伊始，即须明确目标可评价的问题。如此，在校本课程实施之初就会促使实践者深入思考学生学习所得问题，从而确实保障校本课程实施的效果。

课时安排是校本课程实施的制度保障。课时安排，需要考虑校本课程与国家课程之间时间的分配、校本课程与其他学校课程之间的时间分配以及校本课程内部的时间分配。其中，校本课程与国家课程之间时间的分配，重在确保校本课程实施的时间。相比于国家课程，校本课程实施的时间较少，因而，校本课程的实施需有专门的时间来予以保障。一般来说，一门校本课程的课时安排以几周或者几个月为宜，以能够让学生对所学内容有初步感知、了解为标准。[1]校本课程与其他学校课程之间的时间分配，在于不同校本课程之间课时的合理安排。合理安排课时的标准在于不同校本课程对于学生个性发展的重要性与学生参与情况两个方面，对学生个性发展起关键作用与学生参与较多的校本课程在时间安排上应有所侧重，以保证主要校本课程发挥出牵引作用的效果。校本课程内部时间的分配在于对相应学习所需时间的估计。这一估计一方面来自内容的复杂性和学生认知水平，另一方面也与内容的重要性相关，这与国家课程的安排有些类似。

教学方式是校本课程实施的支撑。与国家课程不同的是，校本课程在教学方法上有很大的自主权，这与对其内容有自行决定权有关。因而，就校本课程实施中的教学方式而言，应重视教学方式的多样化。校本课程是促进学生个性发展的重要渠道。从某种程度上来说，校本课程与学生之间的联系更为紧密。从学生的角度来说，他们希望校本课程能够与自己的期望较为符合。注意到这一点，才能更加充分地调动学生学习的主动性和积极性。正因为如此，校本课程实施中的教学方式要与学生学习方式相契合，甚至教学方式所关涉的时空可超越学校和课堂的限制，寻找最适宜学生学习和获得的方式。

---

① 曹荣.关于校本课程实施的思考［J］.教育理论与实践，2012（35）：42-44.

教学评价是校本课程实施的最后一环，也是十分重要的一环。没有评价或缺少评价，都可能使校本课程实施付诸东流。就校本课程实施而言，应将过程性评价落实于教学评价之中。与国家课程不同的是，校本课程开展得如何一般很难用确定性结果来予以判定。而在校本课程实施过程中，诸如对学生作品的搜集、对学生表现的评价等都应成为教师关注的对象。当然，这对教师提出了很高的要求。过程性评价需要教师不间断地观察和关注学生的表现和所获，并定时分析学生表现和所获的情况，以此来调整和改变校本课程的实施。因而，校本课程实施中的教学评价实质上是一个动态的促进形式的评价，它在实施之中产生并推进实施过程。

四、如何评价校本课程的得失

校本课程的评价在于其所应允的目标和效果。一般而言，校本课程评价可从以下四个方面予以思考。[①]

（一）对校本课程开发目标定位的评价

泰勒的目标评价模式认为，"评价过程在实质上是一个确定课程与教学实际达到教育目标的程序的过程"，它忽略了对于已确立的课程目标的再评估，也由此成为其他评价者批判的一个靶子。就校本课程目标的评价而言，可分为课程总目标评价和具体一门学科的目标评价。其中，校本课程总目标的评价一般涉及"校本课程总目标与国家教育方针政策的关系""学校教育哲学、价值追求在校本课程总目标中的体现程度""校本课程总目标与学生发展需求与学习兴趣的一致性程度""学校教师、学生对总课程目标的认同感"以及"总目标内在要素的协同性与发展性"等方面。一门校本课程目标的评价可从"课程目标是否与校本课程总目标导向一致""课程目标是否符合学生发展需求与学生学习的兴趣""课程目标对知识、技能、情感态度要求如何""课程目标是否清楚可行""目标的表述是否有层次性，能否适应不同学生的不同学习需求""各项目标之间是否协调统一，形成一个有机的整体"等方面着手。

（二）对校本课程方案的可行性评价

校本课程不是让教师去编制一本教材，它是教师根据校本课程方案进行课程编制和实施的过程。因而，课程方案类似于校本课程形成之前的蓝图，这一蓝图的好坏和可行性直接影响着最终校本课程的质量。一般而言，校本课程方案包括课程目标的制

---

① 林一钢，黄玉鑫.校本课程评价［J］.江西教育科研，2002（9）：7-14.

定与表述、课程内容的选择与组织、预期的课程实施方略、课程资源的安排以及对学生学业评价的方法等方面。基于此，校本课程方案的评价可从这些方面予以审视。

（三）对校本课程实施过程的评价

对校本课程实施过程的评价主要是对教师教学方法、学生的学业进程、教学目标达成度等进行评价，以此来改进和完善校本课程方案。具体而言，对教师教学方法的评价重在考查方法的适切性，即校本课程所施行的教学方法能否较好地达成既定的目标，能否很好地促进学生的发展。对学生学业进程的评价重在以形成性评价的方式审视学生在校本课程实施中的收获，学生是否在学习过程中有所改变和提升。对教学目标达成度的评价重在从结果的角度考查所设定的目标是否在校本课程实施中得以完成。当然，这三个方面的评价不仅应以定量的方式来予以搜集数据，而且也应以质的方式搜集资料，从而保证评价的客观性和准确性。

（四）对校本课程实施效果进行分析评估

校本课程实施的成效可以从学校的外部效应和学校的内部效应两大维度来进行考察。对于学校的外部效应，主要分析课程对社区政治、经济、文化的促进作用及课程对其他学校的借鉴意义等。对于学校的内部效应，可以从课程对学生个性发展、学校特色的凸显、学校教师专业发展等方面加以分析。

总之，学校的校本课程建设是一项整体工程，不仅需要学校领导的支持与参与，更需要全体教师的参与和投入，甚至需要广大家长和广泛的社会力量的支持、帮助以及参与。

本书所涉及的校本课程为学科拓展课程，是一线教师基于培养学生核心素养以及育人目标而开发的，涉猎的学科有小学语文、数学、科学、体育，初中道德与法治、数学。这些校本课程在开发时定位在拓展学生的知识视野、培养学生的学习能力、激发学生的学习兴趣上，在开发时避免了课程内容与统编教材内容的冲突与雷同，同时以灵活机动的设计思路，对统编教材的内容根据各校实际情况和学生的实际学习状况进行有效拓展、补充。课程开发时遵循课程建设的学术要求，从背景与问题、课程目标、课程内容、组织与实施以及课程评价等方面展开。在这些校本课程开发的过程中，参与的教师充分学习了相关课程理论，并开展了岗位实践研究，使其既符合学理又切合实际。

（徐文彬　南京师范大学课程与教学研究所

彭小虎　南京晓庄学院）

第一章
小学"教育戏剧"课程建设

第一节　背景与问题

一、背景介绍

1. "教育戏剧"具有多元教育功能

"教育戏剧"是把戏剧方法与戏剧元素应用在教学或社会文化活动中，让学习对象在戏剧实践中达到学习的目的。在西方，由于"教育戏剧"主要突出和强化了戏剧的教育功能性，鼓励孩子思考问题、感受情感、宣泄情绪，更好地培养个人与他人、社会、环境之间的沟通能力、协作能力和自我表现能力，因而"教育戏剧"被看作非常重要的培养学生全面素质的课程而被广泛推广和实践。由于开展较早，我国台湾、香港地区借助其独特的地理位置和政治形势，已经形成完善的"教育戏剧"体系。而在国内，"教育戏剧"尚处在起步阶段。2001年，教育部制定了《艺术课程标准（实验稿）》，首次把"戏剧"课纳入中小学的学科教学中，这体现了一种崭新的现代教育理念。[①]因此，现在已有越来越多的学校认识到它的作用，开始了教育戏剧课程开发的尝试和探索。

2016年的9月份，教育部发布了《中国学生发展核心素养》。这个指向学生知识、技能、情感、态度和价值观等多方面综合表现的核心素养，是学生适应社会终身发展、获得生存和生活能力的不可或缺的共同素养。而"教育戏剧"课程，就是与其他学科相互渗透、相互融合，最大限度地发挥各自的资源优势，形成有强大教

---

① 中华人民共和国教育部.艺术课程标准（实验稿）［N］.北京：北京师范大学出版社，2001.

育合力的课程。它营造了一个开放式、活动式和引导式的学习环境，不仅能发展学生的智力，还可以延伸到自我发展、独立人格培养上，对人的全面发展起着重要的促进作用。

2. 学校"阳光教育"的办学思想

一直以来，学校把"为了每一个人的健康和快乐"作为办学理念，坚持用爱去温暖身边的人；通过营造充满阳光的温馨家园、快乐成长的发展乐园，让师生阳光自信、享受快乐、品味幸福、收获成长，不断提升阳光教育文化品质。而"教育戏剧"课程作为促进学生阳光、健康、快乐发展的载体之一，侧重于语文学科，是通过戏剧的方式展开的综合性的教育活动。它集语言、形体、音乐、美术等多元智能于一身，综合提升学生的感受力、表现力、理解力、创造力以及动手实践能力和团队合作精神，改变学生的生命品质，激发他们对未来人生的信心和信念，使他们获得成功生活、适应个人终生发展的素养，而这也正指向了学校的办学理念。

3. 小学生的年龄性格特点

著名作家王尔德说，使学生品行好的最佳方法是让他们愉悦；一个人在愉悦的状态下，才能接受各种各样的规范和教育。小学生天性好玩，而玩耍和学习是密不可分的。玩耍可以成为学习的一个过程和经历，或者说，玩耍的过程是学习必须经历的一个宝贵的、充满刺激和乐趣的学习过程。玩耍作为一种对周围事物进行肢体语言的沟通的行为，需要很强的大脑神经的支配。从某种意义上来说，这本身就是一种高强度的意识行为，他带有一定的目的性以及必不可少的趣味性和可操作性。而戏剧最主要是其游戏精神——"好玩"，让孩子进入到故事情境、情节、角色扮演以及情感渲染中，通过真实的体验，感知生命的美。"教育戏剧"最不重要的就是"演得像不像、道具美不美"，其重点在于学生"打开自己、用身体说话、全员参与"，从感受中领略知识的意蕴，从相互交流中发现可能性、创造新意义。[①]

与此同时，儿童身上具有从事艺术活动的天生倾向和能力，儿童的艺术活动直接表现了儿童的生命需求。戏剧活动有很多好听的故事、优美的音乐、多变的动作，戏剧活动对儿童具有特殊的吸引力。而通过表演，孩子们切身感受到故事中人物的心情、人物命运的起浮跌宕带给他们的丰富的体验，由此获得精神上的满足。

综上所述，基于"教育戏剧"这样一门综合实践性课程的多元教育功能，基于当下对学生核心素养的培养以及基于学校的办学特色和育人目标，满足学生自身发

---

① 当代教育家杂志社总编辑、当代教育家研究院院长、"全课程"研究中心主任李振村在第二届中小学"教育戏剧"高峰论坛的致辞。

展的需要，特尝试开发此门课程。

二、核心问题

1.什么是"教育戏剧"

"教育戏剧"是把戏剧方法与戏剧元素应用在教学或社会文化活动中，让学习对象在戏剧实践中达到学习的目的。这门课程就是教师根据学习者的年龄、能力和兴趣等因素，在教学过程中渗透戏剧方法和元素，在参与者之间建立一种活动关系，引导他们在戏剧活动中发挥创造力与合作精神，目的在于丰富课程内容并促进学习的能动性。

"教育戏剧"的重点在于学习者的参与，从体验中领略知识的意蕴，从相互交流中发现可能性、创造新意义。它不以学习戏剧知识和表演技能为目的，而是运用戏剧的元素，设计各种体验活动并渗透到教育中，让身边的每一个地方都成为一个小小"舞台"，让每一个孩子都能成为自己心目中的小小"演员"；通过角色扮演、虚拟情境等戏剧方式，进一步解放学生的天性、启迪学生的心智、完善学生的人格以及发挥学生的创造性，让孩子们在其中学会自信，坚定地走好人生的每一步，以及学会控制，独立思考，以更好的状态应对人生每一个挑战。

2.核心素养是课程建设的DNA

现阶段，世界范围内对学生核心素养的理解和认识有着不可思议的"家族相似"。核心素养培养指向信息时代，强调人的创造性思维、判断和决策能力的发展，社会责任感与全球意识的培养，以及在未来社会复杂情境中运用跨学科、跨领域知识综合解决问题能力的提升。因此，学生的发展，不但体现在社会责任意识上，更体现在适应、融入社会，学会生活与实现自我价值上，体现在提高综合素质，培养创新能力与问题解决能力等方面。这就为我们的学校课程建设提供了方向。学生的校园生活不该仅仅是课堂和书本，学生的课余生活也不该仅仅是电视和游戏，学校的责任在于让学生的人生旅程更为亮丽精彩。"教育戏剧"课程就搭建了这样一种平台。它将语文学科与其他学科融合，从"教育戏剧"主题的确定，围绕主题的深入理解、创作，到把握、体验各种角色，再到在团队中各司其职、互相配合，这个过程就是引导学生去认识和接触社会，学会生活和生存的过程，从而完成由校园走向社会、由书桌走向生活舞台的转换，真正地把教育与社会、生活有机地结合起来。

3.学校现阶段课程开设状况

基于"教育戏剧"全方位的育人功能，我校也曾开发了"教育戏剧"课程。但是开设两年期间，由于对"教育戏剧"理念认识的不足，学校的戏剧教育偏重于表演的指导。虽然学生对戏剧有了一些兴趣和初步的认识，但以外聘为主进行授课指导的教师的专业水平参差不齐，也缺少教育学、心理学方面的专业素养，更多的是在戏剧表现形式上给予指导，呈现的多是表面的热热闹闹，并没有真正把戏剧体验活动渗透到教育中，没有让学生在角色体验中去认识世界、熟悉生活，提高学生的人文素养。而且，每周一次的指导也很难与平日的学科教学融合起来，所以"教育戏剧"的作用并没有完全发挥出来。

随着学校对课程建设的顶层设计思路愈来愈明晰，基于思想和思维方式的改变这一课程变革方向，基于学生核心素养发展的需求，学校绘就了"阳光办学，七彩贵州"的课程愿景。这也让我们重新思考、审视我们的"教育戏剧"课程。我们觉得有必要重新梳理以往的尝试，探索一条适合我校特色的"教育戏剧"课程的发展之路。

三、主要任务

随着社会的发展，如何成为一个会生存、会生活的"社会人"变得越来越重要。这就需要学生具备一种创新思维、一种判断决策意识、一种综合解决问题的能力以及一种交际沟通能力。传统教育方式和方法对于当下学生面临的种种问题往往显得捉襟见肘，"教育戏剧"课程以其新颖的教育形式和有效的教育方法吸引学生积极参与，为教育的实施创设了良好的氛围。结合学校以往课程实施中存在的问题，我们将努力实现两个"融合"，即与社会融合、与学生核心素养培养融合，真正让课程指向学生的兴趣、指向学生的发展、指向在未来社会的生存。

具体而言，就是把戏剧作为一种教育的工具和手段，通过学科融合，把学生在学习、生活、交往中的冲突、烦恼、困惑等通过戏剧的形式加以提炼展现，借助于饱含教育意味的主题、生动活泼的载体、潜移默化的形式、循序渐进的逻辑，在平等、开放、对话的情境中，发挥学生的自主创造性，让学生充分体会到自主创造的乐趣，并发现自我、悦纳自我，在与人互动交往中增进对他人的认识理解，有机地融合情感、态度和价值观的教育，丰富学生的文化生活，提升学生的艺术审美能力。

第二节　目标的确立

一、学生发展目标

1. 训练学生的语言建构和应用能力

一方面，通过"教育戏剧"课程设定的生活情境，激发学生表达的兴趣，使学生在情境中去感悟语言，在情感表达中去运用语言。同时，也实现了人际间的有效沟通和交流，从而提升学生的语言表达的能力。另一方面，在学生编写剧本、续写故事的同时，赋予语言新的生命，培养了学生创造性地使用语言的能力。

2. 促进学生的思维发展

"教育戏剧"通过让学生对作品内容加以阅读和鉴赏，对时代背景、人物角色、文化习俗、舞台道具等进行多方面思考，去联想和想象，去创造甚至创作。这个思考、分析、比较、架构、概括、体验的过程，也就是学生创新思维培养的过程。

3. 加深学生对文学、文化的感悟和积淀

戏剧是文化的重要载体，通过"教育戏剧"增强学生对传统文化的认知和认同，使他们受到传统文化的滋养，增强他们的文化自信。同时，融入现代文化和世界文化，促进学生的多元文化积淀，拓展学生对于世界优秀文化的国际视野。

4. 强化学生的社会意识

学生作为一个社会人，应具备社会意识。戏剧就是人生，戏剧就是社会。"教育戏剧"课程，恰恰为学生提供了一种探知世界、完善自我的良好途径，因为"教育戏剧关注人的角色创造活动，这里的角色不仅指舞台上、艺术中的角色，而且更是生活里、社会中的角色"。[①]"教育戏剧"课程，可以引导学生认识角色，认识社会，树立社会主义核心价值观，实现由"智"到"心"的全面发展。

5. 健全学生的人格

"教育戏剧"以戏剧为媒介，通过形象化、艺术化的教育方式，引导学生对剧

---

① 张生泉.教育戏剧的探索与实践【C】.北京：中国戏剧出版社，2010.

中的人物性格、角色关系、生存时代及环境、地域文化等进行比较透彻的考量和了解，并开始以第三者的眼光来理性分析和看待这个世界；开始懂得人际交往、社会和谐、矛盾冲突及问题解决，生活的阅历在不断丰富，直接或间接地实现了自我认知、自我修正和自我教育。

6.培养学生的合作意识

"教育戏剧"课程是一项团队活动课程，从角色分配、舞台布置到排练、演出，每一个环节都需要学生之间的默契配合，如何完成自己的角色，如何和他人交流等都是在实践体验中去学习锻炼的。因此，这就为学生的为人处世、融入社会奠定了基础、积累了经验。这正如教育家曾中毅所言，"学生于求学之外，又得此精深之阅历，其有助于将来处世"[①]。

二、教师发展目标

1.促进教师的角色转换

开设"教育戏剧"课程使教师的角色由单一走向多元，既是真实的教育者，也是角色的参与者，穿梭、跳跃在戏里戏外；不再是知识权威的旁观者，而是一个开放的，和学生融在一起、乐在一起的参与者，同时还兼具道具师、服装师、剧场管理者等多种身份。这种角色转换也促进了教师教育观念的转变，教师和学生形成一起学习、一起体验的共同体，使教师更加理解和亲近学生纯正的心灵，对学生的教育更加真实、真切且充满真情。

2.促进教师的专业自主发展

"教育戏剧"课程在很大程度上是教师创设的课程。在设计"教育戏剧"的过程中，教师需要和学生一起改编、创作剧本、商量道具的准备和制作、进行角色扮演等。此外，教师还要思考如何通过"教育戏剧"让学生获得成长、感受快乐。这些设计过程使教师必然结合自身特点、学生特点等进行自主创作，并不断调整、改变教学策略。这个过程有助于增强教师的专业发展意识。与此同时，在课程实施的过程中，由于"教育戏剧"课程的多元综合性，教师面对的不同专业领域、不同个性学生、不时出现的各种问题，需要去反思、去寻找答案。正所谓"不愤不启，不悱不发"，这也有利于增强教师的反思能力、自主学习能力，促进教师的专业发展和课程开发能力的提升。

---

① 夏家善.南开话剧运动史料【Z】.天津：南开大学出版社，1984.

三、学校发展目标

1. 丰富学校的阳光特色课程

学校存在的根本在于文化的存在，而课程则是核心。开发"教育戏剧"课程，能够丰富学校的特色课程，促进学校的内涵发展。派纳曾说："学校课程的宗旨在于促使我们关切自己与他人，运用智力、敏感和勇气思考与行动，帮助我们在公共领域成为致力于建设民主社会的公民，在私人领域成为对他人负责的个体。""教育戏剧"课程给学生提供了更多实践体验的机会，实现了形成知识类学习和实践类学习的融合、静态式学习和活动式学习的兼顾，达到课程内容"文本学习"与"实践学习"的结合，学习方式"文中学"与"做中学"的结合，让实践和体验成为一份丰富的课程资源。

2. 提升学校的阳光教育品质

我们的学生需要有宽广的视野，有活跃的思维，有独立的思考，有责任心，有综合的、全面的素养。这一切都需要有综合的课程体系来支撑。"教育戏剧"课程就是指向人的全面发展的，具有独立教育价值的综合性课程，因此课程的开设能有效地促进学生全面的、长远的发展，有利于提升学校的阳光教育品质。

3. 开辟学校心理健康教育特色新途径

作为心理健康特色教育学校，一直以来我们都很关注学生的心理健康教育问题。然而，学校虽然设有心理咨询室，也有比较专业的心理教师，但教师资源不足，而且小学生也很难认识到自己的问题，家长更是不懂或回避问题，因此只靠学校固定的心理健康大课堂和辅导是远远不够的。而"教育戏剧"这门课程让学生参加戏剧表演，在实践体验中可以有效地实现潜移默化的自我教育和与同伴的互助教育，这或许可以开辟一条心理健康教育的新途径。

第三节 内容的选择

一、选择依据

1.“教育戏剧”的基本特征

“教育戏剧”的基本特征就是在普通教育过程中，把戏剧元素和方法作为教学方法和手段，应用在学科教学中，让学生在情境设置、角色扮演、即兴表演、意义探讨等环节中，通过共同创造的戏剧活动和戏剧体验，达到学校的教育目标。

2.教育和培养目标

不管是什么课程，最终落脚点都在于人，所有教育问题的解决都要回归于学生自我，自我反思、自我认知、自我改进，这个自悟的过程就是自我教育、不断成长的过程。“教育戏剧”有别于传统的说教式教育，在戏中可以“点燃”学生、感化学生。在每一部戏剧中，在戏剧情景中，学生可以学会思考、判断、设计、创造、表演；学生都是自己的主角，可以找到自己的位置，在这个过程中形成正确的认识，最终实现自我教育。

3.符合学生年龄特点和生活实际

根据学生熟悉的、优秀的绘本故事、童话，学生周围的趣味生活，学生相互之间的矛盾冲突，学生习惯养成的事例等，以社会主义核心价值观为指导进行“教育戏剧”课程设计，符合学生的年龄特点。“教育戏剧”课程中，角色要个性鲜明，情节要曲折生动且具有趣味性，让学生经历自己没有经历过的场景或事件，从中得到更多的情感体验、获得生命的成长。

二、具体内容

定位于“认识自我，获得自信，触及社会，反思生活”的价值目标，顺从学生的戏剧天性，遵循“教育戏剧”的规律，本课程包括以下三个层面的内容。

（一）戏剧表达

戏剧表达作为整个“教育戏剧”的基础层面，关注学生用视觉、听觉、触觉、嗅觉和味觉等各个感觉能力，在假想的情境中，以角色的或非角色的身份表达自己的内心感受和想法。它具有身体性、虚构性和角色性。戏剧表达一般来说包括身体表达、言语表达两个方面。身体表达指用肢体、表情动作表达内心情感与想法；言语表达指用声音、词语以及相应的语气、语调表达内心情感与想法。身体表达又包括了自然性身体表达和延伸性身体表达两种。前者围绕身体的肢体和表情本身，后者则体现了装扮、道具以及音乐对身体表达的辅助作用。

戏剧表达以模仿、造型、控制和情感四个维度展开。

（1）模仿，就是对人或物的各种特性及其细节的身体（或言语）再现、复制。

（2）造型，就是用身体塑造静止的形态；对于言语和声音而言，更多是角色的音质的表现，包括角色特有的音色、音速、语气和语调特点。

（3）控制，就是对身体运动或言语的快慢、动静、轻重、高低、大小、远近等的把握。

（4）情感，就是贯穿于所有戏剧表达的喜、怒、哀、乐等情绪感受。

（二）戏剧创作

戏剧创作体现了创作者想法与行动的对话。学生作为戏剧创作的主体，在教师的引导下，不断产生新的想法，在虚构的情景中将自己内心的想法转变为可视、可闻的行动，以寻找解决问题的各种方案。所以学生既是角色化的问题提出者，也是角色化的问题解决者，即强调想象与戏剧性行动的关联，使每个参与者自然运用思维想象，将想法转变为行动。

1. 戏剧创作的要素

戏剧创作所包含的戏剧要素不仅有角色，还有情节和场景两个要素。

角色是一个不同于自己的"他人"，以"他人"的身份思考、行动和说话。情节是由一系列事件组成的，具有从开端、发展、高潮到结局的几个发展阶段，体现了从背景、问题出现、冲突形成到最终问题解决的逻辑顺序。在戏剧创作的情节方面，随年龄的增长，情节也由简单到复杂、由重复性到多样性。场景是事件发生的空间、角色所处的环境，根据剧情会出现两个或多个场景的转换。

2. 戏剧创作的一般环节

（1）开端或是"引子"，戏剧创作的来源。它可能来自学生自己的生活，如一件物品、一首歌曲、一幅画、一次经历、一段故事、一种想法或心愿。戏剧创作的来源有的是学生自己发现的，有的需要教师与学生通过探讨进一步明确。前者出现于学生自己的戏剧性游戏中，后者则是通过有计划的"教育戏剧"活动来展开。在这个环节，教师应善于发现、鼓励学生进行戏剧创作，并确定戏剧创作的主题。

（2）角色描画，戏剧创作的基点。以讨论和肢体表达的方式，教师组织学生边表演边谈论，使角色的形象、态度等得到更为具体的描画，并以肢体律动的方式表现这些角色。

（3）冲突架构，戏剧创作的关键。教师组织学生在扮演角色的过程中，创设戏剧冲突的起因、发展、高潮和结局。对于戏剧冲突的不同观点和建议，集体协商，形成相对一致的看法。教师既可入戏扮演其中的主要角色或次要角色，也可出戏而不扮演任何角色，只是帮助学生创作。

（4）对话丰富，戏剧创作的深化。在角色描画、冲突架构环节，角色的对话可能已经初步形成。以此为基础，在多次的扮演过程中，教师要不断发现、丰富和归纳精彩、简洁、生动的角色语言，鼓励学生相互模仿、学习，形成相对稳定的角色对话，提高学生戏剧创作的能力。要注意通过戏剧创作会聚学生的智慧，引导他们在思考中行动、在行动中思考。

（三）戏剧表演

戏剧表演的方式主要以偶剧、哑剧、话剧为主。在不同年龄阶段，戏剧表演的方式不同。

偶剧是"由幕后演员操纵，用木偶表演的戏剧形式"，演员不用自己的身体表演，而是借助玩偶的动作，代替玩偶说话来表演，比较适合低年级学生。让学生在摆弄玩偶的过程中，训练表演中的独白和对话的语言表达能力。

哑剧是"一种不用台词而以动作和表情表达剧情的戏剧"，借助于动作的节奏感和逼真性来表现一定的情节，比较适合中高年级学生。

话剧综合文学、表演、音乐、舞蹈等多种成分，以说话（对白、独白、旁白）为主要表现手段，其对白的接话连贯、独白和旁白流畅、语言表达饱含情感、性格刻画细腻等，对角色的语言表达要求高，适合中高年级学生。

第四节　组织与实施

一、实施原则

1.坚持育人性原则

小学阶段是学生习惯养成、价值观形成的重要阶段。"教育戏剧"可以为学生提供一种探知世界、形成良好道德修养的良好途径。因为"教育戏剧关注人的角色创造活动，这里的角色不仅是指舞台上、艺术中的角色，而且更是指生活里、社会中的角色"[①]。

2.坚持综合性原则

有效地促进学生探索知识和整合知识，通过虚拟的戏剧情境和角色，探索各类议题、事件和关系，把不同学习领域的知识融合、统整在一起。让学生在学习、编导、排演不同剧目的过程中体验戏剧故事中人物情感变化，了解社会历史文化背景，提高学生对艺术的感受力、鉴赏力和创造力。

3.坚持适切性原则

考虑现实基础，关注学生参与，丰富校园文化。增强学生的真实体验，引导他们在读、思、编、演的过程中身临其境地体会作者的思想感情；触景生情，进入某种实际情境，激起生活体验。照顾到学生的个体差异，使不同能力学生的潜能得到发挥，每个学生的特长得到关照。

4.坚持文化性原则

坚持弘扬、继承和发展传统文化精神，树立文化自信。同时，引导学生关注不同民族文化的戏剧表达方式，关注世界文化的发展，尊重、理解、包容多元文化。

二、实施途径

1.学科课堂

指导学生在语文、英语、音乐、心理等学科中，或进行动作游戏，或进行寓

---

① 张生泉.教育戏剧的探索与实践［C］.北京：中国戏剧出版社，2010.

言、童话、故事等戏剧情境表演，或改编、创编剧本，在初步的教育戏剧创作与表演中，感受快乐，加深理解，体会情感，习得表达的方法。

2. 社团活动

以教师为指导、学生为主体，采用走班选修课的方式，集中不同班级、年级有共同兴趣爱好的学生，自愿选择剧目，一起进行表演和创编。欣赏经典与原创相结合，模仿与创新相结合，挖掘学生潜能，进行更为专业的教学指导和表演排演。

3. 主题德育活动

结合学校德育教育主题，进行《弟子规》《小学生守则》学习的情景表演。包括剧本创作和改编、角色塑造和开放式的舞台表演，在趣味情境中学习感悟相关内容、对比甄别行为是否正确。

4. 节庆活动

通过学校举办"戏剧节"，将班级优秀节目进行成果展示，全员参与，积极准备，呈现比较专业而精彩的展演。

三、学段实施分目标

分别从德育教育、文学文化、"教育戏剧"方法和情感态度价值观四方面关注。

学段课程目标

学段	课程分目标
低年级 （1，2年级）	1. 培养学生守时、诚信、做事坚持不懈的品质 2. 认识学习寓言故事、成语故事，并有一定的积累，感受中华文化的魅力 3. 能够通过肢体动作、流畅生动的语言、辅以简单手偶、面具讲故事、进行表演 4. 体会角色的不同和合作表演的快乐
中年级 （3，4年级）	1. 培养学生善良助人、遇事冷静、动脑的品质 2. 尝试运用剧本改编的技巧，将课文改编为课本剧，将童话故事改编为多幕剧 3. 能够通过个性语言、表情变化表现人物内心，制作简单道具，选择简单背景和音乐、服饰等进行表演 4. 能够根据角色分工，合作表演。用简单的语言进行自我评价，从戏剧角度进行初步欣赏和反思
高年级 （5，6年级）	1. 培养学生责任当担、关爱自然、生命、社会的品质 2. 能够根据校园、家庭、社会生活改编剧本、创作剧本 3. 能设计海报宣传，根据剧本设计服装、背景以及提高舞台表演的综合处理技能 4. 能从戏剧角度对自己和他人进行评价，提升鉴赏水平，树立团队合作意识

四、学段实施内容

结合我校课程实际，根据学生的年龄和认知特点，选择合适的内容和方式，进行戏剧方法的学习，在体验中表达自己的情感。按学段学习内容安排如下。

学段课程实施内容

学段	剧本内容	教育戏剧方法指导的内容
低年级（1，2年级）	生动有趣、故事情节单纯、人物少、对话简单的寓言或成语故事（偶剧、哑剧）	1年级重口头表达，2年级侧重口头肢体表达。用面具或手偶等学生喜欢的形象代替自我进行表演。在声音抑扬顿挫的变化、语调语气的变化以及富有特征和变化的肢体动作等方面进行指导，并辅以背景音乐，让学生去体验、塑造不同角色，讲述事情的发展过程，揭示故事的思想，展现人物的情感
中年级（3，4年级）	篇幅较长、情节比较复杂曲折、人物形象也更加丰满的童话故事或课本故事（哑剧，话剧，包括课本剧、童话剧）	3年级侧重课本独幕剧的改编和表演，4年级侧重童话多幕剧的改编和表演。进行编写剧本的指导，包括剧名、剧幕、时间、布景、人物对话、情况叙述等内容。通过环境描写、心理刻画、语言描写等增加故事的生动性、曲折性，以及运用想象、夸张、荒诞等特殊艺术手法进行指导，从而实现文学与戏剧的融合，实现学生、教师、原作者、文本间的对话，实现剧本的重新架构。另外，辅以服装、道具、布景和音效等指导
高年级（5，6年级）	对校园生活、家庭生活和社会问题的关注（话剧，包括校园剧）	融口头肢体语言、形体表演和剧本创作于一体。指导学生挖掘反映社会主流价值观和富有新意和深度的题材，从情节入手，运用语言创作、制造戏剧冲突、刻画人物的对话、描摹人物行为，来揭示人物性格，塑造鲜活的角色。同时，辅以海报设计、服装、道具、布景和音效等指导

五、实施安排

以社团活动为例，按照一学期15节课时计算，课程实施安排如下。

课程实施安排

节数	内容	目标
1	感受教育戏剧、初步体验	了解教育戏剧并体验
2	关注力、造型与合作训练	提高关注力，进行肢体解放
3	造型的动与静，运动中的即兴表达	动静交替，表情释放

节数	内容	目标
4	情感的传达与即兴表达	通过即兴的语言，宣泄与传递情感
5	节奏的模仿与即兴创作	节奏与动作协同性
6	命题哑剧	动作语言的表达
7	主题场景创作（多人）	合作中的动作语言、表情
8	团队创作与角力	戏剧化情节中的写作、默契
9	头脑风暴与即兴演绎	即兴表达、情节转折
10	从人物到剧情	剧情创作
11	戏剧创作	从剧情到连续的场景创作
12	装饰戏剧的音乐	音乐素材的运用
13	剧目排练	表情、动作、语言、剧情的整合
14	剧目排练	表情、动作、语言、剧情的整合
15	汇报表演	创作成果展示

以语文学科某一模块为例，课程实施安排如下。

语文学科课程实施安排

模块	教学内容	实施方式	课时安排
童话剧	介绍童话剧、剧本改编方法	教师讲授	1
	选童话、改剧本、分角色	学生自主	课外
	指导剧本、角色和语言把握	教师指导	1
	排练、彩排	指导排练	2
	表演展示、评价交流	展演评价	2

六、实施基本环节框架

"教育戏剧"课程实施分为三个阶段：开放热身阶段、即兴创作阶段、短剧创作阶段。

第一阶段：开放热身阶段

强调肢体运用，全身投入。在课程开始时主要通过游戏的方式，让陌生的群体熟悉，让熟悉的群体投入状态。由于是游戏方式主导，所以学生没有什么压力，很自由。作为建立情景的铺垫，如常见的热身活动：say hello、抢板凳、照镜子、大风吹、方阵动作等，通过简单的活动，促进全体的参与。

第二阶段：即兴创作阶段，也就是建立情景阶段

它是创设戏剧的起点，激发参与者全身心投入到情境中。设计的戏剧情景要既要贴近生活，又要充满想象；一般包含着冲突和捉摸不定的情节，营造出思考和探讨的空间，具有启发性和探讨性。

情景建立有如下三种方法。

（1）直接由游戏引入情景。

（2）通过设定时间、地点、人物来建立情景，如利用空间、光线、声音来制造气氛。

（3）为作品寻找和创造象征、主题，如展示一幅画作、意象、物品以及医生就职、教师上课、厨师做饭等，以静像雕塑出现，并由此进行下一步的叙事活动。

这个阶段，基本的训练是即兴编故事（口头创作），可以开展接力口头编故事活动，激发学生的想象力和创造力。深化训练是将即兴的动作表演与即兴的口头创作进行整合，这对于学生来说具有一定的挑战，容易出现不是故事编不出来就是动作单一的问题，因为这需要学生具有综合、多维度思维协调能力。

第三阶段：短剧创作阶段，也就是叙事活动阶段

它具有贴近主题、针对问题、学生集体创作、发展情节，结尾开放、引发反思等特点，需要学生分小组进行，常见的有以下几种形式。

（1）论坛剧场：根据一个议题拟就一个处境，由一组人演绎出来；一旦观众有异议，可踏进表演区取代表演或加入新角色演绎自己的剪接。

（2）专家的外衣：参与者扮演为剧情所设的、拥有某专业知识的专家，专家角色在戏剧情境中运用其专业技能尝试完成戏剧任务，如扮演父母等。

（3）教师入戏：教师扮演一个戏剧情景提供的适当角色，以控制戏剧动作的方向发展故事，为参与者制造入戏机会，最终达到教学目的。

（4）焦点人物：将剧中人物安排成焦点访谈人物，参与者以自己或角色身份质询或访问这个焦点人物，焦点人物以角色身份回答提问。

不难看出，"教育戏剧"课程由两个基本内容构成：游戏部分与创作部分。前者的功能是放松学生心态，使他们感到没有约束、没有压力，活泼而轻松；后者则是为自我行为的再度表现，为社会现象的反思提供平台。要引导学生在戏剧游戏中发展感官觉察和想象力，在场景搭建中发展人际智能和社会技巧，在角色扮演中学会自我管理和情绪识别。"教育戏剧",不仅仅是要教会孩子某个知识点,而是通过虚拟的情景让学生的批判思维、社交能力、对艺术的感知力、对自己的认知能力得以发展。

附:两个戏剧游戏①

戏剧游戏之一——停动作

以"停动作"管理游戏为例,游戏中的指令可以用不同的名词、动词、不同的分类来替换,在每个停顿之间的活动,也可以用不同的内容,如相互认识、固定动作、小组配合动作、小组交往等来替换。可见所有游戏的形式都是可以融合、转换、升级,所有游戏的内容都是可以改变的。

戏剧游戏之二——身体拼合

在这个游戏的过程中,学生可以集体扮演一辆赛车,面对自我、面带笑容、眼中有他人,在定格时高兴地说"我是后轮、我是烟尘"。有自信是因为自己是整体的一部分,每个人都参与其中,有表情、有发言,这些就是教育戏剧的魅力。

七、实施策略

1.引领策略

(1)讲述。教师对表演的故事或主题进行具体、扩展性的讲解,让学生对表演的内容有初步的了解和认识。

(2)讨论。包括讨论角色、内容情节等,激发学生参与动脑、协商过程的积极性。

(3)提示。在表演过程中,对于暂时的遗忘和内容残缺等,教师及时给予提示或示范,助力学生顺利表演,增强学生的自信。

(4)提问。通过提问引发学生思考,拓展学生的思维和想象空间。

2.指导策略

(1)进行有重点的观察指导。学生由于受生活经验和表现能力等因素的限制,常常不能把握好角色特点,出现表演不适当的情况。这时,教师应深入进行观察,了解学生的表演水平和需要并给予适当的指导;引导学生观察人物、动物、事物等的特点,分析学生的心理活动,让他们互相讨论、切磋。

(2)引导有创意的表演。教师要放手让学生去表演,因为这种表演是游戏,是一种创造性的活动。最初,学生在表演时往往按故事原文的情节进行,这时教师就

---

① 选自中国香港教育戏剧教师王添强的培训内容。

要鼓励、引导学生创新,引发他们的思维迁移和事物关联、想象带入等,从而使表演更加形象生动。

(3)提高表演的技能。戏剧作品的内容和情节需要凭借学生一定的表现技能而得以再现和展示,因此培养和提高学生的表演技能是完成表演活动的一个重要前提。

首先,要提高口头语言的表达能力。教师要分步要求与指导。首先要让学生大胆地把角色的语言比较清晰、流畅地表达出来;其次要让学生知道运用一定的语调来表达思想感情;最后要让学生根据戏剧情境,在理解内化的基础上补充一些有个性的语言,通过具体的练习和实际操作,逐步提高口头语言的表达能力。

其次,要提高学生的形体表演能力。表演需要一定的步态、手势、动作,做得要比日常生活中的夸张一些,要有表演的舞台效果。各个角色因其角色特点不同,还要求在表演中给予恰当而准确的把握。这个过程中,可以引导学生观察生活实例,通过对比表演等鼓励学生充分表现出各自的角色特点。

3.组织策略

"教育戏剧"活动不同于一般的教学活动,学生参与面更大,组织工作更加烦琐,教师既要考虑到学生的个体差异,尊重他们的表现和想象,放手让他们自由表现和创作,也要力求活动有序、高效。

(1)分组。根据剧本内容和学生表演情况,可以采取按能力搭配分组、按座位编排分组和自愿组合分组等形式。

(2)秩序维持。维持纪律是"教育戏剧"活动顺利进行的关键,可以采取充当评委、引导关注悬念、参与体验等方式进行。

第五节　课程的评价

一、学生发展

1.过程性评价

依据促发展、全体性、全面性、过程性、多样性的原则,根据学生发展目标,分别从表达与积累、思维发展、探索解决问题能力、交流沟通意愿、参与合作态度、审美与舞台表现六个维度对学生进行评价。

低年级教育戏剧课程评价表

评价维度	评价标准	评价主体	
		自我评价	老师评价
表达与积累	故事讲得流畅，内容比较丰富，能运用肢体语言表现	☆ ☆ ☆	☆ ☆ ☆
思维发展	有自己的想象，准确表达自己的感受	☆ ☆ ☆	☆ ☆ ☆
探索解决问题	参与制作或使用面具或手偶，设计使用角色合理	☆ ☆ ☆	☆ ☆ ☆
交流沟通意愿	愿意展示与交流，并聆听他人点评	☆ ☆ ☆	☆ ☆ ☆
参与合作态度	积极参与，并且和同学愉快合作	☆ ☆ ☆	☆ ☆ ☆
审美舞台表现	角色入戏，感情饱满，有一定吸引力	☆ ☆ ☆	☆ ☆ ☆

中年级教育戏剧课程评价表

评价维度	评价标准	评价主体	
		自我评价	老师评价
表达与积累	格式规范，故事完整，情节生动，人物特点鲜明，语言丰富	☆ ☆ ☆	☆ ☆ ☆
思维发展	有自己的想象、联想、判断，表现自己的感悟和分析	☆ ☆ ☆	☆ ☆ ☆
探索解决问题	道具辅助表演，符合角色特点，有背景设计	☆ ☆ ☆	☆ ☆ ☆
交流沟通意愿	乐于展示与交流，并聆听他人点评	☆ ☆ ☆	☆ ☆ ☆
参与合作态度	积极参与，起作用，和同学愉快合作	☆ ☆ ☆	☆ ☆ ☆
审美舞台表现	台词、动作突出人物性格，小组合作有默契	☆ ☆ ☆	☆ ☆ ☆

高年级教育戏剧课程评价表

评价维度	评价标准	评价主体	
		自我评价	老师评价
表达与积累	情节曲折动人，主题鲜明，语言丰富有特色	☆ ☆ ☆	☆ ☆ ☆
思维发展	有自己的想象和联想，有逻辑分析，有独特的观点和感悟	☆ ☆ ☆	☆ ☆ ☆
探索解决问题	道具实用性强，背景有变化，有符合人物身份的服装	☆ ☆ ☆	☆ ☆ ☆
交流沟通意愿	乐于展示与交流，并聆听他人点评	☆ ☆ ☆	☆ ☆ ☆
参与合作态度	积极参与，能起协调作用，和同学愉快合作	☆ ☆ ☆	☆ ☆ ☆
审美舞台表现	表演入情入境，合作默契，有创新	☆ ☆ ☆	☆ ☆ ☆

2.作品成果评价

根据学生演出展示作品的综合情况评选"最佳编剧""最佳男主角""最佳女主角""最佳表现""最佳默契组合""最佳道具""最佳舞台设计""最佳服装"等奖项，鼓励学生的个性发展和创新。

二、教师发展

主要通过课堂观察、戏剧表现、学生问卷调查等方式进行评价。

1.教师角色发生变化

成为戏剧活动的参与者，成为学生的玩伴。在这个过程中，教师角色进行了重构，从外在于情境转化为与情景同在，并扮演着多元角色，发挥调控组织、助推引导的作用，真正使"没有人拥有真理，每个人都有权利要求被理解的迷人的现象王国"成为可能。[①]

2.课堂更具开放性

能够保持一种对话的状态，允许并逐渐形成多重思维、多种解释和多元观点的氛围。充分发挥学生的想象力和创造力，发展学生的多元智能，培养学生高阶思维和创新能力。

3.教学方式能自我突破

教师能够运用全新的教育理念，以"抛锚者"的身份，充分利用自己的教学经验和教学智慧，善于观察、捕捉学生思维活跃、思绪泉涌的时机。在探究、交往和发现的过程中，一方面使学生学会认识自我与他人、学会倾听、学会尊重、学会分享，另一方面能潜移默化地培养学生自发、自觉、自主解决问题的能力，最终实现促进师生双方思想和行为共同解放的目的。

4.教师跨学科能力提升

作为课程的开发者，教师能够整合学科资源，形成跨学科能力。在课程实施的过程中，能够边实践、边开发、边反思、边改进、边完善，既是设计者、培训者，也是实施者、改进者。在这个过程中，教师的视野和眼界得到拓展和提升，知识得以丰富，学养得以丰厚，教学艺术水平得以提升，促进了教师个人的专业成长。

---

① 小威廉姆.E.多尔.后现代课程观.王红宇，译［M］.北京：教育科学出版社，2000.

三、学校发展

1. 丰富了学校特色课程的内涵

"教育戏剧"课程的实施过程中，教师摸索上路，设计、实施、指导、反思，而学生在这个过程中融入自己新的想法去创编、表演、设计道具等，给原本的内容注入了新的生机，这无疑也是对课程的二次开发。他们的作品丰富了学校课程内容，成为低年级学生欣赏学习的范例，也丰富了学生的校园文化生活。在课程中，师生阳光灿烂的笑容、热情主动的参与、精彩的表现、多元的收获都成为课程实施的有力支撑。

2. 提升了学校阳光教育的品质

"教育戏剧"重在让学生打开身心，重在深度体验并用身体跟世界对话、用身体来接纳和体验这个世界。因此，作为一门具有前瞻性、综合性的课程，给以往的学校教育注入了新的生机。对有着几年或数十年单一学科教学经历的教师来说，面临着巨大的"跨界"挑战。这也促进学校加强对教师的专业培训、形成团队的互助，激发教师发挥内在潜能和创造力，而这对于学校教育质量的提升无疑起到推波助澜的作用。

3. 开辟学校德育一体化课程建设的新途径

"教育戏剧"课程宽松、愉悦的氛围，让师生没有压力，通过自己的努力去表现、去释放，那种愉悦的心理体验在给学生带来经验、能力、自信的同时，也带来在未来解决问题时可以借鉴和利用的方式方法。学生这种健康快乐的阳光心态的形成将成为学校心理健康教育以及德育一体化教育的有力补充。

参考文献

［1］中华人民共和国教育部.艺术课程标准（实验稿）［N］.北京：北京师范大学出版社，2001.

［2］张生泉.教育戏剧的探索与实践［C］.北京：中国戏剧出版社，2010.

［3］夏家善.南开话剧运动史料［Z］.天津：南开大学出版社，1984.

［4］小威廉姆·多尔.后现代课程观.王红宇，译［M］.北京：教育科学出版社，2000.

（李欣　青岛贵州路小学）

第二章
小学"魅力汉字"课程建设

第一节　背景与问题

一、背景介绍

汉字是中国文化的根，是中华文明生存和延续的基础，其反映的是中国人的生活状态，连接的是中国人的思考方式，具有丰富的人文内涵。中华文明能够持续发展，从未中断并始终保持着旺盛的生命力，和汉字文化的发展有着密切的关系。汉字承载了许多历史记忆，每个字都有深刻的文化内涵和很长的演化传承，是中华文明的载体和符号，是丰富多彩且博大精深的。可以说，世界上没有任何一种文字能像中国汉字那样令人崇敬祖先，它对民族凝聚、对精神生活产生了巨大的影响。

汉字是我国的法定通用文字，认读并书写汉字是小学生必学的课程内容，同时，掌握好常用汉字也是学习和生活的一种基本技能。《语文课程标准》对小学阶段学生的识字、写字提出了明确的要求：在数量上，第一学段累计认识常用汉字1600～1800个，第二学段累计认识常用汉字2500个，第三学段累计认识常用汉字3000个；在情感态度方面，要求学生喜欢学习汉字，有主动识字的愿望，对学习汉字有浓厚的兴趣，养成主动识字的习惯，同时初步感受汉字的形体美，并在书写中体会汉字的美感，培植热爱祖国语言文字的情感。

为达到以上教学目标，一线语文教师在识字教学方面做出了许多有益的尝试。近年来，小学阶段语文课堂识字教学主要采取以下几种方式。

1. 部件识字法

"部件识字法"是1年级学生学习识字中最为常用的方法。所谓"部件识字法"，是按汉字的部件来分析字形结构的一种识字方法，利用已学过的熟字部件（独体字、偏旁），通过"加一加、减一减、换一换"帮助识记生字。

"部件识字法"建立在对汉字结构科学分析的基础上，其基本主张为汉字是按结构层次有秩序地组成了一个整体，构成汉字的基本单位是部件而不是笔画；大于笔画的能够独立的任何一个字形结构单位，都可以看作组成汉字的部件，包括"点""撇""捺"之外所有的部首、偏旁，也包括有构字能力的独体字和合体字，如"翻"由"番""羽"组成，"番"则由"采""田"组成，"羽"则由"习""习"组成。

识字的过程分为以下三级结构：

一级结构学习单体字，用笔画按笔顺记忆字形，这是部件识字的基础；

二级结构学习简单合体字，用单部件按部位、部顺记忆字形，这是部件识字的重点；

三级结构学习复杂合体字，用复部件按部位、部顺记忆字形。

掌握一个合体字的过程，呈"综合—分析—综合"的双向循环思维方式，即分析不是先于综合而是伴随着综合，在每一步分析中都顾及"映现"系统整体。学生认识一个字，要先看字形整体，分析它是什么结构；同时，确定不同部位，并提取已知的部件按部顺组装成整字。

部件识字是使学生沿着汉字演变的一般规律进行推理。以系统论的观点分析汉字，有利于学生形成识字的纵横观。纵，是找联系、清脉络，使学生好像沿着"树形图"一步一步前进，所识汉字主干清晰、枝叶有序；横，是做比较、辨异同，避免学生识字停留于通过笔画记忆字形或模糊识字，使他们首先找出形似部件的区别，然后再以类推的方法区分合体字。这就使识字的过程成为学生主动的、生动活泼自我发展智能的过程，从而促进智力、情感、意志和性格的全面发展。

2. 联想识字法

《语文课程标准》强调"要运用多种形象直观的教学手段，创设丰富多彩的教学情境"来帮助学生识字。联想识字法就是建立在汉字的构字基础上进行联想的识字方法。它需要借助语言的描绘，把单调的汉字从字形、字义的发展联想成一幅幅图画或一个个生动的故事，赋予字以生命的活力。联想识字法需要建立一个循序渐进的过程。

根据学生学习的特点，可以把联想识字分为初级阶段和高级阶段。

初级阶段：单字字形联想。

这种字一般以简单的象形或会意字为主。教师先指导学生观察字形，并给出形象的语言描述，让学生借助于原有的表象与教师的描述产生联想，建构一幅幅画面，变抽象的文字符号为直观、具体的表象。

（1）具体的事物联想。例如，教学"雨"字，教师一边描述一边指着"雨"字的点说"下雨了。小雨点一滴一滴往下落"，学生借助原有的雨点表象与教师的描述建构"雨点"画面，变抽象的文字符号"雨"为形象直观、具体的表象。再如，"伞"字可这样教学："伞"字上面的"人"像雨伞的什么呢？"一"像伞的什么？"｜"又像雨伞的什么呢？

（2）根据学生已有的生活经验联想。课程标准指出：识字要充分利用儿童已有的生活经验，注重教给识字方法。例如，"上、下"字的教学，学生能根据已有的经验联想："一"有的联想成桥面，桥上有车，桥下有船；有的联想成滑滑梯的天桥，一个小朋友在滑梯上面，另一个已下来了。

高级阶段：联词联想法。

语文本身就是一个文字符号与情感文化融为一体的多彩世界，字、词只有在整体状态的时候才呈现出"生命"。一些字由于不易分化字形和有意识记，这种字可以采用联词联想法。例如，"友"字，可以组词"朋友"，学生一看到"朋"就想到"友"。再如，"片"字，可引导学生联想到电视广告短语有"健胃消食片"。

3. 口诀儿歌识字法

教师会根据字形的特点，编一些口诀帮助学生识字能提高识字的效率。例如，"算"字，可以让学生编一编口诀来记忆，就有学生编到"上头用毛笔，中间用眼看，下边不要弄错了"。这编法既体现了"算"的上中下结构，又体现出"算"的上面是"笔"的上半部，中间是"目"，下边是"弄"的下半部；同时，又使学生在学习"算"字的同时复习了"笔""目""弄"三个字。儿歌，学生读起来朗朗上口，用于识字效果较好。

4. 归类识字法

教师根据汉字的构字方法来进行归类识字教学，如按照偏旁部首、形近字、形声字等进行归类，有助于新旧知识的衔接，形成一定的识字结构，又能帮助学生触类旁通、拓宽识字面。例如，带有"青"这一偏旁的"请、清、情、睛、晴"一起学习，既认识了带有同一部件的一类字，又了解了形声字的构字特点，提高了识字效率。

以上仅总结了语文识字教学中较为常用的几种方法。

现在，在低年级汉字教学中，教师能有意识地引导学生进行多种识字方法的学习和实践运用，并以此培养学生自主识字、主动学习的能力，强调学生基本能力素养的形成。

二、现存问题

近几年，小学语文对于识字写字教学愈来愈重视，语文教师也在识字课堂上进行了许多有效的尝试，但不可否认，语文教学中对于汉字尤其是汉字文化的学习仍存在一些问题。

（一）学生的问题

1. 汉字学习任务重

《语文课程标准》指出，第一学段（1，2年级）认识常用汉字1600～1800个，其中800～1000个会写。对低年级学生要求的识字量占6年识字总量的50%还多。两年要求认1600个常用汉字，这是中华人民共和国成立以来历次教学大纲所不多见的。学生疲于应付大量生字的认写，却忽视了感受汉字中的美。

2. 反复强调，错误依旧

对有的字教师反复强调学生还是会出现错误，这令教师大为恼火又迷惑不解。尤其是在2年级的下学期和3年级会出现一个错别字的高峰期，形近字难以区分，书写错误会大量出现。

3. 缺乏识字兴趣

识字教学缺乏生动性和情趣性，难以激发学生的学习热情；加上低年级学生自控力差，学习汉字感觉困难，识字课的效果也大打折扣。

（二）教师的问题

1. 识字教学不注重提高学生的人文素养，缺乏情趣

在识字教学中，教师只把汉字作为一种符号传授给学生，只注重汉字的拼读、认写，注重记忆，而汉字所呈现的画面、情趣以及汉字里面蕴含的美感、情感却被忽略，汉字对于学生的教育功能没有得到很好地运用。鲁迅先生曾说过汉字有"三美"：音美以感耳，形美以感目，意美以感心。汉字之美在于"三美"的统一与和谐，具有集声音、形象、辞义于一体的特性，这一特性是世界文字中独一无二的。而我们的语文教学则偏重于汉字音、形、义的识记，却忽略了深藏于音、形、义中的美。

2. 识字教学脱离语境，教学策略不适应学生身心发展的特点

目前仍有部分课堂识字教学程序固化，令学生对识字兴味索然。教师往往只为

教生字而教，窄化了识字写字教学的途径，习惯于机械、重复、简单抄写的识字形式，不注重语言实践活动的开展，忽视了对语言文字的创造性运用。

3.识字教学割裂汉字的形、音、义关系的现象很普遍

识字教学只重视字音、字形教学，忽视字义理解。教学中，许多教师对生字的读音倾注了大量的气力，而较少涉及字义；即使涉及字义，也是或随文解释，或轻描淡写，或蜻蜓点水一带而过。识字教学中解释字理时望文生义的现象也比较多，而且无理据的拆分占据了主流，破坏了汉字构形的科学性。例如，"言"字常被拆解成"一点一横长，二字口四方"，"春"常被拆分为"三人一起晒太阳"。这些解析，跟字义毫无关系。这样的识字就造成了字的形、音、义的分离，不但严重违背了汉字的系统规律，给小学生许多错误的汉字知识，而且潜移默化地让学生感到学问无非就是随便联想，为记忆字形而忽略字义。我们不得不承认，生动有趣的识字教学符合儿童的认知心理，但过于关注趣味性而忽略了科学性，反而造成了识字教学的低效率。

4.教师的汉字学知识欠缺

有些教师缺乏汉字学知识，想当然地生造字理，误导学生。例如，"彳"读作chì，我们习惯称之为"双人旁"，而不知其在字义上的含义；对我们叫作左右耳旁的"阝"，并不知其实际上也有"左阜右邑"的区别，这种现象比比皆是。大部分语文教师往往只了解汉字或部首的名称，而对汉字学方面的知识缺乏了解，也影响了对学生汉字文化追根溯源的指导。

总之，在目前的课堂识字教学中仍存在不少问题，面对种种问题和困难。

教师在识字教学中如能借助汉字本身所蕴含的丰富文化内涵发现新的教学方法，便能更好地协助学生完成识字目标。汉字有几千年的历史，每一个字都有一个演变的过程，从甲骨文到现在的文字有一个很长过程的演变，里面包含着很多文化的意蕴，需要我们终身学习。如何引导孩子学习汉字、爱上汉字，通过汉字了解中国传统文化、挖掘汉字的智慧、继承汉字的优雅，值得我们一线语文教师做更深入的研究。

成尚荣先生曾在对核心素养的解读中指出："在传统文化宝藏中，教育理论、教育思想、教育经验熠熠闪光，塑造着中国教育之魂。细察中国优秀的文化传统，不难发现对人、对学生发展的宝贵思想，不难发现所蕴含着的文化精神、科学理性、创新实践的基因。具有中国特色的现代化建设要深植于中华优秀传统文化土壤中，具有中国特色的教育现代化建设同样要深植于中华优秀传统文化土壤中。毋庸置

疑，中国学生发展核心素养的研制，在吸收'外来'的同时，必须不忘文化的'本来'。这样，中国学生发展核心素养才会有中国根、民族魂、世界眼；这样，中国学生才能在世界文化的激荡中站稳自己的脚跟，又跟上世界前行的步伐。"我们相信，汉字文化的学习即是核心素养中文化基础、人文底蕴的重要元素，它是中国文化最好的呈现与表达。

三、课程的主要任务

《语文课程标准》指出：要培植学生热爱祖国语言文字的情感，认识中华文化的丰厚博大，吸收民族文化智慧。汉字作为传播汉文化的载体，是中华文化的基石，蕴含着丰富的民族文化。由此可见，汉字文化与小学语文识字教学有着密切的关系，在小学语文识字教学中渗透一些汉字文化的教学，有助于促进小学生的语文素养的提高，有助于培养学生热爱祖国语言文字的感情，有助于中华文化的传承延续。

小学3年级的识字与写字教学在整个小学语文教学中处于一个重要的过渡阶段。它不同于低年级的把识字写字作为第一教学重点，教师的指导开始由"扶"到"放"，旨在为学生中高年级的自主识字打下良好的基础。因此，在语文课教学的时间分配上，不再允许教师像为低年级教学那样花较多的时间进行识字与写字教学。但是，3年级又是生字回生率、错别字出现率最为突出的一个年段，因此在这一阶段对学生进行汉字文化的渗透，利用汉字的特点将汉字的形、音、义结合起来："音生于义，义附于形"，从汉字形与义、音的关系为切入点，帮助学生建立音、形、义内在的联系，可以极大地提高识字教学的效率。

基于以上教学现状和教学理念，我们在小学3年级创设了"魅力汉字"特色课程，通过系统的汉字发展过程的初步学习，结合多元的创意活动，意在引领学生感受汉字中独特的魅力——美妙的审美和诗意、深厚的文化意蕴、独特的文化魅力，让学生在感受、欣赏、运用汉语言文字的过程中，提升语言文字运用能力，树立民族自信，做一个热爱汉语言、崇敬汉语言、传承汉语言的中国人。

另外，"魅力汉字"课程一要立足汉字文化，不是只教孩子多认字，还要让孩子了解汉字的悠久文化，感悟汉字在发展演变过程中的人文魅力；二要立足于儿童的理解能力，根据3年级学生的认知特点，在内容的选择上让学生听得懂、记得住、用得上。

第二节 目标的确立

基于《语文课程标准》及学生汉字学习现状，主要从以下几方面确立了"魅力汉字"的课程目标。

一、了解汉字的起源和发展演变

汉字的形体，特别是相关的古文字的形体，可从不同的角度折射出古代文化发生发展的种种景象。我们既可通过分析汉字形体结构探讨古代文化在其中的表现，也可通过了解文化发展演变的过程为小学语文识字教学服务，从而发挥汉字文化在小学语文识字教学中的重要作用。

一个汉字往往是一个表象，在字的结构中往往潜渗着原始思维，在字的字义上往往潜存着神话原型，在字义的引申中往往存在着原逻辑。在本课程的教学中，通过了解部分极具代表性的汉字发展、演变的历史，使学生探寻汉字背后的故事。这样，汉字就不会是抽象的笔画符号，而是一幅幅生动形象的图画，是古代劳动人民生活的缩影。

汉字无论其字形还是字义，都受到汉民族文化的深刻影响；无论是形体还是读音，都有其文化功能。汉字负载了诸多历史之源，成为中华文化的载体。因此，在汉字教学中挖掘汉字的演变过程，既可让学生更加高效地识字，又可激发学生学习、了解中国优秀传统文化的热情，同时还可以提高学生的观察、思维能力。

二、初步了解汉字象形、指示、会意、形声等造字规律，感悟汉字的表意功能

教师常常会抱怨识字教学难，特别是形近字、同音字的教学更难，花了很长时间进行形近字的比较，学生还是识记不住，其根源往往在于教师没有教给学生识字方法、渗透识字规律。汉字是表意文字，是形音义的统一，具有"因义构形"和"以形表意"的特点；汉字内部的字与字之间又组成了纵横交错的各种系统。汉字的表意功能使其区别于其他国家的文字，使之具有长期研究的价值，也是其魅力所在。学习汉

字的过程就是记住汉字的音、形、义并在这三者之间建立联系的过程，在这其中逐步形成自主识字的能力。如果教师能从汉字造字方法入手，去挖掘文字所潜藏的深层文化内涵，学生则不仅可以受到语文教育，还可以借此了解古代的文化知识。

三、弥补目前语文课识字、写字教学重工具轻人文的缺失，提升学生的语文素养和文化内涵

北京师范大学王宁教授在《汉字教与学》一书的序言中指出："汉字是中华文化传承与发展的载体，自古以来，汉字教育就是中国一切文化教育的基石与起点。"何九盈先生在《汉字文化学》一书中指出："文字是文化的产物，又服务于文化，促进文化的发展，它自身又是文化的一部分。"北京师范大学王立军先生认为：界定"汉字文化"应该从宏观和微观两个角度着眼。宏观的汉字文化，是指汉字的起源、演变、构形等基本规律所体现的文化内涵；微观的汉字文化，是指汉字自身所携带的、通过构意体现出来的各种文化信息。可见，汉字蕴含着丰厚的民族文化。本课程教学应充分考虑汉字的特点，引导学生在学习过程中真切感受到汉字文化中蕴含的丰富文化内涵，从而陶冶情感、培养审美能力，让学生浸染在汉字的文化中生发民族自豪感。

四、通过探究与发现产生对汉字的兴趣，体会汉字文化丰富有趣的魅力，受到汉字文化的熏陶，培养热爱祖国语言文字的情感

《语文课程标准》中关于识字教学的学段目标指出：第一至第三学段要"初步感受汉字的形体美"，"书写规范、端正、整洁"，"在书写中体会汉字的优美"；第四学段则要"体会书法的审美价值"。因为汉字与绘画同源，汉字本身就具有高雅的形体之美。方块汉字结构给人以稳固实在之感，其对称美、平衡美、曲线美、错综美更能引发无限的想象。古人造字通过"仰观俯察"，凭着自己对客观事物的直观认识"近取诸身，远取诸物"，力求如画如塑地表现出来，因而汉字能"视而可识，察而见义"。倒如，甲骨文"看"字，恰似"抬手举目张望"；"走"字，酷似"大幅度摆动双臂前行"；"飞"字，则使人如见"鸟之双翼在不停扇动"……一个个汉字静中寓动、惟妙惟肖，印证着"汉字的形体效应是汉字独有的文化现象"。在教学的过程中引导学生细察字形，能使学生从汉字的形象、美观领略到汉字独具的审美价值和文化魅力，从而培养热爱祖国语言文字的情感。

第三节　内容的选择

"魅力汉字"课程内容涉及汉字的起源、发展等多个方面，基于学生的年龄特点，在内容的选择上突出了"趣"和"实"。"趣"着重体现内容的趣味性，选取贴近学生生活的、较为形象的汉字为主要学习内容；而"实"则重在发挥其指导学生进行生字巩固学习的作用。

针对3年级学生的学习特点，汉字文化的学习着重进行以下三个方面的内容选择。

（一）渗透汉字的字理

字理者，造字原理、规则也，如"六书"原理及现代汉字结构规律。当然，了解字理并不是枯燥的文字讲解，而是要把汉字的字理知识与汉字字形、精美的图形结合起来理解。

（二）渗透汉字的演化

要有选择、有步骤地展现汉字诞生和演变的过程，同时以通俗的语言解释其字形、字义的变化，使学生更深入地理解典型汉字或部件的意义。当然，这是有机渗透，并不是逢字必讲其演化。一节课选择一两个重点字即可，有所渗透，逐步积累。

（三）渗透汉字的故事

可以选取一些经典的汉字故事，包括历史故事、神话传说、文化习俗等，促进学生学习汉字兴趣的不断提升。

基于以上分析，本课程内容涵盖探寻汉字演变秘密、了解造字规律，趣味讲解汉字相关历史、文化故事，利用汉字演变过程或字理辨析同音字、形近字，趣味汉字游戏，猜字谜、编字谜，书写对联等方面，具体课时内容包括寻根问底追字源、有趣的造字法、小部首大不同、汉字故事会、字谜大会、汉字听写大会等。

课程实施内容

单元	主题	课时	课题	内容
第一单元	汉字的发展历程	1	寻根问底追字源	汉字源远流长。它既是世界上最古老的文字之一，又是至今硕果仅存的一种方块文字。早在6000多年前，原始社会晚期，汉民族先民就在各种器物上刻画符号用来记事，以后渐渐演变成为汉字。汉字起源于图画，是可读出来的图画，称为"文字图画"或"图画文字"。后来图画越来越符号化，逐渐脱离图画，形成象形的汉字。本节课从汉字的起源传说"结绳记事""仓颉造字"中了解古人为什么要造字，了解汉字的演变历史
第二单元	有趣的造字法（一）	1	以图表意聊象形	以最初的汉字象形字入手，从人体、动物、器皿三方面感知象形字是直接模拟物体的形象产生，有很强的写实性和原始图绘性质，但绝非原始图画，而是提取典型特征予以形象化、简化，具有语言符号的抽象表意功能。在"猜一猜""画一画"和"写一写"中，学习象形字，体会象形字描绘事物外形的特点；认识一些和动物、器皿、自然界有关的象形字；运用象形字作画，编故事，感受古人的造字智慧
		2	动物中的象形字	
		3	器皿中的象形字	
		4	天地中的象形字	
第三单元	有趣的造字法（二）	1	字中有字悟会意	会意字是两个或两个以上的形体的会合，所以可以表示许多抽象的、用象形或指事的方法难以表示的意义。会意是为了补救象形和指事的局限而创造出来的造字方法。和象形、指事相比，会意法有明显的优越性：第一，它可以表示很多抽象的意义；第二，它的造字功能强。《说文解字》收会意字1167个，比象形、指事字多得多。直到现在人们还用会意的方法创造简体汉字或方言字。本单元采用"猜一猜""写一写"的形式来认识比较有代表性的会意字：品字形结构的会意字，如"晶"；家庭生活家居物品中的会意字，如"家"；心情中的会意字，如"忍"等
		2	会意字中的"金字塔"	
		3	家中的会意字	
		4	心情中的会意字	
第四单元	有趣的造字法（三）	1	添加笔画品指事	指事字是一种抽象的造字法，也就是当没有或不方便用具体形象画出来时，就用一种抽象的符号来表示。大多数指事字是在象形字的基础上添加、减少笔画或符号。本课通过将指事字与形声字在字形上进行比较，找到指事笔画，如"末""刃"等字，感受指事字的妙处
		2	多一笔的妙处	

单元	主题	课时	课题	内容
第五单元	有趣的造字法（四）	1	意音相合学形声	形声字是由两个文或字复合成体，其中的一个文或字表示事物的类别而另一个表示事物的读音。形声字的义符只能表示某种意思的范围，而不能标明表声字的具体含义。由于用为义符的文（或字）只表示事物的属类，因而它在形声字中只是高度概括的类名，并不能表示这个形声字的具体含义。"形声"以其一半表音、一半表意的结构模式，适应了记录汉语的需要，是一种最能产的造字方式，成为创造汉字的主要方法。现代楷体汉字中，90%以上的字都是形声字，并且直到现在仍然能够创造新字（如一些新造的简化字、科技用字）。本单元的学习引导学生利用汉字的形旁、声旁特点，了解形声字的构字特点，通过同声旁不同形旁的一组字如"清""情""晴"等，同形旁不同声旁的一组字如"咆""啃""哼""唠"等，用"比一比""说一说"等形式展开学习
		2	形声字中的同音字	
		3	形声字中的形近字	
第六单元	小部首大不同	1	阝——左阜右邑	左耳旁楷书中从"阜"（fù）字变形，变形为写在字形左边的"阝"，一般称"左耳刀""左耳旁"等。"阜"字象形，甲骨字形，像山崖边的石磴之形。本义：土山。因此，从"阜"（阝，左耳旁）的字，本义大多与山、土地、地形有关。右耳旁楷书中从"邑"（yì）字变形，变形为写在字形右边的"阝"，一般称"右耳旁"。"邑"字象形，上为口（wéi），表示"疆域"，下为跪着的人形，表示"人口"，合起来表示"城邑"。因此具有"邑"（阝，右耳旁）的字，本义大多与地名、邦郡、区域有关。本课学习采用"看一看""比一比""辨一辨"的形式了解部首阝在不同位置的不同含义，有效区分形近字
		2	冫、氵、灬——点的变化	冫古同"冰"，带有这一偏旁的字与冰冻有关；氵由"水"演变而来，带有这一偏旁的字多与水有关；灬则是"火"的变形，带有这一偏旁的字多与火、热有关。因此，三个偏旁虽只有一点之差，表示的意思却千差万别。本课学习采用"看一看""比一比""辨一辨"的形式了解部首冫、氵、灬的不同含义，有效区分形近字
		3	"欠"与"攵"大不同	通过观察，引导学生发现"欠"下面是人，上面像人呼出的气，整个字像人张着口呼气。所以，以"欠"字做偏旁的字都与张开口吹出气或说出话有关。通过观察，引导学生发现"攵"下面是右手，上面是像小棒、鞭子一类的器具，整个偏旁是指手拿器具轻轻击打。本课学习采用"看一看""比一比""辨一辨"的形式了解部首欠与攵的不同含义，有效区分形近字

单元	主题	课时	课题	内容
第七单元	多彩的汉字活动	1	汉字故事会	学生在阅读《有故事的汉字》系列丛书后，可以选取其中感兴趣的汉字故事进行演讲，也可讲一讲自己与汉字的故事，将汉字文化内化为学生的情感体验
		2	字谜大会	字谜是汉民族特有的一种语言文化现象。它主要根据汉字笔画繁复、偏旁相对独立，结构组合多变的特点，运用离合、增损、象形、会意等多种方式创造的，充分利用汉字的造字规律或形、音、义某一方面的特点来编写，集趣味性、知识性于一体。"字谜大会"活动充分激发学生自主探究、自主学习的源动力，采取自编字谜、趣味闯关等形式，激发汉字学习兴趣
		3	汉字听写大会	采用闯关形式，分别听写生字、二字词语、成语等，考验学生汉字的实践运用能力

第四节　组织与实施

一、实施方法

"魅力汉字"拓展课程主要依托课堂教学和语文综合实践活动两种形式实施，每周一课时。根据学生年龄特点，在课堂教学设计过程中注重生活性、兴趣性、探究性原则，通过在课堂上组织学生开展交流、讨论、头脑风暴等活动形式展开教学；同时，将课程实施与语文活动以及生活实践结合起来，借助生动活泼的形式把学生在活动中的内心体验和收获充分展现出来，让学生不同个性、不同特长和不同思维方式得到充分发展，以达到课内外的知识、德育与创新融合。

具体实施方法如下。

1. 认知

通过汉字象形、会意、指示等造字特点的分类学习，认识更多的汉字。

2. 欣赏

通过汉字与图画的比对，欣赏汉字的形体之美。通过吟诵汉字的抑、扬、顿、挫，感受汉字的音韵之美。

3.表达

以讲有关汉字的故事、做字谜游戏、设计创意汉字等形式进行汉字综合性表达。

本课程设计为了贴近小学生的年龄特征，和他们的学习能力相匹配，在形式上是每一课设计了丰富有趣的小栏目，主要有"芝麻开门"（以生动有趣的漫画或以照片导入）、"向你挑战"（用贴近学习内容的小题目让学生动手做一做）、"八面来风"（补充资料帮助学生更好地感知）、"指点迷津"（将易混淆的知识点明确地分析给学生）、"寻根探源"（用一看就懂的图画展示汉字的演变）；另外，配合具体内容还设置了"精彩无限""头脑风暴""博览群书""放大镜""小贴士""交流会"等栏目，将讲解知识、自我探究、互相交流结合在一起，使得汉字的学习过程充满乐趣。

二、实施课例

现通过《有趣的造字法——以图表意聊象形》一节课例具体加以阐述。

《有趣的造字法——以图表意聊象形》一课主要是通过观看《36个字》象形字动画片，认识"日""山""水""人"等36个典型的象形字，欣赏中国古代象形文字的产生和发展过程，感受汉字的悠久历史，并能激起学生的模仿兴趣和表现欲望；经过欣赏、总结、想象，了解象形字抓住表现对象的重要特征来造字的象形字造字法，并通过学生的描述来锻炼他们的语言表达能力，让学生对我国汉字象形造字法有更进一步的了解。

（一）课时目标

1.认知目标：通过欣赏中国古代象形文字了解我国汉字的悠久历史及发展过程。

2.能力目标：通过欣赏、总结、想象、创造，使学生大概了解象形字的造字方法，并能将几个简单的象形字组合在一起变成一幅画，表达出完整的意思。

3.情感目标：通过欣赏中国古代象形文字的造型美感，激发爱国情感。

（二）教学过程

本课教学，主要通过"认一认""问一问""写一写""演一演"四个环节达成教学目标。

1.芝麻开门

这一环节主要通过观看动画视频《三十六个象形字》，引导学生初步感知在很久以前的远古时代，中国劳动人民是如何运用简洁的线条把事物的特点勾画出来，从而记录生活中的事情。进一步明确，我国最古老的文字——象形字的特点。《三十六个象形字》这一动画是非常经典的作品，画面生动，富有情节。3年级学生已积累了1600多个常用汉字，在观看视频时能够充分调动学生的汉字储备，将视频中出现的象形字进行一一辨别，能够激发起学生的兴趣，让他们直观地体会到象形字的魅力。

2. 寻根探源

这一环节，是整节课中最重要的一个环节。在对象形字有初步认知的基础上，引导学生提出自己的疑问，如：象形字是谁发明的？象形字产生于什么时候？为什么要发明象形字？现在为什么不用象形字？然后解决问题，在质疑解疑的过程中学生主动参与，从而达成本课的认知目标及情感目标。在这一部分教师既要放手让学生大胆发问，培养学生敢于质疑的精神，又应当有清晰明确的指导，尝试把新知识和旧知识联系起来提出问题。对于偏重于知识的问题，主要通过教师故事般的讲解告知学生。

3. 指点迷津

通过前面的学习，学生容易发出这样的疑问："象形字如此形象、生动，为什么我们现在不使用这种文字了？"在"写一写"这一个环节，就是在引导提问的基础上，让学生通过自己动手写一写象形字和现在的简化字，进行比较，了解汉字从象形字到简化楷体字的演变过程，引导学生感受象形字的发明使中国历史上有了可以用于记载的形式，对于文化的传承和发扬有很重要的意义。

4. 向你挑战

在前面的学习中学生对象形字产生的年代、仓颉造字的传说、象形字与现代汉字的区别与关联有了大致的了解；不过，以3年级学生的年龄特点和思维特点，他们更喜欢一个个的象形字，所以这一个环节是让他们与一个个具体的象形字进行亲密的接触。为此，要求学生运用所学，学学古人，用象形文字来写"一封信"、表达一句话或一个意思，再交换信件，进一步"解密"，让学生感受古代人是如何使用他们的文字传达意思的；还可以通过手舞足蹈地演、兴高采烈地猜、大胆想象地画，欣赏，总结，想象，创造，继而达成本节课的能力目标。

第五节　课程的评价

在"魅力汉字"的课程建设中，我们了解了汉字教学之所以具有文化特性和文化功能主要是因为它有三方面的价值：新课改的文化价值取向的需求；语文教育具有文化特质，与文化有着天然的血脉联系，在文化教育方面比其他学科有着更大的优势，汉字教学是语文教育的重要组成部分，同样也应该具有语文教育的文化功能；汉字作为象形表意文字，本身蕴含着丰富的文化内涵，这些是汉字教学能够进行民族文化教育的重要资源。这些价值决定了汉字教学是进行文化教育的重要途径。

"魅力汉字"课程经过一个阶段的实施，发现其目标明确，意义深远，课程实施方法可操作性强，具有极强的生命力。通过研究我国汉字的造字规律、字体的演变发展的历程，采取课堂学习与实践活动相结合的方式，使"知识"与"能力"相结合，"方法"与"乐趣"相交融，能够有效地弥补语文课在识字教学中严重的文化缺失现象，为汉字教学实践提供一些具有可操作性的教学策略，将汉字教学的文化理念落实到具体的教学实践活动中。这样，可以极大地激发学生学习汉字、研究汉字的热情，使学生深刻感受到根植于民族的智慧中的汉字魅力。

"魅力汉字"课程极大的现实意义表现在以下几方面。

（一）提高识字教学的效率和质量

汉字"难认""难记""难写"这三个难，在一定程度上又与识字教学没有遵循汉字的习得规律有关。解决这三难，应从由理性出发。在小学语文识字教学中，通过探讨汉字文化蕴涵，使学生从较高层次上认识汉字形体和汉字的意义，从而更深刻地把握汉字的规律和特点。掌握了字与字之间的联系，把握了共性和特性，就会使汉字学习由一个个零散状态上升到有规律的纵横相互联系的状态，而形成有机的汉字知识结构体系，使学生对汉字的规律既有感性认识又有理性认识，成为被学生理解了的而不是死记硬背的知识。这种识字教学的方法不但解决了识字的数量问题，而且保证了学习质量，有效地防止和纠正了错别字，提高了识字教学的效率。

（二）提升学生的思维发展

学生核心素养的基本内涵强调自主学习能力的提升，这种提升主要表现在学生学习意识的形成、对学习方式方法的选择、对学习进程的评估调控等方面，包括乐学善学、勤于反思、信息意识等要素。而本课程汉字文化的学习过程，顺应了学生身心发展的客观要求。从思维科学的角度来讲，它使学生的思维水平实现了"具象思维—形象思维—抽象思维—创造思维"的发展过程。对于小学生来讲，这一过程能够以语言文字作为切入点，使学生达到"识字明理—启迪道德—开启智慧"的教育效果，因此可以作为提升学生思维发展的有益尝试。

（三）激发学生对民族传统文化的热爱和传承

在识字教学中，一般会存在字义难理解、记忆难度大而使学生不易学好的问题。采取从汉字文化内涵突破的方法，可以增强汉字教学的形象性、生动性、趣味性；只要引导得法，必然会激起学生对汉字和传统文化的浓厚兴趣。例如，"孝"字，从金文字形看，上半部分代表着"年老力衰的老人"，下半部分代表"后辈子女"；"老"在上，"子"在下，会合其字即意味着"做子女的，顺承父母，敬重和扶助长者，那就是孝"；从行动上来看，"子"背着"老"，意为"父母长辈年老体衰行动不便，须后辈子女背着代步"，其中充满着感恩、报恩、关怀之情。再如，"安"字，从字形上看，甲骨文的"安"字的"宀"表示"房屋"，"女"在"宀"下，表示"房屋内是一个两手交放于胸前而坐着的女性"，两部分合起来像"一个女子静居于室内"，用以表示"安静，无危险"。

"孝"字体现了我国优秀的道德传统，即我们把听从老人的教导和服侍老人的思想行为叫作孝道。"安"字体现了在古代的社会生产生活中，女子一般不出门，其生活空间主要是家中室内，男耕女织，男主外，女主内的社会分工。

通过分析汉字文化内涵来学习汉字，引导学生亲近汉字、亲近中华优秀传统文化，使貌似僵死的汉字变成生动形象的优秀传统文化教育的好教材，这无形中培养了学生对祖国语言文字的情感，意义深远。

《语文课程标准》的总目标要求"培植热爱祖国语言文字的情感"。我认为，要达到这一目标，光靠空洞乏味的说理是行不通的，需要在小学语文识字教学中，通过对汉字的构造和来源的解析，让学生潜移默化地受到汉字文化的熏陶，并逐渐感受到汉字蕴含的博大精深，领略到我们祖先的聪明才智，使他们对汉字的热爱油然而生，进而对创造汉字的祖先充满赞赏之情，树立作为一个中国人的民族自豪感。

《语文课程标准》指出：语文课程对继承和弘扬中华民族优秀文化传统和革命传统，增强民族文化认同感，增强民族凝聚力和创造力，具有不可替代的优势。汉字作为一种文化载体，承担着重要的教育意义。要实现中华民族的伟大复兴，只有重视民族传统文化的浸润和滋养，才能从深处唤醒学生的使命感，使他们成为民族文化的传承者、捍卫者。

参考文献

[1] 中华人民共和国教育部.义务教育语文课程标准.2011版 [N].北京：北京师范大学出版社.2011.

[2] 戴汝潜.汉字教与学.1版 [M].济南：山东教育出版社，1999.

[3] 何九盈.汉字文化学.1版 [M].沈阳：辽宁人民出版社，2000.

[4] 黄亢美.小学语文字理教学手册.1版 [M].南宁：广西科学技术出版社，2005.

[5] 王朝忠.汉字形义演释字典.1版 [M].四川：四川辞书出版社，2006.

[6] 邱昭瑜.有故事的汉字.1版 [M].青岛：青岛出版社，2013.

[7] 成尚荣.核心素养的中国表达.1版 [M].长春：东北师范大学出版社，2018.

（孙良　青岛朝城路小学）

第三章
小学"古风雅韵 诗情悠然"课程建设

第一节 背景与问题

一、背景介绍

我国的古诗是我国文化遗产宝库中的明珠。诗词是中国古代文学之瑰宝，集格律美、意境美、辞采美和含蓄美为一身。吟唱是我国传统的读诗词和读文方法，通过声调的抑扬顿挫，配合肢体语言的变化，将文中意境从抽象、平面的文字中进一步延伸，使其在有声的空间里丰富发展。古诗通过配上优美的旋律，更有利于中小学生掌握古诗，更好地理解古诗的内容；有助于我们继承我国古代优秀文化，吸收它的精华，使学生树立民族的自豪感，陶冶学生的情操，提高学生的音乐审美能力，提高学生的综合素质。通过古诗吟唱，可以使学生更加热爱祖国、热爱祖国的民族艺术，激发学生的爱国主义情感。儿童从小开始吟诵诗书，学习"修身、齐家、治国、平天下"，对他们成长的影响十分深远。

关于"诗教"的目的，孔颖达曰："温谓颜色温润，柔谓情性和柔，诗依违讽谏，不指切事情，故云温柔敦厚是诗教也。"古诗文作为我国最具特色的文化遗产，它对于现今的小学生无论是在人文底蕴、家国情怀、责任担当方面，还是在自主学习等方面都有举足轻重的影响。可以这么说，我国学生发展核心素养的提出和古诗文教学是一场最美的契合。[①]

中国古典诗歌的生命，原是伴随着吟唱之传统而成长起来的。《周礼·春官》

---

① 赵珊珊.小学古诗文诵读教学研究［D］.桂林：广西师范大学，2012（4）.

有云:"大司乐……以乐语教国子,兴、道、讽、诵、言、语。"刘勰在《文心雕龙》中说:"文之思也,其神远矣……吟咏之间,吐纳珠玉之声。"曾国藩在给其儿子的《家训》中也曾提到诗文需要"高声朗诵"和"密咏恬吟"才能得其真意。历代许多著名的优秀诗人,非常成功地运用吟唱这一形式来表现时代的风貌、人民的思想感情。诗词吟唱是传统的读诗读词读文的方法,在我国有着悠久的历史。最早在周代,诗歌吟诵是当时的大学(即太学)以及小学里都开设的一门必修课。请看下面几则文献资料的记载。

《周礼·春官宗伯下》:"以乐语教国子,兴、道、讽、诵、言、语。"

《礼记·文王世子》:"凡学(郑玄注,教也)世子及学士,必时。春诵,夏弦,大师诏之。"

《礼记·内则》:"十有三年,学乐、诵诗、舞勺。"这是官办的贵族子弟学校教学诗歌吟诵的情况。到了春秋时代,孔子第一个开始私人办学。这位精通音乐和文学的大教育家非常重视将吟诵《诗经》与音乐、舞蹈相结合,平时花很多的时间教授弟子们"诵诗三百,弦诗三百,歌诗三百,舞诗三百"。在他的弟子中间,子游和子路很能弦歌《诗经》,曾子和原宪吟唱《诗经》很出色,这是文献资料中记载的。不仅如此,据《太平御览》引《庄子》逸篇中的文字记载:"孔子读《春秋》,老聃踞灶觚而听。"能使老聃津津有味地听读,可以想见孔子朗诵《春秋》的水平一定很高。孔子堪称我国古代第一位著名的诗文吟诵专家。此外,以奇文《离骚》为代表的楚辞继《诗经》之后蔚然郁起,人们吟讽它,赏玩它,自不待言;屈原本人在《渔父》中自述:"屈原既放,游于江潭,行吟泽畔。""行吟",就是漫步吟唱。总之,在先秦时代,国人喜尚吟诵诗文已形成传统。今天古诗吟诵课程在孩子幼小的心灵中播下。

传承经典,引导学生做有根的人。赵元任先生在他的《(新诗歌集)序》①中曾指出:"诗歌不分化的时候,诗也是吟,歌也是吟。"在现代语文教学中叶圣陶和朱自清两先生联手合著《精读指导举隅》一书,于1942年3月由商务印书馆出版。赵先生在此书前言中又一次强调吟诵的重要:吟诵的时候,对于研究所得的不仅理智地了解,而且亲切地体会,不知不觉之间,内容与理法化而为读者自己的东西了,这是最可贵的一种境界。学习语文学科,必须达到这种境界,才会终身受用不尽。让孩子们通过吟唱经典去发现美、感受美、鉴赏美、创造美,便会增强他们的文化

---

① 1925年,赵元任先生录制了6首诗词吟唱调,收于《常州吟诗的乐调17例》一书中第205-350页。

底蕴，提升他们的语文素养。

二、核心问题

《语文课程标准》总目标要求学生"认识中华文化的丰厚博大，吸收民族文化智慧，吸收人类优秀文化营养"，充分肯定了中华诗词在母语教学中的重要地位，对1～6年级学生提出背诵古今优秀诗文160篇（段）的要求。其中，各学段还有具体的数与量的要求。《语文课程标准》还给小学1～6年级明确推荐了详细的古诗文（70篇）目录。可见，课程标准要求我们把古诗文诵读作为一个重要的发展点。我校是一所经典古诗词诵读试点学校，除了完成课本上古诗词的教学，还会组织学生诵读、熟背一些经典古诗词，让他们在记忆力最好的时候，通过积累获得中华传统文化的熏陶和修养。应该说，这样的出发点是极好的，但教师在实际操作过程中却遇到了不少问题。

例如，在教学张若虚的《春江花月夜》时，本以为这么首优美的诗歌，让学生读了又读，还讲解了诗歌的大意，学生一定能顺利背出；然而，事与愿违，大部分学生背得支支吾吾，只记得"春江潮水连海平，海上明月共潮生"的名句。而这种情况在日常教学中曾反复出现。虽然小学生处于记忆力极强的年龄阶段，但是从学生背诵古诗词的状况可以看出他们背得极不情愿，背诵效果很不理想，这让我们不得不反思自己的教学，希望找出问题的症结，寻求有效的策略方法，改变令人担忧的现状。

2017年笔者担任6年级语文教学工作，对班里40名学生就"你是否喜欢学习古诗词？"的问题进行了一次问卷调查，结果显示无一人对学习古诗词感兴趣；有一些兴趣的，有5人，仅占12%；没什么兴趣的有14人，占35%；讨厌学习古诗词的，有21人，占52.5%。这个调查结果既在情理之中——学生对古诗词学习没有太多兴趣，但又在意料之外——没料到有一半以上的学生会厌恶中华传统文化。通过调查反馈以及与学生的沟通，笔者发现了如下问题。

1. 理解记忆困难

由于中国古典诗词博大精深、语言凝练，具有优美的韵味和广袤深邃的意境，而小学生虽然记忆力强，但由于年龄偏小、语言积累少，对知识的理解认同往往是通过直观的形象，且随着年级的升高，小学高年级同学所接触的古诗词不再是诸如《咏鹅》之类较浅显的五言绝句，理解、记忆难度不断上升，从而导致整体难理解、难背记。

2. 教学方法枯燥

传统的古诗词教学方法就是老师讲解意思，学生抄写、诵读，显得枯燥乏味，"讲解—诵读—抄写"成了古诗词教学固定的"三部曲"。这种一成不变的教学模式抑制了学生思维的灵性，扼杀了学生创造的需要，古诗词所蕴含的美感荡然无存，古诗词教学课堂气氛沉闷，缺少师生互动，从而无法引起学生学习古诗词的兴趣。

3. 检测手段单一

传统的检测古诗词学习效果的手段就是背诵、默写。学生为了在检测中获取高分，也只能在课后枯燥地背诗、抄诗、默诗。机械、单一的检测手段让学生感受不到古典诗词的美，领略不了中华民族的文化精髓，导致学生厌恶学习古诗词。

古诗词教学"吟唱"策略缘起，因学生问题应运而生。

一次课间，学生哼唱王菲的《但愿人长久》。该曲中的歌词就是苏轼的《水调歌头》，一字一句，毫厘不差。由此可见，古诗词配上美妙的曲调，学生可以吟唱，更易于、乐于接受。于是，一个初步的设想产生了：能否将吟唱与古诗词教学做一次融合，借助"吟唱"这一策略帮助学生感受中国古典文化、理解经典古诗词作品呢？

对比尝试，初尝甜头。

正巧，在这个学期的校经典诵读篇目中看到了《水调歌头》，笔者立刻想起了那个让人怦然心动的场景，于是立刻在6年级的两个平行班中进行了一个小实验。在A班用传统的教学方法教授，即讲解、读、背；在B班教学时，播放王菲演唱的《但愿人长久》，学生学唱、跟唱，教师稍加讲解创作背景。第二天，对两个班的学生都进行默写，出现了不一样的结果。

通过A、B班默写《水调歌头》情况对照表不难发现，在B班的教学中将吟唱与古诗词联系在一起，能显著提升教学效率。有研究表明，优美动听的音乐能把儿童识记过程中的心理调节到最佳状态，使儿童能够在集中而放松的状态下完成识记。将音乐运用于记忆，有着多元的科学依据和自身规律。早在20世纪50年代，保加利亚教育家罗扎洛夫的"主动音乐课"和"被动音乐课"就是最具成效的理论之一。学生在吟唱《但愿人长久》的过程中产生了放松的心理、愉悦的情绪，加深了对《水调歌头》的理解，更加强了记忆，因此在默写中取得了优于A班的成绩。

然而仅会吟唱、背诵《水调歌头》，只是古诗词学习中的冰山一角，要真正全面地让学生领略经典古诗词的美甚至爱上古诗词的学习，还需要更多的探索实践。经过进一步思考，笔者决定将"吟唱"植入小学的古诗词教学中进行深入的实践研究。

三、主要任务

我校非常重视学生读书，给每位学生印制了青岛基隆路小学学生阅读手册——《书香致远》，推荐每个年级的必背古诗和熟读古诗。现在展开古诗文吟唱的研究和实践，旨在引导学生通过吟唱经典古诗文感受到中华古典文化博大精湛，培养对祖国语言文字的热爱、健全的人格和高雅的审美情趣；让学生感受古诗文丰富的人文内涵、优美的意境、高雅的情趣。通过古诗文吟唱感受语言之美，对学生精神领域的影响是深远的，与《语文课程标准》的精神一脉相承，符合课改课精神，能提高学生的语文素养与人文素养，从而培养学生高尚的道德情感与审美意识，实现校园文化重建，达成我校的办学理念：中华腾飞育民族英才，培养"爱若海、智如山"的美丽学子，通过古诗吟唱全面提高学生的语文素养，让学生做最美的自己。

一年来的实践证明，"吟唱"策略运用于小学语文古诗词课堂教学中行之有效。

（一）古韵诗情紧密结合

古诗词的语言原本就有一定的音乐性，如果再配上优美的曲调—吟唱，就更能显示出娓娓动听的音乐美来。《史记·孔子世家》道："三百零五篇，孔子皆弦歌之。"《墨子·公孟篇》道："儒者诵诗三百，弦诗三百，歌诗三百，舞诗三百。"可见，诗词和音乐的关系密切，是无可怀疑的，因而才有"诗歌"一说。

当下是个信息发达的社会，学生对于一些流行事物非常感兴趣，流行音乐的蓬勃发展已经成为影响学生学习、生活的很重要的"社会环境"，班里有很多学生在课余都爱好听、唱流行歌曲，而不少作曲家也根据一些经典古诗词的韵味谱上了典雅的曲调，使古诗词摇身一变，成了一首朗朗上口的歌曲。这些歌曲不需要复杂的演唱技巧，易学易记，有的还作为电影、电视剧的插曲，深受学生一族的喜爱。苏轼的《水调歌头》、李煜的《虞美人》、李商隐的《无题》等经典古诗词都被谱成了曲，分别成了由王菲演唱的《但愿人长久》、邓丽君演唱的《恰似一江春水向东流》、徐小凤演唱的《别亦难》。俄国著名文学家托尔斯泰曾说："音乐的魅力，足以使一个人对未能感受的事有所感受，对理解不了的事有所理解，使不可能的事变为可能。"在教学时，将这些歌曲引入课堂，用诗词演唱替代传统的诗词朗诵，将流行文化和古典文化紧密结合在一起，学生兴趣盎然，在跟唱、学唱的过程中，把诗词熟记于心，更加深了对诗词的理解。

（二）改善语文教育

我们现在的古诗教学存在的问题就是用朗读、分析、讲解的办法教学生学习古诗词，丢失了古诗词的声律美、意境美，甚至连"记忆"这个最基本的要求也做不好；也就是说，"朗读"不是完成古诗词记忆的最好办法，把语言与旋律结合起来才是最好的办法。"语文核心素养"是统合体，具有统合力，在语文素养中居于"中心""中枢""统帅""命门"的地位。

现代科学证明，在旋律与语言之间，人的大脑对旋律的记忆总是来得更快、更深刻。"吟""唱"比朗读更便于记忆。长期以来，各位语文老师在进行古诗词教学时，总离不了这几步：解词、析句、理解全诗、背诵全诗。而且，笔者在以往的教学中，还专门给诗词教学总结了以下几步骤：知诗人，解诗题，释诗词，明诗意，诵诗情，悟诗境；教给学生这几步后，以后每逢诗词学习，就让学生按步就学。这样做，脉络固然清晰，但反复多次，难免单调枯燥、气氛沉闷。自从把吟唱作为一种古诗词教学新方法后，孩子们学得兴致盎然！这样，不仅提高了古诗词教学的效率和效果，而且增强了儿童学习古诗词的兴趣。

（三）改善审美教育

1. 有效抵御"快餐文化"

"古风雅韵唱唐诗"，歌词是高度文学性的中国经典古诗词，歌曲的音乐力求表现古诗词的意境和内涵，歌曲的旋律音域不宽、朗朗上口、简单易学，既符合儿童歌唱的生理机能，又符合对古诗词意境的感悟，从而增强了古诗词歌曲在各种各样的流行歌曲面前的竞争力，有效地抵御了"快餐文化"。

2. 文化奠基，涵养性情，培养价值观

纵观当今学校教育音乐、社会音乐教育和家庭音乐教育不难发现一种现象：缺乏人文内涵，尤其缺乏对我国优秀文化传统的渗透。而古诗吟唱，继承了我国优秀文化的两个传统：一是诗、乐一体化的传统；二是中国古典诗词声律美和意境美的传统，通过古诗吟唱这种形式，让孩子们沉浸在诗词的旋律和意境之中，涵养其性情，陶冶其情操。

第二节 目标的确立

一、学生发展目标

第一学段（1，2年级）：蒙学吟诵，从古诗文吟唱中感受韵律美

（1）学习声调基础知识，均匀掌握节律，配合舞蹈、故事、游戏，让学生有兴趣地学习简短的唐诗。

（2）以《声律启蒙》与《笠翁对韵》为例，理性记忆中古音的声调的平声、上声、去声和入声的四声八调系统。

（3）教给学生基本的吟诵规则：学会对仗，入短韵长，会断句，通过音乐感受古诗的意境。

第二学段（3，4年级）：韵味吟唱，从古诗文吟唱中鉴赏美

（1）学习诗的吟诵符号："平声：—　——　———，仄声：∣入声：！"，能够有表情有韵味地朗诵古诗、歌唱古诗。

（2）记忆"平水韵"，学习押韵的意义：押韵对应长主音。入音读短，押韵之处必是长音，韵在字义之外表达了含义。诗韵往往决定了诗意的情绪。通过韵味吟唱，初步理解古诗的意境。

第三学段（5，6年级）：即兴创唱，从古诗文吟唱中创造美

（1）初步了解中国式作曲法，学会拖音等，对自己喜欢的古诗词运用吟唱背诵。

（2）培养学生自由吟唱古诗词的能力，做到能直接即兴吟唱。

二、教师发展目标

以生动活泼的形式对学生进行优秀传统文化教育，以音乐为手段使古诗词的学习得以美化、深化，将德育和美育结合起来，最终达到提升学生的人文素养，促进学生全面、协调发展的目的。为实现这一目标，要逐步完成三个方面的具体目标。

（1）教给学生基本的吟诵规则，逐层递进，达到别文体、拾规矩、重声韵、达文意，通古人之情，感自我之心，修身养性。

（2）培养学生的审美能力，以歌唱的方式学习古诗词，依据九法：依字行腔、依义行调、模进对称、入短韵长、平长仄短、平低仄高、虚实重长、文读语音、腔音唱法，在吟唱中感受、体验，逐渐理解古诗词的意境和美感。

（3）学习并尝试运用中古音的声调及其意义，培养学生独立吟唱古诗的能力。

三、学校发展目标

结合国内同一研究领域的现状，确定学校切实可行的发展目标。

吟唱古诗词是儿童教育中一个崭新的领域，它有着极为深厚的历史渊源，它是在继承我国优秀文化传统的基础上融会西洋音乐的手法，适应现代社会中家庭教育、学校教育和社会教育的实际需要而发展起来的一门新兴学科。

就艺术起源讲，诗、乐原本一体。我国最早的几部诗歌总集如《诗经》《楚辞》等都来源于民间吟唱。标志着中国古代诗歌进入成熟阶段的唐代律诗（近体诗），也大多是吟唱的（尤其七言绝句更是如此）。谢榛的《四溟诗话》讲："唐人歌诗，如唱曲子，可以协丝簧，谐音节。"

傅雪漪从2003年9月开始，将语文和音乐课综合起来[①]，在北京师范大学厦门海沧附属学校幼儿园、小学开设《唱诗》校本课程，教学生用唱歌的办法学习语文课中的古诗词。其所申报的厦门市教育科学研究课题"小学阶段唱诗课的理论探索与实践研究"于2007年获得五年一届的厦门市第二届教育科学研究成果奖。在小学阶段开展"唱诗课"的教学和研究，是在少年儿童中弘扬和培育民族精神和文化认同感的有效手段，用唱歌的形式对学生进行中国优秀传统文化教育符合人文教育的特点，对改进语文课和音乐课的教学模式，使我国古代文化瑰宝——唐诗宋词代代相传具有积极意义；并以科研推动教研，课改推动教学，使教学质量得到提升。

2015年广州天河区音乐教研室开展"吟唱古诗词"课题研究。秦德祥老师主持的音乐课题"吟唱古诗词，培养学生高尚的审美情操"，致力于通过课题实验，促进音乐学科的发展。主要成果有：① 课题组将吟唱古诗词与新教材实验相结合。音乐教学新课标理念是鼓励教学的多元化，让学生将范曲、吟唱、诵读、表演创造整合运用，在教育中、乐中学习，领悟精深的古诗词经典文化。② 吟唱古诗词，让美育人、以情感人、寓教于乐，师生素质同提高。③ 出版了《小学生必备古诗词歌

---

① 傅雪漪《中国古典诗词乐曲教学札记》一文中对古典诗词歌曲的演唱进行介绍，此文载于《中国音乐》1986年第4期，第25-28页。

曲》，让高山流水觅知音，天河童声妙韵传万代。

2015年，陈少松省级"十五"课题——"古诗文吟唱背诵研究"顺利结题。这一课题研究，从育人大目标出发，着眼于对学生的人文熏染，发扬传统语文教学优势，探讨古诗文教学的规律和方法，帮助今天的高中学生更好地阅读、理解和欣赏古代诗文，体现出对学生的人文关怀和人文熏染，弘扬了中华民族的灿烂文化，同时也提升了老师们自身的教学水平，符合新课标的教学理念。[①]

2017年灌南县三口镇中心小学开展古诗教学中音乐渗透功能的研究，通过古诗吟唱改变学生学习古诗的现状，革新学生陈旧的学习方式，构建学生自主探究的学习策略，同时引导学生感受古诗的无限魅力、继承和创新中华民族的唱诗传统，激发学生热爱祖国的民族艺术的情感。

结合现代化学校同一研究领域现状，我校确定的研究方向和发展目标如下。

（1）吟唱教材应结合学生年龄特点和个性特点，以儿童发展为本。吟唱构建应从儿童出发，有计划、有重点地选择他们乐于接受和需要的课程内容。学生是学习的主体，应引导孩子通过吟咏、思考、感悟、习作和各种言语实践和体验活动，让儿童爱上吟唱、学会经典、亲近母语。

（2）吟唱方法应以传统吟唱技巧为核心，逐步引导学生自己的吟唱风格。吟唱古诗文相当于欣赏音乐会，需要综合利用视觉、听觉、触觉甚至嗅觉和味觉来感知作品的意境和韵味。吟唱不可避免地带有吟唱者本人对作品的理解和感悟，因此，要鼓励学生吟出自己的风格、诵出自己的韵味。

（3）吟唱成果的展示不仅是有声的吟词歌赋，还可以是文字的表情达意。在吟唱课程的实施过程中，教师的吟唱带动学生的吟唱，学生对经典的感悟随着吟唱而逐步深化，不应局限于用声音来表达，还可以用文字来表达。这样的吟唱，不仅有利于提升儿童的精神境界，还有利于培养儿童的言语能力。

（4）吟唱教育应以修身养性、传承文化为旨归。吟唱课程不仅仅要提高儿童的言语能力和语文素养，也要在此过程中让儿童亲近中华传统文化、理解多元文化。[②]

① 南京师范大学陈少松教授的《古诗词文吟唱》一书由社会科学文献出版社出版，书中全面介绍了古典诗词吟唱的历史、方法、腔调，并附部分曲谱。

② 方智范.语文教育与文学素养［M］.广州：广东教育出版社，2005.

第三节 内容的选择

一、选择依据

《语文课程标准》指出：诵读古代诗词，有意识地在积累、感悟和运用中提高学生的欣赏品位和审美情趣。可见，吟诵是学生赏析古诗文、丰富语文素养、接受熏陶感染的有利途径，但教师的"满堂灌"，学生过多的机械记忆，是古诗文教学低效的两大原因。那么，要提高古诗文教学的有效性和实效性，重要的途径是重视吟诵。只有唱出古诗文中的韵味意境、人文精神、中华文化，才能全面提高学生的语文素养、传承中华文明。吟唱是传统诗词文赋的诵读方式，不仅如此，它还是创作方式、教育方式、修身方式、养生方式，是汉文化的意义承载方式和传承方式，是中国式读书法。吟唱是吟和诵的组合词，语境不同而含义不同。"吟"有两个意思：一是声调抑扬地念，一是指作诗、写诗及推敲字句，均为引申义；"诵"是指背诵和朗读，为本义。我校的古诗吟唱课程的"吟唱"不单指声调抑扬顿挫地诵读，而是把其作为三种方法来研究：一是欣赏方法，通过吟唱的方式来欣赏感悟中华传统诗文的声韵含义；二是学习方法，借助吟唱来探究古诗文是如何遣词造句，以便简洁生动地表现圣人先贤们的精神真谛、感性心得；三是一种创作方法，吟唱是对古诗文的一种再创造，在学习的过程中不同的人有不同的感悟和收获，可以是用声音来再现，也可以是用文字来表现。这让我想起简·豪斯顿在《教育可能的人类》一书中曾说的话："如果孩子们跳舞、品尝、触摸、听闻、观看和感觉信息，他们几乎能学到一切东西。"

有人说，诗其实就是人的生命，是人的生命中那个最美、最真的化身。在古诗吟唱课程中用自己的真挚唤醒了诗的灵魂，为孩子们绽放出最动人的笑颜。诗如生命，生命如诗。教师应以一颗如诗的心，在传承与创新之间不断地努力学习和探索教学方法，让古诗教学沐浴在教改的春风中不断地呈现新的诗篇，让学生真正喜欢上古诗，并能主动学习，继续传承和发扬我国悠久的诗文化。

我们将小学阶段儿童对中华古诗文经典的学习、理解、感悟和创造的课程称为"吟唱课程"。在课程实施的过程中，以吟唱为主要的教学法和学习法，以传统文化经典为学习内容，在吟唱经典的过程中师生思想的内涵得以丰富、胸襟得以开阔、灵魂得以净化、智慧得以启迪，中华的传统文化也得以传承。提高了学生的语文素养，为学生的生命成长奠定了良好的基础。

二、具体内容

这就需要我们首先对"什么是古诗吟唱"做出回答。

《汉语大词典》对"吟唱"的解释为："有节奏地吟咏歌唱诗文。"

首先我们来探讨什么是"吟"和"唱"。

"吟"字早在先秦文献中就出现，其义训为"歌"，即歌唱。如《战国策·秦策二》："臣不知其思与不思。诚思，则将吴吟，今轸将为王吴吟。"东汉高诱注曰："吟，歌吟也。"所谓"吴吟"，就是指吟唱吴歌。又如《庄子·德充符》："依树而吟。"唐成玄英《南华真经注疏》："行则倚树而吟咏。"《增韵·侵韵》："吟，哦也，咏也。""咏"亦作"歌唱"讲。如班固《东都赋》："今论者但知诵虞夏之《书》，咏殷周之《诗》。""单言如此"，"吟"和"咏"合成为一个词用，自然仍是"歌唱"的意思。如《毛诗序》："吟咏情性，以风其上。"唐孔颖达疏曰："动声曰吟，长言曰咏，作诗必歌，故言吟咏情性也。"概括以上诸家的解释，"吟"即"咏"，就是拉长了声音歌唱。

沈括在《梦溪笔谈》卷五中指出：古诗皆诛之，然后以声依咏以成曲，谓之协律；意思是说，古代的诗歌都可用来吟咏，然后用宫、商、角、徵、羽五声依照吟咏的调子谱成曲子，称之为协律。这也说明，诗歌的吟咏是一种并不严格讲究合乐的随口歌唱。

《诗经》三百零五篇经孔子"弦歌之"，诗乐合一，每篇皆可入乐歌唱，当然也可随口吟咏。《诗经》以后的诗歌，除楚辞、汉乐府、唐声诗、宋词以外，其余的绝大多数诗、乐分家，不能入乐歌唱，而那些原来可入乐歌唱的《诗经》《楚辞》《汉乐府》《唐声诗》《宋词》，其乐谱大多先后失传。在这种情况下，人们赏读诗词主要是随口吟咏；不仅读诗读词喜欢吟，读文也喜欢吟。古人的吟咏是口耳相传、世代赓续的，所谓"吟"，就是拉长了声音像歌唱似的读。

为什么在界说"吟"时要加"像歌唱"这几个字呢？这是因为吟时像歌唱一样拉长了声音行腔使调。郭沫若先生也曾用概括的语言将"吟"与"唱"做了比较："中国旧时对于诗歌本来有朗吟的办法，那是接近于唱，也可以说是无乐谱的自由唱。"

两者之同,"吟"和"唱"都要用抑扬顿挫的声调有节奏地读;都是"乐语",即表现出一定音乐美的有声语言。

"吟"和"唱"都按一定的腔调进行,行腔使调时又都表现出一定的随意性。

"吟唱"作为一个词使用,泛指用抑扬顿挫的声调有节奏地读。它既可指吟,也可指唱;从接受美学的角度来看,唱比吟美听,也更能激起学习者的兴味。

古诗词吟唱课程的建构开启了吟唱教育新境界。诗乐一体,是我国自古就有的诗词吟唱传统。我们熟知的《诗经》《楚辞》本就是歌词集,以歌入乐,具有鲜明的音乐色彩。后代乐府、唐诗、宋词、元曲也都是配乐唱词。历代文人墨客,均将"可歌可咏"作为衡量诗词作品优秀与否的重要标准。诗歌的平仄、押韵等格律要求与配曲节奏、旋律等相互作用、相得益彰,成就了古典诗词的文辞美、格律美、意境美和音乐美。叶嘉莹教授仿照古法,把入声读成仄声,曲折婉转,有音乐之美,一生起伏尽在抑扬顿挫之中。[①]以吟唱的方式探索诗词教育和普及方式的创新、重识古诗词美育价值,既是对古诗词的继承和弘扬,更是对古典诗词中华民族文化的瑰宝的重拾。通过吟诵吟唱等方式,古典诗词声调的抑扬顿挫,配合肢体语言的变化,文中意境从抽象、平面的文字中进一步延伸,在有声的空间里得到丰富,时时温润人心、启迪智慧、发人深思、引人入胜。

第一学段(1,2年级)教学内容:领略古诗吟唱中的传统文化,培养学生的人文底蕴

例1 (1)基础知识:
古音声调的四声八调系统。

```
        平        上        去        入
       / \       / \       / \       / \
      阴   阳阴   阳阴   阳阴   阳
      一声      二声      三声      四声
```

入派三声是声调至今最大的变化。

---

① 94岁把1857万元捐赠给南开大学教育基金会的诗词专家叶嘉莹女士写的《诗,让我们心灵不死》。

（2）吟唱诗例：

清　明

杜　牧

— — - ! 1 — —

清明 时节 雨纷 纷

1 1 - — ! 1 — —

路上 行 人 欲 断 魂

1 1 1 - — 1 1

借问 酒家 何 处 有

! — — 1 1 — —

牧 童 遥 指 杏花 村

例2 （1）基础知识：

声调的意义。

平声：平常。

上声：细小、亲密、婉转、温柔、强烈。

去声：坚决。

入声：短促、顿挫、痛苦、决绝、快速、轻灵。

上声：表示细小亲密来源于幼仔的叫声。

（2）吟唱诗例：

登鹳雀楼

! ! - — 1

白 日 依 山 尽

- — ! 1 — —

黄 河 入 海 流

! — - 1 !

欲 穷 千 里 目

1 1 ! — —

更 上 一 层 楼

谱上曲调，歌咏言应为这样吟唱：

5　35　3　2321　1　- 1 ｜3　1　6　55　- 3　1　6　5　5　｜

白　日　依　山　　尽，黄　　河　　入　海　流。

3 5. 1 2 6 5 3 ｜1 2 6 7 6 5 – 5 – ｜

欲 穷 千 里 目， 更 上 一 层 楼。

古音声调规则体现得非常明显。

（3）基本技能：

会断句找出诗句的节奏点。

以五言绝句来看，多以"二/三"音节成句，譬如：

"松下/问童子"

"独坐/幽篁里"

"君自/故乡来"

"红豆/生南国"

七言绝句多以"四/三"音节成句，譬如：

"清明时节/雨纷纷"

"云淡风轻/近午天"

"朝辞白帝/彩云间"

"月落乌啼/霜满天"

这就是我们称之为"上二/下三"，其中"下三"又可分为"上一/下二"或"上二/下一"。以七言绝句来说，一般的通例则是"上四/下三"，其中"上四"一般可分为"上二/下二"，"下三"又可分为"上一/下二或上二/下一"。

第二学段（3，4年级）中年级段学习内容：体会古诗吟诵中的民族传承，培养学生的责任担当

例3 （1）基础知识：

格律诗吟诵

口诀（一）

一二声平三四仄，

入声规则很奇特。

平长仄短入声促，

韵字平仄皆回缓。

口诀（二）

一三五字可随意，

二四六位须分明。

依字行腔气息匀，

节奏点上停一停。

词律：平仄相间，同诗律。

可押仄韵，上去通押。

（2）吟唱诗例：

渔家傲·秋思

范仲淹

塞下秋来风景异　衡阳燕去无留意

仄仄平平平仄仄　平平仄仄平平仄

四面边声连角起　千嶂里　长烟落日孤城闭

仄仄平平平仄仄　平仄仄　平平仄仄平平仄

例4　（1）基础知识：

教给学生基本的吟诵规则：

平长仄短。其中，平声指1、2声，仄声是3、4声。五言诗歌以四行为一组。若为平起诗（即第一行第二个字为平声），则第一、四行第二个字拖长，第二、三行第四个字拖长；若为仄起诗，则相反。七言诗歌以四行为一组。若为平起诗，则第一、四行二、六字拖长，第二、三行第四个字拖长；若为仄起诗，则相反。平长仄短依字行腔。

教学案例：《朝发白帝城》

交给学生五言诗和七言诗的平仄规律——先找那些比较严格的格律诗词，按照依字行腔、平长仄短区分出来的练习格律诗中，平仄声两两相间，错落有致，形成特有的音乐节律，要准确把握。

七言诗每句四个语音单位：

仄仄/平平/平/仄仄，

平平/仄仄/仄/平平

平平/仄仄/平平/仄

仄仄/平平/仄仄/平

五言诗句式三个语音单位：

仄仄/平平/仄

平平/仄仄/平

平平/平/仄仄

仄仄/仄/平平

让学生自己练习标注诗词吟唱的平仄练习。如李白《朝发白帝城》——

朝辞——　　白帝、　　彩、　　云间——

平平（长）仄仄（短）仄（短）平平（长）

千里、　　江陵——　　一日、　　还——

平仄（短）平平（长）仄仄（短）平（长）

两岸、　　猿声——　　啼、　　不住，——

仄仄（短）平平（长）平（短）仄仄（短）

轻舟——　　已过、　　万重——　山。——

平平（长）仄仄（短）仄平（长）平（长）

（2）吟唱诗例：

诗经　周南　关雎

关关雎鸠　在河之洲　窈窕淑女　君子好逑

参差荇菜　左右流之　窈窕淑女　寤寐求之

求之不得　寤寐思服　悠哉悠哉　辗转反侧

参差荇菜　左右采之　窈窕淑女　琴瑟友之

参差荇菜　左右芼之　窈窕淑女　钟鼓乐之

所谓"平仄"特指字的声调而说的，声调指的是语音的高低、强弱、升降、长短。平声就是声调平平的，"仄就是不平"，不平的声调就称为仄声了。南朝诗人周颙（yóng）、沈约等提出了汉语有四个声调——"平、上、去、入"的讲法，每个汉字的声调正常属于其中一种。除了"平"声（包括阴平、阳平二声），其他"上、去、入"三声，一个跑上去，一个掉下来，一个急遁藏，都不平，通通唤作"仄声"。按传统的说法，平声是平调，上声是升调，去声是降调，入声是短调。明朝释真空的【玉钥匙歌诀】（又叫作"四声歌诀"）说："平声平道莫低昂，上声高呼猛烈强，去声分明哀远道，入声短促急收藏。"

第三学段（5，6年级）教学内容：研读古诗吟唱中的平仄韵律，让学生学会学习

例5　（1）基础知识：

橄榄音

guang 前橄榄音	guang 中橄榄音	guang 后橄榄音

床　　前　　明　　月　　光

（2）课例分析：

以《回乡偶书》为例，把音律引入诵读（"—"表示平声，"|"表示仄声，"——"声音延长）。

回乡偶书

上平+灰韵

少小/离家——老大/回——，

仄仄　中平　　仄仄　中

乡音——无改/鬓毛——衰。

平平——平仄/仄平——平。

儿童——相见不相——识，

平平——平仄仄中——仄

笑问/客从——何处/来——。

仄仄/仄中——平仄/平——

教学中要注意引导学生边体会诗意，边读出节奏韵味。例如，指导朗读"少小离家——老大回——"一句，读到"家"的时候，教师提醒孩子们："你们想想，诗人离家有多远，你的声音就可以延长多久。"当读到"回"时，他又说："离家有多远，回家就有多久。近乡情更切，终于回到故乡，你又有了什么感受？"学生在老师的引领下，深切品味着"家"，细嚼着"回"，情不自禁地跟着老师摇头晃脑，不仅读出了诗的韵味，更读出了诗的意境。

例6 （1）基础知识：

研读古诗吟唱的平仄韵律。

① 五言仄起。

登鹳雀楼

王之涣

白日·依山——尽，

黄河——入海流。

欲穷——千里目，

更上·一层——楼。

注释：A.何谓仄起：首句第二字为仄声，便是仄起。"白日依山尽"，日字：仄声。

B.山字位于第四个字，并且为平声，须拖音。

C.河字位于第二字，并且为平声，须拖音。

D. 穷字位于第二字，并且为平声，须拖音。

E. 层字位于第四位，并且为平声。

F. 五言仄起的总体拖音规律：42 24。

② 五言平起。

听 筝

李 端

鸣筝——金粟柱，

素手·玉房——前。

欲得·周郎——顾，

时时——误拂弦。

注释： A. 何谓平起：首句第二字为平声，便是平起。"鸣筝金粟柱"，筝字：平声。

B. 筝字位于第二个字，并且为平声，须拖音。

C. 房字位于第四字，并且为平声，须拖音。

D. 郎字位于第四字，并且为平声，须拖音。

E. 时字位于第二位，并且为平声，须拖音。

F. 五言平起的总体拖音规律：24 42

③ 七言平起。

清 明

杜 牧

清明——时节·雨·纷——纷——（纷字拉长）

路上行人——欲·断魂——

借问酒家——何处·有

牧童——遥指·杏花——村——（花字拉长）

注释： A. 明字位于第二个字，并且为平声，须拖音。纷字位于第六字，并且为平声，可拖音。

B. 人字位于第四字，并且为平声，须拖音。

C. 家字位于第四字，并且为平声，须拖音。

D. 童字位于第二位，并且为平声，须拖音。花字位于第六字，并且为平声，可拖音。

E. 本首是押平声韵，平声韵脚字喜欢念长些，末字的"给、魂、村"可以拖音。上首"家、斜（xia）、花"也可以照此拖音。

F. 七言平起平声韵的总体拖音规律：267 47 4 267。

④ 七言仄起。

春日偶成

程 颢

云淡风轻——近午天——，（天字拉长）

傍花——随柳过前——川——。（川字拉长）

时人——不识余心——乐，

将谓偷闲——学少年——。（年字拉长）

注释： A. 轻字位于第四个字，并且为平声，须拖音。

B. 花字位于第二字，并且为平声，须拖音。前字位于第六字，并且为平声，可拖音。

C. 人字位于第二字，并且为平声，须拖音。心字位于第六字，并且为平声，可拖音。

D. 闲字位于第四位，并且为平声，须拖音。

E. 绝律诗平声韵脚字喜欢念长些，末字的"天、川、年"可以拖音。

F. 七言仄起平声韵的总体拖音规律：47 267 26 47引导学生，唱自己的歌。

诗教：自己作诗教育自己。

乐教：自己作乐教育自己。

吟诵，不仅要吟诵古诗文，还要用吟诵的方法，创作古诗文；用吟诵的方法，唱白话诗文；还要用吟诵的方法，创作白话诗文。如此，汉诗文才能重新辉煌。

（2）吟唱案例

《春晓》教学案例

关于吟唱的方法，只需教给他们两点：依字行腔，平长仄短。依字行腔指依据每个汉字的声调连起来形成一定的腔调。平长仄短指在依字行腔时在节奏点（简而言之：停顿处）平声字（第一、二声）上声音可拖长点，而在仄声字（第三、四声和入声字，我想小学生暂不计较入声字）上声音短促些。（平声符号：—，仄声符号：丨），

我这样教《春晓》：

那天，上课铃响，学生坐定。我扫视一遍全班，表扬他们坐得端正，并奖励他们听故事。我开始讲故事。唐朝有一个很有名的诗人名叫孟浩然。在一个万物复苏、柳绿花红的春天的早上，诗人仍然睡意绵绵，不想起床！因为春天的朝阳暖暖的，和风习习的！多好睡觉啊！［师吟唱：春眠～～不觉晓～～～］突然！他听到

窗外是一片小鸟们欢快的啼叫声！好像在说：唧唧！春天来了！喳喳！快起床啊！诗人的心里也为之一振：是啊！多美的春天啊！多快乐的小鸟啊！〔师吟唱：处处闻啼鸟～〕可是——诗人想起昨晚在睡梦中听到刮风下雨的声音，在风雨中，那该有多少朵娇艳的春花会被风吹落雨打掉啊！唉！真可惜啊！〔师吟唱：夜来～～风雨声～～，花落～知多少～～～〕

　　我的语气语调以及神情、动作完全融入我创设的情境中去了，仿佛我就是诗人孟浩然在吟诗写诗！而在这个过程中，我感觉到孩子们首先是有一阵小小的骚动（几个男生惊呼了几声：老师唱歌了！）但随即全班非常的安静，我在情境表演中，但眼睛的余光仍使我感觉到全班学生的眼睛都在盯着我！我吟完全诗，全班人仍没回过神来。直到我开始问："谁来说说，你从刚才的诗中感悟到了什么？"小手一只只嗖嗖地举起来了！小鹏说："我感到了到处是鸟的叫声！""哦，你听到了到处是鸟的叫声！从哪里知道的？"我把他的"感到"改成了"听到"，紧接着又问。"我从'处处闻啼鸟'这句知道的！"小家伙答得真好！而安安根本就不需老师提醒，一口气说完了："我听到了夜里的风雨声，是从'夜来风雨声'这句知道的！"她的声音清脆如豆！雨融这女生回答问题向来声音较低："我还知道落了很多花。我从'花落知多少'这句知道的。"我顺势接口："诗人想起昨夜的风声雨声，不禁担心有多少朵花会被风吹倒，给雨打落啊！可见，诗人是多么的——（师故意放慢音）喜爱花！"（真有学生接口了，那是晓文）是啊！诗人对花儿是多么的珍爱呀！对充满鸟语花香的春天是多么喜欢啊！于是，在这样一个春天的早晨，诗人写下了《春晓》这首诗。接下来，我问学生："想不想学着老师那样把诗吟读出来，把诗人对花儿的担心，对春天的喜爱吟唱出来？"学生们异口同声："想！"我开始教孩子们吟唱《春晓》。因之前我已花了一节课教会了孩子们吟唱的基本方法：依字行腔，平长仄短，我提醒了这八个字后出示灯片开始教。

春 晓

— — ｜ — ｜　　｜ ｜ — — ｜

春 眠 不 觉 晓，　　处 处 闻 啼 鸟。

｜ — ｜ — — ｜　　｜ ｜ — ｜

夜 来 风 雨 声，　　花 落 知 多 少。

　　第一句：春眠～～不觉晓～～～（速度较慢，有两处拖音，表示春天睡意浓，不知道天亮了，不想起床）。

　　第二句：处处闻啼鸟～（速度较快，声音较轻快，表示诗人听到鸟叫声，心里高兴）。

第三句：夜来~~风雨声~~（速度较慢，后半句调子升高，表示风雨不小，危险来临）。

第四句：花落~知多少~~~（前半句较重，表示花儿掉落；后半句较慢，最后拖音似成哭音，表示诗人对花儿很怜惜）。

教两遍，学生再跟唱两遍，接着要他们一起吟唱！会了！很好听！听起来很美！好的吟诵能使人体会到我国旋律型母语的好处——声韵之美，还能体会到声韵表达的含义及诗人当时的心境！孩子们将诗人对花儿的担忧、怜惜，对春天的喜爱吟唱出来了。

接下来的课是教识字、写字。因孩子们已将整首诗吟唱出来了，也就会背下来了，诗中的每个字也就认识了。而学生知道了每句诗的意思，对于诗句中难理解的字也就不难了。例如，对"闻"的理解，以教师或学生提问的方式就可解决了。这节课，少了冗长单调的解词析句，但超纲达到《小学语文课程标准》5，6年级的阶段目标的"大体把握诗意，想象诗歌描述的情景，体会诗人的情感"的要求，并通过吟诵表现之，同时感受到汉语的声韵之美。课堂气氛活跃，我教得很轻松，孩子们也学得轻松。当孩子们用自己喜欢的方式进行创造性吟唱时，兴奋、欣喜之情溢于言表……嗟叹之，咏歌之，舞蹈之。人常常讲腹有诗书气自华，在生活中孩子们身上透露出的诗意正是核心素养的体现。所以强化古诗文对学生熏陶感染的力度和广度，必然有利于培养学生的核心素养。特别是对于当下正处于发展阶段的小学生，教育在把握科学性和时代性的同时坚持民族性的原则至关重要。[①]

由此可见，遵循平长仄短、平低仄高、入短韵长、依字行腔、依义行调的吟诵规则，让学生慢慢接受，理解起来并不难。读、唱、吟、舞，这四个部分有机组合，互为支撑，融为一体，看似简单，却把孩子们学习古诗的积极性极大地调动起来，让他们在形式多样、充满情趣的反复诵读中，既读懂诗句意思，又充分感受到诗的意境，获得审美的愉悦。通过三个学段的系列学习，这并非一朝一夕之功，让语文回归国语，使诗词创作教学成为传统文化寻根教育的突破点，让学生开口懂吟诵，培养诗书气质的学生，最后学生能综合运用所学的吟唱知识，学以致用，达到即兴创唱。

---

① 于漪.我和语文教学［M］.北京：人民教育出版社，2003.

第四节　组织与实施

一、组织形式

（1）利用活动课30分钟时间，采用教师带读、学生齐读、优生领读、学生自由诵背等多种形式，让学生坚持天天吟唱；制定恰当的周背诵量小目标。

（2）每周抽出一节音乐课，用于对本班古诗词吟唱进行辅导。每周主题班队会时间，让学生将本周所吟唱的古诗词全面复习，或在班级内举行古诗词吟唱表演赛。

（3）每天轮流抽各班一名优秀学生在校园广播中吟唱古诗词；要充分利用早晨、上课前、下课后等时间，以及黑板报、广播等各种形式全面对学生进行"热爱、继承和发扬祖国优秀传统文化"的思想宣传和教育，激发学生对诵读古诗词的强烈兴趣和愿望。

（4）利用好每周四下午学校的"创课程"时间，我在担任的"创课程"班级教任的"四季赋"课程采取多种形式进行吟唱经典古诗词，提高学生背诵的兴趣；与学生合作、竞争、交流，多发现典型，做好宣传，树立身边的榜样。

二、实施方式

（1）配合学校的"书香校园"和"书香班级"建设，让学生背诵大量的古诗文，实现"量"的积累，充分汲取古诗文的精华，得到古文化的浸润，厚积而薄发，并在语文教学和作文指导上灵活恰当地运用古诗文，引导学生使用古诗文，做到学以致用。

（2）作为校本课程开发，加强研究与指导。本着"从易到难、从少到多、循序渐进、以点带面"的原则，研究学生的记忆规律，探讨经典诵读教学的方法。古诗词诵读是一件好事，要争取更多的教师参与推广应用，如表演背诵法、熟读成诵法、吟唱结合法等。"诗者，志之所之也，在心为志，发言为诗，情动于中而形于言。"情感是诗的灵魂，如果没有对诗产生情感上的共鸣，就无法真正感受诗中所蕴含的意象、情趣之美。

三、学习组织方式

通过一年多的课程实施认识到，要激发学生的诵读兴趣和情感共鸣，仅有读是不够的。中国古人在读诗时不仅"高声朗读，以昌其气"，还讲究"密咏恬吟，以玩其味"。咏，歌也；吟，呻也。在高声朗诵之后，古人又通过吟唱的方式，进一步入诗境、悟诗心、品诗味。唱，最能打动孩子的心。

（一）学生学习的方法一：选曲雅韵悟诗情

更多的古诗需要教师自己选曲配唱。选曲应遵循这样几条原则：① 准确理解诗意，曲子要和诗歌的情调吻合；② 旋律要简单，易于吟唱；③ 旋律应高雅古朴。传统吟诗对今天的孩子来说十分陌生，在理解和接受上有难度。通过先读再唱，为吟打好基础；再通过示范，让孩子们从模仿开始，逐步了解和掌握吟诗的方法，从而感受到古诗的音韵之美。正如叶圣陶所说，吟诵的时候，对于讨究所得的不仅理智地了解，而且亲切地体会，不知不觉之间，内容与理法化而为读者自己的东西了，这是最可贵的一种境界。

（二）学生学习的方法二：借手语表达情意

《诗大序》为我们描述了这样一种境界："言之不足，故嗟叹之，嗟叹之不足，故咏歌之，咏歌之不足，不知手之舞之足之蹈之也。"的确，当读、唱、吟都不足以表达内心迸发的情感时，孩子们怎能不"手之舞之足之蹈之"呢？[①]

在教学中，当老师习惯性地用手势指挥学生吟诵时发现，读到动情处，不少学生情不自禁地举起小手，学着老师的样儿，一起舞动起来，这是孩子们是想用全身心来表达此时此刻的情感啊！通过手语让孩子们能更酣畅更有情趣地抒发心中的情意。学生展现即兴发挥的体态语，对培养学生的创造力和想象力，鼓励个性发展也是有一定作用的。

（三）学生学习的方法三：古韵不止于吟诵

除了吟诵，我校学生还有一项每天必做功课——经典阅读。1年级的绘本阅读，2年级的《弟子规》《诗经》，3年级大量背诵唐诗宋词，4年级背诵30篇短小古文及《大学》《老子》和《中庸》，5年级背诵《诗经》《庄子》和《论语》，6年级开始阅读四大名著。在小学这个黄金时期，我想在他们的脑海里留下中国古典文化中最经典、最优美的文字。这些优美的诗文一定能融入学生的血液，让他们受益终生。

---

① 任运昌.小学古诗词教学改革略论［J］.重庆教育学院学报，2005（9）.

第五节 课程的评价

一、学生发展

除常规吟唱、猜谜、赛诗等学生喜闻乐见的形式，中、高年级段还可尝试采用主题研究汇报的形式，使评价更具综合性。古诗文教学过程中教师应引导学生深入发掘古诗文魅力之所在，通过学习各类古诗文拓宽视野并激发诵读兴趣。教给学生诵读的方法，让学生反复诵读、涵咏、体味，真诚投入地与经典古诗文展开心灵对话，与作者心灵发生碰撞、交流、融合，才能实现生命价值与精神追求层面的交往，从而增强学生的人文积淀，拓展学生的精神空间。[①]

二、教师发展

注重激发同学吟唱的兴趣，采取激励措施，开展多种多样的活动，如竞赛、知识问答、表演等，充分发挥学生的积极性和创造性，让学生从中发现乐趣、得到赞许、获得激励；务求吟唱活动取得扎实效果，并结合传统节日带动活动的深入开展。

（1）每个学生制定自我评价表，教师评价，同学评价，家长评价等。每个学生建立吟唱、阅读成长卡，优秀者授予国学诵读奖章（设一等奖、二等奖、三等奖、优秀奖等）。

（2）举行国学吟唱表演。组织以中华经典为内容的国学吟唱表演比赛，节目要融知识性、表演性、观赏性、艺术性为一体，可采用吟、诵、弹、唱、舞、武等多种表现形式，展现传统经典与时代结合的人文风貌。

（3）进行手抄报，板报等奖项评比。

---

① 施茂枝.古诗词教学的两个基本点［J］.天津师范大学学报（基础教育版），2006（3）.

三、学校发展

学生成长记录是记录学生诵读过程的足迹。让每一个学生建立起"吟唱国学经典成长记录袋",以客观反映学生诵读习惯养成、学科学习、吟唱诵读国学的综合素质。"吟唱国学经典成长记录袋"中应收集能够反映学生学习过程和结果的资料,包括学生的自我评价,吟唱记录,老师、同学的观察和评价,家长的评价等,真正让经典吟诵带给学生心灵上的滋养。

确实,经过几年诵读,许多孩子变得谈吐不凡、文思敏捷,在公共场合表现得彬彬有礼、气定神闲;原来抱有疑虑的家长也渐渐改变了态度,不少家长在家里也陪着孩子一起背诵吟唱。孩子们从小就浸润在中华优秀的经典文化中,不甚幸哉!

党的十九大报告中提出要扎实推进社会主义文化强国建设,而传承和弘扬优秀的中华民族传统文化正是实现这一目标的重要内容。古诗吟唱正是开启中华传统文化的一把钥匙,通过吟诵古诗文,可以让古风雅韵传承校园,让学生诗情悠然。

参考文献

[1]赵珊珊.小学古诗文诵读教学研究[D].桂林:广西师范大学,2012(4).

[2]方智范.语文教育与文学素养[M].广州:广东教育出版社,2005.

[3]于漪.我和语文教学[M].北京:人民教育出版社.2003.

[4]任运昌.小学古诗词教学改革略论[J].重庆教育学院学报,2005(9).

[5]施茂枝.古诗词教学的两个基本点[J].天津师范大学学报(基础教育版).2006(3).

(刘新颜 青岛基隆路小学)

第四章
依托"生命教育"的小学语言综合课程建设

第一节 背景与问题

一、背景介绍

语言，是人类最伟大的发明，这种发明使我们拥有了崭新的思维和交流思维成果的工具。语言交流的进行脱离不了社会，生活是语言表达的平台，脱离了生活的语言是支离破碎的、毫无生机可言的。小学期间，是学习语言表达的最佳时期，如果能在这一阶段对儿童进行规范的语言训练，使他们形成良好的语言表达习惯，对他们今后的成长、学习和生活都是极其有益的。[①]学校生活中，综合实践活动为学生创设了语言培养的广泛空间，如果能借助这一媒介，对学生进行语言综合能力的培养，应该会取得事半功倍的效果。众所周知，综合实践活动是一门国家课程，课上的小组合作、课堂交流、汇报展示，课下的调查问卷、采访统计、研究分析，都是学生语言能力的展示平台。

语言能力是指掌握语言的能力，有较高语言能力的人清楚在什么时候该说什么和怎么去说，掌握着说话的适时、适境、适度和适量，并能说得贴切自然、深刻到位。它是人的口语表达能力、技巧和个人的知识、智慧相结合而形成的才华和素质。核心素养中语言能力的提升是重中之重，只有提升语言学习者的语言能力，才能彰显学科的魅力，使我们的课程成为充满生命活力的探究、交往、对话与语言锤炼的平台。

---

① 张军华.守住课堂教学的底线——从激进建构主义的局限性谈起［J］，继续教育研究，2005（5）。

语言能力的内涵可以分为书面和口语表达两方面。

1. 书面表达

能在活动中，具体明确、文从字顺地表达自己的见闻、体验和想法。能根据需要，运用常见的表达方式，设计广告语、手抄报，撰写实验计划、采访提纲、研究报告等，发展书面语言运用能力。

2. 口语表达

具有日常口语交际的基本能力，学会倾听、表达与交流，初步学会运用口头语言文明地进行人际沟通和社会交往。能在研究性学习中流利、完整地表达自己的观点。

目前学术界对于学生语言训练的着眼点，主要放在语文课上。语文课上的语言训练载体主要是语文书。但是，学生的生活空间是广阔的，语言来自生活又服务于生活，语言积累只有与多样的生活联系起来，那学生的语言才真正是活的语言，才是富有鲜活灵性的语言，这样的语言才会更有生命力。因此，借助综合实践活动课程，对学生进行系统的语言表达训练就更有必要了。

二、关键问题

著名教育家巴士卡里雅在《爱的生活》一书中说："只有自由，才能学到知识。"作为教师，应当还生性活泼好动的孩子们以自由，不要把孩子们整天关在校园里、拴在书本上，应当充实孩子的生活，应当带孩子们跨出校门、踏进社会、走进自然，用情感受自然的乐趣。因为只有亲近五彩缤纷的自然，学生才能在大自然中学习语言、积累素材、体验生活、滋养心灵；久而久之，学生有了一定的语言积累，说话表达时信手拈来、脱口而出、妙笔生花，从而获得背诵积累的满足感、愉悦感，反过来又增加了积累语言的主动性和自觉性。

1. 综合实践活动有利于激发学生语言表达的兴趣

"知之者不如好之者，好之者不如乐之者。"兴趣是学生学习、能力提高的动力。通过引导学生参与实践，让学生在实践中体验、感悟，认识生命的可贵，养成现代公民所必须遵守和履行的道德准则和行为规范，增强社会责任感，提升创新精神和实践能力，促进个人价值实现，推动社会发展进步，发展成为有理想信念、敢于担当的人。而探访调查、辩论活动、实验操作等都是学生喜爱的综合实践活动开展形式，通过组织学生参加活动，可以充分调动他们参与口语表达及书面表达的积极性，使学生乐于表达、善于表达。

2.综合实践活动有助于学生积累语言表达的素材[1]

开展社区服务和社会实践可以增强学生对他人、对集体、对社区乃至整个社会的服务意识和使命感、责任感以及奉献精神，更重要的是学生通过自己的即兴观察或有意识观察，获取了语言能力发展的典型材料。

3.综合实践活动有助于学生体验活动，表情达意

语言是生活的最重要组成部分，语言的形成离不开生活。让学生参加丰富多彩的综合实践活动，并让他们得到真正体验生活、发现生活中的真善美，才能使学生的语言表达具有真情实感，也才能激发学生具有以人为本的意识，尊重、维护人的尊严和价值，能关切人的生存、发展和幸福等，从而达到对学生进行润物细无声的人文关怀的目的。

4.综合实践活动能够打破学生语言表达的心理障碍

学生语言表达能力的发展也有赖于良好的语言交流环境。一个丰富多彩的生活环境，能使孩子增长知识、开阔视野，促进思维发展，进而激发语言表达的欲望，促进口语表达能力。

三、主要任务

在综合实践活动课程开展的过程中，发挥学生观察和调查研究的积极性，鼓励他们大胆参与、勇于创新，为学生创造良好的语言表达锻炼环境，对培养学生良好的语言表达能力会起到明显的促进作用。在综合实践活动课上，不同年级段对语言能力的目标划分是各不相同的。

不同学段对学生语言能力的要求

学段	学习范围	学习方法和能力	课内落实方式	课外落实途径
低	周围事物 大自然 校园社区活动	1. 对周围事物有好奇心，能就感兴趣的内容提出问题，共同讨论 2. 观察大自然，用口头或图文等方式表达自己的观察所得 3. 热心参加校园、社区活动。结合活动，用口头或图文等方式表达自己的见闻和想法	1. 能认真听别人讲话，努力了解讲话的主要内容 2. 与别人交谈，态度自然大方、有礼貌 3. 有表达的自信心	1. 能把学校里的见闻清楚地讲给家长听 2. 在课外实践活动中，简要讲述自己感兴趣的见闻

---

[1] 《中小学综合实践活动课程指导纲要》，2017年12月。

续表

学段	学习范围	学习方法和能力	课内落实方式	课外落实途径
中	大自然 社区活动 家庭学校生活	1. 能提出学习和生活中的问题，有目的地搜集资料，共同讨论 2. 观察大自然，观察社会，书面与口头结合表达自己的观察所得 3. 能在老师的指导下组织有趣味的研究活动，在讨论交流中学会合作 4. 在家庭生活、学校生活、社区活动中，尝试运用知识和能力解决简单问题	1. 认真倾听，就不同的意见与同伴交流 2. 能在小组中准确表达自己观点 3. 能简要转述别人的话	1. 利用观察记录表，记录自己的观察所得 2. 有意识地利用多种途径搜集信息，并进行恰当整理 3. 在社区实践活动中，积极参与，使用恰当形式展示研究所得
高	校园活动 社区活动	1. 为解决与学习和生活相关的问题，利用图书馆、网络等信息渠道获取资料，尝试写简单的研究报告 2. 策划简单的校园活动和社会活动，对所策划的主题进行讨论和分析，学写活动计划和活动总结 3. 以自己身边的、大家共同关注的问题或电视、电影中的故事和形象为对象，组织讨论、专题演讲，学习辨别是非善恶 4. 初步了解查找资料、运用资料的基本方法	1. 乐于参与讨论，敢于发表自己观点 2. 表达有条理，语气、语调恰当 3. 能根据不同主题，作简单的课前演讲 4. 了解辩论赛的基本流程，尝试进行不同观点的辩论	1. 能在活动后，撰写完整的实验报告 2. 能对参与的活动进行策划和总结 3. 在综合实践活动中形成自己独特的体验，能用手抄报、自编书等形式展示研究成果

通过上表可以发现，不同学段对语言能力的要求是各不相同的。第一学段更注重学生的质疑能力，怀着对这个世界的好奇，对感兴趣的内容提出问题，并尝试用讨论的方式，口头表达自己的所见所闻。到了第二学段，除了质疑能力，还提倡学生尝试运用知识和能力解决简单问题，并且有目的地搜集资料，在共同讨论的基础上学会合作。而第三学段，更注重学生解决问题的能力，尝试写简单的研究报告、活动计划、活动总结、专题演讲等应用文，策划简单的校园活动和社会活动，留意身边的、大家共同关注的问题，对社会热点和时事新闻有更多的关注和思考。如何

针对不同学段学生语言能力的训练重点，在课堂教学中予以落实，这是我们面临的挑战和机遇。

第二节　课程的目标

一、学生发展目标

在综合实践活动过程中，通过"生命教育"课程的开发与实施，凸显学校"生命教育"的办学特色，通过对生命本体（人）（包括对人的身体、心理的健康发展，人的生长过程）以及客体（身边的生物、环境）等的研究与实践，帮助学生认识、理解生命的意义，以生命的视角来重新审视人与自然、人与人、人与自身之间的关系，确认生命的整体性和人发展的主体作用，进而形成健康的心理，学会尊重生命、热爱生命、珍惜生命，提高生命质量，增强爱心和社会责任感，从而全面提高学生的综合实践素质，开发学生的潜能，使学生得到全面的、和谐的发展。根据这一内容，我们将各年级学生语言训练的重点进行了调整和细化，并围绕综合实践活动进行落实。

学生语言训练重点

目标　　分类	目标描述		
	1，2年级	3，4年级	5，6年级
问卷调查法	1. 了解问卷的基本结构，初步学会设计简单的调查问卷 2. 能小组合作完成调查活动，对调查获得的信息能做简单的归类与整理 3. 初步学会筛选、简单分析和统计调查活动的信息及数据，能用连贯的语言写出调查中的收获与体验	1. 能根据研究需要，小组合作设计较规范的调查问卷，完成调查活动，对收集的信息进行汇总、筛选 2. 对调查结果能提出相关的质疑、见解、看法，并能尝试提出解决策略或建议；能运用表格、图表的方式呈现调查的结果，写出较为完整、具体的调查报告	1. 能灵活多样地设计结构合理、条理清晰的调查问卷，能根据调查目标进行针对性提问，语义明确，布局符合被调查者的阅读心理 2. 独立完成调查任务，根据研究的需要，尝试邮寄调查、网络调查等新型调查方式 3. 能从各种调查结果中归纳出解决问题的重要思路或观点；能选择合适的方式呈现调查的结果，写出有一定质量和深度的调查报告

目标 分类	目标描述		
	1，2年级	3，4年级	5，6年级
访谈法	4. 能确定合适的访谈对象，围绕访谈主题，小组合作设计简单的访谈提纲；小组合作有礼貌地开展访谈活动，初步尝试整理访谈的信息	3. 能有效选择并联系访谈对象，尽可能提前了解访谈对象的相关资料 　　在设计访谈提纲过程中，能关注问题设计的层次和过渡语的运用，努力将访谈过程设计得轻松、自然、有效 4. 能够根据被访谈者的反应，尝试灵活追加问题或适当调整访谈内容 5. 在掌握面对面访谈方式的基础上，尝试其他的访谈方式，如电话采访、邮件采访等 6. 能筛选有效访谈信息，小组合作完成简单的访谈报告 7. 在访谈报告中，客观提炼受访者观点，得出访谈结论	4. 确定并联系访谈对象，能综合考虑受访者的生活经历、个性特点等因素，设计针对性较强的访谈问题，问题有一定的生成空间 5. 能独立开展访谈活动，冷静应对一些突发事件，并能灵活运用已掌握的访谈技巧 6. 能筛选有效访谈信息，独立完成较有深度的访谈报告，客观提炼受访者观点及其陈述的相关理由，得出访谈结论
实验法	1. 在教师帮助下，学会做简单的模仿实验，了解实验的注意事项，小组合作完成简单的操作实验 2. 能根据实验的需要，通过小组合作做好数据的采集工作并能用表格方式呈现数据，对获得的数据作简单的统计与分析 3. 在教师帮助下，根据实验获得的数据，初步会用连贯的语言表述或记录实验分析结论	1. 能合理选择实验方式，小组合作设计一些有质量的实验 2. 能根据研究需要，采集、筛选和结构化记录实验数据 3. 能运用表格、图表等方式呈现实验与观察的结论，并能用较清晰的语言表述或记录实验结果，能够较完整地撰写实验小报告 4. 具有问题意识，能独立思考、独立判断，思维缜密，能多角度、辩证地分析问题，做出选择和决定等	1. 能根据研究需要，合理选择实验方式，自主确定变量，控制实验条件，初步设计一些可控性实验 2. 能自主采集较详细的实验数据，结构化记录实验数据，运用统计、分析、对比等方式对数据进行处理 3. 熟练运用表格、图表等方式呈现实验与观察的结论，并能用较清晰的语言表述或记录实验分析，能撰写较规范的实验报告

二、教师发展目标

（1）深化对综合实践课程指导纲要的学习，进一步了解课程目标内容，在理论学习和实践探索中初步遴选出综合实践学科核心素养。

（2）熟知课程框架的组成要素和课程建设的组织流程，并能根据课程建设的需要完成文献研究、理念阐述、目标建构、课题遴选等理论研究或实践操作项目。

（3）能创造适合学生发展的教学环境，能寻求并实施拓宽学生理解的途径，能有效评价和监测学生长周期的探究活动并提供有效的评价与反馈。

第三节　内容的选择

一、选择根据

我校的综合实践活动实施方案是以"生命教育"为主题的，但很多主题在实施中却因为距离学生生活较远而不接"地气"。因此，如果能在"生命教育"的主题之上挖掘更多学校特色课程资源，并在活动中按照学段对学生的语言表达进行训练，会使实施方案更加完善。

（一）依托"校本节日"，提升语言积累

"校本节日"是我校一直非常重视的学校性节日。读书节里，学生与名著为友、和大师对话，通过绘本阅读、成语大赛、诗词大会、课本剧等活动，语言表达不断丰富；体育节上，学生不仅要参与体育竞技，更要通过撰写稿件、开幕式策划、团队合作展示等形式，用语言表达内心的情感；儿童节里，节日仪式的探究、个人书画展的介绍、手工制作的演示，这需要扎实的语言功底；电影节里，学生的配音秀、电影观后感的撰写，也是一种很好的练习语言表达的机会。

（二）借助"典礼仪式"，丰富语言形式

"典礼仪式"在学校活动中占据十分重要的地位，拥有"仪式感"的学校是庄严肃穆的地方，在"仪式感"熏陶下成长的学生更有敬畏心，也更有安全感。我校对于升旗仪式、开学典礼、入队仪式、毕业典礼就非常重视。通过主题的不断深化、形式的不断变化、内容的不断丰富，让学生体验得更充分、参与得更积极、收获得更深远，并在此过程中指导学生认识更多的语言形式，让每个学生释放出生机勃勃的童年气息，努力成为最好的自己。在典礼仪式的进行过程中，在语言形式的丰富多样化下，培养学生具有国家意识、了解国情历史、认同国民身份、尊重中华民族的优秀文明成果，能传播弘扬中华优秀传统文化和社会主义先进文化，有为实现中华民族伟大复兴中国梦而不懈奋斗的信念和行动。

（三）根据"课外拓展"，夯实语言素养

综合实践活动的一个重要组成部分就是"社区服务与社会实践"。我校和天台路社区经常组织各种活动，借助社区这一平台，带领学生在综合实践课上走进社区图书馆、小广场，参与街道庆典活动，并通过宣讲团、手抄报、幻灯片等语言形式进行表达。这种"走出去""引进来"的活动，极大地拓宽了学生的视野，也为他们的语言表达提供了丰富的素材。在此过程中，学生进一步健全了人格，并在与人交往的过程中丰富了自己的内心世界。

二、具体实施

（1）各年级每学期均有6~8个主题活动；其中，4个主题由学校拟定，2个主题教师根据单元安排自定，2个主题机动。

（2）各年级单元安排：

《认识自己》《健康生活》《身边的生物王国》《保护生态环境》

（3）各年级主题内容安排。

3年级：《我们从哪里来》《男孩、女孩》《各种各样的花》《漂亮的贝壳粘贴画》

4年级：《我们的感官》《保护眼睛》《我们的动物朋友》《大海的礼物》

5年级：《我们在运动》《运动与健康》《环境与气候变化》《我爱劳动》

6年级：《肚子疼的秘密》《我的变化》《最适宜居住的城市——青岛》

第四节　组织与实施

一、学生语言综合能力的提高，首先在于课内的训练

（一）重视课堂说话训练，丰富学生的语言

语言不仅是交际的工具，也是思维的工具，人的思维活动也凭借语言进行。[①]
因此，一个人的语言越丰富，思维就越发达、越成熟。如果一个人的语言贫乏，其
思维也很难得到发展。所以丰富学生的语言毫无疑问地就是发展学生思维的一种有
效的手段。小学阶段是学生语言发展的最佳时期；其间，儿童记忆力强，模仿性
强，而悟性却相对比较差。我根据这一特点，扬长避短，充分利用学生的优势，丰
富他们的语言，重视课堂上多说的训练。这样的训练，培养了学生口头表达的能
力，收到了良好的教学效果。通过训练，丰富了学生的人文积淀，让他们在课堂表
达过程中发展心智、开拓思维。

（二）创设丰富情境，激发学生表达欲望

通过教师语言创设情境。教师的语言、情感、教学的内容在课堂教学中合成一
个广阔的心理场，势必作用于学生的心理。教师自身要以一个学习者的身份加入学
生中间，成为学生的伙伴，努力营构轻松和谐的氛围，让学生轻装上阵，敢于表达
并乐于表达。

（三）丰富课外活动，对简单的口语表达进行延伸

1.开设表达课

先从诗歌朗诵入手，因为诗歌读起来音律和谐、节奏明快，学生好读，也能缓解
学生的紧张情绪。基本要求是吐字清楚、声音洪亮、语句流畅，尽可能地富有感情。

2.组织作文朗诵会

每次书面作文后，找出几名作文优异的学生，先读自己的作文，然后介绍自己

[①] 杜凤升，何玉凤.借鉴杜威的活动课程观审视和诠释综合实践活动［J］.内蒙古师范大学学报（教育科
学版），2006，9（4）.

努力提高写作水平的经验。这样做，读的学生得到了锻炼，听的学生受到了启发，学生想说话的愿望就强烈了。

3.组织游戏活动

教师要根据儿童的心理特征，精心设计和组织各种有趣的活动，让学生在活动中锻炼口语交际能力。

组织生动有趣的游戏活动。例如，组织"盲人击鼓""贴鼻子""画嘴巴"等游戏，用较短的时间完成简单的游戏，然后指导；可提示：游戏开始我们做什么？过程怎样？结果怎样？你觉得哪部分最有趣？为什么有趣？观众的反应怎样？

组织劳动竞赛活动，例如，组织"钉扣子"等比赛，然后按先后顺序说说活动的经过、结果及自己的感受；组织手工剪、贴、画活动，由教师提供几个简单的图形或符号，让学生通过手工剪、贴、画后再向同学们介绍自己所完成的过程及其内容。

4.举行演讲比赛

为激发学生的学习积极性，进一步提高口头表达能力，鼓励学生登台演讲，多在每节课的前3～5分钟进行。演讲内容是上节课教师布置的问题，如课文的主要内容、段意、中心思想、写作特点等。[①]对演讲的要求不能过高，只要能根据学生的能力，比较清楚、条理地表达出来就行。这样做，一方面激发了学生学习兴趣；另一方面使口头表达能力不断提高，还锻炼了学生当众说话的胆量，在这一过程中，很多学生盼望赶快轮着自己登台演讲，日久天长，不少学生口头表达能力明显提高，而且每次演讲，多数学生毫不紧张、谈吐自如。

二、借助"四大校本节日"，带领学生回归生活

在活动过程中提升学生的综合语言素养，这是我们的课程建构宗旨和目标；在具体实施时，可以针对不同学段，从以下几个方面进行。

综合语言素养培养目标

学段	能力目标	实施方式	预期成果
低年级	1. 学会从不同角度进行观察，并在此过程中感受到大千世界的神奇 2. 针对自己感兴趣的内容，提出有研究价值的问题	1. 利用自己的感官，进行多角度、多方位的观察 2. 在小组合作的过程中，与伙伴进行流畅的交流，围绕研究主题有效提问	1. 能用一句话或几句话，完整表述自己的观察结果 2. 会设计有趣的"问题卡片"，并能流畅地向别人提出问题，寻求答案

---

① 林怡.让初中物理综合实践活动课活起来动起来［J］.南平师专学报，2007（4）。

续表

学段	能力目标	实施方式	预期成果
中年级	1. 在小组讨论中明确自己的研究任务，体会合作乐趣 2. 通过调查，搜集数据，并尝试用合适形式进行统计测量 3. 能将信息进行整理，并通过合适形式进行呈现	1. 在与组员合作研究的过程中明确任务、分工，规定完成时间，并对组员进行评价 2. 针对问题，搜集第一手数据，进行调查统计 3. 将资料进行筛选、整理，并用多种形式进行留存，方便日后的查找	1. 能撰写活动计划和总结，并在学校活动中进行展示 2. 调查数据统计图标，向社区居民进行宣传 3. 制作资料卡、信息库、手抄报
高年级	1. 围绕主题进行采访，提高语言表达能力 2. 通过"演讲"，锻炼口语表达；在撰写稿件过程中了解写演讲稿的基本流程 3. 养成主动探究的习惯，形成问题意识，发展探究能力和创新精神 4. 在辩论赛中提高口语表达能力 5. 关心社会热点，自主研究感兴趣的问题，具有探究意识	1. 了解采访基本流程，能使用"采访提纲"，进行模拟采访 2. 了解"演讲"稿的撰写方式，以及发表演讲时需要注意的问题 3. 以小组为单位独立进行活动策划，明确研究目的和方向，树立合作意识 4. 了解辩论赛基本流程，围绕"论点"，有条理地陈述自己观点 5. 在研究调查的基础上，形成自己的观点，并用流畅的文字表达出来	1. 与小组同学进行合作，编写采访提纲，做模拟小记者进行采访 2. 能在公共场合进行"演讲" 3. 撰写"活动策划案" 4. 组织班级辩论赛 5. 撰写"调查报告"

三、学生语言能力的提升在于实践运用

课堂教学是对学生进行语言训练的最佳阵地，教师不仅应该重视，更应该寻找最佳时机，不放过任何一个可以提升学生语言能力的"节点"。下面就以《我们的网络生活》为例，具体介绍一下如何在综合实践活动的课堂上进行语言训练的过程。

《我们的网络生活》教学设计案例

一、活动目标

1. 了解采访的基本经过以及访前、访中、放后应注意的问题。

2. 学习怎样进行有效采访，提高根据对象、语境，得体、有效地进行语言表达的能力。

3. 学习设计采访问题的基本方法。

4. 通过对网络生活的调查，树立健康上网的正确价值观。

二、活动过程

（一）谈话导入

大家知道老师叫什么名字吗？其实，我还有一个特殊的名字，是四个字儿的，叫"萍水相逢"。大家猜猜看，萍水相逢是我的什么名？……网名。

你们有网名吗？看来这么多同学和老师一样，经常上网。你们平时上网都干什么呀？网络真的已经走进了每个同学的生活，这节课就让我们一起研究一下《我们的网络生活》。（板书）如果我现在就想知道咱们班每个同学平时的上网情况，可以采用什么样的调查方法？

调查问卷，这是一种收集信息的有效方式，但更适合对一个群体进行，如果想要一对一地收集信息呢？

提问，这个办法不错，像小记者一样面对面地提问，这就叫采访。

这节课咱们就来一起学习怎样采访。（板书：学会采访）

（二）采访前的准备

（1）以前有过采访经历吗？采访过谁？围绕什么问题进行的采访？当小记者的感觉如何？其他同学呢？你们看见过别人采访吗，在哪看的？采访的工作一般都是谁做？那些记者在采访的时候都会有什么样的表现？

是的，采访是咱们综合实践活动中常用的一种信息搜集方式，它是指记者事先明确采访目的，设计采访问题，现场向被采访者进行面对面提问，在获取信息后进行记录、整理的一系列活动。

当我们平时看到白岩松叔叔、王小丫阿姨在电视上自信地对别人进行采访时（课件），你们羡慕不羡慕？今天我们也来做一次小记者，像他们一样，就在这里直接进行一次现场采访，想不想试一试？

拥有了采访的欲望你们已经成功了第一步。各位小记者们，采访之前，咱们该干点什么呀？（板书：采访前）

（2）明确采访主题目的。有了主题，我们的采访目的才会更加明确，有利于提出更有价值的问题。大家觉得本次采访主题咱们定什么合适？网络生活的范围有点大，针对现在很多小学生上网时间过长，沉迷于网络游戏的问题，咱们把主题定为：网络对于小学生生活的影响，怎么样？了解了影响，咱们就可以对同龄人如何上网问题的问题提出相关建议，这就是我们的采访目的。

（3）确定采访对象。围绕本次采访主题，我们可以确定谁做我们的采访对象。从同学这里可以获得最直接的信息。家长对你们怎样上网一定有很多要求吧？这也是获取资源的途径。专家：他们可以对整个社会的小学生上网情况给我们提供信息。

（4）设计采访问题。设计采访问题是最关键的环节。问题设计好了，采访就成功了一半。

（5）其他准备工具。这些物品方便我们对采访过程进行记录。可是现在大家什么都没准备，如果进行现场采访，可以怎样记录？还有需要准备的吗？前几天我在家看了一段对周杰伦的访问，请大家仔细看，想想记者采访他之前还做了什么准备。要查清楚有关的资料，做到熟悉自己要采访的话题；尽可能地了解被采访对象的情况，会进一步明确采访目的，也有利于采访问题的设计。

（6）联系。如果我们的采访对象就在身边可以不用提前取得联系；如果不在的话，就需要提前预约了。这位是社会科学院的李阿姨，她对小学生健康上网的情况进行了多年的研究，如果你想对她进行采访，可以怎样预约？这位同学叫什么名字？小刘记者，你想用什么方式和李阿姨进行联系？杨老师就临时客串一下李阿姨，看看他的预约能不能成功。

问：你好，请问是李阿姨吗？

答：我是啊。

问：我是……我们想……

答：我最近很忙，没有空啊。

问：我们想对……进行调查，不会占用您太长的时间，能帮帮我们吗？

答：好吧。……

刚才的预约成功了吗？这位同学成功的秘诀是什么，还有什么问题吗？李阿姨有个问题啊，明天下午三点，我们在什么地方进行采访呢？

小结：如果被访人是老师或家长的好朋友，可以请他们引见；如果没有熟人介绍，可以像刚才那样通过电话预约。预约时应说明自己的身份，为什么要进行采访，想了解什么问题，想获得什么资料。注意说话要有礼貌，时间上和对方进行协商，尽量尊重对方的安排。

（三）采访中

各位小记者的水平的确很高，通过讨论，已经总结出了采访之前应该做的五件大事。杨老师把这些都整理到了一张采访记录表上。请每个小组的组长上台领取。小组研究一下，说说你有什么发现。

（1）每个小组拿到了几张采访记录表？为什么会是两张，知道吗？

（2）针对不同的采访对象，设计不同的采访问题，才能达到我们的采访目的。

（3）还有什么发现？对于不同的采访对象，说话的口气也是不一样的，采访同学因为是平辈所以用"你"就行；而家长是我们的长辈，就应该用"您"了，这是最起码的礼仪。

（4）看看采访提纲中的问题，为什么要这样设计呢？每个问题的设计都是要经过深思熟虑的。我们要围绕主题，借鉴相关的背景资料，怀揣着明确的采访目的，才能设计出最有价值的问题。（采访中）

各位小记者，有了这张采访记录表，一会儿马上就要在教室里进行实地采访了。哪个小组想来试一试？真勇敢，谁来当提问的记者？把这支笔作为你的话筒吧。其他同学做点什么？好，拿着本子上来。找个同学作为你们的采访对象吧。

其他同学，请留意采访细节，一会儿进行现场点评。

这位小记者表现怎么样？采访时我们首先要做什么？

① 自我介绍。自信地说明自己的身份，你好，我是……取得被采访人的信任。

② 说明目的。我们想对你进行一下采访，了解网络对于小学生的影响，能接受我们的采访吗？有个问题，要是对方不接受怎么办？对不起，打扰您了。看来采访同学肯定没问题。大家看，今天来了这么多老师，他们当中的很多人都是家长，也可以作为我们的采访对象。不过，有很多老师还没有孩子，或者自己的孩子不在我们的调查范围你，怎么办？可以了解他们的朋友对这些问题的看法。采访时的随机应变也是很重要的。

③ 采访交流。举止大方，注意文明礼貌。最好不要照着提纲读问题。另外要注意倾听、记录要点，做到善听、巧记。

④ 表示谢意。

各位小记者，相信有了这张采访记录表，掌握了采访中的相关步骤，咱们接下来的采访一定会非常成功的。好，拿起你们的话筒，准备你们的采访记录表，拿上你们的记录本出发吧！

（四）交流采访收获

采访结束了，杨老师也想来一个现场采访。

（1）这位同学你好，请问刚才你们采访的是谁啊？进行得顺利吗？有什么收获？

（2）有没有遇到什么困难？没关系，采访中的技巧、方法、随机应变等，光说是比较空洞的，只有在采访的实践中学以致用，根据实际情况灵活运用才能真正掌握。所以，要想真正的学会采访，就要在实践中锻炼。

（3）通过刚才的采访，针对如何健康上网的问题，能给同学们提点建议吗？

关于这个问题，专家也提出了相关建议。

幻灯出示：上网对于小学生来说可以开阔视野，增加与外界的交流，促进个性发展，但是时间不应该太长，更不应该沉迷于游戏难以自拔。连续上网一小时要休息十分钟左右，可以向远处眺望或进行室外活动。未经父母许可，不要和网上的陌生人聊天，更不要与他们见面。注意个人信息的保密，不能轻易把自己的身份证号、家庭地址、电话等在网上发布。有时间可以多和父母谈谈上网的话题，和他们一起上网也是不错的选择。

三、小结

今天我们了解了采访前的准备工作、采访中的策略，那么，采访以后呢？大家可以把采访过程加以整理，还可以写些采访心得或收获。这样一来，一份完整的采访记录稿就出现了。课下，大家可以把今天的采访整理到记录稿上，也可以利用今天学习的方法进行其他的采访，获取更多实践的快乐。

第五节　课程的评价

综合实践活动课程以过程评价为主，评价方式上倡导 "多元评价"[1]，突出对学生学习过程的体验、情感、态度、价值观和综合能力的评价，是一种以自我为参照的评价。综合实践活动的课程评价主要包括学生评价、教师评价、学校评价、区域评价。

---

[1] 钱雨.论生成课程的理论与实践 [J].教育理论与实践，2012，32（31）：61-64.

一、学生评价

（一）评价内容

在对学生小组进行评价时，内容主要有几方面：

（1）小组的选题及计划落实情况。

（2）小组内的合作、组织和管理的水平。

（3）小组问题解决的情况。

（4）材料的搜集、整理、分析和加工情况。

（5）活动结果或产品情况。

对学生个人进行评价的内容主要有以下几方面。

（1）参与活动的态度和表现。

（2）活动过程中的合作精神与合作能力。

（3）与活动相关的知识、方法和技能的掌握情况。

（4）综合能力与素养的发展。

（5）履行职责与成果。

（二）评价方式

以下几种评价方式可以运用于学生小组或个人的评价。

1. 档案袋评价方式

对活动小组或个人建立的活动档案袋或过程实录手册进行评价，主要看收集的材料是否能反映活动的全过程，如是否有活动计划、活动记录、调查表、出勤登记表、实验记录表或调查记录表、原始数据、学习体会、日记等与活动有关的文字、图片、音像资料，收集的信息是否进行过处理等。

2. 日常观察即时评价方式

主要针对学生在具体活动中的表现及时进行评价，如成员参与活动的态度、同伴间的互助合作情况、活动中表现出来的优点与缺点等。

3. 成果展示评价方式

通过学生的小论文、研究报告、研究过程性材料、展示性表演、模型、设计方案等成果，对小组或个人做出评价。

4. 能力小测试

根据不同年段的课程目标，设计各种能力小测试，通过创设一定的问题情境，让学生完成相应的任务，根据学生完成任务的情况，判断学生小组或个人能力发展的水平。以下是小学5年级学生小组能力测试的样例，供参考。

小学5年级学生小组能力测试任务单

任务一：现场调查与讨论

小组合作完成调查：本组内的成员在近一年内阅读的课外书有多少本？阅读了哪些书目？把调查情况填入下表，并计算出合计及人均阅读数量。

组员编号	1	2	3	4	5	6	7	8	合计	平均每人
阅读数量（本）										
阅读书目名称										

小组讨论：从调查统计的过程中，你们发现本组同学阅读课外书的数量有什么特点？阅读课外书的内容种类有何特点？把你们讨论的结果尽可能多地记录下来，可以用表格的方式进行记录。

任务二：提出研究问题

围绕"课外阅读"这个主题，联系同学们平时课外阅读的实际情况，提出你们感兴趣的、值得深入研究的问题，至少写出3个。

1.	
2.	
3.	

任务三：设计调查问题

某小组想对全班同学进行一次关于"5年级学生课外阅读情况"的问卷调查，以了解5年级学生课外阅读的数量、种类、阅读习惯以及阅读存在的问题等情况。请你帮助他们设计一些调查问题（可以是选择题，也可以是其他题型，至少10道题），完成一份简单的问卷。

任务四：制订创意活动计划

为了促进学生课外阅读的积极性，扩大学生的课外阅读范围，促使全校学生共享自己的课外书，在全校营造浓厚的阅读氛围，请小组制订一项具体可行的活动计划，如"图书漂流活动计划""旧图书跳蚤市场"等，要求体现一定的创意、具体可操作，并在促进学生课外阅读方面富有实效。

二、教师评价

（一）评价内容

1. 参与态度

是否主动做好活动前的准备工作，认真备课，民主、平等地对待学生，经常为学生作具体指导，与其他教师协作。[①]

2. 教育教学

是否清晰把握本课程的基本理念，能结合学生年龄特点组织教育教学活动，活动过程中能抓住重点、难点为学生释疑、解惑。

3. 活动设计

是否能结合活动主题，调动自己已有知识储备及周边可利用资源，有创意地设计活动内容。或在他人活动设计基础上，利用周边资源，对活动内容进行二度开发。

4. 资源开发

是否有资源开发的意识，对学校及周边可利用资源基本了解，并能引导学生利用资源开展活动。

5. 指导能力

是否善于发现学生活动中的问题和困难，为学生提供有价值的建议和意见，帮助学生调整活动方式或研究角度，能提供相应的知识背景材料，能指导学生撰写调查报告、小论文等。

6. 合作意识

是否有与他人智慧分享的合作意识，在为学生解决问题或困难的过程中，能积极调动学生、同伴的主动性，引导大家共同参与，在学生或同伴遇到困难时能主动奉献自己的智慧。

7. 继续教育

是否主动学习课程的前沿知识，根据学生探究的内容钻研有关知识，掌握有关科研方法，提升指导水平。

8. 指导效果

是否引导学生进行有效的总结反思，指导的小组成果展示是否有一定的质量。

（二）评价方式

教师评价采用"协商研讨评定"方式，以自评为主，结合学生评价、教研组评

---

① 王杰.学生创新能力培养的困境与突围［J］.教学与管理，2013.

价与学校评价等多种方式进行综合评价，提高评价的可信度和客观度。

1. 常规检查

是否认真备课、撰写教案，做好指导工作的记录。通过教师自主申报方式，落实每学期一次的公开教学活动，由此了解教师教学设计能力、课堂教学组织能力、课堂师生关系的处理及有效教学的情况。

2. 问卷调查

分教师自我评价和学生评价。通过学生问卷调查方式，了解学生对该教师活动指导的满意度。这项工作一般可由学校教务部门在学期结束时进行。

3. 作品评价

通过对学生研究成果、作品的检查和评价，也可以相应看出指导教师的态度、水平等情况。

三、学校评价

（一）评价内容

1. 组织领导

学校在综合实践活动课程方面是否建立专门的领导小组，是否设置综合实践活动教研组，是否有稳定的师资队伍。

2. 课程开设

学校是否将综合实践活动课程排进课表，国家规定的课时是否得到落实。

3. 课程规划

学校是否有完整的课程规划和设计，课程规定的内容能否在规划中得到体现。是否有课程实施的具体计划，包括学期教学计划、教研计划、学生活动计划，是否有每学期课程实施的相关总结材料。

4. 课程实施

在综合实践活动课程实施过程中，是否积累能说明课程常态、有效实施的过程性材料。每学期，学生是否至少能参与和经历2～3个完整的研究活动过程，是否有较完整的活动设计方案、学生活动的记录和成果（报告）等，指导教师是否能给予学生及时的教学指导、帮助及评价。

5. 资源积累

在课程开设过程中，是否能自觉进行资源的开发和积累，学校是否建立课程资源收集、分类、管理的常态机制。

6. 制度保障

学校是否建立了一系列课程实施、课程管理、课程评价、课程激励的保障机制，有效促进教师、学生积极开展综合实践活动。是否建立综合实践活动常态校本教研制度，促进课程的研究和发展。

7. 校本特色

学校在课程实施过程中，是否能够体现学校的校本特色和学生的个性需求。

（二）评价方式

学校评价可结合学生评价、教师评价、台账检查、成果评比等多种途径进行综合评价，提高评价的可信度和客观度。

1. 问卷调查

通过教师问卷和学生问卷，了解综合实践活动课程开设和实施的基本情况。

2. 常规调研

常规调研可对学校课程开设与实施情况进行现场调研，包括听课、座谈，以了解学校课程的实施情况、教师的课程教学能力、学生参与活动的状态和效果等。

3. 查看台账

查看台账主要看学校是否有课程常态实施的计划或规划，教师是否认真备课，学生活动是否有过程性资料，学校的各项课程保障制度是否健全。

4. 质量监测

通过监测工具的研制，以抽样检查的方式对区域内学校课程实施的情况进行质量监测，了解各学校学生的能力发展情况、教师的有效指导情况以及该学校在区域学校中课程开设的大致水平。

（杨荣　青岛市实验小学）

第五章
初中"道德与法治"学科课程的校本建设

第一节 背景与问题

一、背景介绍

在课程改革和国家人才发展规划的大背景下，为了发挥"道德与法治"学科在学生成长中的作用，适应学校升级的要求，为国家的发展培养全面发展的人才，在学生的价值观领域打下深深的中国烙印，让学生更加热爱我们的国家，我校"道德与法治"教师在学科建设上着力进行国家课程校本化的探索与尝试。

1.学生发展的需要

原有的思想品德课程的设置，与学生的距离比较远，表现在两个方面：一方面，距离学生的升学考试较远，这一课程学完之后不计分数，与学生的升学考试脱节；另一方面，现实的授课，采用的"高、大、上"的专家、学者、道德模范等案例，远离学生的"最近发展区"，使学生看不到与自己的终身发展的连接点，看不到课程的具体意义，造成了课程的操作性不强、课程的信度不够，不能引发学生的共鸣和思考，提不起学生学习这门课的兴趣。

目前，思想品德课常态课的授课模式依然是以讲授课为主，课前预设了大量的活动，不如其他课程的评价更为直接，导致一部分学生参与活动的积极性不高，活动课的开展受条件的限制；到校外的社会实践、体验、考查的课程由于各种条件的限制，很难开展。道德与法治课的开展是走心的教育，需要教师、学校、社会的合力形成稳定的德育资源库，需要学生体验、参与才能达到良好的效果。

2. 学校发展的需要

在学校的发展规划中，学生的德育问题是亟待解决的问题。在大多数情况下德育由专职的教导员和教导主任负责，与"道德与法治"课形成了学校德育教育中的平行线，彼此沟通得较少，只有在举行讲座时才请思想品德教师参加。目前，无论是家庭教育还是学校教育，都存在重智育轻德育的情况，即使是正在推行的德育活动，也是形式大于效果，如何提高德育工作的实效性，成为学校发展面临的重要问题。

3. 课程建设的需要

我们在反复研读如何发展学生素养的过程中逐渐发现，学生的素养与"道德与法治"课息息相关，于是我们在课堂教学中不断地对照核心素养进行特色课程的规划、设计和实施。发展学生的素养，主要指使学生具备能够适应终身发展和社会发展需要的必备品格和关键能力。从本质上来讲，关注学生发展核心素养，就是关注"面向未来教育要培养怎样的人"。为此，我们进行了大量的课程建设的规划与探索，力求寻找德育课程与学生发展需要的契合点，以便更好地为学生的终身发展奠基。

4. 基于国家发展的需要

党的十八届五中全会通过的《中共中央关于制定国民经济和社会发展第十三个五年规划的建议》指出提高教育质量必须全面落实立德树人根本任务，并强调："全面贯彻党的教育方针，落实立德树人根本任务，加强社会主义核心价值观教育，培养德智体美全面发展的社会主义建设者和接班人。深化教育改革，把增强学生社会责任感、创新精神、实践能力作为重点任务贯彻到国民教育全过程。"落实立德树人的根本任务，体现了新时期贯彻党的教育方针、实施素质教育的时代要求，是教育系统坚持和发展中国特色社会主义的核心所在，是"十三五"时期提高教育质量的关键。

二、核心问题

（一）"道德与法治"课程现状

1. 原有的课堂教学不能满足学生的兴趣发展需要

兴趣是学生学习最好的老师，它是一种带有趋向性的心理特征。教师除了深入解读课程标准、钻研教材，就是要把学生学习道德与法治的积极性调动起来，培养学生的学习兴趣，形成道德动力。没有道德动力，学生遇到学习困难之后很容易放弃。目前，大部分课堂"教教材"的多，对于教材的拓展、学习兴趣的培养关注度不够，使"道德与法治"的课堂缺乏足够的吸引力，使学生认为这门课学不学都可以。

2.原有的教学方式难以满足学生身心发展的需求

在过去的思想品德课教学中，一直是老师讲、学生听，由于不占中考分数，思想品德课更是难以调动学生参与活动的积极性。原有的教学方法只适于以考试为手段的评价方式，重分数，轻德育。当前，评价方式发生了变化，教学目标发生了变化，教学的方式也要随之变化：重养成教育，轻知识；重群体教育的同时重个体教育；重课堂教学的同时重社会实践。

3.道德与法治课的现状迫使教师从内部打破僵局

"道德与法治"课，原来叫作"思想品德"，由于内容过于简单，导致学科的属性不明显。对于初中学生来说过于简单，没有挑战性；对于领导来说，谁都可以"教"这门课，所以就被部分学校或老师认为是可有可无的学科，甚至有的学校就派专业性不强的其他学科老师来任课，有的学校则是领导来兼课。特别是在7年级的教材中，大量的留白没有得到很好的使用，也就被认为是可有可无的部分，这大大出乎笔者当年选择这门专业课的初衷。一门引导学生未来发展的课程所面临的尴尬，促使我们作为德育工作者有义务从内部打开僵局，实现突破。为此，我带领大家进行了大量的教学改革实验。

（二）"道德与法治"课教学中存在的问题

1.教学目标方面的问题

由于对"道德与法治"课程的认识不够，一部分教师仅仅是"教教材"完成教学任务，到底为什么而教并不清楚，没有形成对这一学科价值的科学认知；一部分教师教这门课的原因只是停留在职业层面，把教学仅仅作为谋生的手段，不能服务于学生未来的发展，不能关注国家的栋梁或接班人的培养；一部分教师受个人的专业水平及个人发展规划的影响也不能恰当地完成教学任务等。上述诸多原因，造成了"道德与法治"课的效果参差不齐。

2.教学的内容与学生的发展需要的契合问题

一是不同地区，由于历史与经济发展水平不同，学生的认知水平不同，教材与本地区经济社会发展还是有一定的差距，如何缩小课程与学生、家长的愿望之间的差距成了摆在教学中的实际问题。二是学生的个性成长需求不能满足。在《差异教学论》一书中，华国栋先生认为："差异教学是指在班集体教学中立足于学生个性的差异，满足学生个别学习的需要，以促进每个学生在原有基础上得到充分发展的教学。"李希海认为，所谓的差异教学就是在课堂教学中以学生各方面的差异为起点，组织有差异的丰富多彩的教学活动，实现每个学生全面与个性化最大限度的协调发展。[①]目前的"道德与法治"课的教学，由于班额较大，教师授课的班级较多，学生人数较多，教学的起点很难对学生进行学情分析，也使教学在个别辅导上存在很大的困难，学生的个别化需求很难满足。

3. 教学评价问题

目前，青岛的"道德与法治"课程由于评价的方式与其他学科不同，导致家长、学生对这一学科的认识上出现偏差，"无用论"的思潮严重地影响了教学的效果，部分教师转教其他学科，又有部分非专业老师来"代课"，使"道德与法治"这门课的专业性受到了挑战。

三、主要任务

1. 落实课标：实现思想品德课程标准的要求

《思想品德课程标准（2011年版）》的前言部分这样写道："道德是人自身发展的需要，也是人类文明进步的重要标志。当今世界，科技进步日新月异，人类面临的共同问题不断增多，国际竞争日趋激烈，对人的思想观念、道德品质和综合素质提出了新的挑战和要求。我国社会主义经济、政治、文化、社会建设都进入一个新的历史阶段。初中学生处于身心迅速发展和学习参与社会公共生活的重要阶段，处于思想品德和价值观念形成的关键时期，迫切需要学校在思想品德的发展上给予正确引导和有效帮助。"

为适应初中学生的成长需要，思想品德课程融合道德、心理健康、法律、国情等相关内容，旨在促进初中学生道德品质、健康心理、法律意识和公民意识的进一步发展，形成乐观向上的生活态度，逐步树立正确的世界观、人生观与价值观。要想实现思想政治课的智育和德育双重功能，就要在教学方法的科学性、学生思维能力的培养、智力的开发、学生潜能的挖掘等方面做出努力，从而培养学生良好的思维品质和思维习惯，形成良好的情感、态度与价值观。可见，教学方法运用是否得当，直接关系着教学效果的好坏，影响着教学质量的高低。

2. 指向学生发展核心素养

学生发展核心素养，主要是指学生具备的、能够终身发展和社会发展需要的必备品格和关键能力。核心素养是关于学生知识、技能、情感、态度、价值观等方面

---

① 林一钢，黄玉鑫.校本课程评价［J］.江西教育科研，2002（09）：7-14.

要求的综合表现。

通过映射对比我们不难发现，中国学生发展核心素养的内容和要求与思想品德课程标准的内容和要求契合度非常高。由于《中国学生发展核心素养》的发布，使我们的教学任务由原先的三维目标的达成延伸到核心素养的形成，现在的备课直接指向形成什么样的核心素养。为此，我们在案例的选取、活动的设计、思维能力的培养、科学精神的塑造等方面进行了大胆的尝试。

3. 注重学生思维能力的培养和提升

核心素养中科学精神的培养需要培养学生的理性思维、批判质疑、勇于探索，需要依赖学生的思维能力。思想品德课程标准中三维目标中最高的层次是情感、态度与价值观，而这一目标的实现需要学生基于对大量现实问题的思考，而思考是要建立在思维能力之上的。对于学生思维能力的培养，首先是通过课堂问题的设置来实现。例如，对于《儿童国际公约》的认知，笔者首先是把公约制定的时间与我国加入的时间进行对比来引发学生的思考，从而让学生认识到我国加入《儿童国际公约》的时间比其他国家都早，从而感受到我国非常重视未成年的健康成长。其次是引导学生画出他们的思维路径。信息时代，收集和获取信息的途径非常多，必然面对大量的信息和知识。如何减轻学生的负担？也是我们在课程改革中一直思考和探讨的问题。笔者在一次全脑高峰论坛中了解了全脑教育、开发右脑，回来后一直在推行的一个学法指导就是思维导图的制作；起初仅仅是模仿，后来又学习了一些脑科学的知识，发现右脑的记忆能力是左脑的100万倍时惊呆了，于是致力于思维导图的推广。例如，2016年中考前送给学生的礼物就是涵盖三年知识点的三张思维导图，我们送给学生的思维路径在开卷考试中非常有效，也是学生终生难忘的"礼物"。我们也教给学生克服困难的方法，特别是当学生在读书时遇到复杂的问题，可以通过思维导图进行简化。再如，核潜艇专家黄旭华用一生的时间展现了一位科学家的家国情怀，我们便引导学生用思维导图画出黄旭华的人生轨迹，启发学生思考。我们还通过课堂的提问、思维导图的绘制以及课前的系列化主题演讲等来培养学生的理性思维、批判质疑、勇于探究的科学精神。

4. 为学生的终身发展奠基

作为教师，我们经常思考而又不能回避的问题就是："我们的教育目的是什么？"当前大部分学科的评价方式或以分数或以等级评价，无论是分数评价还是等级评价都有其弊端，这些评价既有滞后性又不具备延展性，只是在人生的特定阶段集中评价。在人生的长河中，起作用的往往不是分数，而是教育之后留下的素养。

如果我们从事的是紧盯分数的教育，可能会出现目光短浅的问题，教育的学生会存在较强的功利心，而像"天眼之父"南仁东、"中国核潜艇之父"黄旭华等大科学家就很难造就出来。若对模范人物的人生轨迹进行分析，我们会发现"去功利化的情怀"才是让一个人走得更远的关键。"道德与法治"课的教育目的就是教给学生多一些情怀等素养，对课程的开发、教材的拓展无不围绕着"为生活而教""为追求而教""为情怀而教"来进行，概括起来就是"为学生而教"，为学生的终身发展奠基。

第二节　目标的确立

一、学生发展目标

1. 促进学生道德内化，形成道德能力

道德内化，是指个体道德主体社会道德的学习、选择、改造、发展的过程，是个体根据时代精神和个体内在要求对现存社会道德体系进行积极扬弃，从而形成个体道德素质和道德人格的过程。作为教育工作者，我们要使学生养成高尚的道德情操。道德内化模式简单概括为类化趋同、感化认同、自责反省、知行转化、需要满足、潜移渐进、环境制约、代谢转化等。德育过程是受教育者在教育者引导下，通过活动交往，对外界道德要求主动感知、理解、整合，形成道德信念的过程。道德内化的结果不仅可以产生道德认识，形成道德信念，而且可以用道德信念指导个体自己的言行、形成道德能力。

道德能力是人们认识道德现象，理解道德规范，在面临道德问题时能够鉴别是非善恶做出正确评判和道德选择并付诸行动的能力。它是人的本质能力，是顺利完成道德行为所必需的心理特性，是形成良好道德品质的条件。"道德与法治"课的实施是生活化的德育过程，通过案例、辨析、反思引导学生对道德问题进行认识、判断、选择与省察，经过合作探究达到区分真善美与假恶丑，进而对自己的道德行为进行反思和评价。它触及学生的心灵世界，并使学生将这种心灵获得的经验、感悟积淀为自己的素养和能力（途径：激起矛盾冲突、提高道德判断能力，指导合作学习、提高道德选择能力，加强实践意识、促进道德内化，如"唱一唱""演一

演""画—画""算—算")。

2. 促使学生遵守法律的行为外显

增强中学生的法律意识对于推进我国法治化进程，提高学校德育工作的适时性，保证青少年健康成长具有重要意义。法律意识是社会意识的一种特殊形式，是人们对现行法律现象的思想、观点、知识和心理的总称。法律意识不是自发形成的，它是人们在社会生活学习中自觉养成的。培养青少年的法律意识是现代学校塑造中学生思想品德教育的重要内容。通过"道德与法治"课，可以树立法律的绝对权威，以法治精神和法律价值作为行为评价的标准和原则，有利于促使中学生基于道德情感尊重法律、形成内在法治价值认同、接纳法律的绝对权威地位，从而自觉地维护法律、珍重法律的意识形态表现。

二、教师发展目标

美国著名学者波斯纳曾经提出教师成长的公式为：教师成长=经验+反思。对于课程的校本化研究，可以帮助教师依托经验和反思这两个方面提升教师的素养；可以在帮助同事成长的过程中，提升自己的专业水平；可以在课程开发以及教育决策等活动中完善自己的教育思想，形成独特的教育风格，成为影响学生终身发展的重要人物；可以在追求大师风范中突破"高原现象"，提升职业的幸福指数，从而提升教师的生命质量。

三、学校发展目标

青岛第二十六中学一直致力于"基于培养学生核心素养的学校课程建设研究"的课题研究，紧紧围绕课程建设为中心，以"十三五"课题研究为引领，全面实践分层课程，完善基于培养学生核心素养的青岛第二十六中学特色学校课程体系，提高教学质量。该课题也对德育课程建设提出了新的要求：德育课程要加强教学研究"聚焦生本"，"高效轻负"；德育管理强化习惯养成和责任担当；通过课程研发，整合课程资源，提高德育课程的针对性与时效性。我校的发展目标特别强调：加强对课程整合、课程衔接的实践研究，提升课程质量。重视主题班会的开展，注重每次活动对学生思想、灵魂的洗礼和言行指导，着重将学生培养成道德高尚、人格健全、素质全面、终身发展的创新型卓越人才；针对学生思想及班级存在的主要问题，选择那些具有启发性，对学生思想情况起到潜移默化作用的主题来组织班会活动，定期进行班会课展示活动，让班会课真正走到德育前沿，不断凝聚、发挥、传递我校正能量。

第三节　内容的选择

一、选择依据

（一）历史原因

历史上有关道德与法治的问题有很多论述。

南宋著名的教育思想家陆九渊早在少年时就立下"宇宙之事乃己分内事，己分内事乃宇宙之事"之志，后来提出了"做人"的主张。包含两种意思。一是做伦理道德的"完人"，即圣贤君子。"人生天地间，为人自当尽人道，学者所以为学，学为人而已"（卷三十五），这就是说，不学做人，不得谓之学问，教育的目的即是培养学生懂得学为人的道理。二是做独立的"超人"，即体现"天地之心"的"主宰者"。这便是人生的价值和意义，他加重了人的责任感，把"人"（一定特定关系中的"人"当作自然和社会的核心），突出强调了教育的主体性、个人的历史责任感和做人的自我意识感。从陆九渊的教育思想中可以看出，道德教育一直是历代教育思想家在强调并努力实践的主题。他认为读书的目的是"尊德性"，读书是否有益要看其心是否端正、其德性如何。他还提倡独立思考，不盲目迷信书本和圣贤。他注重躬行践履，主张"明实理，做实事"。

明代中叶的教育思想家王守仁接受了陆九渊的教育思想，提出了"知行合一"的教育主张。他更重视"尊德性"重视道德教育与道德修养，提出了"知行合一"的道德教育论。所谓的"知"主要是指人的道德意识和思想意识。所谓的"行"主要是指人的道德践履和实际行动。王守仁的"知行合一"的实质，是以"良知"为标准，统一于"良知"的内心活动，突出地把一切道德归结于个体的自己行动，看到了道德意识和道德行为之间的相互联系、相互转化的作用，表现出对道德的自我意识感的重视及对道德行为能动性的极大强调，从道德教育与道德修养上看，在中国古代教育思想史上是有积极意义的。

明代杰出的政治家、教育改革家张居正不仅提出了早期教育，还提出了根据儿童的心理特点进行教育。

明末清初的思想家颜元认为人才决定国家政治命运，主张培养德才兼备的、有经韬纬略有专长的人才。"德才兼备"是颜元对理想人格的总要求。

清朝政治家、思想家、教育家康有为认为，在"中学院"阶段，是对于人的一生至关重要的阶段。"人生学问之通否，德性之成否，皆视此学龄；中学不通，则无由上达于上学及为专门之学，而终身受其害矣；德性不习定，至长大后气质坚强，习行惯熟，终身不能化矣。"

梁启超曾经说过"人生百年，立于幼学"。

以史为鉴，历代思想家都看到道德教育在人生成长中的重要作用。在中学阶段，正是中学生情感态度价值观形成的雏形。21世纪人才的根本特点是素质的全面发展。思想品德课是人文性质课程，主要任务是塑造学习者的道德素质，兼顾其他素质的塑造。《山东省普通中小学管理基本规范（试行）》明确提出"将德育工作作为素质教育的首要任务"，这充分体现了"育人为本，德育为先"的优先原则。

（二）现实需要

1. **基于中学生的心理特点**

青春期是人类个体生命全程中的一个极为特殊的阶段，生理的急剧变化，但心理发展的速度相对缓慢，心理发展水平尚处于从幼稚向成熟发展的过渡时期。这样青春期的身心就处于一种非平衡状态，引起种种心理发展的矛盾：生理变化对心理活动的冲击，心理上成人感与幼稚性的矛盾，反抗性与依赖性，闭锁性与依赖性，勇敢与怯懦，高傲与自卑，否认童年与眷恋童年等。帮助学生走出心理与生理冲突的烦恼，协调好成人感与幼稚性的矛盾内心，也是我们进行特色课程建设的初衷。

2. **基于中学生心理发展的基本需求**

随着中学生在生理和心理上发生的一系列特殊变化，他们在个性发展上也出现了许多新需求。首先，自我意识增强。他们想知道"我是个怎样的人""我的特征是什么"。由于自我意识的高涨，学生在其个性上表现为主观偏执性。我们要考虑的是，如何帮助中学生形成正确的自我概念，进行正确的自我评价，形成正确的人生观和价值观。其次，半成熟、半幼稚的情绪情感。这种复杂的情绪感受和表现呈两面性的特点：强烈、狂暴性和温和、细腻共存，情绪的可变性和固执性共存，内向性和表现性共存。如何引导中学生做情绪的主人，控制好自己的情绪，提高中学生的情商是学校特色课程的重要任务。再次，青春期的烦恼也常常困扰着中学生，影响中学生的身心健康成长。这些烦恼有些来自对自己形象的苛求，有些来自与父母关系的裂痕，有些来自与同伴的相处。如何通过活动课程的建设帮助学生消除烦恼、排解孤独、释放压抑的情绪，也是学校特色课程的目标之一。

3. 基于中学阶段的道德发展需求

中学生自身的道德发展需求有以下几个方面。第一，中学生对社会道德状况存在着诸多困惑，进而导致中学生道德判断偏颇。有43%的中学生认为目前社会的道德生活是假恶丑多于真善美，而认为真善美多于丑恶的仅占8%。中学生对社会道德状况的判断如不加以教育和引导，将直接影响中学生道德行为的选择和道德品质的形成。第二，自我中心较为突出，行为选择更趋实际。如在处理人际关系的原则中，62%的中学生选择"两方面兼顾，既利己又不损人"。在学习的目的中，以自我发展为目的的选择竟占了50%左右。第三，大多数中学生是独生子女，这种家庭背景导致他们心理素质差、抗挫能力低。小孩大都产生蛮横不讲理、老子天下第一的心理。而且这些孩子在家大都是重点保护对象，习惯于衣来伸手、饭来张口，结果使得学生的动手能力极差，又不能吃苦，而且心理素质也很差，经不起一小点的挫折。第四，社会上的一些不良风气也给学生带来严重的影响。社会上一些不良的事物影响着青少年的成长，如赌博（包括一些电子游戏机），将导致一些青少年学生犯罪。黄色淫秽书刊、黄色录像带、影视屏幕上形形色色的不健康镜头，都将使不少学生的思想受到影响、精神上受到污染；有些学生无心念书，有些学生过早成熟，有些甚至走上犯罪的道路。

中学生的这些道德发展的需求显示，我们的道德教育要和学生的年龄段和发展需求紧密相连。在整个中学阶段，学生的品德迅速发展，处于伦理形成时期。伦理是人与人之间的关系以及必须遵守的行为准则，它是道德关系的概括，伦理道德则是道德发展的最高阶段。

二、选择内容

（一）青岛第二十六中学校本课程设计思路

校本课程设计

核心素养			课程标准	校本化课程
文化基础	人文底蕴	人文积淀	1.1 知道礼貌是文明交往的前提，掌握基本的交往礼仪与技能，理解文明交往的个人意义和社会价值	主题演讲：礼貌礼仪 餐桌礼仪 通讯礼仪 握手礼仪 诚信故事会
			2.3 领会诚实是一种可贵的品质，正确认识生活中诚实的复杂性，知道诚实才能得到信任，努力做诚实的人	

续表

核心素养			课程标准	校本化课程
文化基础	人文底蕴	人文情怀	1.3　体会父母为抚养自己付出的辛劳，孝敬父母和长辈。学会与父母平等沟通，调适“逆反”心理。增强与家人共创共享家庭美德的意识和能力 1.5　学会用恰当的方式与同龄人交往，建立同学间的真诚友谊，正确认识异性同学之间的交往与友谊，把握原则与尺度 1.6　积极参与公共生活、公益活动，自觉爱护公共设施，遵守公共秩序，有为他人、为社会服务的精神 2.3　自尊、自爱，不做有损人格的事	主题演讲： 家风　家训 活动课： 传承家庭美德 班会课： 花季中的男孩女孩 活动课： 话说身边的秩序
		审美情趣	2.7　了解文化的多样性和丰富性	主题演讲： 犹太人的智慧
	科学精神	理性思维	2.5　知道每个人在人格和法律地位上都是平等的，做到平等待人，不凌弱欺生，不以家境、身体、智能、性别等方面的差异而自傲或自卑，不歧视他人，富有正义感 能力目标：学会面对复杂的社会生活和多样的价值观念，以正确的价值观为标准，做出正确的道德判断和选择	班会课： 我与老师交朋友 班会课： 人生而平等
		批判质疑	1.1　正确认识好奇心和从众心理，发展独立思考和自我控制能力 1.5　正确认识和理解社会矛盾，理解发展与稳定的辩证关系	班会课： 我的情绪我做主
		勇于探究	2.3　了解我国在科技、教育发展方面的现状，理解实施科教兴国战略的现实意义，认识科技创新的必要性，努力提高自身素质	主题演讲： 核能 量子力学 通信技术——墨子号
自主发展	学会学习	乐学善学	1.3　培养正确的学习观念和成就动机 1.6　主动锻炼个性心理品质，形成良好的学习、生活态度 教学建议：引导学生学会学习。教学中，教师要激发学生的学习积极性，引导学生通过调查、参观、讨论、访谈、项目研究、情境分析等方式，引导学生主动探索社会现实与自我成长中的问题，在合作和分享中扩展自己的经验，在自主探究和独立思考的过程中增强道德学习能力	整合课： 我与压力做朋友 爱上学习

核心素养			课程标准	校本化课程
自主发展	学会学习	勤于反思	2.3　了解我国在科技、教育发展方面的现状，理解实施科教兴国战略的现实意义，认识科技创新的必要性，努力提高自身素质 3.3　知道我国环境保护的基本法律，增强环境保护意识，自觉履行保护环境的义务	活动课： 四季课程 主题演讲： 航天技术 轻轨·云轨
		信息意识	1.2　合理利用互联网等传播媒介，初步养成积极的媒介批评能力，学会理性利用现代媒介参与社会公共生活 能力目标：学习搜集、处理、运用信息的方法，提高媒介素养，能够积极适应信息化社会	主题演讲： 网络与我的学习生活 做理智的小网虫
	健康生活	珍爱生命	2.1　认识生命形态的多样性，理解人类生命离不开大自然的哺育 2.2　认识自己生命的独特性，珍爱生命，能够进行基本的自救自护 2.6　体会生命的价值，认识到实现人生意义应该从日常生活的点滴做起	活动课： 四季课程·春 四季课程·夏 四季课程·秋 四季课程·冬
		健全人格	1.2　了解青春期闭锁心理现象及危害，积极与同学、朋友和成人交往，体会交往与友谊对生命成长的意义 2.2　学会换位思考，学会理解与宽容、尊重、帮助他人，与人为善	班会课： 花季中男孩女孩 沙盘与人际交往
		自我管理	1.3　正确对待学习压力，克服厌学情绪 1.7　了解自我评价的重要性，能够客观地认识自我，积极接纳自我，形成客观、完整的自我概念 1.4　了解教师的工作，积极与教师进行有效沟通，正确对待教师的表扬与批评，增进与教师的感情	班会课： 我的情绪我做主 认识情绪与人生
社会参与	责任担当	社会责任	2.4　体验行为和后果的联系，懂得每个行为都会产生一定后果，学会对自己的行为负责 2.5　能够分辨是非善恶，学会在比较复杂的社会生活中做出正确选择 1.1　关注社会发展变化，增进关心社会的兴趣和情感，养成亲社会行为 1.4　知道责任的社会基础，体会承担责任的意义，懂得承担责任可能需要付出代价，知道不承担责任的后果，努力做一个负责任的公民	活动课： 四季课程 承担责任——三思而后行 主题演讲： 美国大选 犹太人的智慧 藏文化寻旅

核心素养			课程标准	校本化课程
社会参与	责任担当	社会责任	1.7 感受个人成长与民族文化和国家命运之间的联系,提高文化认同感、民族自豪感,以及构建社会主义和谐社会的责任意识	
		国家认同	2.3 了解我国在科技、教育发展方面的现状,理解实施科教兴国战略的现实意义,认识科技创新的必要性,努力提高自身素质	主题演讲: 我国的科技成就展
		国际理解	2.6 学习和了解中华文化传统,增强与世界文明交流、对话的意识 2.7 了解文化的多样性和丰富性,尊重不同的文化和习俗,以平等的态度与其他民族和国家的人民友好交往 2.9 认识树立全球观念的重要性,增强为世界和平与发展做贡献的意识和愿望	主题演讲: 美国大选及其对世界的影响 犹太人的智慧 藏族文化
	实践创新	劳动意识	1.3 了解不同劳动和职业的特点及其独特价值,做好升学和职业选择的心理准备。形成热爱劳动、注重实践的情感、态度、价值观	班会课: 直面危机 规划人生
		问题解决	3.3 知道我国环境保护的基本法律,增强环境保护意识,自觉履行保护环境的义务 3.4 了解建立、健全监督和制约机制是法律有效实施和司法公正的保障,增强公民意识,学会行使自己享有的知情权、参与权、表达权、监督权	主题演讲: 环保与法 生活与法
		技术运用	能力目标:掌握爱护环境的基本方法,形成爱护环境的能力	活动课: 四季课程

(二)青岛第二十六中学"道德与法治"课程校本化体系

1. 进行跨学科、多角度的课程整合

第一,班会课与"道德与法治"课整合。

初中"道德与法治"课和主题班会在教学的内容和教学的目的上有很多的重复和交叉,班会课注重对学生的情感的渲染和行为指导,而"道德与法治"课是建立在大量的真实案例的基础上的理论指导、行为指南,如何将两者进行整合,缩短教学时间,提高教学效率是我们进行课程整合的出发点。班会课大多是由班主任组

织，所学专业多种多样，而"道德与法治"课教师在德育教育上的理论性非常强，但实际操作的能力可能有逊色，如何将两者之间的师资优势进行优化是班会课与道德与法治课进行整合的关键所在。例如，在备课我们遵循这样的问题模式：学生为什么学？学生已经知道什么？学生需要什么？学生怎么学？哪些内容方法能让学生喜欢学？需要为学生补充什么？在这一思考过程中，教学的重点和难点基本上能迎刃而解。这个过程包含了哪一种课型适合这些内容，就对这一课内容进行整合。例如，对于《在友谊之树长青》一课，我们把课本13页很少的男同学、女同学的内容拓展为一节班会课、青春期教育课"花季中的男孩女孩"。这种整合提高课堂德育的实效，也为青春期学生的成长提供了方向性的指导。

第二，心理学与"道德与法治"课整合。

"道德与法治"课与心理学的整合引导学生跨越沟通的障碍。首先是与自我的沟通。道德教育是走心的教育，要了解学生的心理需求，需要教师读懂学生的心理，更好地对学生进行价值观的引导和情感升华。例如，我们对于《爱上学习》这一课，大胆整合，引入心理学的分支——萨提亚家庭治疗中的重要理论——冰山理论，引导学生认识自我，发展潜能。其次是与他人的沟通。对于《自尊自爱是我的需要》一课，我们引入了人格心理学理论——九型人格。"九型人格"是一个近年来备受美国斯坦福大学等国际著名大学MBA学员推崇并成为现今最热门的课程之一，近十几年来已风行欧美学术界及工商界；目的在于让学生了解人性，认识人与人之间与生俱来的不同和独一无二的生命属性，互相尊重，取长补短，由此来提升人文情怀：尊重、维护人的尊严和价值，能关切人的生存、发展和幸福等。对于《正视压力，轻松前行》一课，我们引入了心理学的"耶基斯—多德森定律"：动机不足或过分强烈都会影响学习效率。以充分的理论做指导，提高了"道德与法治"课的信度，同时也提高了这一学科的学科价值。

目前，我校在这些方面初步形成系列课程。

2. 系列化主题课程演讲活动

（1）课前系列化主题演讲。

以前我校"道德与法治"的课前演讲是新闻评论，但是对于7年级的学生来说，新闻中涉及的理论相对较难，应是8年级下册和9年级的内容。为此，我们进行了调整，教师根据课本的内容和时政相关的内容设计一个演讲的主题，提前一周让学生准备。学生根据自己的喜好，主动领题目，自己组成合作小组完成探究任务，制成PPT，然后在课前进行演讲。目前进行的题目有"犹太人的智慧""藏文化寻旅""美国大选及其对世界的影响""航天技术及航天人的故事""股票知识概览""原子能""通信技术""量子力学"等。这些题目的设置涉及经济、政治、文化、社会、科技等各个领域。我们注意引导学生进行人生规划，以及回答学生"为什么上学"的问题，希望学生通过目标的确立爱上学习并主动学习。这些精彩的课前演讲提高了学生的问题解决能力，也提高了学生学习"道德与法治"课的积极性，为今后学生解决问题、探究问题提供了有效的方法指导。

（2）课堂活动实证。

通过体验参与式的活动激发学生主动学习，并验证真理。学生从书本中学习的知识多是间接的经验，体验参与式的活动能引导学生主动、合作、探究学习，也能使他们体验到参与的喜悦和困惑，获取直接的经验，并在具体的情景中，进行更多的思考。例如，通过吹气球来体验压力，最初的设计是三种方式，在授课的过程中又发现了第四种即用脚把它踩爆的方式。这些又说明了什么？在活动过程中，学生很容易就想到了内、外压共同作用的结果，说明人们能承受的压力是有限的，因此要学会压力管理。通过活动体验，极大地激发了学生主动参与课堂的积极性，也培养了学生科学的实证主义的态度和科学精神。所以，我们备课过程的一个重要环节就是看看有没有可以开展的活动。

（3）主题研究课程。

关于主题研究课程，与课前演讲类似又有所不同。课前演讲的重点是小组合作，一学期轮一次。主题研究课程由一系列的小课题组成，是在完成课前演讲、掌握研究方法的基础上，旨在引导学生独立完成研究课题的课程，是以任务驱动—课堂交流—师生评价这样一个流程进行的，以提高学生的问题研究能力、探索未知世界的能力，培养学生的深度研究和创新能力。主题研究课程的设置最好是三个年级整体规划，每学期一个主题，循序渐进而又螺旋式上升。学生在课程研究中学习，在评价中反思，在结题中升华。主题的设置可以围绕着课程标准的内容要求进行设定，如"古今之法""中外法律之比较"，也可以根据中国学生发展的核心素养培养展开，如"思维导图在学习中的有效应用""中外国家政权组织形式之比较"等。这些课题的设置不要求学生的研究结果多么精深、过程是多么严谨，重要的是学生的学习经历。这也是我们对"课程"价值的真正理解。

例如，我们坚持在德育实践中开发特色课程。

第一，尝试"道德与法治"课与心理课的整合：

学会交往——沙盘与人际交往

认识青春——我的青春我做主

正视压力——我与压力做朋友

管理情绪——认识情绪与人生

第二，坚持开发德育课与班会课整合的特色课程：

活动课：学会学习——爱上学习

活动课：走进自然——发现生命之美，追寻文化之旅

活动课：扩大交往——寻找身边"最美老师"

活动课：关爱生命——扬起生命之帆

活动课：承担责任——三思而后行

（4）探究人文。

第一，与语文学科的整合丰富了学科的美感。

汉字是优美的。而中华文化更是绚烂多姿。记得20世纪八九十年代，提起政治课往往是枯燥无味的，更多的人认为是"假、大、空"，在课程改革中我们必须解决这一问题，为此也进行了各种的尝试，让我们的课变得丰满。我们的课既有温情的寄语，也有成语大串烧和诗词大比拼。语文让我们的论据更加充分和富有诗情画意。

第二，与传统文化的整合，让学生体验传统文化的魅力。

《中国学生发展核心素养》中是这样综述文化基础的："文化是人存在的根和魂。文化基础，重在强调能习得人文、科学等各领域的知识和技能，掌握和运用人类优秀智慧成果，涵养内在精神，追求真善美的统一，发展成为有宽厚文化基础、有更高精神追求的人。"为了落实这一内容，我们对课本中所涵盖的内容进行了文化的挖掘，实现"道德与法治"课与传统文化的整合。我们采用的是"说文解字""传统故事""古诗词赏析"等形式，把传统文化的精髓融入"道德与法治"课中，例如，在"说文解字"中，我们一起探究了"师""友""孝""学"等字，特别是"友"的甲骨文字形象 顺着一个方向的两只手表示以手相助。从字形就可以看出甲骨文代表着古代劳动人民的智慧。这不仅震撼着学生，也震撼了老师。由此，我们发现了"说文解字"的妙用，有些需要我们反复解释的问题，用这一很简单的方法就可以让学生很好地理解。所以，遇到新课题，这一方法经常被我们采纳。

传统故事今用，更好地体现了"古为今用"的道理。

例如，"六尺巷"的故事引人深思。清朝时，在安徽桐城有个一个著名的家

族，父子两代为相，权势显赫，这就是张家张英、张廷玉父子。清康熙年间，张英在朝廷当文华殿大学士、礼部尚书。老家桐城的老宅与吴家为邻，两家府邸之间有个空地，供双方来往交通使用。后来邻居吴家建房，要占用这个通道，张家不同意，双方将官司打倒县衙门。县官考虑纠纷双方都是官位显赫、名门望族，不敢轻易了断。在这期间，张家人写了一封信，给在北京当大官的张英，要求张英出面，干涉此事。张英收到信件后，认为应该谦让邻里，给家里回信中写了四句话：

> 千里来书只为墙，
>
> 让他三尺又何妨？
>
> 万里长城今犹在，
>
> 不见当年秦始皇。

家人阅罢，明白其中意思，主动让出三尺空地。吴家见状，深受感动，也出动让出三尺房基地，这样就形成了一个六尺的巷子。两家礼让之举和张家不仗势压人的做法传为美谈。

"六尺巷"的旧址因为这一典故今天仍在。教师追问："这是为什么？"学生在思考中理解了宽容美德代代相传，在今天依然成为佳话的道理。这也证明中华民族的优秀传统不是一蹴而就的，既需要传承，也需要发扬光大。学生通过课堂触摸到我们中华民族丰厚的文化底蕴，也增强了学生的国家认同和民族自信。

第四节　组织与实施

一、青岛第二十六中学《道德与法治》课程校本化建设的组织

（一）对校本课程建设目标的思考

1.形成道德信念与道德理想

中学阶段是道德信念和道德理想形成并以此指导行动的时期。中学生逐渐掌握伦理道德，并服从它，表现为独立、自觉地依据道德信念、价值标准等去行动，使学生的道德行为更有原则性和自觉性。

2. 自我意识增强

在品德发展的过程中，中学生更加关注自我道德修养，并努力加以提高。可以说，中学生对自我道德修养的反省性和监控性有明显的提高，这为产生自觉的道德行为提供了有效的前提。

3. 道德行为习惯逐步巩固

由于不断地实践、练习，加之较为稳定的道德信念的指导，中学生逐渐形成了与道德伦理相一致的、较为定型的道德行为习惯。

4. 品德结构更为完善

中学生的道德认识、道德情感与道德行为三者相互协调，形成一个较为完善的动态结构，使他们不仅按照自己的道德准则去行动，而且也逐渐成为稳定的个性心理结构的一部分。

从总体上看，初中生的品德虽然具有伦理道德的特性，但仍旧不成熟、不稳定，具有动荡性，表现在道德观念的原则性、概括性不断增强但还带有一定程度的具体经验特点，道德情感表现丰富、强烈但又好冲动，道德行为有一定的目的性、渴望独立自主行动但愿望与行动经常有距离。这一时期，既是人生观开始形成的时期，又是容易发生品德两极分化的时期，品德不良、违法犯罪多发生在这个时期。根据研究，初二年级是品德发展的关键期。

教师应以中学生态度与品德发展的基本特征为德育工作的出发点，在德育的内容、形式、评价标准等方面都应该遵循发展规律，重视发展过程中的关键期，采取合理的教育措施，有的放矢，因材施教。

5. 基于课程标准的要求

《义务教育思想品德课程标准（2011年版）》的前言部分这样写道：

道德是人自身发展的需要，也是人类文明进步的重要标志。当今世界，科技进步日新月异，人类面临的共同问题不断增多，国际竞争日趋激烈，对人的思想观念、道德品质和综合素质提出了新的挑战和要求。我国社会主义经济、政治、文化、社会建设都进入一个新的历史阶段。初中学生处于身心迅速发展和学习参与社会公共生活的重要阶段，处于思想品德和价值观念形成的关键时期，迫切需要学校在思想品德的发展上给予正确引导和有效帮助。

为适应初中学生的成长需要，思想品德课程融合道德、心理健康、法律、国情等相关内容，旨在促进初中学生道德品质、健康心理、法律意识和公民意识的进一步发展，形成乐观向上的生活态度，逐步树立正确的世界观、人生观、价值观。

（二）校本课程建设的目标

全面贯彻党的教育方针，落实立德树人根本任务，以培养学生的核心素养为重点，以每个学生的身心健康发展需要为导向，以服务于每个学生的品德提升为宗旨，以特色课程的建设为抓手，以整合道德与法治、心理、传统文化、语文、社会实践等课程为载体，教学与科研紧密结合，形成一系列的特色课程体系，促进学生的主动、自主学习，并运用科学、健康的思维，观察和分析社会，从而形成正确的情感态度与价值观，弘扬社会正能量，为学生的终身发展奠基。

二、青岛第二十六中学校本课程的实施

（一）青岛第二十六中学"道德与法治"校本课程体系

社会愈是发展，愈是需要其成员具有较高的道德素质和精神境界。伴随着人类文明的进步，现代社会对人们的思想品德水平的要求越来越高。基于课程标准的要求，基于学生身心发展的需要，基于对学生关键能力的培养，基于21世纪学生发展核心素养的要求，课程改革更多的是希望为学生的终身发展奠基，帮助学生进行人生规划，走进学生的内心世界协助学生的心灵成长，为此，在课程建设上除了完成国家课程外，打破原有学科的限制，大胆进行与心理、历史、传统文化等内容以及班会课的整合，进一步力求与团课整合，充分发挥"道德与法治"课的学科价值，在物质财富极大丰富的今天关注学生的精神世界，关注学生的精神成长，丰富学生的精神追求。

（二）青岛第二十六中学"道德与法治"课程校本化实施方案

1. 以课题研究带动课程建设

随着青岛市"道德与法治"学科评价方式的调整，我们也在思考如何让学生喜欢学这门课程、我们的课程如何实施才能面向未来关注学生终身发展、我们的课程资源如何开发和拓展才能与德育教育有机结合。带着这样的思考，我们以课题的形式进行了大量的教改实验，如"提高学生学习'道德与法治'课积极性的行动研究""'道德与法治'课程资源与开发的实践研究""'道德与法治'课程如何更好地落实面向未来的教育"等。这些课题的研究不断地引发我们的思考与探索，形成在探索中实验、在实验中反思、在反思中提高的良性循环，初步形成了"道德与法治"课与班会课整合系列化课程、系列主题课前演讲，形成系列化的课程资源。

2. 以地域资源定位课程建设

青岛第二十六中学位于京山脚下，前临百花苑，后接第一次世界大战遗址京山

炮台，有着丰富的自然资源和人文资源。

百花苑是青岛首座规模较大的纪念性园林。园内地势错落起伏，道路迂回曲折，绿树成荫，芳草遍地，一派"小桥、流水、人家"的田园风光。园内建有岁寒三友、花溪、日月潭等10处景点，有上百个品种的乔灌木2600余株和110个品种的花卉约8000株。

百花苑春秋景观宜人，园内山势起伏、碧草如毯、石径曲折、花溪蜿蜒，四季树木荫翳，春来繁花似锦，同时有蒲松龄、康有为、闻一多、老舍、沈从文、吴伯箫、童第周、毛汉礼等20多座古今文化名人雕塑散落在百花苑中。一座座名人雕塑错落有致地分布其中，或坐，或立，静谧安详，栩栩如生，平添了许多文化气息。这些丰富的课程资源值得我们带领学生去感受、去探究，为我们开展"探访大自然""走近文化名人，传承中华文化"等活动提供了先天的条件，学生的道德情感在自然中升华、在人文中熏陶，让孩子们在活动课程中回归学习的天性、感受学习的快乐、思考生命的价值。

京山炮台遗址位于山东省青岛市区中部的青岛山。青岛山又名"京山"，海拔128米，是市区第二高峰。德国侵占青岛后，在此山南北两处建了永久性炮台，被称为"俾士麦炮台"。炮台是侵华德军1899年所建，是侵略青岛的德军地下中心指挥部，曾被德军诩之为"青岛炮台之最重要者"。通过参观青岛山炮台遗址，引导学生从历史史实的角度，通过实证来认清法西斯战争带给人类的痛苦和那些不堪回首的屈辱历史。德国的殖民统治、日本的军事侵略、人民的苦难与抗争，能使学生切身感受到：弱国无主权、弱国无国防，只有牢记历史，才能保持清楚的头脑；从苦难中吸取教训，才能激发出爱国热情和敢于斗争的勇气，明确自己肩负的历史使命："少年强则中国强"，从而引导学生铭记历史耻辱、永葆革命精神。

由此，我们通过课程开发，培养学生的家国情怀，融爱国主义教育于课程建设中。

3. 以情感导入促进课程建设

道德情感是个人道德意识的构成因素，指人们依据一定的道德标准，对现实的道德关系和自己或他人的道德行为等所产生的爱憎好恶等心里体验。道德情感是一种情感体验，指个体对一定的社会存在和道德认识的主观态度。在一定的社会条件下，人们根据道德准则要求进行道德活动时所产生的爱慕、憎恶、信任、同情等比较持久而稳定的内心体验。在个人的道德品质构成中，道德情感具有以下三种作用。

（1）评价作用，即能以某种情绪状态，表明某种道德关系和道德行为是否具有正当性和合宜性。

（2）调节作用，即能以某种情绪倾向强化或削弱个人对某种道德义务的认识和实践。

（3）信号作用，即能以特有的情绪形式如表情、动作，向他人传递其道德行为价值的信息，或从他人的某种情绪形式获取自己道德行为价值的信息。

个人一旦对某种义务和行为形成道德情感，就会积极地影响其道德选择。某种道德情感一旦扩展为社会性的情感，也就会程度不同地影响社会道德风尚。

道德情感从表现形式上看主要包括三种：直觉的道德情感、想象的道德情感、伦理的道德情感。而三维目标中，实现难度最大的就是学生的情感、态度与价值观的提升。为此，我们以道德情感的分类作为突破口、切入点进行课程的设计。

① 直觉的道德情感，即由于对某种具体的道德情境的直接感知而迅速发生的情感体验。针对直觉的道德情感的这一内涵，我们在课程的设计上，从学生的情感入手，分析学生的兴趣点、共鸣点，选择适合中学生心理特点的话题、故事、游戏、影视、新闻、歌曲、榜样等作为课前学习的素材，通过这些素材引导学生迅速进入课堂学习，为进一步的学习做好情感上的铺垫。

② 想象的道德情感，即通过对某种道德形象的想象而发生的情感体验。针对想象的道德情感这一内涵，我们采用了的方式是故事续写、猜测结果、角色扮演、小组活动等方式，引导学生对所发现的问题进行探究，提高学生的观察问题、分析问题和解决问题的能力，提升学生的情感、态度与价值观，使其内化为学生的道德认知、道德情感，以及外化为学生的道德实践。

③ 伦理的道德情感，即以清楚地意识到道德概念、原理和原则为中介的情感体验。伦理学关于人们的行为规范和道德观念、情感、意志、活动等研究成果，为教育学的德育理论提供可靠的根据。针对伦理的道德情感的这一重要作用。我们在课堂教学中特别关注两难问题的设置与处理，通过对学生问题回答的追问，引导学生对道德两难问题做出正确的价值判断和正确的选择。

第五节 课程的评价

一、青岛第二十六中学"道德与法治"课程体系评价

思想品德课程评价是促进学生思想品德健康发展的重要手段。设计思想品德课程评价方案时，应以课程目标和课程内容为依据，体现学科评价特点，搜集学生学习的完整信息，客观评价学生的思想道德状况。教师要总结与反思评价结果，改进教学，进而更好地实现课程目标。

（一）对学生发展带来的影响

第一，系列化的主题演讲，开阔了学生的视野，提高了学生项目研究的能力。

课前5分钟的系列化主题演讲，来自教材以外的陌生领域的主题，通过指导学生进行项目研究，使学生初步掌握了科学研究的方法，明确了研究问题的逻辑和切入点，使初中学生初步具备课题研究的能力。

第二，丰富多彩的主题演讲拓展了学生的知识领域，引导学生发现更多的兴趣点，从兴趣到志趣到未来的专业特长，无疑是开启了学生成长的大门，让学生相信一切皆有可能。

第三，围绕学生身心发展需要的活动课，紧扣学生健康成长的德育点。例如：《家风·家训》《礼貌·礼仪》《我热爱我的祖国》等，通过活动提高学生的道德认知和道德践行，以实现"立德树人"的根本任务。

尽管"道德与法治"校本化过程中做了很多的努力，但由于中考评价方式的问题，学生的参与度还存在一定的问题，学生与学生之间有差异，班级与班级之间也存在差异，在课程实施的过程中，不能保证每个学生都受益。在今后的项目策划中，我们还要继续完善评价的方式，形成纸质测评或电子记录，这样效果可能会更好。

（二）对教师发展带来的影响

第一，在课程校本化开发的过程中，查阅了大量的教学资源，对资源进行萃取整合，提高了教师的教育科研能力，促进了教师的专业成长。

第二，课程校本化开发的过程也促进教师对自己过去的教学进行反思，提高了教师的创新力。课程开发的过程本身就是一个创新的过程，开发的项目越多，持续的时间越久，教师创新能力的提升就越大。

第三，在课程校本化开发过程中，由于任务驱动，会促使教师不断进行教育教学理论的学习，进行追根索源式地寻找答案，使教育教学的创新更加具有科学性。

第四，在课程校本化开发过程中，由于开发的需要，会促使教师进行跨学科、跨领域的学习，形成终身学习的观念，增强教师自我发展的内驱力。

课程校本化开发是一个长期的过程，也是一个全员参与的过程，但在实施推广的过程中常常会受到教师理念、个人专业发展追求的影响，在推广的过程中会遇到一定的阻力。

（三）对学校发展的影响

学校的发展需要学科带头人，需要教学的引领者。课程的校本化开发是否具有学校特色，是否能够有区别于其他学校的特色关系到办学的方向和办学的水平。学校能否提供适宜学生发展需要的课程，是学校办学水平的重要指标。课程校本化的目的是提高学校的软实力，增强学校在该区域的吸引力，所以校本课程的开发是影响学校发展的重要因素。

二、思考与建议

（一）关于"道德与法治"课程的思考

1. 目标

随着时代的发展和社会的进步，如何建立一套适应时代的发展要求和切近学生的身心发展要求的"道德与法治"课程，真正实现"为国家而教""为学生而教"，是需要我们反复思考的问题。

2. 内容

课程的内容基于国家课程，实现区域化、校本化，强化对学生的个性化辅导，是我们"道德与法治"课的追求。毕竟每个人的思想道德观念和法治观念起点不同，需求点也不同，所以教学内容要有广度，以适应不同学生的发展需要。

3. 实施建议

（1）以学生的终生发展需要为备课的出发点。

在备课中首先要解决以下几个问题：学生为什么学？学生已经知道什么？学生需要什么？学生怎么学？哪些内容、方法能让学生喜欢学？需要为学生补充什么？在这一过程中重点和难点基本上能迎刃而解。例如，对于《在友谊之树长青》一课，我们把第13页上的内容拓展为一节班会课青春期教育课"花季中的男孩女孩"。

（2）关注学生思维能力的培养，提高学生的学习效率。

对于学生思维能力的培养，强化两个方面。一是通过课堂问题的设置来实现。如《儿童国际公约》从制定的时间、我国加入的时间的对比来引导学生认识到国家非常重视未成年的健康成长。二是引导学生画出他的思维路径。信息时代，收集和获取信息的途径非常多，必然面对大量的信息和知识。如何减轻学生的负担？也是我们在课程改革中一直在思考和探讨的问题。一个不会思维的人，一个不具备经由个人创造性思维解决问题能力的人，纵然学富五车精通百科，也并非时代所需要的人才。在与知识打交道的过程中发展学生的思维能力，应当成为当前教育改革理念的必然选择。

（3）寻找学生终生发展的德育点是学科教学的不懈追求。

在青岛市思想品德课教学评价发生变化的这三年，我们困惑过也迷茫过，但从没停止对德育课教学的探索与追求。我们不断地学习，也在不断地求解与实践。到底如何上好课才能体现国家课程的价值，但到底如何做才能发挥我们学科的德育功能？我们在这一问题上进行了大胆地追问和尝试并进行巧妙地拓展。例如，讲到情绪，单单是为了让学生控制情绪吗？我们继续追问："它对学生的终生发展有什么好处？"我们认识到，应该将其迁移到情商即情绪的智力。接着，我们继续追问："人的全面发展还需要提升什么？"由此，我们得出了智商、情商、逆境商、创造商等答案，我们的培训老师点拨："为什么10～17名的学生在后续的人生发展中比前几名学生要好？因为他们的这几个商数都得到了发展和提高。"就这样，情商是重要的一个德育点在不断的追问中给挖掘出来。

（二）评价

我们通过打造特色课程，来发展学生核心素养，形成学生应具备的、能够适应终身发展和社会发展需要的必备品格和关键能力。从本质上来讲，关注学生发展核心素养，就是关注"面向未来教育要培养怎样的人"这一问题。为此，我们的特色课程的评价主要是纸笔评价和成果评价两种形式。纸笔评价以主观题和客观题为检测内容；成果评价以学生的成长记录袋、学生小论文以及诗歌、散文等形式呈现，以A、B、C、D、E五个等级进行评价，所属等级的占比分别为A30%、B30%、C20%、D15%、E5%。设置这样的占比，是为了提高学生的自主学习、研究学习的积极性，也是为了激发每个学生参与的积极性和主动性，给每个学生充分发展的机会，提升学生的品德修养，引导学生形成正确的情感、态度与价值观，最终达成立德树人的培养目标。

参考文献

［1］林崇德.发展心理学［M］.北京：人民教育出版社，2008.

［2］李希海.初中思想品德差异教学研究［D］.济南：山东师范大学，2011.

［3］成善鸿.初中《道德与法治》教材编写的特点研究［J］.课程教育研究（新教师教学），2016（17）.

［4］蔡志文.论青少年道德能力的培养［J］.教育评论，2004（3）.

［5］易小明，赵静波.道德内化中的主体张扬［J］.北京师范大学学报，2006（5）.

［6］韩传信.青少年的道德内化［J］.中国青年政治学院学报，1992（4）.

［7］初中道德与法治的课程标准.2011版.依据.扈文华.2016.9.

［8］郭齐家.中国教育思想遗产：宋元明清［M］.北京：教育科学出版社，2012.

［9］王靖.对如何塑造青少年法律意识的思考［J］.无锡商业职业技术学院学报2006，6（1）.

［10］黄景春.学法守法——青少年法律意识培养的重要性［J］.青少年研究与实践，2017（3）.

［11］时蓉华.社会心理学词典［M］.成都：四川人民出版社，1988.

［12］樊浩.伦理感、道德感与"实践道德精神"的培育［J］.教育研究，2006.

［13］何怀宏.伦理学是什么［M］.北京：北京大学出版社，2011.

［14］潘汉杰.中学德育道德需要激发的探讨［M］.南宁：广西师范大学出版社.

［15］卫晋丽.特色课程体系建构及管理研究［D］.重庆：重庆师范大学，2011.

［16］李应东.初中道德与法治课程教学现状及对策研究［J］.新课程·中学，2017（1）.

［17］初中思想品德课程标准.2011版［M］.北京：北京师范大学出版社，2011.

［18］李琴.德育应关注学生的主体发展需要［J］.中国高教研究，2005（1）：81-81.

［19］郅庭瑾.为思维而教［M］.北京：教育科学出版社，2007.

附：

Ⅰ.进行班会课与"道德与法治"课的整合
《我与老师交朋友》教学设计与反思

版本

山东人民出版社7年级上册第六课《师爱助我成长》第二目

课程内容

1.4　了解教师的工作，积极与教师进行有效的沟通，正确对待教师的表扬与批评，增进与教师的感情。

实施建议

1.4　采访老师，内容包括该老师对其所教学科的认识、对班级的评价和期望、生活中的烦恼和欢乐等，根据采访写出报告。

逐步掌握交往与沟通的技能，学习参与社会公共生活的方法。学习搜集、处理、运用信息的方法，提高媒介素养，能够积极适应信息化社会。

教学目标

【情感、态度和价值观】

懂得尊重、宽容、与人为善等是与人交往的品德，进一步树立尊师重教、民主平等的观念；尊敬老师、激发对老师的热爱之情。

【能力】

积极与老师进行交流沟通，正确对待老师的表扬和批评，增进师生情感；学会建立民主平等的师生关系，增强正确处理师生矛盾的能力。

【知识】

了解教师的工作特点；懂得学生应该热爱尊敬老师，知道学生应该怎样与老师交往与沟通。

教学重点、难点

我与老师交朋友的方法和技巧

学情分析

"我与老师交朋友"是本课的难点，但在现实生活中真正做到比较困难，因为初一新生的民主平等意识还没有建立起来，见了老师还很胆怯，与老师缺乏思想上和情感上的沟通与交流，有些同学甚至对老师敬而远之，严重影响着良好师生关系的建立。另外，初一学生年龄小，阅历浅，处理问题的经验少，也给处理师生关系带来一定的困难。因此，在教学过程中既要注意培养学生的民主平等意识，又要在方法上给予指导。

教学方法

体验参与式、师生访谈、问卷调查、微课、翻转课堂等。

学法指导

1. 通过观看微课来理解古今中外师生关系的演进。

2. 通过对校内领导、教师、工作人员的采访，来加强师生互动，换位思考，理解老师的工作性质，了解老师的辛苦，增进了解，促进师生之间的交流与沟通。

3. 通过说说心里话，来加强师生之间的了解，增进师生之间的情感。

翻转课堂学习形式预告

教师：课前制作微课——《古今中外的师生关系概览》，学生提前学习。

学生：课前分组策划采访的人物、采访方向 → 预约 → 拍摄 → 后期制作。

课前：问卷调查——我喜欢什么样的老师？

课堂：分享采访的体验，思考如何建立民主平等的师生关系。

教学过程

音乐背景：歌曲《老师》；演唱者：林妙可。

【导入新课】学生观看了微课"古今中外的师生关系概览"之后。

微课脚本：古今中外的师生关系概览。

师：同学们大家好！今天我给大家介绍一下古今中外的师生关系。

一、古代社会

1. 孔子

孔丘同他的弟子的关系，是古代的楷模。他热爱学生，循循善诱，诲人不倦；学生对他尊重景仰，亲密无间。

2. 荀子

战国时期，荀况："青，取之于蓝；而青于蓝；冰，水为之，而寒于水。"

问：这句话是什么意思呢？（停顿5秒）

呈现：比喻学生可以后来居上，超过老师。

二、封建社会时期

《尚书》所记"朴作教刑"和《学记》所载"夏楚二物，收其威也"，说明教师可对学生施行体罚。教师被纳入"天、地、君、亲、师"的序列，学生就只能恭敬从命，不能反问质疑。

在西欧中世纪，学生对教师则必须绝对服从，只能听而不问、信而不疑；稍有违犯，就会受到教师的责打。这种人身依附、依靠棍棒维持学校纪律，压抑学生的身心发展的状况，是封建社会师生关系的主要特征。

三、资本主义社会时期

18世纪，法国思想家卢梭极力强调儿童的自然发展，主张改变教师的地位和作用。

19世纪末，美国实用主义教育家杜威认为，要从儿童自发的兴趣和需要出发，建立以儿童为中心的师生关系。

从封建主义的教师中心，跃到了另一极端——儿童中心。

四、现代社会

中国学校的师生关系的主要表现是：① 民主平等。确认师生在政治上、人格上和在真理面前是平等的，形成同志式的民主关系。② 尊师爱生。要求学生要尊敬老师，谦恭有礼，学而不厌，虚心聆听教师的教诲，服从教师的正确指导。③ 教师的主导作用与学生的积极性相结合。

五、新型师生关系

新型师生关系应该是教师和学生在人格上是平等的、在交互师生关系活动中是民主的、在相处的氛围上是和谐的。它的核心是师生心理相容，心灵的互相接纳，形成师生至爱的、真挚的情感关系。

学生自主学习任务单
1.孔子和荀子的观点的共同点在哪里？
2.封建社会中外师生关系的共同点是什么？
3.你喜欢哪一种师生关系？为什么？
4.目前，我们倡导的师生关系是怎样的？预习课本思考如何建立这种师生关系？

（备注：本内容由教师制作，采用录屏软件，制作成微课，学生提前观看，引发学生对当代应该建立什么样的师生关系的思考，为采访教师和课外拓展服务）

师：请说一说你们更喜欢哪种师生关系？为什么？如何建立这种师生关系呢？我们今天就来一起探讨。

板块一：主动与老师交朋友

【学生作品展播】

师生访谈启示录1。

活动1：请摄影组组长介绍他们组抓拍的一组校园生活中师生交往的特写。

图片：访谈班主任刘老师、访谈英语陈老师、访谈历史李老师、同学的分组策划图。

师：同学们看到杨镇远同学抓拍的这些情景反映了什么内容？

师生交往是校园生活的主旋律。

师生访谈启示录2。

活动2：播放两段采访视频。

视频1：王乾小组采访英语陈老师。

王乾：陈老师，我想问一下怎么学英语？

陈老师：学语言很重要，要目光看着老师，如果不看老师就很容易走神，你盯着老师，老师在讲什么，你就能比较清楚地了解。

王乾：陈老师，你再给我说说你的工作时间吧。

陈老师：工作时间挺长的，每天早晨6：30从家走，7点左右进班里看班，如果有早自习的话7：30进班上早自习，到7：50；然后，基本上我的课在早晨第一节和第二节；看完操，回到办公室就10：15，然后批作业什么的。

王乾：老师，你辛苦了！

陈老师：挺辛苦的。

王乾：老师，你的兴趣爱好是什么？

陈老师：打羽毛球。

王乾：谢谢老师！

视频2：刘珂瑜小组采访信息技术王老师。

刘珂瑜：王老师好！我想打扰你一下，请问你几个问题好吗？

王老师：好呀，请坐！

刘珂瑜：请问，你为什么要当老师？

王老师：因为我比较喜欢和学生在一起，学生身上的那种想象力和创造力有时候是我们一些大人无法相比的。

刘珂瑜：你有什么独特的教课方式吗？

王老师：每个老师都有自己不一样的教学风格，像我的话，因为我教的是信息技术课程，所以在信息技术课程上比较注重于学生的动手操作能力和探究的能力与精神。我在课堂上喜欢让学生自己去动手操作、去探究解决一些学习上的一些任务，甚至是生活上的问题。

刘珂瑜：好，谢谢老师！

问题：

1. 这两组同学去采访老师都有哪些收获？

学习方法、工作时间、工作紧张而忙碌、兴趣爱好等。

2. 你认为与老师交往的关键是什么？ 主动。

师生访谈启示录3。

活动3：播放1段采访视频。

视频：刘蓓嘉小组采访保洁负责人。

刘蓓嘉：现在我们采访的是学校保洁员陈师傅。

大爷您好！今天我想采访你一下，如何把卫生打扫好？

陈师傅：没什么太好的方法，就是勤快：眼勤、手勤、腿勤，看到纸花，随时看到随时检，不给卫生留一点死角。看到哪里干到哪里，学校怎么要求怎么干。

刘蓓嘉：谢谢大爷！

陈师傅：好，再见，班里卫生工具坏了可以随时找我。

问题：

师：刘蓓嘉小组的采访让我们学到了什么？

生：打扫卫生的方法：眼勤、手勤、腿勤。

师：我们应该向负责保洁工作的同志学习哪些优秀品质？

生：热心、爱劳动、责任心强，以校为家、服务意识强等。

师生访谈启示录4。

活动4：王乾小组采访李校长。

现场采访王乾。

师：采访李校长前，你怀着什么样的心情去采访的？

王乾：紧张，怕校长没时间接受采访。

师：采访李校长后：你的心情是怎样的？

王乾：兴奋、幸运。

教师点拨：据我所知，当时，校长忙着开初一级部会，但校长依然接受采访，说明校长很愿意也很重视与同学们交流、沟通，陪伴大家一起成长。同学经历了这次非同一般的采访，一定给自己增加了很多的勇气，以后无论遇到多大的困难，都会勇于克服。同时，这也是一次胆商的培养过程。恭喜同学们的成长！

下面我们一起观看令大家期待的采访吧。

观看采访李校长视频。

王乾：李校长好！有没有时间接受我班同学的采访？

李校长：好！

王乾：您觉得小学和中学有什么不同？

李校长：我觉得中学的学生比小学学习特别的努力；另外，在做人上和行为习惯上也是特别的优秀。

王乾：李校长您觉得要做一个完美的学生应该具备怎样的素质？

李校长：咱们国家的教育方针是德、智、体、美、劳全面发展。从这几个方面来谈，德的方面：要学会做人，做人要优秀；另外，智的方面是学习要好；身体要健康，现在又特别谈到，在心理方面要健康。当然，还有美和劳的方面都是我们是否优秀的重要因素。

王乾：谢谢校长！

问题：小学生升初中以后应该着重在哪些方面有所提高？

生：学习、做人、行为习惯。

问题：我们校长给同学们的成长提出了哪些方面期望？

生：德、智、体、美、劳全面发展。

追问：校长还特别提到了什么方面？

生：身体和心理健康。

板块二：说说我们的心里话

观看2段采访视频。

视频1：采访数学车老师。

刘蓓嘉：车老师，您喜欢什么样的学生呢？

车老师：我喜欢活泼、率真的学生，这是在做人方面。比如，老师在课堂上讲的问题，你有些不清楚，我认为你最好课下问一下。再比如，有别的在批改作业或者是课堂上发生一些什么情况，你觉得老师的处理方式不合适，或者有异议也可以找老师说。在这一点上，师生是平等的。

刘蓓嘉：嗯，车老师，你希望你的学生怎么学习呢？

车老师：我觉得第一是在课堂上能专心听讲，这个专心第一，要做到眼睛到、思想到、嘴到、手到；然后是课后的巩固，包括课后写作业，也包括，数学上的探究能力，可以借助于课外资料去增加自己的知识宽度，遇到看不懂、看不明白的也可以找同学、老师一起探讨。

刘蓓嘉：谢谢车老师！

视频2：采访历史孙老师。

刘珂瑜：请问，你喜欢什么样的班级？

李老师：课堂气氛活跃，能积极回答我问题的班级，我比较喜欢有特点的班级。

刘珂瑜：再请问一下，你喜欢什么样的学生？

李老师：成绩好的学生，哈哈！比较好玩的，性格比较温顺的学生。

刘珂瑜：老师，你有什么业余爱好？

李老师：我比较喜欢打羽毛球，虽然我的技术不怎么样。

刘珂瑜：好，谢谢老师！

心灵对话：从对两位老师的采访你们看到了什么样的做人态度？

生：真诚、热心、愿意与同学们沟通，愿意做同学们的朋友。

问卷调查展示：我喜欢的老师。

由两位班长展示问卷调查结果。

就调查结果提出问题。

沟通无极限：当我们与老师发生矛盾时，应该如何解决？沟通的目的？沟通的方法？

不沟通——矛盾会越来越深可能激化。

沟通——达到解决矛盾的目的，但要注意方式方法。

头脑风暴——四人小组交流：如何实现与我们的任课老师进行有效的沟通？（找到关键点，每科老师仅限两个恰当的词）

形式：四个小组进行抢答。

（答略）

我的收获1：你说我说大家说——本节课在与老师的沟通上你学到了哪些技巧与方法。

【布置作业】

真诚地给老师写一封信：或化解与老师之间的矛盾；或感谢老师的真诚付出，以增进师生之间的感情。

结束——歌曲：韦唯《爱的奉献》。

【教学反思】

本节课在形式上使用翻转，在目标上旨在加强师生的沟通与理解，在方法上采用自制DV视频、问卷调查、微课录制等，在内容上整合了语文、历史、思品等教学资源，使整个授课过程立体、全方位呈现，有效地实现了情感、态度、价值观，能力与知识的三维目标，师生沟通充分，教学效果显著。下面就本节课的授课及本节课的效果进行总结。

一、策划

本节课《我与老师交朋友》内容简单，生活中常见，如何能让学生喜欢我们的课，能对学生有触动，能让平凡变得不平凡，能以小见大，是我们备课的出发点，于是我们想到了师生共建教学资源：把学生分组，分别采访学校、领导、老师及相关的工作人员，自制DV视频，学生利用课间热情高涨地投入采访工作中。教师在课前制作了古今中外师生关系概览的微课进行拓展，内容涉及历史、语文等；又在前一节课进行了我喜欢什么样的老师的问卷调查，充分挖掘学生中的资源，走进学生的心灵，寻找学生与教师之间的真问题，以便在课堂中进行探讨、解决。

二、授课

在授课过程中，问题的设计完全是围绕着学生自制的DV视频，引发学生进行深入的思考，在课堂上采用了小组合作、小组竞赛等形式，整节课，学生的注意力高度集中。同时，教师也思考了在平时学习过程中没有注意的师生关系问题，并且就师生之间的矛盾进行了深度剖析，引导学生分析为什么要"亲其师"——有利于自己的成长，怎样"亲其师"——针对各科老师做了一个规划。学生的积极参与，激发了教师授课的灵感。整个课堂气氛活跃，师生关系融洽、和谐、愉悦。

三、后记

通过本节课"我与老师交朋友"的授课，学生的感受是紧张、兴奋，教师的情绪高涨，内心不能平静。学生看到了自己的作品的那种亲切感，教师看到德育效果的升华，久久回荡，这大概就是教与学的喜悦吧。经过了这样一节班会课，原来不能理解老师的学生渐渐地理解了老师，教师也开始换位思考，理解学生的成长，整个班级在向着良性方向循环发展，教师也能参与分享孩子们的成长，师生建立起了和谐、平等、尊重的师生关系。

Ⅱ.学生问卷调查——你喜欢什么样的老师
——7年级6班问卷调查结果

1. 我喜欢负责任、不厌其烦地给我们讲题的老师。

2. 我喜欢不偏心的老师，她负责，不包庇任何一个同学，该批的批，该表扬的表扬。

3. 我喜欢不太发火，布置作业少，有真才实学的老师。

4. 我喜欢有耐心的老师，能让学生在学习这门课之前先爱上这门学科，最重要的是一定要认真负责。

5. 我喜欢风趣幽默、和蔼可亲的老师，教学方式不古板，讲重点、难点时举易懂的例子。

6. 我喜欢教学有方的老师。

7. 我喜欢上课严厉、布置作业少、知识面广、讲话灵活，宽容、严于律己、文明的老师，还要能和学生沟通互动。

8. 我喜欢知识渊博，能够给我们补充课外知识的老师。

9. 我喜欢对学生有耐心，能在课下和学生交流，生气时不骂学生，而是心平气和开导、及时帮助学生查找错误的老师。

10. 我喜欢有经验的老师，有教学方法，了解学生的内心，也不打骂体罚学生的老师。

11. 我喜欢多和学生家长沟通交流的老师。

12. 我希望恩威并施的老师。

13. 我喜欢温柔并知心的老师。

14. 我喜欢寓教于乐的老师，希望老师能善于观察学生的心理，在同学犯错误时能开导他，也希望课下和学生多交流的老师。

15. 我喜欢老师在严格要求学生的同时平易近人、师生平等，讲完基础知识之后给我们开阔一些课外知识。

16. 我喜欢不拖堂，说话好玩，不占自习课的老师。

17. 我喜欢不随便骂人和脾气不暴躁的老师，不要莫名其妙的冤枉人和不了解事情的起因经过结尾，随便骂人。

18. 我喜欢雷厉风行，说到做到，说干就干的老师。

（刘华艳　山东省青岛第二十六中学）

第六章
小学数学"魔方"课程建设

第一节 背景与问题

一、背景介绍

你知道智力游戏界的三大不可思议吗？它指中国人发明的"华容道"，法国人发明的"独立钻石"和匈牙利人发明的"魔方"，而"魔方"受欢迎的程度更是智力游戏界的奇迹。[①] "魔方"是匈牙利建筑学教授和雕塑家厄尔诺·鲁比克发明的机械益智玩具。他发现26个同样大小的小立方块围绕着同一个中心块，在随手转动几下后，想将魔术方块复原是一件很困难的事。鲁比克发明的这个新玩具叫作"魔法方块"，后来被称为"魔方"，三年后拿到了匈牙利专利。可在当时，这个难度太大的玩具并不被看好，它的风行始于数学界。1978年，在赫尔辛基的国际数学家大会上，一种立方体玩具受到了数学家们的关注。世界顶级群论专家约翰·康威和几位知名数学家，都带了一些"魔法方块"参会。这个充分体现了"空间转换"神奇的玩具，瞬间抓住了数学家们的好奇心。康威当时就可以在4分钟内还原"魔法方块"。数学家们的好奇心与热情被激发出来，几十个"魔法方块"很快被抢空，没有拿到的人们都在打听可以去哪里搞到。就连数学杂志都在登载文章介绍与"魔法方块"相关的数学概念。数学家们的"魔法方块"狂热，很快使"魔法方块"的神秘面纱逐步被揭开，"魔法方块"公式也开始被创造出来。

时至今日，"魔方"正以益智、健身、健脑的特点被人们重新认识，并进入了

[①] 唐丹妮.魔方往事［OL］.http://www.ledu365.com/a/shiye/12577.html 2011-06-07/2017-09-15.

我们的休闲领域。课余时间，我校有几个孩子就很喜欢玩"魔方"，课下观察这几个学生的游戏状态，发现他们周围经常会聚集一批小粉丝。近年来，我们一直在思考如何将经典的数学游戏引入数学课程，一直在摸索如何让孩子们体会到数学的无穷乐趣，让枯燥难懂的数学变得好玩生动。鉴于此，我校决定尝试开展"魔方"课程，结合"魔方"来开发学生的一些数学能力。

但学生是否喜欢"魔方"呢？为了获取有效信息，学校先进行了调查问卷，摸清了每个年级学生对"魔方"的掌握程度以及喜爱程度。通过问卷调查，全校虽然只有3个孩子能复原三阶"魔方"，但80%以上的学生对"魔方"感兴趣，希望参与"魔方"研究。随后我们下发了家长信，告知每位家长，学校将开设"魔方"课。征得家长同意后，我们为全校每一个孩子免费发放了一个三阶"魔方"。

最初，学校的老师们也不会玩"魔方"。"魔方"的发明人是大学教授，而他发明"魔方"的第一愿望是来帮助学生认识空间立方体的组成和结构，以及锻炼学生的空间思维能力和记忆力，这已经说明了"魔方"的一部分功能。所以"魔方"课程的数学老师们带头学习，也给学生一种潜在信号——"魔方"与数学有千丝万缕的联系。随后，学校开设了"魔方"课程①，全校师生开始学习魔方，参与到魔方的研究中来。

二、存在问题

但是，随着课程内容的不断展开与深入，我们逐步发现了一些问题。

1. 是不是所有的学生都适合参与魔方课程

由于学生之间的空间想象力及分析推导能力差距较大，所以有的孩子很快就学会了"魔方"的复原，有的孩子则很长时间也学不会一层、二层还原，更谈不上全部还原了，这就影响了部分孩子研究"魔方"的兴趣。

2. 如何指导孩子协调玩"魔方"与开展其他活动之间的关系

部分孩子的自我约束力较差，不仅在"魔方"课上研究"魔方"，在其他课上也偷偷地玩"魔方"，影响了听课质量，导致学习成绩下降；甚至有的孩子放学路上边走边玩"魔方"，造成了一定的安全隐患。另外，还有部分学生不会复原"魔方"，就私自拆开"魔方"，不懂组合原理而随意组装，所以拆开后的"魔方"往往不能正确复原，使得该"魔方"成了一个无法还原的玩具。

---

① 胡晓娟.魔方游戏课程开发之思考［J］.小学教学参考，2017（8）：26-28.

三、解决设想

针对上述情况，我们发现正因为前期学校只是以学生兴趣为主，没有经过全面的考虑，也没有经过系统的课程设置，才导致出现了以上问题，所以制定课程目标、设置合理的课程内容成为当务之急。那么，学生应该获得什么样的知识、技能和态度？对此，我们开始思考：

（1）既然不是所有的孩子都适合玩"魔方"，那么怎样有效开设"魔方"课程，引导对玩"魔方"有悟性的孩子更深入地了解"魔方"，提高学生研究"魔方"的兴趣？

（2）针对自我约束力较差的孩子，如何引导他们约束自己的行为，保障正常的学习秩序，养成良好的学习态度？

第二节 目标的确立

将"魔方"引入数学课堂教学，需要有相应的知识目标与能力目标作为课程实施的评价指标。那么，"魔方"课程的目标应当怎么制定呢？

一、学生发展目标

（1）通过对"魔方"的研究开发，为学生提供更多的动手操作的时间和空间，激发他们的科学兴趣，启迪他们的创造意识，增强学生的动手能力、思考能力、观察能力，进一步发扬学生的创造性思维，开发他们的智力，增强他们学习的信心及学习自觉性。

（2）要求学生在玩"魔方"的过程中比较自觉地运用数学的眼光看待"魔方"，用数学的方法辅助求解，从而提高在生活中运用数学的意识和能力，提高空间想象能力、分析判断和决策的能力[1]，用科学的方法分析问题、解决问题的能力，以便取得更好的成绩。

---

[1] 江雷，陈钰.小学生空间能力的提高——基于魔方教学课程的研究［J］.苏州教育学院学报，2012（1）：104-106。

（3）参与"魔方"活动，了解"魔方"的发展史，初步了解"魔方"构造，体验"魔方"那种"不变中有万变、万变归一"的魅力，在研究"魔方"的过程中体验"魔方"还原的喜悦和成就，提高学生的科学素质和审美观，锻炼学生良好的意志和心理素质，引导他们用乐观智慧的态度面对生活。

（4）丰富学生的课余生活，选择积极健康的休闲娱乐方式，培养学生课外学习的兴趣，充分发挥学生的主观能动性，激发学生的竞争力和学习兴趣，在一定程度上让学生辅导学生，在"魔方"学习的过程中学会生生互助、团体合作。

二、教师发展目标

通过"魔方"课程的设置，提高教师对课程开发的能力，以便在"魔方"教学的过程中引导学生获取"魔方"的基础知识和基本技能；在魔方竞技游戏中，加强师生沟通，密切师生关系，教师适时对学生进行学习态度、学习方法、思想品德的教育。

三、学校发展目标

（1）通过对"魔方"游戏的分析，制定恰当的"魔方"课程目标，抓住学科特点，使"魔方"游戏服务于数学教学。通过数学游戏促发数学思维发展品质，对数学教育价值进行深度分析、系统规划，使"玩游戏"升华为"学数学"。

（2）开设"魔方"课程，进一步丰富校园文体活动，从而帮助学生在兴趣中学习、在学习中快乐、在快乐中自信、在自信中进取，让"魔方"课程成为培植学生个性、特长的一项重要举措，全面推进素质教育。

（3）通过"魔方"课程，密切亲子关系，使其成为家校沟通的一种新方式。

第三节　内容的选择

一、关于课程内容选择的若干思考

"魔方"是一种把数学的美丽带入现实生活的玩具，永远都不会因为乏味而丧失魅力。抛开任何公式，很少有人能靠自己单独解开"魔方"。大部分人抓到"魔方"后都会鼓捣好一阵子，然后开始求助于"魔方"公式。照着公式解开后，人们对"魔方"的热情才刚刚开始。在好奇心的驱使下，他们会把更多的时间放在理解"魔方"上：它到底是一个怎样的东西，为什么会有如此多的变化？这也是"魔方"风靡全球至今未衰的原因。

我校之所以选择"魔方"开发课程，不仅因为它的趣味性、神秘性，更是因为"魔方"的探究在提高学生诸多数学能力的同时还有以下一些教育价值。

1. 促进学生节俭意识的提升

随着现代经济的飞速发展，各式各样的玩具层出不穷，吸引着孩子们的目光。有些玩具对孩子身心健康是有益的，但多数玩具价格昂贵，孩子也容易玩腻，最终置之不理，这样对孩子是种负面影响。"魔方"则方便携带，占用空间不大，耐用又比较便宜，还能开发智力，有益于培养孩子节俭、爱护玩具等好品质。

2. 促进同伴关系的发展

"魔方"利于发展学生动手能力，只要手空闲就可以玩"魔方"，不受时间地点的限制，灵活性好，适合孩子们玩。但"魔方"的技术含量高，若想学习还原或者快速还原只靠自己研究努力肯定不如与他人交流经验来得快。所以，在玩"魔方"的过程中可以增进学生间的交流，促进人际关系，使学生学会在遇到困难时主动寻求帮助，并能主动帮助别人。

3. 促进亲子关系的发展

学生在玩"魔方"的过程中主动参与、主动体验，除了在学校学习、练习"魔方"，回家后还有更多的时间练习"魔方"，自然就减少了对电子产品的依赖时间。甚至连家长也参与其中，有的家庭在此基础上又购买了二阶"魔方"、异形"魔方"，和孩子一起研究起来，促进了亲子之间的学习和交流。"魔方"游戏在学校内外、家庭普及推广，这也是学科课程的特色之一。

二、具体内容

（一）"魔方"初探

"魔方"起源于1974年的春天。在匈牙利的首都布达佩斯的应用工艺美术学院，讲师厄尔诺·鲁比克正在给室内设计系上三维设计课。这堂课，学生需要了解大立方体可分成8个小立方体以及它们之间的关系，而让学生用硬纸做出模型是种常规的教学手段：把大立方体的6个面刷上不同的颜色，以便观察8个小立方体和大立方体的关系。学生鼓捣着各自手中的立方体，随机转动，让大立方体产生变化，这引发了鲁比克的突发奇想：这该是个多么有趣的玩具！用了6周时间，鲁比克就设计出了玩具的基本结构。大立方体由26个小立方体构成，其中所有的小立方体不再是零散的独立存在，鲁比克用弹簧和螺丝把它们巧妙地连接起来，同时还得保证它们是可以转动的——每个同排的立方体都可以一起转动，最终可以保证每个立方体都可以以某种方式转动。鲁比克发明的这个"魔方"是现在最为常见的三阶"魔方"。第一个"魔方"的原型是木头做的削角"魔方"；而后完成的"魔方"，就非常接近后来常见的"魔方"了，材料是硬塑料。后来逐步又出现了二阶"魔方"、四阶"魔方"以及多阶"魔方"等，造型不尽相同，但都趣味无穷。

（二）"魔方"原理

我们常见的"魔方"是3×3×3的三阶"魔方"。三阶"魔方"是一个正方体，核心是三个相互垂直的轴，保证"魔方"的顺利转动。外观上，"魔方"由26个小正方体（中间一层为8个，其余两层各9个）组成，包括中心块6个，固定不动；角块（3面有色）8个，可转动；棱块（2面有色）12个，可转动。复原状态下，"魔方"每面都涂有相同的颜色，六个面的颜色各不相同。"魔方"每个面都可以自由转动，从而打乱"魔方"，可形成变化多端的组合。小立方体的排列使大立方体的每一面都具有相同的颜色。当大立方体的某一面平动旋转时，其相邻的各个面的单一颜色便被破坏，组成新的立方体；每转动一次便变化一次，每个面都由颜色不同的小方块组成。"魔方"的基本玩法是通过旋转将颜色被打乱的立方体恢复成六个面分别是同一种颜色的立方体。右图是拆卸开的魔方（网络图）。

魔　方

（三）魔方复原

以下是魔方还原的主要教学分解步骤及手法、公式。[①]我们将每个面都用字母表示（图1）。

然后，破解攻略里会用字母来说明要转动的1层或1面以及方向。例如，R（代表右面顺时针转90度），R′（代表右面逆时针转90度），R2（代表右面顺时针转2次90度），如图2所示。

---

① 互联网三阶魔方入门教程［OL］．http：//m.rubik.com.cn/beginner.htm 2016-04-02/2016-05-02.

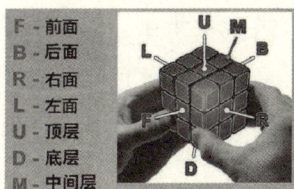

图1

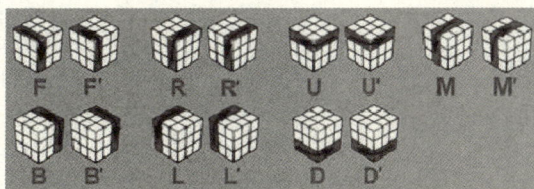

图2

最后要说明的是，每面的名称是相对的。例如，F是前面，就是手拿"魔方"时面向自己的一面；若把"魔方"旋转到另一面，那么就有新的一面成为前面（图3）。

接下来就让我们尝试以下7步将魔方还原吧！

（1）先将中间是白色块的一面对着上面，然后在顶部做出白十字，就是其他颜色的块都到相应的位置（图4），注意上面标的口诀。

图3

图4

（2）然后是将白色的角块归位（图5，还是看图比较容易理解）。

（3）然后让中层边块归位。把白色面转向下，找出红绿边块，若红绿边块在顶层则按顺时针方向转动顶层，直到边块与图上的1个情况相同，再按照口诀转动魔方，使边块归位。若红绿边块在中间某层，但位置错误或颜色错误，则先使红绿边块在右前方的位置，再重新按照下面其中一个次序旋转1次（图6）。

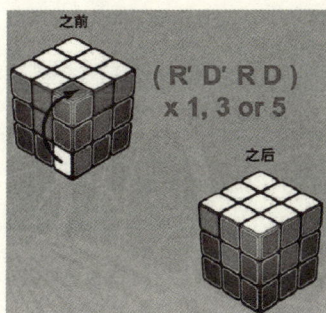

图5

图6

（4）然后将顶层（应该是黄色）边块调整向上，做出黄十字。若按照口诀转动1次后，顶层仍未出现黄色十字，可重复按口诀转动，直到黄色十字出现为止（图7）。

（5）然后将黄色角块调整到十字周围（图8）。

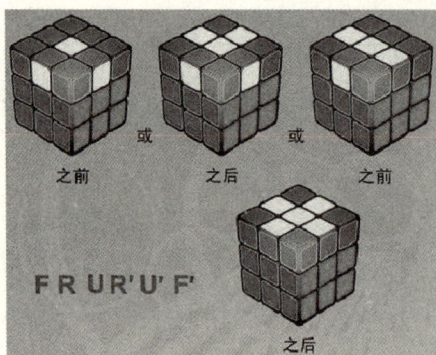

图7

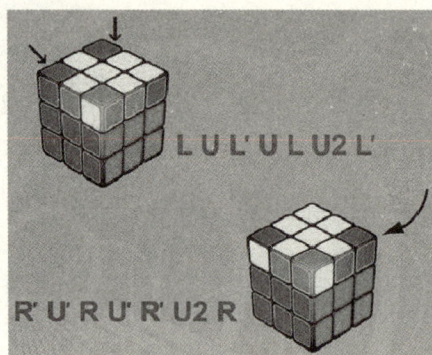

图8

（6）通常这时候黄色块和侧面的颜色会有错位产生，根据口诀，将四角的黄色块定位（图9）。

（7）最后将边上的色块再调整到对应的位置（图10）。

图9

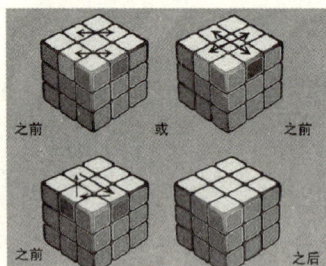

图10

学生只需要记忆公式、熟练手法，即可完成"魔方"还原。技能训练目标是熟记并能灵活运用公式，提高手速与还原的效率。如此，在遇到各种不同情况时，学生只需反复套用公式、配合手法，即可完成"魔方"还原，对各个色块的位置分析、路线确定等空间思维的要求较低。我们发现，较为成熟的线上资源是"魔方小站"，其主要教学内容也是通过记忆公式完成还原"魔方"的任务。

第四节 组织与实施

为了让小学生在玩"魔方"的过程中，学会用数学的眼光去看待"魔方"、用数学的思维和方法解释"魔方"，做到自主探究、动手实践、合作交流，在玩"魔方"的过程中获得广泛的数学活动经验、体会数学的魅力和数学思想方法，我们具体设置了如下内容。

一、参与对象及时间保障

（一）参与对象

选拔2～5年级爱好魔方的孩子。

（二）时间设置

每周四下午第七节课。

（三）内容安排

第一周："魔方"初探及魔方结构

第二周："魔方"基本术语与玩法介绍

第三周：旋转黄芯白色花瓣的转法

第四周：完成一个面的操作

第五周：还原第二层的方法

第六周：加强练习第二层面的旋转方法

第七周：拼顶层"十字"

第八周：旋转出小鱼

第九周：顶层黄色面的还原

第十周：顶层角块归位

第十一周：顶层棱块归位

第十二周：三阶"魔方"复原练习

第十三周："魔方"高级玩法介绍

第十四周：三阶"魔方"复原练习

第十五周：异型"魔方"介绍

第十六周：组内比赛，评优

第十七周："魔方"大赛（三阶"魔方"、异型"魔方"比赛及家庭亲子接力赛）

二、组织形式

组织形式多种多样，可以进行专门的培训课程，以教师讲授为主；也可以交流为主，三五人一起交流，或组织座谈形式交流，这些都可以增进同学、师生间的友谊[1]，有益于构建和谐校园环境，并可向校外发展，联系社会各界"魔方"爱好者，联系各高校同类联盟，互动往来，传播校园文化。

（一）学生自学为主，发挥"小老师"的作用

"魔方"课程的前两部分"'魔方'初探（介绍'魔方'的起源与演变）"和"'魔方'原理（探讨'魔方'的结构与规律）"为理论课程。这一阶段的教学主要是以熟悉"魔方"的基本结构与各面旋转的方向与角度的特点为目标，通过开展主题活动组织学习，按照课程目标完成内容学习。我们发挥学生的学习主动性，以小讲师上讲台的形式，让学生自己讲解这部分知识，为后期学习做好准备。

教师把这个计划告知学生后，充分调动起了学生的积极性，他们分好小组，通过查找资料、自制PPT，把所查资料讲解给其他同学。让学生讲解，我们发现学生查找资料的内容更详细、范围更广，还增加了许多趣闻轶事，使同学们听得饶有趣味。

鲁比克发明"魔方"后，委托当地的一家小玩具厂商生产销售，不过摆在货架上的"魔方"十分不起眼，根本无法吸引到顾客的目光，销售十分惨淡。不过，是金子总会发光的，转折点在1978年到来。这一年的一天，一位匈牙利籍移民到一家咖啡店喝咖啡，见到一位服务员坐在吧台上不停拧转手里的"魔方"，甚至因此无视了自己要给咖啡续杯的要求。他并没因此生气，而是对他手里的"魔方"产生了浓厚的兴趣。喜欢数学的他知道这个小小魔方里面蕴含着大量的数学变化，并不是一件简单的玩具。他迫不及待地花高价从服务员手里买来了"魔方"并开始玩起来，而且越玩越感觉到了它的魅力。他对"魔方"产生了巨大的兴趣，并找到鲁比克，希望帮他将这个发明推销到海外去。后来他真这么做了。在德国纽伦堡贸易博览会上，他拿着"魔方"到处走动，吸引人们的注意力，并不时地让路人尝试将

---

[1] 赵凤艳.临沂光耀实验学校魔方课程纲要［OL］.http://www.docin.com/p-1668769471.html2016-07-07/2017-10-15。

"魔方"变回原来的颜色。毫无疑问，路人很难做到，而事先研究过"魔方"变化规律的他很轻松地做到了，这让人们感到非常神奇。果然，他接到了不少订单，"魔方"逐渐卖到了世界各地。据不完全统计，全球已经卖出了5亿多个"魔方"，而与"魔方"有关的纪录也层出不穷。目前官方比赛中，年龄最小的纪录保持者为4岁6个月10天的中国小女孩谢恩希，最年长的纪录保持者也是中国人——88岁的李新贤。还原"魔方"最快的世界纪录创造者是澳大利亚的菲利克斯，用时4.73秒；而还原"魔方"费时最长的纪录是一位英格兰人帕克创下的，总共用了26年，约2.7万个小时。2014年，也就是魔方度过"40"岁生日的这一年，匈牙利总统向鲁比克颁发了国家最高奖"匈牙利圣·伊什特万勋章"，和他一同获奖的是匈牙利的"诺贝尔文学奖"获得者凯尔泰斯·伊姆雷（2002年获奖）。

孩子们通过同学的讲解又了解到以下知识。

在20世纪的80年代，"魔方"成了风靡世界的玩具。据称，最多时全世界有五分之一的人都玩过"魔方"，很多人因它而废寝忘食，如同着了魔，因此才被称为"魔方"[①]。据说，有人因长时间玩"魔方"而导致手腕受伤，有的夫妻因为沉迷"魔方"而彼此疏远以致离婚。很多国家都有"魔方"俱乐部，而围绕"魔方"开展的比赛也层出不穷。20多年前，"魔方"用它独有的魔力征服了全世界，并以惊人的销量成就了玩具界史无前例的奇迹。当年"魔方"不但被社会学家誉为"20世纪最有影响的100项发明之一"，还获得"1980年最佳游戏发明奖"和"最有教育意义的玩具"。

至今为止，共有数以千计的书籍、杂志、电影和电视剧都是以"魔方"为主题，更有数以百万计的网页和视频是与"魔方"相关的。从时装、建筑、音乐、影视、艺术到政治演讲，都受到过"魔方"的影响，甚至有一段艺术时期被称为"鲁比克主义（Rubikubism）"。而"魔方"本身，早也不仅仅是3×3×3的正方体。在鲁比克"魔方"推出之后，更多的变体"魔方"和改装版本开始推出。世界各地的"魔方"爱好者，都在发挥自己的想象力与创造力，发明出更多奇形怪状的"魔方"。对"魔方"狂热者来说，等待新"魔方"的发明和制造的过程实在是一种煎熬，一些人开始自行手工制造原创型的"魔方"。成千上万种不同材料、不同造型、不同结构的改装"魔方"在20世纪80年代涌现出来，其中很大一部分已经不是方块，而是球形、星型、减棱、削角、正四面体、八边形、斜方十二面体、正十二

---

① 互联网：《从数学家的玩具到一种"世界瘟疫"，魔方何以有如此魔力？》［OL］. http://www.sohu.com/a/210271190_162197 2017-12-13/2017-12-18。

面体（五魔）、十四面体、空心……它们不能被称之为"方"，只剩下了"魔"。此外，还有粽子"魔方"、奶酪块"魔方"、镜面"魔方"、超级X……其中，许多初始状态就极为不寻常，打乱之后更是难以置信，就连制作者本人也得思考好半天"到底该从哪里开始"。

时至今日，"魔方"已经风靡全球，成为世界上最受欢迎的玩具之一。一个"魔方"总共有6种颜色，但这些颜色被打乱后所能形成的组合数却高达4325亿亿（43252003274489856000。或者约等于4.3×10^{19}）。如果我们将这些组合中的每一种都做成一个"魔方"，这些"魔方"排在一起，可以从地球一直排到250光年外的遥远星空；也就是说，假如不掌握诀窍地随意乱转，一个人哪怕从宇宙大爆炸之初就开始玩"魔方"，也几乎没有任何希望将一个色彩被打乱的"魔方"复原。

这些资料的讲解，使孩子们对"魔方"产生了巨大兴趣，教师趁机不忘通过材料中有人沉迷"魔方"不能自拔的事例，对孩子们提出加强自我约束的习惯培养，让他们自己想想该怎样做才能不玩物丧志。孩子们一致表态，不会因为玩"魔方"而影响到正常的学习，并与老师签订了君子协议：

（1）对所记住拼魔方的技能能及时了解掌握。完成作业之后，可以在家多练习魔方，减少对电子产品的使用时间。

（2）只有魔方课时间把魔方带到学校，平时不要拿到学校来，在教室里学习时，不得随便讲话。不能在其他课上玩魔方。

（3）不在培训时间做与教学无关的事情。积极讨论，踊跃发言。

（4）注意安全，一定不能边走边玩。

在"魔方"课程教学实践中，教师由于各种原因不能兼顾到每一位学生，这时可以让一部分能力较强的学生充当"小老师"，对其他同学遇到的一些难题给予解答，互帮互助，共同学习。学生当"小老师"改变了传统的师生间单向传递知识的方式，使学生由知识的被动接受转变为知识的传授者，发挥了学生的主体作用。在练习过程中，我们让优秀学生帮助接受慢的学生，通过"老生"带"新生"、优生带慢生，发挥领头雁的作用；培养小组成员之间团结协作的能力，发挥"小老师"的作用，激发学习兴趣。

（二）学生小组探究为主，教师适时进行点播

对于第三部分"魔方"教学，也就是分步骤教导学生"魔方"复原这一部分内容，采用启发式教学，教师通过实例来介绍"魔方"的复原，然后导入"魔方"的复原方法，根据本课程的特点和要求，选择适合学生学习的教学方式，注重讲解的

示范性、操作性，适时进行点拨。在教学组织形式上，主要通过线上学习、小组合作、个别指导的方式组织学习。教师提供线上学习资源，学生可以根据自己的学习进度和学习能力合理调控自己的学习时间、学习任务等，以此更有效地引导学生依据自己的学习状态规划学习任务。在学习初期，建议同质分组，学习进度较快的学生通过组内交流解决问题，推进学习进度；教师主要加入到学习进度较慢的学生组中，通过操作演示、分析问题、个别辅导等方式，有针对地加以辅导。学习后期，则异质分组，发挥优生的优势，通过同伴间的互助互学，提升整体学习水平。如此，我们采取班级教学与小组教学、个别指导的多种形式相结合，了解学生的学习过程和思维形成过程。最后是学生练习阶段，让学生自己动手尝试复原，并且对复原方法进行举一反三的探究，其中学生练习阶段将占课堂时间的一半以上。这样的启发式教学，倡导学生通过独立思考去解决问题，而不再是用死记硬背公式、套用公式这样的机械方法来复原"魔方"，鼓励他们从体验中探索出还原规律。

（三）多种竞赛及展示，提高学生学习兴趣

除了课堂上采用不同的形式来提高学生的学习兴趣外，我们还不断摸索前进的道路[1]，采取学生建议的方式提高活动效果，在学习过程中播放视频、同位互助、小组赛、班级大赛等形式来提高学生的学习兴趣，通过给小伙伴展示、学校的文艺节目上台表演等形式来增强学生的自豪感与成就感。学校每学期组织魔方比赛，通过比赛提高学生学习兴趣，选拔学习"魔方"优秀的学生。

（四）观看大赛，增进交流，丰富见识

"魔方"不仅仅是益智玩具，也是一种教学用具、一种运动用品，玩"魔方"更是象征智慧和时尚的休闲活动。"魔方"由三阶正方体衍生出多个品种，已经形成一系列产品线；玩法也由简单的复原，向复合型手、眼、脑协调运用等多样化竞技运动发展：快速还原、单手还原、闭目还原（盲拧）、最少步还原等。我们查找了各种各样关于"魔方"的比赛资料，播放"最强大脑"的"魔方"秀，播放世界"魔方"比赛视频，学生通过观看大赛，了解到"魔方"不仅仅是小孩子的玩具，更是一种休闲放松的方式和体育竞技形式，再加上更有刺激和挑战性的竞速、单手、盲拧"魔方"等玩法，越来越多的人正在重新关注"魔方"，丰富见识。[2]

① 黄胜波.魔方与数学校本课程开发与实施的实践研究［OL］. https：//wenku.baidu.com/view/bf4ce5b233687e21af45a9fd.html 2016-08-28/2017-09-22.
② 互联网.魔方游戏你爱不爱？纪念魔方发明40周年［OL］. http：//news.k618.cn/special_37073/201405/t20140520_5226186_1.html 2014-05-20/2017-07-05.

三、条件保障

（1）学校为每个"魔方"小组的孩子配备了一个比赛专用三阶"魔方"。

（2）为了激发孩子们自主研究，三阶"魔方"复原挑战成功的前十名，学校奖励二阶"魔方"，培养学生主动探究的精神。

（3）鼓励家长和孩子们一起玩"魔方"。很多家长自费购买了异形"魔方"，和孩子们一起进行研究。

四、教学评价

（一）评价内容——丰富空间想象，发展空间观念

对评价指标有如下建议。

初级：能用最少步数还原一个面。

高级：在完成初级要求的基础上，能全部还原"魔方"，用时越短越好（速度上的要求可以根据班级情况灵活调整）。

（二）评价内容——锻炼记忆力，发展空间思维

对评价指标有如下建议。

初级：能用最少步数移动指定块到目标位置，并还原至当前位置。

高级：能完成初级要求且用时较短（速度上的要求可以根据班级情况灵活调整）。

（三）评价内容——训练注意力，培养思维品质

对评价指标有如下建议。

初级：学生是否能主动研究、解决遇到的问题。

高级：在主动研究、解决问题的同时，能教授其他孩子，协助其解决玩"魔方"过程中遇到的困难。

（四）评价内容——亲子关系

对评价指标有如下建议。

初级：通过速拧"魔方"竞赛形式，考察家长与孩子对魔方的掌握情况。

高级：通过接力速拧比赛，测评家长与孩子的配合程度、对"魔方"的掌握程度。

第五节 课程的评价

一、学生发展评价

学生在研究"魔方"的过程中，从"魔方"的历史着手，通过查阅"魔方"资料、争当小讲师的活动，大大丰富了课余生活，被"魔方"的"不变中有万变，万变归一"的魅力所吸引。通过"魔方"的历史课，学生了解了"魔方"的发展史；增加"魔方"的构造课，学习了正确拆装"魔方"、重组"魔方"的方法，了解了"魔方"的构造、翻转原理。学生在涉猎更广泛知识的同时，又意识到自我约束的重要性，从另一方面运用课外知识提高了自身的学习自觉性。

"魔方"课程在训练学生手眼协调的同时，又增强了学生的注意力、记忆力。首先，"魔方"锻炼了学生的手指灵活度，这种肢体末端的运动对全身的内循环都有促进作用，在手和大脑协调配合的过程中实现对学生智力的开发。其次，"魔方"培养了记忆力。在"魔方"还原的过程中，学生需要记忆一系列的还原公式，还原的次数多了，学生的线性记忆会升华成肌肉记忆。在学生的头脑中，每一步的还原已经成为一种下意识的动作。最后，"魔方"还原是复杂多变的过程，需要注意力高度集中，手部运动的协调及思维的高速运转要密切配合，整个还原过程是一个集观测、动作、思维于一体的过程，对于儿童形成良好的思维方式和思维习惯具有重要作用。

"魔方"形式多种多样，除了常见的三阶"魔方"、二阶"魔方"，还有异形"魔方"，但其实"魔方"的原理都是相通的。比如，很多学生会玩三阶"魔方"以后，再研究其他"魔方"就得心应手了，随之很多种类的"魔方"就都可以玩了。这跟我们的数学学习特别相似，"魔方"学习也用到了这样的迁移、类推、变通的思想。更重要的是，学生在玩"魔方"的过程中，在自己原有的基础上不断提高，已经能比较自觉地运用数学的眼光看待"魔方"，尝试用数学的方法辅助求解，提高了空间想象能力、分析判断和决策的能力。数学老师们在课堂上发现，参与"魔方"课程的这些孩子的动手能力、思考能力、观察能力更强了，这种积极健康的休闲娱乐方式使他们对课外学习的兴趣也更加浓厚了。

"魔方"是一项富有挑战性的游戏，能很快引起小学生的兴趣，而且我们学校人手一个"魔方",更便于学生随时随地进行个人表演。课下,那些会还原"魔方"的孩子周围自发聚集了一群同学,在博得周围无数羡慕目光的同时还方便了学生互相切磋竞技,促进了他们之间的相互学习和交流。这种生生辅导的形式,使学生更加善于互助,提高了团体合作精神。

二、教师发展评价

"魔方"特色课程不仅使学生的能力得到锻炼,而且也提高了老师们的"魔方"水平,开拓了老师们的视野。"魔方"课程开设以来,数学教师带头学习、研究"魔方"。我们通过看教材学,看视频练,很快就熟练掌握了三阶"魔方"的玩法,并投入到与学生的交流中。在"魔方"游戏里,师生的关系更加融洽,教师也适时完成了对学生的学习态度、方法的指导,并及时进行了品德教育。在日常教学之余,老师们会经常琢磨着如何让孩子们更好地体会到数学学习的乐趣、怎样更好地开设"魔方"课程。通过一个学年对"魔方"课程的摸索、研究,教师对课程开发的能力提高了。这项活动不仅营造了浓厚的文化氛围,而且也有助于营造良好的学风,留给老师们的是更多的思考和感慨。

三、学校发展评价

学期末的学校趣味"魔方"比赛中,很多孩子向同学们展示了二阶"魔方"、多阶"魔方"以及金字塔"魔方"等异型"魔方"的复原手法,可以看出学生喜欢"魔方",对"魔方"的研究更加深入。赛场上最吸引人的是亲子"魔方"接力赛,孩子与家长的亲密互动密切了亲子关系,成为家校沟通的一种新方式。

学校比赛之后,我校又邀请了"最强大脑"的明星队员、"魔方"王子孙虹烨与孩子们近距离研究"魔方"、介绍自己学习"魔方"的经历。孙老师还与学校的"魔方"小选手们展开互动,进行了一次挑战赛。他一只手还原"魔方",成绩远超孩子们,更加激起了孩子们玩"魔方"的兴趣。孩子们意识到转"魔方"能锻炼逻辑思维能力、增强空间概念,是不可多得的大脑体育活动;"魔方"比赛也是手部极限运动的竞技比赛,这种脑和手同时进行的运动是别的运动所无法代替的。

"魔方"游戏服务于数学教学,"魔方"课程对数学课程开发有了较好的启发作用,有效地充实了学校的课程开发项目,提高了教师的课程研究水平,实现了"学生在学习中快乐、在快乐中自信,在自信中进取"的目标。

(李妮妮　青岛贵州路小学)

第七章
"辅助小学数学课堂教学"的微课程建设

第一节　背景与问题

一、背景介绍

我们生活在一个信息技术高度发展的时代。在这个时代里，我们的信息技术与各行各业全都高度地融合在一起，教育系统也要形成"互联网+教育"的新教学模式。而这一模式在国际上并不新奇，从最早的可汗学院到后来的中国"c20慕课联盟"，实际上都是互联网与教育高度融合的新贵。基于此，即使你身在一个偏远的地区，也可以通过互联网学习到哈佛大学的课程。这对我们教师行业来说是一个新兴的形式，也是一个挑战。在这种情况下，我们就必须要顺应社会的发展，针对学生的个性化学习提供更为丰富的授课空间，而不仅仅局限于课堂教学。今天在这里所谈到的"'辅助小学数学课堂教学'的微课程建设"，实际上就是一种信息技术与教学的高度结合的尝试。我们生活在这样一个信息化时代，特点就是大家周围布满了网络，而把一些比较难懂的数学题目或者课堂上大家没有理解的数学概念做成微视频发布到网络上，让学生根据自己的需要任意地选取、观看，从而很好地起到"再学习"的作用。另外，有一些题目家长可能会做，但是格式可能和学校讲的不一样，这时候家长也不知道怎么办了，而老师制作的微视频把规范的格式要求展示给大家，便于家长更好地指导孩子在家中的学习。微视频的另一个好处就是一旦听不明白可以反复地观看，而且还可以通过留言和老师进行交流，实现互动交流。同时，在课堂上，有一部分学生比较内向，不敢发言，但是在网络上他们则没有任何的顾虑，可以和老师随心所欲地交流，真正解决他们想知道的问题、提升解决问题的数学素养。有这么多的好处，因此我们做这个微课辅助数学教学的研究是很有价值的。

二、核心问题

1. 怎样突破传统教学的局限

传统教学的方式是必要的，也依旧是当下教学的主流模式，但是它并不是完美的，尤其是在一定的时间内要完成对不同学生的统一授课，必然会产生有的同学跟不上的现象，这就需要另一种方式的出现对传统教学进行"查漏补缺"。

2. 如何发挥微课辅助教学的优势

既然传统教学不完美，那么有很多方式可以去填补课上的漏洞，微课是其中最有效的方式之一：第一，时间和空间上都没有限制；第二，可以反复观看，并且便于家长指导；第三，免费观看，充分利用平台优势，便于互动，给一部分内向的孩子提供了一个交流的机会。

3. 怎样与时俱进地运用先进的理念和手段

旧有的事物会随着时间的推移而被改变或者淘汰，微视频教学是新兴的教学模式，便于教师、家长以及学生使用。这种教学形式与时俱进、理念先进、充满活力。

三、主要任务

（1）找准传统教学中学生理解的重点、难点和易错问题，形成一个需要制作微课程的内容序列。

（2）根据所形成的内容序列，分别制作微课程。

（3）通过视频平台发布微课程视频，利用网络手段进行宣传，并引导教师、学生和家长进行观看、互动，交换意见和评价。

（4）收集意见，进行二次制作并及时更新、发布、上传。

第二节　目标的确立

一、学生发展目标

延续课堂教学，尤其是对数学习题方面的讲解，提升学生解决问题的数学素养。课堂教学毕竟只有40分钟，其实有很多知识点孩子们往往不能在第一时间内消化，这就需要及时巩固。如果仅仅是单纯地依靠老师布置作业，有可能孩子们上课没听明白的地方还是不会，这样不仅达不到巩固的效果，反而会让孩子们觉得题目难，从而丧失了学习的信心。这里的关键问题是孩子们遇到问题时，没有人去及时地帮他们。如果有了微视频的引导，那么这个问题将会得到极大的改善。习题的讲解重点以数学为主，帮助孩子们更好地巩固课堂所学。释放学习空间，让孩子们敢于与老师进行交流，敢于质疑。现在提倡减负已经很多年了，但是我们看到，依然有很多孩子从小学开始就很累。这其中很大一部分原因是家长们怕自己的孩子输在起跑线上，于是给孩子们报各种特长班、辅导班。实际上，这不仅没有提高孩子们的学习水平，反而加重了他们的负担，以至于很多孩子周末放假上课比平日还多，这又怎能不累？这样，孩子们的空间就会被一步步地压缩了。面对如此重负，很多孩子不停地在被动接受学习，更谈不上与老师交流甚至质疑了。还有些孩子因为比较内向，面对老师或面对同学们时怕自己说错被人笑话，因此很多的东西就这么含糊地过去了。实际上这些孩子可能有很多更好的想法，但是我们无法去抓住这些闪光点。而微视频教学就可以很好地做到这一点，不用面对面，这些孩子的心理压力就会变小，也就可以更从容地去学习，不懂的地方也不用怕老师没有耐心，可以自己重复观看学习；如果有疑问，可以随时和老师进行联系，老师也会及时地帮助他们解惑。这样的气氛实际上才是学习的气氛，把空间放手给学生，并且让他们可以自由地呼吸。

二、教师发展目标

授课教师不仅需要一定的数学专业知识，更需要一定的信息技术基础；有了信息技术的支持，可以更好地开展教学，也可以通过网络这种新的途径拉近师生之间的距离，真正实现随时随地学习，这对授课教师的要求较高。为了让课堂更加丰富，还需要安排有关于数学史、趣味数学、数学游戏等方面的教学，甚至要涉及很多跨学科的知识。在这个过程中，教师必须提高教学水平和业务能力，实现教学相长。

三、学校发展目标

通过对微课辅助数学教学的研究，探究微课对于教学的重要作用，首先在数学学科探究微课到底会给课堂教学带来什么、对学生的学习会带来什么，更好地组织更多的老师进入这一领域，促使微课辅助教学成为一种真正有效的发展学生数学素养的手段。

第三节　内容的选择

一、选择依据

（1）学生在学习过程中难以掌握的知识点，教学中的重难点，尤其是不易理解的知识点。对于多数学生来说，在课堂上不一定能完全理解老师所讲的内容，在很多情况下又没有时间再单独地去和老师交流，使得这部分知识学得很不扎实；回到家之后，家长也难以给出正确指导，因此容易形成知识漏洞。

（2）在学习过程中遇到的易错题和难题。对这部分内容，分为两部分来分析。首先是易错题。易错题是孩子们在学习过程中非常容易出错的问题。比如求比值和化简比，每次学习两个知识点的时候，总是有学生混淆，分不清楚。再如分数除法，总有学生掌握不好计算方法，不是忘记把数倒过来，就是把前面的数字给弄成倒数了。对这类问题，需要教师做一个总结或汇总，帮助学生去正确分析并弄清楚。其次是难题。有一些题目，是教师给学生补充的，帮助他们提升数学思维能力，但是这些题目往往不简单。这时，教师通过制作微课的形式给学生讲解难题，帮助学生开拓一种解题的新思路，可以提升学生的数学思维水平，进一步发展学生的数学素养。

（3）能提高学生数学学习兴趣的知识，有利于促进学生数学素养提升的趣味游戏和知识以及部分数学史知识等。这些知识是数学课堂教学的延伸。学生数学学习的视野不能仅限于课堂教学和书本上，应更多地了解一些有关于数学的知识。这样，不仅仅可以开拓学生的眼界，更能帮助他们认识数学学习的内涵，不把数学当成一个学科来学习，而是感受数学文化的魅力，了解数学的来龙去脉以及发展过程，了解更多关于数学的趣味知识和游戏，更愿意学习数学、爱上数学。

二、具体内容

本微课程的内容具体分为重难点讲解、习题讲解、其他部分。其中，其他部分的内容主要包括数学游戏、数学趣题、数学史及数学趣味知识等相关内容。前两个部分又都具体分为数与代数、图形与几何、统计与概率、综合与实践四个部分。

（一）重难点讲解

1. 数与代数部分

（1）分率以及单位1的确定。

关于分率的知识，是6年级学生必须提前掌握的重要知识。尤其是分率与数量，多数学生一上来根本搞不清楚二者的区别。分数与分率在范围的大小上是从属关系，即后者是前者的一部分；在概念上，二者又是种属关系，即前者是后者的种概念，后者是前者的属概念。一句话，所有的分率都是分数，但所有的分数不一定是分率，它只有在一定的语言环境中才能成为分率、才能表示分率。分率是指一个数是另一个数的几分之几，它与分数应用题中的比较量相对应。如果单单从有无单位上来看，也可以区分。数量一般来说都是有单位的，而分率一般来说都是没有单位的。但是，这也并不是绝对的。在有些特殊的题目中，可能有的数据既是分率又是数量，主要看这个数据相对于谁而言。因此，还是应从意义上去理解一道题目中的分率，这才是万全之策。

分率以及
单位1的确定

既然知道了分率，那么我们就要确定这个分率所属的单位1是谁。通常我们用"的前比后"来初步判定。也就是说，"的前"是指分率前面的表述，或者换句通俗的话说，是谁的分率，谁就是单位1；"比后"是指比谁怎么样，谁也是单位1。这是一般的情况。也有少数情况，可能并没有"的"和"比"的出现，那我们就要依靠题意推断出来才行。总之，6年级学习数学的基础就是搞清楚单位1、分率以及数量之间的关系，这也将贯穿于整个6年级的数学学习过程中，对学生而言极为重要。

（2）分数乘分数图解方法。

分数乘分数
图解方法

这个视频主要是向学生介绍如何用图形表示分数乘分数，这也是学生初学分数的一个易错点，因此制作了视频，特意带领学生去画图，把这个画图的过程完全展现给学生；如果学生看不明白，就可以反复观看，起到了一个很好的重复效果。这也是微课无法被替代的原因之一，就是可以重复地给孩子们演示。有一部分家长朋友对这部分知识也不知道如何给孩子讲解或进行检查。

有了这个视频，大家也算是有了一个依据，有利于家长在家中辅导孩子进行画图练习，真正保证了学习的延续性。

（3）关于单位1的画图问题。

关于单位1的
画图问题

这个视频实际上是引导学生养成一种做题要画图分析的好习惯，同时也体现了数形结合的思想。数形结合思想是一种重要的数学思想。数形结合就是通过数（数量关系）与形（空间形式）的相互转化、互相利用来解决数学问题的一种思想方法。它既是一个重要的数学思想，又是一种常用的数学方法。数形结合，可将抽象的数学语言与直观的图形相结合，是抽象思维与形象思维的结合。著名数学家华罗庚说过"数缺形时少直观、形少数时难入微"。对于有些数量关系，借助于图形，可以使抽象的概念和关系直观化、形象化、简单化；而图形的一些性质，借助于数量的计量和分析可以严谨化。小学数学相当一部分内容是计算问题，计算教学要引导学生理解算理。但是，在教学中很多教师忽视了引导学生理解算理，只注重算法多样化，在计算方法的研究上下了很大功夫，却忽视了学生对算理的理解。我们应该意识到，算理就是计算方法的道理，学生不明白道理又怎么能更好地掌握计算方法呢？在教学时，教师应以清晰的理论指导学生理解算理、在理解算理的基础上掌握计算方法，正所谓"知其然、知其所以然"。这个视频中，老师手把手地教给学生一种画图的方法，而不仅仅是理论介绍，注重帮助学生学会画图，这样再遇到问题时，他们就可以自己画图分析，提高解题的效率。

（4）解方程最快方法，借用移项。

解方程的方法有很多，这里其实是提前给孩子们渗透了一点初中解方程的办法。因为很多学生到了6年级之后，计算水平有了很大的提高，尤其是关于解方程的题目，做得都比较好。不过，有的孩子在书写时还按照最原始的方法，显得解题过程非常冗长，解题过程长就导致了容易出错。因此，笔者在这个视频中特意加入了有关移项的方法，帮助孩子们学会一种快速解方程的办法，这对以后的学习也算是一种铺垫。掌握这样一种技能，不仅仅帮助学生提高了解题速度，更是提高了他们计算的正确率，而且学会解复杂方程之后很多以前孩子们不敢用方程解的题目也敢用方程解了。他们之前之所以不敢用方程解，是因为就算是列出了方程也不会解；有了这种方法之后，他们就没有什么顾虑了。

解方程最快方法，借用移项

（5）为什么要用方程？

列方程解应用题是建立在用算术方法解应用题的基础上的，由算术方法解题到列方程解题是一个过渡。为了使学生在初学列方程解应用题时不受算术方法的干扰，教学时笔者便在等量关系的训练上帮助学生找渗透点，使教学活动循序渐进地展开，使学生对要学的知识感到新鲜而不陌生，从而保持高昂的学习热情。

为什么要用方程

一般做法是用和例题中数量关系相似的基础题铺垫，引导学生分析数量关系，掌握解题思路，尤其注意解题步骤，注意搭桥铺路分散难点，在此基础上再教学例题。

但是，现在很多的孩子不愿意用方程解题，只愿意用算术法，最根本的原因就是用方程解题的"性价比"不高。同样一道题目，算术法三分钟从列式到解答就可以搞定，而用方程的话，不仅仅要先设未知数，还要列方程，还要理出等量关系，孩子们一看，太麻烦，所以不用。实际上我们都知道，越是复杂的问题，用算术法很难得到答案，必须依托于方程求解；但是解简单题目是为了解复杂题目打基础，又不能不从简单的题目练起。所以，在视频中笔者用了一个稍微复杂的数量关系讲解了方程的必要性。这样，就可以多一种解题的策略，也为了中学阶段继续学习有关于方程的知识打下良好的基础。

（6）关于"比"的定义的讨论。

其实，比的概念大致可以分为两类。一类是同类比，也就是我们一般意义上所理解的比，它就是表示两部分同类数据的一种量比关系。另一类是不同类比，这种比是根据一些数量关系定义出来的，我们也可以称作第二类比。这两种都是比，但是意义却截然不同。第二类比是根据比的意义定义出来的，它的比值有自己独特的意义，如路程与时间的比的比值的意义就是速度；换句

关于"比"的
定义的讨论

话说，它的比值是一个数量，可以有单位，而第一类比是同类比，前项、后项单位都一样，因此最后的比值实际上是一个分率，也就是表示一个数是另一个数的几分之几而已。第一类比，表示的仅仅是一种份数的关系，因此可以拓展为三个数字的比，甚至是更多数字的比。比如1：2：3，如果单从比的定义来看，这个是不能存在的。所以，比的概念虽然由除法而生，但是最后自己却又发展了，反而不能用除法表示，这也正是现代数学发展的一种有趣现象。一定要认清楚两种不同的比，才能在遇到问题的时候分清二者，并做出正确的判断。

2. 图形与几何部分

（1）用圆规画圆。

用圆规画圆

用圆规画圆对于大家而言是一个难点，很多孩子练习了较长时间也画不出一个完美的圆，主要原因是画圆的时候要么针尖不稳定，要么没有掌握旋转的方法。针对学生的各种问题，教师录制了一段如何用圆规画圆的视频，帮助学生正确地使用圆规；另外，还介绍了一些技巧，更好地帮助学生画出完美的圆。

（2）小学数学圆的补充知识以及切和接的区别。

小学数学圆的补充知识以及切和接的区别

这个微课的制作目的，是帮助小学生更好地了解有关圆的结构和相关知识。点与圆的位置关系大致分为点在圆外、点在圆上、点在圆内三类。而线与圆的关系主要是相交、相切或相离。小学阶段，重点接触的是线与圆相切的关系，但是课堂教学中又不能给学生讲相切这种概念，于是通过微课略微做一点介绍。学生明白了之后，教师再去给学生讲解什么叫作圆的内接正方形、外切正方形，或者正方形的内切圆和外接圆的概念，这样学生就会清楚很多，不然的话很多学生总是理不清四个概念之间的关系。作为一名教师，应该及时地梳理这种知识点。它们不属于课本要求讲解的范畴，但是对于学生思考问题和理解数学却有很大的帮助。这种知识点，在后续的教学中应该继续去挖掘，让孩子们在知识的衔接上实现真正的无缝对接，更好地理解所学内容。

小学非圆图形面积公式的统一

（3）小学非圆图形面积公式的统一。

这个微课，在于帮助孩子们自主总结一些公式。在6年级最后复习图形与几何的时候，笔者偶然发现所有的非圆图形面积，实际上都可以用梯形面积公式来表示，只不过不同的图形所展现出来的形式不一样而已。三角形、平行四边形、长方形以及正方形它们的面积计算公式，实际上都是梯形面积计算公式的一个特殊情况或极端情况。笔者通过变形向学生展示了图形之间的相互联系，让孩子们感受到数学知识之间存在的联系，更好地体会数学知识的相关性。

3.统计与概率部分

（1）条形统计图与折线统计图的区别和联系。

条形统计图和折线统计图一直以来都是孩子们区分的难点。很多孩子无法区分二者，总是在选择统计图的时候拿不定主意。实际上，这是孩子们没有真正掌握二者的本质。条形统计图表示的不同种类的物体的数量的展示，更在于一个不同种类的比较。而折线统计图则倾向于同一个物体在不同时间段内的变化，更倾向一个单独的个体，并且倾向于这个个体的变化趋势。通过这个视频，给大家很好地解释了二者的关系，便于学生今后更好地区分二者。

条形统计图与折线统计图的区别和联系

（2）组合的简单算法。

组合的知识，学生在5年级的时候就已经学习过了，但是当时讲解的时候更多的是利用了一个加法的算式。当时上课的时候，其实每个班级都有几个孩子提出了用乘法来解释，也就是每一个元素都乘上与其他组合的个数，然后都重复了一遍，最后除以2就可以了。初学组合的时候，更多的是让学生体验一种模型，这种方法只是少数学生能够掌握和理解，所以没有给予过多的讲解。制作这个微视频的目的就在于把这种方法向学生讲透了，尤其是那些想用这种方法解题的学生会更好地理解这种方法的原理，开拓一种新思路。

组合的简单算法

（3）事件与现象。

其实，事件与现象是数学概率论中一个基础概念。我们通常所讲的概率，为什么可以用具体的数字来表示、凭什么要这么表示，实际上是有一套专门的理论根据的，这里就不得不提到事件与现象的概念。事件是概率发生中每一个可以触发的实体，而现象是多种共同特征事件的一种集中体现。比如，7个红球和3个白球，7个红球每一个都是一个事件，但是它们所表现出的表象却只有一个，就是红色。讲解一些这样的知识，可以开阔学生的眼界，也能吸引一部分学生对此进行更深层次的研究和探讨，使其真正钻研下去。

事件与现象

4. 综合与实践部分

（1）小学应用题中的不变量问题。

小学应用题中的
不变量问题

不变量问题，说白了就是同样的一个事情，我们做两遍，然后这两遍之间有一个重要的桥梁，也就是不变量，利用第一遍来求出不变量的数量，再利用求出来的数量与另一个条件求解出最后的数量问题。对于不变量问题，一定要抓住关键的量。比如在路程问题、面积或者体积习题中，都有这样的题目，需要孩子们真正理清数量关系才能正确掌握。

（2）分率数量混合问题：盖章问题。

分率数量混合
问题：盖章问题

分率数量混合问题一直以来就是困扰学生的一个难点。这里，制作一个视频并且用有趣的盖章来形容把分率变成数量的过程，能更好地引发学生的学习兴趣，也为学生应用分率和数量并区分二者的关系提供了一个很好的办法。所谓的盖章，是指把一个分率，通过单位1的公式变成数量。因为很多分率数量混合题目中最后的问题往往是数量的加减，而分率又不能直接参与计算，所以笔者给它起了个很有趣的名字"盖章"。本来不能参与计算的分率，通过盖章变成了可以参与计算的数量，从而算出结果了。通过一段时间的练习之后，很多学生明白了分率和数量的确有区别，久而久之，就自然而然地明白分率与数量的真正区别和联系，有利于他们在解更复杂的分数应用题时理清数量关系、解决问题。

（3）黄金比之美。

黄金比之美

本节微课，主要是培养学生的审美能力，在学会了审美后更好地提升学习数学的兴趣。19世纪后期，德国的心理学家古斯塔夫·费希纳做了一个实验，实验内容是测量各种矩形人造物，结果他发现大部分人更喜爱边长比例接近于黄金分割律的矩形，这从一个侧面说明了黄金比例图形具有符合人体标准的视觉愉悦性。其实，人类其本身的大部分形体比例也是符合黄金分割律的比例的。古希腊哲学家普罗泰格拉曾说"人是万物的尺度"，就隐含了人是自然界这种规律的造物。黄金比例美感的心理原因众所周知，平衡是大自然的一种规律和状态。而黄金分割这一比例恰恰是达到人类视觉平衡和心理平衡的一种最佳比例。这可能就是其能获得美感的深层心理原因。

本节微课中，就以上所讲的问题做了很多详细的剖析，让学生可以真正透彻地了解黄金分割、体会黄金比之美。微课中不仅有图片，还有影像，通过具体的实例让学生体会黄金比的美，培养他们的审美能力。这不仅仅能提高学生学习数学的积极性，还能提升他们的审美观、价值观。

（二）习题讲解的微课

1. 数与代数部分

（1）分数乘分数习题。

有一箱梨，如图。

（1）第一周吃了$\frac{1}{2}$箱，吃了多少千克?

（2）第二周吃了$\frac{2}{5}$箱，吃了多少千克?

（3）还剩多少千克?

此微课程视频中的题目是青岛版数学教材6年级上册的一道题目，也是6年级的学生刚刚学习分数应用题时出现的一道题目。之所以讲这道题目，是因为它比较独特。这道题目中每箱15千克，但是这里还有一个1/2箱和2/5箱。按一般性来说，因为它们的后面也带着一个单位，所以也应该是数量。但这道题目中的分数并不是数量而是分率，因为它们表示的是一箱的几分之几。这个题目最重要的作用就是帮助学生理解分率真正的含义，而不是简简单单地通过看有没有单位就去决定表示的量是否是分率，因而揭示了分率的真谛。

分数乘分数习题

（2）分数乘整数计算方法习题。

制作这个视频的主要目的就是帮助学生快速理清分数乘整数的具体计算方法，让他们注意约分的位置，并且学会一些细节，如最后的结果不能出现一分之几而一定要用整数表示。通过这样一组习题讲解，实际上是帮助学生树立一个示范，让学生在这个基础上再进行习题解答，体会解决这类问题的规范性和严谨性。

分数乘整数计算
方法习题

（3）对应分率与对应数量习题讲解。

此微课程视频中的题目主要考查孩子们对于解决问题方法的掌握情况。解决这道题目有两种办法。第一种是分别算出1月和2月的数量，然后再利用比较和减法求出多少千克。第二种办法，实际上比对第一种办法的要求略微高一些，是先求出分率的差，再利用单位1的公式去求解差的千克数，也就是多少千克。讲完两

对应分率与对应
数量习题讲解

种方法之后，还要进行对比。其实，这两种方法在本质上是一样的，可以利用乘法分配律把这两种方法统一起来，帮助学生融会贯通。

（4）分数复杂计算题。

分数复杂计算题

此微课程视频中的题目实际上是对学生学习数学知识的一个拓展。学生通过计算不难发现，分母之间存在的关系也就是相邻数的关系。实际上计算时经过通分分子正好是它们的差，也就是1，所以所有结果的分子全是1；而分母正是二者的最小公倍数，恰恰相邻数的最小公倍数就是二者的积，也就是说，这类题目最后得到的答案就是二者的积的倒数。同样，这个式子还可以倒过来推，也就是说，给你积的形式，你也可以把它们拆成两个数的差的形式，然后把它们拆开重新组合，发现前一项的后面那个数正好和后一项的前面一个数抵消掉，最后不难发现规律，从而进一步推导出这个题目的答案。整个解题过程，实际上是给孩子们提供了一种思路，一种更好的解决问题的巧妙方法。

（5）钢丝铁丝问题：再谈单位1中分率与数量的对应问题。

钢丝铁丝问题：再谈单位1中分率与数量的对应问题

此微课程视频中的题目是非常好的两个题目，也是每年学生到了六年级之后错误率最高的题目。青草晒干后，质量会减少2/3，一个畜牧场割了96吨青草，晒干后质量减少了多少吨？这个题目最后的问题，实际上已经和分率对应起来了，所以直接用乘法做出来就可以了。但是有一部分学生总是找错对应分率，非要用1减去减少的分率，导致了不对应。第二个题目钢丝铁丝问题是六年级学生最容易出错的题目，因为有一部分学生往往找不准单位1，一旦单位1找错，这个题目就全错了。还有第二个问题，铁丝比钢丝长1/3，很多学生在乘了1/3后，后面所填写的数量不对应，往往填写的是铁丝长度，正确答案应该是铁丝比钢丝长的长度；也就是说，学生往往不去用心找准对应的量。这也是孩子们在6年级后面的学习中常犯的错误，审题不细致，而往往这样的审题不细致会导致错误百出。所以说，严谨的审题是学好数学的关键。

（6）除数不是整数的应用题理解解释。

除数不是整数的应用题理解解释

此微课程视频中的题目在于帮助学生从另一个角度理解除数不是整数的除法。因为学生习惯于一个数除以整数。比如，6个桃子分给2个人，平均每人分3个桃子。这里分给2个人、每人几个说起来比较顺口，听起来更是如此，所以孩子们很习惯。但是2/3小时燃烧3/10分米，求平均每小时燃烧的数量，理解起来就有难度了。实际上我们可以借助于2小时来理解，2小时求平均就除以2，3小时求平均就是除以3，所以2/3小时求平均依然可以这么理解，可以直接理解为除以2/3小时，就是求1小时的数量。这里需要一种正向的迁移才行。所以我们才说，这道题目的关键作用在于帮助学生更好理解分数除法的意义。

（7）除数是分数的几种常见错误。

本视频的录制特别重要，尤其是学生刚刚学习分数除法的运算，笔者在视频中总结了他们经常犯的一些错误。应该是除以一个数等于乘这个数的倒数，但是很多孩子在计算时，容易忘记把除法变成乘法；还有很多孩子计算时换成乘法了，但是忘记乘倒数了，还是乘原来的数字。另外，还有少部分同学虽然得数对了，但是符号并没有及时改变，只是在脑海中改变了，笔下并没有写；还有一种是把第一个数字给弄成倒数了。所有这些错误都是孩子们常犯的错误，因此笔者在这里总结出来，是希望孩子们能加以重视，不再犯此类错误。

除数是分数的几种常见错误

（8）分数除法一步应用题的简单应用。

这个视频的制作出发点是帮助基础比较一般的学生建立一种做题的模式。不管哪种题目，总价除以数量也好，总量除以数量也罢，还是路程除以时间，实际上到最后都可以归结为以前学的归一和归总问题。虽然现在不提了，但是这种思想还是应该传递给孩子。这是一个通用的公式，是孩子们学会这类题目的一个总纲，所以应通过这么几道不同情境但意义都是归一问题的题目，让学生加深感受，甚至自己领悟总结出这个公式，这是一个很好的平台。

分数除法一步应用题的简单应用

（9）单位1未知题目的解决方法。

关于单位1的题目，实际上一直在用那个单位1乘分率等于数量这个公式。当单位1不知道的时候，怎么去解决问题呢？学生首先想到的方法就是除法。有这种想法很正常，因为单位1乘分率等于数量，所以数量除以分率得到单位1；也就是说，利用除法完全可以解决这个问题。但是这有一个前提，题目得比较简单才行，一旦复杂一点，这种算术法的做法就不好用了。第二种方法就是我们所倡导的用方程解，但是现在的问题是孩子们都不愿意用方程解，因为用方程解太麻烦了，不仅要写解和设，解方程的过程也比较麻烦，还要每一步都带着

单位1未知题目的解决方法

x，所以多数孩子不愿意用，用了的也心不甘情不愿。换句话说，现在我们给出的题目，相比较而言，孩子们更愿意用算术法。这其实很正常，需要我们正确地引导给孩子们，并且应该出一些用方程解相对更好的题目，展现方程的优势，让孩子们自己体会方程的优势，这才是真正的解决之道。

（10）方程求单位1未知的题目与其他单位1未知题目的区别。

方程求单位1未知的题目与其他单位1未知题目的区别

首先，我们在之前已经给学生讲过如何去找一道题目的单位1。简单一点的方法就是"的前比后"。但是，有很多的特殊例子不在这个方法之内，如有的时候没有这种很明显的特征。这个时候就需要学生把题目的意义审出来。用方程求单位1，实际上是一种比较正统的方法。这类题目虽然写起来感觉麻烦，但是好用且不易出错。另外一些单位1未知的题目，如连续未知，那最好的办法还是用方程去解决，如果用算术法解就会出大问题，需要小心地斟酌每一步，而且还容易找错。通过对比不难发现方程的优势，这也是向孩子们传递的一种信号，就是方程的必要性。

（11）快速解决连等问题的方法。

快速解决连等问题的方法

这个视频首先是教会学生用一种最快的方法解决此类问题。因为在考试的时候遇到这种问题的时候，一般都是填空题，而我们又不能把大把的时间浪费在这上面，所以必须得用最少的时间去解决这个问题。这里给学生提供了一种解决问题的方法，就是让每一项都等于1。但是，又考虑到不能光靠带数去解决问题，于是又补充了一个正常的讲解方法，也就是用字母式子证明了一个完整的过程。这样，不仅帮助学生弄懂了题意，更是给学生介绍了一种快速解决问题的途径，帮助学生在不同的场合选择不同的处理问题的方法。

（12）连乘问题和乘除混合问题的重要区分。

这个视频是为了帮助学生区分连乘问题和乘除混合问题。因为二者都是单位1不确定，但是却又和第二问产生了联系。第一类题目，也就是连乘问题，是一个

连乘问题和乘除混合问题的重要区分

连续的关系，如果用A、B、C来表示，也就是说B的单位1是A，但C的单位1是B，产生了一个这种连续的关系，所以用连乘来解决。而第二类乘除混合问题，前面第一个可能是一样的，也就是说B的单位1是A，但是后面的问题变了，C的单位1不是B了，而是B成了C的单位1了；也就是说，B既是A的一个数量又是C的一

个数量。因为通过画图讲解就好像一朵花朵一样向两边开放，所以把它称作"开花问题"。很多学生课堂上觉得很有意思，但是也的的确确明白了开花问题的真正含义，把知识学到了手。

（13）求单位1是多少的习题。

求单位1是多少的练习，重要的是要学会分析题目，也就是找准题目中的单位1到底是已经知道了还是未知的。如果已经知道了，那么就应该直接用乘法，也就是用单位1乘分率求数量就行了。如果单位1不知道的话，那教师给学生的建议，或者说教师给学生做的示范就是提倡用方程解决问题。其实简单地说，教师在微课中曾经给学生总结了一个12字记忆法：已知乘，未知除（方程），多就加，少就减。这12个字实际上是根据好多的习题和案例总结而来的，因此孩子们在真正做题的时候，在理解了题目的意义的情况下，可以直接应用，这样，可以帮助学生节约很多思考的时间，快速完成题目。但是，如果从数学思维发展的角度上考虑，教师又做了设计，就是一定要画图并且分析数量关系。

求单位1是多少
的习题

（14）乘除混合运算中的典型错误。

此微课程视频中的题目主要是帮助学生纠正在乘除混合运算中的一个误区。很多孩子在计算分数乘除法的时候错误百出，这些错误却都源于一个问题就是没看清题就想当然地落笔了。其实，在解决这个问题的过程中，保持清醒的头脑很重要。很多学生在进行约分的时候，总是不小心把整数和分子约分了；或者是约分好不容易约对了，但在汇总结果的时候却把整数部分乘到分母上去了，导致出错。当然，这些是孩子们计算中的典型错误，还有一些一般错误也应该及时纠正。对此，视频中没有一一赘述但也提到了，因此主要是给学生提个醒。

乘除混合运算中
的典型错误

（15）6年级计算题专讲。

计算教学，一直以来都是小学数学教学的一个重点。计算水平与能力，也是检验一个学生是否具备了较好数学素质的基本指标之一。不管是填空、选择、判断，还是计算、解应用题中，都有大量的计算题目的身影。数学，数学，说白了就是数的学问，而计算恰恰是表达数字学问的重要手段。如果一个学生计算不好，那么就算他其他项目学得再好、审题再仔细，但还是功亏一

6年级计算题
专讲

算。既然计算这么重要，那6年级的计算更是重中之重。孩子上到6年级，不仅要记得以前学过的整数运算、小数运算，还要学会并熟练掌握分数的乘除法，这对学生的计算要求变高了。除此之外，学生还要学会关于 π 的相关计算，这又是一个对学生的挑战。因此，本视频就是从最基础的计算入手开始讲解，并且让学生能够看到一些计算的常用技巧和一些新颖的简算方法，帮助学生在减少计算量的同时还能提高正确率。

（16）按比例分配所有类型汇总。

按比例分配是6年级上学期学习的一个新的内容，实际上解决这类问题的关键问题就是找准"一份量"。书上的例题中，只是给大家介绍了其中的一种情况，也就是给出一个比，并且给出这两个数据的和。这种题目有个一般做法，大家掌握起来也比较简单。但是除此之外，实际上还有几类题目也属于按比例分配的范畴，但是又不太一样。第一种是给出两个数的比，并且给出其中的一个数，这种做法实际上还是得先求一份量，反而比起给书上范例中和的形式更容易一些，视频中做了详细的讲解。第二种是给出两个数的比，并且给出两个数据的差。这种题目就得先求份数的差，然后用数量的差除以份数的差，求到的还是一份量，然后再去乘上各自占有的份数，就可以得到想要的答案。这几种类型，教师通过视频做了一个汇总，这样可以更好地帮助孩子们分析理解问题，并且一旦遇到了其他的几种情况，学生也会有所了解；甚至如果遇到更特殊的习题，学生也可以通过已学习的知识举一反三，真正掌握解这类题目的精髓。

2. 图形与几何部分

（1）利用三角形面积相等与重叠问题解决的几何问题。

这道题目是一道经典题目，主要体现的是充分利用小学学习的三角形的面积知识以及学习过的重叠问题才能将其解决。在任意四边形*ABCD*中，*M*、*N*分别是*AD*和*BC*的中点，交叉连线中间形成的小四边形面积是36，求两侧阴影面积。对这道题，实际上很多学生一上来就能猜测出来，答案是36，但是问题是怎么去证明或者说如何计算。这个题目的最关键的地方就是做好一条辅助线，这也是小学数学中比较薄弱的环节。我们的数学课堂，讲解辅助线的使用实际上用了很少的一部分时间。而中学，尤其是高中，解决几何问题的关键往往就是一条辅助线，所以这道题目还有一个重要的使命，

按比例分配所有类型汇总

利用三角形面积相等与重叠问题解决的几何问题

就是从小学开始培养孩子们分析解决图形问题的能力，讲解为什么要做好辅助线，然后再利用已经学过的很熟练的知识去解决问题。当然了，辅助线也不是没讲过，但是可能没有这么重视过。因此，本道题目是一道帮助学生转变数学学习观念的重要题目。

（2）利用比的知识来解决长方形内部阴影面积的问题。

这道题目是一道很典型的数形结合的题目，不过不同于我们通常所理解的利用图形去解决数的问题，而是一道利用数去解决图形的问题。这道题目中，多个长方形相互作用、相互交叉，很多学生一拿到题目就感到找不出头绪，实际上是反复利用给定的比例来解决的。这样一道题目的出现，改变了我们很多的看法。在此之前，我们多数情况是利用图形来帮助理解数字或者数量关系的，以至于只要一提到数形结合，学生都认为是图形来帮助数的。这个题目的出现，帮助学生很好地扭转了这种观念，认识到不仅仅是图形成就了数，有时候数也会成就图形，成就是相互的。

利用比的知识来解决长方形内部阴影面积的问题

（3）关于扇形和曲率的思考。

这是一个很值得思考的问题。原本以为很简单的一个题目，多数学生都认为不是一个扇形，但是却有一个孩子很执着地说："老师，这个图形可能不是以这个圆的圆心为圆心的扇形，可能是以这个顶点为圆心的一个大圆的扇形啊。"首先，笔者感到这个孩子的确是一个很爱思考的好孩子，他能发现别人会忽略掉的问题。但是，这个题目不是那么简单，牵扯曲率问题，于是笔者

关于扇形和曲率的思考

做此微课专门解决学生对这道题目的疑惑。这道题目真正的价值表现在所给的弧和线段能否组成扇形上，曲率不同，所需要的线段长度也是不一定的，所以反过来倒着推出这道题目可知学生的思考陷入误区，但这种思考却是值得肯定的，也是值得夸奖的。它说明孩子们真的是在用数学的思维考虑问题，这才是学数学最大的好处。

3.统计与概率部分

（1）关于1，2，3，4，5，6，…，n能否抵消问题。

这道题目，对于学生来说，具有一定的难度，录制这个视频的目的是为了让学生多一种解决问题的方法，同时也是对打破自己固有思路的一个指引。首先出现的1，2，3，…，12，可以抵消。因为很容易看出来它们的个数是4的倍数。为

什么是4的倍数呢？这是因为只有是4的倍数，凑出来的数才是2的倍数，正好一正一反抵消掉。但是，1，2，3，4，5，…，2015的时候，看起来好像并不是4的倍数，因此好多学生认为这道题目不太可能凑成0了。但是，学生又忽略了一个问题，就是1，2，3这三个数字可以凑成0。其实，这个问题很明显，但又不太容易看出来；也就是说，光这3个数字就可以凑出0来，剩下的其他数字的个数只要是4的倍数，就可以了。实际上，这道题目给我们开辟了一种思路，就是有时候我们以为自己发现了某种规律的时候，极有可能会忽略掉一些很重要的特殊情况，那我们在后面的学习中就要特别注意这种思考的严密性，这也是把数学学精的一个难点。

关于1，2，3，4，5，6，…，n能否抵消问题

（2）"鸡兔同笼"问题。

"鸡兔同笼"问题

"鸡兔同笼"问题是我国数学史上一道比较有名的问题，解决这个问题的方法有好多种。青岛版数学教材中也有对于这道题目的讲解，只是用汽车和摩托车来代替，更贴近孩子们的生活。这道经典题目，很多孩子课堂上可能只是听了一个皮毛，制作这个视频的目的是帮助孩子们更好地分析这个问题，弄懂用方程解决这个问题的方法以及假设法，真正让孩子们掌握一种数学学习的模型。

（3）生活中的概率。

生活中的概率

这个微课主要是针对组合问题在生活中的一个应用，也就是常见的买彩票问题来制作的，通过讲解和计算，与学生一起探究了为什么人们买彩票不全部都买下，如果全买则一定能中一等奖，但是合算吗？通过计算，学生明显看到是不合算的；当然了，如果合算的话，人们就会争着把全部彩票买下。这明显也是不可能的。但是那是一种猜想，并没有数学依据。通过这样一个题目，帮助还没有弄清楚的学生看看到底合不合算，更清楚地认识到其中的数学原理，从而进一步激发学习数学的兴趣。

4.综合与实践部分

（1）计算器按错问题。

这道题目是一道非常好的计算器按错题目，因为这是生活中经常可能发生的情况，但是让学生去倒推这道题目，确实有一些难度。我们要指导学生利用好

题目中给出的所有条件，并且只有充分体现所有条件，才能抽丝
剥茧地把这个题目解答出来。首先，a、b、c都是整数，并且得到
$a+b \div c = 11$，$b+a \div c = 14$。这说明了什么？说明了b和a都是c的倍
数，因为最后答案是整数。两个式子合并得到$(a+b)/c \times (c+1)$
$=25$，反复运用a、b是c的倍数这个条件，得到$(a+b)/c$是一个整
数，$c+1$也是整数，并且乘积为25。整数乘整数并且其积是25，排除其他可能性后
只有$c+1=5$符合条件，同时$(a+b)/c=5$，也就是最后的答案。这道题目的解答，实
际上是给大家介绍了一种解题逻辑，并且反复地抓住题目的命脉，主要是利用整数
的特征，告诉孩子们解题时候一定要利用好所有条件，如果有一步没想到，最后就
可能得不到真正的答案，甚至走入误区。总之，要求学生在解答类似的问题时一定
要慎之又慎。

（2）工程效率提高问题。

现在的小学生，接触工程问题并不多。但是我认为这类题
目对于培养学生的数学素养还是很有帮助的，因此专门把这道
题目作为一个标准题目向学生进行了讲解。原本6天完成的任务
现在5天就完成了，问：工效提高几分之几？这个地方首先要弄
清楚，最后的问题问的是什么，数量还是分率？在这里，显然
是分率而并不是简单的数量；如果是数量，不会这么问，而应
该问：工效提高了单位1的几分之几？所以有学生直接用1/5减1/6是不对的。应该
是$(1/5-1/6) \div 1/6$。还有的学生认为用6-5来计算，但是这里要特别注意一个问
题，就是时间的比与工效的比是相反的，所以工效比实际上是5：6，然后继续做
也行。还有的学生十分不理解为什么用1做被除数。这个问题也很好解决，可以
不用1而用一个字母来代替，但是最后很容易发现字母会约分约去，所以不如用1
方便。通过这样的题目，可以很好地帮助学生认识工程问题，并且建立相关的数
量关系，为后面的学习打好基础。

（3）水管问题。

水管问题，也是现代小学生接触不多的一个问题。与工程
问题一样，曾经都是"烧脑"的代表作。这个题目主要是帮助
学生建立思维重组的思想。甲、乙5小时可以灌满水池，乙、丙
4小时可以灌满水池，现在甲、丙合作2小时之后乙单独又灌了6
小时灌满水池，问：乙单独灌满需要几个小时？这个题目乍一看

计算器按错问题

工程效率
提高问题

水管问题

好像没有思路，尤其是条件给的明明是甲、乙和乙、丙，而最后甲、丙凑到一起了，所以感觉好像毫无头绪。但是，这个题目的确给学生提供了一种新的思路，就是"重新组合"。甲、丙干了2小时，可以把他们拆开，重新都和乙去组合。这样，就把甲、丙组合和乙单独干这个问题变成了甲、乙工作2小时，乙、丙工作2小时，乙自己又单独工作2小时的问题，根据前面的已知条件把问题求出来。这道题目主要是让学生掌握一种新的思考问题的方式，把看起来没有什么的组合拆开，根据需要重新搭配，变成已知条件中给出的组合，这样就把新的问题转化成了旧问题，然后就简单多了。

（三）其他部分

1.数学游戏、数学趣题部分

（1）数学游戏：猜数字。

猜数字，是学生很喜欢的一款数学游戏。它不仅能提高孩子们的思维能力，还能帮助孩子们逐步培养逻辑能力和推理能力。游戏规则是这样的：一个人写出一个四位数字，要求每一位数字不能重复，另一个人来猜这个数字。如果数字猜对了，位置也猜对了，那就得到一个A；如果数字猜对了，但是位置

数学游戏：猜数字

错了，那就得到一个B，然后通过告知对方几个A几个B，再次让对方猜测，最后能用最少的步骤猜出对方的数字的取胜。举个例子，比如一个学生写8312，另一个学生猜8567，那么我们可以看到他猜对了一个数字，并且位置也对了，就是1A0B；如果他猜8027，那就是一个数字和位置都对了，另一个只猜对了数字，那就是1A1B；然后继续猜测。根据已经猜出的数字和剩下的数字，孩子们通过严密的分析，最后得出结论，达到4A的最终答案。这个游戏适合于各个年龄段的孩子，操作起来比较简单，很受孩子们欢迎。

（2）数学游戏：炸飞机。

炸飞机这个数学游戏考查的实际上是孩子们的推理能力和关于数对的知识。通常情况下笔者会在讲解数对知识之前给孩子们讲。炸飞机不仅仅好玩，还可以发散孩子们的思维。例如，画3架飞机的时候可以把一个机头插入另外的一架机身当中，来干扰对方的判断，拖延对方猜对的时间，自己

数学游戏：炸飞机

反而可以乘胜追击。这个游戏变化无穷，在玩游戏的同时可以提升学生的数学推理能力。

（3）数学趣题：百人百灯问题。

首先，我们来了解一下这道题目。一间实验室里有100盏灯，分别编号为1，2，3，…，100号，它们起初都是关着的。现在有学号为1，2，3，…，100号的学生分别走进这间实验室。1号学生把所有的灯的开关都拉了一次，2号学生把偶数号的灯的开关又都拉了一次，3号学生把倍数是3的号数的灯的开关都拉了一次，4号学生把倍数是4的号数的灯的开关都拉了一次……当这100个学生全部走进了实验室之后，最后亮着的有哪些号数的灯？

数学趣题：百人百灯问题

多数学生一看这道题目，觉得无从下手，认为这是一道难题。实际上，这道题目用到的知识点仅仅是小学5年级的奇偶数和因数倍数的关系而已。首先，判断哪些灯亮着，就要分析到底灯亮不亮和什么有关。不难看出，拉一次亮，再一次灭，再一次亮，再一次灭，依次类推。这样，灯的亮与灭和拉动的次数有关，奇数次亮着，偶数次灭。那么，怎么确定每一盏灯的拉动次数；其实，这个问题又转化成了每一个数字的因数的个数问题，因为每一个数字都可以写成两个数字乘积的形式，所以说，一般来说，一个数的因数个数都是偶数个，只有完全平方数的是奇数个。这个题目的最后答案是100以内的完全平方数，这些灯亮着。

对这个题目的分析角度比较特殊，需要不停地转变思路，而它所需要的知识确实很简单，因此可以看出，即使再简单的知识，也可以通过复杂的变化构建一道难题。但是，只要抓住了问题的本质，不管怎么变动，所有问题都会迎刃而解。

2. 数学史及数学趣味知识部分

（1）数学三大危机。

这个视频向学生介绍了数学史的知识：数学三大危机。第一，一位学生发现了一个底边为1的等腰直角三角形的斜边（即 $\sqrt{2}$ ）永远无法用最简整数比来表示，从而发现了第一个无理数，推翻了毕达哥拉斯的著名理论，但就因为这样，这个学生也被抛入大海；第二，微积分的合理性遭到严重质疑，险些要把整个微积分理论推翻；第三，罗素悖论：S由一切不是自身元素的集合所组成，那S属于S吗？罗素悖论的可怕在于，它不像最大序数悖论或最大基数悖论那样涉及集合的高深知识，它很简单，却轻松地摧毁了集合理论！

数学三大危机

通过介绍数学史的知识，激发学生的学习兴趣，使他们了解数学发展的历程，提高他们的数学素养。

（2）悖论的介绍。

悖论的介绍

悖论是数学学习过程中所必不可少的内容。像武侠小说中周伯通的左右互搏术一样，看似是给自己制造了一个大麻烦，其实是促使数学向前发展的一个巨大推动力。说起悖论，不得不提到数学家罗素。正是他提出悖论，掀起了一场数学革命，数学家们又重新补充并完善了微积分的定义，为高等数学的发展奠定了基础。

实际上，悖论也是一类很有意思的数学知识，很多学生听了简单的介绍后也都对它产生了浓厚的兴趣。因此，通过这个视频的介绍，相信会有很多学生愿意进入这个领域进行探究。

（3）哥德巴赫猜想的介绍。

哥德巴赫猜想
的介绍

哥德巴赫猜想是数学史上最为重要的一道题目，也是迄今为止还没有被证明出来的一道史诗级难题。很多数学家为之疯狂，很多数学家也为之献上了自己的青春。在这些数学家的努力下，这个"1+1"的问题实际上正在被一步步地证明出来；尤其是我国著名数学家陈景润先生，更是证明到了"2+1"，距离最后的证明只有一步之遥。

虽然这个题目很难，对小学生来更是天方夜谭，但是谁又能保证，他们之中将来一定不会出现一个能证明这个题目的数学家呢？说不定这位数学家就在今天的这些"花蕾"中。所以，我们有义务把这种数学研究的执着精神传承下去，让更多的人去感受数学的魅力。

这个问题的解决，本身并不重要，重要的是在解决这个问题的过程中产生的很多重要的数学方法，这些方法十分可贵。通过这个视频的讲解，会有更多的孩子愿意深入到数学学习中来，发展数学素养，将来投身到数学研究之中。

第四节　组织与实施

有了微课程视频库，如何应用它是一个值得关注的问题。用得好，可以事半功倍，辅助我们的课堂教学，甚至在某些方面引领我们的教学。为此，我们需要进一步落实好微课程的实施。

一、课堂上怎么用

1. 指导教师如何使用

微课程的制作，很多并不是源于课本知识或者相应的资料，而是源于学生的需要。所以，我们首先要吃透教材。不管我们教授的是哪个版本的教材，都对教师有一个前置要求，就是熟知你所教的教材。只有了解教材，才能正确地把握教学的重难点，才能知道学生在学习哪部分知识时有困难，才能更有针对性地找准需要制作微视频的知识点。老师们在使用微课程的时候，可以根据自己的需要进行选择，并不要求把所有的微课都让学生去观看，而是根据实际情况利用微课程资源。要弄清自己的学生哪一部分知识比较薄弱、哪一部分知识需要重复多遍才能理解，在此基础上有选择地让学生观看微课程视频，使其起到一个很好的示范作用。比如，如何用圆规画圆的视频，就可以在讲解画圆的时候直接放给孩子们观看。

2. 培养学生如何使用

微课程针对的对象之一是学生。作为学生，一定要从自身的需要出发去选择合适的微课程视频进行观看学习。有的微课是面对所有学生的，非常基础，对于那些学习能力比较强的学生来说可能就简单一些了；而有的视频里的题目较难，可能适合小"学霸"们的胃口，但是对于其他学生来说可能弄不明白。这里就需要教师进行把控。我们在课中应该播放一些有示范意义的微课给孩子们看。比如，求比值与化简比的区别，教师讲解了之后，搜集了一些典型的视频让孩子们观看，通过具体的实例，可以使孩子们认识到两个概念的区别等。因此，课堂上的微课实际上可以用于指导学生区别易混淆的知识点。微课可以提供很多范例作为课堂教学的一个补充，提高课堂教学的效率。

二、课后如何用

1. 指导家长使用

微课程的最大受益者除了学生之外就是家长朋友们了。小学数学知识点实际上真的不难，但是有一些格式的要求或者解题思路的特殊性，有一些家长们似乎并不熟悉，所以有的家长认为让孩子按照自己的思路去解题就行了，但是孩子们却说我们老师不是这样教的。这时候，家长们犯嘀咕了：不这样教，那你们老师怎么教的？有一些家长可能比较直接，会打电话问一下老师落实一下，但是多数家长选择的方式是让孩子第二天再来问问老师，但很多孩子第二天根本不会问。这样，就会有一些知识点真的在这其中出现漏洞，从而成为后续学习的一种隐患。而有了微课程的介入，则很好地弥补了这一点，有一些不好意思问老师的题目学生完全可以通过观看微课来解答，到底老师是怎么讲的一目了然，便于家长们更好地在家中指导学生学习。

2. 指导学生使用

微课最早出现时就是为学生服务的。有的学生由于生病或者请假等原因，并没有及时到校听课从而落下功课。还有一部分学生上课的时候认真听了，但可能当时没有听明白老师所讲的内容。对于因这样或那样原因没来上课或者上课没听懂的学生，教师就需要一一进行补课。而微课程的出现提供了极大的方便。有的学生没来上课，可以通过微课来学习新的内容；有的学生课堂上没听懂，也可以通过微课来进行再次学习；一遍不懂，可以多来几遍，直到听懂为止。所以这些是其他方法所无法代替的。

3. 引导课外相关辅导机构使用

课外相关辅导机构可以通过微课程视频教学，真正了解和掌握学校中教师是怎么教学的，尤其是一些具体的教学要求，便于他们按照正确的格式和要求指导孩子们学习，少走弯路。

第五节　课程的评价

微课程是课堂教学的一个补充，主要是因为课堂教学时间是有限的，很有可能很多地方有的学生听不懂，但是老师又不能为一两个学生而停下来，所以导致少数人跟不上；而微课程的出现恰恰为这部分学生提供了方便，作为课堂的补充，弥补了学生在课堂上听不懂的遗憾，让学生们真正地学会知识，提升数学素养。

微课程可以细化传统教学的知识内容。微课程可以把传统教学中一节的知识点，拆成好多个小知识点，并且每一个知识点都可以制作独立的视频，这样更便于学生学习。对于每一个小知识点，学生都可以通过反复观看视频来学习，取得良好的学习效果。

微课程是传统教学的帮手，但是却不能替代传统教学。首先，孩子们到学校学习并不单纯是学习知识，更重要的是学习做人、学习做事情。而这些东西是微课程做不到的。另外，微课程再怎么制作，学生也无法与视频制作者直接交流。更重要的是，每一个教师都有自己独特的人格魅力，这些也是微课程体现不出来的。传统教学一个很重要的优势就是孩子们能感受到老师们不同的人格魅力和教学风格，从而进一步学会做人做事，在提升数学素养的同时提升人文素养。所以，微课程是无法取代传统教学的，但是传统教学的一个好帮手。

一、学生发展

微课程的建设，实现了课堂教学的有效延续，特别对于数学学科而言，对数学习题方面的讲解起到了很大的作用。很多题目，孩子们上课没有听明白的，回家之后可以通过观看视频进行二次学习，把一些难懂的题目弄懂，而且不用担心听不明白，因为可以反复观看。另外，很多题目是有特殊的要求或者格式的，但是很多家长朋友们在辅导孩子的时候，讲的方法可能与孩子们所学习的有一定的冲突，或者有一些题目家长们并不知道老师的具体要求是什么，从而无法很好地辅导学生学习，而微视频帮了家长们的大忙，也受到广大家长们和学生的好评，真正达到了微课程辅助课堂教学的目的。

二、教师发展

首先，通过一段时间的微课程建设，授课教师的数学学科知识水平和信息技术能力都得到了很大的提高。尤其是在视频的制作、上传、推广的过程中，教师收获很大，不仅仅掌握了这一系列的流程，还学习到很多信息化教学专业性的知识。其次，微课程的使用通过网络这种新的途径拉近了师生之间的距离，真正地实现了随时随地学习。再次，为了录制好微课，教师要学习、掌握大量的知识，包括数学史、趣味数学、数学游戏等相关知识，甚至很多跨学科的知识。可以说，在微课程建设过程中，教师各方面的能力都得到了提升。

三、学校发展

通过对数学学科微课辅助教学的研究，发现数学微课程的确给学生的数学学习注入了新的能量。而作为学校层面，一直在鼓励各科教师都在自己的课堂上适当地、有效地进行微课的辅助。总体来说，微课一方面激发了孩子们的学习热情，另一方面也便于孩子们的课后学习和家长对孩子的指导。

总之，辅助小学数学课堂教学的微课程建设，只是一个初探。在当今教育信息化迅猛发展的形势下，我们要做的工作还有很多，还有很多方法要去尝试。只要我们坚持先进的教育理念，坚持对孩子们负责的态度，相信微课程一定会成为我们课堂教学的最强助力，与传统教学一起，共同提升学生的数学素养。

参考文献

［1］闻凌晨.中小学法治教育的学科课程编制与实施：美国的经验［J］.全球教育展望，2016（2）：84-92.

［2］庞梅.学科特色课程：学科文化与学校特色的深度融合［J］.中小学管理，2015（11）：14-15.

［3］毛佩清.基于学校人文特色—建设特色选修课程［J］.中小学管理.2014（12）：36-38.

［4］中华人民共和国教育部.义务教育数学课程标准［S］.北京：北京师范大学出版社，2011.

［5］［日］佐藤学.课程与教师，钟启泉译［M］.北京：教育科学出版社，2013.

［6］张华，钟启泉.课程与教学论［M］.上海：上海教育出版社，2015.

［7］新课标下数学课外实践活动的教学［OL］.https：//wenku.baidu.com/view/6876949b49649b6649d7473b.html，2014-5-7/2017-11-8.

［8］任挺，盛群力.重视培养学生发现和提出问题的能力［J］.天津教育，1998（6）.

［9］张静然.微课程之综述［J］.中国信息技术教育，2012（11）：19-21.

［10］刘名卓，祝智庭.微课程的设计分析与模型构建［J］.中国电化教育，2013（12）：127-131.

［11］梁乐明，梁锦明.从资源建设到应用：微课程的现状与趋势［J］.中国电化教育，2013（8）：71-76.

［12］单从凯，王丽.微课程的开发与应用［J］.中国远程教育（综合版），2013（23）：74-77.

［13］唐军，李金钊.中小学微课程研究综述［J］.上海教育科研，2013（9）：55-57.

［14］姜玉莲.微课程研究与发展趋势系统化分析［J］.中国远程教育（综合版），2013（12）：64-73.

［15］金陵.从微课程的属性入手认识微课程［J］.中国信息技术教育，2013（11）：21-21.

［16］姚正东.微课程设计策略探微［J］.中小学信息技术教育，2012（6）：25-26.

［17］金陵.建构中国特色的"微课程教学法"［J］.中国信息技术教育，2013（12）.

［18］张琛.微课程的设计与制作［J］.中国职业技术教育，2013（35）：29-32.

［19］尹合栋.微课程的设计、开发与评价［J］.教育研究与评论：小学教育教学，2015，25（1）：46-52.

［20］张中兴.微课与微课程研究进展综述［J］.中国医学教育技术，2014（6）：586-589.

（魏鹏　青岛德县路小学）

第八章
小学"趣味数学"课程建设

第一节　背景与问题

一、问题背景

学校课程是基础教育课程改革的组成部分，搞好学校课程的开发是落实新课程的需要。学校课程的开发与实施，为学校的发展、教师专业的发展、学生个性的发展提供了新的舞台。

新一轮基础教育课程实施以来，课程改革的方向得到了普遍认同，课程改革的理念已经深入人心。《教育部关于全面深化课程改革，落实立德树人根本任务的意见》要求，要改进学科教学的育人功能，一是需要依据课程标准，强调重要概念的学习，并在学习过程中加强重要概念在学科内的纵向关联和跨学科的关联，加强学生对重要概念的持续理解；二是需要建立民主、平等的师生关系，促进自主、合作、探究学习方式的真正落实；三是在学习过程中要强调方法的学习，要促进学生方法意识的养成，让学生学会学习。教师要把握正确的教学方法，鼓励学生自主、合作、探究地学习，真正做到学思结合。

数学是人类文化的重要组成部分，与社会进步息息相关，随着现代信息技术的飞速发展，数学更加广泛地应用于社会生产和日常生活的各个方面。而数学素养是现代社会每一个公民应该具备的基本素养。作为促进学生全面发展的重要组成部分，数学教育既要使学生掌握现代生活和学习中所需要的数学知识与技能，更要发挥数学在培养人的思维能力和创新能力方面的不可替代的作用。为此，我校努力开发适合学生特点和需要的特色课程，改变教与学的方式，立足于学生的思维训练，培养学生的思维能力，发展学生的数学核心素养。学校坚持以一切为了学生的发展为本，以兴趣性、拓展性为主，发展学生个性为目标，让课程适应和促进学生的发展。"数学是思维的体操。"数学不仅具有高度的抽象性、严密的逻辑性，更具有广泛的应用性。数学以高度智力训练价值以及学科本身所具有的特点，为培养发展学生的创造性思维品质提供了极大的空间。

"趣味数学"课程就是要把"数学有趣，数学有用，数学不难"的理念放在第一位，故名"趣味数学"。本课程让孩子们在趣味化、生活化的数学教学活动中，自主地建构数学知识，创设轻松、活泼的教学氛围，使教学活动源于孩子们的生活，源于孩子们的好奇之事，引导孩子们积极运用自己已有的生活经验去探索、去发现、去体验，让他们亲身感悟数学知识，通过探究和发现感受到有趣有用的数学，同时体会我们中国古代光辉的数学成就，使其有信心学好数学。

二、关键问题

我国在课程改革以后，积极推进自主合作探究的教学方式，教学发生了很多变化。教育部《关于全面深化课程改革，落实立德树人根本任务的意见》明确指出："研究提出各学段学生发展核心素养体系，明确学生应具备的适应终身发展和社会发展需要的必备品格和关键能力。"由此，"核心素养"成为当下深化基础教育课程改革的关键。

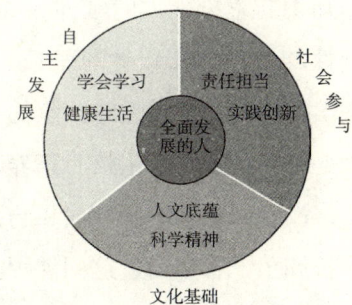

中国学生发展核心素养体系示意图

数学作为小学重要的核心课程之一，对于学生核心素养的形成有着非常重要的影响。我们在校本课程研究建设之初，首先要确定我们要达成什么目标？我们要利用什么样的课程形式达成这个目标？这些课程又应该如何组织与评价？相信大家都可以确认，我们的教育目标在于学生核心素养的达成，即让学生成为全面发展的人；其中，包括文化基础（人文底蕴、科学精神）、自主发展（学会学习、健康生活）、社会参与（责任担当、

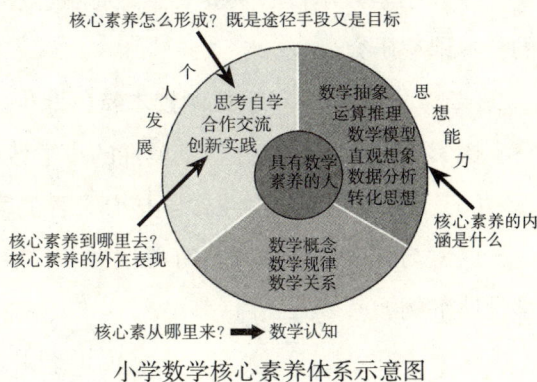

小学数学核心素养体系示意图

实践创新）。落实到数学学科，学科核心素养又应该是什么？对数学核心素养的说法众说纷纭，我们目前以曹培英教授的观点作为我们的研究指向，也就是两大层次六大核心素养。从三维目标到以核心素养为目标的转变，意味着教师的课程理念、角色以及行为又要进行整体性的转变，意味着学校课程需要进行重新规划与建设。

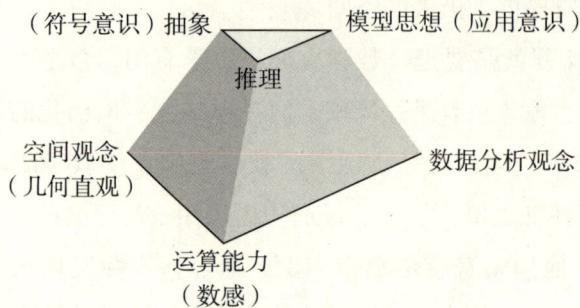

两大层次六大核心素养示意图

目前国内小学数学学校课程研究得比较多，都结合数学学科特点进行数学教材外的知识与思维能力的延伸，如华南师范大学开发的"魔方与数学"校本课程，但系统性的，1～6年级针对学校、学生特点进行的学校课程建设比较少。我国对于趣味数学的探讨主要在趣味数学的"习题"上，开展趣味数学活动课研究的还不多见。特别是与小学数学学生核心素养发展相对应的小学数学学校课程基本都在理论与实验阶段，没有一整套的研究成果与范例。为此，学校在开设数学学校课程时，首先要了解家长和孩子希望通过这门课程获得什么。为此，我们设计了核心素养问卷，以了解学校教师和学生的核心素养倾向，从而找到研究与实践的本质与归宿。

三、主要任务

（一）突出小学数学学生核心素养的提升

梳理小学数学核心素养要素，把握学生数学核心素养的生长点，开展有针对性的校本课程研究。

（二）开发1～6年级数学校本特色课程

探索开发具有延续性与发展性的小学数学校本特色课程。

（三）形成培养小学生数学核心素养的教学策略和模式

探索与开发出一系列具有典型性和代表性的促进小学生数学核心素养发展的教学设计案例。

第二节　目标的确立

发挥团队合力，通过学校课程的开发推进学生核心素养的提升，以课程建设拓展学生乐学的空间、突显学科特色。

一、学生发展目标

（一）培养数学素养

通过"趣味数学"课程中知识衔接类内容的教学，帮助学生更好地适应和学习新知识，为进一步学好数学打下坚实的基础。通过益智类、实践类、阅读类、赏析类等内容，引领学生走进神奇的数学知识海洋，培养包括数感、符号意识、空间观念、统计观念、数学应用意识五种数学意识，数学思维、数学理解、数学交流、解决问题四种数学能力，以及科学的数学价值观，让学生在知识、品质、能力、个性等方面得到比较和谐、全面、可持续的发展。

（二）培养思维能力

"趣味数学"课程内容更多地联系生活实际，更有趣，更开放，活动性更强，可以让学生在活动中动脑筋、多思考、多想象、多动口、勤动手，教师在教学中鼓励学生勇于实践、大胆创新、独立思考，培养学生的分析、综合、评价、创造等高阶思维能力。

（三）培养学习兴趣

"趣味数学"课程的设计，不论是在内容上还是在目标上，更注重学生对学习的探索和研究，使学生的数学学习不再仅限于课堂，而是拓宽学生的知识面，让学生意识到学习的乐趣、成功的乐趣，进而激发他们的求知欲和创造性，让他们得到更加适性的发展。

二、教师发展目标

（一）提高课程意识

课程建设不仅是一种结果，而且是一种过程，更是一种意识。通过"趣味数学"课程开发，使老师们认识到课程建设是大家的事，在课程开发过程中增强教师的责任心和事业心以及对学校的归属感。

（二）提高业务能力

课程的开发是一个不断完善的过程。老师们要在"开发—实施—观察—反思—完善"的过程中学会学习、学会反思、学会创新，成为实践的研究者，促进教师专业化成长。

（三）促进合作精神

在课程开发、教学过程中，教师与分管领导之间、教研组之间、教师之间、教师与学生、教师与家长、教师与社会人员、教师与专家之间不断地交流、磨合、观察、探索，有效提升了教师的合作精神和创新能力。

三、学校发展目标

学校特色是校本课程开发的立足点，而校本课程开发更为学校特色建设奠定了深厚基础。"趣味数学"是数学特色课程，是根据学校的办学理念、文化特色、课程观念和课程资源等，以国家课程"数学"教材为基础开拓课程资源，选择和改造小学阶段数学教学内容，优化课程体系，满足本校学生的学习需求，以提升学生数学核心素养为目标，所开发的数学拓展课程。通过"趣味数学"课程的开发和实施，进一步深化学校"品·智"教育特色，拓宽学校特色课堂教学策略和方法的外延，促进学校教育教学质量与水平进一步提高，加速学校的特色发展，提升学校的办学品质。

第三节　内容的选择

一、主要依据

校本课程资源是国家规定教材的有力补充，校本课程教材可增强国家规定教材的针对性，校本教材的开发和建设有利于根据学生情况有针对性地进行教学内容的拓展、延伸。我校在数学课程资源建设的研究中，确定了学校特色课程资源文本的编写目标、原则和内容，以年级组为单位，在各年级教研组长的带领下，全员参与数学学校特色课程资源文本的编写；结合青岛版数学实验教材，将与教材内容有关的一些数学知识、数学文化、数学小故事以及一些经典的数学问题等编入了校本课程资源文本内，出台了我校的数学校本课程资源文本《趣味数学》1～6年级每年级1册共6本。

《趣味数学》的内容和呈现方式着力于学生学习数学的情感体验，使原本看似枯燥乏味的数学知识变得生动有趣，拓宽学生的数学视野，从真正意义上实现"人人学有价值的数学"，并能从学习数学的过程中获得自信和终身学习的方法，提升数学核心素养。同时，我校利用教研活动的时间，分年级段交流、讨论、反思使用校本课程资源文本的心得体会，对正在使用的校本课程资源文本提出合理化的建议，并在实验中不断修正课程内容，让《趣味数学》更适用、更有效。

二、基本原则

（一）人本性原则

人本课程观的核心思想是以尊重人的个性为根本出发点，把促进学生各项基本素质全面发展作为课程设计的中心，以整体、优化的课程结构观为核心内容，在课程选择及实施上以人为本，重视学生的学习需求，尤其重视不同层次学生的学习需求；根据不同年级教学内容的特点，根据学生的现实状况，注意前后知识的联系以及对后继知识的延伸和拓展，设计有针对性的特色课程内容，使学生的学习需求得到尊重和满足。

（二）自主性原则

"趣味数学"校本课程开发与实施过程中，教师、学生在选材上、教法上、学法上或考查上都有较大的自主性。同时，"趣味数学"校本课程对学生的要求是比较宽松的，允许学生根据自己的水平和能力吸纳自己所需要的东西，更好地发挥个人的主观能动性，形成各自的个性，发展各人的特长，自如地发挥自己的思维潜力。

（三）趣味性原则

兴趣是最好的老师，没有兴趣的地方就没有智慧和灵感。"趣味数学"校本课程结合学生已有知识经验和生活经验设计生动活泼、富有情趣的内容，让学生能感受到数学的趣味性，对数学产生亲切感，这样有助于提高学生数学学习的兴趣、思维能力和创新能力。

（四）生活性原则

《趣味数学》文本的编写要联系生活实际，让学生亲身感受到数学问题就在身边，认识到现实中的生活问题与数学问题之间的联系，从而学以致用，培养学生的知识应用能力。

（五）活动性原则

"趣味数学"课强调"动"。"动"是指学生的多种感官、教学的各种媒体都要充分调动起来，尤以动手操作或创设情境引导学生参与（或模拟）实践为主，使学生在学中用、用中学。

（六）开放性原则

无论是在《趣味数学》文本内容的选取还是形式的呈现方面，都要为学生提供更多的思考和探索的空间、自主创新的机会，从而培养学生思维的广阔性和灵活性。"趣味数学"课除了"动"的特点外，尤其突出了"活"的特点。"活"就表现在内容选取上、教学方法上。

三、具体内容

根据"学生核心素养调查问卷"分析结果可以看出，教师、家长和学生普遍认为应该重点培养的核心素养从高到低排列如下：数学与思维能力、信息素养、创造性地解决问题、创新能力。学校全体数学老师面对调查结果，对学生和家长的需求进行了深入分析，认为要使学生学数学、爱数学，一定要使学生对数学感兴趣，在学习中获得幸福感。《趣味数学》文本的内容要安排很多趣味性强的活动，在动手操作或创设情境中引导学生自主探索，使学生在多种感官、多种媒体的作用下做到"学中用、用中学"，提高学生学习数学的兴趣，发展学生的数学核心素养。一般来说，趣味数学课的内容应以数学学科的知识体系为依托，充实、吸纳一些新的数学信息，如通过探索能获得一定的数学思想、数学方法的学习内容或通过活动操作而得到数学结论的学习内容；内容的选取要强调广泛性、多样性和综合性，体现出源于教材而优于教材的特点。《趣味数学》文本内容一般包括以下几类。

（一）知识衔接类

学生在学习数学知识时，总是有一些内容是"零起点"的。我们设计各学期衔接内容，通过游戏、阅读、动手操作，让学生对"零起点"内容和数学思想方法提前认知，产生学习兴趣。

《趣味数学》知识衔接类内容衔接知识点统计

年级	名称	衔接知识点
1年级	卡卡和他的牛	数的认识
	怎样去图书馆	一一列举的数学方法
	到底谁最大	判断推理的数学思想
	玩玩小火柴（一）	20以内数的加减法
	玩玩小火柴（二）	三角形、正方形的认识
	妈妈几岁了	应用20以内数的加减法解决问题
2年级	怪物王国的难题	时间的认识
	甜甜做手帕	图形的平移、旋转、拼割思想方法
	奇妙的圆圈	集合圈、数形结合思想
	给我蛋糕吃我就不吃你	数的认识
	谁偷走了西瓜	认识立体图形
3年级	妖精豆豆逛集市	克、千克、吨的认识
	数学老师的美术课	画线段图解决问题
	栅栏围起来	图形的周长
	咔嚓咔嚓，爸爸是魔法师	对称
	神奇部落的人气调查	数据的收集与整理
4年级	开心夏令营	和差问题
	有趣的图书	和倍问题
	母亲节礼物	差倍问题
	猜猜我们的年龄	还原问题
	分橙子	盈亏问题
	斐波拉契兔子	平行与相交
	物体变变变	观察物体
5年级	数的整除性	因数倍数
	有趣的数字	质数合数
	图形的分割与拼接	多边形的面积
	用等量代换求面积	多边形的面积

年级	名称	衔接知识点
5年级	用割补法求面积	多边形的面积
	孙子问题与逐步约束法	最大公因数最小公倍数
6年级	分数运算的技巧	分数混合运算
	巧用单位"1"	分数乘除运算
	割圆高手——圆与扇形	圆
	百分数应用问题	百分数的认识
	比和比例问题	比

（二）益智趣味类

设计与学生当前教学内容或者智力水平相符的拓展类益智趣味内容，如火柴游戏、数独、幽默趣题等。这些内容富有思考性，突出活动性，有利于激发学生探究的兴趣。

《趣味数学》益智趣味类内容与目标统计

年级	名称	目标
一年级	合理分组中的学问	1. 能根据数据的特点进行分类，再进行解答 2. 能利用加法与减法的关系进行合理变式，使得两个数和相等或者差相等 3. 在活动中，发展应用数学知识解决实际问题的意识和能力
	数字游戏	1. 通过教学使学生学会有关间隔问题的解题方法，通过学习树的棵数与树和树之间的间隔数的关系解决植树中的间隔问题 2. 通过练习、试验活动，培养学生初步的观察、分析及推理能力，以及有顺序地、全面地思考问题的意识
	摆一摆，想一想	1. 学生通过实际操作，进一步巩固数位及位值的概念 2. 通过探索100以内数的特点及排列规律，初步探寻对100以内数的认识 3. 学生通过探索规律，培养学生初步的归纳能力，发展学生的形象思维和抽象思维能力
	移多补少	1. 结合具体情境，学习借助直观图解决"移多补少"问题 2. 经历观察、比较，研究两个数的关系，找到"移多补少"的简便算法 3. 结合教学内容渗透极限的数学思想，并让学生体验到成功的喜悦
	找规律填数	1. 运用数的顺序和加、减的知识，通过观察、猜测、实验、推理等活动，找出数与数之间的排列规律 2. 培养学生初步的观察、推理能力 3. 培养学生发现和欣赏数学美的意识

续表

年级	名称	目标
一年级	速算与巧算	1. 掌握速算与巧算的方法，提高学生的计算能力和思维能力 2. 选用合理、灵活的计算方法，简便运算过程，化繁为简，化难为易，使计算又快又准确 3. 在活动中，发展应用数学知识解决实际问题的意识和能力
	玩玩小火柴（一）	1. 通过火柴棒的摆放游戏，进一步掌握数字的基本特点 2. 通过"摆一摆""想一想""算一算"等活动，掌握思考问题的方法，提高分析和推理的能力 3. 通过自主学习，合作探究，培养学生的数学交流能力和空间想象能力
	玩玩小火柴（二）	1. 学习用火柴（或小棒）摆图形，体会动手动脑的乐趣 2. 通过"摆一摆""想一想"等活动，掌握思考问题的方法，提高分析和推理的能力 3. 通过自主学习，合作探究，培养数学交流能力、空间想象能力和创造性
二年级	机智与顿悟	1. 体会数学知识在现实生活中的应用，感受数学与生活的密切联系 2. 经历用不同方式获取信息的过程，获得一些初步的实践活动经验 3. 在活动中发展应用数学知识解决实际问题的意识和能力
	跑步问题	1. 体会数学知识在现实生活中的应用，感受数学与生活的密切联系 2. 经历用不同方式获取信息的过程，获得一些初步的实践活动经验 3. 在活动中发展应用数学知识解决实际问题的意识和能力
	数学急转弯	1. 体会数学知识在现实生活中的应用，感受数学与生活的密切联系 2. 经历用不同方式获取信息的过程，获得一些初步的实践活动经验 3. 在活动中发展应用数学知识解决实际问题的意识和能力
	数字灯谜	1. 体会数学知识在现实生活中的应用，感受数学与生活的密切联系 2. 经历用不同方式获取信息的过程，获得一些初步的实践活动经验 3. 在活动中发展应用数学知识解决实际问题的意识和能力
	拼图案	1. 结合具体情境，探索不同形状的图案由哪些图形组成 2. 主动经历自主探索、合作交流的过程，体会拼图、配色等解决问题的不同策略以及方法逐步优化的过程 3. 在探索规律的过程中体会数学与日常生活的联系，获得成功的体验，增强学习数学的兴趣和自信心
	数独	1. 结合具体情境，探索数独游戏的解题策略，发展思维，培养数感 2. 主动经历自主探索、合作交流的过程，体会解决数独问题的不同策略 3. 在探索规律的过程中体会数学与日常生活的联系，获得成功的体验，增强学习数学的兴趣和自信心
三年级	数学老师的美术课	1. 掌握画图的分析方法，解决简单的和倍问题 2. 借助画图的方法分析和倍问题，探究多种解决问题的方法 3. 在活动中，发展应用数学知识解决实际问题的意识和能力

年级	名称	目标
三年级	巧算乘法	1. 经历探索乘法分配律的过程，进一步体验探索规律的过程，在探索中发现乘法分配律并能用字母表示 2. 通过观察、分析、比较，培养学生概括、分析、推理的能力
	填数与拆数	1. 结合具体情境，经历观察、判断、推理、尝试的过程 2. 能根据相关的推理方法、进行正确的推理、判断，把较简单的填数的方法掌握 3. 在探索活动中提高分析问题、解决问题的能力
	9的秘密	1. 掌握有关9、99做乘数的乘法的运算技巧并能正确地解答 2. 培养分析、推理和逆向思维能力
	归一问题	1. 认识归一问题的结构特征及各种类型 2. 掌握解答归一问题的方法，总结出解答归一问题的公式 3. 正确解答归一和反归一问题 4. 在活动中发展应用数学知识解决实际问题的意识和能力
	简单的幻方和数阵	1. 掌握三阶幻方的基本构造方法，会构造简单的三阶幻方 2. 会填简单的辐射型数阵图 3. 在活动中发展应用数学知识解决实际问题的意识和能力
	有周期规律计算时间	1. 掌握有关用周期规律计算时间问题的结构特征和解答方法，并能正确地解答 2. 培养分析、推理和逆向思维能力
四年级	猜猜我们的年龄	1. 认识还原问题的结构特征以及各种类型 2. 认真分析数量关系，结合示意图，掌握解答还原问题的方法 3. 正确地解答还原问题 4. 在活动中发展应用数学知识解决实际问题的意识和能力
	鸡兔同笼问题（2）	1. 认识鸡兔同笼问题的结构特征 2. 掌握鸡兔同笼问题的解题规律和解答方法 3. 能够正确解答各种类型的鸡兔同笼问题 4. 在活动中发展应用数学知识解决实际问题的意识和能力
	分橙子	1. 认识盈亏问题的结构特征和各种类型 2. 认真分析数量关系，总结解答盈亏问题的方法 3. 正确解答盈亏问题 4. 在活动中发展应用数学知识解决实际问题的意识和能力
	池塘里的睡莲	1. 认识各种类型的智巧问题 2. 掌握各种类型的智巧问题的解答方法，正确解答智巧问题 3. 在活动中发展应用数学知识解决实际问题的意识和能力
	物体变变变	1. 巩固和深化数学课堂有关观察物体的知识，优化认知体系 2. 拓展观察物体的知识，沟通和生活的联系 3. 发展和提高学习数学的兴趣

续表

年级	名称	目标
四年级	万花筒	1. 了解有关"7"的一些课外知识,感受"7"这个数字所隐含的特殊意义 2. 拓展知识,沟通和生活的联系 3. 发展和提高学习数学的兴趣
五年级	数的整除性	1. 利用整除的性质会解决一些实际问题 2. 拓展知识,沟通和生活的联系 3. 发展和提高学习数学的兴趣
	定义新运算	利用学习的四则混合运算意义来定义新的运算,发展创新能力
	奇偶性	1. 根据前面学习的奇数和偶数的特点,学会判断一些算式的结果的奇偶性 2. 在活动中发展应用数学知识解决实际问题的意识和能力
	质数与合数	1. 能够运用一定方法正确判断质数和合数。 2. 培养数学思维,提升数学素养
	分解质因数	1. 能够将较复杂数分解质因数,并通过分解质因数解决实际问题 2. 培养数学思维,提升数学素养
	图形的分割与拼接	1. 能够把一个图形分割成若干部分,也能将若干部分拼接成一个图形 2. 培养数学思维,提升空间观念
	用等量代换求面积	1. 认识并深入理解一个量可以用它的等量来代替;被减数和减数都增加(或减少)同一个数,它们的差不变 2. 能利用所学知识举一反三,解决稍复杂的数学问题 3. 培养数学思维,提升数学素养
	用割补法求面积	1. 能将圆、扇形、弓形与三角形、矩形、平行四边形、梯形等图形组合而成的不规则图形割补成基本图形,并能计算出它们的面积。为了计算它们的面积,常常需要就是在多边形的组合图形中,为了计算面积,有时也要用到割补的方法 2. 在活动中发展应用数学知识解决实际问题的意识和能力
	最大公约数与最小公倍数	1. 进一步理解并掌握如果一个自然数a能被自然数b整除,那么称a为b的倍数,b为a的约数;知道如果一个自然数同时是若干个自然数的约数,那么称这个自然数是这若干个自然数的公约数。在所有公约数中最大的一个公约数,称为这若干个自然数的最大公约数,并会实际运用 2. 培养数学思维,提升数学素养
	巧算24	1. 了解巧算24 2. 拓展知识、沟通和生活的联系 3. 发展和提高学习数学的兴趣
六年级	循环小数与分数	1. 运用学过的循环小数和分数的相关知识解决生活中实际问题 2. 培养分析、推理思维能力

年级	名称	目标
六年级	分数运算的技巧	1. 运用学过的分数运算的技巧相关知识，能够正确地进行分数运算 2. 培养分析、推理思维能力
	巧用单位"1"	1. 运用学过的分数相关知识，解决分数在生活中应用的实际问题 2. 培养分析、推理思维能力
	工程问题	1. 运用学过的工作问题和分数的相关知识，解决实际问题 2. 培养分析、推理思维能力
	行程问题	1. 掌握行程问题的基本量和主要数量关系并能正确地解答 2. 培养分析、推理和逆向思维能力
	圆柱和圆锥问题	1. 运用学过的圆柱和圆锥的表面积和体积的相关知识，解决生活中实际问题 2. 培养分析、推理思维能力
	找规律问题	1. 掌握相关的数学解题技巧解决有关找规律的问题 2. 培养分析、推理思维能力
	比和比例	1. 掌握和闭合比例关系问题并能正确地解答 2. 培养分析、推理和逆向思维能力
	幻方问题	1. 初步认识幻方 2. 探究幻方的特征 3. 会根据幻方的特征填数 4. 培养数学思维，提升数学素养

（三）实践应用类

数学的特点之一是具有应用的广泛性，趣味数学正好给数学的实践、应用提供了一个有利条件。因此，在内容的选取上，我们力求使实际问题数学化，数学问题实际化，如时钟问题、利润和利息问题、搭配问题等。

《趣味数学》实践应用类内容与目标统计

年级	名称	目标
一年级	怎样去图书馆	1. 在具体情境中初步理解走法问题 2. 初步培养有条理地思考问题的能力及善于交流合作学习的能力
	到底谁最大	1. 在解决问题的过程中，培养学生认真审题，仔细分析的习惯 2. 通过自主学习，合作探究，培养学生的推理能力和逻辑思维能力 3. 在判断推理过程中体会数学的乐趣
	数数与计算	1. 掌握有关重叠问题的应用题，使计算又快又准确 2. 在理解的基础上提高思维能力

续表

年级	名称	目标
一年级	锯木头	1. 掌握锯木头的段数、锯的次数的计算方法，使计算又快又准确 2. 在理解的基础上，提高思维能力
	一半问题	1. 掌握总数与一半之间的关系并会巧妙运用进行计算 2. 在理解的基础上提高思维能力
	妈妈几岁了	1. 掌握年龄问题的特点和计算方法，使计算又快又准确 2. 在理解的基础上提高思维能力
	多余条件	1. 掌握有关多余条件的应用题，使计算又快又准确 2. 在理解的基础上提高思维能力
二年级	合理安排	1. 掌握填数的方法，使填数又快又准确 2. 在理解的基础上提高思维能力
	甜甜做手帕	1. 掌握添线变图形的方法，使变化又快又巧妙 2. 在理解的基础上提高思维能力
	数字灯谜	1. 结合具体情境，经历观察、判断、推理、尝试的过程 2. 能根据相关的计算方法、数的性质进行正确的推理、判断，把较简单的加减法算式中缺少的数填出 3. 在探索活动中提高分析问题、解决问题的能力
	漂亮的花朵	1. 结合现时情景经历数据的收集、整理过程，学会分类统计，并会用画"正"字等方法收集和整理数据 2. 能用文字、图画、表格等方式呈现整理的结果，并能对数据进行简单的分析，体会数据分析对决策的作用，初步感受数据分析的意义 3. 在与同伴合作统计的过程中形成初步的合作意识和实践能力，感受统计在生活中的应用，产生学习统计的兴趣
	奇妙的动物	1. 在调查动物有关知识的过程中，加深对万以内数的认识，体会长度单位在现实生活中的应用，感受数学与生活的密切联系 2. 经历用不同方式获取信息的过程，获得一些初步的实践活动经验 3. 在活动中发展应用数学知识解决实际问题的意识和能力
三年级	影子的变化	1. 通过观察、操作、测量等一系列实践活动，了解同一物体在不同时刻影子的长短是不同的；在同一地点，正午时刻物体的影子最短 2. 经历观察、测量影子长短的过程，体会影子长短与时刻的关系，获得一些数学活动经验，形成初步的观察、分析问题的能力 3. 在与同伴合作、交流与解决问题的过程中培养合作意识及对数学的兴趣
	古代人怎么买东西	1. 练习生活实际进行观察、猜测、实验等活动，会用图示法找出简单事物的组合数 2. 尝试用数学的方法来解决实际生活中的问题，初步学会表达解决问题的大致过程和结果 3. 感受数学在生活中的广泛应用，培养初步的观察、分析及推理能力，培养有序、全面地思考问题的意识

年级	名称	目标
三年级	考虑所有可能情况	1.结合具体情境，经历观察、判断、推理、尝试的过程 2.能根据相关的推理方法、进行正确的推理、判断，掌握一题多个答案的分析方法 3.在探索活动中提高分析问题、解决问题的能力
	年龄问题	1.掌握有关年龄问题的结构特征和解答方法，并能正确地解答 2.培养分析、推理和逆向思维能力
	平均数问题	1.认识平均数问题的结构特征和基本类型 2.正确解答平均数问题。对不同类型的平均数问题，认真分析数量关系，找出解答的方法
四年级	开心夏令营	1.认识和差问题的特征 2.掌握解答和差问题的方法 3.在活动中发展应用数学知识解决实际问题的意识和能力
	有趣的图书	1.认识和倍问题的结构特征 2.掌握解答和倍问题的方法，总结出解答和倍问题的规律 3.学会分析数量关系，正确地解答和倍问题 4.在活动中发展应用数学知识解决实际问题的意识和能力
	母亲节的礼物	1.认识差倍问题的结构特征 2.掌握解答差倍问题的方法，总结出解答差倍问题的规律 3.学会分析数量关系，正确地解答差倍问题 4.在活动中发展应用数学知识解决实际问题的意识和能力
	我们一起来植树	1.认识植树问题的各种情况以及特点 2.根据植树问题的不同情况，认真分析数量关系，找出解题规律，从而正确解答 3.借助植树问题的解题思路，解答上楼梯、锯木头、剪绳子等相关问题 4.在活动中发展应用数学知识解决实际问题的意识和能力
	钟表大探秘	1.巩固和深化数学课堂有关钟表的知识，优化认知体系 2.拓展钟表的知识，沟通和生活的联系 3.发展和提高学习数学的兴趣
五年级	数字谜	1.用猜想、拼凑、排除、枚举等方法解决整数运算的问题，以及小数竖式的计算问题 2.在活动中发展应用数学知识解决实际问题的意识和能力
	余数问题	1.巩固和深化数学课堂有关余数的知识，优化认知体系 2.拓展知识，沟通和生活的联系 3.发展和提高学习数学的兴趣
	位置原则	1.了解什么是写数的位置原则，利用位置原则解决一些整数问题 2.在活动中，发展应用数学知识解决实际问题的意识和能力

续表

年级	名称	目标
五年级	最大最小	1.进一步研究数与数之间的关系，解决求最大最小或最多最少的问题 2.在活动中发展应用数学知识解决实际问题的意识和能力
六年级	时钟问题	1.运用学过的时间和分数的相关知识，解决生活中实际问题 2.培养分析、推理思维能力
	百分数应用问题	1.运用学过的百分数的相关知识解决生活中实际问题 2.培养分析、推理思维能力
	商业中的数学	1.运用学过的百分数的相关知识，解决生活中有关利润的实际问题 2.培养分析、推理思维能力
	运用数值代入法解决问题	1.学习数值带入法解决一些"缺少条件，按常规解法似乎无法求解的"生活中的实际问题 2.培养分析、假设、推理思维能力
	利润和利息	1.掌握和利润相关的百分率问题，并能正确地解答 2.培养分析、推理和逆向思维能力
	可能性大小问题	1.通过简单的事例，初步体会应对策略在解决实际问题中的应用 2.通过有趣的活动认识到解决问题策略的多样性，形成寻找解决问题最优方案的意识 3.感受数学在日常生活中的广泛应用，尝试用数学的方法来解决生活中的一些问题

（四）数学阅读类

数学阅读是数学、科学、人文艺术等的整合阅读。对于儿童来说，数学阅读远不止读课本、读解题过程、读数学家的故事，而应当包括一切蕴含数学知识、方法、思想和精神的文字、符号、图画、表格等。我们在"趣味数学"课程中加入数学绘本、数学趣闻、数学故事，使数学与文学艺术有机地结合起来，提升学生核心素养。

"趣味数学"数学阅读类内容与目标统计

年级	名称	目标
一年级	卡卡和他的牛	从帮卡卡数牛、鸡学习一一对应的数数的方法，以及分与合的知识。发展和提高学习数学的兴趣
二年级	怪物王国的难题	通过绘本阅读培养迁移推理能力，进行数的运算时的方法运用到计算时间中，知道计算时间也应在小时和小时、分钟和分钟等相同的单位之间进行计算，发展和提高学习数学的兴趣

年级	名称	目标
二年级	奇妙的圆圈	通过有趣的绘本阅读，适度亲历集合圈的形成过程，感受数形结合的实际价值，能解决简单的问题，培养数学阅读能力、观察能力和逻辑思维能力，提高数学素养
	给我糕点吃	通过阅读，在找规律填空中，通过观察、实验、猜测、推理等活动发现图形和数字简单的排列规律，发展和提高学习数学的兴趣
	谁偷走了西瓜	通过绘本阅读认识立体图形，了解它们的性质以及在现实生活中的运用，发展和提高学习数学的兴趣
三年级妖	精豆豆逛集市	通过绘本阅读认识千克、克，了解大小一样的物体重量不一定一样，发展和提高学习数学的兴趣
	栅栏围起来	通过爷爷给小孙子讲两位王子丈量城堡的故事，学习长方形、正方形的相关知识，发展和提高学习数学的兴趣
	咔嚓咔嚓，爸爸是魔法师	在故事阅读过程中，通过剪纸、折纸游戏，认识平行四边形，发展和提高学习数学的兴趣
	神奇部落的人气调查	通过数学绘本阅读学习统计表和统计图的统计方法和画法，发展和提高学习数学的兴趣
四年级	房屋里的秘密	在故事阅读过程中巩固和深化数学课堂有关角的知识，优化认知体系；拓展角的知识，沟通和生活的联系，发展和提高学习数学的兴趣
	救救小老虎	通过数学故事阅读体会点到直线的距离垂线段最短，在探索活动中提高分析问题、解决问题的能力
五年级	神奇的莫比乌斯环	通过阅读了解神奇的莫比乌斯环，能够求较为复杂组合图形的面积，培养数学思维，提升空间观念
六年级	割圆高手——圆与扇形	通过阅读尝试利用学过的圆和扇形的相关知识解决生活中实际问题，培养分析、推理思维能力

（五）名题品析类

根据学生的年龄提点和接受能力，引导学生欣赏古今中外数学家们的卓越成就和经典名题，如鸡兔同笼问题、古巴比伦的60进制、虫蚀算等，让学生树立民族自豪感，开拓知识视野，启迪思维，培养兴趣。

《趣味数学》文本名题品析类内容与目标统计

年级	名称	目标
二年级	古巴比伦的60进制	1. 体会数学知识再现实生活中的应用，感受数学与生活的密切联系 2. 经历用不同方式获取信息的过程，获得一些初步的实践活动经验 3. 在活动中发展应用数学知识解决实际问题的意识和能力

年级	名称	目标
二年级	虫蚀算	1. 结合具体情境，经历观察、判断、推理、尝试的过程 2. 能根据相关的计算方法、数的性质进行正确的推理、判断，把较简单的加减法算式中缺少的数填出 3. 在探索活动中提高分析问题、解决问题的能力
	七巧板	1. 认识七巧板并能用七巧板拼摆出各种不同的图案 2. 初步培养动手操作能力，发展空间观念、创新意识 3. 培养欣赏美、发现美的眼光和创造美的能力
三年级	鸡兔同笼问题	1. 掌握有关鸡兔同笼问题的运算技巧并能正确地解答 2. 培养分析、推理和逆向思维能力
四年级	菲波拉契的兔子	1. 巩固和深化数学课堂有关平行与相交的知识，优化认知体系 2. 拓展知识，沟通和生活的联系 3. 发展和提高学习数学的兴趣
	你热爱数学吗	通过介绍数学发展中的有意思的事情，了解到数学的魅力及生活中的作用
五年级	孙子问题和逐步约束法	1. 了解孙子问题的相关知识 2. 拓展知识、沟通和生活的联系 3. 发展和提高学习数学的兴趣

第四节　组织与实施

一、课时安排

每学期从第三周起逢单周一节，每学年18课时

二、教学策略

"趣味数学"课程建设的初衷就是让数学学习更有趣，使学生的获得更多元。为此，我们由"趣"入手、由"用"延伸，提出"课上趣玩，课后拓展"的教学策略。

（一）课上趣玩，让学生乐学

1. 创设情境，激发自主学习的欲望

学生学习数学是一种有意识的行动，需要有激励和推动他们去学习的内在动力，达到学习目的。而这种内在动力产生于学习需要，当学生有了学习数学的需要和愿望，为了满足这种需要和愿望，就会出现一种激励和推动自己去学习数学的心理力量，积极主动地参与学习过程。《趣味数学》文本在内容编排上就注重从一个小故事、一个小猜测等引入，让学生带着浓厚的学习兴趣，积极主动地开展学习。例如2年级的"甜甜做手帕"这节课，教师首先利用甜甜家用邻居送的布做连衣裙之后剩下布料这一小故事引入，在渗透节约资源的基础上自然引入"剩余布料处理"这一背景，让学生帮助解决"剪一刀得到方形"这一问题；随后，通过"甜甜想出新方法——拼图游戏"过渡到"剪开拼接"处理剩余布料的环节。学生在有趣的生活问题中不断动脑筋思考，积极、快乐地学习，这应该就是我们开发与实施"趣味数学"课程的初衷。

2. 参与活动，提供自主学习的机会

在整个教学过程中，要想方设法不断进行问题情境或者合作探索内容的创设，使学生自始至终以积极主动的态度和旺盛的精力参与活动，把学生在课始引发的兴趣逐步深化与提高。"趣味数学"课的教学过程，特别重视学生的操作，让学生在活动中参与知识的自然发生与获得。例如，2年级《趣味数学》中"奇妙的圆圈"这节课，授课老师借助精美的绘本故事"寻找放屁王"来认识"集合圈"。学生最抽象的认识是用线段表示数量，几乎不可能自发想到用圈来表示数量。为此，教师以"奇妙的圆圈"为线索，让学生在阅读绘本的过程中共同观察、尝试，圈一圈，画一画，说一说，在故事中寻找数学知识，自主学习知识，通过对比感受使用集合圈来解决问题的简洁性，并初步了解关于"集合"的几种表示方法。将复杂的问题在活动中生动化、简单化，让学生在获得知识的同时爱上数学探索，应该是我们开设"趣味数学"课的目的。

（二）课后拓展，让学生会用

美国数学家波利亚曾说："数学教师的首要责任是尽其一切可能来发展学生的解决问题的能力。"可见，学知识是为了用知识。因此在教学时，我们针对学生的年龄特点、心理特征，密切联系学生的生活实际，精心创设情境，让学生在实际生活中运用数学知识，切实提高学生解决实际问题的能力。"趣味数学"的每一节课的结束我们都会为学生留下继续探索的空间，为学生们准备课后拓展题目，让孩子们将所学知识用于实践，并且用手抄报、数学日记或者绘画的方式记录下来。学生的收获有的是对所学知识方法的总结，如2年级学生在学习"一半问题"后写道"我知道了一半的问题，还知道了一半加一半就是全部，全部减一半还剩一半"；有的收获是对学习过程的感悟，如有学生在学习了"锯木头"并解决了教师提出的课后拓展问题之后，在"我的收获"写道"我发现，图中说把一根木头锯成2段，需要2分钟。5段需要锯4次，所以算式是：5−1=4（次），2×4=8（分），所以遇到问题要动脑筋"。学生在"趣味数学"课的学习中收获了别样的精彩，这应该就是"趣味数学"课程的魅力所在。

三、教学模式

我们希望"趣味数学"课堂教学不只是一个学生的认识过程，更是学生神奇的智慧涌现、愉悦的情绪生活、积极的情感体验、高尚的道德生活和丰富的人生感悟的过程。为此，我们提出"品析—悦纳—拓智"教学模式。"品析"即在于开课伊始以及课后让学生根据教师提供的资料或研究型实践内容所进行的自主品味、分析、探索；"悦纳"是指课堂中学生通过自主探究、合作交流，快乐地获取知识的过程；"拓智"则是指通过生活化练习、课内外的有效链接，在应用知识解决实际问题的同时发散思维，增长智慧。我们在"趣味数学"课教学中，使"品析—悦纳—拓智"的流程从课上链接课下形成一个循环。

"品析—悦纳—拓智"教学模式的基本流程

教学流程	教师活动	学生活动	操作要点
课上	① 故事或情境引入 ② 了解学情，搜集信息 ③ 筛选问题，可引导探究	① 汇报预情，提出问题 ② 自主探究，尝试体验	第一步：品析，学生在老师的兴趣激发下初步品味分析，建立知识和方法猜测等
	① 参与研讨，合作交流 ② 质疑问难，总结提升	① 小组合作，交流分享 ② 提出质疑，完善提高	第二步：悦纳，高效热情的自主探究学习 学生小组合作，交流答疑 教师对学生尚未弄懂的问题或者本教学重点、难点进行精讲点拨
	① 及时反馈，巩固拓展 ② 教师评价，情感升华	① 练习反馈，思维冲浪 ② 学生评价，丰富内涵	第三步：拓智，巩固所学的综合知识 学生联系生活，迁移应用 教师精讲，矫正，点拨，拓展，帮助学生知识和思想方法梳理构建

续表

教学流程	教师活动	学生活动	操作要点
课后	① 新知链接：反思提升 ② 实践作业：应用知识 ③ 作业反馈：关注全体	① 预热新知，习惯养成 ② 实践操作，增长见闻 ③ 查漏补缺，互帮互学	拓智—品析，实践链接，完成循环教学模式流程 学生完成课后实践作业 教师认真设计有助于学生新旧衔接与拓展思维的实践作业

四、教学评价

教学评价包括课上评价和课下评价两方面。

课上评价主要是对学生教学过程中的评价和学生学习方法的评价。学校采用"趣味数学"课堂观测表对教师教学和学生的学习情况进行评价，包括教师对学生小组学习的评价、学习习惯的评价以及教师对学生课堂上参与态度、活动表现等情况的及时评价。

"趣味数学"课堂观测评价表

评价指标	评价要素	评价标准	权重
教学目标 （20分）	全面性 （6分）	1. 贯彻自主、合作、探究教学原则，体现数学核心素养的价值	4
		2. 注重教育教学中渗透德育	2
	针对性 （7分）	3. 目标明确、具体，符合课标要求和学生实际，体现基础性与发展性的统一	4
		4. 以趣味激发思维，学生的参与与实践意识强	3
	层次性 （7分）	5. 组织形式灵活，班级教学、小组教学、个别辅导相结合	4
		6. 内容开放，容量适当，不同层次的学生都有收获	3
学生状态 （40分）	积极性 （15分）	7. 学生课前准备充分	4
		8. 学生注意力集中，学习兴趣浓厚	6
		9. 全体学生主动参与，课堂练习面广	5
	自主性 （10分）	10. 以实践为主线，使学生完成"知—行""学—会"的转化	10
	创造性 （15分）	11. 学生学习活动丰富多彩，读、思、议、行有机结合	8
		12. 善于思考，勇于质疑，并大胆发表自己的看法	7

评价指标	评价要素	评价标准	权重
教师行为（20分）	科学性（7分）	13. 教学结构开放，讲授时间合理，不拖堂	3
		14. 方法设计以"善品启智"为导向，注重双边活动和学法指导	4
	实效性（8分）	15. 学生交流和练习时间合理	4
		16. 个别学习与合作学习相结合，提高效率	4
	艺术性（5分）	17. 能熟练地使用教学媒体，选择教学媒体恰当	3
		18. 课堂调控能力强，教态自然，语言规范，评价适时恰当，板书科学、美观	2
教学效果（20分）	"四基"达成（12分）	19. 突出重点，突破难点，教学目标完成好	4
		20. 学生回答问题效率高，教学效果好	4
		21. 学生掌握学科学习方法，学习习惯良好	4
	素养提成（8分）	22. 学生的数学思维被激活，兴趣得到发展，意志得到锻炼，数学核心素养得到提升	8
加分项目		教学有创新，有自己的教学风格，师生课堂和谐发展	5

　　课下评价主要通过课后的"每日一评"、学生实践活动、数学手抄报等方式对学生的学习效果进行评价。评价可采取生生互评、小组点评、教师评价、家长评价等多样化的方式进行。

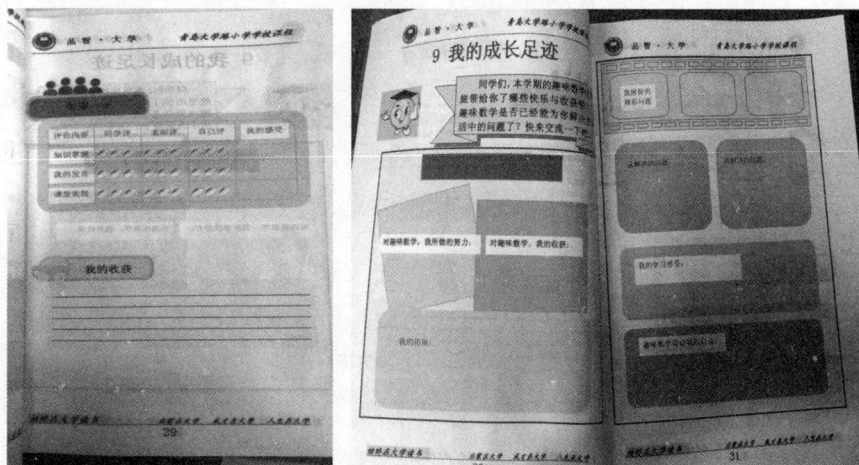

"趣味数学"教材每课评价及阶段评价设计

第五节　课程的评价

一、学生发展

（一）学生的数学素养是否得到提升

"学生数学核心素养"的概念目前众说纷纭，现以曹培英教授的观点作为我们的研究指向，也就是为培养"具有数学素养的人"，分为"数学认知、个人发展、思想能力"三个方面，综合表现为"数学概念、数学规律、数学关系、思考自学、合作交流、创新实践、数学抽象、运算推理、数学模型、直观想象、数据分析、转化思想"12项基本素养。"趣味数学"课作为国家数学课程的补充，设置衔接类、益智类、实践类、阅读类、赏析类等内容，课程内容及课时目标对学生数学素养提升有明确的要求。每节课结束都有"每课一评"，学生、教师自己对知识掌握、课堂表现、课堂感受进行评价。日常还可以通过教师备课检查、随堂听课确定"趣味数学"课堂教学是否达成设计目标，是否对学生数学核心素养的培养有帮助。学期结束通过"趣味数学"特色课程学习情况调查问卷设计的相关内容对学生学习状况进行专门的了解与评价。调查问卷中的"你是否用所学过得数学知识解决过实际问题"一题，100%的学生都解决过，其中82.1%的学生经常用所学的数学知识解决实际问题。通过问卷调查得知，100%的学生觉得"趣味数学"课对自己有帮助；其中，数学知识衔接帮助占57.5%，数学思维训练占81.3%，解决问题的方法更多了占82.9%，了解更多的数学知识占63.8%。从中可见，学生通过学习数学素养得到了不同程度的提升。

（二）学生的思维能力是否得到发展

现代教育观点认为，数学教学是数学活动的教学，即思维活动的教学。小学生数学思维发展分为三个阶段：直观行动思维（以实际的操作行为依托的数学思维）、具体形象思维（以事物的表象为依托的数学思维）、抽象逻辑思维（脱离了直观形象依靠概念、判断和推理所进行的数学思维）。小学数学思维的基本方法有观察、实验、比较、分类、分析、综合、抽象、概括、归纳、演绎、类比、联想等。

"趣味数学"课选取小学生感兴趣的更有思维含量的教学内容，在教师的教学设计中体现出更开放，操作性、活动性更强的教学方式方法，学期结束通过"趣味数学"特色课程学习情况调查问卷，通过学生对教师教学方式、学习成果、学习感受等的评价了解课程对学生思维能力发展的作用。80.4%的学生在课堂上敢于发表自己独特的见解，并且认为这样的机会很多；86.3%的学生在"趣味数学"中经常有合作学习和讨论发言；97.1%的学生在数学学习中有过新的猜想、发现、创新，其中50.4%的学生经常会有一些新奇想法；83.3%的学生认为在"趣味数学"课堂中教师采用指点方法，学生先学后教，讲练结合的教学方式。在"你认为'趣味数学'的学习对你有哪些帮助"里，很多学生都有"我非常喜欢学校'趣味数学'课的内容，对我们有很大的益处，可以拓展思维""我很喜欢'趣味数学'，训练了我的数学思维""我非常喜欢'趣味数学'，思维更加灵活"等的表述。可见，学生通过学习思维能力得到了不同程度的发展。

（三）学生的学习兴趣是否得到提高

"趣味数学"课程的设计，在定位上就突出一个"趣"字，因此不论是内容上还是目标上都注重学生对学习内容的兴趣，在教学方法上也都注重学生对学习的探索和研究，最终让学生从喜欢上"趣味数学"课到找到学习数学的乐趣，进而爱上数学。学校通过"趣味数学"特色课程学习情况调查问卷设计相关内容了解学生学习兴趣提高的情况。问卷中，100%的学生喜欢"趣味数学"学习，其中93.8%非常喜欢；98.8%的学生近来在"趣味数学"课堂上受到老师的表扬，其中经常受表扬的占73.8%。在"你认为'趣味数学'的学习对你有哪些帮助"里，很多学生提出"数学变得更有趣了""让我更加喜欢数学了""有成就感"等。通过分析可以发现，学生普遍喜爱"趣味数学"课，"趣味数学"课有效地达到了提高学生学习兴趣的目的。

二、教师发展

（一）课程意识得到提高

课程意识意味着"教师即课程"，教师是课程的动态构建者、课程的生成者。我们认为，教师科学的课程意识，主要通过教师日常教学的四个方面体现出来：一是在教学设计中自觉地根据抽象的课程目标，制定具体的教学目标；二是根据教学目标优化设计教学内容，主动搜寻课程资源；三是在课堂教学过程中能根据教学情境的变化，恰当地选择教学方法和手段；四是能科学地评价课堂教学的效果，及时评价学生和做好课后反思。我们可以通过平日的教研活动、教师的备课、教师的课堂和学生在调查问卷中对课程的评价看出教师在愉快的教学过程中不断加深对课程的理解，课程意识不断提高。

（二）教师业务能力是否得到提升

在编撰、修订、实施"趣味数学"文本的过程中，教师的业务水平得到了很大的提高。一是在编撰与修订过程中，老师们查阅了大量的文献资料，其中包括课程理论、数学趣题、数学绘本、数学史、数学家的故事等，甚至是许多跨学科的内容。教师在学习的过程中不断提升自己的知识储备。二是老师们还在教学"趣味数学"课的过程中，为了更好地呈现教学内容，制作了微课、课件，采用电子书包等信息化手段辅助教学，提高自己的信息化技术水平，使教学方法更加多元化。

（三）合作意识获得提升

"趣味数学"校本课程的设计和教学工作由学校全体数学教师共同完成，为此，合作成为一种必然。我们在几年的研究中，让老师们的合作成为一种常态，并通过合作让老师们获得成就感，从而提升了老师们的合作意识。学校规定每周一下午为数学教师教研活动时间，搭建学科内的合作平台，使参与"趣味数学"课的教师可以围绕同一主题，或是讨论议题，或是合作完成，从而达到取长补短、相互借鉴的目的。团队内还经常共同研课、听课、评课，开展级部学生的学科竞赛活动。同时，学校还就数学学校课程的建设申请了"十三五"规划课题，建立"趣味数学"课程开发团队，校长任组长，分管数学主任做好管理协调工作，并邀请中国海洋大学的博士作为学校外聘专家指导我们的工作。老师们在与同行、与专家合作的同时，还通过与学生、与家长交流，了解学生的需求，调整自己的课程内容、目标与教学方法。在课程研发、教学过程中，教师与学校领导之间、教师与专家之间、教师与家长和学生之间不断地交流、探索，老师们在这些合作中为自己解惑，并不断提高自己的课程知识与专业素养，有效地形成了良好的合作共赢关系。

三、学校发展

校本课程的构建与实施，要适应学校教学理念和培养目标的需要。学校依据《教育部关于全面深化课程改革落实立德树人根本任务的意见》要求，以"品·智"课堂为研究抓手，通过多维度有效课堂行为的研究，过有品德、有智慧的课堂生活，把课堂理解为智慧生成、人性养育、人格健全、生命成长的殿堂。可以说，这是一种课堂理念及其实际操作的研究。我们的"趣味数学"课程就在此理念下开发与实施。目前来看,"趣味数学"课程对学校课程体系进行了再拓展,形成了自己的教学模式,为学校"品·智"课堂教学模式的研究提供了很多研究案例以及成功经验,并且通过"趣味数学"课程教学实践中学生、教师的发展,提升了学校教育教学质量及学校的公众美誉度,促进了学校"品·智"教育特色的发展。

参考文献

[1]钟启泉,汪霞,王文静.课程与教学论.1版[M].上海:华东师范大学出版社,2008.

[2]钟启泉.现代课程论.3版[M].上海:上海教育出版社,2015.

[3]蒋明玉.小学趣味数学课教学的研究[J].中小学教学研究,2003(1):40-41.

[4]王秀梅.校本课程评价方案研究.1版[D].河北师范大学,2013.

[5]中华人民共和国教育部.义务教育数学课程标准.2011年版[M].北京:北京师范大学出版社,2012.

[6]夏雪梅.基于学生核心素养的学校课程建设:水平划分与干预实例[J].课程·教材·教法,2013(7):11-16.

[7]周海银.学校课程建设的内涵、取向与路径分析[J].山东师范大学学报(人文社会科学版),2015(1):123-129.

[8]吴苏腾.基于学校文化的学校课程建设研究.1版[D].重庆:西南大学,2014.

[9]陈立华,王晓松.小学数学学科课程建设探究[J].北京教育学院学报(自然科学版),2015(4):39-43.

[10]孝衍,徐文娟.为孩子播下爱数学的种子——江苏省镇江市香江花城小学数学课程基地建设侧记[J].江苏教育,2015(27):37-40.

[11]魏巍.关注方法指导拓展数学思维——小学数学拓展课程建设的研究实践[J].上海教育科研,2010(7):75-76.

[12]赵玉成.上海市静安区中山北路小学:从阅读活动课程入手建设高品质学校[J].上海教育,2017(1):45-45.

[13]陈峰.开发校本课程 创建适合学生发展的教育[J].教育科学研究,2002(4):49-51.

[14]余晓虹.从"课本"到"趣味数学"[J].中小学数学(小学版),2012(6):25-26.

［15］张俊珍.基于学生核心素养的中小学数学课程衔接研究［J］.教育理论与实践，2016（22）：56-60.

［16］张楚廷.数学文化与人的发展［J］.数学教育学报，2001，10（3）：1-4.

［17］孟燕平.数学文化与学生的学习方式［J］.数学通报，2009，31（3）：52-54.

［18］郭华.现代课程教学与教学认识论［J］.北京大学教育评论，2012，10（3）：157-164.

［19］吴刚平.校本课程开发的思想基础——施瓦布与斯腾豪斯"实践课程模式"思想探析［J］.外国教育研究，2000（6）：7-11.

［20］沈琪.小学校本课程开发的现状、问题及对策研究［D］.武汉：华中师范大学，2011.

附：

I.学生发展核心素养调查问卷

同学，你好！

学校教育要立足学生的终身发展和社会需要，培养学生的良好素养。我们根据"中国学生发展核心素养体系"的三个方面"文化基础、自主发展、社会参与"列举出了以下19项学生发展素养。你觉得哪些是"适应未来社会生活和个人终身发展"所必须具备的素养呢？请你花些时间，仔细阅读并斟酌后从中勾选出10项，以作为我校课程改革，尤其是校本课程建设的重要依据。

非常感谢你的参与！

一、文化基础
□1.语言交往能力（交流沟通、演说、辩论等）

□2.数学与思维能力（如智趣数学、数学与生活等）

□3.运动与健康（增强体质健康、促进心理健康、培育健全人格）

□4.科学与技术（学习科学技术、信息技术、劳动技术）

□5.经济意识（合理使用资金、学习创造财富等）

□6.信息素养（搜集、选择、应用信息，践行网络文明）

□7.艺术审美（丰富审美体验、增强审美能力、陶冶审美情操）

二、自主发展
□8.终身学习（学习动力、学习动力、学习毅力和学习能力）

☐ 9. 问题能力（提出问题、解决问题能力）

☐ 10. 自主规划与管理（合理分配时间、自主规划生活、自我约束能力培养）

☐ 11. 团队合作（尊重信任、欣赏宽容、大局意识、互助互赖、同舟共济、荣辱与共）

☐ 12. 组织与执行能力（协调能力、制定落实目标能力、领袖才能等）

☐ 13. 生活素养（自主生活、安全生活、健康生活、有尊严地生活）

三、社会参与

☐ 14. 公民素养（爱国、敬业、诚信、友善、文明、法制等）

☐ 15. 创新能力（主动适应、超越自我、敢为人先、勇于创新）

☐ 16. 生态意识（关注生态环境、保护自然资源，学会低碳生活等）

☐ 17. 责任担当（责任意识、勇气担当、严于律己、不辱使命等）

☐ 18. 人文情怀（家国情怀、民族意识、生命意识等）

☐ 19. 国际视野（了解多元文化、学习友善交往、参与国际竞争与合作）

Ⅱ."学生发展核心素养调查问卷情况"反馈表

第1题　文化基础［多选题］

选项	小计	比例
1. 语言交往能力（交流沟通、演说、辩论等）	180	92.31%
2. 数学与思维能力（如智趣数学、数学与生活等）	150	76.92%
3. 运动与健康（增强体质健康、促进心理健康、培育健全人格）	180	92.31%
4. 科学与技术（学习科学技术、信息技术、劳动技术）	123	63.08%
5. 经济意识（合理使用资金、学习创造财富等）	100	51.28%
6. 信息素养（搜集、选择、应用信息，践行网络文明）	118	60.51%
7. 艺术审美（丰富审美体验、增强审美能力、陶冶审美情操）	130	66.67%
本题有效填写人次	195	

第2题 自主发展［多选题］

选项	小计	比例	
8. 终身学习（学习动力、学习动力、学习毅力和学习能力）	175		89.74%
9. 问题能力（提出问题、解决问题能力）	158		81.03%
10. 自主规划与管理（合理分配时间、自主规划生活、自我约束能力培养）	162		83.08%
11. 团队合作（尊重信任、欣赏宽容、大局意识、互助互赖、同舟共济、荣辱与共）	155		79.49%
12. 组织与执行能力（协调能力、制定落实目标能力、领袖才能等）	120		61.54%
13. 生活素养（自主生活、安全生活、健康生活、有尊严地生活）	137		70.26%
本题有效填写人次	195		

第3题 社会参与［多选题］

选项	小计	比例	
14. 公民素养（爱国、敬业、诚信、友善、文明、法制等）	170		87.18%
15. 创新能力（主动适应、超越自我、敢为人先、勇于创新）	155		79.49%
16. 生态意识（关注生态环境、保护自然资源，学会低碳生活等）	117		60.00%
17. 责任担当（责任意识、勇气担当、严于律己、不辱使命等）	165		84.62%
18. 人文情怀（家国情怀、民族意识、生命意识等）	130		66.67%
19. 国际视野（了解多元文化、学习友善交往、参与国际竞争与合作）	118		60.51%
本题有效填写人次	195		

Ⅲ."趣味数学""数学阅读类"2年级"奇妙的圆圈"教学设计

【内容简介】

在数学的教学过程中，非常重视对于数学思想方法的研究。集合圈作为数形结合思想方法的一种重要表现形式，在小学的各个年级都有所渗透，并能有效地解决一些数学问题。低年级是学生抽象意识形成的关键时期，利用绘本的趣味性有利于学生自主接受知识，并能在日后自发想到用集合圈来解决问题。本节课通过观察、操作、归纳等活动，形成对集合圈的初步了解，体验数形结合思想方法的应用价值，发展学生抽象观念。

【教学目标】

1. 适度让学生亲历集合圈的形成过程，感受数形结合的实际价值。

2. 让学生借助直观图理解集合圈中每一部分的含义，通过语言的描述和计算的方法，能解决简单的问题。

3. 学生在聆听故事和欣赏精美画面的过程中，体会数学绘本的阅读方式，培养学生的数学阅读能力、观察能力和逻辑思维能力，提高学生的数学素养。

【教学重难点】

教学重点：通过绘本情境，感受集合圈的意义以及优越性。

教学难点：利用集合圈解决问题。

【教学过程】

一、品析环节

1. 谈话导入

同学们，今天在这里上一节我们的趣味数学课（看大屏幕），听故事，学数学。今天老师给大家带来的故事名字叫作"寻找放屁王"。今天故事的主人公和我们一样也是一名小学生。让我们一起听听发生在他身上的故事。

2. 分角色读故事

语文课上你们学习过分角色朗读课文吗？这个故事里有这么几个主人公：校长、老爷爷、小学生、旁白。叶老师想请几位同学和老师一起来朗读这个故事。谁来读……校长的话是……颜色的……准备好了。咱们开始读故事吧！

读故事：歹徒们一到晚上就出没于城市各处作乱。所有人都陷入了恐慌之中。有一天晚上，骑摩托车的歹徒们攻击了一位老爷爷后准备逃跑。这时不知从哪里冒出来一个超级放屁王。

提问：读到这里你猜接下来会发生什么事儿？

预设：超级放屁王放屁把歹徒们全都臭倒了。

是这样吗？咱们继续听故事。

读故事：噗噗噗！他接连向歹徒们放了几个臭屁。歹徒们闻到臭味，全晕倒了。小男孩救了老爷爷，老爷爷特别想知道他是谁。

学生模仿老爷爷："告诉我你是谁，你帮了我，我得向你表示感谢啊。"

超级放屁王微微掀开口罩。

学生模仿小男孩："我是咕噜咕噜学校新闻社的小记者。"

第二天，咕噜咕噜学校的校长接到老爷爷的电话。

学生模仿校长："超级放屁王是我们学校新闻社的小记者？""我们学校新闻社一共有20名小记者呢，没有其他特征吗？"

老爷爷说："他个子挺高的。"

（设计意图：通过创设绘本的情境，提出研究问题，在师生交流过程中引发学生对题目的深入理解，为后续解决问题提供了前提条件，激发了学生探究的积极性）

二、悦纳环节

（一）借助素材，初步探究

1. 线索一：个子高，感受标准的相对性

（现在咱们就跟着校长把20名小记者全叫到操场，看看到底谁是超级放屁王）

故事听到着，你们觉得校长能找到这位小记者吗？说说你的理由。是不是像你们说的这样呢？让我们继续听故事。

读故事：校长把20名小记者全叫到操场。"现在请高个子们站在一起！"孩子们你望着我，我望着你，分不清自己到底是高还是矮。

提问：读到这里，你想一想为什么会出现这种情况。

读故事：因为"高个子"的标准不够明确，所以孩子们没办法集合。校长只好又问老爷爷，看看还有什么更加明显的特征。

2. 线索二：男孩子，初步认识集合圈

老爷爷说："我还记得他的声音，是个男孩子。"

提问：大家看，校长听了老爷爷提供的线索，正在干什么？

预设：校长在地上画了一个圈。

追问：你知道校长想要干什么吗？

预设：让男孩子进入到这圈里面去。

读故事：校长在地上画了一个黄色的圆圈。校长让男孩子们聚在一起。校长说："男孩子们都站到黄色圆圈里来。"

数一数，男孩子一共几个人？

读故事：男孩子共有11人，不是男孩子就不能站进黄色圆圈里去。

谈话：（根据这个圆圈的特点，我们给这个圆圈起一个名字吧）如果让你们给这个圆圈起个名字，你们想叫它什么呀？为什么？这个圈真是神奇，可以一下子就让我们圈住所有的男孩子。如果我们想找到所有的女孩子，可以怎么办？

3. 线索三：有痣，戴眼镜，利用集合圈

提问：现在能找到超级放屁王了吗？继续听故事？

读故事：这11名男孩子里谁才是超级放屁王呢？校长又给老爷爷打电话，问他还能不能想起其他的明显特征。"嘴边有痣，嗯……还戴着眼镜。"老爷爷想了想，又告诉校长两个特征。

（提问：故事读到这里请你想一下，如果你是校长，你会怎么办？

预设：再画两个圈，找嘴边有痣的男孩子，和戴眼镜的男孩子，没想好要不要这个问题）

读故事：校长在黄色圆圈里又画了个红色圆圈。"嘴边有痣的孩子进入这个红色圆圈里。"

提问：校长是怎样画的红圆圈？为什么要画在这里？

预设：因为嘴边有痣的男孩子也是男孩子。

数一数，红色圆圈里有几个人？

我们给这个红色圆圈也起一个名字吧。（嘴边有痣男孩圈）

追问：在红色圆圈外面，黄色圆圈里面的应该是什么样的男孩子？

预设：嘴边没有痣的男孩子。

读故事：进入红色圆圈里的孩子一共有5名。校长在"男孩子圈"中又做了个"嘴边有痣的男孩子圈"。"好了，该找戴眼镜的男孩子了！"校长在"男孩子圈"的黄色圆圈又多画了一个蓝色圆圈。"戴眼镜的男孩子进这蓝色圆圈里。"

提问：数一数，蓝色圆圈里一共有几个人？

追问：给这个蓝色圆圈也起一个名字吧。（戴眼镜男孩儿圈）

读故事：8名戴眼镜的男孩子聚集在了蓝色圆圈里。瞧清楚了吗？现在，在"男孩子圈"里又增加了一个"戴眼镜的男孩子圈"。

（设计意图：学生在阅读绘本的过程当中，通过对三次线索的研究初步感知到用集合圈表示数量的优越性，渗透数形结合思想方法，化抽象为直观，培养学生的数学核心素养）

（二）合作探究，发现本质

1. 梳理探究过程，发现问题

谈话：故事讲到这里，校长根据老爷爷提供的线索，校长画了几个圈？

追问：哪三个？找到超级放屁王了吗？

提问：你发现有什么问题了吗？

预设：嘴边有痣的男孩子加上戴眼镜的男孩子超过11人了。

2. 小组合作，交流问题

请小组内交流一下，为什么我们按照老爷爷给的线索找到的嘴边有痣和戴眼镜的男孩儿总数超过11人了呢？

汇报交流。

预设：因为有两名男孩儿既戴了眼镜嘴边又有痣。

绘本演示，确定问题。

谈话：是这样吗？听听故事上是怎么说的吧。（我们看看绘本上是不是和我们刚才探究的想法是一样的）

读故事：虽然已经按照老爷爷告知的特征做了三个圆圈，可还是找不到超级放屁王。校长细心地整理起来。

校长对孩子们说："我们再来确认一下，嘴边有痣的男孩儿站到红色圆圈里，戴眼镜的男孩子站到蓝色圆圈里，看看站对了没有？"这时，有两名男孩在红色圆圈和蓝色圆圈之间走来走去。他们问："我们嘴边有痣，又戴了眼镜，该去哪边呢？"校长这才明白是哪里出错了。

小结：看来确实和刚才同学们想的是一样的，这两名男孩校长算了两次，所以总数超过了11人。

你们想办法帮校长修改一下刚才画的红色圆圈和蓝色圆圈，让这两个嘴边有痣还戴着眼镜的男孩子有地方站。

（1）展示学生的画法。

提问：中间两名男孩儿属于红色圆圈吗？为什么？

追问：中间两名男孩儿属于蓝色眼圈吗？为什么？

追问：红色圆圈这里还有几个男孩儿？他们有什么特征？蓝色圆圈这里呢？

（2）绘本演示校长的画法。

我们再来看看校长是怎么解决问题的吧。

读故事：校长重新画起圆圈，让红色圆圈和蓝色圆圈的一部分重叠。嘴边有痣且戴眼镜的2名男孩子，站到了红色圆圈和蓝色圆圈重叠的部分里。"这回对啦，红色圆圈和蓝色圆圈里的孩子加起来就有1名、2名……11名，总共11名。"

原来，校长之前把这2名孩子重复算了一次。"现在就在这两个男孩子中寻找超级放屁王吧。"

读故事，揭晓答案。

谈话：同学们，刚才我们听了一个有趣的故事，并且和校长一起找到了超级放屁王，在寻找的过程中校长用什么办法解决了问题？（我们画了很多的圆圈，看来这种画圆圈的方法可以帮助我们解决一些问题）看来，这个圆圈真是很奇妙。（板书课题：奇妙的圆圈）

接下来我们用5分钟自己阅读一下刚才的绘本故事，并且思考一下校长是怎样一步一步找到超级放屁王的。

学生反馈：（明确标准，觉得这个应该在前面环节板书）抓住特点。

（设计意图：发现矛盾后学生通过小组探究，发现问题的本质。借助集合图更加直观地理解了重叠问题的本质特征，提高了学生自主发现问题、解决问题的能力）

三、拓智环节

（一）自主练习，应用方法

我们数学上有很多问题都可以用这奇妙的圆圈来解决。

（1）用集合方法解决1年级的简单重叠问题。

（2）用集合方法表示2年级四边形、长方形和正方形的关系。

小结：在我们以后的学习中这个奇妙的圆圈还可以帮助我们解决很多的问题，我们以后边学习边研究。

（设计意图：在充分理解了集合圈的作用后，通过一系列的练习去感受这种方法的价值，学以致用，完善已有的认知结构。练习的设计，形式灵活，易于激发学生的兴趣）

（二）课堂回顾，总结提升

通过本节课的学习，你有什么收获？

小结：通过今天的绘本阅读课，我们帮助老爷爷和校长解决了问题，同时也学习了一种新的解决问题的方法。希望同学们能够学以致用，用这种好方法解决更多的数学问题。

最后，老师给大家推荐一套数学课外读物《走进奇妙的数学世界》。这套书里有另外一个故事也是讲我们今天学到的知识，同时还有许多其他奇妙的解决问题的方法，大家课后可以读一读。

（设计意图：通过回顾所学的知识，引导学生获得数学知识的同时提升梳理、概括知识的能力。这样，能使学生在交流中巩固新知，进一步体会数学与生活的密切联系，激发学习的热情，使情感得到进一步的升华）

Ⅳ．"益智趣味类" 6年级《商业中的数学问题》课时备课

课题	商业中的数学问题		课时	1
教学目标	1.运用学过的百分数的相关知识，解决生活中有关利润的实际问题。 2.培养学生分析、推理思维能力。			
教学重难点	运用学过的百分数的相关知识解决生活中有关利润的实际问题		教学准备	课件
	学生活动	教师活动	备注	
教学过程	学生思考并回答 分析与解：设这种商品的成本是x元。减价5%就是每件减$100×5\%=5$（元），张先生可多买$4×5=20$（件）。由获得利润的情况，可列方程 $(100-x)×80+100=(100-5-x)×(80+20)$， $8000-80x+100=9500-100x$， $20x=1400$， $x=70$， 这种商品的成本是70元。 学生读题并解答 教师巡视指导， 集体订正	**一、品析环节** **例**：张先生向商店订购了每件定价100元的某种商品80件。张先生对商店经理说："如果你肯减价，那么每减价1元，我就多订购4件。"商店经理算了一下，若减价5%，则由于张先生多订购，获得的利润反而比原来多100元。问：这种商品的成本是多少元？ 谈话：你是怎样想的？ 谈话：这就是我们今天要探索的商业中的数学问题。 （板书课题） **二、悦纳环节** 1.分析理解 谈话： 你是怎样理解这道题的？	学生阅读信息，体会和以往不同的形成问题，激发学生的探究欲望。 引导学生从信息入手用综合法解决问题。 利用数形结合的方法帮助学生分析、理解题意。	

续表

	学生活动	教师活动	备注
教学过程		2. 独立尝试 谈话： 你能不能自己试着解决？ 3. 方法引领 利润率=$\dfrac{利润}{成本}\times100\%$ $=\left(\dfrac{售出价}{成本}-1\right)\times100\%$ 利润=售出价−成本 **三、拓智环节** 题1. 体育用品商店用3000元购进50个足球和40个篮球。零售时足球加价9%，篮球加价11%，全部卖出后获利润298元。问：每个足球和篮球的进价是多少元？ 题2. 某种商品的利润率是20%。如果进货价降低20%，售出价保持不变，那么利润率将是多少？ **四、回顾整理** 谈话：同学们，这节课你们都有哪些收获，还有什么疑问吗？ 课后阅读《赚取第二利润》小故事，将本节课的收获填写在学习记录单里	教师巡视指导时注意对学困生的辅导。不要让他们因为学习内容有难度而失去学习兴趣和自信心。
课后小结	本节课利用与生活实际相关的内容将数学学习内容进行引申，基于学生的实际观察、动手操作和生活经验，将数学知识与实际生活相联系，达到理论联系实际、培养数学思维、渗透德育的目的。学生要正确解答智巧问题，首先要读懂题意，全面考虑各种情况；其次要充分运用学过的数学知识，运用自己的灵气以及非常规的思考方法巧妙地解答。		

V．"实践应用类" 4年级《开心夏令营》课时备课

课题	开心夏令营	课时	1
教学目标	1.通过实际夏令营的问题让学生认识和差问题的特征。 2.引导学生掌握解答和差问题的方法。 3.培养学生分析、推理思维能力。		

教学 重难点	掌握有关和差问题的结构特征和解答方法，并能正确地解答	教学准备	课件

	学生活动	教师活动	备注
教学过程	学生思考并回答。 预设：让学生体会到两人的年龄差是永远不会变的。 学生读题、分析题意。 列式： 96+8=104人 104÷2=52（人） 52-8=44（人） 或96-52=44（人） 96-8=88人 88÷2=44（人） 44-8=52（人） 或96-44=52（人） 学生读题并解答 教师巡视指导 集体订正	**一、品析环节** 参加夏令营的学生共有96人，男生比女生多8人，男生、女生各多少人？ 谈话：这就是我们今天要探索的和差问题。（板书课题） **二、悦纳环节** 问：参加夏令营的学生共有96人，男生比女生多8人，男生、女生各多少人？ 1.（画图帮助学生理解） 2.怎样列式？ 怎样使男生和女生的人数一样多？这是总人数发生了怎样的变化？ 方法一：（1）如果女生增加8人，那么男生和女生一共有多少人？ （2）男生有多少人？ （3）女生有多少人？ 方法二：（1）如果男生减少8人，那么男生和女生一共有多少人？ （2）女生有多少人？ （3）男生有多少人？ 小结：从本立体可以发现，解决和差问题时，可以假设小数增加与大数同样多，先求大数，再求小数；也可以假设大数较少到与小数同样多，先求大数，再求小数。 （和+差）÷2=大数 （和-差）÷2=小数	用简单问题引入，提高学生的兴趣，避免学生一开始遇到难题就产生畏难情绪。 引导学生从信息入手用综合法解决问题。 利用数形结合的方法帮助学生分析、理解题意。 教师巡视指导时注意对学困生的辅导。不要让他们因为学习内容有难度而失去学习兴趣和自信心

续表

	学生活动	教师活动	备注
教学过程		**三、拓智环节** 解决问题： 1. 学校有排球、篮球共62个，排球比篮球多12个，排球、篮球各有多少个？ 2. 6筐香蕉和6筐苹果共重390千克，已知每筐香蕉和苹果重5千克，每筐香蕉和每筐苹果各重多少千克？ 3. 小明和小芳共有连环画98本，如果小明给小芳10本，小明还比小芳多2本，小明和小芳各有多少本连环画？	
课后小结	和差问题是一类典型的实际问题，只有掌握了它的结构特征和解题规律，才能算得又对又快。解答和差问题的基本公式是（和+差）÷2=大数，（和-差）÷2=小数。有时题目中的和或差是隐蔽的，这就需要我们细心地审题，找出条件和问题的内在联系，确定"和"或"差"。有时题目中没有直接给出两数的和或差，就需要我们认真分析，先求出两数的和或差，然后再利用和差公式求解。		

VI. 青岛大学路小学"趣味数学"特色课程学习情况调查问卷

年级：　　　　　　**年龄：**　　**岁**　　　　　　**性别：**

亲爱的同学：

你好！这是一份关于学校"趣味数学"特色课程学习情况的调查问卷，调查的目的是为了能够充分了解你对"趣味数学"这门课程的学习情况，在这个基础上，你的老师会根据这份调查问卷的反馈情况进行内容上以及教学上的改进，以此来更好地帮助你学习数学，希望你能积极支持。请按照题目的要求填写自己的真实想法，你的回答对调查结果将是十分重要的。谢谢合作！

1.你对学习"趣味数学"的兴趣：（　　　）

A. 非常喜欢　　　B. 比较喜欢　　C. 一直不喜欢

2.在"趣味数学"课学习中是否使用过信息技术手段？（　　　）

A. 没有　　　　B. 偶尔有　　　C. 经常有　　　　D. 每节都有

3. 在"趣味数学"课堂中有合作学习、讨论发言过吗？（　　　）

A. 经常　　　　　　　　　　　　B. 偶尔

C. 只跟同桌同学交流过　　　　　D. 讨论从未发言过

4. 你敢于在课堂上表达自己独特的见解吗？这样的机会多吗？（　　　）

A. 敢；很多　　　B. 敢；很少　　C. 不敢；很多　　　　D. 不敢；很少

5. 你在数学学习中，是否有过新的猜想、发现、创新？（　　　）

A. 没有　　　　　　　　　　　　B. 偶尔有

C. 有几次　　　　　　　　　　　D. 经常会有一些新奇想法

6. 你是否用所学过的数学知识解决过实际问题？（　　　）

A. 经常　　　　　　　　　　　　B. 偶尔

C. 无法解决　　　　　　　　　　D. 对实际应用没有作用

7. 在"趣味数学"课堂上教师一般采用哪一种课堂教学方式？（　　　）

A. 老师多讲多写，学生主要听讲和记录

B. 老师指点方法，学生先学后教，讲练结合

C. 老师很少讲解，学生自由看书和练习

D. 老师满堂提问，学生集体回答老师的问题

8. 近来你在"趣味数学"课堂上受过老师的表扬吗？（　　　）

A. 经常　　　　　　　　　　　　B. 偶尔

C. 受表扬过一两次　　　　　　　D. 从未受表扬过

9. 你觉得学习"趣味数学"课对你有帮助吗？（　　　）【如选A，请跳到11题】

A. 没有帮助　　　　　　B. 有，帮助不大　　　　C. 有很大帮助

10. 你认为"趣味数学"课的学习对你有哪些帮助？（　　　）【可多选】

A. 数学知识衔接　　　　　　　　B. 数学思维训练

C. 解决问题的方法更多了　　　　D. 了解更多的数学知识

E. 我更喜欢学习数学　　　　　　F. ＿＿＿＿＿＿＿＿＿＿

11. 你对学校的"趣味数学"课的内容、教学方法等有什么建议？

（于瑛　青岛大学路小学）

第九章
"生活中的博弈论" 初中数学课程建设

第一节　背景与问题

数学是来源于生活的一门科学，以学生生活中的问题来吸引学生产生对数学的兴趣是符合初中学生的心理需求的。随着素质教育的深入开展，数学教学越来越注重培养学生的数学兴趣和开放、创新的思维模式，将培养和提高学生解决问题的意识、能力和方法作为教学的主旨。

博弈论是数学的一个分支，是一门内容丰富、应用广泛的学科。博弈论的概念和模型具有在多个领域使用的一种发展趋势：政治学家使用博弈论检验政治制度，哲学家发现博弈论是重新检验规范和社会制度的工具，生物学家发现博弈论为分析自然界生物间利益冲突提供了框架。在生活中，我们会遇到各种各样的博弈，博弈过程本来就是一种日常现象。我们在日常生活中经常需要先分析他人的意图从而做出合理的行为选择，选出一种最优策略再加以行动。"博弈"融合在我们生活的点点滴滴之中，时时与我们相伴。了解生活中的一些"博弈"事件后，学生就可以理论联系实践，从博弈论的理论角度出发，在实践中应用博弈论，从容地面对现实中的种种"博弈"。

总之，学习生活中博弈论对于培养中学生应用数学的意识和创新思维，提高他们分析问题和解决问题的能力具有重要的实际意义。

第二节　课程的目标

一、学生发展目标

开设"生活中的博弈论"这门校本课程，意在让学生感受在博弈中所暗含的数学智慧的同时，发展应用数学的意识，学会用数学的思维方式解决学习和生活中的"竞争"问题，形成运用博弈论的基本知识分析生活中的"博弈"，提高解决实际问题的能力，让学生更善于分析和解决较复杂的问题，提升学生的学科核心素养。

二、教师发展目标

本课程作为入门级课程，从博弈论最有趣的一面入手，对博弈论的基本原理进行深入浅出的探讨。在本课程中通过讲故事来说明概念，不需要有多少数学知识也可以掌握博弈论的思想，通俗易懂地讲述囚徒困境、智猪博弈、斗鸡博弈等经典博弈模型的内涵、适用范围、作用形式，同时对博弈论的方法和策略在各个领域及日常生活中的应用进行剖析，浅显易懂，可以使学生对博弈论有初步的了解，同时提高教师对数学应用意识的认识和理解，进一步提升教师的专业素养，达到师生共同成长的目的。

三、学校发展目标

开设本课程，促进教师不断学习，提高全体教师的"竞争"意识，化解学校方方面面的"博弈"问题，丰富学校的课程资源，形成特色校本课程，完善学校核心素养教育规划，全面推进学校素质教育的发展进程。

第三节　课程内容

一、对课程内容选择的思考

随着博弈论的发展和博弈研究的不断深入，人们意识到这种理论和日常生活的联系越来越紧密。在当前这个以人为本的时代，每个人都在为获得最大的效益而努力，在每个涉及利益的领域，都需要我们运用博弈思维提高自己对社会现象的洞察能力和决策能力，并将博弈的原理和规则运用到自己的人生实践中，在面对问题时做出理性的选择，减少失误，突破困境，取得学习、事业和人生的最大成功，因此博弈论有着重要的指导意义。

诺贝尔经济学奖获得者包罗·萨缪尔逊如是说：要想在现代社会做个有价值的人，你就必须对博弈论有个大致的了解。也可以这样说，要想赢得人生，不可不学博弈论，要想赢得生活，同样不可不学博弈论。

博弈论的理论博大精深，内容丰富多彩，涉及的领域纷繁多样，用到的数学知识深浅不一。面对当前的素质教育发展需要，针对初中学生的实际情况，本课程选取博弈论中的部分内容，学习博弈论的基本概念，介绍博弈论的几种经典模型，分析博弈论在日常生活中的几个应用，让学生学会结合生活实际解决身边的"博弈"问题。

二、博弈论的基本概念

（一）博弈论的发展简史

博弈论，英文为game theory，又称为运筹学、对策论或游戏论。它是研究决策主体的行为发生直接相互作用时候的决策以及这种决策的均衡问题的，或者说是研究理性的决策者之间冲突及合作的理论。

（1）一般认为，博弈理论开始于1944年由冯·诺依曼和摩要斯坦恩合作的《博弈论和经济行为》一书的出版，它成为现代经济博弈论研究的开端。

（2）1950～1951年，美国数学家、经济学家纳什发表了一系列论文，提出了著名的"纳什均衡"概念，奠定了现代博弈论的基石。纳什均衡最简单的解释就是在一场博弈中你给定你的策略，我给我定的策略，我的策略对我来说是我的最好的策略，你的策略对于你来说是你的最好的策略。

（3）在1965年，德国诺贝尔经济学奖的泽尔腾改善了纳什均衡的概念，引入了动态分析。1967～1968年，海萨尼把不完全信息引入博弈论的研究。

（4）进入20世纪80～90年代，克莱普斯和威尔逊等经济学家又把这一研究推进到一个新的高度，分析了动态不完全信息条件下的博弈问题。

（二）博弈论的有关概念

博弈是一种行为，而行为离不开过程，博弈过程也是博弈结构的重要方面。现实社会经济活动中有许多策略较量的博弈问题，是先后、反复或者重复的策略对抗。

博弈分为静态博弈和动态博弈。静态博弈指参与者同时采取行动，或者尽管参与者行动的采取有先后顺序，但后行动的人不知道先采取行动的人采取的是什么行动。动态博弈指参与者的行动有先后顺序，并且后采取行动的人可以知道先采取行动的人所采取的行动。

博弈还可分为合作博弈和非合作博弈。合作博弈与非合作博弈之间的区别主要在于人们的行为相互作用时，当事人能否达成一个具有约束力的协议。如果有，就是合作博弈；反之，则是非合作博弈。

一场博弈当中，博弈双方对信息掌握的程度可能直接影响其对策略的选择进而关乎博弈的胜负，即所谓"知己知彼，百战不殆"。当你与他人对抗、竞争甚至合作时，对自己和他方的处境、条件是否清楚是至关重要甚至是生死攸关的。如果把上述对抗、竞争和合作理解为博弈，那么就意味着关于博弈环境和博弈方情况的信息是影响博弈方选择和博弈结果的重要因素。当然，不是说缺乏信息就不能决策，也不是说信息越多就有越大的利益，只是说信息方面的差异通常会造成决策行为的差异和博弈结果的不同。

博弈包含完全信息博弈和不完全信息博弈。完全信息博弈指的是每一个参与人对所有其他参与人的特征、战略空间及支付函数有准确的知识；否则，就是不完全信息博弈。

博弈的最基本要素就是策略，而策略就是为了实现某一个目标，预先根据可能出现的问题制订的若干对应的方案，并且在实现目标的过程中，根据形势的发展和变化来制订新的方案，或者根据形势的发展和变化来选择相应的方案，也就是找到那个最优"策略"最终实现目标。

（三）博弈论的几种经典模型

1. 田忌赛马

战国时期，齐王和大将田忌赛马，双方各出三匹马各赛一局。各方的马根据好坏分别称为上马、中马、下马。田忌的马比齐王同一级的马差但比齐王低一级的马好一些。若用同一级马比赛，田忌必然连输三局。每局的赌注为1000金，田忌要输3000金。田忌的谋士建议田忌在赛前先探听齐王赛马的出场次序，然后用自己的下马对齐王的上马，用中马对齐王的下马，用上马对齐王的中马。结果负一局胜两局赢得1000金。但若事先并不知道对方马的出场次序，双方应取何种策略？双方采用的赛马出场次序安排及相应的结果（齐王赢的千金数）见下表。

田忌赛马

齐王 田忌	上中下	上下中	中上下	中下上	下中上	下上中
上中下	3	1	1	−1	1	1
上下中	1	3	−1	1	1	1
中上下	1	1	3	1	−1	1
中下上	1	1	1	3	1	−1
下中上	1	−1	1	1	3	1
下上中	−1	1	1	1	1	3

由上表可知，田忌赢的概率只有1/6，孙膑只是掌握了齐王的思维定式侥幸赢了一把，在一把定胜负的时候管用，当试验的机会增多，田忌就输了。如果赛马的规则发生变化，每个人要将自己的马严格的划分等级，上等马速度必须比中等马快，中等马必须比下等马快，且比赛时同等级的马才可以比赛的话，那么田忌就只有输的份了。孙膑只是一时抓住了规则的某些漏洞耍了些小聪明才取得一盘的胜利，我们只对他的小聪明淡然一笑罢了。博弈根据不同的游戏规则会产生与之相适应的策略。

2. 囚徒的困境

有一天，一位富翁在家中被杀，财物被盗。警方在此案的侦破过程中，抓到两个犯罪嫌疑人：斯卡尔菲丝和那库尔斯，并从他们的住处搜出被害人家中丢失的财物。但是，他们矢口否认曾杀过人，辩称是先发现富翁被杀，然后只是顺手牵羊偷了点儿东西。于是，警方将两人隔离，分别关在不同的房间进行审讯。由地方检察官分别和每个人单独谈话。检察官说："由于你们的偷盗罪已有确凿的证据，所以可以判你们1年刑期。但是，我可以和你做个交易。如果你单独坦白杀人的罪行，你将无罪释放，但你的同伙要被判10年刑。如果你拒不坦白，而被同伙检举，那么你就将被判10年刑，他无罪释放。但是，如果你们两人都坦白交代，那么，你们都要被判8年刑。"斯卡尔菲丝和那库尔斯该怎么办呢？他们面临着两难的选择——坦白或抵赖。显然，最好的策略是双方都抵赖，结果是大家都只被判1年。但是，由于两人处于隔离的情况下无法串供，所以，按照亚当·斯密的理论，每一个人都是从利己的目的出发，他们选择坦白交代是最佳策略。因为坦白交代可以期望得到无罪释放，但前提是同伙抵赖，显然要比自己抵赖要坐10年牢好。这种策略是损人利己的策略。不仅如此，坦白还有更多的好处。如果对方坦白了而自己抵赖了，那自己就得坐10年牢。太不划算了！因此，在这种情况下还是应该选择坦白交代；即使两人同时坦白，至多也只判8年，总比被判10年好。所以，两人合理的选择是坦白，原本对双方都有利的策略（抵赖）和结局（被判1年刑）就不会出现。这样，两人都选择坦白的策略以及因此被判8年的结局被称为"纳什均衡"，也叫非合作均衡。因为，每一方在选择策略时都没有"共谋"（串供），他们只是选择对自己最有利的策略，而不考虑社会福利或任何其他对手的利益；也就是说，这种策略组合由所有局中人（也称当事人、参与者）的最佳策略组合构成。没有人会主动改变自己的策略以便使自己获得更大利益。

"囚徒的两难选择"有着广泛而深刻的意义。个人理性与集体理性的冲突，各人追求利己行为而导致的最终结局是一个"纳什均衡"，也是对所有人都不利的结局。他们两人都是在坦白与抵赖策略上首先想到自己，这样他们必然要延长的刑期。只有当他们都首先替对方着想时，或者相互合谋（串供）时，才可以得到最短时间的监禁的结果。

有理由相信现实生活当中不是冤家不聚头。结果第二次、第三次这两个囚徒又被抓到一起。有了第一次教训之后，他们会在接下来的审讯里做何选择呢？这就是有限次重复的"囚徒的困境"。博弈论里有一种倒推法来解决这个问题。假设这个例子只重复5次，因为在狱中度过太多的岁月之后他们都老到做不动坏事了。我们先看第5次他们会怎么选。显然，第5次的面临的选择和第1次是一模一样的，因此没有理由相信这两个囚徒会在第5次审讯里合作。如果第5次不合作，为什么他们会在第4次合作呢？如此倒推，有限次重复的"囚徒的困境"和一次的结果没有任何不同，即双双坦白入狱8年。

如果把这种体验无限延长，或至少是他们俩知道肯定还有这种事，只是不知道什么时候才能停止这种把戏，这就是无限次重复的"囚徒的困境"。让我们再来看看这会不会有不同。因为无限博弈不存在最后一次，倒推法不再适用。假设一个人在监狱里待久了会适应这种环境变得油滑。因此第一个8年最长，后来再进去的8年变得只有像6年一样长，再后来是4年……因此这里引入一个表示监狱生活适应性指数的符号——&，0 < & < 1。这个&值越大表明对监狱生活越难适应，前一个8年和后一个8年差不多一样漫长。如果&越小则表示这个囚犯对环境适应很快，后来待上8年都没什么感觉了。对于一个经常被判8年的人来说，他的受惩罚实际感受的总量是（–8）+&（–8）+&［&（–8）］+…易知，如果0 < & < 1，则1+&+&&+&&&+…的极限值是1/（1–&）。假设这两个囚徒选择这样一种战略：最开始选择抵赖，然后一直选择抵赖直到另一方选择了坦白，然后就永远选择坦白。这样的话，其中任一个囚徒选择永远抵赖的总收益是（–1）+&（–1）+［&（–1）］+…=（–1）/1–&。如果其中某一次他选择了坦白，则那一次他将获无罪释放，之后对方将用永远坦白来惩罚他，他们俩都一直被判8年，因此总收益是0+&（–8）+&［&（–8）］+…=（–8&）/（1–&）。如果要使某次坦白对其中一个囚犯有利，显然需要其中坦白一次这种选择所带来的收益（–8&）/（1–&）大于等于一直互相合作抵赖所带来的总收益（–1）/1–&，也就是& < =1/8的情况下（即某人实在认为狱中岁月妙不可言，判得久对他来说无所谓，&值极低）才会有人选择中途坦白，否则在无限次重复的"囚徒的困境"当中他们都会选择一直抵赖，以使自己能尽量减少在监狱中度过时光。因此，在无限次重复的"囚徒的困境"中最后的结果和一次或是有限次完全不同，在很大概率上囚徒会选择合作而不是各自为战；也就是说，在长期的双方关系中任何短视的行为都是得不偿失的。这个结果可以用来说明为什么我们的传统文化里强调人与人的关系应"以和为贵"。数千年来中国一直是农业国家，农业人口缚系于土地，乡间邻里相对固定，因此人们彼此之间的很多利益冲突可以用"无限次重复的囚徒困境"来描述；也就是说，如果某次利益是通过冲突而不是合作解决，那么失利的一方必然会设法报复，而且这种对立的情绪很有可能在后辈中延续，也就是无限次被重复，结果必然是双方都得不偿失。此所谓"冤冤相报何时了"！

现实中"囚徒"要考虑更多的因素，即使他们合谋决定合作、他们商量好都抵赖，但是真正面对警察的审讯时，他们又会考虑对放是否会出卖自己，他们有可能会继续出卖对方。但是，人都有报复心理的，如果一方违背了约定，虽然能很快出狱，但是若干年后呢？那位囚徒刑满释放后会放过他吗？考虑到若干年后的情况，两个囚徒也许会都选择抵赖。如果惩罚和奖赏的度发生改变：两人都坦白的话，则均判刑5年；A坦白B抵赖，则A无罪释放，B判刑8年；两人都抵赖的话，则均判刑2年，这样的情况下，两个囚徒会做怎样的选择呢？这样两个囚徒都选择坦白的可能性比较大，毕竟一年的时间比较短，不必为了2年的刑而冒坐牢8年的风险。这里涉及风险收益不对称问题。比如，一些官员，明明知道某些问题存在，却坐视不理，很大的原因就是风险收益不对称，不治理问题不会太大，治理好了奖励表彰也不怎么样，治理差了要受到责怪，于是问题得不到解决，原因就是这些官太"聪明"了。

总之，"囚徒的困境"涉及的问题众多，不仅仅是心理与智力的较量，游戏规则的指定对结果产生的影响是比较明显的。而现实中我们要考虑的相关因素会更多，博弈论只有与我们已经掌握的情况充分的结合才能得出比较满意的策略。

囚徒困境

囚犯B 囚犯A	坦白	不坦白
坦白	（-5，-5）	（0，-8）
不坦白	（-8，0）	（-2，-2）

支付函数是参与人从博弈中获得的效用水平，它是所有参与人战略或行动的函数，是每个参与人真正关心的东西。在一般情况下，我们假定各个参与人都能对博弈的支付根据偏好程度由高到低进行排序，以寻求可达到最高序列的支付。

"囚犯困境的均衡"反映了一个深刻的问题：从个人理性角度出发所选择的占优策略的结局（-5，-5）却不如合作策略的结果（-2，-2）；或者说，从个人理性角度出发所选择的占优策略的结局，从整体来看却是最差的结局。显然，"囚犯困境"的占优策略均衡反映了一个矛盾，即个人理性和集体理性的矛盾。

3. 智猪博弈

这个例子讲的是这样一个故事。猪圈里有两头猪，一头大猪，一头小猪。猪圈的一边有个踏板，每踩一下踏板，在远离踏板的猪圈的另一边的投食口就会落下少量的食物。如果有一只猪去踩踏板，另一只猪就有机会抢先吃到另一边落下的食物。当小猪踩动踏板时，大猪会在小猪跑到食槽之前刚好吃光所有的食物；若是大猪踩了踏板，则还有机会在小猪吃完落下的食物之前跑到食槽，争吃到另一半残羹。那么，两只猪各会采取什么策略？答案是：小猪将选择"搭便车"策略，也就是舒舒服服地等在食槽边，而大猪则为一点残羹不知疲倦地奔忙于踏板和食槽之间。

原因何在？因为小猪踩踏板将一无所获，不踩踏板反而能吃上食物。对小猪而言，无论大猪是否踩动踏板，不踩踏板总是好的选择。反观大猪，已明知小猪是不会去踩动踏板的，自己亲自去踩踏板总比不踩强吧，所以只好亲力亲为了。

"智猪博弈"故事给了竞争中的弱者（小猪）以等待为最佳策略的启发。在博弈中，每一方都要想方设法攻击对方、保护自己，最终取得胜利；但同时，对方也是一个与你一样理性的人，他会这么做吗？这时就需要更高明的智慧。博弈其实是一种斗智的竞争。作为一门科学，博弈论就是研究不同主体之间相互影响行为的一种学问；或者准确地说，博弈论是研究决策主行为发生直接相互作用时的决策以及这种决策的均衡问题的学问，因此也有人把它称为"对策论"。

在智猪博弈里，"小猪躺着大猪跑"的现象是由于故事中的游戏规则所导致的。规则的核心指标是每次落下的事物数量和踏板与投食口之间的距离。如果改变一下核心指标，猪圈里还会出现同样的"小猪躺着大猪跑"的景象吗？试试看。

改变方案一：减量方案。投食仅原来的一半分量，结果是小猪大猪都不去踩踏板了。小猪去踩，大猪将会把食物吃完；大猪去踩，小猪将也会把食物吃完。谁去踩踏板，就意味着为对方贡献食物，所以谁也不会有踩踏板的动力了。

如果目的是想让猪们去多踩踏板，这个游戏规则的设计显然是失败的。

改变方案二：增量方案。投食为原来的一倍分量，结果是小猪、大猪都会去踩踏板。谁想吃，谁就会去踩踏板。反正对方不会一次把食物吃完。小猪和大猪相当于生活在物质相对丰富的社会里，所以竞争意识却不会很强。

对于游戏规则的设计者来说，这个规则的成本相当高（每次提供双份的食物）；而且因为竞争不强烈，想让猪们去多踩踏板的效果并不好。

改变方案三：减量加移位方案。投食仅原来的一半分量，但同时将投食口移到踏板附近。结果呢，小猪和大猪都在拼命地抢着踩踏板。等待者不得食，而多劳者多得。

4. 斗鸡博弈

斗鸡博弈，顾名思义就是两只公鸡狭路相逢，谁也不服谁，就开始掐，你咬我一口，我蹬你一脚。但是，如果是都照死掐，结果就是两败俱伤。这只鸡眼被啄瞎，那只鸡腿被掐折。那么，这次斗鸡即使决出胜负也没有了意义。所以，斗鸡博弈里存在两个均衡点。这两个均衡点是以数学家纳什的名字命名的——纳什均衡点。均衡点的位置就是一方胜利前进一步，一方退缩做一些让步，点不再居中了，而是黄金分割。因为两败俱伤肯定是双方都不愿意选择的结果，双方都希望能在自己损失最少的情况下得到最多。所以，最佳的结果是一方强硬小胜，而另一方则妥协小败。这时候，双方都会自觉遵守纳什均衡，这也是斗鸡博弈的最优策略。

试想，有两只公鸡遇到一起，每只公鸡有两个行动选择：一是退下来，一是进攻。如果一方退下来，而对方没有退下来，对方获得胜利，这只公鸡则很丢面子；如果对方也退下来，双方则打个平手；如果自己没退下来，而对方退下来，自己则胜利，对方则失败；如果两只公鸡都前进，那么则两败俱伤。因此，对每只公鸡来说，最好的结果是对方退下来，而自己不退。其支付矩阵见下表。

斗鸡博弈

鸡乙 ＼ 鸡甲	前进	后退
前进	（-2，-2）	（1，-1）
后退	（-1，1）	（-1，-1）

上表中的数字的意思是：两者如果均选择"前进"，结果是两败俱伤，两者均获得-2的支付；如果一方"前进"，另外一方"后退"，前进的公鸡获得1的支付，赢得了面子，而后退的公鸡获得-1的支付，输掉了面子，但没有两者均"前进"受到的损失大；两者均"后退"，两者均输掉了面子，获得-1的支付。当然，表3中的数字只是相对的值。

这个博弈有两个纳什均衡：一方前进，另一方后退，但关键是谁进谁退。一个博弈，如果有唯一的纳什均衡点，那么这个博弈是可预测的，即这个纳什均衡点就是事先知道的唯一的博弈结果。但是如果一个博弈有两个或两个以上的纳什均衡点，则任何人无法预测出一个结果来。因此，我们无法预测斗鸡博弈的结果，即不能知道谁进谁退、谁输谁赢。

"斗鸡博弈"在生活中也是普遍存在的，在大学里面，经常要进行团队合作，往往对考试成绩不在乎并表示"鱼死网破"的学生可以轻松地获得搭便车的机会，因为重视学习、重视成绩的人在团队中更没有理由把作业做好。

这样的例子充斥在社会中，往往没有无理取闹的人、发疯闹事的人在发生纠纷以后更容易震慑住理性的人。

综合上面的例子,高承远认为,"斗鸡博弈"在很大程度上强调了一种"机会成本"的概念,一个有更多机会成本丧失的人往往表现得更加理性、更加拘束、更加患得患失,而几乎没有什么机会成本的人往往在生活中更加肆无忌惮。

一个简单的例子就是,在公路上发生了交通事故,一个无赖和一个书生进行理论,由于时间成本不一样,"斗鸡博弈"是很容易产生的,最后的结果往往是一个:秀才遇到兵,有理说不清。

"斗鸡博弈"强调的是,如何在博弈中采用妥协的方式取得利益。如果双方都换位思考,它们可以就补偿进行谈判,最后造成以补偿换退让的协议,问题就解决了。博弈中经常有妥协,双方能换位思考就可以较容易地达成协议。考虑自己得到多少补偿才愿意退,并用自己的想法来理解对方。只从自己立场出发考虑问题不愿退,又不想给对方一定的补偿,僵局就难以打破。

三、博弈论在日常生活中的几个应用

(一)个人选择困境

"人生如棋,一步下错,全盘皆输。"这句话主要表达人的一生中的某些抉择的重要性。我们每一次的选择何尝不是一种博弈呢?记得某位老师曾和我们说过这样一种观念——世界存在的一种三维空间,即是在未来的某一时刻存在着无数个你,有当画家的你、当作家的你、当科学家的你、当公务员的你、当老板的你、当明星的你等等无数的你,然而,就是因为你某一瞬间的决定,"杀死"了无数个你自己。所以,选择即是与自己博弈的一种形式。譬如,填写初中志愿,在当时的一种环境条件下,你和家长考虑了各方面的原因,根据自己所掌握的信息,各种纠结后做出了我们最后的选择。所以,可以说,经过这么一场与自己博弈的过程,在那一瞬间的选择,我们就已"杀死"了无数个在其他学校的自己。

(二)讨价还价博弈

每个人都购过物,在购物时,买家与卖家就是一种博弈关系。在买东西时,买家都希望能买到物美价廉的货物,而卖家则是希望尽可能地赚到更多的钱。现在存在的一种博弈关系是,卖家想以更高的价钱把货品卖给买家,而买家想以尽可能低的价钱买走货品,这是生活中常见的一种现象。这个时候,如果买家与卖家都做出让步,以一个买家与卖家都能接受的价格卖出货品,则两者就达到了一种利益的均衡。我们可以用博弈论的标准式来表示,有四种决策,标准式可表达见下表。

讨价还价博弈

卖家＼买家	不退让	做出退让
不退让	（−0.1，−0.1）	（1，0.2）
做出退让	（0.2，1）	（0.8，0.8）

有了这个标准式的矩阵，我们可以分析并选择一种策略来达到均衡：买家和卖家都同时做出退让。生活中，我们常会遇到这样的事情，两者都想赢得更多的利益而互不相让，这样只会两败俱伤；如果两方都做出退让的话，就会给两方都带来好处。

（三）厂商保护环境博弈

在现有的市场环境中，环境资源没有被市场所涵盖，它没有所有权也没有价格，所以，各厂商为了追求自己最大的经济利益而过度使用环境资源，然而，过度使用必将导致环境污染与破坏等一系列的环境问题。这里我们以各厂商为决策单位出发，如果厂商A投资保护环境，而其他公司均不保护，那么厂商A的投资必定比其他公司的大，即收益将比其他公司少。现在，先假设不受政府政策干涉，可以做出一种矩阵，见下表。

厂商保护环境博弈

其他厂商＼A厂商	投资保护	不投资保护
投资保护	60，60	50，100
不投资保护	100，50	100，100

所以很明显，每个厂商做出不投资保护环境的决策是短期收益最大的选择。如此循环，我们的环境必将遭到更严重的破坏，所以，为了保护环境以及为了能够坚持可持续发展战略，国家政府必须对此做出相应的政策，即对保护环境者给予奖励，对不保护环境者做出严厉惩罚。那么，各厂商收到政府的政策的干涉后，收益矩阵发生变化，见下表。

厂商保护环境博弈

其他厂商＼A厂商	投资保护	不投资保护
投资保护	80，80	80，50
不投资保护	50，80	50，50

这样一来，每个厂商最优选择策略将会变为投资保护环境。所以说，国家对环境保护做出正确的政策是十分重要的。

（四）学生考试作弊困境

小学、初中、高中、大学等，只要是存在考试的地方都或多或少地存在一些不诚信的作弊问题。学生在是否要作弊这个问题上的博弈要考虑到很多方面的因素。如果一所学校的考风本来很好，那肯定有许多本来想要作弊的学生也会放弃作弊行为。但并不代表这所学校的学生就没一人作弊了，因为还会有要考虑的因素以及有自身原因、家长原因等。但是，如果一所学校学习的考风确实好到每个学生都会以作弊为耻辱的话，存在以上我说的可能存在的一些原因肯定会很少甚至几乎没有了。然而，现实告诉我这样的学校并不多。所以，现在，我们来讨论一下关于一所考风本来就不好的学校的学生的作弊博弈问题。

假设A同学所在的学校作弊成风，那么A是选择诚信考试好呢，还是作弊考试好呢？（当然，在这里暂不考虑道德底线与良心的谴责）。如果A同学不作弊，而其他同学都作弊，那在期末成绩的评比上他会吃亏很多；如果A同学和其他同学一样作弊，那么他们就算是站在比较公平的平台上了。现在，以一些数据表示他们在考试中是否作弊可能得到的利益做成的矩阵，见下表。

学生考试作弊困境

其他同学 ＼ A同学	诚信考试	考试作弊
诚信考试	0, 0	0, 1
考试作弊	1, 0	1, 1

分析矩阵图可以看出，在失信的群体中每个人看到的都是失信带来的好处，自然不会有人选择诚信考试，如果在这种环境下A同学选择考试作弊也是合情合理的。所以说，良好的学生诚信氛围是对学生有约束作用；反过来，不良的诚信氛围会使很多学生选择从众行为，因而，成为一种恶性蔓延。

学校的学习氛围、为人诚信氛围与学校的制度有很大的关系，因而学校制定科学、有效的制度对培养学生的为人处事行为有很大的影响。

（五）囚徒困境在学生违纪调查中的运用

其实，人们在生活中处处都有囚徒困境。道理很简单，重要的是能够举一反三：

幼儿园小朋友互相分享玩具（给他玩，不给他玩）；

情窦初开的男女互相表白爱情（表白，不表白）；

公共走廊卫生的维持（不扔垃圾，扔垃圾）；

国家间的对抗（和平，战争）；

老板与下属的关系（信任，不信任）；

竞争对手打价格战（不降价，降价）；

商场上，生意伙伴的非正式合同或君子协定（不违约，违约）。

虽然括号内前者都是大家想要达到的目标，自私的结果却是大家不得不接受后者。小朋友仍在自己玩自己的玩具，虽然慢慢有点厌烦；韶华已逝的男女偶然发现当年对方暗恋的都是自己，徒呼奈何；你扔垃圾我也扔垃圾的结果是公共走廊难以找到下足之地；怕下属营私而事必躬亲的老板丧失了业务机会；怕对方违约的商人自己也没有做成买卖；怕竞争对手降价后独占市场的商家们竞相杀价，把一个又一个行业做烂；怕吃亏的国家之间也永远是战火绵连。可谓"你我谁不是囚徒，天下何处无困境"！

另外，在校园生活中，难免出现打架等违纪事件的发生。在处理这类事情上，如果遇见胆小的学生吓唬一下就可以了，但是怕就怕在遇见自作聪明的学生，他们或者避重就轻，或者干脆来个哑口无言，让你干着急。老师们对于这样学生的处理，囚徒困境博弈理论就大有用场了，而且是屡试不爽。教师在处理学生的违纪事件中，可以巧妙地运用这一理论撬开学生的愚顽心灵：先是对最顽固的学生在办公室里进行问询，其目的不在于能不能问出什么；此后将其支出，又将另一个学生进行问询，从这个学生嘴里问出蛛丝马迹后直挖到底，而后再把第一个学生叫进来问询，此时借助第二个学生的线索旁敲侧击，基本上就可以将他束手就擒。

（六）现实中的"宽恕"与"针锋相对"

当一个人伤害了你的时候，你知道即便报复了他也并不能消除对你已形成的伤害。如果你还希望两个人的关系能够继续，那么最好是宽恕他。但是，若他知道即便伤害了你也会获得宽恕的时候，他就可能一直有意无意地不停伤害你。

有许多的老师，一直被学生认为"心太狠"，因为如果学生没有按时交作业，那就铁定的被训斥，不但躲不了作业还会被"作业加倍"。事实上，绝大多数老师原本是宅心仁厚、宽大为怀的。那么，究竟是什么让老师变得铁石心肠呢？原因在于，聪明的老师知道，如果他原谅了一个迟交或不交作业的学生，那么这个学生下一次作业还可能迟交或不交，而且其他的学生都有可能学习这个学生，不断编造美丽的借口来获得老师的原谅。既然教师无法区别哪些理由是事实、哪些理由只是借口，所以"概不讲情"成为教师避免麻烦的一个最优的策略。

就像我们在一些影片中看到某些心地善良却遇人不淑的女子。那些女子一次又一次原谅胡作非为的丈夫，希望用真情感动他回心转意；但结果丈夫反而得寸进尺，因为他知道无论如何，只要一些花言巧语扮可怜相就会获得宽恕。

所以有时候，人们会对伤害选择报复。当别人打你一拳，你若打回一拳，这本身并不能减轻你已挨那一拳的疼痛，而且用力打回一拳通常也得不到快感。那为什么还会回击呢？原因在于，你知道打不还手只会让对手更加猖狂，而选择回击是遏制对方进一步侵犯的方式。

在我国有人曾经主张废除死刑，理由是处死一个杀人犯并不能挽回被害者的性命，即犯罪的后果已经无法事后补救，因此这个杀人犯不必也去死。虽然，死刑对犯罪后果的确于事无补，但作为一种震慑力量，它至少在一定程度上遏制了潜在的犯罪。

虽然宽恕是一种美德，但是人们有时采取绝不原谅的态度对其的确是更有利的。当然，并不绝对如此，因为有时绝不原谅也有麻烦的时候。比如说，××大学对博士生教育的规定是：凡是有一门学位课不及格就自动退学。很多人认为这样的规定太过分，而且使学生压力很大。但事实是，学生的压力更轻了，因为不及格足以让学生退学，所以教师在评判时通常就更为宽松；相反，倒是那些允许补考的学校，看来规定宽松，但教师评判正考成绩时往往并不留情。

所以，有些时候宽大为怀不一定好，有些时候毫无回旋余地也不见佳。这就是奇奇妙妙的人类互动世界。

（七）中学生活中的"学习"和"玩"

在中学的校园中，很多男生都喜欢踢足球或者打篮球，而每次到临近期末或者是要到某一次考试的时候，很多男生会面临着一些艰难的抉择：该去打球呢，还是认真复习考试呢？当然，不同的人会有不同的选择。从博弈论研究的角度来说，现假定男生A与男生B以及男生C是好朋友，他们都很喜欢打篮球，虽然A对篮球的偏爱程度高于B，而B对学习的重视程度高于A，则C对于球赛和学习都很热爱。

周六有一场篮球赛，后天就要考试。体育委员要单独通知他们这件事并要求他们回复，而且他们三个之间在做出决策之前没有相互沟通交流。由于A是狂热的篮球分子，那么A去参加篮球赛是铁定了的事实，而由于B出于对学习的热爱，明天是否出席篮球赛只有B自己才清楚，同时B是否参加比赛则取决于C是否参加比赛。假设C参加的概率为P，那么C不参加比赛的概率为$1-P$，这一点已经构成了博弈的公共知识，则该博弈的参与人为男生A和男生B，他们的策略和支付具体情形见表1和表2。

<table>
<tr><td colspan="3">表1　C参加比赛</td></tr>
<tr><td>男生B
男生A</td><td>学习</td><td>打球</td></tr>
<tr><td>学习</td><td>3
1</td><td>1
1</td></tr>
<tr><td>打球</td><td>1
3</td><td>3
4</td></tr>
</table>

<table>
<tr><td colspan="3">表2　C不参加比赛</td></tr>
<tr><td>男生B
男生A</td><td>学习</td><td>打球</td></tr>
<tr><td>学习</td><td>4
2</td><td>0
2</td></tr>
<tr><td>打球</td><td>3
3</td><td>1
4</td></tr>
</table>

由表1和表2可以看出，学生B的策略集主要有以下四个：

（1）｛C参加比赛，B学习｝；　　　（2）｛C参加比赛，B打球｝；

（3）｛C不参加比赛，B学习｝；　　（4）｛C不参加比赛，B打球｝。

在表2条件下，如果A参加了学习，那么B的最佳策略应该是学习；而如果A参加了打球，那么B的最佳策略也应该是打球；如果B学习，那么A的最佳策略应该是打球；而B打球，那么A的最佳策略应该也是打球。表2所显示的博弈结果求解方法与表1的相同。

表1条件下展示的纳什均衡是｛A打球，B打球｝；表2条件下展示的纳什均衡是｛A打球，B学习｝。虽然A在C参赛与不参赛这两种条件下的策略集只有｛学习，打球｝，但是从这两种均衡中我们发现，无论C是在参赛还是不参赛的条件下，A参赛是无疑的。从这一方面可以看出，博弈中人的兴趣、决心和诚信度对一个博弈的结果起着相当重要的作用。然而在日常的生活中，因为这三个人都是好朋友并且都有共同的爱好，所以最理想的博弈结果无异于表1条件下显示的纳什均衡｛A打球，B打球｝。如果｛A打球，B打球｝是最佳决策，从B依仗于C做决策这一点，为赢得最好的结局，体育委员应该将关键的问题放在C处，从各方面的利益关系对C进行游说，从而提高C参赛的概率P。

在我们的日常生活中还会遇到很多其他的博弈案例。譬如，各种竞技比赛，恋爱中的男生选择是否送礼物给女朋友，男方是该求婚还是放弃求婚等甚至小朋友玩的剪刀石头布都是博弈行为。而且，博弈还不仅仅存在于人与人、团队与队、厂商与厂商之间，还存在于国家与国家之间。不管是个人、企业还是整个国家，博弈论对其都有很大的指导意义。但愿我们都能更好地理论联系实际，在实践中运用好博弈理论，和平共处，做好正合作关系，然后尽可能地实现彼此之间的双赢。

第四节　组织与实施

一、指导思想

进一步落实"把课堂还给学生，让课堂充满生命活力；把班级还给学生，让班级充满成长气息；把创造还给教师，让教育充满智慧挑战；把精神生命发展主动权还给师生，让学校充满勃勃生机"的教育理念，拓宽学生视野，激发学习兴趣，发展个性特长，促进学生身心健康、和谐地发展。

二、活动时间

每周二下午第四节课。

三、活动地点

功能教室。

四、活动要求

为了避免选修课程的随意性和盲目性，我们坚持"五定"。

一定课程目标。学校重点针对本选修课程的活动成果进行考核，纳入期末评定的重要依据。

二定课程时间。本选修课程活动列入教学计划，每周一个课时的固定活动时间。

三定课程内容。辅导教师要注重校本教材的开发，研究选择教学内容，开学初制订教学计划，认真备课。

四定授课地点。每学期学校教务处确保选修课程固定的活动地点。

五定辅导老师。每学期由学校教务处协同教研组选择有特长、有责任心的教师组织实施课程。

五、具体措施

（一）宣传到位

做好选修课的宣传发动工作。班主任要利用班会向学生宣传，利用家长会向家长宣传。选修课程要本着学生自愿参加的原则，本着义务辅导（即免费）的原则，先由选修课程的教师和班主任商议选取有特长、有兴趣的学生参加训练，其余的学生则留在教室里由指定的责任心强、教学水平高的教师组织班级选修课程的活动。

（二）全力支持

每周星期二下午的第三节课的任课老师不要拖堂，以保证学生如数准时到达训练地点。辅导老师接手后，一定要先清点人数，未到的学生要立即与其班主任联系，弄清去向并在记录册上写明。各班任课教师全力支持，确保选修课能顺利进行。

（三）精心辅导

各选修课程辅导老师要在开班初拟订活动计划，超周备课，认真组织，做到每节课主题明确，使学生能有目的、有计划地进行课程学习，同时也能克服老师们在辅导过程中的盲目性和随意性。各辅导老师必须把学生全员带在身边进行辅导，老师不坐堂批改作业或干其他有碍于指导的事，不允许让学生放任自流地自由活动，下课铃未响学生不得提前脱离活动状态，确保学生的安全。

（四）关爱学生

要关心爱护学生，加强安全保卫工作，保证活动场地、设施、器材等的安全性，防止意外事故的发生。专用活动室负责教师要做好活动室内物品保管、门窗关锁工作、使用后的清洁卫生。

（五）成果展示

加强对活动内容和形式的研究，定期举行各种形式的展示评比活动，如小论文评比、学生答辩比赛等，通过这样的活动不断创新内容和方法，使课程建设的水平得到进一步的提高。

（六）注重管理

把开设和实施课程的过程纳入学校教育教学的常规管理中，教务处负责检查，保证既重结果、更重过程的管理。

（七）加强考核

将课程进行情况作为对辅导老师的考核与评价的主要标准，学校按辅导补助标准发放补助。各选修课程均要在期末结束时做好一次总结。

第五节　课程的评价

长期以来，我国一直采用国家统一的课程设置，全国中小学基本上沿用一个教学计划、一套教学大纲和一套教材，缺乏灵活性和多样性。

国家课程因其自身的特点与局限，没有也不可能充分考虑各地方、各学校的实际，也不可能照顾众多学习者的认知背景及其学习特点，更无力在学法指导与策略教学方面采取相应的、有针对性的措施。而本课程是在学校办学教育理念、办学宗旨的指导下，根据学校的实际情况，立足于学校的特色、教师和学生的特点，教师和学生自己开发、自己管理、自己实施的课程，无论在内容上还是在时间安排上都有很强的灵活性，能很好地满足不同学生的不同要求，弥补了国家课程和地方课程的不足。

一、减轻学生的压力，满足学生不同兴趣的需求

目前学生从进入中学的第一天就开始为升学而竞争，每天都沉浸于各学科的习题之中，承受着巨大的心理压力；统一的课程设置限制了他们学习课程的范围，学习的课程都是围绕着国家考试科目而设，而关注学生兴趣爱好的课程几乎没有。本课程强调以人为本、趣味性和开放性，让学生能够参与进去，这样不但能扩大学生的视野、增强学生的能力，而且能给学生带来快乐，使学生在繁重的学习中得到放松。

国家课程强调统一性和普适性，很难考虑到个别学校、学生的差异，难以适合不同学生的需要。而本课程就要求开发者注意学校实际，满足不同学生的需要，让学生有选择的机会发展自己的兴趣和特长，这样学生的积极性和创造性就能得到发挥，个性化教育的目的就能得以实现。

根据本课程的特点和课程实施原则，学校针对课程实施情况对学生学习进行评价。

（一）指导思想

大力推进基础教育课程改革，培养学生的创新精神和实践能力，促进学生健康

全面的发展。

（二）评价方法

根据本课程要求，结合我校实际，从考查学生的能力入手，采取平时考查与期末考查相结合的方式对学生的能力进行综合考评。具体实施方法如下：

基础知识20%，方法和能力20%，态度习惯、成果展示（小论文）40%和期末考查20%。根据学生的最终成绩评定学生等级，分别用优、良、一般三个等级进行综合评定。

（三）评价细则

1. 基础知识（20%）

课堂上所教学的内容中，用于解决问题的基础知识。

2. 方法和能力（20%）

主要根据学生平时学习过程中"课堂参与、与人合作"的表现，由教师用"好、较好、有进步"的等级进行评价。

3. 态度习惯、成果展示（40%）

主要对学生平时的课前准备、学习的态度、学习的习惯等课堂表现，"关于博弈的小论文"成果展示等进行评价。

4. 期末考查（20%）

教师根据平时的教学内容选取一部分难易适度的题目，采取笔试的形式对学生进行考查。

5. 评奖

教师根据以上考查结果评选一、二、三等奖，并给予适当奖励。

二、促进教师专业能力的不断发展

"校本课程的开发意味着教育管理中一种权力的下放"，教师能够根据自己对学校和学生的了解，开发出符合本校特色和适合学生个性发展的课程，使自己的能力和价值得到最大的发挥。因此，教师作为课程开发的主体，在实践中不断提高自己的专业自主意识和能力。

校本课程的开发，给教师提出了极具挑战性的问题。长期以来，教师的主要任务是讲授别人编写的甚至连教学参考书也齐备的教科书，教师的专业能力发挥受到很大的限制，校本课程的开发要求教师不仅会"教"书，还要会"编"书。提高学校和教师课程开发意识与开发能力是校本课程开发的关键。长期以来，学校和教师完全执行指令性的课程计划，不可能也不需要具备多少课程意识和课程开发能力，教师的职前职后教育也缺少应有的课程知识和培训。因此，学校和教师课程意识与开发能力的欠缺，是校本课程开发的最大困难。实践证明，"生活中博弈论"的课程开发展示了教师专业水平、研究能力和创新能力，让教师的教育科研水平得到了大幅度的提高。

教师的评价主要集中于对教师课程实施过程的评价，因此，教师主要是通过教学观摩及课后的讨论与交流等形式来对本课程进行评价。一般来说，教师对本课程评价需要三个阶段：召开观摩课的预备会议、进行课堂观摩、课后讨论与交流。在预备会议中要确定观察的重点，选择观察方法，使观察双方达成理解，实现人际沟通。在观摩期间，要根据预备会议中达成的步骤来收集信息。观察活动可针对学生或教师，也可以是综合地或突出地观察某一重点。在课程后的讨论与交流中，要求双方教师都对课堂教学进行思考，由观摩者提供观摩的信息，肯定成绩，指出需要改进的地方，并讨论下一轮观察和评估需要注意和改进的地方。评价不应该是批判性的，而是建设性的。

三、补充国家课程的不足，提高学校教育质量

我国中学课程长期以来是在国家课程的框架和体系下进行的，没有什么变更或创新，这就造成国家课程中的一些教学内容和方法不适合一些地区和学校的实际情况。校本课程注重实际情况和需要，弥补了国家课程在从高级层次推行到低级层次过程中产生的一些弊端，能更好地完成国家课程设置的要求。

本课程开发的内在本质是追求学校发展的个性化和特色，本课程的开发充分体现了学校、教师首创精神的过程，即学校、教师增加自我责任意识和面对新课程改革增强自身适应性的过程。学校基于自己的课程实践，创造性地开发、组织、实施了本课程，让每一位教师在本课程中获得发展，让每一位学生在课程中感受成功，助力学校全面实施素质教育、提高基础教育的质量。

参考文献

［1］徐厚广.博弈［M］.重庆：重庆出版社，2006.

［2］中华人民共和国教育部.义务教育数学课程标准［S］.北京：北京师范大学出版社，2011.

［3］王斌华.校本课程论［M］，上海：上海教育出版社，2001.

［4］崔允漷.校本课程开发理论与实践［M］.北京：教育科学出版社，2000.

［5］王本陆.课程与教学论［M］.北京：高等教育出版社，2009.

［6］张嘉育.学校本位课程发展［M］.台北：台湾师大书苑，1999.

［7］郑梦丹.校本课程开发的意义及困境［J］.现代教育科学，2011（10）.

［8］赖在人间的日志.宽恕与报复［Z］.

网易博客http：//kanghe.blog.163.com/blog/static/244723320061263815166/

附：

生活中的博弈论的教学设计（共7课时）

课题1（1课时）

一、教学目标

（一）知识与技能

1.了解博弈论的基本组成部分。

2.了解博弈论的发展历史与重要人物。

3.理解经典模型"囚徒困境"，学会运用所学的知识去理解生活中的一些类似现象。

（二）过程与方法

1.通过参与课堂上的博弈游戏，了解博弈论在现实生活中的普遍存在性。

2.通过现实生活案例分析，学会初步运用博弈论知识的方法，即倒推的思想方法。

（三）情感态度价值观

1.通过集体参与的游戏，激发学生学习的兴趣，使学生对探索社会的行为规律有更强的欲望。

2.通过生活中案例的分析，提高学生的社会认知度，增强学生的道德观念。

二、学情分析

授课对象为7年级学生，该阶段的学生的思维正在由形象思维到抽象思维转化，在认知上由感性认知到理性认知过渡。因此，在教学内容上，主要以理解为主，结合生活中具体的事例，少一些枯燥乏味的理论知识与专业术语。在教学方法上要寻求多样化，不要太过于单一。

三、教学重、难点

1.重点

了解博弈论基本组成，在游戏中学会根据策略改变自身的策略，以达到取胜的目的。

2.难点

学生体验发现博弈论在生活中的普遍存在性，学会运用所学知识解读生活中的案例。

四、授课方法

游戏教学，问答教学，交流讨论。

五、教学内容与步骤

（一）引入新课

引入：由生活中同学们比较熟悉的棋类和纸牌类游戏入手。

教师活动：大家都应该玩过扑克或者象棋跳棋之类的游戏吧？玩这些游戏的最终目的都是为了取胜。在我们生活中也无时无刻存在着一些竞赛与对弈。那么，我们怎么样才能使自己取得最终的胜利呢？现在教大家一种思想，可以让大家在这些游戏中迅速理清自己的思想，运用好的方法取得胜利。

博弈游戏：成绩博弈。

游戏规则：在不被同桌看到的情况之下，在每个同学拿到的纸张上面，先写上自己的名字，再写上自己想填的成绩，这个成绩不是乱填的。你可以写的成绩只有两个：a或者是b，把这看成是你成绩的赌注。之后教师收集好同学们的答案。我会随机抽取两个人，依次类推，两两一组。如果你写的是a，而你分到的另一半选择b，那么你获得3分，另一个获得-1分；如果两个都写的是a，两个人的成绩都是0；如果两个都写b，两个人的成绩都为1；你写的是b，另一个选择a，则你获得-1，他（她）获得3分。

师生活动：交流讨论，考虑每一种情况，得出结论。

（二）讲述新课

引入博弈论的基本概念。

教师活动：讲述博弈论的概念，结合游戏讲述博弈论的三要素：参与者、若干个可以选择的策略、收益（支付）。

博弈论发展历史。

（课件展示博弈论的发展历程和一些重要的历史人物）

博弈论经典模型。

讲述经典模型"囚徒困境"，结合博弈论的三要素，多角度分析这一类模型。给出在这个模型下的基本矩阵模式，可以方便大家思考，选择最佳的策略。

分别考虑甲和乙的策略选择，筛选出最优的策略和最劣的策略，最终选择最优的策略，得到最终的结果。

（三）小结

从这个经典模型中我们知道，现实生活中到处都有背叛，本来两个人都选择沉默，这样可以获得双赢，但是因为人性中的自私，不得不去选择告发。因此在我们的生活中，我们在与人交往中，一定要相互信任，不要让自己的自私毁了一切，也就是"害人之心不可有，防人之心不可无"。总之，我们要避免出现这样一种情况。

课题2（2课时）

一、教学目标

（一）知识与技能

1.巩固博弈论的基本三要素。

2.理解经典模型"囚徒困境"在生活中的应用，学会运用所学的知识去理解生活中的一些类似现象。

3.通过博弈游戏，学会倒退的思维方式。

（二）过程与方法

1.通过参与课堂上的博弈游戏，了解博弈论在现实生活中的普遍存在性。

2.通过现实生活案例分析，学会初步运用博弈论知识的方法。

（三）情感态度与价值观

1.通过集体参与的游戏，激发学生学习的兴趣，使学生对探索社会的行为规律有更强的欲望。

2.通过生活中案例的分析，提高学生的社会认知度，增强学生的道德观念。

二、学情分析

授课的班级为7年级的学生，该阶段的学生的思维正在由形象思维向抽象思维转化，在认知上由感性认知向理性认知过渡。因此，在教学内容上，主要以理解为主，结合生活中具体的事例，少一些枯燥乏味的理论知识与专业术语。在教学方法上要以寻求多样化，不要太过于单一。

三、教学重、难点

1. 重点

在猜数字游戏当中运用博弈论知识，学会运用对方的策略来改变调整自身的策略，学会用矩阵来表示双方的收益。

2. 难点

在猜数字游戏当中所展现的社会认知，理解"囚徒困境"模型在生活中的广泛应用。

四、授课方法

游戏教学，问答教学，交流讨论。

五、教学内容与教学步骤

（一）复习旧课

教师活动：什么是博弈论？博弈论有哪些要素？囚徒困境指的是什么？

（二）博弈游戏

博弈游戏：取自美国真人秀《幸存者》中的一个游戏——抢第21支旗。

师生活动：班级从中分开成A、B两组，每组派一位代表上台进行"抢21支旗"的游戏，讲台上有21支旗（有小木棍代替）。每个人都拿一支旗、两支旗或三支旗，但是不能不拿，谁拿到最后一支旗就获得胜利，

先进行一次比赛，注意让学生思考，尽量让学生自己得出规律，即当只剩下4支旗的时候就已经胜负已分了。

再进行一次比赛，同样让学生注意观察思考，得出进一步的规律。

最后进行一次教师和班内对抗的胜者比赛，这次能激发他们最大的凝聚力和斗志。经过观察思考，得出最终的结论。

（三）新课教学

结合复习的"囚徒困境"知识，提出一些生活中存在的事例。

教师活动：上节课我们学习了"囚徒困境"这样一个博弈论的模型，很多人会问，这个模型类似的事件在我们现实生活中有吗？不太可能吧？

那好，我们现在就来找找看到底有没有。列举"商家价格大战""价格联盟"：生产同类产品的商家之间本来可以通过相互约定提高价格而获得利润，但结果却相反，往往是相互杀价，最后都赚不到钱。这些类似的价格联盟，往往不会持续很久，他们自身就会崩溃，消费者可以等待价格降下来。

相同的例子还有许多，如国家基础设施建设问题——一些基础性的公共设施建设往往都是由国家来出资建设，私人往往没有这样的积极性。

（四）猜数字游戏

游戏规则：让所有同学在0至99这100个整数中选择一个数字，如果最后选择的数字最接近所有数字的平均值的2/3，那么就赢得这个游戏，获胜者获得相应的奖励。根据最后交上来的结果，当场计算，公布最终的胜利者。

师生互动：利用博弈论的知识讲解，在理论情况下，最终获胜的数字应该是什么。结合实际中的情况进行讨论。重点：学会运用对方的策略来改变调整自身的策略。

具体情况：有选择大于66.7的同学；写0的人；写33.3的人；写22.2的人，等等。结合同学们的答案，分析每一类人的社会认知程度，进行德育教育。

先说选超过66.67的人。可能因为没有听清楚题目。先别就这样放过这个现象。在社会中，没有搞清楚规则的到处都是。再说选0的。这个结果让人大吃一惊，但是在一些高智商的群体中，选0的人的比例就会很高。然后，我们来说选33.3的。他们是正常的，平凡的人。在明白规则之后，他们经过自己的思考，最终做出了自己的选择，这是大部分人的思维方式。再说赢得游戏的22，他们懂得规则，但是和正常人相比，他们往往比别人多考虑了一步。

本游戏的关键在于先要了解对手的策略，然后再对自己的策略进行调整和改变。

通过博弈游戏的亲身体验，学生会自觉对自己的博弈行为进行纠正，加深对博弈的印象和理解。

课题3（2课时）

一、教学目标

（一）知识与技能

1. 理解经典模型"智猪博弈"，了解其在生活中的应用，学会运用所学的知识去理解生活中的一些类似现象。

2. 模拟"二战"时候盟军与德军在诺曼底时的博弈情况，了解纳什均衡。

（二）过程与方法

1. 通过参与课堂上的博弈游戏，了解博弈论在现实生活中的普遍存在性。

2. 通过现实生活案例分析，学会初步运用博弈论知识的方法。

（三）情感态度与价值观

1. 通过集体参与的游戏，激发学生学习的兴趣，使学生对探索社会的行为规律有更强的欲望。

2. 通过生活中案例的分析，提高学生的社会认知度，增强学生的道德观念。

二、学情分析

授课对象为7年级学生，该阶段的学生的思维正在由形象思维到抽象思维转化，在认知上由感性认知到理性认知过渡。因此，在教学内容上主要以理解为主，结合生活中具体的事例，少一些枯燥乏味的理论知识与专业术语。在教学方法上要以寻多样化，不要太过于单一。

三、教学重、难点

1.重点

理解"智猪博弈"模型，学会运用对方的策略来改变调整自身的策略。

在若干策略中剔除劣势策略，最终达到纳什平衡。

2.难点

理解经典模型"智猪博弈"，了解其在生活中的应用，学会运用所学的知识去理解生活中的一些类似现象。

四、授课方法

游戏教学，问答教学，交流讨论。

五、教学内容与教学步骤

复习巩固。

教师活动：复习博弈论的基本知识，复习"囚徒困境"的经典模型，学会博弈时在若干策略中选择最优的方法。

师生互动：对上堂课最后阶段的游戏——成绩博弈游戏，进行结果公布。结合所学的知识，简略讲述同学们最应该填写的成绩

进入新课——"智猪博弈"。

教师活动：讲述"智猪博弈"模型。

教师活动：有一只小猪和大猪，住在猪圈里，而在猪圈的一端有一个食槽，另一端有个按钮，如果按一下按钮，那么会有10单位的猪食落入槽中，但是谁去按，那么它就要花2单位的能量；也就是说，若大猪到槽边按钮，大小猪吃到食物的收益比是9∶1，依次类推。那么，现在假设两头猪都有智慧，如果你是小猪，应该怎么样来选择？

学生活动：在教师的指导之下，画出大猪小猪的收益矩阵图。研究小猪可供选择的策略，运用所学知识来选择出最优的策略，使得自己活得更大的利益。

教师活动：公布最终结果，应该是小猪等待大猪来动手。画一个矩阵图，从矩阵中看出，在小猪的若干个策略选择中，等待是最优策略。

实例分析。

"智猪博弈"模型给人的启发：

它给弱者的启发是自己本身的实力，无法与别人抗衡，但是为了生活，就需要在"大猪"身上搭便车。

它给强者的启发是要时刻守护住自己的劳动成果和知识产权，不能一直做冤大头，要用合法的武器来保护自己的利益。

它给政府的启发是要合理地制定一套游戏规则，使得每个人在这个规则中，都能够充分创造出自己的财富，促进社会的和谐。

博弈游戏——"抢滩登陆"。

将班级分成两组，分别扮演"二战"时期的德军与盟军，根据课件中所给出的背景，给出双方的攻守策略。

课题4（2课时）

一、教学目标

（一）知识与技能

1. 充分理解博弈论在生活中的应用。

2. 学会运用所学的知识去理解生活中的一些类似现象。

（二）过程与方法

1. 通过小组展示所搜集到的案例，了解到博弈论在现实生活中的普遍存在性。

2. 通过现实生活案例分析，学会初步运用博弈论知识的方法。

（三）情感态度与价值观

通过生活中案例的分析，提高学生的社会认知度，增强学生的道德观念。

二、学情分析

授课对象为初一学生，该阶段的学生的思维正在由形象思维到抽象思维转化，在认知上由感性认知到理性认知过渡。因此，在教学内容上主要以理解为主，结合生活中具体的事例，少一些枯燥乏味的理论知识与专业术语。在教学方法上要寻求多样化，不要太过于单一。

三、授课方法

游戏教学，问答教学，交流讨论。

四、教学内容与步骤

小组展示每个组所搜集到的博弈论在生活中的案例，其他学生认真记录学习。

教师对所讲的内容进行适当的知识补充。

小组提问环节：

其他组的学生对展示小组的案例进行提问，负责展示的小组要解答同学的疑问。

教师进行适当的指导和提示。

交流讨论：

小组展示完毕，学生进行交流讨论，总结出相似案例的一些基本特点。

教师总结。

（吴学峰　山东省青岛第二十六中学）

第十章
趣味实验科学课程建设

第一节　背景与问题

一、背景介绍

小学生生活中的趣味科学实验是一种拓展性课程。拓展性课程是指以培育学生的主体意识、完善学生的认知结构、提高学生自我规划和自主选择能力为宗旨，着眼于培养、激发和发展学生的兴趣爱好，开发学生的潜能，促进学生个性的发展和学校办学特色的形成的课程，是一种体现不同基础要求、具有一定开放性的课程。它不像国家课程那样具有统一的教材、教具以及教学参考，这既给拓展性课程的开展带来了挑战，也带来了机遇。教师作为课程实施的主体，担负着教材开发的重要任务。

小学科学是以培养小学生科学素养为宗旨的科学启蒙课程，重在培养他们的好奇心和探究欲，发展他们的个性，开发他们的创造潜能。科学课的教学内容除了课堂教学内容以外，拓展性课程也是其重要的组成部分之一。[①]

二、核心问题

课堂教学是科学课的主阵地，拓展性课程则是科学课的延伸，课外延伸和课内教育同样重要。经过长时间的教学实践，我们发现很多时候课堂上的教学已经不能满足学生的求知欲了，限制较多，但拓展性课程正好能弥补这一点。

---

① 刘勋祥.解读小学科学课程标准［J］.教学与管理，2002（04）35-36.

一是时间上的拓展。课堂上的时间毕竟是有限的，教师启发学生后，再让学生课后有针对性地进行研究，让他们自己去进行设计、制作，让课内时间向课外拓展，让学生有更多动手、动脑的机会，尽情体验实验的乐趣。

二是空间上的拓展。学生在课堂上受到空间的限制，许多活动不能很好地开展，这就要求教师要有善于发现敢于创新的精神，勇于让学生走出课堂，到社会生活和大自然中去体验、去开展更多活动。

三是内容上的拓展。教师指导根据学生的特长安排他们进行小制作、小实验、小发明、小论文。这样，不仅巩固了课堂教学的科学知识和技能，也有利于培养学生的创新精神。

三、主要任务

（一）了解小学生方方面面的生活

1. 自我意识方面

由于自我意识的发展，小学生逐渐开始觉得自己已经长大，不愿意处处受人约束、受人监督，喜欢无拘无束的玩乐。长期的教学观察发现，中年级学生对课堂教学活动参与度不如对拓展性课程的参与度高。其实，学生更喜欢参加自主性强、受约束少的活动。像春游、运动会这一类的活动，学生首先考虑的就是自己活动的范围变大，比较自由，能让他们尽情地玩乐。

2. 兴趣方面

小学生参加任何活动，首要的前提是感兴趣。如果不感兴趣，即使在别人看来是有意思、有实用价值的事情，他们也不会去关注。所以，对于兴趣的了解非常重要。中年级的学生对自己未知的知识领域有很强的求知欲，主观兴趣较强，表现出非常喜欢提问题，哪怕提出很多没用的问题也会不厌其烦地问，甚至还会试着去了解生活中遇到的问题的答案。只要留心观察，我们就不难发现学生学习的兴趣。但值得注意的是，小学生的兴趣并不稳定，这就要求教师对其进行引导。学生对想做的事情三心二意，这是正常的，因为他们对自己兴趣的认识还达不到理性的高度，所以在进行中年级生活中实验的选择时要多加思量，把探究兴趣放在首位。

3. 交友方面

小学生在交友的时候喜欢跟同龄伙伴在一起。这是儿童对友谊需要的一种表现，同时也是社会性发展中不可或缺的内容。

友谊是和亲近的同伴建立一种特殊而稳定的亲密关系。在建立关系的过程中，他们之间相互学习交往、合作和自我控制的能力的提高为以后建立和谐的人际关系打下良好的基础。对于这一点，教师应该引导好。在进行小组内的实验合作时，应让每个孩子都能够参与，经历研究过程。因为每个学生都是其中的一分子，他们喜欢这种群体的归属感。

作为教师，要善于将拓展性课程里的学生组织起来，形成一个团结的整体。这样，既有利于积极的学习风气的形成，也让学生在集体中能够感受到主体地位。

4. 娱乐生活方面

游戏活动在小学生的休闲中占有很重要的地位。游戏活动之所以对学生有那么大的吸引力，其中很重要的一点是他们在游戏中可以扮演自己喜欢或者向往的角色。通过这种角色扮演，使得儿童在日常生活和学校学习中不能体验到的成功感和创造欲望可以在游戏中获得满足。儿童经常想显示自己的力量，但是在现实生活中，他们往往是被保护的对象。在游戏中，他们遵循自己制定的规则，不被大人操纵，这样他们就可以把自我的欲望表达出来。这种角色的扮演起着从非现实到现实的桥梁作用，对学生的社会性发展起着积极的作用。[①]

（二）了解小学生的生活中有哪些问题能转化成科学问题

小学生的生活包罗万象，但无论接触到什么都会在这四大领域中：物质科学、生命科学、地球科学、设计和技术生活。这些知识里面有浅显的、与日常生活密切相关的知识，他们会对这些跟科学有关的现实生活情感兴趣，愿意提出问题，而一些需要进一步去思考、查阅、分析、解决的问题就可以转变成科学问题。

（三）了解这些科学问题如何转化成趣味的科学实验

科学"源于生活，又应用于生活"。社会生活中，有着许多与科学相关的活动，而学生能否从科学的角度去分析日常生活现象，能否尝试着去解决日常生活中的科学问题，关键在于教师能否恰当的引导。《小学科学新课标》中指出："小学阶段科学概念的建构强调从学生熟悉的日常生活实际出发，探究活动尽量与生活中的实际应用相联系。"因此，科学教学应遵循不同年级学生的不同生活经验，设计一系列有实质性的探究活动，让学生在活动中通过自身的实践活动，建构属于自己的科学知识体系。我们尝试把课堂教学与学生生活紧密结合，选择有趣、能应用于生活的科学实验，激发学生学科学、用科学、爱科学的情感，培养学生良好的科学素养。[②]

---

① 曹东燕.科学教材探究性诊释［J］.外国中小学教育，2004（06）：48-49.
② 江美华.小学科学教材中不同类型的实验［J］.中小学实验与设备，2008（12）：46-49.

第二节　目标的确立

一、学生发展目标

（一）培养学生的问题意识

（1）根据实验创设有思考价值的问题情境，使学生产生主动思考的兴趣，想要跟随问题和情境的设计进行思考。

（2）能够从实验所给的材料中，选择自己需要的实验材料，针对问题进行思考，并运用所学的科学思维方法，对问题进行深入研究。

（二）培养学生的科学思维

（1）学生根据所给情境，能在动手实验之前先动脑思考，选择需要的材料，主动进行尝试，并在过程中进行不断地思考。

（2）在学生的反复实验中，尊重科学实验中的不确定性，经历实验中的矛盾冲突，努力再尝试，用数据说话，培养学生严谨的科学思维。

（3）了解科学探究的过程和方法，让学生亲身经历科学探究的全过程，从中获得科学知识、增长才干、体会科学探究的乐趣、理解科学的真谛，逐步学会科学地看问题、想问题。

（三）培养科学实验的探究精神

（1）能在好奇心的驱使下，表现出对情境中的现象和事件发生的条件、过程、原因等方面的探究兴趣。

（2）能基于已有经验和所学知识，尝试从现象和事件发生的条件、过程、原因等方面提出假设。

（3）初步学习运用假设，分析事物之间的因果关系，注重观察实验中的变化，特别是对实验结果，能够做出自己能说明白的解释，以验证自己的假设。

（4）在情境总问题的引导下，能设计完整的探究方案，初步具备实验设计的能力。

（5）在对情境中的问题进行科学探究时，能专注事实，尊重经验。不从众，不轻易相信权威与书本；面对有说服力的证据，能试着改变自己的观点，敢于怀疑和否定权威，勇于提出自己的不同见解，提出更有价值的问题。

（6）乐于尝试运用多种材料、多种思路、多样方法完成科学探究，体会创新乐趣。能在不断失败中积累经验，完善自己的实验设计。如有多人合作，能尝试分工协作，试着进行多人合作的长周期探究学习。

二、教师发展目标

（一）科学拓展课程的开展有助于教师丰富自身的科学知识储备，提高科学教师应拥有的理想及素质

（1）能够运用所学，在课程实施的时候努力教会学生理解知识、积累经验，并培养学生的科学兴趣。

（2）能够为了促进自身的业务能力，去培养学生多种技能和多水平的理解能力的发展，并努力改进自己的教学行为、策略和方法。

（3）能够尝试熟练地使用技术工具，不局限于计算机技术，进而获得资源，收集和处理数据，最终帮助学生整理自己的科学学习成果，整理出翔实的过程性资料。

（二）能够做一名有长远眼光的教师

（1）能够积极且持续地把握能够提高自身专业教学和管理能力的机会。

（2）能够不断反思自身的教学和确认自身专业发展的方式及途径。

（3）能够利用来自学生、管理人员、同事和其他人员的信息来提高自身的教学，从而促进自身的专业成长。

（三）能够促使教师努力做一名研究型教师

逐渐具有搜集资料、开发信息的能力，具有较好的文字表达能力；具有开拓的精神、严谨的治学作风，具有独立设计实验和进行不断地改进的，具有发现教育过程中存在的问题的敏锐性和深入性的能力，具有将已有教育研究成果创造性地运用于自己的教育活动中的能力。

三、学校发展目标

（一）学校层面

通过拓展性课程的开发，让学生人人动手实践，掌握科学实验的基本方法，养成积极探究的科学素养。通过实验探究，培养学生细致观察、分析解决问题的能力。引导学生了解相关的科学知识，特别是在实验过程中，培养学生用科学的思维方式思考问题，逐渐培养学生的问题意识，能够独立设计实验方案，乐于不断地反复实验，无论结果是成功还是失败，都愿意体验整个科学探究的过程，为学校的可持续发展奠定知识文化基础。

（二）教师层面

通过拓展性课程的开发，开拓教师的视野，促进教师的专业发展，提高教师的业务素质，为教师反思自己的教育理念、对学校办学宗旨深入理解提供机会；进一步培养教师的敬业能力，使教师既能完成国家课程计划又具有新课程开发的能力；促使教师转变传统教学观念。《生活中的趣味科学实验》拓展性课程注重实践探究，真正让学生在实践中学习、探究、体验和感悟；提高教师课程意识和课程开发能力，更加深刻地理解拓展型课程在促进学生全面发展、形成办学特色、营造学校特色文化方面的重要意义。

（三）学生层面

在知识与技能方面，引导学生了解科学实验的基本知识与方法，掌握基本的提问、设计实验方案、改进、进行资料的筛选与整理的能力。使学生能在实验过程中细致观察和反复实验，对生活中的趣味实验中蕴藏的奥秘产生浓厚的兴趣。

在情感、态度、价值观方面，引导学生养成经常对生活中的科学现象进行提问的能力，愿意带着问题去主动寻求答案，经历探究的过程，愿意与同伴交流，分享自己的学习成果。

第三节　内容的选择

一、选择依据

（一）从趣味入手，符合学生身心发展特点

小学生观察事物往往注意事物的新鲜性、有趣性或是较为明显的特征，学习动机与学习兴趣发生着紧密的联系。

中年级学生逐渐能将自己的注意力集中到规定的学习内容上，并保持一段时间，学生迅速转移注意力的能力逐渐提高。而且从3年级开始学生的学科兴趣开始分化，逐渐出现感兴趣的学科，喜欢想象力丰富的、自主参与度高的、较自由的活动。因此，在趣味实验的内容选择上可以从实际教学出发，选择学生们兴趣度高的领域进行分类和整理。

（二）让学生走进生活，轻松愉快地参与探究

小学科学教材的内容来源于生活实际，教师要能设计出比较生动的情景，激发学生提问并尝试去寻找问题的答案。每个趣味科学实验的设计都应该有"生活画面"，帮助学生集中注意力，在形象的画面和有趣的问题引导下，将科学拓展活动与学生的生活、学习联系起来，使活动充满生活气息，让学生轻松愉快地掌握科学知识，进行科学探究，体验趣味科学的乐趣。

二、具体内容

（一）三·上五个实验

"小水滴的发现"的主题如下。

（1）趣味探索一：用洗衣粉能开动纸船吗？

情境再现：周末到了，小水滴在水管里睡懒觉。突然，听到水龙头打开了，水管里的水开始汹涌起来，把它冲到了洗衣盆里。过了很久，它才缓过神来。等它揉亮眼睛才发现，自己落在一艘纸船上，四周弥漫着香味。它再定睛一看，原来是小主人在玩纸船；可这一次，纸船自己在盆里开来开去，真是太有趣了！

问题1：给你一条吹塑纸剪成的小船、一些洗衣粉，你能让吹塑纸小船自己在盆里前进吗？

问题2：想一想，你需要哪些生活中的材料呢？

拓展问题：实验无论成功或失败，你还有哪些疑问和想法？

知识链接地址。

液体的表面张力知识说明https：//baike.so.com/doc/6631194-6844997.html

（2）趣味探索二：缝衣针能浮在水面上吗？

情境再现：睡觉前，小水滴在盆里洗澡，突然头顶出现一根又粗又尖的东西，吓得它一下子躲到了盆边上。只见小主人轻轻地把缝衣针放到了水面上，这根亮闪闪的铁针就这样浮在水面上了，小水滴在一旁游来游去，针也不沉下来，这是为什么呢？

问题1：铁做的针真的可以浮在水面上吗？你想办法试试看吧？

问题2：想一想，你需要哪些生活中的材料呢？

拓展问题：实验无论成功或失败，你还有哪些疑问和想法？

知识链接地址：

液体的表面张力知识说明https：//baike.so.com/doc/6631194–6844997.html

硬币水上漂实验链接。

http：//blog.xxt.cn/showSingleArticle.action？artId=2426809

（3）趣味探索三：一根毛线能变成污水过滤器？

情境再现：清晨，小水滴在杯子里游泳，游着游着，感觉周围的水都浑浊了起来，它抬头一看，小主人正往杯子里倒泥土呢。这可急坏了小水滴，它发现有一根毛茸茸的绳子在杯子口，就爬了上去，不一会的工夫，它就流到了一个干净的杯子里，这是怎么回事呢？

问题1：你可以试着设计一个方案，让一根毛线可以变成污水过滤器，是不是有点异想天开啊？

问题2：想一想，你需要哪些生活中的材料呢？

拓展问题：实验无论成功或失败，你还有哪些疑问和想法？

知识链接地址：

毛细现象知识说明。

毛巾吸水的原理http：//www.to8to.com/yezhu/z35999.html

（4）趣味探索四：你能控制水流的分与合吗？

情境再现：放学后，小水滴看见小主人一直在忙着，它好奇地看着发生的一切。只见小主人拿来了一个矿泉水瓶，一会扎孔，一会灌水，好不容易接满了水又挤了出来。不过，挤出来的水很有意思，像是从花洒中挤出来的样子似的，这是为什么呢？

问题1：让矿泉水瓶中流出的水随你的医院分岔、合并，你能做到吗？

问题2：想一想，你需要哪些生活中的材料呢？

拓展问题：实验无论成功或失败，你还有哪些疑问和想法？

知识链接地址：

液体的表面张力知识说明https：//baike.so.com/doc/6631194–6844997.html

（5）趣味探索五：能"举重"的水。

情境再现：晚饭后，小水滴有些累了，它在水盆里准备睡觉了。突然，小主人放了一个塑料袋进来，还放进一块很大的石头。它四处逃窜，贴在了盆边。看着小主人又往盆里倒了很多水，奇迹发生了，袋子里的石头像是变轻了一样，浮了起来。

问题1：要用较小的力气提起较沉的重物，你能做到吗？

问题2：想一想，你需要哪些生活中的材料呢？

拓展问题：实验无论成功或失败，你还有哪些疑问和想法？

知识链接地址：

水的浮力知识说明https：//baike.so.com/doc/3938542－4133226.html

趣味浮力实验http：//my.tv.sohu.com/us/300084565/89220847.shtml

（二）三·下五个实验

"无处不在的摩擦" 的主题如下。

（1）趣味探索一：巧取葡萄酒塞子。

情境再现：一天，吃完晚饭，小智在给酒瓶放塞子的时候，不小心把塞子掉进瓶子里了。他把酒倒了出来，然后倒置瓶子，塞子还是在里面不出来，这可难坏他了。

问题1：生活中有很多小难题，不小心把葡萄酒塞子掉进瓶子里是常有的事情。你能在不打碎瓶子的情况下取出塞子吗？

问题2：想一想你需要哪些生活中的材料呢？

拓展问题：实验无论成功或失败，你还有哪些疑问和想法？

知识链接地址：

摩擦力知识说明https：//baike.so.com/doc/223017－235916.html

摩擦力趣味实验。

http：//q.xxt.cn/singleq/recarticledetail.action？artId=766446&cid=10025795&id=951591

（2）趣味探索二：自己旋转的风车。

情境再现：小智平时就喜欢做手工，最近他迷上了风车，每当起风的时候，五彩的风车就会随风转动起来，漂亮极了。可是，在没有风的天气或在室内，想玩风车就很困难。

问题1：你能帮助小智让风车在没有风的情况下转动起来吗？

问题2：想一想，你需要哪些生活中的材料呢？

拓展问题：实验无论成功或失败，你还有哪些疑问和想法？

知识链接地址：

摩擦力知识说明https：//baike.so.com/doc/223017－235916.html

（3）趣味探索三：让一根筷子提起一杯大米。

情境再现：下课了，小智和同学们打赌，谁能用一根筷子提起一杯大米，谁就是班里的科学小能人，大家面面相觑，好像在思索着什么。

问题1：杯子里装满了大米，变得很重，插入一根筷子，能否轻松地把杯子提起来呢？

问题2：想一想，你需要哪些生活中的材料呢？

拓展问题：实验无论成功或失败，你还有哪些疑问和想法？

知识链接地址：

摩擦力知识说明https：//baike.so.com/doc/223017-235916.html

（4）趣味探索四：瓶子能赛跑。

情境再现：下课了，小智和同学们玩游戏，他们想比一比谁的水瓶滚得快。于是，他们找到一个斜坡，把瓶子里灌满了水。一个同学提议，把其中一个瓶子里撒入一些沙子，看看两个瓶子哪个滚得更快。

问题1：重量相等的沙子和水放在同样大小的瓶子里，顺着同样的斜坡滚下，睡会想到达终点？想想看！

问题2：想一想，你需要哪些生活中的材料呢？

拓展问题：实验无论成功或失败，你还有哪些疑问和想法？

知识链接地址：

摩擦力知识说明https：//baike.so.com/doc/223017-235916.html

（5）趣味探索五：亲密无间的书。

情境再现：放学时候，小智匆忙地收拾好书包，回到家发现有两本书紧紧地贴在一起，怎么也分不开，像是有胶水粘上了一样。

问题1：紧贴在一起的两本书，为什么会分不开呢？想一想其中的原因。

问题2：想一想你需要哪些生活中的材料呢？

拓展问题：实验无论成功或失败，你还有哪些疑问和想法？

知识链接地址：

摩擦力知识说明https：//baike.so.com/doc/223017-235916.html

（三）四·上五个实验

"神奇的大气"的主题如下。

（1）趣味探索一："爱洗澡"的乒乓球。

情境再现：小智喜欢打乒乓球，有一天，他把乒乓球用线绳拴着玩，想把乒乓球洗干净，没想到洗完后，想要把乒乓球从水中拉开很困难。

问题1：你们也来试一试，如果把拴着线的乒乓球放到水龙头下面用水冲，会发生什么？

问题2：想一想你需要哪些生活中的材料呢？

拓展问题：实验无论成功或失败，你还有哪些疑问和想法？

知识链接地址：

大气压力知识说明 https：//baike.so.com/doc/1319512-1395028.html

气体压强 https：//baike.so.com/doc/5894661-6107548.html

液体压强 https：//baike.so.com/doc/380730-403194.html

（2）趣味探索二：说你吹不破气球，你信吗？

情境再现：下课了，小智和同学比赛吹气球，可是气球吹得很大以后总会破裂，同学们想有什么办法能让气球不被吃破呢？

问题1：玩具气球一不小心就会吹破，如果在瓶子里吹气球，你能吹破吗？

问题2：想一想，你需要哪些生活中的材料呢？

拓展问题：实验无论成功或失败，你还有哪些疑问和想法？

知识链接地址：

气体压强 https：//baike.so.com/doc/5894661-6107548.html

趣味实验 http：//my.tv.sohu.com/us/317567835/89328262.shtml

（3）趣味探索三：有孔的纸片也能托住水吗？

情境再现：下课了，小智和同学们还在研究纸片托住水的实验，他们都想试一试，如果纸片上有孔，还能够托住水杯吗？

问题1：回想做过的覆杯实验，考虑一下有孔的纸片是否也能托住水？

问题2：想一想，你需要哪些生活中的材料呢？

拓展问题：实验无论成功或失败，你还有哪些疑问和想法？

知识链接地址：

液体的表面张力知识说明 https：//baike.so.com/doc/6631194-6844997.html

气体压强 https：//baike.so.com/doc/5894661-6107548.html

液体压强 https：//baike.so.com/doc/380730-403194.html

（4）趣味探索四：倒扣的杯子能吸水吗？

情境再现：妈妈把晚饭做好了，小智的爸爸还没下班回来，于是妈妈让小智把玻璃碗扣在了做好的菜上，没想到过了一会，玻璃碗的碗口处存了一些水，这是怎么回事呢？

问题1：你能先试着猜一猜为什么倒扣的杯子能吸水再去做吗？可以自己设计方案进行实验，也可用提示中的材料。

问题2：想一想，你需要哪些生活中的材料呢？

拓展问题：实验无论成功或失败，你还有哪些疑问和想法？

知识链接地址：

热胀冷缩知识说明https：//baike.so.com/doc/3525396-3708200.html

自制温度计http：//my.tv.sohu.com/us/233741136/77365993.shtml

（5）趣味探索五：大风吹不翻名片。

情境再现：课间，小智和几个同学做纸片游戏，比比谁的力气大，能把纸片吹得最远，玩了一会，一个同学提议，试一试谁有办法让纸片吹不翻，这下可难坏了同学们。

问题1：纸片又轻又薄，怎么做能吹不翻呢？

问题2：想一想，你需要哪些生活中的材料呢？

拓展问题：实验无论成功或失败，你还有哪些疑问和想法？

知识链接地址：

气体压强 https：//baike.so.com/doc/5894661-6107548.html

趣味实验 http：//my.tv.sohu.com/us/317567835/89328262.shtml

（四）四·下五个实验

"光的魔法"的主题如下。

（1）趣味探索一：肥皂泡中看彩虹。

情境再现：晚饭后，小智的爸爸给他洗头发，他突然发现用来舀水的杯子口出现了彩虹，这真是太惊奇了。

问题1：为什么粘了洗发香波的杯子口会出现彩虹呢？你可以做做试试，寻找答案。

问题2：想一想，你需要哪些生活中的材料呢？

拓展问题：实验无论成功或失败，你还有哪些疑问和想法？

知识链接地址：

彩虹的形成 https：//baike.so.com/doc/2626754-2773565.html

光的反射知识说明 https：//baike.so.com/doc/6718300-6932346.html

（2）趣味探索二：水里的光线会拐弯。

情境再现：上完科学课，小智和几个爱思考的同学在一起讨论光线的问题，他们都想试试光线如果不是在空气中能否发生方向的变化，于是开始讨论怎么做实验。

问题1：光线原本是直的，但随着水流的方向，却变成一道发光的抛物线，这是怎么回事呢？

问题2：想一想，你需要哪些生活中的材料呢？

拓展问题：实验无论成功或失败，你还有哪些疑问和想法？

知识链接地址：

光的折射https：//baike.so.com/doc/5404951-5642715.html

趣味实验http：//blog.sina.com.cn/s/blog_91f0ef500102vq1b.html

（3）趣味探索三：小洞能矫正近视？

情境再现：小智的眼睛是近视眼，他看不清较远的字和物体。有一天，妈妈让他看看街对面的商店开门了没有，他看不清。有什么办法能让他看清远处的物体呢？

问题1：你可以试试透过卡片上的小洞来看东西，看看能不能看清较远的物体。

问题2：想一想，你需要哪些生活中的材料呢？

拓展问题：实验无论成功或失败，你还有哪些疑问和想法？

知识链接地址：

光的反射知识说明 https：//baike.so.com/doc/6718300-6932346.html

（4）趣味探索四：树木的倒影会逐渐变小吗？

情境再现：一天，一家人一起去湖上划船，小智发现远处树的倒影一会大一会小，真是奇怪。

问题1：划船时，这个观察影子的游戏可以常玩，为什么树的倒影时而大时而小呢？你可以在郊外划船时也关注一下这个问题。

问题2：想一想，你需要哪些生活中的材料呢？

拓展问题：实验无论成功或失败，你还有哪些疑问和想法？

知识链接地址：

光的反射知识说明 https：//baike.so.com/doc/6718300-6932346.html

（5）趣味探索五：用镜子能量身高吗？

情境再现：今年春天，小智长得特别快，爸爸常会给他量身高。有一次，没找到尺子，小智想，有没有其他办法可以测量身高呢？

问题1：试试用镜子能不能测量身高，怎么测量呢？

问题2：想一想，你需要哪些生活中的材料呢？

拓展问题：实验无论成功或失败，你还有哪些疑问和想法？

知识链接地址：

光的反射知识说明 https：//baike.so.com/doc/6718300-6932346.html

第四节　组织与实施

一、时间安排

教材在编排上具有一定的层次性，供3，4年级学生使用，各分上、下两部分，每部分有一个主题，包括5个趣味实验，一共20个实验。

利用学校每周的走班课活动时间，进行每学期的5个趣味实验的探究，每个实验内容两节课或几节课完成，由探究的内容而定。

二、材料准备

学生进行科学探究活动必须要借助一定的实验材料，这是实现探究活动的必要条件，通过动手操作能直观反映科学现象与事实获得科学证据，建立对事物的正确认识。

我们发现，材料的选择一旦脱离学生的生活，一是会分散学生探究的注意力；二可能无法激起学生探究的热情；三是实验材料学生不易获得，容易失去探究的兴趣。所以，趣味科学实验的主要材料是"生活化材料"，可以从以下途径获取：

（1）从学生身边的物品中选择；

（2）从学生周围的环境中选择；

（3）从学生熟悉的生活中选择；

（4）在学生经验范围内选择。[1]

三、教学组织

（一）教学原则

1. 教师要尊重学生的主体地位

为了不断满足学生发展需求，提高学生的科学核心素养，学校将运行"线上+线

---

[1] 韩延平.教育研究方法［M］.北京：高等教育出版社，2011.

下"的课程建设模式，线上网络抢课，选择自己喜欢参与的拓展性课程，线下通过"走班"的形式，跨班进行参与，让有科学研究兴趣的学生有机会参加走班课程，提高学生走班覆盖面，不断丰富课程内容。

2. 教师要发挥必要的指导作用

教师在组织活动时所扮演的角色尤其重要。小学科学教师的角色应该是学生科学探究的合作者、引导者和参与者。趣味科学实验活动是针对中年级学生开设的，因此按照拓展活动的组织形式，可以划分为个人活动和小组活动，在教师的指导和帮助下，根据个人的特长、能力水平和兴趣爱好独立地或自由组合进行趣味实验的探究，使大部分学生能够积极地参与到拓展活动中感受科学探究的乐趣。实验记录、科学小品文、图片和视频的留存和每次的活动记录这些资料的整理等为活动的过程性资料的呈现方式。教师要尝试进行角色的转换，发挥必要的作用。[①]

教师要尝试做学生的支持者，为学生提供探究材料，要保障给学生充足的探究时间，让学生能够选择不同的材料先猜测再动手验证，寻求其中的奥秘。

教师要尝试做学生的引导者。在趣味科学实验的探究中，教师要对学生的学习活动给予适当帮助、适时调控。在探究过程中，教师要让学生"动"起来，并引导学生观察和发现，鼓励他们自己尝试动手解决问题，帮助他们亲历探究的过程。这样，学生就能逐步学会提出问题、建立假设、制订研究计划、开展探究活动、搜集解释证据并最终形成结论。在整个过程中教师就像一位引路人，不断地给学生指示，直到他们可以独立开展探究为止。

教师要尝试做学生的伙伴和引导者，在展开合作学习的时候，教师不能"袖手旁观"，应根据学生的实际及学习任务的难易程度，为学生提供及时有效的指导和帮助；要深入到小组讨论中，认真倾听并观察各小组的活动，了解学生合作的效果、讨论的焦点、认知的进程等。做到心中有数，同时针对学生在合作学习中存在的问题进行指导和帮助。[②]

（二）教学策略

趣味科学实验的内容贴近生活，所以教学策略的实施也不是每次在活动课上都可以完成的，校园、社区、社会、大自然才是学生学习活动的更广阔的天地。为了实现拓展性课程的趣味性和生活化，笔者把常用的教学方法整合、总结、归纳为探究发现法、实验探索法、小组讨论法、角色扮演法、现状调查法、作品制作法、信

① 贺湖著.校本科研导引——中小学教师专业成长的路径［J］.湖南教育出版社，2011.
② 陈静逊.小学教育科学研究方法［M］.上海：华东师范大学出版社，2004.

息搜集法、模拟创造法。有了这些多样化的教学策略，学生就能在活动中更加自由地利用好材料，进行课上和课下的拓展研究。

（三）教学环节

每个趣味实验的探究过程活动一般包括以下环节。

（1）出示研究主题，引导学生提出问题。让学生看到有趣的生活化主题，明确探究的方向，激发学生的提问兴趣，做好探究的准备。

（2）学生跟随有趣的情境，产生研究的兴趣，自行提出问题的假设和猜想，并制订简单的实验方案。

（3）学生从老师给的生活材料中自由选取材料，个人操作或3～5人进行观察、实验，获得发现知识的实验基础。

（4）教师在学生进行探究的过程中，组织学生讨论和交流，参与其中，让学生自己得出探究的结论并记录下来。

（5）学生归纳总结整个探究过程，将发现的规律或遇到的问题进行反思与整理。

（6）学生在活动过后，还能够跟随拓展延伸环节中的问题或是知识链接，继续进行研究。

（四）教学评价

趣味科学实验的教学评价从科学知识的获得、掌握的技能、情感态度与价值观方面进行评价。

（1）所谓的探究式学习指的是学生在学习中是以解决困惑，获取知识为最大快乐。以"科学探究"为核心的学习方式，要求学生能全身心地投入到探究活动中去。活动中生生交流比师生交流活动效果好。在小组探究时学生是只在组内交流研讨，但有时个别学生也会到其他组去收集"情报"。学生应乐于进行科学知识的获取，教师课堂教学时对学生是否主动积极地获取知识的评价尤为重要。[1]

（2）注重学生发现问题、解决问题，并进行反思的能力。要关注学生在探究过程中能否积极主动地收集数据，进行实验材料的整理。在整个探究过程之后，学生反思自己的实验也很重要。[2]学生的反思能力可以说是学生科学探究能力的核心。教师要引导学生运用科学探究的方式学习科学技能，逐渐培养学生的质疑精神、质疑能力和反思能力。

（3）"情感、态度与价值观"的评价指向的是学生科学精神的培养。"科学精

---

[1] 钱大同.小学教育科研概论［M］.浙江：浙江人民出版社，1994.
[2] 王宗仁.小学教育科研方法［J］.南京：广西民族出版社，1993.

神"的启蒙教育是我们小学科学的核心任务。[①]教师先要了解科学的本质特点和科学精神的基本内涵，然后从审视教师课堂教学评价用语和一些教学片段，以促成三维教学目标的综合达成。笔者的课堂上常用的评价用语：①"连这些都知道，真不愧是班级小博士！"②"你的记录很有特色，可以获得'牛津奖'！"③"你的表现很出色，老师特别欣赏你！"④"你真爱动脑筋，老师就喜欢你思考的样子！"⑤"瞧瞧，谁是火眼金睛，发现得最多、最快？"

第五节　课程的评价

一、学生发展

学生在参与趣味科学实验后，能够得到科学素养的提升，在提出问题、猜想假设、制订方案、实施探究、整理交流、拓展创新方面得到不同程度的发展。

（一）学生是否能提出问题

学生能够跟随每个趣味实验的主题，认真进行观察、思考，并在观察、思考中引发问题。无论是个人探究，还是小组中3~5人的探究，都能在遇到其他生活中熟知的现象时自主地提出问题；具体表现有：跟随老师的引导，在课堂上积极地提问，小组讨论时积极地参与，能够完成老师在课后布置的探究性问题作业，愿意与本组成员愉快地交流自己的问题、体验提问的乐趣。

（二）学生是否能提出猜想或假设

学生能够围绕所提出的问题以及可能发生的现象、结果，运用已有的知识和经验进行预测或作假设性解释。具体表现为能够在提出问题之后进行大胆的猜测，寻找有探究可能性的猜测方向，在小组内与同伴热烈地交流自己的想法。

（三）学生是否能制订实验方案

学生能够围绕猜想假设提出探究活动的大致思路，针对本组要研究的问题制订自己的计划或方案。具体表现在能够运用科学探究的大体步骤，进行大概的计划制

---

① 蒋成，王禹.教学研究论文写作指导［J］.浙江：浙江教育出版社，2001.

订，能够和组员一起探讨方案的可行性，并进行改进。

（四）学生是否能实施实验方案开展探究活动

学生依据研究计划或方案开展自主的探究活动，开展观察、实验、制作、考察、调查、参观、采访、搜集等探究活动来验证猜想假设，在活动中要注重小组合作。[1]具体表现在愿意参与整个探究过程，能积极主动地在合作中做好自己的个人分工，如认真记录、精确地进行调查、收集资料。

（五）学生是否能整理实验材料，交流实验结果

学生能够对探究的成果进过程性的资料整理，在小组间进行展示与交流。具体表现在能够把自己分工的探究任务完成好，并及时进行资料的搜集和整理。

（六）学生是否能拓展运用

学生将学到的科学知识与生活进行密切融合。能运用所获得的知识与技能，解释生活中的现象，解决生活中的问题，进行改进、发明、再创造的活动，关注与科学相关的社会问题，愿意去不断地体验每一次的探究过程。[2]具体表现在能够把老师布置的探究性作业完成，并在小组内主动的交流搜集的资料，得到进一步的探究结果。

二、教师发展

（一）是否有课程开发意识

开发趣味实验课程后，教师应独立地进行新型课程的开发，不断地提高开发能力。比如，把研究过的实验材料进行修改，寻找更适合教学的内容，不断地提高自己的再创造能力，努力研发新的课程。

（二）是否具备一定的科研能力

教师应从经验型转向科研型，要成为新的教育思想、教育理论、教育内容、教育对象、教育方法和教育实践者和研究者。平时要能够不断学习，积极参加校内外的教研，把有关科学学科的教育新思想和理论知识都化为自己的知识，并能够实施到教学中来，在此过程中能够把之前的研究材料整理成册。

（三）是否能成功培养学生的科学素养

为高效率地组织教学、反思教学，努力提高学生素质，教师应该具备研究能力，在教育教学中不断地研究与探索，有所发现，有所创造。上课前的认真准备，

---

① 张燕，邢利娅.学前教育科学研究方法［J］.北京：北京师范大学出版社，1999.

② 雷实.教育实验方法论［M］.上海：华中师范大学出版社，2002.

研读教材深挖教材；课中的观察学生、评价学生，进行有效的引导；课后的及时反思，能够进行学习行为和教学行为的反思，再次指导自己的教学。

（四）是否具有较强的学习能力

教师应该已经有了终身学习的观念，在教学一线不断提高自己的业务学习能力，时时充电不断更新自己的教育观念、知识结构，掌握科学的教育方法，提高教学效率，适应现代教育的需要。[①]

（五）是否能够掌握现代信息技术

应该能够非常熟练地使用计算机等先进工具，能够对图片、视频进行编辑整理，并有针对自己设计的拓展性课程积攒的素材，如在大数据时代的引领下，进行电子书包课程的学习，不断地尝试新的信息技术学习；能够自己制作课件和动画并应用于教学中，不断地改进，更好地服务于教学。

（六）是否具有较强的合作交流能力

表现出能够与同事融洽相处，有合作共事的能力。在校内外教研时候，能够主动参与讨论与发言。积极听评课，并能够积攒听课笔记，进行再修改和研究，应用于自己的教学。平日的工作中，还能与家长、社区有关人员沟通与合作，如开放课堂、个人风采展示课等，从而形成全面教育，进行有效的工作。[②]

三、学校发展

（一）学校层面

通过拓展性课程的不断开发，让本校学生人人动手实践，掌握科学实验的基本方法，养成积极探究的科学素养；还应该能在校本培训时多进行课程开发的学习。利用好优质的教师科研资源，把已开发的课程进行改进，组织本校教师继续开发其他门类的课程。

（二）教师层面

通过拓展性课程的不断开发，促进青年教师的专业化发展，提高教师队伍的业务素质，经常组织本校教师进行教学札记的撰写，把教学反思落到实处；进一步培养科研教师的研究能力，为教师提供研究的机会，让更多的教师参与到课程开发中来，逐渐具备课程开发的能力；更加深刻地理解拓展型课程在促进学生全面发展、

---

① 陈桂生.到中小学去研究教育［C］.上海：华东师范大学出版社，2000.

② 佟庆伟.教育科研中的量化方法［M］.湖北：中国科学技术出版社，1997.

形成办学特色、营造学校特色文化方面的重要意义。[①]

（三）学生层面

通过拓展性课程的不断开发，让学生能在不同的课程中学习相关的知识和技能，获得积极向上的情感体验；让学生能够深入了解科学实验的基本知识与方法，熟练掌握提问、设计实验方案、进行实验验证与反复改进；进行资料的筛选与整理的技能，对生活中的趣味科学知识产生浓厚的兴趣。

在情感、态度与价值观方面，为学生提供研究平台，让学生能够经常对生活中的科学现象进行提问，愿意带着问题去主动寻求答案，经历探究的过程；愿意与同伴交流，分享自己的学习成果；愿意参加所有自己感兴趣的拓展性课程。

参考文献

［1］刘勋祥.解读小学科学课程标准［J］.教学与管理，2002.

［2］曹东燕.科学教材探究性诊释［J］.外国中小学教育，2004.

［3］江美华.小学科学教材中不同类型的实验［J］.中小学实验与设备，2008.

［4］张素先.从结构与系统的角度整体把握教材［J］.人民版小学科学六年级教材备课指导，2008.

［5］王均富.小学科学教材的实践与应用［J］.中国教育研究与创新，2006.

［6］韩延平.教育研究方法［M］.北京：高等教育出版社，2011.

［7］贺湖著.校本科研导引——中小学教师专业成长的路径［M］.长沙：湖南教育出版社，2011.

［8］陈静逊.小学教育科学研究方法［M］.上海：华东师范大学出版社，2004.

［9］钱大同.小学教育科研概论［M］.杭州：浙江人民出版社，1994.

［10］王宗仁.小学教育科研方法［J］.杭州：广西民族出版社，1993.

［11］蒋成，王禹.教学研究论文写作指导［J］.杭州：浙江教育出版社，2001.

［12］张燕，邢利娅.学前教育科学研究方法［J］.北京：北京师范大学出版社，1999.

［13］雷实.教育实验方法论［M］.上海：华中师范大学出版社，2002.

［14］陈桂生.到中小学去研究教育［C］.上海：华东师范大学出版社，2000.

［15］佟庆伟.教育科研中的量化方法［M］.北京：中国科学技术出版社，1997.

［16］王景英.小学教育统计与测量［C］.北京：人民教育出版社，2002.

---

① 王景英.小学教育统计与测量［C］.北京：人民教育出版社，2002.

附：

Ⅰ.3年级上册《缝衣针能浮在水面上吗？》教学设计与实践反思

一、教学设计

（1）教师带学生入情境：同学们，老师给大家介绍一个新朋友，他叫"小水滴"，有一天睡觉前，他有了惊奇地发现，我们一起来走进这个故事。

情境再现：睡觉前，小水滴在盆里洗澡，突然头顶出现一根又粗又尖的东西，吓得它一下子躲到了盆边上。只见小主人轻轻地把缝衣针放到了水面上，这根亮闪闪的铁针就这样浮在水面上了，小水滴在一旁游来游去，针也不沉下来，这是为什么呢？

（2）教师引导学生提出自己的疑问：铁做的针真的可以浮在水面上吗？想一想，你需要哪些生活中的材料呢？

（3）教师引导学生先说一说实验设计：向碗里倒入大半碗清水。用一把叉子小心地把一根铁针放到水面上。慢慢移出叉子，针会浮在水面上。向水里滴一滴洗洁精，针就沉下去了。

（4）教师提供可以选择的器材，学生挑选实验用具：一根针、一个装满水的大碗或小盆

（5）学生进行实验，验证自己的猜想。

（6）教师和学生共同总结实验中的科学原理：实验中还是用到了表面张力的原理，它可以托住针，使之不会沉下去。但是，当洗洁精滴进来的时候，就会降低水的表面张力，针就沉下去了。

（7）知识链接：

液体的表面张力知识说明 https：//baike.so.com/doc/6631194-6844997.html

硬币水上漂实验链接 http：//blog.xxt.cn/showSingleArticle.action？artId=2426809

二、实践与反思

科学"源于生活，又应用于生活"，社会生活中，有着许多与科学相关的活动，而学生能否从科学的角度去分析日常生活现象，能否解决日常生活中的科学问题，能否将科学知识生活化、社会化，关键在于教师能否恰当的引导。《小学科学课程标准》指出："小学阶段科学概念的建构强调从学生熟悉的日常生活实际出发，探究活动尽量与生活中的实际应用相联系。"因此，科学教学应遵循不同年级学生的不同生活经验，设计一系列有实质性的探究活动，让学生在活动中通过自身的实

践活动，建构属于自己的科学知识体系。我尝试把课堂教学与学生生活紧密结合，激发学生学科学、用科学、爱科学的情感，培养学生良好的科学素养。

1. 创设生活画面情境

小学科学校本教材的内容来源于生活实际，如果教师在教学中能将科学教学与生活融合，勾勒出"生活画面"，就可帮助学生学好科学课。

2. 创设生活体验情境

教师可选择贴近学生生活的实际材料，用问题情境模拟出来，让学生亲自体验。通过真实、有趣的生活体验情境，激发学生的学习兴趣，让学生体验到学习科学的乐趣，增长科学探究能力，形成尊重事实的科学态度。

Ⅱ.3年级下册《亲密无间的书》教学设计与实践反思

一、教学设计

（1）教师带学生入情境：同学们，你们是生活中的有心人，小智也是其中一位，他今天发现了一件奇特的事情。

情境再现：放学时候，小智匆忙地收拾好书包，回到家发现有两本书紧紧地贴在一起，怎么也分不开，像是有胶水粘上了一样。

（2）教师引导学生提出自己的疑问：紧贴在一起的两本书，为什么会分不开呢?

（3）教师引导学生说一说实验设计：把两本书一页一页的重叠起来之后，两人各拿书的另一端，用力拉，你会发现，无论怎么使劲，也不能把两本书分开。

（4）教师提供可以选择的器材，学生挑选实验用具：两本书。

（5）学生进行实验，验证自己的猜想。

（6）教师和学生共同总结实验中的科学原理：实验中的两本书，接触在一起会产生摩擦力，只是每一页都重叠在一起，让摩擦力增大了，就会有拉不开的感觉。摩擦力真是有趣啊！

（7）知识链接：

摩擦力知识说明https://baike.so.com/doc/223017-235916.htm

二、实践与反思

科学教学以探究为核心，注重学生亲身经历科学探究的过程。在课堂教学中，尝试着把科学知识与生活、学习、活动有机地结合起来，通过问题猜想、材料准备、动手操作等活动，让学生真正感受到科学在生活中无处不在，从而提高他们利用科学知识解决实际问题的能力。

1. 探究问题生活化

日常生活实践中包含着丰富的科学知识，在教学中提出一些生活化的问题，能启发学生的思考，真正激发他们学习的兴趣，同时也符合学以致用的原则。如果学生感受不到课题与生活的关系，就无法形成高水平的学习动机，也就是失去了主动探究的欲望。因此，我们努力寻找课程内容与生活的联系作为课堂的切入点，从学生身边的现象出发提出相关的问题，充分调动学生主动探究的热情与兴趣。

2. 探究材料生活化

科学探究活动必须要借助一定的实验材料，这是实现探究活动的必要条件，通过动手操作能直观反映科学现象与事实、获得科学证据、建立对事物的正确认识。我们发现，材料的选择一旦脱离学生的生活，一会分散学生探究的注意力，二可能无法激起学生探究的热情，三是实验材料学生不易获得。

Ⅲ. 4年级上册《倒扣的杯子能吸水吗？》教学设计与实践反思

一、教学设计

（1）教师带学生入情境：同学们，小智今天有一个生活中的小难题想，你们愿意帮助他解决吗？

情境再现：妈妈把晚饭做好了，小智的爸爸还没下班回来，于是妈妈让小智把玻璃碗扣在了做好的菜上，没想到过了一会，玻璃碗的碗口处存了一些水，这是怎么回事呢？

（2）教师引导学生提出自己的疑问：你能先试着猜一猜为什么倒扣的杯子能吸水，再去做吗？

（3）教师引导学生说一说实验设计：将蜡烛固定在碟子中央，把杯子里的水倒入盘子，点燃蜡烛。将空杯子罩在点燃的蜡烛上。蜡烛继续燃烧一会儿就熄灭了，这时碟子里的水被神奇地吸到杯子里去了。

（4）教师提供可以选择的器材，学生挑选实验用具：一个碟子、一根蜡烛、玻璃杯、数量的水。

（5）学生进行实验，验证自己的猜想。

（6）教师和学生共同总结实验中的科学原理：蜡烛燃烧使得周围的空气受热膨胀。杯子扣紧后，随着蜡烛的燃烧，杯子里的氧气用尽，蜡烛的火苗因为没有氧气助燃而熄灭。之后，杯子里的空气冷却，气压就会下降。同时，燃烧所产生的二氧化碳溶于水，也会使杯子里的气压下降。于是，杯子外面的气压就会高于杯子里面的气压，水就这样被压进杯子里面去了。

（7）知识链接：

热胀冷缩知识说明https：//baike.so.com/doc/3525396-3708200.html

自制温度计http：//my.tv.sohu.com/us/233741136/77365993.shtml

二、实践与反思

科学教学运用生活化。科学应用于实际，才会变得有血有肉、富有生气，才能让学生体验到科学的价值和意义。所以，作为科学教师，要避免从概念到概念、从书本到书本，要变科学练习的"机械演练"为"生活应用"，引导学生用科学的眼光去观察、分析、解决生活中的问题，通过在生活中用科学增强学生对科学价值的体验，强化应用科学的意识。

1. 科学眼光观察生活问题

观察是一种有目的、有计划的知觉活动，是学生认知自然界中事物特征的重要途径，也是学生学习科学的一种重要方法。由于学生在观察中容易被一些其他现象所迷惑，忽略观察的重点和要求，所以我们在引导学生观察的过程中以科学的眼光去伪存真，取其科学事实部分，培养学生细致、全面的科学研究态度。

2. 科学方法研究生活问题

生活中的许多问题包含着科学知识。引导学生运用科学方法研究问题，不仅能使学生感受成功和自身价值的存在，而且能绽放绚丽的创造之花，让学生真正由"读书虫"向社会实用型人才发展。开展多样的实践活动，不但能加深学生对科学现象的了解，又能让学生深切体会到科学与生活的联系。

3. 科学知识解决生活问题

当学生掌握了相应的科学方法以后就可以解决很多课前认为无法解决的生活难题。这时，教师要充分创设、提供给学生一试身手的机会，让学生在解决难题中感受到科学的实用价值。当科学与学生的现实生活密切联系时，科学才是鲜活、富有生命力的。脱离生活的科学是"不完整的科学"。在科学教学中，我们应该尊重学生的生活经验和已有的知识水平，使科学走近学生的生活，容易被学生所理解和接受，使学生在具体的观察、操作、猜测、交流、反思等一系列探究活动中逐步体验科学知识的产生，形成好与发展的过程，获得积极的情感体验，获得积极的情感体验，感受科学的力量。要让学生切身感受到科学知识就蕴含在平常生活之中，体会到科学在生活中的价值。

Ⅳ. 4年级下册《水里的光线会拐弯》教学设计与实践反思

一、教学设计

（1）教师带学生入情境：同学们，小智今天对科学课上的"光的魔法"很感兴趣，和同学们商量后有一个做实验想法，你们愿意帮助他解决吗？

情境再现：上完科学课，小智和几个爱思考的同学在一起讨论光线的问题，他们都想试试光线如果不是在空气中，能否发生方向的变化，于是开始讨论怎么做实验。

（2）教师引导学生提出自己的疑问：光线原本是直的，但随着水流的方向，却变成一道发光的抛物线，这是怎么回事呢？

（3）教师引导学生说一说实验设计：用手指压住小洞，再装满水，盖上瓶盖，水不会流出来。准备好手电筒，关掉房间的灯，同时用手遮住手电筒的部分光线，让光束变得细长。

（4）教师提供可以选择的器材，学生挑选实验用具：一个装满水的大可乐瓶（在距离底部月5厘米的地方开一个小洞）、手电筒、装水的盆。

（5）学生进行实验，验证自己的猜想。

（6）教师和学生共同总结实验中的科学原理：光线原本应该是直的，为什么会随着水的流动方向而变得弯曲呢？这是由于手电筒的光以垂直于可乐瓶壁的角度通过瓶中的水时，不能发生光的折射，而又全部被反射回水中，形成了全反射现象。光线在水中不断进行着全反射，最后就呈水流状了。

（7）知识链接：

光的折射https：//baike.so.com/doc/5404951-5642715.html

趣味实验http：//blog.sina.cn/s/blog_91f0ef500102vq1b.html

二、实践与反思

知识应用的生活化是课堂上应该关注的问题。课堂教学是学生探究科学真理的主要途径，但不是唯一的途径。学生学习科学、探究科学现象也不能被束缚在教室这个狭小的空间里，教室外的空间才是孩子们学科学用科学大有作为的广阔的天地。为此，可以引导学生将科学探究活动由教室扩展到课堂以外的家庭、村庄乃至整个社会，使课内、课外、生活、社会互相结合，获得最大程度的满足与发展。

丰富多彩的课外生活是科学教学不可缺少的重要组成部分，它能够引导学生将课内与课外结合、生活与科学结合。生活化的知识应用既巩固扩展了学生在课堂上所学的知识，又有利于培养学生的动手能力、提高思维能力，促使学生探究能力的发展，培养学生的创新精神，使学生将课堂学得的科学知识、技能运用到自己的实际生活中，解决一些简单的生活问题，做到学以致用。

总之，小学科学教学以周围常见的自然事物与自然现象为对象，提体现生活化的科学探究，并适当地将这样的科学探究延伸到课堂以外的丰富多彩的生活中去，让学生感受到生活中到处是科学、科学就在自己的身边，从而对周围世界充满强烈的好奇心和探究欲，产生对科学探究的浓厚兴趣，形成学科学、用科学的良好习惯，进一步提升科学素养。

（张海霞　青岛香港路小学）

第十一章
"小菜农"科学实践课程建设

第一节 背景与问题

一、背景介绍

2001年课程改革以来，伴随着学科探索的不断深入，小学科学教育取得了长足的发展，教师对于课堂教学的研究不断深入，越来越多的学生也在科学探究中获得了丰富的学习体验。

与此同时，科学教学内容的拓展与教学时间和空间的局限性之间的矛盾日渐凸显出来。由于课堂教学时间有限，学生接受的科学教育内容包括一些新的概念、方法以及科学现象等受到制约，哪怕是课堂上学到了一些知识和方法，也很难充分巩固内化，导致学生经历的是碎片化的科学实践，而所得到的支离破碎的科学认识对于其科学素养的形成极为不利。尤其在生命科学领域，课程标准涉及的探究内容较多、观察周期较长，教育主管部门和学校所安排的教学时间及所提供的教学资源很难支撑教学活动走向深入。拿植物来说，一般的植物成长周期少则几个月多则几年，若仅仅局限于教材，教师便只能将教学定位在植物特殊生长节点的观察，无法实现对其成长阶段的观察，更不可能实现全周期的系统研究；若仅仅局限于课堂，教师则不得不采用填鸭式的教学方法，让本该以建构主义为指导思想的科学探究最终"回归"到单一的行为主义教学上来，学生只能"看图识过程"，通过幻灯片了解科学概念，科学实践活动只能"点到为止"。所以，我们经常感到，科学课的教学对学生科学素养的培育作用不及想象的那么大。

近年来，伴随着核心素养培养的讨论愈发热烈，我国的教育学者对OECD、欧盟、美国、日本等一些国家和地区的核心素养框架进行了详细地介绍，并通过进一步研究提出了中国学生应发展的核心素养，产生了一批指导课程改革的理论与实践成果。这些研究让我们逐步意识到开展基于培育科学核心素养的学校课程建设对于有效解决目前教学实践中所反映出的突出问题具有重要意义。因为，它将推动科学教育实践聚焦"培养什么样的人""如何培养人"等问题，展开课程目标、课程内容、课程实施及课程评价的进一步规划与落实，将课程实践不断引向深入。

因此，我们以科学核心素养的培育为目标，以《义务教育小学科学课程标准》为根本，以实际教学问题为课题，遵循中年级学生年龄特点和认知规律，参照国内外相关领域教学研究，启动了"小菜农"实践课程建设，尝试开展学科课程校本化渗透。

二、关键问题

"小菜农"课程是培养学生科学素养的课外实践性课程。课程聚焦《义务教育小学科学课程标准》"生命科学"领域，选取"植物"为探究对象，选择适合于青岛城镇地区8～10周岁学生探究的学习内容，以"蔬菜种植"为主要研学方式，以资料、考察、访问等为补充，将猜想、观察、实验、推理、预测、阅读、分析、沟通等科学核心素养要素融入植物知识学习与种植技能训练之中，求得学生在科学意识、科学知识、科学思维和科学方法上的综合提升，从而发展其科学核心素养。

聚焦科学校本课程建设和科学核心素养的培育，本课程主要解决科学教育中的以下四个主要问题。

（一）聚焦年龄阶段，提高素养培育的适应性

作为青岛版小学科学课程的拓展与延伸，课程聚焦2017版科学新课标中3～4年级学段目标，就科学知识、科学探究、科学态度以及科学、技术、社会与环境四个维度，结合本校所开展的"小学生科学核心素养的研究"，从科学意识、科学知识、科学思维和科学方法四个方面着手，面向中年级学生规划"小菜农"课程目标，并以课程目标为依托构建促进本学段科学素养形成的课程体系、组织课程内容，通过主题探究的方式引导学生参与精心设计的各类与种植相关的学习活动。

（二）倡导自由探索，突出学科发展的自主性

学生可以根据兴趣独立确定探索的主题、组建探究小组、选定种植对象；也可以独特的方式制订探索计划、书写观察记录、发布探索报告。教师在课程中进行资料的支持，提出种植和观察的建议，帮助组织汇报交流及成果展示、开展探索评价

等，为学生有兴趣、有动力地自主开展探究活动、习得科学知识、锻炼科学思维、掌握科学方法、形成科学意识提供必要的支持。

（三）侧重思维培养，探索素养形成的结构性

课程在学生原有思维能力的基础上，充分利用现实情境和实际问题建构深入而广泛的探索活动，不断发展学生科学信息的收集能力、转换能力、分析能力、推理能力以及获取新知识解决实际问题的能力，不断培养其逻辑思维、系统思维、发散思维、立体思维、逆向思维、批判思维、简单化思维、创新思维，从而提升学生的整体思维能力。[①]

（四）强调课程整合，挖掘学科内容的关联性

课程聚焦小学科学学科"生命科学"领域涉及植物探索的相关目标，打破学科壁垒，通过精心选择探究内容、设计探究过程，将学生对植物的探索与研究与语文、数学、历史、地理、信息、艺术等学科教育融合起来，显著地体现学科整合特性，如将选种植株活动与地域气候知识介绍相联系，将种植技能培训与节气文化、民俗农谚结合，将科学观察与植株细部结构绘图、数据获取、统计分析结合，将研究成果发布与信息化渠道教育结合等。

三、主要任务

课程设计遵照《义务教育小学科学课程标准》的要求，考虑中年级学生的年龄特点和认知规律，参照国内外相关领域教学研究，兼顾本地区学校和学生的实际情况。

"小菜农"实践课程以培养学生科学素养为总目标，分设科学意识、科学知识、科学思维、科学方法四方面分目标，通过"农事前奏"（必研篇）"菜农行动"（选研篇）和"耕种文明"（续研篇）三个板块10个探索主题呈现出来。

课程的主要形式是自主探索，但课程设计中对每个主题的探索流程设计了活动建议供教师和学生选择。同时，对活动中所涉及的有关知识、概念或有趣的科学常识进行介绍，让学生经历长期的科学观察，立体的科学实践；让教师经历专业的课程指导，能够主动地促进专业成长；让学校受到高位的学科引领，实现有效的课程整合。

---

① 赵晓梅.浅谈现代教育技术的应用与创新教育［J］.辽宁教育学院学报，2002（7）：107-108.

第二节　目标的确立

学校立足于学生发展、教师发展和学校发展三个层面[1]，基于学生科学学科核心素养的培育、教师课程能力的综合提升和学校课程建设及课程整合的研究，确定了"小菜农"实践课程的课程目标。

一、学生发展目标

近年来，学校学科带头人带领教师团队开展小学科学学科核心素养的课题研究，建立了以科学意识、科学知识、科学思维和科学方法四方面内容为主体的小学科学核心素养框架，并将10种科学意识（scientific consciousness）、4大知识领域（scientific knowledge）、8种科学思维（Scientific thinking）和8类科学方法（scientific method）作为小学科学学科主要培育的科学素养，简称"S-CKTM"。其中，小学阶段重点培养问题意识、证据意识、创新意识、实践意识、自主意识、合作意识、生态意识、社会意识、责任意识、发展意识；重点传授的科学知识为课程标准中涉及的"物质科学""生命科学""地球与宇宙科学"和"技术与工程"四大领域的知识内容；重点渗透的科学思维为逻辑思维、系统思维、发散思维、立体思维、逆向思维、批判思维、简单化思维、创新思维；重点掌握的科学方法为观察法、实验法、模型法、控制变量法、调查法、统计法、转换法和类比法。[2]科学意识是素养形成的前提、科学知识素养提升的基础，思维训练是素养发展的路径，科学方法是素养品质的表现。

---

[1] 曾广政.均衡发展中校本课程开发的文本规范［J］.教育科研论坛，2010（04）：11-12.
[2] 梅亚林.课堂中渗透科学方法教育的实践与思考［J］.物理教师，2012（08）：30-31.

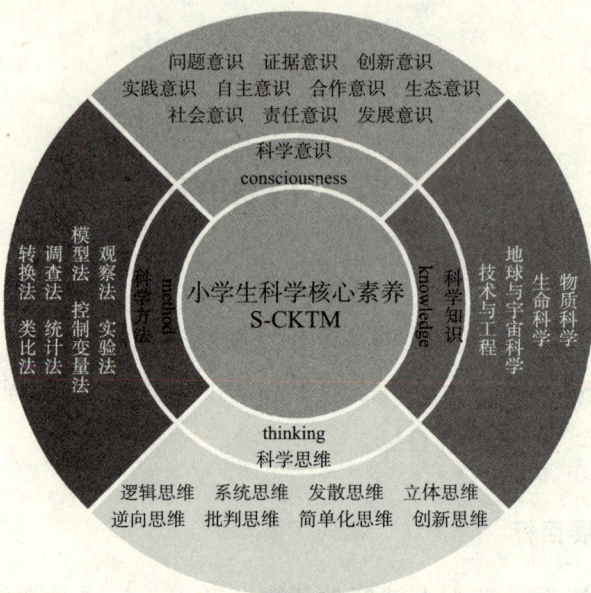

小学生科学核心素养"S-CKTM"框架

"小菜农"课程在学生发展目标的建构中以"S-CKTM"素养框架（图1）为依托，从新课标"生命科学"内容领域中选取"蔬菜"作为科学实践课程的探究主体，实现科学意识、科学知识、科学思维和科学方法教育目标的具体化，形成适合本年龄段科学素养培育的目标体系。

（一）科学意识

1. 问题意识

能从具体现象与事物的观察和比较中提出可探究的问题，根据已有经验和知识做出相关性假设，并能尝试着通过探究解决问题。

2. 证据意识

尊重事实，不迷信权威。

3. 创新意识

能有意识地改进蔬菜现有生长环境要素，创新性地使用或设计农具。

4. 实践意识

乐于参与种植探究，在学习活动中体会科学探究解决问题的乐趣。

5. 自主意识

能够有根据地选择种植对象，并设计方案自主开展相关观察研究。

6. 合作意识

能在活动中分工协作。

7. 生态意识

热爱自然，知道掌握规律才能合理利用自然资源。

8. 社会意识

了解不当的农事行为会给环境和人身带来伤害。

9. 责任意识

了解生态种植的意义，愿意采取行动保护环境和资源。

10. 发展意识

了解并意识到人们的需求推动了种植业的不断发展。

（二）科学知识方面

1. 认识常见的蔬菜。

2. 初步了解植物体生存条件、主要组成部分及如何繁衍后代。

3. 了解白菜、芹菜、毛豆、苦瓜、马铃薯等蔬菜的生命周期和成长规律，了解蔬菜的储存、食用、烹调等相关知识。

4. 初步了解中外农耕经验，感知不同地域农耕方式的异同。

（三）科学思维方面

1. 简单化思维

制订探究的初步计划。

2. 系统思维

设计水分、阳光、温度对蔬菜生长的影响的实验步骤及观察表格。

3. 逻辑思维

分析不同蔬菜种植方法的异同，总结植物生长规律的知识。

4. 立体思维

总结某一蔬菜在不同生长阶段的种植经验。

5. 逆向思维

探究一次种植活动失败的原因。

6. 创新思维

营造利于蔬菜特定生长阶段的环境，设计有利于种植活动的新型农具。

7. 发散思维

提供多样化的蔬菜保存、食用的方法。

8. 批判思维

有意识地改进种植操作方法，做增产的创新探索。

（四）科学方法

（1）能通过对比观察、控制变量、分类研究等方式进行探究。

（2）运用资料感官与合适的工具和仪器获取相关信息，并能将所掌握的信息通过图示符号、统计图表或科学语言进行表述交流。

（3）初步掌握蔬菜播种、浇水、间苗、支架、剪枝、追肥、除虫、授粉等耕种方法。

二、教师发展目标

（一）专业知识方面

（1）深化对新版课程标准的学习，进一步了解课程目标的内容；对核心素养教育展开研究，在理论学习和实践探索中初步遴选出科学核心素养。

（2）深入理解小学阶段"生命科学领域"的核心概念，进一步了解植物的器官、植物的繁殖、植物的一生、植物多样性和植物与环境等相关知识。[①]

（3）了解蔬菜及其种植的相关知识，熟练掌握相关技能。

（4）进一步了解中年级学生的认知特点，理解家庭、性别、性格、爱好和其他背景因素对于科学探究的影响。

（二）专业实践方面

（1）熟知课程框架的组成要素和课程建设的组织流程，并能根据课程建设的需要完成文献研究、理念阐述、目标建构、课题遴选、内容编排、教材呈现、教学设计、教学实施、课程评价等理论研究或实践操作项目。

（2）进一步明确开展科学小课题研究的流程，丰富指导学生开展科学探究的教学策略。能设计与本学段科学素养发展目标内涵一致、符合学生兴趣和发展需要的教学计划，能创造和管理保持学生智力挑战、具有情感支持和保障身体安全的教学环境，能寻求并实施拓宽学生理解科学思想的途径，能有效评价和监测长周期的种植与观察活动并提供有效的评价与反馈。

（3）在课程建设和教学实施中具有课程整合的意识。教师能从科学学科不同版本的教材内容和课程标准不同学段的内容要求中摘选并重组符合课程定位和学生特点的课程内容；能与语文、数学、信息、美术等其他相关学科的教师探讨跨学科内

---

① 孙怡然.小学科学课程"生命科学"领域概念及教学研究［D］.北京：首都师范大学硕士学位论文，2014（05）：7-8.

容的安排，并通过主动加强对其他学科相关知识与技能的了解，将其融入课程内容之中，并在教学实施的过程中加以落实。

（4）有主动发展学科教学素养的意识，积极参与课程建设的专题辅导，研究如何将核心素养的内涵要求转化为具体的课程目标，能主动分析、评价、改进教学实践，并在课程开发和课题指导的过程中不断梳理相关经验，增强研究能力，形成研究成果。

三、学校发展目标

（一）学科建设方面

（1）通过课程的开发与实施，丰富科学课程维度，增加校内科学教育的广度与深度，增强教育活动的效度，扩大科学学科在不同教育群体中的影响力。

（2）通过高校课程专家和本校学科带头人双向引领，拓宽科学教师专业发展的渠道，增强其学习力、执行力和反思力，支撑其深度发展。

（二）条件改进方面

（1）完成校内蔬菜园区开辟、植物攀爬架搭建、蔬菜种植箱购置、土壤组成改造，并逐步开发家庭生态园。

（2）加强课程资源素材库建设，购置相关图书、音像资料，积累种植观察记录。

（3）聘请科研院所专家、大学生、家长等课程志愿者担任教学活动顾问，提供有力的技术支持。

（三）课程完善方面

（1）通过开发"小菜农"课程，丰富本校学校课程体系。

（2）通过项目组研究，积累学校层面操作"基于核心素养培育"的活动类课程开发经验，探索此类课程建设的模式。

（3）坚持课程实施过程中的自身完善，不断开发教材及其配套的课程资源，在实践中检验课程，保持反馈畅通，及时调整课程活动，实现课程的评价与改善。

（四）学科融合方面

（1）在师生家长中形成学科融合的教育价值取向，激发不同教育个体在课程开发中的活力。

（2）积极促进以培养学生核心素养为目标的课程建设，实现实质性的教师跨学科教育合作。

第三节　内容的选择

一、选择依据

在课程内容选择方面，我们主要依据课程目标定位和学习者现实情况聚焦"三类问题"——"确定无疑的生活问题""实实在在的现实问题"和"有一定复杂程度的综合问题"来划定内容范围，并根据其内在逻辑关系和课时容量均衡的要求进行合理地编排。

（一）课程目标

"小菜农"科学实践课程目标的确立，与科学学科的特点、结构紧密联系，其最终目的是实现学生科学核心素养发展，因此课程内容在编选上必将以课程目标为依据遴选适合安排的研究主题和内容板块。

以目标为依托的"三类问题"让课程内容得以从生活出发，引领学生带着已有经验去解决现实问题，并在探究中锻炼思维、习得方法，不断提升素养。"小菜农"课程设置了"农事前奏""菜农行动"和"耕种文明"三个方面的研究主题，每一个主题下分设不同数量的课题。以"农事前奏"为例，课程以学生熟悉的蔬菜为原型，设计了"菜农伯伯""白菜姐姐"和"芹菜弟弟"三个卡通人物角色引领学生走进菜场认识蔬菜，了解蔬菜的种类，进而得知本地常见时令蔬菜，从生活走入对"选购蔬菜""尝试种植蔬菜"等现实问题的研究。随着研究的深入，学生自然要考虑长周期观察的相关事宜，于是，课程对于"植物一生"的概念以及设计长期观察计划等诸如此类较复杂问题的训练也随之展开。

（二）小学中年级学生发展特点

本课程根据中年级学生特点来确定内容的深度、广度乃至呈现方式。由于学习者主要是3，4年级的小学生，所以课程在内容的呈现上，以生动、直观的图文形式为主，目的是降低认知与理解的难度，增强趣味性；虽拓展延伸的内容比较多，但大多是做关联性的了解，并以儿童化的语言代替了晦涩难懂的专业词汇。另外，课程在内容组织上比较多地设置了科学游戏板块，尽可能通过创设情境，采用动手动脑的趣味观察、实验、制作、互动等方式丰富呈现方式，激发学生参与活动的主动性。

二、基本原则

有关于"小菜农"科学实践课程的理论和实践内容很多，因此我们必须对内容进行梳理和筛选，具体遵循以下几个方面的原则。

（一）生活性原则

所谓生活性原则，就是在选取课程内容时考虑"与学习生活相关，与日常生活相符"。课程所选择的学习材料不但要有与科学课相联系的知识性，与科学学习形成互补，而且要符合青岛市民的日常生活实际，选择地区特点突出的蔬菜作为种植观察的对象，让学生习得通识知识和技能的同时，增加对地区文化的了解。

（二）系统性原则

"小菜农"科学实践课程的内容要有连贯性，无论是哪一种蔬菜的种植、管理及收获都要成为一个系统，能让学生真真切切地感受到植物生长的整个过程，并参与到每一环节中来，[①]引导学生系统地了解知识，灵活地掌握技能，提升素养，学以致用。

（三）开放性原则

"小菜农"科学实践课程在内容选择上力求打破传统教学壁垒，选择"由来多元又紧密关联"的内容，让"深度融合的生态探索"成为素养培育的发展点，使教师和学生都走出课堂的局限，走出科学学科的局限，走出成功与失败的局限，用开放的学科观和生活观实现学习体验。

（四）选择性原则

课程提供了不同种类、不同生长季节、不同种植方式的多种蔬菜让学生选择；针对同一种蔬菜也会供给不同品种的植株备选；种植过程鼓励个性化的尝试，不断激发学生自主探索的能动性，实现他们科学认识的多样性，促进探究小组间的互动。

（五）代表性原则

课程在进行种植对象选择的过程中特别强调典型性，充分考虑学生开展"根""茎""叶""花""果实""种子"的学习要求，充分考虑学生对蔬菜分类的认

---

① 张玲.兴庆区N小《生态校园》实践校本课程的总体规划与实践［D］.银川：宁夏大学硕士学位论文，2014（05）：13.

知，充分考虑观察方法的培养，充分考虑地方名优品种的了解，充分考虑多种种植技法的实践……通过综合考量确定能够更加有效地促进学生科学素养发展的课程内容。

（六）趣味性原则

针对学生的年龄特点，课程内容的选取要具有实景趣味性。基于回归学生主体，从兴趣引发学习，其内容可以是来源于运用科学知识的小窍门，也可以是与科学现象相关的魔术等生活实例。带有生活实景的趣味性问题可以被设计为教学中的实例内容，也可以是课程拓展时的补充游戏，还可以作为探究性的科学小问题让学生进行探索。[①]

（七）探究性原则

"小菜农"科学实践课程在内容的组织上遵循"知识问题化""问题探究化""探究方法化"的理念，通过课程内容将规整的科学探究程序进行铺陈，让学生经历完整的探究过程，通过结构化探究材料的提供，系统地进行思维和方法的引领。

三、具体内容

本课程分为"农事前奏""菜农行动"和"耕种文明"三个内容板块。"农事前奏"包括"走进蔬菜大家庭""让蔬菜在城市安家"和"我想观察'菜'的一生"三个课题，引导学生对蔬菜名称、种类及其生长条件进行初步了解，并准备种植所需的基本材料，进行种植观察的初步规划；"菜农行动"则包括"种植毛豆""培植平菇""种植苦瓜""选种本地特色菜""培植马铃薯"和"生豆芽"六个课题，让学生经历春夏秋冬四个季节不同种类的蔬菜种植与科学观察；"耕种文明"包括"有趣的节气歌"和"现代农业"两个课题，介绍物候与节气及与之相关的农谚知识，引导学生从整体上了解农事规律，并初步感知科技对农业发展的影响。

课程的具体内容见下表。

"小菜农"科学实践课程的具体内容

内容板块	课题	主要内容	相关内容
农事前奏	走进蔬菜大家庭	1. 春夏秋冬四季蔬菜名称及形态特点 2. 本地常见蔬菜 3. 蔬菜分类（叶菜类、根茎类、果菜类、芽苗菜、菌类、瓜类）	1. 自然环境与蔬菜生长的关系 2. 人为因素对蔬菜生长的影响 3. 地方特色蔬菜品种 4. 选购蔬菜的方法

---

① 李扬.STEM教育视野下的科学课程构建［D］.杭州：浙江师范大学硕士学位论文，2014（5）：45-46.

续表

内容板块	课题	主要内容	相关内容
农事前奏	让蔬菜在城市安家	1. 影响蔬菜生长的因素 2. 学校、家庭环境下种植位置的选择 3. 农事采购清单的编制	1. 蔬菜种植对实际生活的影响 2. 全面考虑、提前预测困难
	我想观察"菜"的一生	1. 植物"一生"的概念 2. 观察计划的拟定 3. 观察表格的设计	1. 植物生长规律 2. 观察内容规划与方法预设
菜农行动	种植"毛豆"	1. 毛豆的品种及种植选择 2. 毛豆播种、种植与采摘知识 3. 主题研究：阳光、水分、温度对毛豆产量的影响 4. 主题观察：植物的"种子"	1. 适宜在春季种植的蔬菜 2. 毛豆营养、选购、保存与食用 3. 间苗的方法和作用 4. 定量的观察方法 5. 青豆、大豆、蚕豆、豇豆等豆类的对比学习 6. 植物界的共生现象 7. 如何给蔬菜浇水
	培植平菇	1. 菌类概念，食用菌种类 2. 平菇的种植流程和采收技巧 3. 主题研究：平菇生长与光照、温度和湿度的关系 4. 主题观察：平菇菌盖生长	1. 蘑菇毒性辨别及误食救护 2. 蘑菇的营养、选购及食用方法 3. 蘑菇的种植历史及与蘑菇有关的趣味话题 4. 菌类生长过程中的共生现象
	种植苦瓜	1. 苦瓜的种类及产地 2. 苦瓜的播种、种植与采收知识 3. 主题研究：苦瓜生长与水分和光照的关系 4. 主题观察：植物的花（雄花和雌花）和果实	1. 适宜在夏季种植的蔬菜 2. 苦瓜营养、保健功效、保存与食用 3. 人工授粉、追肥与打顶
	选种本地特色菜	1. 本地名优蔬菜及产区特点 2. 白菜、芹菜等播种、种植与采收知识 3. 主题研究：叶菜类蔬菜生长与水分的关系 4. 主题观察：植物的"叶"	1. 适宜在秋季种植的蔬菜 2. 叶菜类蔬菜营养、保健功效、选购、保存与食用 3. 植物图鉴的使用 4. 叶的生长类型和生长顺序 5. 名优蔬菜典故
	培植马铃薯	1. 马铃薯的名字由来、种类及产地 2. 马铃薯的播种、种植与采收知识 3. 主题研究：马铃薯生长与土壤的选择 4. 主题观察：植物的"茎"（地上与地下）	1. 一年一熟与一年多熟及种植时机把握 2. 植物的特殊繁殖方式 3. 除芽、补土、堆肥、追肥技术及虫害的预防和处理 4. 马铃薯的营养和各国特色土豆料理
	"生"豆芽	1. 芽苗类蔬菜的品种 2. 主题研究：黄豆芽生长与光照的关系 3. 主题观察：植物的"根"	1. 适宜冬季种植的蔬菜 2. 芽苗类蔬菜的营养、保存与食用 3. 植物根的作用及分类

续表

内容板块	课题	主要内容	相关内容
耕种文明	传统农业——有趣的节气歌	1. 二十四节气 2. 农谚、农事诗等 3. 植物生长的节律	1. 中国传统种植技术、养殖技术、治水技术等 2. 农作物的生长与地形、气候、水文等条件的关系 3. 有关农业生产的民间艺术
	现代农业——穿越的时令菜	1. 反季节蔬菜 2. 现代农业机械、生物技术、工程技术、信息技术等介绍 3. 现代农产品仓储与流通	1. 科技发展对农耕的影响 2. 培植方式的改变在业内和社会中引起的争论 3. 未来农业发展畅想

第四节　组织与实施

一、年级的安排

"小菜农"科学实践课程是面向中年级学生开发的聚焦科学学科核心素养培育的学校特色课程，以小学科学课程标准"生命科学"领域中旳植物形态、组成及生长周期的观察为主要内容，以蔬菜的种植为实践学习的组织形式，所选取的课程内容和搜集的教学素材均适宜8～10岁的孩子，因此，以3年级作为起始年级开设"小菜农"课程，并在4年级学期末结束课程。课程作为青岛版科学3年级上学期"我们周围的动植物"的补充性拓展研究和4年级上学期"植物的身体"单元的深入性拓展研究，对国家课程的落实具有实际意义。

二、课时的安排

我们依据课程内容安排对课时进行了规划，考虑到科学探究的生成性特点，只做单元课时建议，实施弹性课时安排。目前，"农事前奏"单元建议安排5～6课时，"菜农行动"单元建议安排18～20课时，"耕种文明"单元建议安排3～4课时，总的为36～40课时。

课程持续期为两个学年，根据总课时的上限，每个学期安排10个课时。由于科学课3，4年级均有相关的课程内容，因此分别从科学课中拿出4～6课时开展主题研究，根据蔬菜播种、培植、收获等不同实践阶段的需要协调学校课程，灵活确定课时。

本课程强调持续性的观察、记录、分析、实验，因此我们还采用校内午休活动时间和家庭观察俱乐部等形式进行学生自主活动的时间安排，以此最大限度地保证课程的有效实施。

三、组织的形式

学校专门成立了由科学教师、辅导员教师、农科专家组成的课程研发"项目组"，历时近一年的时间，设计出针对小学中年级、体现科学课程目标、整合不同学科元素、涵盖校内外生活、重视课后实践指导、鼓励探索与合作、基于科学素养培育的、实施周期为两个学年的科学实践课程框架，在课程组织中体现出五个方面的结合。

（一）教材必修与自主选修相结合

教材设置了三个单元，其中"农事前奏"是必修单元，主要交代了种植蔬菜前的准备活动并介绍了蔬菜作为植物所具有的季节性、地域性、类别性特点。本单元强调培养两种科学意识——接触一类事物时的宏观感知和解决科学问题时的总体规划。

教材的第二和第三单元分别涉及具体的种植活动和对种植活动的溯源性和丰富性认识。课程实施时均可由学生自主选择，所培养的是具体的种植技能、观察方法以及对种植的爱好与兴趣。尤其是"菜农行动"单元，学生一开始选择种植"毛豆"还是"苦瓜"其实没有实质性的差别，因为教材呈现的是不同种类、不同生长方式的蔬菜的种植过程，有其代表性和典型性。课程实施时，教师还会补充相同种类及生长方式的其他蔬菜帮助学生建立科学概念，也会根据课程经历引导学生在下一个研究阶段选择更能促进其科学素养发展的内容。

（二）教师组织与专家引领相结合

"小菜农"课程授课主要在校内进行，教师作为课程的组织实施者，将依据课程目标有机组合课程内容，设计教学和探究活动，是课程实施的主要推动力量；但课程要求学生将知识与现实世界的种植情境连接起来去学习，因此学校积极开发社会资源和聘请家长中的专家，让学生与相关领域的专家结成共同体，接受专家的指导，对真实任务进行"合法的边缘参与"。专家通过提供知识、方法甚至仪器、设备，从更高的水平和更广阔的视野给学生阐述生命世界的无穷魅力，为喜爱不同方面专题研究的学生开展更深入的探索创造更好的条件，从而拉近学术与生活距离。学生以"做课题"的方式学习，增加了知识的迁移性，促进了科学核心素养的发展。

（三）课堂教学与课外实践相结合

知识+实践=素养。一切知识只有成为学生探究与实践对象的时候才能实现学生核心素养的发展。"小菜农"课程是一门以实践为主的学校课程，因此实践性是它的突出特点。学生在课堂中认识的蔬菜、了解的知识、掌握的方法为开展种植做好准备，在种植中观察的信息、积累的数据、获得的体验也成为课堂交流与分享开展合作学习的素材，另外课程在每个单元都安排了外出的访学与参观。这种实践性活动让教师在课堂上所传授的知识与其应用之间建立即时联系、有机交互；同时，这种实践使学生的素养得到最大化的发展。素养一经形成，也会超越原情境限制，应用于不同解决类似问题的情境中，且逐渐适应情况的不断变化，在实践中发挥素养的迁移作用，继而完成学生的经验整合、课程知识整合和社会生活整合。

（四）班级授课与分组指导相结合

根据课程的进程，教师会在某一主题的起始探究、种植观察和报告形成等不同阶段，依据教学所需安排集中授课；其他时段，教师也会根据学生的选种植株、观察项目的不同，利用课外活动的时间进行分组指导。班级集中授课促进了学生关于不同的研究主题、观察内容、探究经历的交流分享，分组指导则聚焦具体探究方向与探究环节甚至是失败的体验，增强教学活动的灵活性和针对性。这样的课程组织形式为科学意识、科学知识、科学思维和科学方法的综合训练提供了更丰富的渠道和更真实的情境。

（五）自主探索与群体合作相结合

"小菜农"课程引导学生在每个课题的主题下开展自主探索，充分尊重个人学习自由，并设计促进批判性思维发展和问题解决的学习过程。课程实施时，我们试图把课程内容的逻辑关系与学生内心认知过程结合起来，不仅关注内容的顺序，同时关注处理内容的心理过程的顺序，强调课程要素的拓展与加深，引导学生深度学习，从而促进其素养形成。[1]与此同时，课程组织中并不排斥群体合作，且倡导协作学习，每个课题均设置合作探究的内容，让知识学习成为交往与协作的过程，即集体创造知识的过程。

---

① 任明璋.两版本物理实验教材的比较研究［D］.西安：陕西师范大学硕士学位论文，2003（6）：38-40.

四、教学指导

"农事前奏"单元作为"小菜农"课程的起始单元，从日常生活具体情境引入主题探究，侧重于对于蔬菜种类及生长条件的初步了解，5~6课时的内容采用集中授课的形式进行。

第一课：走进蔬菜大家庭。课程伊始，教材引入了"菜农伯伯""白菜姐姐"和"芹菜弟弟"三个卡通角色，带领课程参与者——"小菜农"共同进入蔬菜大家庭。本节课中，"白菜姐姐"和"芹菜弟弟"作为胶州大白菜和马家沟芹菜的卡通化形象，带领"小菜农"们走进菜市认识了常见的蔬菜，走进菜园听"菜农伯伯"讲解适宜青岛地区种植的品种，走进农科所了解蔬菜的不同分类，通过分享了解更多关于蔬菜的趣闻。教师会在学生广泛接触和了解后，引发思考：不同季节有哪些应季的蔬菜？青岛地区是否能种植其他地区的蔬菜品种？相同蔬菜不同品种为什么会有差异？教师将通过学生探访蔬菜大家庭后所发现的问题，让他们在调查与思考中形成科学意识、习得科学知识、感知科学方法、训练科学思维，不断品味科学的意味。

设计种植园标志

参观蔬菜种植园

第二课：让蔬菜在城市安家。本课通过"我为'白菜姐姐'和'芹菜弟弟'找家"的情境创设，引导学生围绕蔬菜的生存条件展开讨论，聚焦阳光、温度、水分等要素，充分考虑排水、通风、防暑等多种要素，引导学生分别在校园和楼房两种不同的环境中选择合适位置、搭建种植场地；通过组织"农事采购大会"，引导学生综合考虑即将开始的农事活动，拟定农事采购清单，并进行相关讨论，课后采购。

第三课："我想观察'菜'的一生"。教材通过图片呈现"白菜姐姐"和"芹菜弟弟"从发芽成长、开花、结果然后再到播种的过程。学生通过观察描述找出不同植物生长过程的共同特点，进而理解植物一生的概念。相比于其他植物，本课所选的蔬菜生长周期较短，同时大部分种类的植株根茎叶花果实区别明显，且大小适宜，易于种植和观察。学生通过选择与所种植植株有关的观察项目，思考观察活动的安排，观察表格和统计量表的设计，并在完善观察计划的过程中了解植株的播种时间、收获时间，初步建立"植物生长周期"的概念。教学中，教师可向学生讲解一般的观察记录所涉及的观察对象、观察时期、观察地点、观察者、观察内容，引导学生依据自己所种植的植株和感兴趣的观察内容对观察记录进行独特的设计。

从第四课开始，教学进入了第二版块，学生以大豆、平菇、苦瓜、白菜、芹菜、马铃薯和豆芽等蔬菜为种植与观察的对象，开始对蔬菜生命周期的探究之旅。课程选取的蔬菜综合考虑了种植季节、蔬菜种类和种植方法等要素，尽可能丰富孩子们的科学体验。这一内容板块，课程规划了每个课题重点的研究项目和观察项目，链接的是科学思维和科学方法的培养，同时实现科学意识和科学知识的提升与丰富。

第四课：种植"毛豆"。集中授课为3～4课时，种植观察持续80～100天，教师根据课程内容和种植研究的实际情况组织开展教学。

教材首先引导学生搜集并了解毛豆的品种、播种、种植、采摘、收获等相关信息，并进行初步的交流，进而帮助学生形成种植的概念。

教学中，教师引导学生聚焦大豆的种子，开展"植物种子"的主题观察，启发学生综合使用感官和工具（小刀、放大镜、尺子等），采用由外到内、由整体到局部的顺序进行观察，并提供大豆、青豆、蚕豆和豇豆的种子引导学生展开对比观察，引导学生从形状、颜色、大小、触感和内部结构方面进行描述，总结相同点与不同点，进而掌握种子的结构特点；倡导有兴趣的学生对未发芽和已发芽的种子进行对比观察，更加充分地了解种子的组成部分及对植物生长发育所产生的作用。教学中所选的观察的对象从生活中来，是学生相对熟悉的豆类，降低了陌生感，激发了观察兴趣，也为下一个阶段的育种做好了准备。

种植阶段，教师和学生在"种植试验区"共同操作点种、护种、间苗和追肥等种植方法，并留出一块"自由生长区"，每过一段时间组织学生对比两个区域大豆的生长情况，并分析长势不同的原因，通过探究了解点

毛豆间苗、收获

种、护种、间苗、追肥的作用。种植过程中，教师会根据植株生长情况指导学生搭支架，确定施肥、浇水量，认识根瘤菌，组织收获……课程最后，教师组织学生开展留种、保存和食用等主题活动。

第五课：种植平菇。本课对于种植对象的选择，立足于丰富学生对于蔬菜种类的认识，选取了日常生活中常见的一种食用菌——平菇。

教材创设情境，以"芹菜弟弟的疑问——它们也是蔬菜吗"导入课程，引导学生回顾生活中所见过的食用菌，根据经验选出平菇进行细致的观察，进而了解食用菌的外形及解剖特点，并有意识地将菌类与动物进行比较，通过层层深入的观察思考培养学生的系统思维，同时启发其产生种植观察的愿望。

对于种植流程的了解，可通过网络学习与参观学习相结合的方法开展，积极调动校内外专家资源，将这种师生较为陌生的蔬菜的种植技巧传授给学生。主题研究方面，通过2~3次实地观察，采集温度、湿度，平菇增长的数量、重量等数据，通过对数据的统计、对比等研究了解平菇生长与温度、湿度的关系，通过环境的观察了解平菇生长与光照的关系。

本课的主题观察为"平菇菌盖的生长"，与主题研究同时展开。教师引导学生梳理观察内容，引导学生从形状、颜色、大小、厚度等多方面描述菌盖的特点；并就"单体成长观察""相邻个体系统观察"和"不同个体对比观察"等方面采集观察信息，再次引导学生系统思维和立体思维的发展，从而促进创新思维的形成。

学生设计的相邻个体系统观察记录表

时间	1号区域			2号区域			3号区域		
	菌盖数量	不同菌盖形态特点	新发现	菌盖数量	不同菌盖形态特点	新发现	菌盖数量	不同菌盖形态特点	新发现
我的思考									

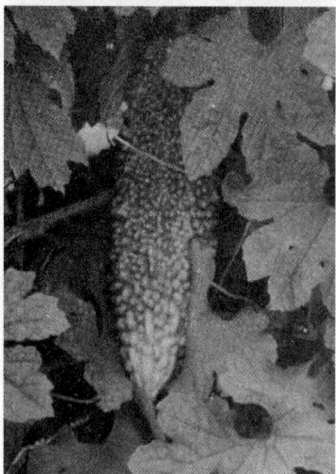

苦瓜的花与果实的观察

随着观察的深入，教师可以提供更多菌类的信息，让学生感知其种类丰富的同时，引入毒性辨别的知识。食用方面，更可推荐营养、选购、误食救护等信息，让学生选择自己感兴趣的学习领域，并通过一些趣闻将学生的发散性探究活动引向深入。

第六课：种植苦瓜。本课由"生长在夏季的蔬菜"这个话题展开，进而了解本地区时令蔬菜品种，聚焦植物生长与温度、光照以及水分等自然要素的关系。课程选取苦瓜这类"果菜类"蔬菜作为夏季的代表蔬菜，引导学生深入了解其品种、产地、营养及保健功效，并开展后续观察活动。

教材呈现出"小天""小山"在一起探讨茄子、土豆、苦瓜等蔬菜哪些适合在夏季种植的场景图，引导学生思考蔬菜种植时令的问题；教师帮助学生回忆日常生活的见闻，提出查阅资料的建议、提供专家家长的资源，启发学生尝试解决问题。当学生了解到苦瓜是适宜夏季种植的蔬菜品种时，教师可订购微苦苦瓜、超级苦瓜、麻雀苦瓜等不同种类的苦瓜，引导学生进行观察、品尝，并鼓励学生认识更多的苦瓜品种并了解其营养、食用和保存等方面的信息。

本课的主题研究聚焦苦瓜生长与水分和光照的关系这一问题，让学生根据之前《种植"毛豆"》一课所用到的有关控制变量的方法独立设计研究方案，并在交流的基础上进行修正。为了保证主题研究的顺利进行，教师通过资料卡和种植指导的方式将种植的准备、移栽秧苗、藤蔓养护、打顶的方法、追肥的频率和操作以及人工授粉的注意事项进行讲解和传授，使集中指导和引导发现相结合，实现技能训练与思维培养的双重目标。

苦瓜的生长变化记录表（光照不同/水分不同）

观察时间	所观察植株	控制光照我们做的事情	植株高度	叶的大小	观察到的其他现象
月 日	植株1				
	植株2				

续表

观察时间	所观察植株	控制光照我们做的事情	植株高度	叶的大小	观察到的其他现象
月 日	植株1				
	植株2				
月 日	植株1				
	植株2				

本课的主题观察为"植物的花和果实",目的是让学生通过观察苦瓜的花和果实,进一步了解花和果实的构造、雄花与雌花的不同;通过拓展观察花粉、果实的排列等内容,形成细致观察、深入思考的科学品质。

第七课:选种本地特色菜。本课聚焦山东青岛地域性蔬菜品种,向学生介绍胶州大白菜、马家沟芹菜,课程内容上则体现"叶菜类"蔬菜的种植技能和知识,所以主题观察定位于"植物的叶"。

教材从"白菜姐姐"和"芹菜弟弟"的自我介绍开始,向学生介绍胶州大白菜和马家沟芹菜悠久的种植历史、优良的食用品质、有趣的文化典故,让学生对于本土蔬菜名优产品有了更充分的了解,增强自豪感与种植的兴趣。

这两种蔬菜均适宜初秋播种,因此是10月开学阶段可同时选择播种的蔬菜。除了进行播种、田间管理基本的间苗、除草、除虫等技术操作之外,引导学生研究不同生长阶段蔬菜的生长与水分的关系为本课的主题研究重点。因此,可在白菜发芽期、幼苗期、结球期,芹菜蹲苗期和营养生长旺盛期设置几次不同的对比观察,让学生通过控制变量发现蔬菜生长的差异,发现植物不同生长阶段对于水分和阳光的需求异同,从而提高对比观察与分类研究的能力。

本课的主题观察设置了三个观察点——"叶子的构造""植物的气孔"和"提取叶绿素",让学生了解植物的叶由叶片、叶柄、叶脉等构成,[①]并能在白菜和芹菜等蔬菜的叶上找到这些部分;知道不同种类植物的叶的气孔有不同形状,植物从根部吸收的水分是通过气孔排除的;理解叶绿素能借助太阳光为植物生成供其生长的营养成分。聚焦于问题意识与证据意识的培养,针对叶的观察教师采用发展性细节观察的培养方法,设计了以下观察表格。

---

① 〔韩〕梁一镐.少儿科学实验全知道4〔M〕.北京:北京联合出版公司,2014:14-17.

"植物的叶"细节观察表

破土而出的时间		刚出土时叶的数量	
刚出土时叶的颜色		叶在茎上怎样排列	
第一对叶子和以后长出的叶子有何不同			
其他发现			
我的思考			

课程的最后介绍了选购、保存与食用"叶菜类"蔬菜的相关知识，并鼓励孩子们学习烹饪一道本地名菜，做青岛名优蔬菜的推介人。

第八课：种植马铃薯。马铃薯属于"根茎类"蔬菜，其用茎繁殖的方式与其他类蔬菜略有不同，因此本课将主题观察的内容选定为"植物的茎"。青岛所处地理位置可选择春季播种也可选择秋季播种，根据教师教学进度的安排而定。

教材以"马铃薯"的奇特名称导入，介绍其名称由来、原产地、营养功效等，呈现琳琅满目的各国特色土豆料理，激发学生的学习兴趣。[1]接下来，指导学生将从市场上买来的土豆和教师提供的种薯进行对比，并讲解如何辨别植物的根与地下茎的不同，指导学生将带有芽的茎切块备种。在此环节，教师还可以引入地上、地下各种各样不同的"茎"作为主题观察的内容，引导学生通过观察与甄别概括出"茎"的共同特征，进而辨别哪些植物被食用的是"茎"，通过研究解决日常生活中遇到的疑问。

本课将"马铃薯生长与土壤选择"作为主题研究内容，引导学生对相关资料进行查阅了解，并启发学生自己动手进行简易的土壤重塑。教师带领学生采集土壤，进行晾晒并通过给土壤加入腐叶、鸽粪粉、豆沫水等混合物松解土壤，改良土壤成分，进行堆肥。

第九课："生"豆芽。豆芽是"芽苗类"蔬菜的代表品种，尤以黄豆芽和绿豆芽在日常生活中最为常见，水分对其生长起着关键的作用，因此本课将"黄豆芽的生长与水分的关系"作为主题研究内容。

经历了之前的课程实践训练，学生具备了一定的实验设计和操作能力，教师可以通过组织分组讨论，引导学生设计实验方案。学生在相同数量豆芽每天不浇水、

---

① 〔日〕北条雅章，〔日〕石仓裕幸检修.趣味园艺爱上阳台蔬菜种植技巧.李晓蕾译〔M〕.武汉：华中科技大学出版社，2016.

每天浇水三次（300毫升）、每天浇水三次（500毫升）的对比观察中，[1]很容易了解豆芽的生长与水分的关系，同时教师应在此基础上深入开展思维的引导，让学生逐步发现影响实验结果的非生物要素还有很多，并通过甄别找到保证三盆豆芽获得大致相同的光照和温度等生长条件的最合适的方法。由于年龄的关系，学生的认知研究往往会停留在表层，需要教师通过情境的预设将系统思维、发散思维和立体思维的意识及方法教育融入具体的探究活动，帮助学生形成科学的思维习惯，从而将其导入深度学习，在探索中不断发展科学核心素养。经过三天的观察学生发现不浇水的豆芽很快枯萎，但与预期不同的是每日浇水500毫升的与每日浇水300毫升的豆芽涨势区别不明显，因此有了持续观察的愿望，同时也意识到实验应增加浇水量指标的数量，并将指标上限提高（经讨论提高到1000毫升/日），延长观察的周期，进行深入观察来发现最适合目前豆芽样本数量的日浇水量指标范围。

随着种植时间的延长，豆芽会长出根，教师指导学生将其移种在土壤里，使用透明的容器将豆芽贴近容器壁种植，开展"植物的根"的主题观察，[2]在此基础上教师倡导学生收集其他植物的根的实物、图片、视频等深入了解根的形态、分类、作用等丰富的信息，通过文字报告、照片、"自由标本"（用喜欢的方式展示根的单体）等形式呈现研究成果。

"菜农行动"这一板块的教学力图体现指导方面三个方面的结合，集中指导与引导发现相结合、技能训练与思维培养相结合、科学观察与科学描述相结合。

教师在种植观察活动中通常进行两次集中指导，分活动前一次，活动中一次，将学生不知道的、易出操作问题的细节进行梳理，有条理地告知，这里的条理包括操作顺序和指导的时机。学生能够自己发现的，教师就不直接提供，而是通过一些观察内容的设置，让学生自行发现；技能和思维培养方面，每一项观察都不是随机而定的，它们存在有机联系，目的是帮助学生发现一个个植物生长发育的实证，搭建探究植物生长变化规律的思维通道；就观察

根的"自由标本"

---

① 〔韩〕梁一镐.少儿科学实验全知道4［M］.北京：北京联合出版公司，2014：47-51.
② 〔韩〕梁一镐.少儿科学实验全知道4［M］.北京：北京联合出版公司，2014：20-23.

而言，教师也通过全面的观察、细致的观察甚至是联系性的观察来培养孩子们的观察品质，通过定性的描述、定量的描述来训练孩子的观察表达，这方方面面都体现出了科学指导的策略和意味。

教材中的"耕种文明"板块作为种植活动的延续性学习，从农事活动的角度切入，一方面引导学生主动探索传统节日的历史渊源，传承民俗文化，建立起对家乡浓厚感情；另一方面让学生感知生物节律及现代科学技术发展对农事和人们生活的影响和推动作用。

第十课：传统农耕——有趣的节气歌。节气歌与农谚、传统种植技术节气歌是学生之前接触过的学习内容，更是中国传统文化的象征符号。教材帮助学生在熟记的基础上梳理出分别反应季节变化、温度变化、降水情况和农事活动的节气，了解植物生长的节律和二十四节气之所以对农作物生长起到重要作用的原因；教材继而将朗朗上口的农谚和农事诗引入课堂，使学生在诵读过程中感知古代劳动人民独创的文化遗产，并通过对中国传统种植、养殖、治水等技术和农业生产民间艺术的了解感受民族智慧。

第十一课：现代农业——穿越的时令菜。本课作为"小菜农"课程最后的教学内容，着力在眼界的开阔和思维的延续方面给学生以启示。课程伊始，教材出示"被科学颠覆的时令菜"，用技术对于农耕的现实影响激发学生原有认知与实际生活之间的矛盾，引发深入探究的兴趣；接着教材介绍了生物技术、工程技术和信息技术等现代前沿科学在农业生产与发展中的应用，[①]并将现代仓储与物资流通理念融入学习内容，展现了科学技术引起传统农业发生翻天覆地的变化；当学生感叹于科技的高效之时，教材以"培植方式变更的利与弊"为题，引发对转基因、无菌栽培、速成蔬菜等新农耕方式的讨论，让学生了解科技对于我们的生活有利有弊，不能简单地下结论，从而引发一种科学的思考方式，进而促进科学素养的形成。教学的最后，教师鼓励学生运用新的学习感知与思考展开大胆畅想，尝试在自己感兴趣的领域谈出对未来农业发展的畅想。

五、教学的评价

教学评价是有效促进学生参与课程学习的内在动力，是对学生探究活动过程的激励和肯定，也能够很好地检验学生科学素养提升的效果。"小菜农"课程的评价主

---

① 曹静.发展现代农业的科技需求和政策体系研究［D］.锦州：渤海大学硕士学位论文.2014（5）：25-26.

体多元、标准具体、自成体系，综合反映了学生科学素养的发展情况。

（一）评价原则

"小菜农"课程关注学生在整个学习过程中的成就表现，教学评价的设计将综合考查学生在S-CKTM科学学科核心素养四个方面的发展状况，遵循以下三方面原则。

第一，重视对探究过程的评价，关注学生在学习活动中的努力及其科学意识、科学知识、科学思维和科学方法等科学素养的提升。

第二，在多元评价中突出学生的自我评价，素养教育具有回归性特点，主张学习过程回归到学生主体，因此把学习者的参与评价作为学习的重要组成部分。

第三，强调改进和激励，关注情感体验，侧重对后续学习的引导，形成积极的动力来源。

（二）评价主体

教学评价由负责课程教学的教师、开展探究学习的学生、参与课程教育的专家、组内合作学习的伙伴和学生的家长共同参与，从评价行为上教师层面主要针对学生个体的学习表现开展过程性的即时评价和终结性的综合评定，学生则根据自身的探究进行客观的描述和分数的评定，参与课程的专家则依据自己所参与课程的部分针对小组成员进行即时性的描述和评分，探究小组中的同学针对其他成员活动参与和合作交流的表现相互评分，家长则根据学生课后拓展活动的情况进行客观评价。

学生评价权重分布表

评价主体 项目	教师			个人		专家		同伴		家长	
评价方向	课堂表现	种植实践	探究作业	自我反思	行为优化	参与过程	学习效果	活动参与	合作交流	课后观察	拓展研究
评价权重	20%	20%	10%	10%	10%	10%		5%	5%	10%	

（三）评价标准

教学评价标准由课程目标而定，"小菜农"课程的教学评价依托"S-CKTM"核心素养框架，面向科学意识、科学知识、科学思维和科学方法四个维度，结合课程内容将10种科学意识、5个知识领域、8种科学思维和8类科学方法的培养目标进行分项梳理，拟定了"学生科学素养发展水平分类表S-CKTM（3~4年级）"（详见附I），呈现出3个不同水平阶段的评价建议，让素养培育有目标，使分层教学有指引。实际评价过程中，教师可依据"素养发展水平分类表"中所呈现的评价标准，将学生探究表现进行分类或综合评价，并根据需要建立学生素养发展水平与探究评价分值之间的联系，增强教学评价对学生科学素养发展的指导性、探究活动评价的可操作性和评价结果的直观性。

（四）操作流程

教师针对课堂教学、实践活动、项目作业等做即时评价并反馈指导，促进科学探究有序有效开展；互评在小组内和小组间同时进行，聚焦互动参与和合作交流能较好地反映小组探究过程的优缺点及各成员探究状态的活跃程度；根据专家的教学感受整理的简评，进一步反馈参与情况和学习效果；针对自由观察和拓展研究征集的家长评价意见，反映课后学习情况。教师将综合以上评价对照S-CKTM评价标准体系，核算科学核心素养发展分值，进行客观、公正的综合评定，并设立"菜农奖"对学生进行鼓励，针对某一方面表现出色的学生也可设立"合作奖""思考奖""发现奖""创新奖"等进行表彰，还可利用橱窗、展台将优秀的观察报告、种植记录、创意设计进行展示，让学生在展出前依据评价者提出的意见进行修改完善，以比较完美的形象在全班甚至学校同学面前展示，获得更大的成就感。

第五节　课程的评价

"小菜农"课程的开发与实施，无论是在学生、教师还是学校发展层面均取得了一定的成果，在有效提升学生科学素养和教师专业能力的同时也丰富了学校课程资源，强化了学校教学文化建设，实现了由国家科学课程向校本特色科学课程的转变，也为其他学科乃至兄弟学校课程开发提供了范例。

一、学生发展

我们所开发的"小菜农"科学实践课程聚焦"生命科学"领域，实现了国家课程在教学时间和空间上的拓展与延伸，为更有效地落实课程目标、提升学生科学学科核心素养做出了有效的尝试。

（一）巩固并丰富了植物的相关知识

学生对蔬菜名称、种类、习性有所了解，基本理解植物与动物之间、植物与环境之间的关系，并能利用所学的知识解释日常生活中常见的现象。例如，通过前测与后测对比发现，课程学习后全部学生都认识了10种以上蔬菜，相比课程实施前的知晓率提升了18.10%；大部分学生了解了影响蔬菜生长的环境和人为因素，提升了52.7%。数据表明，通过学习学生的知识水平有了一定的提高。

（二）促进并发展了学生的科学意识

课程实施中，对于学生的10项科学意识的发展均有要求，并通过探究、体验的过程不断促进意识向更高的品质方向发展。例如，87.2%的学生表示很喜欢参加课程设置的种植和观察活动，64.5%的学生表示比以前更愿意表达自己的观点。从中我们看到了这种课程的操作模式对科学意识和能力发展的促进作用。

（三）培养并提升着学生的思维品质

课程关注的是学生发现并解决问题的能力，因此课程在设计和实施的过程中均重视"主题观察"和"主题研究"的课堂落实和教学探索，在让学生在参与蔬菜种植活动、进行丰富物态观察的同时，展开蔬菜种类、植物器官、种植方式等分类研究，从而在教学中有效引导学生展开批判思维、逻辑思维、创新思维等方面的训练，逐步帮助学生形成与课程内容相关的概念性认知、规律性认识，学生也越来越多地能够产生疑问、展开联想、分析推理、尊重证据、总结规律，有意识地使用观察、调查、实验、统计的方法得到更可靠的结论。

（四）引导并训练了科学的探究方法

学生参与的探究活动在设计时融合了科学方法训练的目标要求。课程通过一

《青岛晚报》刊发课程实施信息

项项真实的探究任务，让学生经历了观察、实验、调查、分析等科学探究的情景，了解了对比观察、模拟实验、分类研究等多种探究方法，初步掌握了假设、分类、比较、推断、统计、分析等研究的手段，并通过语言描述、现场操作、绘图制表、视频课件等方式展示自己不同阶段的种植观察和主题研究的成果。问卷调查显示，35.2%掌握了1~2种探究方法，而19.06%的学生掌握了3种以上的科学探究方法，显性方法认知率近55%，课程在科学方法的培养上起到了一定的效果。

二、教师发展

对本研究的实践经验和访谈的结果表明，"小菜农"科学实践课程的实践研究一定程度上促进了教师的专业化发展水平的提升。

（一）课程构建促进了教师理论素养的提升

参与"小菜农"课程研究的教师阅读大量的文献资料，从中获取了广泛的理论和实践知识。他们进入图书馆、注册知网的账号、购买学科专业书籍，广泛地搜索和阅读有关于核心素养研究史、新版课程标准、学校课程建设、植物学、蔬菜栽培技术、学生心理和认知发展等方面有关的文献，深入了解了学科核心素养培育理论、"生命科学领域"专业知识、蔬菜种植知识和学情分析操作方法等，拓宽了教师在科学教育专业领域的广度与深度，有效提升了教师个人的学科理论层次。

（二）小课题指导带来了教师教学能力的发展

本课程在组织实施过程中要求教师潜心研究、认真工作，在课程的每个环节上都开展实践探索，争取创新，进一步培养了科学教师严谨的思维方式。[①]"小菜农"的教学为教师开展课外小课题研究指导提供了实践和反思的空间，让教师能够在更广阔的时间和空间范畴中引导学生开展更为丰富的科学探究活动，助其积累了更多教学操作的素材，同时强化了对教学现象的感知、对教学策略的评估和对教学效果的反思，进而促进了教师教研能力和科研水平的同步提升。

（三）课程建设研究促进了教师角色的转变

教师在前期理论学习的基础上，认真梳理、提取了对于课程建设有用的信息，结合校情学情形成了课程目标、课程内容、课程评价等学校特色课程建设的文本材料，后期实践中选择更合适的教学内容、教学形式并实施更加有效的效学策略。课

① 何丽娴."亲近动物"小学科学校本课程开发的实践研究［D］.广州：广州大学硕士学位论文，2012（05）：67.

程开发无疑赋予了学校、教师专业自主权，教师不仅仅是课程的执行者，更成了课程的建构者，使之能站在课程的高度上去审视教学。[1]老师表示，承担课程开发和实施任务的教师面临更大的挑战，也迎来了难得的发展机遇，意味着教师课程意识的增强与课程开发能力的提升。站在素养培育和学科整合的角度，其也在不断完成课程结构设计、内容组织、教学方式等方面的反思与重建中渐渐地由原本的教学的实施者转变成了课程的管理者。[2]

三、学校发展

随着新课程改革逐步走向深入，学校课程建设和课程资源开发的相关研究也逐渐增多，但在分学科研究中，针对小学科学研究的较少，并且思辨性研究占多数，实证性研究更少，且大多集中在问卷调查和访谈层面，很少有涉及实验或行动研究的成果。"小菜农"课程的实践研究对科学学科的校本发展起到了推动作用。

（一）结合学科教学开发的校本课程扩大了科学学科教育的影响

作为与核心素养培育相结合开展的实践性研究，"小菜农"课程参阅了《小学科学课程标准》相关目标要求，结合青岛版教材"生命科学"领域的内容合理开发的补充性课程资源，既打破了课堂教学的局限，又整合了多学科教学内容；既开辟了丰富的教学场所，又开发了校内外专家资源，满足了学生的求知欲，促进了科学素养的发展，是小学科学领域进行校本课程开发的一次大胆尝试，也为校内外此类课程的开发与实施的相关研究提供了实例。

（二）依托学科教师进行的课程建设打通了教师高位发展的渠道

无论是课程的初步构建阶段，还是课程的实施探索阶段，乃至课程的反思梳理阶段，教师都经历着高位引领和深入探索，得以向课程论、教育学、植物学等专家请教。本校学科带头人更是先后多次在市南教育研究指导中心的组织下前往南京师范大学、华东师范大学等高校参加培训，借助课程建设这个平台学校找到了一条引导教师提升学习力、执行力和反思力，促进其快速成长的有效途径。

（三）保证课程有效实施的教学补充丰富了开展科学教育的资源

学校开辟了种植园，搭建了攀爬架，购置了种苗，补充了种植工具，制作了种植牌，让学生拥有了探索实践的园区；另外，学校还补充了科学探索、植物、种植

---

① 黄思维.小学科学课程资源的开发和利用［D］.广州：广州大学硕士学位论文，2013（05）：35.
② 李达.校本课程评价初探［D］.上海：华东师范大学硕士学位论文，2014（05）：63.

等方面的图书，教师、学生和家长还多方搜集了图片、视频等资源，有效地改善了学校科学教育的条件。

（四）聚焦素养培育构建的课程内容提供了学科整合教育的范例

"小菜农"课程打破学科壁垒，以科学素养培育为目标，选取"生命科学"领域的探究内容，将学生对植物的探索与研究与语文、数学、历史、地理、信息、艺术等学科教育相融合。例如，将种植技能培训与节气文化、科学观察与植株细部绘图、数据获取与统计分析、采摘实践与抒发感悟等不同学科元素的学习活动紧密结合起来，并在恰当的时候聘请其他学科教师参与其中，做专业性的指导，体现出显著的学科整合特性。课程组在实践操作的基础上，总结出"挖掘学科整合点、设计内容链接点、洞察学习发散点"的三步操作流程，为本校学科整合工作摸索出了一条可以参照的操作路径。

四、实践反思

课程的开发和研究确实取得了一些成果，但在此过程中也遇到了困难，发现了急需解决的问题。由于科学专任教师少，所以在人员的组织和调配方面存在一定的困难。学校应对核心教师作明确的安排并对其提出相应的要求，同时也应给予其足够的课程建设自主权。另外，教师的知识水平和课程能力也是制约课程开发能否顺利进行的一个重要因素。由于本课程涉及植物学、生态学、教育学、营养学等专业性较强的知识，并且本次研究又是学校首次尝试校外课程开发，缺乏相应的经验，因此课程开发的周期较长并难免有某些方面的疏漏，如问卷中反映的学生科学方法的培养上认知比率比较低、思维能力的发展上尚缺乏显性的量化反馈等。

就今后的工作来看，可以继续开展以下两方面的深入研究。一是认真反思、梳理第一轮课程实施中暴露出的关于课程结构、内容以及课程整合等方面的问题，并在下一轮实施中加以修改和完善；二是进一步研究在本课程中培育科学核心素养的教学策略、总结教学模式，进一步推进学生核心素养的显性化发展。

参考文献

［1］林崇德.21世纪学生发展核心素养研究［M］.北京：北京师范大学出版社，2016.

［2］〔韩〕梁一镐.少儿科学实验全知道［M］.北京：北京联合出版公司，2014.

［3］王林.花的故事［M］.北京：人民教育出版社，2015.

［4］爱上阳台蔬菜·种植技巧.李晓蕾译［M］.武汉：华中科技大学出版社，2016.

［5］中华人民共和国教育部.义务教育科学课程标准［M］.北京：北京师范大学出版社，2017.

［6］余长辉，徐国梁.为了学生核心素养的培育［N］.中国教育报，2016-03-23.

［7］姚虎雄.儿童立场：不可违拗的教育法则［J］.中国教育报，2013-05-21.

［8］张楠.学生发展核心素养：为何与何为——评《21世纪学生发展核心素养研究》［J］.教育导刊，2017（06）.

［9］何丽娴，陈足金，黎绘宏，等.小学科学课程资源开发与利用研究的现状分析［J］.科学教育，2012（01）.

［10］胡杨.重点记录　深化探究——浅谈小学科学记录的误区及对策［J］.科学大众（科学教育），2015（11）.

［11］杨文源，刘欣颜，刘恩山.美国《下一代科学教育标准》的出台背景及其对科学教育的导向［J］.当代教育科学，2015（21）.

［12］曹龙根.小学科学拓展性探究活动的实践及探索［J］.教育现代化，2016（06）.

［13］张文侠.小学科学教学要走进自然［J］.学周刊，2016（110）.

［14］沈香.浅议如何实现STEM教育与小学科学的融合［J］.科学大众（科学教育），2016（04）.

［15］吴青峰.小学科学课程资源的开发与利用思路分析［J］.中国校外教育，2016（26）.

［16］王凌诗.小学阶段生命科学领域核心概念的提炼和表述［J］.北京教育学院学报.自然科学版，2013（04）.

［17］李强.清华大学附属小学乐学种植园建设应用案例［J］.中国现代教育装备，2015（22）.

［18］张铭凯，靳玉乐.基于核心素养的课程创新动因、本质与路向［J］.中国教育学刊，2016（05）.

［19］中国教育学会.中国学生发展核心素养（征求意见稿）.中国教育学会关于征求对《中国学生发展核心素养（征求意见稿）》意见的通知，2016，（2）.

［20］郑茂军."学与做"科学校本课程促进学校特色发展的研究——以温州三中为例［D］.桂林：广西师范大学，2015（4）.

［21］姜丽丽.小学高年级创客教育校本课程开发与实践研究——以树莓派课程为例［D］.锦州：渤海大学，2017（6）.

［22］李达.校本课程评价初探［D］.上海：华东师范大学，2014（4）.

［23］李扬.STEM教育视野下的科学课程构建［D］.杭州：浙江师范大学，2014（5）.

［24］孙怡然.小学科学课程"生命科学"领域概念及教学研究［D］.北京：首都师范大学，2014（5）.

附：

I.学生科学核心素养发展水平分类表S–CKTM（3～4年级）

素养	水平	水平1	水平2	水平3
科学意识	问题意识	能在探究过程中发现问题	主动思考并寻求解决问题的方法	有主动探求的欲望
	证据意识	能用已有经验解释探究中遇到的问题	想办法用科学的方式验证自己的猜想	当经验与探究结果不同时能尊重事实
	创新意识	喜欢思考，能提出自己的观点	有改进和创造新事物的兴趣和愿望	有开展创新实践的设想并能为此坚持探索
	实践意识	喜欢参与科学实践	主动设计探究计划，参与观察、实验与交流互动	善于将科学探究联系或应用于社会生活
	自主意识	敢于表达自己的想法	能独立思考，提出解决科学问题的方法	合作探究观点出现分歧时能配合小组研究,并坚持自己的观点开展探究
	合作意识	愿意倾听、交流并开展合作探究	能尊重和欣赏不同的意见	能够组织探究小组的各项学习活动
	生态意识	有节约、环保意识	知道动植物生长有一定的规律并相互关联	知道人类与自然相互影响并应成为谐的整体
	社会意识	知道人与人是不同的，能够尊重他人	知道人生活在群体中并相互依存	知道社会是发展变化的
	责任意识	积极参与科学探究	能自觉、认真地履行探究职责，为科学探究的进展做出努力	乐于主动承担探有难度的探究任务
	发展意识	知道生命世界是发展变化的并且是有规律的	愿意主动探寻事物发展的规律	尊重规律开展科学探究活动,参与日常生活

续表

素养	水平	水平1	水平2	水平3
科学知识	蔬菜名称与种类	了解常见蔬菜的名称	知道蔬菜的分类知识	了解蔬菜的不同品种
	蔬菜的结构特征	知道植物身体分为根茎叶花果实种子几部分	了解植物生长发育不同阶段身体结构的特点	理解不同组成部分对蔬菜生长发育的作用
	蔬菜的生长条件	知道蔬菜生长依赖空气、水、阳光、温度等环境条件	了解不同蔬菜对于生长条件的不同需求	知道几种科学地控制环境因素的方法,促进蔬菜的繁殖与生长
	蔬菜的种植技术	知道几种常见的种植技术	了解浇水、护种、间苗、追肥、除草、杀虫等技术使用的时机和操作要求	理解科学技术的发展对农耕技术的促进和对生态的影响
	蔬菜的储存与使用	知道如何储存和食用蔬菜	了解几种烹饪蔬菜的方法和操作流程	了解蔬菜除食用外的其他功用
科学思维	逻辑思维	能根据现象间的联系发现问题,并针对问题提出假设	能抓住关键问题,有针对性地设计探究活动,验证假设	能根据所掌握的知识和找到的证据做出判断,清晰表达研究过程和结论
	系统思维	知道环境是由不同要素组成的整体	能建立起各要素之间的联系	能根据蔬菜的生长需求设计种植方案
	发散思维	能针对问题展开联想	能针对问题所涉及的有关方面的展开思考	思考蔬菜、饮食、人及环境的关系
	立体思维	知道科学探究的渠道是多样的	能用多元化渠道充实自己的观点	能针对一种蔬菜梳理出一套相对完整的种植经验
	逆向思维	能针对事物的缺陷,找出解决方法	能评估方法的实际效果	能聚焦植物的生长情况分析原因,进行优化
	批判思维	能发现探究过程中的问题或疏漏	能针对问题有意识地改进探究的方式	能对所得出的结论进行评论并进行深入思考
	简单化思维	能根据探究目标和具体条件选择便于操作的方式	根据观察主题制作简明的记录表格	能在持续的观察发现中总结植物生长的一般规律
	创新思维	能从不同角度出发思考问题	寻求多样化解决问题的办法,能听取他人意见,适当调整自己的创新行为	有设计利于种植活动的新型农具的设想并能将创意方案转化成有形物品

续表

素养 \ 水平		水平1	水平2	水平3
科学方法	观察法	综合利用感觉器官进行观察	借助合适的工具定量观察	用适当的方法进行观察记录，呈现观察结果
	实验法	知道实验是一种科学研究的方法	会设计简单的实验	能根据实验现象总结实验结论
	控制变量法	知道控制变量的概念	能根据探究目标合理选择变量、控制变量	能综合利用控制变量和观察、实验等手段获知科学道理
	模型法	了解模型的直观性便于观察	根据教师提供的模型认识植物的结构特点	自己制作植物器官模型进一步了解其作用
	调查法	了解调查法的一般操作步骤	掌握收集信息的方法	通过分析、综合思考信息得出结论
	统计法	能在观察和实验中进行数据的记录	能用图表方式进行简单的统计	进行简单的数据分析，找寻规律，得出科学的结论
	转换法	知道转换是一种将不可见、不易见的现象转换成可见、易见的现象的研究方法	在专家指导下使用专业设备、仪器开展观察活动	对获得的现象进行记录、分析得出探究结论
	类比法	了解类比的推理方法	能根据蔬菜特点确定其种类	能用类比的方法推知同种类蔬菜生长环境和耕种技术

Ⅱ. 课程实施前的调查问卷

亲爱的同学们：

为了开设大家更喜欢的种植课程，特设计了以下问题，你的答案将会对老师们的研究做出很大的贡献。本问卷不需要填写名字。希望大家如实填写，在选项前的"□"打"√"。谢谢合作！

1. 你有经常去菜市场吗？

□ 没去过　　　　　　□ 偶尔去　　　　　　□ 经常去

2. 你认识多少种蔬菜？

□ 1～5种　　　　　　□ 6～10种　　　　　　□ 10种以上

3. 你尝试过种植蔬菜吗?

□ 经常种　　　　　□ 种过　　　　　□ 没种过

4. 你想种一种蔬菜试试吗?

□ 很想　　　　　□ 种不种无所谓　　　　　□ 不种

5. 你认为西红柿是:

□ 水果　　　　　□ 蔬菜　　　　　□ 说不清

6. 你喜欢上科学课吗?

□ 不喜欢　　　　　□ 一般　　　　　□ 很喜欢

7. 你认为只在教室里上科学课能否满足你对科学的好奇心?

□ 不能满足　　　　　□ 基本满足　　　　　□ 非常足够

8. 如果能去种植园上课,你是:

□ 不喜欢去　　　　　□ 去不去无所谓　　　　　□ 喜欢去

9. 如果要了解一种蔬菜的种植方法,你希望用哪种方式呢?

□ 读书或看视频　　　　　□ 请教师讲解　　　　　□ 亲自种,边种植边学习

10. 如果在种植园上课,你认为对你会有帮助吗?

□ 没有帮助　　　　　□ 不一定　　　　　□ 很有帮助

11. 你认为影响蔬菜生长的因素有哪些?

_____

12. 请写下你在学校里上的印象最深的一节课。(科目,内容,最吸引你的是什么?)

_____

III. 课程实施后的问卷调查

亲爱的同学们:

感谢你们参加"小菜农"实践课程,为了了解此项科学课外实践课程的实施效果,特设计了以下问题。本问卷不需要填写名字。希望大家如实填写,在选项前的"□"打"√"。谢谢合作!

1. 你喜欢参与课程设置的种植课观察活动吗?

□ 不喜欢　　　　　□ 无所谓　　　　　□ 很喜欢,希望还能参与

2. 你认识多少种蔬菜?

□ 1～5种　　　　　□ 6～10种　　　　　□ 10种以上

3. 你会坚持种植植物吗?

□ 会继续种　　　　　□ 种不种无所谓　　　　　□ 不愿意种了

4. 你认为白菜是：

☐ 果菜类蔬菜　　　　　☐ 叶菜类蔬菜　　　　　☐ 芽苗类蔬菜

5. 你喜欢到植物园、试验田上科学课吗？

☐ 不喜欢　　　　　　　☐ 去不去无所谓　　　　☐ 很喜欢

6. 你参与"小菜农"课程增加了你的学习负担吗？

☐ 负担很重　　　　　　☐ 有一些负担　　　　　☐ 没什么负担

7. 你认为参与"小菜农"课程对你的科学课学习有帮助吗？

☐ 没有帮助　　　　　　☐ 有一点帮助　　　　　☐ 帮助很大

8. 你接受老师的教学方法吗？

☐ 不接受　　　　　　　☐ 用什么方法都无所谓　☐ 很满意

9. 你在参与了"小菜农"课程后有什么变化吗？

☐ 没有　　　　　　　　☐ 掌握了1～2种科学探究的方法

☐ 掌握了三种以上探究方法

10. 你满意老师对你的评价吗？

☐ 不满意　　　　　　　☐ 无所谓　　　　　　　☐ 很满意

11. 你认为影响蔬菜生长的因素有哪些？

_____

12. 你对"小菜农"实践课程有什么建议？

_____

Ⅳ. "小菜农"科学实践课程的开发调查问卷（教师卷）

尊敬的老师：

您好！学校已经开展了一个阶段的"小菜农"课程，关于课程开发与实践研究，特设计了此问卷。问卷不记名，填写内容只为研究所用。希望能得到你的支持与帮助！

填写说明：在相应的选项上打"√"即可，未加注明的一律为单选。

1. 您的性别（　　　）

A. 男　　　　　　　　　B. 女

2. 您的年龄（　　　）

A. 22～30岁　　　　　　B. 31～40岁　　　　　C. 40岁以上

3. 您的学历水平（　　　）

A. 专科　　　　　　　　B. 本科　　　　　　　C. 硕士

4. 您是（　　　）

A. 特级教师   B. 高级教师   C. 中级教师   D. 初级教师

5. 您对学校"小菜农"课程开发的态度是（　　　　　）

A. 很支持   B. 较支持   C. 一般   D. 不支持   E. 很不支持

6. 您对于参与"小菜农"课程的意愿是（　　　　　）

A. 很愿意   B. 较愿意   C. 一般   D. 不愿意   E. 很不愿意

7. 您认为开发"小菜农"课程的重要程度是（　　　　　）

A. 很重要   B. 较重要   C. 一般   D. 不重要   E. 很不重要

8. 您对"小菜农"课程的了解程度是（　　　　　）

A. 非常了解   B. 较为了解   C. 一般   D. 听说过   E. 没听说过

9. 您有参与"小菜农"课程开发的工作吗（　　　　　）

A. 积极参与   B. 没有参与

10. 您认为自己能否胜任"小菜农"课程的开发与实践工作？（　　　　　）

A. 完全胜任   B. 基本胜任   C. 难胜任

11. 您认为不能胜任"小菜农"课程开发与实践的原因是（　　　　　）

A. 种植技能水平的掌握   B. 教学工作量过大

C. 学校设施不能满足需求

12. 在"小菜农"课程实施中是否发展了学生的科学核心素养（"S-CKTM"）（　　　　　）

A. 是   B. 否

V. 关于平菇种植的学习活动案例

平菇的种植研究实践报告

一、研究主题

平菇的生长与光照、温度和湿度的关系。

二、研究目的

1. 了解平菇生长环境要素，知道平菇生长过程与光照、温度和湿度的大致关系。

2. 掌握开展三个对比实验的操作方法，丰富对比观察的体验。

3. 感受种植活动的成就，增强参与科学课题研究的兴趣。

4. 通过了解蘑菇的生长环境知识，指导生活种植增产。

三、研究方法

文献法、观察法、实验法、访谈法。

四、研究时间

10月上旬至11月初

五、成员及分工

王子川：开展主题观察，填写蘑菇生长记录。

李欣怡：进行细致观察，撰写观察日记。

张乐乐：搜集资料，提取有用信息。

胡杨林：组织合作学习，整理总结研究成果。

袁嘉琪：制作展示课件。

六、指导教师

孙达勋：负责观察指导，研究报告的撰写等。

衣军峰：负责联系农科院提供菌种、进行培植指导。

七、研究步骤

1. 设计观察活动方案，制作记录表。

2. 调控蘑菇房温度及湿度，观察蘑菇生长过程。

3. 记录不同区域蘑菇生长的数量、重量。

4. 查阅蘑菇生长与光照、温度和湿度关系的资料。

5. 总结汇报材料，制作成果展示ppt。

八、观察记录

平菇的单体成长观察记录

时间	观察记录	生长图
10月10日	培植农科院叔叔给予的菌种五天后，长出1～1.5 cm高的小蘑菇，菌盖直径0.3～0.7 cm呈现深蓝色	
10月14日	人为控湿（及时喷水），保持较阴暗的环境，三天后，菌柄明显增粗、增长，最长的一支已经达到6.3 cm，外部的发生侧弯；菌盖颜色变深，最大直径为1.7 cm。另外在菌种的侧面，又长出2簇蘑菇，数量约为34支	

续表

时间	观察记录	生长图
10月17日	昨天喷水不及时，菌盖有些干瘪裂纹。菌柄长度增长，最长的约为13.7 cm，弯度更大。菌盖增长的幅度比较大，直径达到了7~11 cm	

平菇的生长过程观察记录表（摘录）

日期	温度	湿度	株数	最大菌盖的直径	颜色	其他变化	采取手段
10月10日	22℃	65RH	2株	0.5 cm	浅棕	有一些蘑菇发白	人为控湿
10月12日	23℃	63RH	8株	4 cm	棕	蘑菇肥厚	人为控湿
11月18日	16℃	45RH	6株	6 cm	浅棕	有些蘑菇已发干	人为控湿
11月20日	16℃	43RH	7株	6.5 cm	棕白	蘑菇干瘪	人为控湿
11月6日	13℃	66RH	3株	7 cm	棕	无	人为控湿
11月8日	12℃	65RH	1株	5 cm	棕	无	人为控湿
观察发现	温度较高时利于平菇生长；湿度较大时利于平菇生长						
观察思考	是否温度越高、湿度越大越利于平菇生长呢？						

不同光照条件下平菇的采摘记录表（摘录）

日期	光照情况	采摘净重量
10月15日	较好（10：00~11：00窗台边）	48g
10月16日	较好（10：00~11：00窗台边）	30g
10月17日	较好（10：00~11：00窗台边）	33g
10月18日	较好（10：00~11：00窗台边）	35g
10月19日	较弱（窗台下纸盒中）	61g
10月20日	较弱（窗台下纸盒中）	20g
10月21日	较弱（窗台下纸盒中）	21g
10月22日	较弱（窗台下纸盒中）	16g

续表

日期	光照情况	采摘净重量
观察发现	光照可以刺激平菇生长。	
观察思考	怎样的光照条件对平菇的生长是最好的呢？ 平菇在生长的全阶段都喜光吗？	

九、资料研究

（一）平菇生长与温度的关系

平菇孢子形成以12℃～20℃为好，孢子萌发以24℃～28℃为宜，高于30℃或低于20℃均影响发芽；菌丝在5℃～35℃均能生长，最适温度为24℃～28℃；形成子实体的温度范围是7℃～28℃，以15℃～18℃最为适宜。由于平菇属的种类多，因此不同品种对温度的要求也有所不同。

（二）平菇生长与湿度的关系

菌丝生长时期要求空气相对湿度为70%～80%，在子实体发育时期，相对湿度要提高到85%～95%。在55%时生长缓慢，40%～45%时小菇干缩；高于95%，菌盖易变色腐烂，也易感染杂菌，有时还会在菌盖上发生大量的小菌蕾。

（三）平菇生长与光照的关系

平菇的菌丝体在黑暗中正常生长，不需要光线，有光线照射可使菌丝生长速度减慢，过早地形成原基，不利于提高产量。子实体分化发育需要一定的散射光，光线不足，原基数减少。已形成子实体的，其菌柄细长，菌盖小而苍白，畸形菇多，不会形成大菌盖。

（四）平菇生长可能受到的其他影响

菌丝和子实体的生长过程中都需要空气，当二氧化碳浓度过高时会影响到平菇的呼吸活动，而有碍生长发育；平菇对酸碱度的适应范围较广，但喜欢偏酸环境，因平菇生长发育过程中，会产生酸性物质，所以在配制培养料时应调节pH为7～8为好。

十、研究结论

根据种植观察我们发现平菇的生长与光照、温度、湿度都有一定的关系。光照方面，在不同阶段情况不同，菌丝生长阶段不喜光，出菇后的生长阶段需要光线，但尽量避免阳光直射；温度方面，不同品种的蘑菇的需求也有所不同，但基本上保证20℃左右即可保证平菇的正常生长，因此需要根据实际情况对种植蘑菇的房间进行人工调温；湿度方面，应尽量将相对湿度控制在80%以上，观察发现湿度低于60%时平菇生长就比较缓慢，低于50%时就会出现菌柄变黄，菌盖干瘪、开裂的现象，但相对湿度也不能超过95%，否则易使蘑菇腐烂。另外，在种植培养时应注意营造弱碱性环境，培育过程中还应该注意适当通风。实践研究发现，在环境条件适宜的情况下从菌丝长满培养料到出菇大约需要5～6天，从出菇到采收大约需要1周的时间，第二次采收则根据实际在第一次采收后10～15天左右进行。

十一、研究反思

由于培养料是农科院提供的，所以我们研究小组的同学们没有经历平菇培育的开始阶段，也没能观察到菌丝长满袋的过程，对于平菇的完整生长过程的了解有所欠缺。

本次科学实践活动让我们掌握了对比实验的操作方法积累了对比观察的体验，得到了比较丰富的研究结论，但在控制湿度时同学们一开始没有掌握喷水量和间隔时间，随后通过观察和不断尝试才发现应根据湿度表的读数确定每1～2小时所应补充的水量。因此后续研究中应充分考虑实验中的细节操作，并在之前查阅相关资料做以参考。

十二、继续研究的方向

由于我们不能每时每刻都进行补水，在没有蘑菇房的情况下，我们希望能够结合室内的湿度情况，利用目前掌握的一些科学知识和方法设计一种能自动为蘑菇补水的装置。

探究中我们进行了影响蘑菇生长的其他因素的资料研究，但没有通过直接实验、观察得到数据，今后应开展比较深入的研究，希望能有机会开展相关科学活动。

（孙达勋　青岛天山小学）

第十二章
小学体育"射箭"课程建设

第一节 背景与问题

一、背景介绍

民族民间传统体育，是我国各民族在长期生产生活实践中积累起来的养生、健身和娱乐体育活动的总称，是我国民族传统文化的组成部分，具有继承性和民族性特点。在学校开展丰富多彩的民族民间传统体育活动，对提高学生运动能力、促进学生健康行为的养成、培养学生良好的体育品德具有重要作用。小学体育课程标准强调了民族民间传统体育的学习，在1，2年级的运动技能学习中，不仅提出了要"学习一些武术的基本动作"，还明确提出要"学习一些其他简单的民族民间传统体育活动项目的基本动作"[①]。民族民间体育活动引入小学体育教学，是课程改革形势下的一种探索和尝试，它所表现出来的趣味性、普及性、简便性、健身性和娱乐性等特点，符合少年儿童的身心发展规律。民族民间体育活动中一些浅显的内容使其更容易被小学生所理解，极易在小学中开展。[②]

2008年6月7日，经国务院批准，射箭被列入第二批国家级非物质文化遗产名录。为了响应传统项目进校园的号召，青岛市南区第二实验小学依据新的课程标准，以学生发展为中心，结合学校实际发展情况，为打造适合学生发展的学校特色

---

① 中华人民共和国教育部.义务教育体育与健康课程标准（2011年版）［S］.北京：北京师范大学出版社，2012：11.

② 人民教育出版社课程教材研究所体育课程教材研究开发中心.体育与健康（1至2年级：全一册）［M］.北京：人民教育出版社，2012：225.

课程，将射箭课程引入体育教学中，其目的是让学生从小认识、学习并掌握祖国的民族传统体育项目，健体育心；在普及民族民间传统体育项目的同时，激发学生热爱祖国体育文化的情感，培养学生的爱国主义精神。就射箭课程而言，其专业性较强，校内体育教师专业能力有限，所以学校选择与翼飞教育推广中心合作，由推广中心的教练负责技术教学，学校体育教师负责辅助教学与组织。

二、关键问题

传统项目进校园伊始，全区只有青岛市南区第二实验小学一所学校开展射箭课程。作为公办学校不能收取学生任何学费，单凭学校紧缺的相关经费不能支撑课程的继续开展，射箭课程因师资缺乏，开课一年后中断。莱州一家私立学校的领导老师们来青岛学习参观时，对射箭课程比较认可，将其引入了当地学校。作为私立学校可以组织学生自费学习，在经费充足的前提下，翼飞中心的射箭课程发展得越来越好，莱州越来越多的学校将射箭课程引入了学校课程体系中。2016年市南区教体局再次倡导民族传统体育项目进校园，翼飞中心的射箭课程开展得越来越成熟，学校领导结合学校的实际情况，选择重新开设射箭课程。

三、主要任务

为让学生更好地在融入学习品质的教与学活动中习得方法、学习做人、健脑强身、润泽心灵，助推"七色"梦想，为德才兼备的现代公民筑牢基础。2016年学校与翼飞教育课程推广中心合作重新开设了射箭课程，其目的希望学生在射箭技能操练中强身健体，体验、感悟、习得中华传统礼仪、规则意识、精准精神，更加全面地成长，做到知礼仪、好品德、高气质、精技艺。

第二节　目标的确立

一、学生发展目标

（1）通过课程的开展让学生了解射箭运动项目，体会射箭运动的魅力。课堂上学生弯弓搭箭，感受祖先狩猎、打仗的武器，认知这种古老文明教化的器械。

（2）通过学练增强学生臂、胸、腰、腿部的力量，锻炼臂、胸背的肌肉，锻炼目力，增强体质；使学生大脑皮质的兴奋和抑制过程更加集中，增强神经系统的功能，使人的注意力更加稳定；锻炼学生的毅力，培养学生顽强、果断、勇于克服困难的意志品格；对于绝大部分习惯用右手者，由于射箭用左手持弓，在一定程度上加强了左手的运动，有利于开发右脑。

（3）通过课程的开展增强学生精神道德的培养与文化礼仪的修习，培养学生的礼仪气质、团结协作的品质及沉静和精准的精神。

二、教师发展目标

借助射箭课程的开展，学校教师学习射箭等传统体育运动项目的相关知识，了解射箭传统文化及射箭技艺，研究射箭课程，通过射箭课程的开展，促进教师专业素养和综合能力的发展。

三、学校发展目标

丰富体育课及学校特色课程内容，丰富校园体育活动，培养学生沉静气质和精准精神，使每一个学生都具有学会学习、学会做事、学会做人的良好人文素养，培养学生基本的自理能力和初步的社会实践能力，培育乐观、向上、开放的心态，成为具有终身可持续发展能力的现代公民。

第三节　内容的选择

一、选择依据

根据射箭课程的教学目的和对射箭教学过程规律的认识而制定以下教学基本原则。

（一）直观性原则

在教学中要通过学生观察所学事物或教师语言的形象描述，引导学生形成关于所学事物、过程的清晰表象，丰富他们的感性知识，从而使他们能够正确理解书本知识和发展认知能力。

（二）启发性原则

在教学中教师要承认学生是学习的主体，注意调动他们的学习主动性，引导他们独立思考、积极探索，生动活泼地学习，自觉地掌握科学知识，提高分析问题和解决问题的能力。

（三）巩固性原则

教师要引导学生在理解的基础上牢固地掌握知识和技能，并长久地保存在记忆中，能根据需要迅速再现出来，以利于知识技能的运用。

（四）循序渐进原则

教学要按照学科的逻辑系统和学生认识发展的顺序进行，使学生系统地掌握基础知识和基本技能，形成严密的逻辑思维能力。

（五）因材施教原则

教师要从学生的实际情况、个别差异出发，有的放矢地进行有差别的教学，使每个学生都能扬长避短、获得最佳的发展。[①]

（六）理论联系实际原则

教学要以学习基础知识为主导，从理论与实际的联系上去理解知识，注意运用知识去分析问题和解决问题，达到学懂会用、学以致用的水平，体现了直接经验与间接经验相统一的规律。[②]

二、具体内容

（一）古老的射箭比赛

礼射是西周尊礼思想和礼制的产物，周朝所举行的礼射恐怕是世界历史上最早的比赛了，因有礼仪程序等级的规定，故称礼射。礼射的目的是贯彻尊礼思想和等级制，并通过礼射来考察射箭人的道德行为，即"射以观德"；当然，也有习射练武和学习军事的意义。

（二）近代射箭的历史发展

中国是世界上最早拥有弓箭的国家之一，至少距今28000多年。中国人的先民

[①] 教师资格认定考试教材编写组.教育学［M］.北京：人民出版社，2015.
[②] 博恩教师考试命题研究院.教学基础知识［M］.北京：光明日报出版社，2015.

掌握了弓箭，完成了远古人类最伟大的一次飞跃。进入有文字记载的历史后，射箭更是中国人社会生活中一项受到普遍重视的活动，其意义远远超出了兵器范围。古代中国的弓箭具有多方面的功能，除了军事和狩猎作用外，很早就被古人赋予了学校教育课目和社会教化的功能。射箭是最早具备了体育属性的活动，我们认为射箭是中国民族传统体育的领军项目。几千年来，它一直走在前面，并不断延展自己的文化领域，逐步成为一门独立的"射学"。

在中国射箭史上，很早就有了胡射、汉射之别；弩出现以后，又增加了南北方在弩射器具与技术上的差异，这反映了多民族的和区域文化的差别。中国式射箭不但自古以来就是中国民族传统体育的主要项目，而且也最具有多民族共生文化的特征，它的文化内涵和竞赛理念，具有典型的东方体育的人文精神。

可惜的是，中国自1959年接受国际射箭规则后，中国式射箭的竞赛活动便停止了。经过了几十年，古老的"射学"基本上成了绝学，"射礼"已经消失，就连弓箭和各种附属器具的制作也后继无人。庆幸的是，在一大批传统射箭爱好者的共同努力下，传统射箭取得了显著的发展，成为当下中国民族体育项目复兴中声势最好的项目。

（三）弓箭的种类与构造

传统弓是一项古老的发明，在我国古代就有制作弓箭的传统，相传轩辕黄帝时期我国就发明了弓箭。传统弓的历史悠久，种类也是非常独特。我们熟知的有角弓、直拉弓，其实传统弓有着多种分类标准，相互之间也有交叉。

现代常把弓划分为直拉、反曲、复合。还有一种区分就是现代弓和传统弓，不过这个分法没有一个严格的标准，大体上现代弓一般都有瞄准设备以及平衡杆等等附件，并且在把手当中还开有箭台这一装置。而传统弓一般是采用传统的弓形，无其他附件，箭是搭在持弓手上的，没有箭台。

传统弓按构造及材质可分为三类：单体弓、加强弓、复合弓。

单体弓就是用单一材料制成的弓，制作相对简单，最典型的就是英格兰长弓了。

加强弓也称合成弓、叠片弓、层压弓，是用相同或相近的材料叠加制成的。这类弓需要依赖弹性非常好的木材，如紫杉木。

复合弓则是采用了性质不同的多种材料制成的弓，如用木或竹，结合角片和动物的肌腱（筋），再用上胶和丝、漆等制作的弓。

传统弓虽然至今仍然保留有其制造工艺，但是由于近些年缺乏保护力度，目前我国传统弓的传承人现状仍不乐观，工作条件和环境都非常差，而且也没有徒弟来传承他的手艺。

（四）箭的介绍

一支箭由箭尖、箭杆、箭羽和箭尾组成。

箭的材料有铝合金、碳素和碳铝几种。箭尖一般是流线型的，箭杆按照其弹性可以分为弹性箭，强弹性箭和更高弹性箭，在箭杆的后部粘有箭羽。箭尾上有箭尾槽，用它来夹在弓弦的箭槽上。怎样检查箭夹得松紧度？我们可以把箭尾插在弓弦上，弓弦与地面平行，这时用手指适度敲击弓弦，如果箭尾可以脱离弓弦，说明这支箭的松紧程度是合适的。

箭羽的形态有两种，直羽与螺旋羽。当空气通过螺旋羽时，会使箭产生旋转，确保了箭的稳定，而且空气阻力也比较小，是高水平运动员通常采用的箭。直羽箭空气阻力小，但气流直接通过箭羽，稳定性一般，一般在室内或者是初学者比较适合使用直羽箭。

（五）射箭技术

1. 射箭站立

射箭站立决定着是否有一个稳定的根基。基本要求是身体垂直地面，身体重心平均落在两脚上，两膝稳定不动，双肩下沉，呼吸均匀。

站立分为平行式站立、暴露式站立、隐蔽式站立。建议初学者采用平行式站立姿势。

平行式站立：两脚开立与肩同宽，站在起射线的两侧，脚稍外展，尽量紧靠靶的中心线。平行式站立的优点是比较最容易掌握，采用这种站姿比较容易保持射箭时的重心；缺点是在室外可能会受到侧风的影响，另外因为侧向站立，旁边靶位的人也有可能产生影响。

暴露式站立：两脚分开站在起射线两侧，两脚脚尖的连线与靶的中心线约成45度角，右脚与起射线平行，脚尖紧靠靶的中心线。暴露式站的优点是利于拉弓臂后背肌的用力；缺点是用力比较复杂，放箭后，后手不容易向后伸展，会影响箭的飞行。

隐蔽式站立：两脚分开站在起射线两侧，左脚与起射线平行，紧靠靶的中心线，右脚稍向后，斜向站立，与靶的中心线约成70度角。隐蔽式站立的优点是举起弓后，人体的重心就会向持弓臂的一侧移动，利于保持身体平衡；缺点是可能造成弓弦打到胳膊的现象。

常见错误站立动作及改进方法：① 两脚站立不稳：要重新站立，让身体保持正直。把体重平均落在两脚上，在开弓过程中保持身体处于正中位。② 两脚用力不等：首先站立的同时，把体重平均落在两脚上，在举弓之前找好身体的中心点，举弓开始后，注意前撑后拉，要对称平衡，两边力要同等大，方向相反，同时开始，同时结束。

2. 搭箭

搭箭有两种方法：一种是从前向后，先把箭别进信号片搭上箭台再把箭尾插到弓弦的箭槽；另一种就是从后向前，先把箭尾插进箭槽，然后再搭上箭台，别进信号片。

一般初学者使用的箭是直羽毛的，我们要注意箭的主羽要放在箭的外出侧，否则会使箭羽擦到弓而影响箭的飞行速度。

3. 推弓

推弓时的桡腕关节应该和弓在一条直线上，正确的用力应该始终在一条直线上，射箭强调直线用力，推弓手推弓方向出现偏差，对整个身体用力就会产生很大影响。

推弓有三种推法：高推、中推、低推。

高推法（用虎口推住弓把）：此种方法的支撑点与桡腕关节处在同一水平面上，即手和前臂形成一条直线，手掌不完全接触弓把，手指自然下垂保持手掌的水平姿势。

中推法：就是用手掌的鱼际部位推弓，手可以最大限度地放松，是大部分运动员使用的推弓方法。

低推法：就是用整个手掌的中部推弓，弓把抵在掌部，推弓的施力点在鱼际上，弓的压力落在桡侧关节上。

错误动作与纠正方法：推弓时向下用力，这样整个用力的方向就会发生偏离使弓身产生点头现象，射出的箭容易偏低。正确的推弓地点应该在弓的中心部位。应该注意，是推弓而不是握弓，握弓会使手过分紧张，影响整个持弓臂的前撑用力。

4. 钩弦

钩弦用食指、中指、无名指三根手指像钩子一样，牢牢勾住弓弦，钩在第一关节处，弓弦的力量均匀的分配在三根手指上，手的其他部位要最大限度地放松。

勾弦过深和过浅都是不对的，勾弦手食指和中指不要过分加紧。

5. 转头

保持身体姿势不变的情况下，头部自然转向靶面。在选择头部最佳位置时，注意转头后眼睛应向箭靶自然平视，颈部肌肉要自然放松。

6. 举弓

举弓动作要求头自然对准靶面，两肩自然下沉，两臂举起，弓与地面垂直，箭呈水平状态，和拉弓臂的前臂呈一条直线，准星对准黄心。

错误动作与纠正方法：没把举弓当作一个独立环节，是最容易犯的错误，应举稳之后再把弓拉开。

举弓后两肩同时上提，这样容易造成整体动作的紧张，要注意举弓开始时应该做的是沉肩而不是耸肩，动作要舒展自然。拉弓臂肘下垂。初学者经常觉得这样做省力，其实这样偏离了直线，要注意拉弓臂后肘位置要高过肩。

举弓后调整推弓手和勾弦手，这样破坏了整个动作的连贯和持续，动作不稳定箭是射不好的。在举弓之前，我们要做好推弓和勾弦的准备动作，之后都不要再调整他。

7. 开弓

开弓：在举弓之后，我们就要把弓拉开，这就是开弓技术。开弓是利用持弓臂的伸展和拉弓臂的肩胛骨的力把弓拉开的过程。开弓时采用前撑后拉的方法。

开弓时要注意以下几点：准星要准确的进入黄心，不进行第二次的移动瞄准。

开弓要稳定，保持举弓时的稳定性；要果断，用力，不犹豫，每次开弓拉距要一致，否则会破坏整个射箭的节奏，拉距小箭就低，拉距大箭就会高。

错误动作及纠正方法：开弓的动作不到位，拉弓臂位置不到位，不得不再进行调整，破坏了整体节奏。正确的开弓要根据自己的特点，调好拉距，一次到位，不再进行调整；开弓过程中，身体的重心位置发生了变动，开弓时身体前倾或者后仰都破坏了用力的方向。正确的开弓，身体应该保持最初的站立姿势。

8. 靠弦

靠弦是拉弓完全后，弓弦接触到身体的过程。靠弦的过程也是人控制射箭技术规格定位的过程，定位点包括鼻、口、下巴和胸。这几个点位置固定了，整个动作的位置也就固定了。

错误动作及纠正方法：靠弦动作不能一步完成，先靠到一个位置上，再进行调整，最后才到位，增加了整个射箭技术的动作程序。靠弦要一步到位，不再有多余动作的调整，保持整个动作干净、流畅；勾弦手过分紧张，这会造成整体动作紧张，无论是向内抠还是向外掰，都容易影响后背肌群的用力，对撒放产生不良影响。勾弦手应最大限度的放松，同时手不要参与其他方面的工作；弓弦到位后嘴没有闭上，嘴是靠弦定位的重要定位点，嘴张开或者闭拢射出去的箭，高低是不一样的。正确的动作是弓弦到位的同时，嘴也自然地闭上，上下牙齿应该轻轻地靠在一起，既不张开也不紧闭，保证弓弦在嘴的定位自然准确。

9. 继续用力

继续用力是指开弓后身体各部分肌肉不断持续用力的过程，它在完成开弓和基本姿势过程中不停顿地进行，在动作上表现在加强持弓臂的前撑和拉弓臂后背肌群的柔和用力。

随着继续向后运动，背肌力量逐渐加大，肘关节和腕关节要做到尽量放松，以免干扰后背的用力。要保证拉弓臂沿水平方向拉开，也要注意以肩为轴，使肘关节做向心运动，一定不要让自己的肘关节在继续用力的过程中下垂。

10. 瞄准

在靠弦继续用力的同时，瞄准也在同时进行，瞄准要通过准心和弓弦，准星的位置是可调的，而弓弦是构成箭三点瞄准的重要参照物，以左手持弓为例，用右眼瞄准，透过准心，套住黄心，一般分为弦内瞄准和弦外瞄准。

弦内瞄准是把弓弦右侧对准准心左侧；弦外瞄准是将弓弦左侧对准准心右侧。瞄准时间过长，是常犯的错误。

11. 撒放

撒放动作对于箭的命中好坏起着非常关键的作用。勾弦手在撒放时手指有一个伸直的过程，这个过程中手指要用退让的力量滑离弓弦，退让得越快，弦在手指上滑动的时间就越短，效果就越好。

拉弓臂动作：撒放的原动力在于拉弓臂后背肌群的收缩力量，用力要有利于后背肌群的紧张，不要把力量放在胳膊上。瞄准的时候，拉弓臂的前臂应该高于箭的延伸线，撒放时应该沿着这条水平线向后运动。

拉弓臂的撒放动作要注意以下几点：信号片落下，以最快的速度撒放；牢记拉弓臂运动走最短的路线；向后运动过程中，手指轻擦过脖子；整个撒放过程速度应保持一致；每次撒放结束，手在固定的一个位置停下；用后背肌力量撒放。

撒放结束，肘要超过身体重心垂线；撒放的同时，身体略前移做适度的补偿动作。

错误动作及改正方法：勾弦手外扬，容易产生偏右的箭；勾弦手内扣，容易产生偏左的箭；在动作上表现无名指用力过大，勾弦手出现了滑弦现象，勾弦手下压，勾弦手不是沿水平线向后位置，而是到了水平线以下，出现了下压动作。这主要是顺势抬肘不好，硬向上抬造成的。

以上四种错误基本上都是由于勾弦手的错误动作造成的，撒放时勾弦手既要承受一部分力量，又要做到对弓弦影响尽量小，确实有一定难度，初学者掌握起来要费点力气，不过记住撒放时的要点多练习就可以避免。正确的勾弦手动作是勾弦手指要沿继续用力的趋势自然地滑脱弓弦，不用伸手指或者手指过分的用力，尤其要记住轻擦脖子、水平向后的动作特点。

12. 动作暂留

在撒放完成之后不要马上开始射下一支箭，而是要保持正确的姿势2～3秒，这个动作叫作动作暂留。在这段时间里要仔细体会刚才动作是否正确，如果觉得动作不错，就要强化一下刚才的动作感觉。

第四节　组织与实施

一、年级的安排

1，2年级的学生普及开展射箭基础课程。

二、课时的安排

1，2年级的学生每周一节体育课。

三、组织的形式

1，2年级的学生进行班级集中授课。

四、教学的策略

（一）目标导学策略

"目标导学"课堂教学模式最初界定在教学设计上。新课程理念下的目标导学教学设计要体现新课程的理念。

"目标导学"教学设计具体分为五个环节：预设学习目标、生成学习目标、实现学习目标、检测学习目标、总结学习目标。

（二）讲练结合策略

"讲练结合"是根据教学内容，以教师讲解、学生练习相结合的教学方式来落实课堂教学的方法。"讲"是练的结构完善，"练"是讲的巩固深化。讲练结合策略的运用包括讲授法和练习法的运用。

讲授法是教师通过口头语言系统连贯地向学生传授知识的方法。

练习法是指学生在教师的指导下，依靠自觉的控制和校正，反复地完成一定动作或活动方式，借以形成技能、技巧或行为习惯的教学方法。练习法对于巩固知识，引导学生把知识应用于实际，发展学生的能力以及形成学生的道德品质等方面具有重要的作用。

五、教学评价

测评标准：能得四个(赞)的同学"棒棒哒"，得三个(赞)的同学"不错呦"，得两个(赞)的同学"还好呀"，得一个(赞)的同学"要加油啦"	
礼术	(赞)(赞)(赞)(赞)：准确掌握弓的基本构造及名称并熟记；能够自觉按照要求互相礼让列队，跨立、立正动作整齐，反应迅速，持弓动作标准
	(赞)(赞)(赞)：准确掌握弓的基本构造及名称；能够按照要求互相礼让列队，跨立、立正动作整齐，反应迅速，持弓动作标准
	(赞)(赞)：学会弓的基本构造及名称；能够做到互相礼让列队，跨立、立正动作整齐，反应迅速，持弓动作标准
	(赞)：在教师指导下认识弓；能够完成跨立、立正和持弓动作，且动作连贯
射术	(赞)(赞)(赞)(赞)：举弓、收势，胳膊端平收势迅速，动作熟练；勾弦，右手中间三指第一关节勾住弓弦正中间；熟练掌握开弓靠位动作要领，左手推弓端平，右手拉弓，后肘高于肩部，弓弦贴在鼻子和嘴唇中间，虎口靠到右下颚
	(赞)(赞)(赞)：举弓、收势动作做到胳膊端平；勾弦，右手中间三指第一关节勾住弓弦；掌握开弓靠位动作要领，左手推弓端平，右手拉弓，后肘高于肩部，弓弦贴在鼻子和嘴唇中间，虎口靠到右下颚
	(赞)(赞)：能够做出举弓、收势动作；勾弦，右手中间三指勾住弓弦；学会开弓靠位动作要领，左手推弓端平，右手拉弓，后肘高于肩部，弓弦贴在鼻子和嘴唇中间，虎口靠到右下颚
	(赞)：学会举弓、收势动作；能做出勾弦动作；在教师指导下完成开弓靠位动作，左手推弓端平，右手拉弓，后肘高于肩部，弓弦贴在鼻子和嘴唇中间，虎口靠到右下颚

第五节　课程的评价

一、评价依据

根据以下课程目标对课程进行评价。

（一）学生发展

（1）通过课程的学习，学生能够了解射箭运动的基础知识，学会弯弓搭箭，感受祖先们狩猎、打仗的武器，知道这种古老文明教化的器械。

（2）通过课程的学练，让学生的臂、胸、腰、腿部力量得到有效锻炼，提高臂、胸背的肌肉力量，锻炼目力，增强体质；通过射箭练习，学生的注意力更加稳定，锻炼学生的毅力，培养学生顽强，果断，勇于克服困难的意志品格；对于绝大部分习惯用右手者，由于射箭用左手持弓，在一定程度上加强左手的运动，开发右脑。学生通过学习能够体验互动、合作、进取，增进人际间的交流和友情，提高安全意识，激发学生参与体育运动的兴趣。

（3）通过课程的落实，增强学生精神道德的培养与文化礼仪的修习，提高学生的礼仪气质，培养学生团结协作的品质及沉静和精准的精神。

（二）教师发展

借助射箭课程的开展，学校教师学习射箭等传统体育运动项目的相关知识，了解射箭传统文化及射箭技艺，研究射箭课程；通过射箭课程的开展，能够基本掌握射箭的礼数和技艺教学内容及简单的教学方法，不断反思课堂教学中的问题并能给出合理的改进意见。

（三）学校发展

丰富体育课及学校特色课程内容，丰富校园体育活动，培养学生沉静气质和精准精神，使每一个学生都具有学会学习、学会做事、学会做人的良好人文素养，培养学生基本的自理技能和初步的社会实践能力，培育乐观、向上、开放的心态，使他们成为具有终身可持续发展能力的现代公民。

二、问题与改进

（1）1，2年级的学生注意力易分散，对教师的课堂组织能力要求较高，需要教师及时给予关注与提醒，保证课堂的教学效率。

（2）集中授课每班人数相对较多，平均每班人数在40人左右，部分学生对教师讲解的动作要领掌握不够好但又不能得到教练一对一的辅导，应控制班额不易过大。

（3）课堂体能练习相对较少，射箭活动主要是练习上肢力量，而且是静力性运动，每节课至少要保证10分钟左右的体能练习。

参考文献

［1］中华人民共和国教育部.义务教育体育与健康课程标准.2011年版［M］.北京：北京师范大学出版社，2012.

［2］人民教育出版社课程教材研究所体育课程教材研究开发中心.体育与健康（1至2年级：全一册）［M］.北京：人民教育出版社，2012.

［3］教师资格认定考试教材编写组.教育学［M］.北京：人民出版社，2015.

［4］博恩教师考试命题研究院.教学基础知识［M］.北京：光明日报出版社，2015.

［5］中国国家体育总局.中国体育教练员岗位培训教材［M］.北京：人民体育出版社，2001.

［6］国家体育总局青少年体育司和国家体育总局射击射箭运动管理中心.中国青少年射箭训练教学大纲［M］.北京：北京体育大学出版社，2015.

［7］罗时铭.传统射箭史话［M］.北京：社会科学文献出版社，2016.

［8］任顺元.学校特色与特色学校建设［M］.杭州：浙江大学出版社，2018.

附：

I.射箭礼仪操口诀

站姿挺拔如青松，两腿绷直挺起胸；

双手递弓明事理，礼仪之邦显魅力；

双手平举呈直线，头部轻轻一侧转，

右手贴腮拉满弓，人稳心静气合一；

撒放出箭听口令，果敢放弦疾如星。

持弓收势手背后，秩序井然物归位，

我是中华好儿女，强身健体扬射礼。

传统文化不忘记，未来开辟新天地；

走出国门展威名，为国争光看我的，

看我的！

Ⅱ. 射箭口诀

站位诀：两脚平分与肩宽，两腿绷直挺起胸。

平衡诀：双手平举呈直线，保持平衡站稳身。

转头诀：头部轻轻一侧转，眼睛盯住平举手。

靠位诀：手臂弯曲至胸前，手掌虎口靠下颚。

收势诀：抬头挺胸手放下，默数三秒完收势。

Ⅲ. 2017年教学大纲

第一课：学习弓箭的种类和构造，了解简单的射箭知识。通过学习跨立、立正、拿弓和放弓等动作，培养学生轻拿、轻放的良好行为习惯，增强规则意识和团队精神。

第二课：礼术——交接弓。学习交接弓分组练习交接弓，提高学生的礼仪素养。

第三课：快速站位的基本动作要领与口令，要做到又快又齐。旨在锻炼学生的团队协作能力。

第四课：勾弦拉弓的基本动作要领与口令的学习。持续保持开弓姿势，锻炼学生的耐力。

第五课：连续拉弓。练习连续拉弓并掌握基本的动作，锻炼臂力的同时提高学生的身体协调能力及稳定性。

第六课：空手开弓靠位。练习及纠正形成正确的勾弦手及颌下根部定位掌握射箭基本动作。

第七课：搭箭。练习及纠正，正确掌握基本的搭箭动作，提高学生身体的协调性及稳定性。

第八课：认识弓靶。学习弓靶的种类和构造，了解弓靶的使用方法。通过学习增强学生的规则意识和团队精神。

第九课：投壶。练习正确掌握基本的投壶动作，锻炼臂力同时提高学生的身体协调能力及稳定性。

第十课：学习平举弓和侧举弓，锻炼臂力同时提高学生的身体协调能力及稳定性。

第十一课：靠弦的基本动作要领与口令的学习。提高学生的上靶率及准确性。通过射箭，培养学生做到静、稳、准。

第十二课：带箭拉弓瞄准。学习并练习掌握基本的带箭拉弓瞄准，锻炼臂力同时提高学生的身体协调能力及稳定性。

第十三课：撒放基本动作要领与口令的学习。学生分两组进行实射，每人三支箭轮流进行，教练在学生实射过程中反复强调动作要领，并给予指导。

第十四课：实射及练习。学生分组以记环的方式进行一次射靶比赛，环数多者胜出，以比赛的方式激发培养学生做到静、稳、准。

第十五课：实射及练习。学生分组以记环的方式进行一次射靶比赛，环数多者胜出，以比赛的方式激发培养学生做到静、稳、准。

第十六课：最终考核。考核学生在这一学期的学期任务的完成和整体表现以及体能测试。

IV. 教学设计

第一课　认识弓箭

【教学内容】

基本队列，口令以及弓箭的种类及构造。

【教学目标】

1. 知识目标：学习弓箭的种类和构造，了解简单的射箭知识。

2. 技能目标：分组练习跨立、立正、拿弓和放弓，掌握基本的射箭动作，提高学生的身体协调能力。

3. 素养目标：通过学习跨立、立正、拿弓和放弓等动作，培养学生轻拿、轻放的良好行为习惯，增强规则意识和团队精神。

【教学准备】

射箭场地和传统弓。

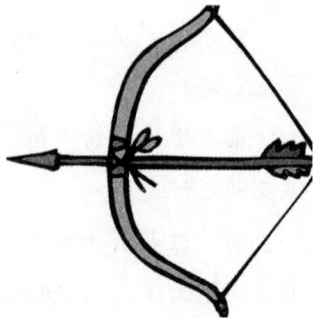

【教学重点】

熟记弓箭各部分名称，掌握射箭基本动作要领。

【教学难点】

跨立、立正、拿弓和放弓等动作的学习和掌握。

【安全小贴士】

1.当手中握弓的时候，不能追逐嬉闹，不能将手中的弓对准其他同学。

2.要掌握好前后的间距，拿放弓时不可碰触到前后同学。

3.注意保持纪律，遵从教师的指挥。

【教学过程】

一、路队（3分钟）

跟班主任交接完毕，带学生进入射箭场地。

二、新授（15分钟）

1.弓的种类

除了传统弓外弓还可以分为直拉弓、反曲弓、复合弓等（出示弓的图片），但不论哪种弓都是由弓把、箭台、上弓片、下弓片和弓弦五部分组成的（出示名称图片）。

2.箭的种类

有弓当然离不开箭，箭根据材质可以分为木箭、碳素箭和玻璃钢箭，而每种箭都是由箭头、箭杆、箭羽和箭尾组成的（出示箭的名称图片）。

讲授有关弓箭的基础知识，了解弓箭的构造，并能指出各部分的名称，分组相互指认名称。

三、互动环节（5分钟）

学生两人一组进行"你指我说"小游戏，即一人用手指出弓的某个部位，另一人迅速说出名称，旨在锻炼学生的反应能力以及熟悉弓和箭。

四、操练（15分钟）

（一）队形操练

1.组织队形

四路纵队，面向前方。

2.操练流程

（1）教师演示，学生跟学。

（2）学生两两面对面自学，教师边检查边指导，左右脚互换各做3组，20秒/组。

（3）全体学生在教师口令下集体展示学习成效，教师进行统一检查规范站位姿势。

（4）以比赛形式使学生能在教师的口令下做到快、静、齐。

（二）拿弓和放弓

1. 组织队形

两路纵队。

2. 操练流程

（1）教师演示，将弓垂直放至身体左侧，学生弯腰左手迅速将弓拿起，手握弓把，放在左脚尖上，保持站位姿势。

（2）学生在教师口令下进行拿弓放弓动作训练。

（3）学生进行拿弓放弓比赛。

五、总结（2分钟）

（1）学生集合，教师总结本课情况。

（2）宣布下课，收放器材。

（3）路队带回，跟班主任交接。

六、课后反思（集体教研会）

（1）学生学习情况分析。

（2）授课中存在的不足。

（3）改进措施。

第二课　礼术——交接弓

【教学内容】

基本队列，口令以及交接弓基本射礼。

【教学目标】

1. 知识目标：学习交接弓的基本动作要领。

2. 技能与素养目标：分组练习交接弓，提高学生的礼仪素养。

【教学准备】

射箭场地和传统弓。

【教学重点】

熟识交接弓的基本动作要领。

【教学难点】

交接弓的动作要领学习和掌握。

【安全小贴士】

1.当手中握弓的时候，不能追逐嬉闹，不能将手中的弓对准其他同学。

2.要掌握好前后的间距，拿放弓时不可碰触到前后同学。

3.注意保持纪律，遵从教师的指挥。

【教学过程】

一、路队（3分钟）

跟班主任交接完毕，带学生进入射箭场地。

二、新授（20分钟）

交接弓。

根据教练要求，弯身双手递弓，接弓。依次从队首传到队尾。

三、互动环节（15分钟）

学生两人一组进行"背后交接弓"小游戏，即一人半蹲双手从头顶传弓给背后同学，旨在锻炼学生的身体协调能力。

四、总结（2分钟）

（1）学生集合，教师总结本课情况。

（2）宣布下课，收放器材。

（3）路队带回，跟班主任交接。

五、课后反思（集体教研会）

（1）学生学习情况分析。

（2）授课中存在的不足。

（3）改进措施。

第三课　快速站位

【教学内容】

快速站位的基本动作要领与口令。

【教学目标】

知识目标：学习快速站位的基本动作要领。

【教学准备】

射箭场地和传统弓。

【教学重点】

熟识快速站位的基本动作要领。

【教学难点】

根据教师的口令与示范,把握快速站位的动作要领学习和掌握,更重要的是要做到又快又齐。

【安全小贴士】

1.当手中握弓的时候,不能追逐嬉闹,不能将手中的弓对准其他同学。

2.要掌握好前后的间距,拿放弓时不可碰触到前后同学。

3.注意保持纪律,遵从教师的指挥。

【教学过程】

一、路队(3分钟)

跟班主任交接完毕,带学生进入射箭场地。

二、新授(20分钟)

快速站位。

根据教练要求,听口令学习快速站位,连续三遍,要做到快、齐。

三、互动环节(15分钟)

分组让学生进行"最佳团队"比赛,即分成二或四组,来比赛哪个组动作最齐,旨在锻炼学生的团队协作能力。

四、总结(2分钟)

(1)学生集合,教师总结本课情况。

(2)宣布下课,收放器材。

(3)路队带回,跟班主任交接。

五、课后反思(集体教研会)

(1)学生学习情况分析。

(2)授课中存在的不足。

(3)改进措施。

第四课 勾弦拉弓

【教学内容】

勾弦拉弓的基本动作要领与口令。

【教学目标】

1.知识目标：学习勾弦拉弓的基本动作要领。

2.技能目标：分组练习勾弦拉弓，提高学生射箭基本功能力。

【教学准备】

射箭场地和传统弓。

【教学重点】

熟识勾弦拉弓的基本动作要领。

【教学难点】

根据教师的口令与示范，把握勾弦拉弓的动作要领学习和掌握。

【安全小贴士】

1.当手中握弓的时候，不能追逐嬉闹，不能将手中的弓对准其他同学。

2.要掌握好前后的间距，拿放弓时不可碰触到前后同学。

3.注意保持纪律，遵从教师的指挥。

【教学过程】

一、路队（3分钟）

跟班主任交接完毕，带学生进入射箭场地。

二、新授（20分钟）

勾弦拉弓。

根据教练要求，听口令学习勾弦，注意三指勾弦，右手拉弓。

三、互动环节（15分钟）

学生进行"我是木头人"比赛，即保持勾弦拉弓的动作持续时间越长者优胜，锻炼学生的耐力与目标意识力。

四、总结（2分钟）

（1）学生集合，教师总结本课情况。

（2）宣布下课，收放器材。

（3）路队带回，跟班主任交接。

五、课后反思（集体教研会）

（1）学生学习情况分析。

（2）授课中存在的不足。

（3）改进措施。

第五课 连续拉弓

【教学内容】

基本队列，口令以及连续拉弓。

【教学目标】

1. 知识目标：连续拉弓。

2. 技能目标：练习连续拉弓掌握基本的动作，锻炼臂力同时提高学生的身体协调能力及稳定性。

3. 素养目标：通过练习连续拉弓动作，培养学生动作的准确性和身体协调性及稳定性。

【教学准备】

射箭场地和传统弓。

【教学重点】

练习正确的连续拉弓，掌握基本动作要领。

【教学难点】

连续拉弓等动作的练习和掌握。

【安全小贴士】

1. 当手中握弓的时候，不能追逐嬉闹，不能将手中的弓对准其他同学。

2. 要掌握好前后的间距，拿放弓时不可碰触到前后同学。

3. 注意保持纪律，遵从教师的指挥。

【教学过程】

一、路队（5分钟）

跟班主任交接完毕，带学生进入射箭场地。

二、新授（15分钟）

连续拉弓。

根据教练要求，勾弦，起弓，开弓靠位，在开弓过程中，后背肌用力，前手推弓，右手拉弓，右手虎口靠在右下颌处，头自然向左转盯住目标，保持身体稳定，当教练喊"1"时，学生迅速做出动作，弓弦松到一半然后迅速靠位；教练喊"2"时，重复以上动作，反复练习。

三、互动环节（15分钟）

学生分4组进行"单腿跳"体能锻炼，即学生单腿跳到教练指定的位置，做高

抬腿50个后，拿弓做连续拉弓10次，跑回，每组轮流进行，旨在锻炼学生的反应能力以及后背肌的力量。

四、总结（5分钟）

（1）学生集合，教师总结本课情况。

（2）宣布下课，收放器材。

（3）路队带回，跟班主任交接。

五、课后反思（集体教研会）

（1）学生学习情况分析。

（2）授课中存在的不足。

（3）改进措施。

第六课　空手开弓靠位

【教学内容】

学习空手开弓靠位的基础动作要领与口令。

【教学目标】

知识目标：让学生掌握基本功招式。

【教学准备】

射箭场地和传统弓。

【教学重点】

练习及纠正掌握正确的勾弦手及领下根部定位。

【教学难点】

根据教师的口令与示范，把握基本功招式的动作要领学习和掌握。

【安全小贴士】

1. 当手中握弓的时候，不能追逐嬉闹，不能将手中的弓对准其他同学。

2. 要掌握好前后的间距，拿放弓时不可碰触到前后同学。

3. 注意保持纪律，遵从教师的指挥。

【教学过程】

一、路队（3分钟）

跟班主任交接完毕，带学生进入射箭场地。

二、新授（20分钟）

根据教练要求，听口令学习快速站位，连续三遍，要做到快、齐。

（1）迈左腿与肩同宽，双手平行展开，然后左手呈握弓状，右手拉弓靠位。然后收势。

（2）跳起，做前弓步动作，左腿在前，右腿在后，同时左开弓，右手拉弓靠位。接着跳起收势。

（3）双手背于身体后方，双脚开立比肩略宽，然后屈膝下蹲至大腿与地面平行，直立，如此反复三次为一组动作。最后收势。

三、互动环节（15分钟）

挑选做动作标准同学上最前方示范，并给剩下的同学纠正错误，分组比赛，看看哪个小组更加整齐，更加标准，鼓励学生的自信心。

四、总结（2分钟）

（1）学生集合，教师总结本课情况。

（2）宣布下课，收放器材。

（3）路队带回，跟班主任交接。

五、课后反思（集体教研会）

（1）学生学习情况分析。

（2）授课中存在的不足。

（3）改进措施。

第七课 搭 箭

【教学内容】

学习搭箭的基础动作要领与口令。

【教学目标】

知识目标：让学生继续熟悉、掌握射箭基本功。

【教学准备】

射箭场地和传统弓。

【教学重点】

熟识搭箭的基本动作要领，动作整齐划一。

【教学难点】

根据教师的口令与示范，把握搭箭动作要领的学习和掌握。

【安全小贴士】

（1）当手中握弓的时候，不能追逐嬉闹，不能将手中的弓对准其他同学。

（2）要掌握好前后的间距，拿放弓时不可碰触到前后同学。

（3）注意保持纪律，遵从教师的指挥。

【教学过程】

一、路队（3分钟）

跟班主任交接完毕，带学生进入射箭场地。

二、新授（20分钟）

根据教练要求，听口令学习搭箭的动作，反复练习，互相纠错。

三、巩固（5分钟）

基本功招式（一）

根据教练要求，听口令学习快速站位，连续三遍，要做到快、齐。

（1）迈左腿与肩同宽，双手平行展开，然后左手呈握弓状，右手拉弓靠位。然后收势。

（2）跳起，做前弓步动作，左腿在前，右腿在后，同时左开弓，右手拉弓靠位。接着跳起收势。

（3）双手背于身体后方，双脚开立比肩略宽，然后屈膝下蹲至大腿与地面平行，直立，如此反复三次为一组动作。最后收势。

四、互动环节（10分钟）

搭箭比赛，分成四组，距离弓20米，从起跑线跑到弓的位置，快速搭箭成功，然后跑回来跟下一名同学拍手。看看哪个组更快完成。

培养学生的团队协作能力以及目标意识力。

五、总结（2分钟）

（1）学生集合，教师总结本课情况。

（2）宣布下课，收放器材。

（3）路队带回，跟班主任交接。

六、课后反思（集体教研会）

（1）学生学习情况分析。

（2）授课中存在的不足。

（3）改进措施。

第八课 接力运靶

【教学内容】

认识靶子，训练体能。

【教学目标】

知识目标：认识靶子的种类、构成和用途，了解并学习靶子的使用规则。

【教学准备】

射箭场地和传统弓。

【教学重点】

熟识靶子，能够指出靶子的构成。

【教学难点】

根据教师的口令与示范，进行独立运靶比赛。

【安全小贴士】

1.当手中握弓的时候，不能追逐嬉闹，不能将手中的弓对准其他同学。

2.要掌握好前后的间距，拿放弓时不可碰触到前后同学。

3.注意保持纪律，遵从教师的指挥。

【教学过程】

一、路队（3分钟）

跟班主任交接完毕，带学生进入射箭场地。

二、新授（15分钟）

学习靶子的种类、构成和用途及靶子的使用规则。

三、巩固（5分钟）

复习射箭基本功，根据教练要求，听口令学习快速站位，连续三遍，要做到

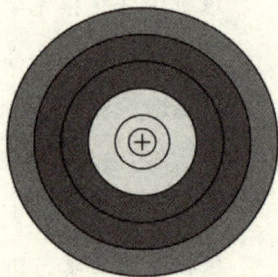

快、齐。

（1）迈左腿与肩同宽，双手平行展开，然后左手呈握弓状，右手拉弓靠位。然后收势。

（2）跳起，做前弓步动作，左腿在前，右腿在后，同时左开弓，右手拉弓靠位。接着跳起收势。

（3）双手背于身体后方，双脚开立比肩略宽，然后屈膝下蹲至大腿与地面平行，直立，如此反复三次为一组动作。最后收势。

四、互动环节（15分钟）

学生四组进行"接力运靶"体能锻炼，即学生以滚靶的方式将靶子滚到教练指定的位置，做大象鼻子15个后再将靶子滚回接力，旨在锻炼学生的体能和反应能力。

五、总结（2分钟）

（1）学生集合，教师总结本课情况。

（2）宣布下课，收放器材。

（3）路队带回，跟班主任交接。

六、课后反思（集体教研会）

（1）学生学习情况分析。

（2）授课中存在的不足。

（3）改进措施。

第九课　投　壶

【教学内容】

基本队列，口令以及投壶。

【教学目标】

1. 知识目标：练习投壶。

2. 技能目标：练习正确掌握基本的投壶动作，锻炼臂力的同时提高学生的身体协调能力及稳定性。

3. 素养目标：通过练习投壶动作，培养学生动作的准确性和身体协调性及稳定性。

【教学准备】

射箭场地和传统弓。

【教学重点】

练习正确的投壶，掌握投壶基本动作要领。

【教学难点】

投壶等动作的练习和掌握。

【安全小贴士】

1. 当手中握弓的时候，不能追逐嬉闹，不能将手中的弓对准其他同学。

2. 要掌握好前后的间距，拿放弓时不可碰触到前后同学。

3. 注意保持纪律，遵从教师的指挥。

【教学过程】

一、路队（3分钟）

跟班主任交接完毕，带学生进入射箭场地。

二、新授（20分钟）

投壶。

带四列纵队整齐地站在五米实射等待线上，每队第一排同学向前跨至5米投射线上，投射时握箭于箭身前1/3处，靠前摆小臂和抖腕的力量将箭投出，切记小臂和手腕用力。其他同学站在等待线上呈检查站位动作仔细观察队友投射。反复练习。

三、互动环节（15分钟）

学生四组进行"双腿跳"体能锻炼，即学生双腿跳至教练指定位置做大象鼻子15个，接着做开弓靠位动作保持十秒钟，跑回；四组轮流进行，旨在锻炼学生的反应能力以及熟练开弓靠位的标准性。

四、总结（2分钟）

（1）学生集合，教师总结本课情况。

（2）宣布下课，收放器材。

（3）路队带回，跟班主任交接。

五、课后反思（集体教研会）

（1）学生学习情况分析。

（2）授课中存在的不足。

（3）改进措施。

第十课　平举弓、侧举弓

【教学内容】

学习平举弓、侧举弓。

【教学目标】

知识目标：让学生能够在口令的指示下，做出平举弓或者侧举弓的标准动作。

【教学准备】

射箭场地和传统弓。

【教学重点】

熟识平举弓、侧举弓的口令与基本动作。

【教学难点】

根据教师的口令与示范，进行平举弓、侧举弓动作。

【安全小贴士】

1. 当手中握弓的时候，不能追逐嬉闹，不能将手中的弓对准其他同学。

2. 要掌握好前后的间距，拿放弓时不可碰触到前后同学。

3. 注意保持纪律，遵从教师的指挥。

【教学过程】

一、路队（3分钟）

跟班主任交接完毕，带学生进入射箭场地。

二、新授（20分钟）

平举弓、侧举弓。

根据教练要求，听口令学习平举弓、侧举弓，连续三遍，要做到快、齐。

三、互动环节（15分钟）

学生四组进行"深蹲"体能锻炼，即学生分组做深蹲动作15次，连续三组，旨在锻炼学生的体能与耐力。

四、总结（2分钟）

（1）学生集合，教师总结本课情况。

（2）宣布下课，收放器材。

（3）路队带回，跟班主任交接。

五、课后反思（集体教研会）

（1）学生学习情况分析。

（2）授课中存在的不足。

（3）改进措施。

第十一课 靠 弦

【教学内容】

靠弦的基本动作要领与口令的学习。

【教学目标】

1. 知识目标：让学生能够在口令的指示下，做出靠弦的标准动作。

2. 技能目标：增加学生的规则意识。

【教学准备】

射箭场地和传统弓。

【教学重点】

熟识靠弦的基本动作要领。

【教学难点】

靠弦正确位置的掌握。

【安全小贴士】

1. 当手中握弓的时候，不能追逐嬉闹，不能将手中的弓对准其他同学。

2. 要掌握好前后的间距，拿放弓时不可碰触到前后同学。

3. 注意保持纪律，遵从教师的指挥。

【教学过程】

一、路队（3分钟）

跟班主任交接完毕，带学生进入射箭场地。

二、新授（20分钟）

靠弦，根据教练要求，听口令练习靠弦动作，反复练习，相互纠正动作。

三、互动环节（15分钟）

立卧撑、单臂支撑、高抬腿练习，强度和时间老师自己掌握，旨在锻炼学生的耐力和身体协调能力。

四、总结（2分钟）

（1）学生集合，教师总结本课情况。

（2）宣布下课，收放器材。

（3）路队带回，跟班主任交接。

五、课后反思（集体教研会）

（1）学生学习情况分析。

（2）授课中存在的不足。

（3）改进措施。

第十二课　带箭拉弓瞄准

【教学内容】

带箭拉弓瞄准的基础动作要领与口令及初级礼仪操学习。

【教学目标】

1.知识目标：学习带箭拉弓瞄准的基础动作要领与口令。

2.技能目标：增加学生的礼仪素养。

【教学准备】

射箭场地和传统弓。

【教学重点】

熟识带箭拉弓瞄准的基础动作要领与口令及初级礼仪操的部分口令和基本动作要领。

【教学难点】

礼仪操口诀和动作要领的学习与掌握。

【安全小贴士】

1.当手中握弓的时候，不能追逐嬉闹，不能将手中的弓对准其他同学。

2.要掌握好前后的间距，拿放弓时不可碰触到前后同学。

3.注意保持纪律，遵从教师的指挥。

【教学过程】

一、路队（3分钟）

跟班主任交接完毕，带学生进入射箭场地。

二、新授（20分钟）

根据教练要求，听口令学习带箭拉弓瞄准的动作，反复练习，互相纠错。

三、互动环节（15分钟）

立卧撑、单臂支撑、高抬腿练习，强度和时间老师自己掌握，旨在锻炼学生的耐力和身体协调能力。

四、总结（2分钟）

（1）学生集合，教师总结本课情况。

（2）宣布下课，收放器材。

（3）路队带回，跟班主任交接。

五、课后反思（集体教研会）

（1）学生学习情况分析。

（2）授课中存在的不足。

（3）改进措施。

第十三课 撒 放

【教学内容】

基本队列，礼仪操第三小段，口令以及动作。

【教学目标】

1. 知识目标：学习初级礼仪操基本动作要领。

2. 技能目标：增加学生的礼仪素养。

【教学准备】

射箭场地和传统弓。

【教学重点】

熟识礼仪操的口令和基本动作要领。

【教学难点】

礼仪操口诀和动作要领学习和掌握。

【安全小贴士】

1. 当手中握弓的时候，不能追逐嬉闹，不能将手中的弓对准其他同学。

2. 要掌握好前后的间距，拿放弓时不可碰触到前后同学。

3. 注意保持纪律，遵从教师的指挥。

【教学过程】

一、路队（3分钟）

跟班主任交接完毕，带学生进入射箭场地。

二、新授（20分钟）

撒放。教师讲解撒放动作要领，学生分两组进行实射，每人三支箭轮流进行，教练在学生实射过程中反复强调动作要领，并给予指导。

三、互动环节（15分钟）

立卧撑、单臂支撑、高抬腿练习，强度和时间老师自己掌握，旨在锻炼学生的耐力和身体协调能力。

四、总结（2分钟）

（1）学生集合，教师总结本课情况。

（2）宣布下课，收放器材。

（3）路队带回，跟班主任交接。

五、课后反思（集体教研会）

（1）学生学习情况分析。

（2）授课中存在的不足。

（3）改进措施。

第十四课 实射（一）

【教学内容】

实射及练习。

【教学目标】

1.知识目标：练习并掌握射箭的基本动作。

2.技能目标：提高射箭的精准能力。

3.素养目标：增加学生的礼仪素养。

【教学准备】

射箭场地和传统弓。

【教学重点】

熟识射箭的口令和基本动作要领。

【教学难点】

射箭动作的协调用力。

【安全小贴士】

1.当手中握弓的时候，不能追逐嬉闹，不能将手中的弓对准其他同学。

2.要掌握好前后的间距，拿放弓时不可碰触到前后同学。

3.注意保持纪律，遵从教师的指挥。

【教学过程】

一、路队（3分钟）

跟班主任交接完毕，带学生进入射箭场地。

二、巩固（20分钟）

学生分组以记环的方式进行一次射靶比赛，环数多者胜出，以比赛的方式激发培养学生做到静、稳、准。

三、互动环节（15分钟）

立卧撑、单臂支撑、高抬腿练习，强度和时间老师自己掌握，旨在锻炼学生的耐力和身体协调能力。

四、总结（2分钟）

（1）学生集合，教师总结本课情况。

（2）宣布下课，收放器材。

（3）路队带回，跟班主任交接。

五、课后反思（集体教研会）

（1）学生学习情况分析。

（2）授课中存在的不足。

（3）改进措施。

第十五课　实射（二）

【教学内容】

实射及练习。

【教学目标】

1.知识目标：练习并掌握射箭的基本动作。

2.技能目标：提高射箭的精准能力。

3.素养目标：增加学生的礼仪素养。

【教学准备】

射箭场地和传统弓。

【教学重点】

熟识射箭的口令和基本动作要领。

【教学难点】

射箭动作的协调用力。

【安全小贴士】

1.当手中握弓的时候，不能追逐嬉闹，不能将手中的弓对准其他同学。

2.要掌握好前后的间距，拿放弓时不可碰触到前后同学。

3.注意保持纪律，遵从教师的指挥。

【教学过程】

一、路队（3分钟）

跟班主任交接完毕，带学生进入射箭场地。

二、巩固（20分钟）

学生分组以记环的方式进行一次射靶比赛，环数多者胜出，以比赛的方式激发培养学生做到静、稳、准。

三、互动环节（15分钟）

立卧撑、单臂支撑、高抬腿练习，强度和时间老师自己掌握，旨在锻炼学生的耐力和身体协调能力。

四、总结（2分钟）

（1）学生集合，教师总结本课情况。

（2）宣布下课，收放器材。

（3）路队带回，跟班主任交接。

五、课后反思（集体教研会）

（1）学生学习情况分析。

（2）授课中存在的不足。

（3）改进措施。

第十六课 考 核

【考核内容】

射箭的基本动作及射箭礼术。

【学习目标】

1.知识目标：考核射箭的基本动作要领及射箭礼仪。

2. 技能目标：增加学生的礼仪素养，提高学生的射箭能力。

【教学准备】

射箭场地和传统弓。

【教学重点】

熟识射箭的基本动作要领及射箭礼仪。

【教学难点】

射箭动作的协调用力。

【安全小贴士】

1. 当手中握弓的时候，不能追逐嬉闹，不能将手中的弓对准其他同学。

2. 要掌握好前后的间距，拿放弓时不可碰触到前后同学。

3. 注意保持纪律，遵从教师的指挥。

【教学过程】

一、路队（3分钟）

跟班主任交接完毕，带学生进入射箭场地。

二、考核（35分钟）

教师从礼术和射术两个方面对学生进行考核。例如对弓的基本构造及名称并熟记；能否自觉按照要求互相礼让列队，跨立、立正动作是否整齐，持弓动作的标准程度。举弓、收势，胳膊端平收势是否迅速，动作是否熟练；勾弦，右手中间三指第一关节是否勾住弓弦正中间；是否熟练掌握开弓靠位动作要领等。

三、总结（2分钟）

（1）学生集合，教师总结本课情况。

（2）宣布下课，收放器材。

（3）路队带回，跟班主任交接。

四、课后反思（集体教研会）

（1）学生学习情况分析。

（2）授课中存在的不足。

（3）改进措施。

（陈晓霞　青岛定陶路小学）

第十三章
美国SPARK体育课程的本土化建设

第一节　背景与问题

一、美国SPARK体育课程简介

SPARK体育课程是近20年来美国兴起的一门体育课程，其全称是"The Sports，Play and Active Recreation for Kids Programs"，是指儿童运动、游戏和体育活动课程。

SPARK体育课程是美国圣地亚哥州立大学的一个研究团队于1989年开始研发的一门体育课程。本课程在美国经过反复研究和验证，是被美国疾病控制与预防中心强力推荐的最具有权威性和代表性的课程之一。SPARK体育课程在美国开展已有20多年之久。通过本课程教学不仅能帮助学生形成健康的生活习惯、良好的运动技能，而且能提高学生的社会交往能力，给美国的体育教学带来许多积极有益的变化，并于1993年被授予彼得·维尔森和阿诺德·施瓦辛格的"官员荣誉奖"，成为美国联邦教育部建议推广的示范项目。

二、美国SPARK体育课程引进我校的考量

2001年，《体育与健康课程标准》（实验稿）出台。《体育与健康课程标准》提出各地各校可以因地制宜地开发利用各种体育课程资源，可以发挥课程资源应有的教育优势，体现课程的弹性和地方特色。这就为学校、教师创造性地实施《体育与健康课程标准》提供了条件。

在以上理念指导下，选择什么样的体育课程内容、开展什么样的体育教学才能

让学生积极主动地参与体育活动，使学生充分体验运动的乐趣？怎样让学生更好掌握从事终身体育活动所需要的体育知识和技能？怎样才能更好促进学生全面、健康的发展？这些问题引起了每一位体育教育工作者的认真思考，同时也给一线体育教师带来了很大的机遇和挑战。这使部分有思想和创新思维的一线教师，勇敢地创建适应时代要求的教学新内容和新方法。这使得我国体育课程改革以来，各地体育课程内容和教学模式异彩纷呈，呈现出了百花齐放的良好态势。

在这种情况下，华东师范大学体育与健康学院的汪晓赞博士及其研究生团队对SPARK课程给予了高度的关注，进行相关的研究与分析并引进了该课程。2010年3月份我区近20名体育一线教师有幸参加了华东师范大学组织的美国SPARK体育课程的培训。SPARK体育课程理论学习和实践体验，为我们的体育教学带来了新的思路，其中使美国SPARK体育课程如何与我校体育课程相融合，使SPARK体育课程本土化，激发了我们更进一步的思考。在这种情况下，我根据区域研究课题"基于spark课程理念下发展互动效能教学在中小学体育教学中的应用研究"，结合我区我校的实际情况，确定了校级研究课题"基于spark课程理念下发展互动效能教学在小学体育教学中应用研究"，在我校低年级开展spark课程的本土化教学，为体育课程改革在我校的深入开展提供新的思路和方法。

三、美国SPARK体育课程在我校的开展及存在的问题

我校于2011年开始参与了由华东师范大学体育与健康学院汪晓赞教授主持开展的SPARK教学实验研究，先后有三位体育教师学习了SPARK的体育教学模式，后来在我校低年级进行了为期六年的SPARK课程的实验研究。结果显示，SPARK教学对我校的学生身心健康发展、体育课程建设和教师专业成长等方面产生了积极的促进作用。

在实验研究的过程中我们也遇到一些问题，如美国SPARK体育课程本土化还需要进一步的研究和探索、大班额的体育教学学生在遵守课堂纪律与SPARK灵活教学方式的冲突、教师的体力与精力和对学生的关注程度对课堂教学质量的影响、如何更有效地培养学生的体育核心素养等。

第二节　目标的确立

一、学生发展目标

（1）提高课堂教学运动密度，有效地提高学生的身体活动水平，使学生的身体素质不断提高。

（2）SPARK体育课程的本土化将体能和技能教学趣味化，使学生更喜欢体育课。

（3）增强学生的规则意识、团结合作与交往能力、坚持不懈的拼搏精神和不断挑战自我的信心。

（4）注重使学生在教学中获得积极的运动体验，逐步培养学生的运动能力和锻炼习惯。

二、教师发展目标

（1）改善体育教师对课堂的管理，减少知识讲解的时间和组织管理时间，明显增加学生的运动时间。

（2）改进体育教师的教学方法、教学内容及呈现方式，提高其教学能力。

（3）提高体育教师的研究能力，使部分教师能够独立承担课题研究，逐步向研究型教师发展，促进教师的专业成长。

三、学校发展目标

（1）在应用SPARK体育课程的基础上，对我校体育课程进行适应性改造，启发教学设计的新思路。

（2）通过开展SPARK本土化的教学实验，活跃我校体育教研氛围，并形成我校低年级的体育教学特色，积极与其他兄弟学校进行相互的学习、交流与研讨。

（3）完善学校体育器材，使之更容易激发学生的体育活动兴趣和需要，为学生增加了在校体育活动的机会，共同促进学生健康成长。

第三节　内容的选择

一、选择的依据

（一）国家体育与健康课程标准的理念与SPARK课程理念交融

我国的中小学体育与健康课程标准以"健康第一"为指导思想，促进学生健康成长的体育新课程理念与Spark课程理念、目标有异曲同工之妙，都重视学生的健康和运动参与，发展学生各种对将来参与体育活动有益的运动技能，并保持其正常的体能水平，以此发展学生与他人的交往合作的能力。学习美国Spark课程能给我们带来新的经验与新的信息，促使我们开发出具有中国特色的体育课程内容。

（二）区域性特色

在青岛市市南区体育与健康（基础）教材内容建议中，建议在小学低年级的建立基础、游戏、韵律舞蹈、球类等单元的体育教学中可选用SPARK体育课程中的教学内容，以达到更好的体育教学效果。

（三）学校学生的实际情况

对于小学低年级学生，其身心特点决定了他们对偏向于竞技化和程序式的体育教学没有太大的兴趣，因为这种"就教材教教材"的课堂教学枯燥乏味。SPARK体育课程本土化能够让学生在趣味中进行体育学习，通过体育学习来促进全面、健康的发展。

二、具体内容

对于本课程，我校主要对小学低年级阶段的SPARK课程进行了本土化和整合，分了八个教学主题单元：建立基础、跳跃、抛和接、小篮球游戏、韵律舞蹈、游戏、平衡与滚翻、操控技能，课程的具体内容如下。

（一）建立基础

本单元教学旨在建立良好的课堂气氛，提出对学生的课堂要求，制定课堂管理制度，其教学原则为小学阶段的儿童身体发育提供基础。本单元强调动作发展，使其适合于学生学习基本的身体活动方法，引导学生保持正确的身体姿态，学会分享、合作、轮流活动，在运动中体验个人成就感。教师注重学生学习兴趣和规则意识的培养以及良好行为习惯的养成。建议在教授其他单元前先教授"建立基础"单元的内容。

建立基础课题与主要内容

课时	课题	主要内容
第一课	目标和个人空间	学习目标和要求、个人空间
第二课	个人空间内的活动	学习个人空间内安全进行活动
第三课	公共空间和创造性动作	学习公共空间内安全进行活动
第四课	移动式运动技能（一）	学习移动式运动技能走、双脚跳、单脚跳
第五课	移动式运动技能（二）	学习移动式运动技能跑、并脚跳、跑跳步
第六课	移动式运动技能（三）	学习移动式运动技能侧滑步、跨跳
第七课	两人或多人一组进行活动	学习两人或多人找朋友
第八课	两人一组的动作概念	学习两人一组身体活动
第九课	两人小舞蹈（一）	学习两人一组小舞蹈
第十课	两人小舞蹈（二）	复习两人一组小舞蹈
第十一课	两人游戏（一）	学习游戏厨师与香肠
第十二课	两人游戏（二）	学习游戏追逐与逃跑

（二）跳跃

跳跃能为学生提供高强度的全身运动。本单元涉及的身体机能包括身体协调能力、动作节奏、肌肉力量与耐力及心肺耐受力等。本单元活动包括跳跃与落地的探索学习、原地跳绳。除上述技能和技巧外，跳绳活动还能激励学生努力实现自我完善，培养合作精神。

跳跃课题与主要内容

课时	课题	主要内容
第一课	跳跃和落地方式	学会3～5种跳跃和落地缓冲的动作名称及方法
第二课	各种双脚跳	学会原地各种双脚跳的动作方法
第三课	节奏跳	能够根据音乐的节奏进行跳跃并且找到具体的节拍进行动作的变化

课时	课题	主要内容
第四课	原地跳绳	围绕跳绳做各式各样的跳
第五课	个人跳绳（一）	自己摇绳和跳绳的基本动作方法
第六课	个人跳绳（二）	初步掌握单人跳绳方法

（三）抛和接

本单元的活动是通过不同姿势的抛接轻物练习，让学生初步掌握自然抛接和挥臂投掷的练习方法。通过抛、接和投掷的练习，促进学生判断力、时空感和身体的协调性、灵活性的发展。在练习中，学生能做出多种方式的抛接投轻物体，并能体验到身体各部位的不同感觉。

抛和接课题与主要内容

课时	课题	主要内容
第一课	自抛自接	挑战用沙包自抛自接的各种玩法
第二课	两人抛接	练习下手和上手抛投，挑战双手和单手接球
第三课	下手投向目标	下手投掷，把沙包投到呼啦圈内
第四课	远距离上手投掷	学习上手投掷沙包
第五课	远距离上手投掷、清理房间	练习上手投掷沙包，提高技巧并增加距离。分两组同时将沙包投到对方场地，以此来"清理房间"
第六课	远距离上手投掷考核	考核上手投掷沙包

（四）小篮球游戏

小篮球游戏以各种形式的玩球、运球和投篮为主要教学内容，它是学习复杂篮球类动作的基础，也是提高学生灵敏、速度、协调等素质的基本方法。通过创设练习情境，不断变换练习内容与练习方法，使学生在各种练习过程中逐渐掌握正确的技术动作，既可以锻炼身体、掌握篮球技能，也可以加强与同伴进行合作交往。

小篮球游戏课题与主要内容

课时	课题	主要内容
第一课	滚球和接反弹球	练习各种滚球和反弹球的游戏
第二课	各种抛接类玩球	各种方式的自抛自接、两人合作抛接球及游戏

课时	课题	主要内容
第三课	各种环绕类玩球	学习围绕身体不同部位的各种方式绕球及游戏
第四课	原地连续拍球	学会掌心空出、手指手腕协调用力地拍球的基本动作方法
第五课	多种姿势拍球	学会2～3种不同姿势的拍球方法
第六课	多种形式的合作拍球	学会2～3种合作拍球的方法
第七课	松鼠和橡子	运用情景化游戏巩固运球的技术动作
第八课	多种形式尝试投篮	初步尝试各种投篮的动作

（五）韵律舞蹈

音乐、舞蹈及其他具有韵律形式的活动可进一步开发儿童的运动潜能。韵律能够提高运动强度，同时也能增强活动的趣味性，激发学生兴趣，提高学生的参与度；舞蹈中的双人配对和小组练习还可以强化学生的人际交往能力和合作能力。舞蹈和韵律活动为学生提供了发挥创意的空间，对学生空间意识及运动控制力的提升也十分有益，教师还可以利用舞蹈丰富学生的人文修养。

韵律舞蹈课题与主要内容

课时	课题	主要目标
第一课	小鸡舞	能跟着音乐跳"小鸡舞"的单人动作
第二课	小鸡舞	能跟着音乐跳"小鸡舞"的双人动作
第三课	弹跳人	能跟着音乐跳"弹跳人"的单人动作
第四课	弹跳人	能跟着音乐跳"弹跳人"的双人动作
第五课	康茄舞	能跟着音乐跳"康茄舞"
第六课	考核	自选一个舞蹈进行考核

（六）游戏

游戏是体育课程的重要组成部分，可以帮助学生学习遵守规则，增进合作意识，促进健康体适能的发展。游戏既可以提高学生适应自然环境的能力，也可以在用于运动技能提升的同时对人的情绪起到特殊的陶冶作用。

本单元的游戏和活动以音乐调动学生的积极性，鼓励每名学生都积极参与运动，公平游戏，不鼓励相互竞争。多数情况下学生在游戏中的分组是随机的，可能出现能力水平差异较大的情况，因此教师对学生的情绪状况应予以特别关注。开始游戏前，应强调礼貌、分享、轮流游戏及合作互助等要求。

游戏课题与主要内容

课时	课题	主要内容
第一课	饼干怪物	"饼干"在穿越活动区域时，要避免被"饼干怪物"捉到
第二课	疯狂的标志桶	两组学生分别推倒和扶起标志筒
第三课	交通信号灯	运用交通信号灯做追逐与解救的游戏
第四课	树上的松鼠	松鼠在两棵树之间安全移动
第五课	糖和脂肪	追逐游戏，被捉到学生被解救是需喊出一种水果或蔬菜名称
第六课	青蛙过池塘	将标志点摆成一条线使青蛙顺利通过

（七）平衡与滚翻

平衡与滚翻主要是体操类的动作技巧。体操活动是儿童体育的重要组成部分，平衡技巧与初级滚翻练习密切相关。平衡技巧练习的主要目的是提高身体平衡性、协调性、敏捷性以及促进力量的发展，而初级阶段的滚翻练习亦旨在增强以上身体机能。平衡与滚翻技巧的学习，除身体素质提升外，还有助于学生的个人成长和学生的社交技能（如分享、礼貌和尊重他人）得以强化。本单元的活动涉及多种动物姿态模仿、组合平衡技巧、简单的滚翻技巧。这些活动都是在模仿生活中常见的动物姿态，让学生在玩的过程中得到锻炼。

平衡与滚翻课题与主要内容

课时	课题	主要内容
第一课	基本动作介绍：静态与动态平衡	完成各种挑战动作、掌握各种腾空跳转安全落地的技能
第二课	动物平衡动作、双人技巧	完成各种挑战动作和动物模仿卡的练习、能完成双人组合的技巧和平衡动作
第三课	身体基本姿态	能快速完成屈体、团身、分腿坐、俯撑、圆木滚等基本动作方法
第四课	前滚翻	初步学习前滚翻
第五课	复习前滚翻	能够独立或在别人的帮助下完成动作
第六课	复习前滚翻	能够初步完成前滚翻

（八）操控技能

本单元通过操控不同形状、体积、重量和材质的物件，学生可以练习多种运动技巧（如平衡、滚动不同大小的物体、在静止或运动的情况下抛接物体等）。在老师指导下练习使用沙包、呼啦圈、彩虹球的过程中，学生的动觉感受能力将得到增强。此外，操控物件还可以帮助学生习得并提高将来在个人或团队运动中所需要的基本技能。

操控技能课题与主要内容

课时	课题	主要内容
第一课	探索沙包	学生探索沙包玩法
第二课	扭腰和转身、弯腰和伸展	两人合作，在体侧传沙包，然后在头顶和两腿之间传沙包
第三课	探索呼啦圈	学生用呼啦圈做各种移动和非移动式运动技能动作
第四课	呼啦圈游戏	学生做转动、滚动、两人合作玩呼啦圈活动
第五课	探索彩虹球	学生探索彩虹球的玩法
第六课	彩虹球游戏	学生做彩虹球的各种游戏
第七课	表演时间	学生选一种器材进行表演

第四节　组织与实施

一、年级安排

SPARK体育课程的本土化在我校主要面向1，2年级学生实施，因为我校教师最先培训学习了低年级的SPARK课程，所以几年来在低年级已经进行了一些教学实践，并得到了很好的融合。

二、课时的安排

我校在低年级每个学期安排两个单元的SPARK本土化课程。1年级上学期为"建立基础"单元共12课时，"跳跃"单元共6课时；1年级下学期"小篮球游戏"单元共8课时，"韵律舞蹈"单元共6课时。2年级上学期"游戏"单元共6课时，"平衡和滚翻"单元共6课时；2年级下学期"抛和接"单元共6课时，"操控技能"单元共7课时。除建立基础单元外，其他几个单元根据需要灵活安排在1，2年级的上、下学期。

三、组织的形式

我校自2011年以来，对SPARK体育课程进行本土化课题实验研究，并成立了课题组，主要由低年级体育教师在体育课堂上进行教学实验与研究，按照单元规定的课时进行SPARK本土化的体育课程教学。体育教师作为体育课程的组织实施者，是体育课程本土化的主要推动力量。

四、Smiles教学

（一）什么是Smiles教学

用阳光洒播智慧，用微笑润泽课堂，运用游戏化、情境化、生活化等教学方式，让课堂在安全（Safe）+音乐（Music）+趣味（Interesting）+学习（learn）+鼓励（Encourage）+成功（Success）的Smiles氛围中，充满运动的激情、合作的快乐和成功的喜悦。

S（Safe）安全：设置边界，遵守规则，有空间与安全意识。

M（Music）音乐：运用音乐控制活动的开始与结束。

I（Interesting）趣味：运用游戏化、情景化、生活化等方式提高教学的趣味性。

L（learn）学习：学习运动技能，学习社交技能。

E（enjoy）享受：享受运动、学习和交往的快乐。

S（succeed）成功：自我挑战，目标达成，学有所获。

（二）Smiles教学的行动原则

1. "兴趣"与"规则"要有效对接

管理是严肃的爱，在体育教学中重视规则意识的培养是对学生今后融入社会、遵守社会秩序教育的必不可少的因素。1年级教学的第一个单元便是"建立基础"，建立规则便是本单元的重要内容。比如，听音乐作为开始与停止动作的信号，建立个人空间和公共空间的安全意识，认真倾听，随机分组，学会合作等规则，都需要学生在"建立基础"单元学会遵守的规则。但是，对小学生规则意识的培养要建立在兴趣的基础上，以兴趣为驱动引导学生自觉主动遵守规则，这样才能达到好的教学效果。Smiles教学既让学生遵守规则，又不失掉对体育课的兴趣，如配上欢快愉悦的音乐，建立规则初期要简单、易懂、便于执行，把规则渗透到游戏中，对遵守规则的学生及时进行表扬等。教师要传递给学生这样一个信息：遵守规则并不妨碍你走向成功，从而让学生在愉悦的氛围中养成遵守规则的习惯，努力实现兴趣与规则的有效对接。

2."趣味性"与"技能"有机融合

Smiles教学根据学生的年龄特点，有目的、有针对性地将运动技能练习渗透到各种趣味活动中。在Smiles教学中，强调积极引导学生参与到各种有趣的游戏和活动中，变运动技能的学习为学生的愉悦体验，从而有利于学生的学习由被动转向主动，极大地提高了学生的学习兴趣和参与的积极性。

3."自我教育"与"同伴教育"协调发展

在Smiles教学中注重培养学生的自主管理能力，引导学生进行自我教育，如引导学生做好自我监督、自我评价，自我鼓励；教师创造学生自我挑战的机会，进行纵向的自我比较，让学生体验到成功的乐趣和自我超越的快感，增强学生自我努力的能力和信心。

Smiles教学在关注学生自我教育的同时，也特别重视培养学生之间的同伴教育，在活动中倡导运用随机分组扩大学生间的人际交往与合作能力，并运用有效的师生互动与生生互动，使师生之间、学生之间进行有效的相互监督、相互评价和相互鼓励。例如，教师在活动前运用具体明确简洁的语言表述同伴合作的目标，让学生明确相互监督和评价的具体内容，并给予学生一定的合作学习时间；教师在生生合作过程中进行及时的引导；活动后教师引导学生及时对同伴的目标完成情况进行评价。因为有目标、有活动时间、有评价，提高了师生互动和生生互动的有效性，使真正的同伴教育落到实处，促进了学生个体的自我教育与群体中的同伴教育协调一致地发展。

4.关注体能，全员参与

Smiles教学关注学生的运动量，尽可能多地让学生参与中等强度到大强度的体育活动。如果有的环节不能做到全体参与，也要做到至少有一半的学生在进行运动，并确保为每位学生（不论体型、性别和能力如何）在课堂上提供充分的练习机会，运用拓展部分对有能力的学生提高难度，给特殊需要的学生做出相应的调整，也就是给不同的学生提供不同难度等级的挑战，使活动更加多样，能够使全体学生参与到学习活动中，增强体能，感受学习的乐趣，体验运动的快乐。

（三）Smiles教学的教学策略

1.组织管理教学策略

（1）分发与回收器材。

（2）"3"的原则，过渡环节时间最小化。

（3）音乐作为开始与停止信号。

（4）随机快速分组。

2.课堂讲解教学策略

（1）语言简明。

（2）短期目标描述具体可操作可评价。

（3）80\20原则和一对一法则。

3.增加中等强度到大强度运动时间（占50%或更多）教学策略

（1）关注运动量，每个环节至少有一半的学生在运动。

（2）非淘汰制。

（3）对排队保持敏感。

（4）"3"的原则。

（5）学生/器材数量比合理。

4.技能教学小策略

（1）目标导学。

（2）挑战自我。

（3）重复教学。

（4）学生助教。

（5）自选活动。

（6）退后一步。

5.营造学习氛围教学策略

（1）教师语言、动作丰富形象，生活化。

（2）教师积极地参与。

（3）目光顾及场地内所有的区域。

（4）采用挑战形式引发活动。

（5）运用游戏。

（6）使用音乐。

6. 关注学生的体育核心素养教学策略

（1）关注学生的兴趣点和规则意识。

（2）引导个人和团队竞争，不强调输赢。

（3）自我（选择）挑战。

（4）促进人际交往的语言和分组形式。

（四）Smiles教学分哪几个环节

Smiles教学由"ASAP、趣味教学活动、放松总结"三个环节组成。

1. ASAP（尽快活动起来）

（1）教学时间：一般为8~10分钟。

（2）教学内容：各类热身小游戏、四个拐角活动、小舞蹈、韵律活动等，教师可以重复使用喜欢的ASAP活动。

（3）教学要求：科学有趣、规则器材简单，易教易学，全员参与，尽快地进入活动状态。

（4）教学建议：使用欢快的音乐调动学生情绪，并作为开始与结束的信号；教师指令简明，鼓励学生尽快地参与到活动中。

2. 趣味教学活动

（1）时间：一般为23~25分钟。

（2）内容：根据教学计划选择两个教学内容。每个学期开始的第一个单元要安排建立基础单元的教学。其他教学单元根据季节、场地和学校学生实际情况进行合理安排。

（3）要求：趣味化、全员参与、关注技能与体能有机融合，自我挑战、合作游戏，有效进行师生互动、生生互动。

（4）建议："趣味教学活动"环节尽量多采用目标导学，在挑战中设计不同水平的弹性目标，目标具体且可操作、评价，能合理设计与弹性目标相对应的层级练习或学习活动，能从纵向自我比较的角度对学习结果实施激励性评价。合作学习中目标要具体且可操作、可评价，关注学生间相互观察、相互评价的有效性，观察点评价点要具体，能够做到有效的师生互动和生生互动。

3. 放松总结

（1）时间：5~7分钟。

（2）内容：拉伸练习、小游戏、小舞蹈、课的小结等。

（3）特点：动作简单易学，有趣味性；重视小结。

（4）建议：因运动后流入肌肉和肌腱的血液量增多，建议每节课运动后对学生进行拉伸放松练习；注重小结部分对学生的全面教育。

五、教学评价

单元学习态度、意志和行为评价表

班级： 姓名：

表现性任务	学习态度与行为、情意与合作					
	自己评		互评与师评		评价标准	
按时上课，不迟到，不旷课。						1.每节课按时上课 2.迟到或旷课1~2次 3.迟到或旷课3次以上
课堂上积极锻炼身体。						1.每节课都积极锻炼 2.较积极锻炼 3.不积极锻炼
认真上课，遵守课堂常规。						1.每节课都遵守课堂常规 2.较好遵守课堂常规现象 3.不遵守课堂常规现象
不断超越自我，坚持不懈地努力完成本单元学习任务，达到学习目标						1.完成本单元学习任务 2.较好完成任务 3.没能完成任务
与同学团结合作，友好相处，尊重和关心同伴。						1.每节课与同学愉快合作和相处 2.与同学发生不好争执 3.与同学有打架现象
注意安全						1.没使自己和同伴受伤 2.使自己或同伴受伤1~3次 3.使自己或同伴受伤3次以上
平时在家中和节假日中的体育锻炼情况	我主要参加： 1.经常参加（　　） 2.较少参加（　　） 3.一般不参加（　　）					
学生心语：						

实施方法：

1. 此表为单元评价表，学生每人一份。每单元教学结束师生一起进行学生自评、互评和师评，是由同伴相互监督并填写好表格。

2. 在表格内根据本单元上课中的表现写上相应的数字，最后算出总得分。

学生技能自我挑战评价表

学生姓名：　　　　　教师：

	个人技术动作 如果学会这个动作请打√			
1	技术动作一（名称和动作标准）		5	组合动作一（名称和动作标准）	
2	技术动作二（名称和动作标准）		6	组合动作二（名称和动作标准）	
3	技术动作三（名称和动作标准）		7	组合动作三（名称和动作标准）	
4	技术动作四（名称和动作标准）		8	组合动作四（名称和动作标准）	
评价					

实施方法：

1. 此表格每位学生一份。

2. 当你"掌握技术动作"，课后在卡片上划√。

3. 学完本单元如果全部技术动作后被划√，你就为优秀；如果有四分之三项技术动作后被划√，你就为良好；如果有一半的技术动作后都被划√，你就为合格！否则为不合格！

学生互评评价表

学生姓名	体能、技能学习表现评价			总评
	学生1	学生2	学生3	
	评价标准1	评价标准2	评价标准3	

评价实施方法与评价标准：

1. 此表格是教师在本单元考核课上使用。

2. 是组织学生之间对体能或技能进行评价，四人一组，一人考核，三人分不同的评价标准进行评价。达到标准的给同伴一个大拇指，四人轮换进行考核与评价。其评价标准为如下。

优秀：能够得到三个大拇指。

良好：能够得到两个大拇指。

达标：能够得到一个大拇指。

待达标：没得到大拇指。

第五节　课程的评价

一、学生的发展

（1）SPARK体育教学的本土化有效地提高了我校低年级学生的身体活动水平，课堂教学密度从原来的平均20%～30%提高到了平均50%以上，学生的身体素质也得到了明显地改善。

（2）通过实施SPARK本土化教学。我们对低年级共90名学生进行以下几方面的调查，结果见下表。

学生体育课兴趣调查表

内容	很喜欢	有点喜欢	一般喜欢	不喜欢	无所谓
实施前	52%	10%	10%	15%	13%
实施后	74%	12%	7%	2%	5%

从表13中可以看出，学生在实施后对体育课的兴趣，以及在体育课上参加运动的积极性、主动性等方面较实施前均有显著提高。

（3）调查情况见下表。

学生体育能力情况调查

项目	实施后			实施前		
	A（%）	B（%）	C（%）	A（%）	B（%）	C（%）
运动能力	95	5	5	50	30	20
主动锻炼	65	25	10	35	35	30
自评互评	70	17	13	12	38	50
交往能力	78	15	7	56	29	15

A：表示肯定　　　B：表示一般　　　C：表示否定

从上表中可以看出，实施SPARK体育教学本土化后学生的各项能力与实施后学生相比有显著提高。

实施SPARK体育教学本土化后，有95%的学生提高了自己运动能力，65%的学生认为自己能主动地参加体育锻炼了，70%的学生能有效进行自评与同伴间的互评，培养了学生的合作与交往能力。从以上调查表可以看出，SPARK体育课程本土化在低年级体育教学中的成果，惊喜发现了学生的点滴进步，这对我们下一阶段的研究给予了很大的信心。

二、教师的发展

（1）对于教师来说，SPARK本土化教学策略的本土化使教师用于课堂管理和知识讲解的时间减少，增加了师生互动、生生互动的时间以及体能和技能练习时间，如课堂组织管理策略、课堂讲解教学策略和增加中等强度到大强度运动时间（占50%或更多）教学策略在教学中的使用，大大减少了教学中组织管理的时间和教师管理的时间，显著增加了学生的运动时间。

（2）我校体育教师多次参加美国SPARK教学团队进行的培训，并积极进行SPARK本土化的教学实践。参与SPARK体育教学的本土化教学实践，改进了我校体育教学的方法，教学内容也更加丰富，使我校体育教师的研究与教学能力有了明显加强，并在各级教学比赛中取得很好的成绩，所承担的课题"中国青少年学生健康促进工程创新研究"子课题"基于SPARK课程理念下的互动效能教学在小学体育教学中的应用研究"于2015年6月已结题，所承担的市南区教育科学"十二五"规划专项课题"SPARK教学策略在小学1年级体育教学中的应用研究"于2016年6月结题。

三、学校的发展

（1）对于学校，SPARK体育教学的本土化，启发了教学设计的新思路，促进了低年级体育课程的开发与创新，形成适合我校低年级的体育课程。

（2）SPARK体育教学的本土化研究的开展，活跃了我校体育教研氛围，并且SPARK体育教学的本土化的实践研究受到了学校和区、市的广泛关注，有来自小学、中学、大学等教育部门的教师和大学生前来观摩SPARK本土化教学。同时，我校积极与其他兄弟学校进行相互学习、交流与研讨，共同促进学生的健康成长。

（3）为了SPARK本土化教学的需要，学校又购置了体育器材，提高了学生参与体育活动的积极性，为学生增加了在校体育活动的机会，学校的校园体育文化建设得以提升。

参考文献

［1］中华人民共和国教育部制定.义务教育体育与健康课程标准.2011年版［S］.北京：北京师范大学出版社，2012.

［2］保罗·罗森高，玛丽·巴拉诺夫斯基，BJ.威利斯顿等.SPARK体育课程教师用书（学前/过渡阶段至小学2年级）.汪晓赞，景维华等译［M］.长春：东北师范大学出版社，2013.

［3］人民教育出版社课程教材研究所体育课程教材研究开发中心编著.体育与健康（1至2年级：全一册）［M］.北京：人民教育出版社，2012.

［4］李凌姝.“初始美国小学SPARK课程”系列文章之一：让孩子成为运动的主人［J］.体育教学，2009（8）.

［5］张军，刘志丹.“初识美国小学SPARK课程”系列文章之二：打通体育与其他课程的任督二脉［J］.体育教学，2009（8）.

［6］胡卫星，梁龙旭.初识美国小学SPARK课程系列文章之四拓宽广度，挖掘深度——SPARK课程资源开发与利用［J］.体育教学，2009（9）.

［7］尹志华，王国鹏.“初识美国小学SPARK课程”系列文章之五：为了孩子们心中的“彼岸”——SPARK课程目标体系之探析［J］.体育教学，2009（11）.

附：

小篮球游戏单元教学设计

小篮球游戏以各种形式的玩球、运球和投篮为主要教学内容，它是学习复杂篮球类动作的基础，也是提高学生灵敏、速度、协调等素质的基本方法。通过创设练习情境，不断变换练习内容与练习方法，使学生在各种练习过程中逐渐掌握正确的技术动作，既可以锻炼身体、掌握篮球技能，也可以加强与同伴进行合作交往。

小篮球游戏课题与主要内容

课时	课题	主要内容
第一课	滚球和接反弹球	练习各种滚球和反弹球的游戏
第二课	各种抛接类玩球	各种方式的自抛自接、两人合作抛接球及游戏

续表

课时	课题	主要内容
第三课	各种环绕类玩球	学习围绕身体不同部位的各种方式绕球及游戏
第四课	原地连续拍球	学会掌心空出、手指手腕协调用力地拍球的基本动作方法
第五课	多种姿势拍球	学会2～3种不同姿势的拍球方法
第六课	多种形式的合作拍球	学会2～3种合作拍球的方法
第七课	松鼠和橡子	运用情景化游戏巩固运球的技术动作
第八课	多种形式尝试投篮	初步尝试各种投篮的动作

第一课　滚球和接反弹球

【教学目标】

1. 练习滚球和接反弹球的玩法，熟悉球性。

2. 提高控球技术，发展上肢力量和身体灵敏性。

3. 培养学生合作学习、相互帮助、团队竞争和安全意识。

【教学准备】

1. 器材：4个标志筒（作为边界），小篮球若干。

2. 场地：篮球场。

【教学过程】

一、探讨与介绍

（1）音乐响起后，在你的基地附近玩球，探索小篮球的玩法。

（2）当音乐停止后，把球放在两腿之间，看着我，仔细听。（练习听信号快速开始和结束，直到学生掌握为止）

（3）今天我们将练习多种不同的球类技能。

二、持球挑战

（1）你能把球拿在胸前，从一只手传到另一只手吗？

（2）你能继续把球从一只手传到另一只手，并把手高举过头顶吗？你能在身后把球从一只手传到另一只手吗？

（3）你能把球绕着膝盖转圈吗？你能换个方向转圈吗？你能把球绕着腰部转圈吗，能再换个方向转吗？现在试试把球绕着头部转圈。（重复做挑战的内容，这次让学生抬头，不是看谁转得快，而是看谁转得稳，不要让球掉地上）

三、滚球练习——你能这样滚球吗

（1）你能按圆圈的路线滚球吗？正方形路线呢？分别以A、B、C为路线来滚球呢？

（2）你能绕一只脚滚球吗？你能绕另一只脚滚球吗？再试一下，这次闭上眼睛。

（3）你能按数字"8"的形状滚球吗？就是先绕一只脚滚球然后朝反方向绕另一只脚滚球，这样就形成了一个数字"8"。

四、反弹球和接球

（1）让我们试试让球落地后反弹起来并接住。在你身前把球往地上扔，让球反弹起来，然后用双手接住球。把手臂移到球的下方托住它，不要让球掉下去，并抱住球。

尝试几次。能连续做反弹球和接球2～3次吗？能连续做3～5次吗？

（2）挑战：

① 球落地后，再弹起来，你能拍一下手然后接住球吗？在接球之前，你能拍几次手？大声数出来。

② 球落地后，再弹起来，你能闭上双眼接住球吗？

③ 把球举得很高，球落地后再弹起来，你能接住球吗？在听到结束信号前，你能这样做多少次？

④ 把球抛过头顶，球落地后再弹起来，你能接住球吗？如果你能接住的话，下次把球抛得再高一些。

【拓展练习】

对墙反弹球。

（1）让学生对墙或者篮板，留出5步的距离。

（2）挑战：

① 对着墙抛球、反弹球、接球，你能连续做几次？

② 你需要多长时间来完成2～3次抛球、反弹球、接球？完成5次或5次以上，你要多长时间呢？

【家庭作业】

在课间休息或午休时，练习一下我们今天学习的内容怎么样。试试你能否打破对墙抛球、反弹球和接球的"个人记录"。和朋友一起试试。

【教学建议】

在练习过程中提问学生：在腰部以下接球时，你的手和手指是什么姿势？（拇指向外）在高于腰部的位置接球时，你的手和手指是什么姿势？（拇指向内）

【案例解析】

本节课篮球教学多运用语言引导和挑战的形式，引导学生对小篮球各种玩法不同的体验，充分调动了学生不断尝试挑战的积极性和不断提高学生的参与热情，使学生能够自觉、主动、积极地进行学习，自主进行各种练习，并在学习中愉悦身心、获得真实的情感体验，从而使"健康第一"的指导思想真正得到实现。

第二课　各种抛接类玩球

【教学目标】

1.了解抛接类玩球是小篮球熟悉球性的方法之一。

2.积极参与，学会2～3种抛接类玩球方法，并乐于展示。

3.尝试同伴间进行抛接类玩球并至少成功两次。

【教学准备】

1.器材：小篮球若干。

2.场地：篮球场。

【教学过程】

（1）音伴下左右手交替拨球，由地面提升为半空乃至头顶。

（2）复习地滚球，当音乐停止（或其他信号）时看你有多快能保持不动，并把球放于两脚之间。

（3）音乐响起时，同学们按音乐节奏做不同高度抛接球练习。

①双手抛接球，高度头部以下，8～10次，2～3组。

②双手抛接球，高度头部以上，10～15次，2～3组。

③双手抛接球，高度头部以上，15～20次，2～3组，并成功击掌不少于3次。

（4）同学们根据老师要求的方向进行抛接球练习，这次要求球不落地。你能在规定10秒内抛接球成功几次？

（5）下面老师会说出前后左右不同的方向，同学们根据要求进行反弹球抛接球练习。

（6）双人相向2～3米站立，一方双手抛球，另一方双手接球。你们能在规定30秒内抛接球成功几次？

（7）学以致用，组织学生进行叫号接球游戏。

【拓展练习】

1.抛球高度由胸前、头部乃至头上，逐渐增加难度进行练习。

2.两人原地抛接球提升为移动抛接球。

3.可以选择一人左右抛球，另一人左右跑动接球，然后互换角色练习，通过练习找到你的最佳合作伙伴

【家庭作业】

选择2～3种抛接类方法和家人或同伴一起玩球，敢于尝试较高难度。

【教学建议】

1.结合音乐练习时，注意培养学生音乐停，练习停的习惯，并对做得好的学生及时表扬鼓励，为其他学生树立标榜。

2.双手抛接球，高度和击掌次数有不同要求。

3.注意观察学生掌握情况，对完成练习较好的学生，一定鼓励其主动帮助同学完成练习。

【案例解析】

这堂课以生活中常用到的抛接动作为主要内容，用音乐规范学生的学习行为，运用不断增加的挑战和游戏进行教学，让学生对所学产生兴趣，促进学生积极参与的能动性，既有助于孩子身体运动能力的发展，发展了学生的协调性、灵敏性以及判断能力，又促进了孩子的认知能力的发展，为学生球类技能的学习和掌握奠定基础。

第三课 各种环绕类玩球

【教学目标】

1.了解环绕类玩球是小篮球熟悉球性的方法之一。

2.积极参与，学会2～3种环绕类玩球方法，并乐于展示。

3.练习中尽可能多地独立完成动作，体验玩球的快乐。

【教学准备】

1.器材：小篮球若干。

2.场地：篮球场。

【教学过程】

（1）回顾抛接类玩球方法，并集体展示，自然过渡到环绕类玩球。

（2）单腿顺时针绕球，强调手型和成功率。提醒学生不过早追求速度。

（3）单腿逆时针绕球，强调手型和成功率。提醒学生不过早追求速度。

（4）单腿先顺后逆或先逆后顺时针绕球，强调手型和成功率。允许学生在练习过程中出现3～5次失误。

（5）绕双腿进行以上练习。

（6）"8"字绕球练习，并自我挑战：30秒内能成功完成多少次8字绕球。

（7）沿腰部顺、逆时针绕球练习，自我挑战30秒成功完成的次数。

（8）沿颈部顺、逆时针绕球。自我挑战30秒成功完成的次数。

（9）改变方向、速度、位置等有选择地进行以上练习。鼓励学生进行组合练习。

（10）游戏：绕球接力赛

① 游戏方法：将学生分成人数相等的若干队，相向站立，各成一路纵队站在起跑线后，游戏开始。各队第一人双手抱球绕腰5次跑出，将球交与对方第一人，跑至对面队伍排尾站好。对方第一人接球后绕腰5次跑出，将球交与对方第二人，如此反复，先完成的队获胜。

② 游戏规则：中途球掉落，必须将球捡回原地再跑，不得将球向前抛掷或踢出。

【拓展练习】

1.将学生分成人数相等的若干队同向站立，按规定动作难度第一人完成一次，向后传球，第二人完成两次，向后传球，以此类推，先完成的队获胜。

2.比赛中可逐渐增加环绕难度。

【家庭作业】

选择2～3种环绕类方法和家人或同伴一起玩球

【教学建议】

1.各种环绕玩小篮球的方法，强调手型和成功率。

2.开始速度要慢，在自我挑战中，可以在保证成功的基础上加快点速度。

【案例解析】

日常生活中，篮球是一项孩子们喜欢的运动。在儿童启蒙时期，首先要加强兴趣的培养，以"玩"为主，在"玩"球过程中寻找乐趣，在"玩"球的过程中尽力发展手感、身体的灵活性与协调性。本节课是以"各种环绕类玩球"为学习内容，多关注学生的学练情趣，使学生在愉快的体验中获得知识和技能。

第四课　原地连续拍球

【教学目标】

1. 学习篮球原地运球的动作方法。通过练习，激发学生对小篮球活动的兴趣。

2. 提高控球技术，发展上肢力量和身体协调能力。

3. 培养学生合作学习、相互帮助和规则安全意识。

【教学准备】

1. 器材：4个安全标志筒（用于标出教学活动场地边界），每名学生1个标记盘，每名学生一个小篮球，音乐和音乐播放器。

2. 场地：篮球场作为活动区域，让学生选1个球和1个标记盘，让学生在边界内放置他们的标记盘。

【教学过程】

一、介绍"篮球式"运球

（1）"篮球式"运球就是持续地拍球，但是不接住球。让我们来练习单手运球。

（2）站立时背部挺直，膝关节微屈。运球时，手指张开，轻轻地把球往下推，不要用手掌击球。

（3）你能用指腹控制球吗？

（4）在腰部的高度运球。

（5）一听到我说"停止"后，就马上停止运球，用双手拿住球。

（6）一听到我说"换"就马上用另一只手运球。

（7）给学生充足的时间练习左右手运球。（要求学生能做到一听到你的信号后就迅速停止运球）

二、挑战——你能站在你的标志盘上这样运球吗

（1）你能用右手在标记盘的右侧运球吗？数数能连续运球多少次。你最多能

数到几?

（2）你能用左手在标志盘的左侧运球吗？数数能连续运球多少次。你最多能数到几？

（3）你能在右侧运球3～5次，然后在左侧运球3～5次吗？

（4）你能在标记盘的前面用右手运球3～5次，然后用左手运球3～5次吗？

（5）能在标记盘的前面左手和右手交替运球吗？在失误之前你一共可以运球多少次？

三、反弹球100次

（1）这个游戏叫作"反弹球100次"因为你将要试着运球100次。

（2）听到我的信号后，慢跑到一个没人站的标记盘，在那里运球10次，然后慢跑到另一个标记盘运球10次。

（3）继续运球，直到你在10个不同的标记盘上各运球10次（一共100次）。

（4）完成之后，举手向我示意，然后再重新开始。

【拓展练习】

最终挑战。

为完成100次反弹球的学生再提供一个挑战，如换一只手运球，与一个同伴来回传球，沿边线运球等。

【家庭作业】

选择不同种类的球（大的、小的、有弹性的、轻的、重的等）来练习运球。你觉得运球时用哪一种球最容易，不会出现失误？哪一种球最难？然后，选择你运的最好的那种球，闭上眼睛，不要偷看！你能在看不见球的情况下运球吗？两只手都来试一下。

【教学建议】

1.一只手拿球，手臂向上伸直，然后让球落下。摆一个展示肌肉的姿势。球应该能弹到你肘关节的高度——如果球充气足的话。

2.提醒学生运球时候要抬头，不要看球。

3.在玩"100次反弹球"游戏时，允许技术好的学生在标记盘之间运球。

4.鼓励技能好的学生用正确的手运球（如逆时针方向运球，要用右手来运球）。

【案例解析】

本节课通过体验不同方式的运球，不仅提高孩子们的控球能力，而且能够让孩子们体会玩球的乐趣。通过不断的递进的练习内容和挑战，引导孩子们如何完成每一项挑战任务和正确运球动作；并以多种教学手段、简明的教学提示、多样的游戏内容，培养孩子们积极主动参与活动的能力，增强他们的规则与安全意识。

第五课　多种姿势拍球

【教学目标】

1. 了解多种姿势的拍球动作。

2. 学会2～3种不同姿势的拍球方法。进一步提高原地拍球的水平。

3. 勇敢自信，乐于在同伴面前展示。

【教学准备】

1. 器材：小篮球若干。

2. 场地：篮球场。

【教学过程】

一、探讨时间

（1）经典回顾：原地连续高、低拍球，组织学生进行集体练习。提示学生高、低拍球是多种姿势拍球中的两种基本动作。

（2）启发学生用其他姿势进行原地拍球。

二、各种姿势的拍球

（1）蹲着拍，自我挑战30秒，两组。

（2）跪着拍，自我挑战30秒，两组。

（3）坐着拍，自我挑战30秒，两组。

（4）趴着拍，自我挑战30秒，两组。

（5）转圈拍，自我挑战30秒，两组。

（6）游戏：拍球接龙。指导学生运用自己擅长的拍球姿势进行接龙比赛。

【拓展练习】

1. 让学生自己创新其他拍球的姿势。

2. 鼓励学生用自己最擅长的姿势进行拍球秀展示。

3. 可以小组的形式进行展示：分别从展示人数、展示难度和展示效果等几个纬度进行现场评定，选出最有创意小组、最佳展示小组、全员展示小组等。

【家庭作业】

选择3～5种拍球方法和同伴或家人一起玩球，秀出个性，秀出风采。

【教学建议】

1. 在单人多种拍球的基础上进行小组的练习和展示。

2. 利用所学知识进行创编练习。

【案例解析】

本节课是以学生多种姿势的拍球活动为背景，体验多种多样的拍球方法，使学生们在对控球的感觉上有所提高，让学生能够体会玩球的乐趣，在练习过程中引导学生如何做出正确动作。以简明的教学提示、多样的游戏内容并通过不断地变换挑战目标，培养学生自主练习的能力、规则意识的建立和安全意识的提高。

第六课　多种形式的合作拍球

【教学目标】

1. 积极参与小篮球活动，对合作拍球具有较高兴趣。

2. 学会3～4种姿势拍球，进一步提高原地连续拍球的水平。

3. 练习中感知合作的重要性，体验合作带来的快乐。

【教学准备】

1. 器材：小篮球若干。

2. 场地：篮球场。

【教学过程】

（1）回顾学生个人多种姿势拍球的动作并集体展示，自然过渡到多种姿势的合作拍球动作。

（2）两人一组相距2～3米相向站立，连续拍球5次后换位拍对方的球。拍球次数可逐渐递减，每次拍球的高度可有所变化。

（3）两人手拉手，可同侧拉手或交叉拉手，两人同时连续拍球5次后交换。拍球次数可逐渐递减，每次拍球的高度可有所变化。

（4）两人左右手搭肩，两人同时连续拍球5次后交换。拍球次数可逐渐递减，每次拍球的高度可有所变化。

（5）三人一组成三角形或四人一组成四边形，每人之间相距1～2米，从某一顶点学生开始连续拍球5次，顺时针或逆时针直接拍给下一个学生，连续进行。拍球次数可逐渐递减，每次拍球的高度可有所变化。

（6）游戏：拍球秀。

① 游戏方法：六人一个小组，在规定的时间内，每个小组选喜欢的合作拍球形式进行展示，看哪组拍球姿势新颖并失误最少。

② 游戏规则：每个小组在规定的场地，不碰撞别人，注意安全。

【家庭作业】

选择2～3种方法和家人或同伴进行合作拍球，敢于尝试较高难度。

【教学建议】

1.两人一组换位拍球。拍球次数可递减，每次拍球的高度可有所变化。

2.三人一组成三角形或四人一组成四边形，顺、逆时针都可尝试依次交换拍球。

【案例解析】

这堂课以两人、三人、小组的合作学习来提高学生的参与度和对练习的兴趣。小组间的合作学习，学生间的交流多了，脸上的笑容多了。他们在课上相互交流、沟通，伙伴间一句鼓励的话，一个大拇指，处处体现相互激励与相互帮助。这种和谐是促进参与度提高的保证，也是提高练习兴趣的催化剂。

第七课　松鼠和橡子

【教学目标】

1.通过体育游戏，学习基本的身体活动和方法。

2.发展柔韧性、灵敏性和平衡能力。

3.培养学生在体育活动中适应新的合作环境，在活动中爱护和帮助同学。

【教学准备】

1.器材：4个安全标志筒，若干呼啦圈，每名学生1个篮球，每名学生1个绒毛球，音乐和音乐播放器。

2. 场地：篮球场作为活动区域，每条边线上放一个呼啦圈（大树）。把毛绒球（橡子）分散放在场地内。让学生每人选择1个球，然后沿边线分散站立。

【教学过程】

一、探索时间

（1）"松鼠和橡子"游戏的目标是让"松鼠"去收集"橡子"（毛绒球），并把橡子放在"大树"（呼啦圈）上。在开始游戏之前，为了安全地进行游戏，我们需要做些什么？（抬起头，注意其他人，在转身和移动之前先看一下周围，只有在保证能控制球的情况下，才可以快速运球等）。

（2）听到音乐响起后，用一只手运球到有橡子的地方。当你弯腰用另一只手去捡橡子时继续运球。

（3）运球走到大树（呼啦圈）旁，把橡子放在大树里。

（4）所有的橡子都放到树上后，游戏结束。

二、游戏时间

（1）全班挑战游戏时间：把橡子分散在场地内，开始游戏。测定一下全班要花多长时间来收集所有的橡子放到大树上，记录完成整个游戏的时间。

（2）再挑战一次游戏时间：让我们看看是否可以缩短时间。

（3）个人挑战：数数你个人这次一共收集了多少橡子。

（4）再次个人挑战：数数你个人再一次一共收集了多少橡子，是否超越了上一次收集的个数。

（5）松鼠好伙伴：两人一组，每一组在边线外面有一个呼啦圈，音乐响起后，你和搭档就开始运球和收集橡子，每人每次只能收集一个橡子，把橡子放在你们的树上（呼啦圈里）。看你和同伴一共收集了多少橡子。

（6）松鼠好伙伴再挑战一次，看你和同伴一共收集了多少橡子。看是否超过了上一次收集的个数。

三、总结与分享

当你在移动运球时，你的眼睛应该看哪里？

【家庭作业】

回家和爸爸妈妈一起玩今天学过的游戏。

【教学建议】

在学生能够用一只手运球前，允许他们用双手运球。如果需要的话，当学生去捡毛绒球时允许他们拿住球。继续鼓励学生运低球，要控制好球，球到腰的高度或者再低一些，经常换手运球。提醒学生如果他们不看球的话，他们可以注意看别人及橡子！

【案例解析】

这堂课运用情景式教学，通过创设"松鼠和橡子"情境，让松鼠来收集橡子，让孩子进行运球的练习，充分利用小孩子活泼好动、善于模仿的特点，引导他们进入情境，模仿松鼠找食物，将课堂环境进行了生活化处理，充分调动了他们参与的积极性。学生把课中"学"变成了课上的"玩"，参与热情和积极性就大为提高，课堂效率得到了充分的保障。发展了学生的协调性、灵敏性、模仿力、表现欲以及热爱大自然的思想感情。

第八课　多种形式尝试投篮

【教学目标】

1. 了解投篮的实质是一种投准练习，是篮球运动的重要技术，是得分的唯一手段。

2. 通过多种形式投篮的尝试练习，初步建立起投篮的动作概念。力争全身协调用力。

3. 乐于尝试和探究，通过个人努力和小组合作，提高命中率，体验篮球带来的快乐。

【教学准备】

1. 器材：小篮球若干。

2. 场地：篮球场。

【教学过程】

（1）带领学生复习原地运球、通过自编篮球操活动身体各关节。

（2）教师通过提问：同学们，大家有谁知道篮球运动当中，得分的唯一手段是什么？由此强调投篮的重要性，引起学生的高度重视。

（3）分组尝试投篮练习，教师巡回指导。鼓励学生用自己理解的方式尝试投篮练习，每人试投3次。

（4）请做得好的同学出来展示并介绍经验，其他小组模仿练习。

（5）分组练习，鼓励学生用更多的方式尝试投篮，及时提醒出手的角度、力量大小、投篮高度等都是影响投篮的重要因素。

（6）用学生自己最喜欢的和最擅长的方式进行分组投篮比赛。

（7）素质练习：蹲跳起20次。

（8）以拉伸的方式放松身心，小结本课，对学生的学习情况进行总结，提出下节课要求。

【家庭作业】

利用悬挂的铁环、呼啦圈、废旧车胎练习投篮6～10次，2～3组，敢于在家人或同伴面前展示。

【教学建议】

1. 分组尝试投篮练习，教师巡回指导。

2. 请做得好的小组出来展示并介绍经验。

3. 分组练习，鼓励学生用更多的方式尝试投篮。

4. 用学生自己最喜欢的和最擅长的方式进行分组投篮比赛。

【案例解析】

本节课利用学生身边熟悉的投篮为学习内容，通过投篮练习、挑战和游戏来组织教学，学生一直在尝试、体验、挑战中学习，使学生在游戏过程中自己寻找方法，并体验多样的投篮动作，充分激发学生参与投篮的兴趣，旨在增加学生的篮球兴趣和了解投篮是篮球比赛得分的唯一手段，对投篮技术不做过分要求，要鼓励学生用自己喜欢的多种方式尝试性进行投篮练习。

（贾振君　青岛福林小学）

下篇　学校课程体系建设的实践与思考

导　言

学校课程是学校根据自身发展需要从整体上所设置的课程。学校课程建设是学校对现有国家、地方与学校"三级课程"整合重组，构建适应学生发展的、高效的、具有学校特色的课程体系的过程。[①]因此，学校课程是学校特色的体现，是学校办学理念和思想的集中体现。正因此，学校课程建设成为学校发展、教师成长和学生发展的重要渠道。

一、学校课程建设的内涵

学校课程建设是指学校在国家、地方和学校三级课程管理体制下，依据学校培养目标、学生需要、校内外教育资源对现行国家课程、地方课程和校本课程进行整合重组，进而构建的适应学生发展的、高效的、具有学校特色的课程体系的过程。其主要表现为以下三个方面的特性。[②]

学校课程建设应以一定的价值为导向。学校课程建设并非只是多门课程简单的整合和合并，学校课程建设首要思考的问题是其价值问题，即学校应以什么价值来统摄和引领学校课程建设。这是学校课程建设最为重要的环节之一，它是学校课程建设的出发点和归宿。价值的确立实则是对学校发展的反思和构建，它是学校进一步明确自身独特价值的契机。因此，价值一定是与学校密切相关的价值，而非博人眼球的新名词，甚至不是在原有课程整合基础上的核心主题的提炼和概括。换言之，价值导向在学校课程建设中具有在先性，学校课程建设一定是在价值确立基础上的建设，是在价值引领下的建设。因而，如果学校课程建设脱离价值导向抑或缺失价值，则学校课程建设可能会在实践中迷失方向，进而失去其所应有的价值。

---

① 周海银.学校课程建设的内涵、取向与路径分析［J］.山东师范大学学报.人文社会科学版.2015（1）：123-129.

② 周海银.学校课程建设的内涵、取向与路径分析［J］.山东师范大学学报.人文社会科学版.2015（1）：123-129.

学校课程建设是一个过程，而非结果。学校课程作为学校自身特色展现的渠道，往往于人的印象是结构严密、逻辑清晰，甚至是美观的课程结构图；但这只是学校课程建设的结果，某种程度上来说，这一结果仅仅只是文本的材料。就课程本源的内涵而言，课程是一个过程性的概念，这是它与教材、教学参考书等纸质或文本形式材料的巨大区别，也是21世纪初课改后对教育的一种重新认识。这一认识在改变着我们以结果为导向的教学观念，重视从过程的角度来认识教学。正因此，学校课程建设一定不能把结果作为衡量课程建设好坏的唯一标准，甚至学校课程建设就不应只有结果的呈现，忽视甚至无视学校课程建设的过程。因而，学校课程建设是长远规划和实践的过程，其需在所确立的价值基础上合理地开发、整合和实施课程，并在实践的过程中改进和完善相关课程，从而真正地达到促进学校发展的目的。

学校课程建设与国家、地方课程之间是彼此共生的关系。学校课程建设并非要开足和开全所有的课程，也并非开发很多的校本课程来支撑学校课程的体系。换言之，学校课程建设不是对现有课程的否定，它是对现有课程的优化、组合和有特色的实施。因此，在学校课程建设中需处理好国家、地方和校本课程之间的关系。尤其是学校课程建设需充分利用已有的国家过程和地方课程。学校课程建设是学校特色的体现，但这一体现并非是在特色鲜明的校本课程上所体现的，国家课程的校本化实施、地方课程的特色化等同样可以成为学校课程体系的重要组成部分。因而，学校课程建设在价值明晰之后，在过程的观念转变之后，即需理清现有课程与即将建设的学校课程之间的关系，从而最大限度地发挥现有课程对学校课程建设的支撑。

二、学校课程建设中课程目标的确立

学校课程建设是一项系统工程，其建设是系统思维方式的体现。即把课程放在社会发展、学校发展的大格局中来建设，把课程作为一个统一体系来建设。[①]这其中，课程目标的确立需在社会发展、学校发展、教师成长以及学生发展的统一体系中予以思考。

首先，学校课程建设中的课程目标需积极关注和回应社会的发展。培养社会所需要的人才是学校教育的目的之一，纵观学校教育的发展，其目的与社会的变迁和发展息息相关。尤其是在当下社会变迁与发展加速的背景下，课程目标无疑需考虑社会的需求。进一步而言，课程目标可从社会发展的趋势、挑战以及机遇三个方面

---

① 王本陆，汪明.学校课程建设的三大趋向［J］.天津师范大学学报.基础教育版.2016（2）：1—5.

来予以思考和确立。其中，社会发展趋势是指当下社会所发生的变化。作为学校课程建设来说，须关注这些变化于课程目标的影响。譬如，当下社会，无论成人抑或儿童，网络已经成为人们生活中的一部分，因而，网络时代对人在社会中的生存提出了新的要求，诸如信息的搜集能力、批判能力、整合能力等。据此，学校课程建设需思考如何使其在课程目标中得以体现。社会发展的挑战是指社会在发展过程中所面临的新问题。譬如，道德滑坡现象是当下社会中所存在的问题，这一挑战是学校德育课程建设所必须面对的。社会的机遇是社会在当下发展中所展现出的可能和方向，如3D打印技术、人工智能等。这些可能也会影响学校课程建设目标的确立。

其次，学校课程建设的课程目标需要顾及学校的历史与现状。 学校课程建设是基于学校的，它依赖于学校已有的条件和状况。因此，课程目标的确立可能须审视学校自身的状况。一般而言，关于课程目标学校层面的思考可能顾及两个方面。一是学校本身的发展历史。学校发展的历史反映着学校在长时间内较为稳定的趋向和特性，这是学校后续发展和前进的基础，而课程目标是在已有基础上的改变或提升，因而，学校发展的历史自然成为课程目标确立的重要参考之一。这其中，育人的理念可能是对学校发展历史审视的重点。每一所学校都会在国家教育目的的基础上实践着自己的育人理念。我们时常会发现从一所学校中走出的学生与从另一所学校走出的学生有所差别，这种差别不仅仅只是知识和能力方面的差别，还折射出不同学校育人观的差异。基于此，学校课程建设中对学校历史的审视能够为课程目标中育人观的确立提供重要依据。二是学校目前的状况。学校是处在发展之中的，这一发展不仅仅受制于学校已有的历史，同时也与国家和社会的变化相关。在国家和社会不断变迁的过程中，学校必定面临着新的机遇和问题，这些机遇和问题可能需借助学校课程的建设予以面对和解决。因而，学校课程建设中课程目标的确立须从学校现状出发思考学校课程的可为和应为。

再次，学校课程建设中课程目标的确立亦须思考教师的发展与提升。 教师是学校课程建设的主体。在学校课程建设中，他们不仅仅是设计者、参与者、践行者，而且也是改变者和提升者。因此，在课程目标的确立过程中，教师在学校课程建设中转变与提升同样是思考的重要因素。具体而言，课程目标的教师维度重在思考教学观念和教学行为两个方面。其中，教学观念是教师从事教学的先决条件，不同的教学观念往往产生不同的教学。因而，课程目标需要结合社会和学校的要求，思考在这系统工程之下教师在教学观念上的转变的可能和方向。教学行为重在考查教师实然的变化。如果学校课程是在一定价值观的导向下建设的话，那在这一过程中，教师行为的改变可能更能反映学校课程建设的过程性特点。因此，学校课程建设中课程目标可能需将教学行为实然转变纳入思考的范围之内。

最后，学校课程建设中课程目标的确立的指向是学生。课程的最终目的是为学生的成长和发展服务，所以，无论是对社会、学校抑或对教师层面目标的思考和确立，最终都应符应学生的需求。按照21世纪初课程改革所提倡的三维目标，学校课程建设中的课程目标也可从这三个方面来思考和确立学生维度的目标。其中，知识层面的目标重在统摄在同一价值主题下的课程体系于学生已有知识有哪些增进和帮助。譬如，某一学校的"培智"课程，若从知识目标层面而言，那这一课程可能在有关智慧的知识和技能上有所体现。过程和方法层面的目标重在学校课程对于学生学习的过程和方法的影响和改变上。譬如，在"培智"课程下，学生在怎样的过程中学习以及习得什么样的方法才能有助于智慧的培育，这可能是在学校课程建设中需要思考的。情感、态度与价值观重在学校课程对学生情感层面的转变。就学习而言，情感层面的转变可能更有助于学生的学习，因而，情感、态度和价值观也应成为学校课程建设中课程目标确立的方向。

三、学校课程建设中课程的统整

学校课程建设离不开不同课程之间的协调和整合。在明确目标之后，如何将不同类型的课程以一种合理的方式统整在某一价值观念之下成为学校课程建设的关键。当然，课程统整不仅仅是将几门学科的知识进行整合，还要求我们对学习的本质、知识的组织和使用、教育经验的意义、学校教育目的、课程管理、教学策略、学习方式、评价标准的改变等进行整体的考虑。[①]因而，在课程统整中需要思考以下一些问题。

一是整体设计学校课程建设中的课程结构。在当前的学校课程建设中，课程结构的问题在于：第一是缺乏整合，各部门之间各行其是，各门学科之间缺乏交流、相互配合，导致很多课程交叉重复；第二是课程的丰富性、选择性不够，过于单一；第三是综合性、开放性不够，基本以分科学习为主，与生活贴近的综合型课程相对较少，实施起来也困难重重；第四是探究性和活动性课程不够，更多的是学科课程，以被动接受为主；第五是课程的"留白"不够，学生缺乏参与课程规划设

---

① 万伟.学校课程建设视野中的课程统整［J］.课程·教材·教法，2017（7）：18–23.

计、开发的权利和自主发展的空间。[①]基于此，首先，课程统整要有效地整合已有相关课程，包括国家课程、地方课程和校本课程，特别是如何将地方课程和校本课程有机地融入学校课程体系之中，使得不同课程之间能够产生关联和配合。其次，课程统整需在价值观念和课程目标之下尽量增加课程；当然，增加并不是重复，而是在同一主题的不同维度之下增设不同的课程，从而使得关于某一主题的课程尽可能地丰富和多样，这样也能增加课程选择的空间。再次，课程的形式应尽量做到活动化和探究化，尽量避免在学校课程建设中出现过多地让学生被动接收性质的课程。最后，课程统整需留有余地，无论是从教师的角度，抑或从学生的角度，学校课程建设应给予教师调整和完善课程的机会，也应给予学生参与课程建设的权利。

二是选择有利于学生社会统整、知识统整以及经验统整的课程内容。课程内容某种程度上决定着学校课程建设的质量。正如有的研究者所言，当前学校课程内容的主要问题表现在：一是分科为主，与整体的社会生活脱节，不利于学生的未来生活；二是讲授为主，知识浮于表面，讲求学科逻辑，却难以调动学生生活经验，学生学习很难实现知识与个人经验的统整。基于此，学校课程建设中的课程统整需在所选内容有所改变和调整。首先，课程内容要能与社会生活相联系。知识学习的目的之一是要应用于社会生活，如果课程内容脱离与社会生活，那知识的学习很难调动学生学习的内驱力。因此，在课程内容的选择中，应尽量让社会生活的内容融入其中。其次，课程内容要能唤醒学生已有知识，充分调动学生已有知识的参与，从而使新知与旧知形成稳定的知识网络，避免知识学习之间的碎片化、断裂化的现象。最后，课程内容须顾及学生当下的生活经验，能让学生当下的生活经验体现在学习之中，从而更有效地帮助学生习得知识，并让学生的经验在学习之中得以提升。

四、学校课程建设中课程的实施

课程实施是学校课程践行的重要保障。一般而言，课程的安排和形式是保证有效实施的关键。

课时安排是学校课程实施的制度保障。在课时安排方面，需要思考学校课程与国家课程之间的时间分配、学校课程与学校课程之间的时间分配以及学校课程内部的时间分配。其中，学校课程与国家课程之间的时间分配重在确保学校课程实施的时间。相比于国家课程，学校课程实施的时间较少，因而，学校课程实施的时间需

---

① 万伟.学校课程建设视野中的课程统整［J］.课程·教材·教法，2017（7）：18-23.

有专门的时间来予以保障。一般来说，一门学校课程的课时安排为几周或者几个月为宜，以能够让学生对所学内容有初步感知、了解即可为学习标准。[①]学校课程与学校课程之间的时间分配在于不同学校课程之间的合理安排。合理安排的标准在于不同学校课程对于学生个性发展的重要性与学生参与情况两个方面，对学生个性发展起关键作用与学生参与较多的学校课程在时间安排上应有所侧重，以保证主要学校课程发挥牵引作用的效果。学校课程内部时间的分配重在对相应学习所需时间的估计。这一估计一方面来自内容的复杂性和学生认知的情况，另一方面也与内容的重要性相关，这与国家课程的安排有些类似。

实施的形式是学校课程实施的形式保障。如果说时间的安排是外部保证的话，则形式是内部保证，形式甚至决定着课程实施的质量。正如上文所言，接受式的课程实施形式在现有课程实施中较为常见，但这种接受式课程实施形式只能保证知识的有效传递，不能在过程与方法以及情感、态度与价值观上有所效用。正因此，在学校课程实施过程中，须将学生的探究性学习、活动学习、合作学习以及自主学习等形式整合进课程实施之中，如此，学校课程建设所构建的课程体系才能真正地促进学生的发展，也才能充分展现学校的特色。

五、学校课程建设的评价

评价是学校课程建设改进的动力和方向。从学校课程建设的内涵与相关主体出发，学校课程建设的评价可从以下两个方面来审视。

一是以价值观念引领的审视。学校课程建设是在一定价值观念下的实践。这一价值观念应贯穿于学校课程建设的始终，且体现在学校课程建设的方方面面。因此，以价值观念引领的审视是从价值观念出发，审视学校课程建设中课程目标的设定、课程的统整以及课程实施等方面，重在考察其是否与所提倡的价值观念相符合。譬如，某所学校以"逻辑"来统摄学校课程建设的价值，但其所设置的课程体系之间没有任何逻辑性可言，则这一课程建设一定是有问题的。价值观念一定不是便于宣传的口号，它是学校课程建设的准绳，如果学校课程建设能够切实地落实和贯彻其所提出的价值，则其课程建设一定能达到基本要求。

二是以与课程建设相关主体引领的审视。学校课程建设最终是促进人的发展和提升的。所以，与课程建设相关主体不能在所构建的课程体系中有所发展和提升，

---

① 曹荣.关于校本课程实施的思考［J］.教育理论与实践，2012（35）：42-44.

则这一学校课程建设同样值得商榷。一般而言，与课程建设相关的主体主要是教师和学生，重心在于学生。学校课程建设的最终目的是指向学生发展的，如果学校课程体系不能很好地促进学生的发展，抑或与已有课程体系的差别不大，则对学校课程建设是需要进行反思的。此外，教师的发展和提升也是学校课程建设优劣的一个标准，教师能在学校课程建设中转变自身、提升自我，那这一学校课程建设具有其所应有的价值，进而学校才能体现其特色。因为学校的特色在于教师和学生，唯有学生和教师在发展和提升，学校课程建设才真正地产生效用。

六、本书中学校课程的基本概要

基于上述理论，本书中所涉及的学校课程主要是从背景与问题、课程目标、课程内容、组织与实施以及课程评价等方面来予以开发和实施的。

（一）背景与问题

"明德文化"学校课程的背景是学校百年"大爱、仁德"思想和流淌于科学家丁肇中、钢琴家刘诗昆、农业环境专家王顺清、中华儒家代表孔令多等众多学子身上的"宽容、奉献"铸就了百年老校今天的辉煌。在对学校百年文化的深入解读中，学校找到了学校成长的源泉——明德教育。基于此，其主要任务是在学校"明德文化"传承中，秉承"明德固本 质量立校 启迪智慧 特色发展"的办学理念，培养立志于德、成志于学、壮志于行、创志于新的小学生；基于学校"明德文化"教育，以"传承百年文化，打造明德学校课程"为目标，进一步挖掘学校和社会资源中丰富的教育功能，逐渐使"明德于心"学校课程形成体系，给予学生更多的道德情感体验，增强他们认识世界的愿望，不断丰富他们的精神世界；在学校课程建设过程中，以学生为本，立足国家、地方课程校本化实施和校本课程特色化开发两个维度，积极建设适合学校学情的课程，让课程成为学生生命成长的助推器。

"静·雅"课程的背景是通过有效实施教学质量监控措施，构建了课堂教学新模式；凝练了"静·雅"文化，开创了该校工作的新局面。"静·雅"课程建设的主要任务是以生为本，将学生培养成为静心善思、言行蕴雅的新型人才，进而形成学校的文化特色，让生本理念浸润校园、充盈课堂、提升教师的教育教学品质，实现学校育人质量的跨越式发展，从而促进每一个学生的幸福成长。

"致知明德"课程的背景是2011年，学校确定以构建"致知明德"学校课程引领带动师生发展，其主要任务是：构建一种以学校课程开发与实施为支撑的教师教育科研行动研究模式；打造一支教育科研骨干队伍，培养一批教育科研骨干教师，为教师专业化成长助力；开发出适应本校学生需求的学校课程，为学生"快乐学习健康成长"助力；促进学校教育教学质量不断提高，助力学校可持续发展。

"致知"课程的背景是学校从建校伊始的和谐教育文化到生命教育文化再到如今的"点滴尽致"的"致教育"文化，一直丰富着校训的内涵："关爱生命，关注世界，关心成长"，彰显了文化的传承与创新，引领着学校正在努力建高精致学校；其主要任务是通过这样一个本土化学校课程的构建，激发学生的内在潜能，提高、拓宽教师的专业水平及教学科研能力，找到学校发展的关键因素。

"梦想课程"学校课程的背景是2013年下半年，学校坚持在七、八两个年级每学期设置20多门课程的基础上，重点提供了梦想课程菜单；其主要任务是：构建一种以学校课程开发与实施为支撑的教师课程研究模式，培养一批梦想种子教师，为教师专业化成长助力，完善适应本校学生需求的学校课程，为"一切皆有可能"的目标助力。

（二）课程目标

"明德文化"学校课程的目标：在学生发展上，对每个学生给予平等与关怀，给每个学生尊重与信任，满足不同学生多元化发展需求，呈现多样态发展面貌。在教师发展上，提高校长课程规划的课程领导力；提高教师课程开发的专业实践力以及建设教师合作共赢的课程环境。在学校发展上，要体现学校的文化传承；要基于教育哲学的办学理念以及要凸显学校的办学特色。

"静·雅"学校课程的目标：在学生发展上，"培养具有健康身心，良好习惯，广泛兴趣，发展潜质的全面发展而富有个性的现代小学生"。在教师发展上，努力从"设置合理的教师成长目标、关怀教师的生命存在状态、创新教师校本培训机制"三个方面寻找为教师开发实施课程提供服务与支撑的途径。在学校发展上，全面提升学生的生命质量，将学校打造成一所师生健康、幸福成长的乐园。

"致知明德"学校课程的目标：将学生发展目标定位为有民族情怀、责任意识、国际视野的现代小公民；将教师发展目标定位为树立终身学习、终身发展的理念，不断提高教师的教育教学与终身发展能力，亲身参与学校课程教材的开发，从经验中学习，在反思中成长，提高自身专业素养，与课程改革共同成长；将学校发展目标定位为用文化的方式"寻根""构魂""拓源"，发展有生命的学校课程，力求在不断的学习中弘扬"和而不同"精神，构建"百家争鸣""百花齐放"的现代学校，逐步实现国家课程校本化、地方课程特色化、学校课程人文化的教育愿景。

"致知"学校课程的目标：在学生发展上，通过"1"即新昌致善小公民课程，让学生习得一个好习惯、收获一个好榜样、习得一个好品格、成为一个好公民；通过"X"充分挖掘学生的多元智能；通过"1+X"新昌致知课程，尊重学生生命的本真，保留童趣、童真，引导学生会学、会玩、会生活，个性化地自主成长，努力做"最好的自己"。在教师发展上，提高科研实践能力，提升教育哲学意识和水平，提升团队水平。在学校发展上，形成学习课程体系，形成学校文化自信。

"梦想课程"目标：在学生发展上，培养自信、诚实、勤勉、健康品质；在教师发展上，使全体教师树立终身学习、终身发展的理念，不断提高教师的教育教学与终身发展能力，从经验中学习、反思和成长，成为教学专家、育人典范、师德表率；在学校发展上，将学校建成适合学生成长、满足教师发展、适应社会需求的优质初中。

（三）课程内容

学校基于"明德文化"，以学校学生十大核心素养为指导，努力尝试明德一体化课程体系建设，整合国家、地方、校本三级课程，实施"人文与社会、自然与科学、审美与修养、身心与健康"四大领域课程，将课程分为基础性课程和发展性课程两大类。基础性课程指优化整合国家、地方课程的校本化实施，强调回到基础、优化整合，发展学生的核心素养；发展性课程指能实现学生个性发展的特色校本课程，是对基础性课程的有效补充，针对的是基础性课程在发展学生核心素养上的空白点和不足，以必修课和选修课方式落实，包括校级课程、班级课程、走班兴趣课程、社团特长课程，课程之间相辅相成，共同促进学生核心素养的发展。

在"静·雅"课程目标的指引下，确立了"健康身心、良好习惯、广泛兴趣、发展潜质"的学校课程内容。其中，健体课程——让学生具有健康的身心，习惯课程——让学生具有良好的习惯，兴趣课程——让学生具有广泛的兴趣，潜质课程——让学生具有发展的潜质。

"致知明德"课程的内容在开发研究中融入"致知明德"的成分，结合学校实际，最终确定了"知类""德类"和"知德合一类"共三类课程。

"1+X"致知课程，即学校将学生的一切教育活动都纳入课程范畴，构建了"1+X"致知课程，"1"即致善小公民课程；"X"包括致美缤纷社团和致知兴趣拓展选修课两部分。

"梦想课程"主要包括"共创成长路"必修课和"全人教育"选修课两类课程。

（四）组织与实施

"明德文化"学校课程的组织与实施主要通过基础性课程的校本化实施和发展

性课程的特色化实施来予以保障。

　　"静·雅"学校课程通过社团活动、必修课、选修课等不同的途径融入更多学生发展的需要的学习活动。随后，结合学校的文化建设以及学生发展目标不断调适和研发学校课程，与学校的文化建设逐步融合。

　　"致知明德"学校课程在实施上，"知类"课程采用"开发—实践—反思—改进"的循环模式，"德类"课程原则上是以特定的节庆或阶段来组织实施，"知德合一类"课程采用走班选修课形式来予以实施。

　　"致知"学校课程在实施上，分别从"1""X"和"1+X"三类分别来予以实施。

　　"梦想课程"学校课程在实施上，主要以"教师申报、推介课程""学生网络自主选课""走班上课"以及"课程管理"来予以实施。

　　（五）课程评价

　　"明德文化"学校课程的评价：在学生发展上，丰富了学生课程知识和体验，提高了学生综合能力和素养，培养了学生道德素养和情怀。在教师发展上，提高了学科专业素养，培养了跨界思维习惯，提升了课程研究水平。在学校发展上，提高领导课程力，深化教研组建设，文化融入课程，"文化育人"凸显特色。

　　"静·雅"学校课程的评价主要集中于"及时反馈，促进学生主动发展""加强研究，促进教师专业发展"以及"注重课程实效，提升学校社会声誉"三个方面。

　　"致知明德"学校课程在学生发展上，依托"致知明德"育人体系，培养松兰少年，学生的学习方式不断改善、兴趣爱好更加广阔、个性特长得到了充分发挥；在教师发展上，教师不断更新教育理念、转换角色、改变教学方式，由传统的"灌输式"课堂转变为注重生本的"探究式""合作式"课堂；在学校发展上，正在形成独特的校园文化。

　　"致知"学校课程的"1+X"致知课程，从学生的成长规律出发，以溯本求真的教育情怀，通过给每个学生的成长以"点滴尽致"的关怀，让学生的校园生活丰富而多彩；通过课程的精彩呈现，让教师的职业幸福感不断丰富，用课程成就师生，以实践发展师生，从而让学校真正成为教师成长的沃土，学生成长的乐园。

　　"梦想课程"学校课程在课程评价上借助学生自评、同伴互评、教师评价等多元评价方式促进目标的达成。

（徐文彬　南京师范大学课程与教学研究所
彭小虎　南京晓庄学院）

第十四章
"明德文化"学校课程建设

第一节　背景与问题

一、背景介绍

课程是学校有意识设计的教育内容，是实现学校育人目标的设计蓝图。每一所学校特有的文化将贯穿于课程开发、设计、实施的始终。学校的课程体系决定了学校的发展脉络，决定了学校的发展方向，也决定了学校的发展品质。针对每个孩子发展与未来的需求构建学校课程，是学校追求教育改革和实践的原动力。[①]

随着课程改革推进，在《中国学生发展核心素养》总体框架中，学生发展核心素养被具体解释为"学生应具备的、能够适应终身发展和社会发展需要的必备品格和关键能力"。

本校有着118年的历史，承载着文化的繁盛步入了21世纪；四次更名，跨越了两个世纪，走向新的辉煌。学校百年形成"大爱、仁德"的思想和风尚，科学家丁肇中、钢琴家刘诗昆、农业环境专家王顺清、中华儒家代表孔令多等众多学子身上的"宽容、奉献"精神铸就了百年老校的灵魂。在对学校百年文化的深入解读中，学校找到了成长的源泉——明德教育。

"明德"语出《大学》：大学之道，在明明德。"德"指内心的情感或者信念，用于人伦，则指人的本性、品德。儒家认为，"德"包括忠、孝、仁、义、信、温良、恭敬、谦让等。"明德"指光明正大的品德。学校的"明德"教育即要求学校

---

① 卢雨.给孩子别样的经历：基于场馆课程建设的实践与感悟［M］.上海：上海教育出版社，2016.

师生以"明德修身"为做人之本，认同、践行和彰显美德。在传承中华传统美德的基础上，做文明守礼、宽容诚信、热心互助、尊老爱幼、无私奉献的人。于是，"明德"文化引领学校特色发展悄然间走进了每个德小人的心间。

在此背景下，"明德修身、润泽生命"已成为学校百年的教育理想及发展方向。结合百年发展过程中的文化积淀和实践经验，基于学生核心素养发展需要，学校从文化标识和核心内涵两方面去进行设计与解析，架构了"明德于心"教育体系，以"明德"为中心，链接"明德文化建设""明德教师队伍""明德礼仪常规""明德实践活动""明德课堂渗透""明德课程开发"五条主线实施明德教育。学校文化是一种隐性的教育手段，也是一所学校办学理念和特色的重要呈现方式，将课程的内容、结构、评价、学校课程的定位作为课程改革重要主题，即国家课程校本化、校本课程特色化。在全面实施国家、地方课程的同时，利用自身有效的教育资源和环境，创建"明德于心"教育品牌，构建"明德文化"学校课程。学校力求通过课程的不断优化实现学生的良好发展，统筹学生、学科、社会三方面的共同发展，寻求教育的最佳契合点，促进每一个学生素质全面、健康、和谐发展。

本课程以"明德于心"为核心，课堂教学和实践活动为载体，传授明德文化学校课程的基本知识、技能技巧和有效促进身心健康发展的课程内容；力争从技能的掌握、身心素质的提高、个性的培养、参与课程的主动性及心理素质等多方面对学生进行培养，增强他们的明德修养和自信心，挖掘他们的内涵潜能，培养他们的创新精神和创新能力，引导他们形成积极向上、乐观开朗的生活态度。

二、关键问题

（一）学校文化与学生发展

在学校课程建设中，如何将学校百年文化精髓传承与新时代学生发展核心素养培养结合起来，围绕学校文化、学校办学目标进行整体架构、全面规划、计划实施，从而促进学生全面发展，凸显学校办学特色。

（二）课程建设与互补融合

随着课程改革的深入发展，对学校课程的理解也在不断发生变化。当下将课程定位于"学习者在学校情境中全部学习生活的总和"，因此构建适合的课程体系，让学生浸润在课程内容和课程实施的全部过程中，提升课程的整体育人功能是学校课程建设的重心。学校课程是整合国家课程、地方课程和由学校自主开发的、能够体现学校办学思想和特色的、可供学生选择的校本课程而形成的。在学校课程建设和实施中，如何体现学校课程对国家课程、地方课程和校本课程的整合，在学校教育中形成目标上各有层次、内容上各有侧重、功能上各有分工的学校课程体系。

（三）育人目标与教师发展

如何将教育多元化取向以及"促进学生全面而有个性的发展"育人目标统一起来。教师是学校课程建设的核心力量，如何调动教师参与的积极性、提高教师的课程专业素养。

三、主要任务

（1）在学校"明德文化"传承中，秉承"明德固本　质量立校　启迪智慧　特色发展"的办学理念，培养立志于德、成志于学、壮志于行、创志于新的小学生。

（2）基于学校"明德文化"教育，以"传承百年文化，打造明德学校课程"为目标，进一步挖掘学校和社会资源中丰富的教育功能，逐渐使"明德于心"学校课程形成体系，给予学生更多的道德情感体验，增强他们认识世界的愿望，不断丰富他们的精神世界。

（3）在学校课程建设过程中，以学生为本，立足国家、地方课程校本化实施和校本课程特色化开发两个维度，积极建设适合学校学情的课程，让课程成为学生生命成长的助推器。

第二节　课程的目标

一个学校的课程，体现了学校对学生、教师、学校发展的全面思考。学校在进行学校课程建设中，不仅要突出学校办学特色、提高教师的专业化发展，更要满足学生的素养发展需要。这是学校发展的血脉，是真正以学生为本、服务于学生成长的根本所在。正是有了学校文化、办学理念的有力支撑，以课程为核心载体，我们的课程不再零碎、不再随意拼凑，而成为一个多维、有机的整体。

一、学生发展目标

随着《中国学生发展核心素养》的发布，培养"完整的人"成为新时期教育改革的行动纲领和目标。如果说落实"双基"是教育的1.0时代，实现三维目标是教育的2.0时代，那么培育核心素养就是教育的3.0时代。面对教育3.0时代，百年老校的学生应该具备什么样的素养？基于校情，学校从学生身心发展和未来社会发展的深层诉求出发，结合育人目标，经过学校、教师、家长的几上几下的征求意见后，提出了本校学生应具备的三维度十大素养，并站在学生核心素养的基础上尝试"明德于心"课程体系建设。"明德文化"课程在学生发展的整体目标是：给每个学生给予平等与关怀，给每个学生尊重与信任，满足不同学生多元化发展需求，使学生呈现多样态发展面貌。

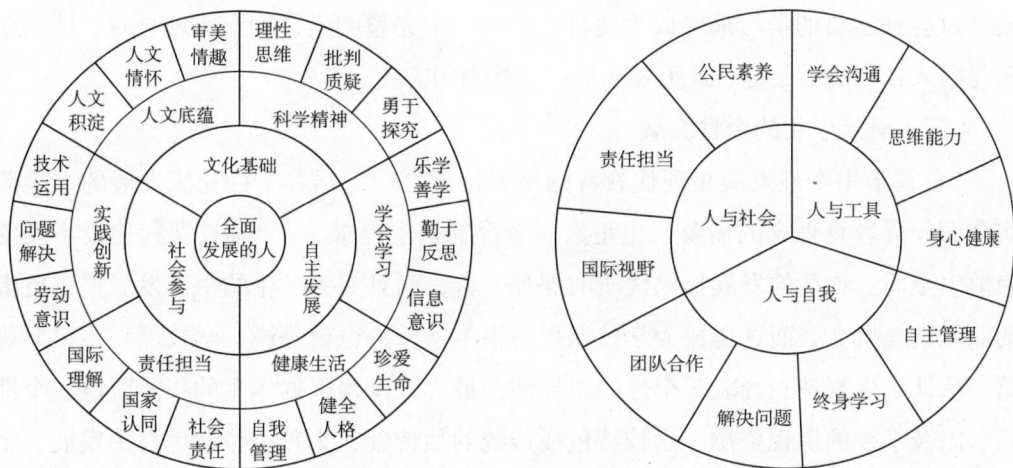

三维度十大素养示意图

（一）培养具有明德情怀的学生

学校的校训为"明德、砺学、博艺、致远"。"明德"即彰显自身高尚的道德，体现了以德为立校之本，以德为立人之本。"砺学"的"砺"出自"宝剑锋从磨砺出"。"砺学"即要求学生在学习中要有不断砥砺、刻苦勤奋的精神，不断积累知识，成为拥有大智慧之人。"博艺"中"艺"出自我国古代儒家的"六艺"之说：礼、乐、射、御、书、数，为"艺能"之意。"博艺"即以"一生数体艺"引领学生的课程活动，整合课程资源，使学生个性得以充分的展示。"致远"出自诸葛亮的《戒子篇》："非淡泊无以明志，非宁静无以致远。"意思是说人生要有规划，明确志向，最终实现远大的理想，以追求一种高远的积极人生状态。四个关键词，生动地从"育人的根本""育人的质量""育人的广度""育人的方向"四个方面勾勒出明德文化教育的阶段目标和终极目标，体现了对学生的期待和关怀。

（二）培养具有健全人格的学生

育人是全社会育人，学校无法承担全部的育人功能，学校要做的是创造真正服务于人成长需要的课程。新课程改革后，国家、地方、校本三级课程管理体制设立，使学校课程设计有了制度保障。基于此，学校课程一定要与学校办学理念、学生发展紧密相连，做好课程主体架构，主线、分支保持学校特色、体现学生发展素养，做好课程整体规划，恰当增加和删减课程，让课程真正指向学生需要及其发展变化。随着现代社会的快速发展，要求学校给予学生的不仅仅是知识，更应培养他们学习的兴趣和能力，教会他们如何学习，使他们具有健康的体魄、形成完整的人格。一个人通过不同学科的学习，未来并不是要成为文学家、数学家、音乐家，而是通过各种学科的学习最终成为他自己——一个完整的人，拥有实现自我、成功生活与融入社会的最关键、最重要的知识、能力与态度。

（三）满足学生的个性发展

"重视学生个性发展是现代教育的重要特征之一，培养个性完满发展的人是落实全面发展教育理念的需要，也是素质教育的根本追求。"[①]学校课程建设不仅要为学生全面、均衡的发展提供优质的课程平台，而且要为学生的个性发展提供更多的课程选择机会，而这也成为学校课程的根本宗旨；也就是说，学校课程不仅要尊重、承认学生兴趣、经验等个性的差异性，最大限度地根据学生的年龄阶段、个性需求以及学校的课程资源、学校特色或传统的独特性，为每一位学生自主发展、个性发展以及多样化发展提供课程选择的空间与平台，而且在课程内容、课程实施、课程评价等维度突出学生发展需求的选择性、差异性、多元性，从而提升学校课程对于学生需求的针对性、适应性、实效性，[②]让学生在学校课程的学习中，唤起学习兴趣和志趣。

二、教师发展目标

（一）提高校长课程规划的课程领导力

校长是学校课程的总设计师，校长作为课程领导不仅研究学校课程的规划、校

---

① 靳玉乐.新课程改革的理念与创新［M］.北京：人民教育出版社，2003：83.
② 靳玉乐，张良.学校课程建设应体现个性化追求［J］.2016（Z1）：19-20.

本课程的管理，更要整合各方资源、全面统领课程改革在学校中的实践与创新。发挥校长课程领导的作用有必要彰显校长在构建课程委员会与课程机构、确立课程理念与课程愿景、拟定学校课程方案与课程制度、整合各种课程资源与课程利益相关者、协调课程实施与课程评价中的冲突与分歧以及确保国家课程的创造性实施、校本课程特色化的开发、课堂教学方式的变革、校本教研与教师专业发展等课程事务中的重要性。[①]

（二）提高教师课程开发的专业实践力

学校课程建设的根本性质在于对教育民主化的追求，课程民主化的诉求意味着学校课程不再是学科专家的课程，而是学校共同体之间的对话、协商和审议的过程与结果；也就是说，这一课程共同体民主审议的内在共识在于：教师是意义和文化的创造者，其创意和创造力的发挥是课程发展不可缺少的动力，[②]那么，教师就成为学校课程开发、实施的建设者和创生者。

首先，提高教师强烈的课程意识。从某种意义上讲，学校课程开发的主角是教师。教师是课程建设的关键，当每位教师致力于学校课程的开发与实施，为学生的个性发展搭建舞台并从中获得满足，教师也会由最初的被动，到逐渐深入，再到最后的主动研究。

其次，提高课程开发的专业水平。课程开发就是教师的专业发展。教师参与课程开发的目的是使学校课程更加适合学生身心发展的需要，更好地促进学生成长。在这个过程中，关键不在于教师编制出多少课程文本，更多的是通过参与课程开发，促进教师的专业发展，树立研究者意识。教师在课程开发过程中，根据教育的构想，将教材与学习活动加以具体化，有策略地组织儿童成长与发展，并在这个过程中不断提升教育专业的能力。

（三）建设教师合作共赢的课程环境

教师参与校本课程开发的形态，包括个别教师参与的校本课程、部分教师参与的校本课程、全体教师参与的校本课程。校本课程的形态包括筛选已有的课程、改变已有的课程、开发全新的课程。[③]每位教师都需要拥有课程开发的愿望和能力。教师参与学校课程开发，能够增进教师之间、师生之间的交流，增强教师的责任感

---

① 靳玉乐，张良.学校课程建设应体现个性化追求［J］.中国民族教育，2016（Z1）：20.

② 靳玉乐.探寻课程世界的意义：课程理论的构建与课程实践的慎思［M］.北京：北京师范大学出版社，2014：522.

③ 钟启泉.现代课程论［M］.上海：上海教育出版社，2015：9.

与义务感。学校课程建设有助于教师提升教学效果，并且根据实际情况的变化，经常对课程进行改革，从而获得工作的满足感与成就感。

在课程开发与建设中，不是每位教师都会成为课程的开发者，需要在专家指导下与其他有关人员一起进行课程的开发，共同寻找适合学校的课程资源。校本课程开发是一个持续、动态、逐步完善的过程。课程开发离不开专家的支持，更离不开家长的参与。这种参与，既能提升课程质量，又能提升社会的满意度。

三、学校发展目标

学校课程建设即以学校为本的课程理念与课程行动，包括国家课程、地方课程的校本化、创造性实施以及校本课程开发与设计等。学校课程建设的过程就是学校课程文化重建与创新的过程，而这种过程亦是基本内涵与内在要求。[①]也就是说，学校课程建设就要体现学校文化、个性化追求，彰显学校特色。

（一）学校课程建设要体现学校的文化传承

学校创建于1900年，百年的优秀传统成就了它的发展。然而，在学校每个教育人的心中，不仅要秉承传统，更要探寻现代教育新路径。"十二五"期间，学校基于校情，提出了创建"明德"学校文化的思路，并在明德至真的管理文化、明德至诚的教师文化、明德至礼的学生文化、明德至优的课程文化、明德至美的环境文化五个方面进行系统建构与实践。"明德文化"的精髓就是"以德润师，厚德润生；明德修身，润泽生命"。自2009年以来，学校基于"明德"教育文化，以"传承百年文化，打造明德学校课程"为目标，开始逐步实施学校课程建设。从最初的全体总动员到推荐特色课程建设，从课程教师的校内化到借助外部教育资源，从简单的课程架构到结合学校文化一次次的调整改进，在进行基础性课程的整合实践基础上，学校发展性课程立足学生成长中的一个核心，围绕两条渠道、四种形式，扎实有效地进行实践落实，凸显一个核心：明德于心；两条渠道：必修课程、选修课程；四种形式：校级课程、班级课程、走班兴趣课程、社团特长课程。近几年，学校的学校课程建设在区域中有了一定的影响。

（二）学校课程建设要基于教育哲学的办学理念

办学理念凝练了一所学校教育的发展愿景，是"从学校现状出发对学校未来的一种有远见的预测或期待，正是这些价值指引着学校的课程规划与实施"。学校

---

① 靳玉乐.多元文化背景中基础教育课程改革的基本思路 [J].教育研究，2003（12）：73-74.

课程建设体现学校的办学理念和发展愿景，不仅仅是因为学校课程是主要发生教育影响和学生经验充盈的场域，更是确保学校课程价值取向与理念追求与学校办学理念保持价值认同以及发展目标的一致性、连续性，还因为"课程改革在本质上是课程文化的变革，是新旧课程文化的对立、冲突并走向整合的过程，其核心的要素是价值观问题，亦即教育观念的问题"[①]。这是一所百年老校，这曾是一所教会学校，百年"大爱、仁德"思想在历史的沉沦变迁中不断地发展，逐步形成"明德固本　质量立校　启迪智慧　特色发展"的办学理念。我们的"明德"教育即要求学校师生以明德修身为做人之本，认同、践行和彰显美德。"明德修身、润泽生命"成为德小百年的教育理想及发展方向，其中的核心素养为：家国情怀、公共道德、身心健康、社会参与、学会学习……课程设置也需要与学校发展、学生发展相结合。

（三）学校课程建设要凸显学校的办学特色

学校特色是学校在长期办学过程中逐渐形成的具有某一方面或某几方面的、区别于其他学校的独特、优质且具有相对稳定的办学气质、个性风格。学校特色为学校课程建设提供了优质的发展载体和平台。概言之，学校课程建设在逐步提炼、彰显学校特色的过程中，为学校的特色发展提供了充足的课程空间，从而为学校特色的彰显与发扬提供了现实途径。

课程在学校教育和发展中处于核心位置，从某种意义上说，课程规定了学生发展的可能性。课程的目标首先指向的一定是学生的发展目标。育人目标是办学理念在人才培养上的具体显现。学生、教师、学校构成了学校课程的立体图形。学生在课程中成长受益，教师在课程中实践创新，学校在课程中开花结果。课程的开发与实施，受益的是学生、教师和学校。课程开发要依据学校的师资、课程专家和社会资源等多方面的努力。如果把核心素养当作结出的硕果，那么学校文化就是树根，全面吸收养分，支撑着繁茂的大树；教学管理就是树干，将根吸收的诸多养分，送到叶子的各部分；课程建设就是枝叶，如果茂盛苍绿，必将结出丰硕的果实。

---

① 靳玉乐.新课程改革的理念与创新［M］.北京：人民教育出版社，2003：54.

第三节　课程的内容

一、选择依据

（一）基于学生核心素养发展需求

课程的灵魂是什么，指向什么？从本质上讲，关注学生核心素养，就是关注"教育要培养什么样的人"这一最根本的教育问题。党的十八大报告指出，"坚持教育为社会主义现代化建设服务、为人民服务，把立德树人作为教育的根本任务，培养德智体美全面发展的社会主义建设者和接班人"，明确强调了教育的本质功能和真正价值，也指明我国教育改革发展的目标和方向。党的十八届三中全会则要求，"全面贯彻党的教育方针，坚持立德树人，加强社会主义核心价值体系教育，完善中华优秀传统文化教育，形成爱学习、爱劳动、爱祖国活动的有效形式和长效机制，增强学生社会责任感、创新精神、实践能力"[1]。

随着世界多极化、经济全球化、文化多样化、社会信息化的深入发展，各国都在思考21世纪的学生应具备哪些核心素养才能成功适应未来社会这一前瞻性战略问题。虽然对核心素养的解读各有不同，但究其内涵来说实际上都指向新的时代（信息时代、新技术时代、知识经济时代），教育及社会对人才质量与规格的新要求，强调人的创造性思维、判断与决策能力的提升，社会责任感以及全球意识的培养，并指向未来社会复杂情境与不确定情境中运用跨学科知识综合解决问题的能力。

"核心素养是人适应信息时代和知识社会的需要，解决复杂问题和适应不可预测情境的高级能力与人性能力，是对农业和工业时代'双基'的发展与超越，其核心是创造性思维能力和复杂交往能力。核心素养具有时代性、综合性、跨领域性和复杂性特点。"[2]

"核心素养"的核心既不是单纯的知识技能，也不是单纯的兴趣、动机与态

---

[1] 林崇德.21世纪学生发展核心素养研究.北京：北京师范大学出版社，2016：3.
[2] 张华.论核心素养的内涵［J］.全球教育展望，2016（04）.

度，而在于重视运用知识、技能解决现实课题所必需的思考力、判断力与表达力及其人格品性。核心素养是课程发展的DNA。[1]

核心素养已经成为当前我国基础教育改革领域的重要目标。在此背景下，学校课程建设与发展必须对基础教育改革的方向做出有针对性的回应和自我变革，以保证基础教育改革核心素养目标的实现，学校课程的内容、结构、评价、定位等则构成了课程改革的重要主题，即国家课程校本化、校本课程特色化。基于核心素养的课程，要求我们重新构建课程结构、课程内容、评价方式；基于核心素养的教学，要求教师要抓住知识的本质，创设合适的教学情境，启发学生思考，让学生在掌握所学知识技能的同时，感悟知识的本质，积累思维和实践的经验，形成和发展核心素养。

重新审视学校课程建设，从三维目标到核心素养为目标的转变，意味着教师的课程观念、角色以及行为在进行整体性的转变，意味着学校层面要对课程进行重新的规划与建设。教师作为"课程开发者"，不是教学技术型人才，而应该是复合型跨学科人才。基于核心素养的课程开发，要始终考虑以下三个问题：是否将课程围绕学生的核心素养展开？是否能够在核心素养和学校课程框架之间建立实质而内在的关联？是否能够保证每一门课程的质量为学生的核心素养服务？

（二）基于教育哲学的学校办学理念

一个学校的办学理念即这所学校的灵魂，建立在对教育的理解和追求的基础之上。承前才能启后，审视才能前瞻。在学校发展的100多年中，始终秉承的是什么？"大爱、仁德""宽容、奉献"流淌于百年老校一代又一代的莘莘学子身上，内化于心，铸就百年老校今天的辉煌。随着时代的不断发展，学校遵从学校文化发展、立足学生长远发展，提出了"明德固本　质量立校　启迪智慧　特色发展"的办学理念。

在过去的教育中，很多教育者持狭义的发展观，认为教育仅仅是满足儿童将来生活和工作所需要的知识和技能，即一次性教育。但现代社会的快速发展和科学技术的不断进步对教育者提出新的要求，教师不仅要教给学生知识，最重要的是培养他们的学习兴趣和能力，教他们如何学习，使他们具有健康的身体、形成完整的人格，从而具备未来发展的可能性。一个完整的人，就是要拥有实现自我、成功生活与融入社会最关键、最重要的知识、能力与态度。[2]

---

[1] 钟启泉.基于核心素养的课程发展：挑战与课题［J］.全球教育展望，2016（1）.
[2] 窦桂梅，胡兰.基于学生核心素养发展的"1+X"课程建构与实施［J］课程·教材·教法，2015（1）.

《基础教育课程改革纲要（试行）》指出："学校在执行国家课程和地方课程的同时，应视当地社会、经济发展的具体情况，结合本校的传统和优势、学生的兴趣和需要，开发或选用适合本校的课程。"这表明，学校课程具有两个基本要求：一是要结合本校的传统和优势，二是要结合学生的兴趣和需要。前者与文化关联，后者直指学校教育的原点——学生。

学校课程开发根植于学校文化传统，教师与学生是文化的继承者和创造者。我们应深挖学校的文化传统，寻找学校的特色和优势，为学校教育哲学和课程目标的确立确定基础。在进行课程的内容选择时，我们要从学生出发、从教育发展规律出发、从学校实际出发，使学校课程开发真正立足学校、为了学生。与此同时，学校课程开发又是学校文化建设的有效途径，教师和学生的创造性在学校课程开发中得到集中体现。师生创造性发展和展现的过程，也就是学校文化发展的过程。

二、具体内容

拥有自己的课程规划，是有逻辑地推进学校课程变革的显著标志。我校以学生为本，立足国家课程校本化整合和学校课程校本化开发两个维度，积极建设适合学校学情的课程，让课程成为学生生命成长的助推器。

（一）"明德文化"学校课程的课程架构

"核心素养"的形成本身是学校课程的一个目标，同时也是达成其他目标的手段。基于核心素养的课程发展直面的第一个挑战就是把握学校课程的整体结构。[1]学校育人体系的核心是课程体系，课程承载着育人的主体功能，所以学校课程的整体规划就显得尤为重要。通过学校课程的整体规划与设计，可以增强课程对学生的适应性，有利于学生全面而有个性地发展；也可以勾画出课程的全貌，利于教师对承担的课程目标有更深刻的认识；还可以促进课程整体育人理念的贯彻与学校课程文化的逐渐形成。[2]

在课程体系架构上，学校基于"明德文化"，以学生十大核心素养为指导，努力尝试明德一体化课程体系建设，整合国家、地方、学校三级课程，实施"人文与社会、自然与科学、审美与修养、身心与健康"四大领域课程，将课程分为基础性课程和发展性课程两大类。基础性课程指优化整合国家、地方课程的校本化实施，强调回到基础、优化整合，是发展学生的核心素养；发展性课程指能实现学生个性

---

① 钟启泉.基于核心素养的课程发展：挑战与课题［J］.全球教育展望，2016（1）.
② 上海市教育委员会教学研究室.学校课程计划编制实践指南［M］.上海：华东师范大学出版社，2013.

发展的特色校本课程，是对基础性课程的有效补充，针对的是基础性课程在发展学生核心素养上的空白点和不足，以必修课和选修课方式落实，包括校级课程、班级课程、走班兴趣课程、社团特长等课程，课程之间相辅相成，共同促进学生核心素养的发展。

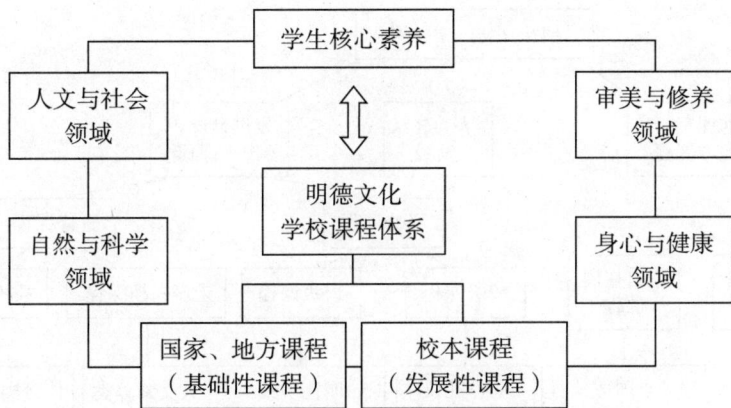

明德文化学校课程体系示意图

（二）国家课程的校本化整合

如果说核心素养是一个人最关键、最重要的知识、能力与态度，这种知识、能力与态度，一定是能够满足个体未来在特定或复杂情境下的要求与挑战的。基于此，核心素养一定不是内生的，而是个体在与情境的有效互动中生成的，而这些情境包括家庭、学校、社区以及公共领域等；特别是情境的复杂性，决定了在应对要求与挑战的过程中，个体运用的一定不是单一的知识、技能与态度，而是三者形成的互动体系。而这样的互动性与综合性的要求，与我们现在基础教育教学以分科教学为主的课程设置之间存在着一定的矛盾。

学科教学在学生核心素养形成过程中发挥着重要作用，承担着学生核心素养形成的学科责任，基于此，学校在尊重国家、地方课程的法定性前提下，努力从学生发展实际出发，遵循学习规律及迁移规则对国家规定的课程进行整合、优化和加工，以服务于学生核心素养发展的需要；进行学科间、学科内的跨界整合与再创，对教学目标、课时、教师授课进行整合，加强学科实践活动的落实与评价，并在落实基础性课程的基础上开设学科拓展课程，全面提升学生的学科核心素养。

（三）校本课程特色化开发

在进行基础性课程整合与实践的基础上，学校基于学生个性化、多样态发展的原则，积极开发校本课程，为学生可持续发展服务。校本课程特色化开发立足于学生成长中的一个核心，两条渠道、四种形式，扎实有效地进行落实。

一个核心：明德于心。

两条渠道：必修课程，选修课程。

四种形式：校级课程，班级课程，走班兴趣课程，社团特色课程。

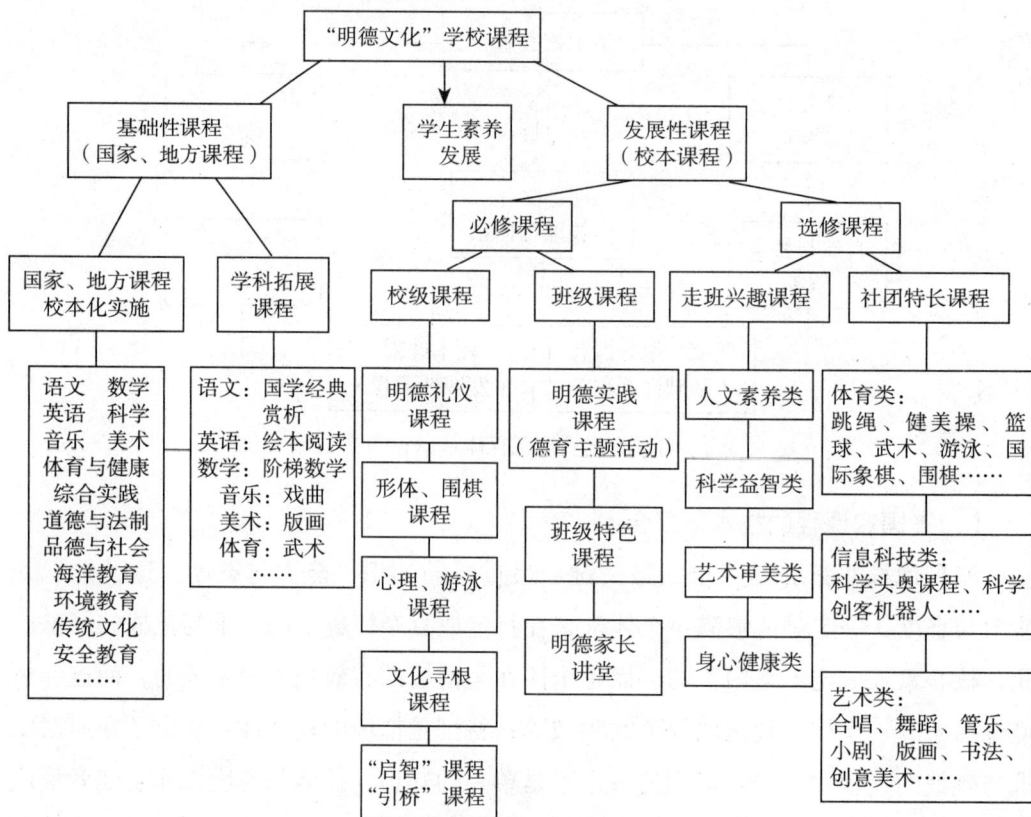

学校课程特色性开发示意图

第四节　组织与实施

一、基础性课程的校本化实施策略

基础性课程是指国家、地方课程。在实施过程中学校遵循学科特点，对教学内容进行整合、优化、拓展和加工，以服务于学生核心素养发展的需要；尝试进行"模块化、主题化、生活化"课程的统整。以生为本。通过课程整合我们发现，可以腾出许多时间和空间，从而给学生更多的活动余地，提高学生的生命活动质量、学习质量和学习效率。任何课程，不论是国家课程，还是地方课程、校本课程，都必须落实到学校，落点到学生才有意义。因此，从课程的现实化角度而言，只存在具体化了的学校课程，而不存在什么抽象的国家课程。国家课程的校本化正是国家课程真正成为学校课程有效部分的必要途径和举措。

（一）德育目标的系统建构——基于提升学生优秀品格

结合学校"明德文化"特色，充分挖掘整理语文、英语等课程中人文精神的内涵，数学、科学、信息技术等课程中科学精神的要素，架构起1～6年级学生思想品德素质培养体系，分学年落实。

（二）学科内整合——基于提升学生学科素养

学科内整合是指立足一个学科，通过删减、合并、补充，将学科内的知识形成一个有联系、有逻辑、有层次的系统，更好地满足学生学习的需要。

例如，语文学科开展的横向、纵向、时空的整合。

横向整合：指一文三课时研究。

其教学模式如下。

第一课时：精读品赏、得法迁移。

主要体现的是"精读—得法"。精读一篇课文，重在指导朗读、铺垫写法、突出读写读说训练方法的渗透及初步训练。

第二课时：读写结合，积累运用。

主要体现的是"练笔—用法"。重在结合课文语言的学习，引领学生领悟、发现、习得语言规律和表达方法，并创造条件让学生在口头和书面表达中迁移运用。拓展阅读片段，巩固积累文章写法。

第三课时：阅读实践，提升素养。

主要体现的是"交流—提能"。学生由学习一篇文章拓展到阅读一本或几本书，然后进行读书展示。交流内容与形式是丰富多彩：表演、讲故事、说评书、办手抄报、诗词诵读接龙、为我喜爱的故事人物（历史人物）宣读颁奖词等等，既有点（某篇文章、某本书）的呈现，更有面（神话、童谣、寓言、诗歌、文学名著）的延展。每个年级每学期为学生推荐的书目达10余种，阅读量达到并超过了课标的要求。

"一文三课时"的整合教学研究重在对知识的拓展，在阅读实践中提升学生听、说、读、写的能力。

纵向整合：指的是打开年级的界限，将教材进行整合。例如，1年级引入绘本教学，激发起学生阅读的兴趣；6年级将文言文引入教学，增强中华传统文化积淀的同时做好语文初小衔接。

时空整合：围绕"主题"，将同单元教材、跨单元教材或与不同版本同年段教材进行整合，把研究的重点从"篇"转移到"主题组"，将听说读写、综合实践活动等加以优化整合，以提高、优化我们的课堂教学。我们称这种整合为时空整合。在时空整合的第三课时中，每一位学生都参与其中，纷纷展示自己阅读的成果，不仅听、说、读、写的能力得到提升，弹、唱、跳等潜能更是得以激发，打开了天文、历史、地理的界限，形成跨学科的统整。一堂课展示的是学生人文素养、审美情趣，积淀的是丰富的学识，增强的是自信心、创新意识、实践能力、明德修养。

实施主题式整合之后，节省了课内学习时间，剩下的时间学生用来进行阅读和参加实践活动。学生真真切切地经历一个由认知到实践，再到迁移运用的过程，所以对语言训练点掌握得扎扎实实，情感更是得到升华。

（三）学科间整合——基于提升学生核心素养

通过跨学科的整合课程的补充，为学生搭建开放的课程体系，让学习与生活深度关联，让学生在真实的情境中，形成其面向未来社会发展需求的关键能力，进而实现学生核心素养的整体改善和提升。

1. 基于教学内容整合

首先，将语文与地方课程（传统文化）、综合实践，数学与科学，道德与法治与地方课程（环境、安全）等进行学科间、学科内的跨界整合与再创，进行教学目标、内容、课时、教师授课整合，加强学科实践活动的落实与评价。

其次，将国家、地方课程进行拓展整合，将明德礼仪课程融入道德与法治、品德与社会学科，传统武术融入体育，传统戏曲融入音乐，绘本阅读融入英语，版画融入美术学科等。

2. 基于教学目标整合

关注学生已有的生活经验，让课程成为学生个体经历经验的重组。如执教音乐课《春天圆舞曲》时，教师不仅仅引导学生听音乐想象春天的声音、听音乐学唱歌，更借助文学家朱自清的散文《春》，在朗诵中感受春天，使春天由抽象的概念变成学生触手可及、侧耳可听、张嘴可唱的美丽与生机的代言，在学生心中鲜活起来。

3. 基于探究主题整合

打破学科之间的壁垒，以主题为引领，以探究为方式，实现课程整合，实现课堂内外教学资源的统整。如结合我校综合实践主题"青岛老街"进行探究，老师分别以青岛的老街建筑为主题，从不同的学科特点挖掘学习的内容，完成多学科的整合。语文通过"走进老街阅读文化"诵老街的诗文，综合实践以"青岛往事"为题讲老街的故事，数学以"老房子中的数学符号"为题学老街的图形，科学以"红瓦中的科学"为题讲力学认识，美术以"青岛的老房子"为题画老街的画，引导学生在多学科的整合中完成探究过程。

二、发展性课程的特色化实施策略

（一）学校必修课的组织与实施

学校必修课：重在培养志趣，基于全面发展。学校的校级课程分为全校参与和年级参与两大类。

全校参与的课程是：明德礼仪课程。礼仪课程重在"明德"素养的传承，依托学校"明德于心"教育体系，在明德文化建设、明德礼仪常规、明德实践活动、明的课程开发等方面实践明德礼仪课程，并通过"每月一德"主题活动融入课程建设，课时整合在《道德与法制》《品德与社会》国家课程课时中。《明德礼仪》课程读本分为低、中、高三段，各段读本内容涉及礼仪概说、个人礼仪、校园礼仪、家庭礼仪、社会礼仪、礼仪实践。每课由"礼仪大家做、礼仪小故事、礼仪童谣颂、礼仪初体验"四部分组成，引导学生经历从学到做的全过程。

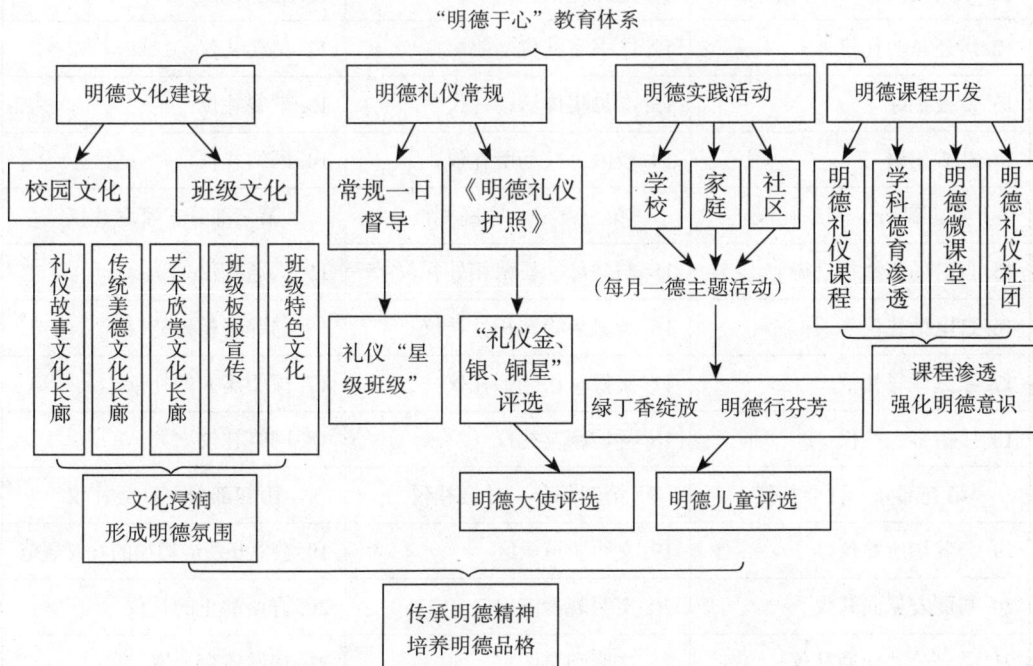

青岛德县路小学"明德于心"教育体系（试行版）示意图

"明德礼仪"课程内容

低年级	中年级	高年级
第一部分 礼仪概说	第一部分 礼仪概说	第一部分 礼仪概说
1. 什么是礼仪	1. 礼仪的重要性	1. 礼仪的本质
2. 少年儿童为什么要学习礼仪	2. 少年儿童为什么要学习礼仪	2. 青少年学习礼仪的必要性
第二部分 个人礼仪	第二部分 个人礼仪	第二部分 个人礼仪
3. 笑的礼仪——微笑的魅力	3. 穿的礼仪——发型与着装	3. 修的礼仪——与镜子对话
4. 坐的礼仪——端正的坐姿	4. 走的礼仪——轻盈的走姿	4. 说的礼仪——说话的艺术
5. 站的礼仪——直立的坐姿	5. 蹲的礼仪——优雅的蹲姿	5. 听的礼仪——专注的倾听
第三部分 校园礼仪	第二部分 校园礼仪	第二部分 校园礼仪
6. 升旗礼仪	6. 演讲礼仪	6. 穿着礼仪
7. 课堂礼仪——课前准备	7. 尊师礼仪——师生问候	7. 行走礼仪
8. 课堂礼仪——认真听讲	8. 尊师礼仪——递接物品	8. 课堂礼仪——合作学习
9. 课间礼仪——有序排队	9. 同学礼仪——友爱同伴	9. 课堂礼仪——讨论交流
10. 课间礼仪——轻声慢行	10. 同学礼仪——平等尊重	10. 课间礼仪——勿扰他人
11. 课间礼仪——文明游戏	11. 走廊礼仪	11. 卫生礼仪
12. 借还东西礼仪	12. 图书室礼仪	12. 集会礼仪
13. 爱校护绿	13. 参加集体活动礼仪	13. 就餐礼仪
14. 礼貌用语	14. 校内公共场所礼仪	14. 网络礼仪
第四部分 家庭礼仪	第三部分 家庭礼仪	第三部分 家庭礼仪
15. 自己的事情自己做	15. 与父母、长辈相处礼仪	15. 沟通礼仪
16. 打电话礼仪	16. 与兄弟姐妹相处礼仪	16. 与邻居相处礼仪
17. 家庭就餐礼仪	17. 接待家访老师礼仪	17. 探望病人的礼仪
18. 接待客人礼仪	18. 拜访亲友礼仪	18. 网络礼仪
第五部分 社会礼仪	第四部分 社会礼仪	第四部分 社会礼仪
19. 公共场所礼仪	19. 文明游览景区	19. 公共场所应遵循的礼仪规范
20. 与朋友见面礼仪	20. 文明观看演出	20. 言谈举止的礼仪
21. 乘坐公共交通礼仪	21. 文明阅览图书	21. 观看体育比赛

续表

低年级	中年级	高年级
22. 乘坐电梯礼仪	22. 文明聚餐礼仪	22. 日常涉外交往的礼仪
第六部分　礼仪实践活动	第五部分　礼仪实践活动	第五部分　礼仪实践活动
23. 低年级礼仪实践活动1	23. 中年级礼仪实践活动1	23. 高年级礼仪实践活动1
24. 低年级礼仪实践活动2	24. 中年级礼仪实践活动2	24. 高年级礼仪实践活动2

年级参与的课程是：1，2年级形体、围棋，3，4年级心理、游泳，5，6年级文化寻根；1年级"启智"课程，6年级"引桥"课程。武术、击剑融入体育课中，形体课渗透在1、2年级音乐课中，版画、国画融合在3～6年级美术课中。年级参与课程根据学生的年龄特点和知识储备重在丰富学生的实践体验和怡情修养。游泳课程重在学生身体素质的培养，学校以"小场地、大运动"的理念，以传统项目"游泳"作为体育发展特色，充分利用区域少儿体育中心的有利资源条件，一周1课时，正式纳入学校课程计划，实施教学管理。自主开发的"快乐游泳"课分为低、中、高三段，分"陆上运动——做做练练""水中实践——学学做做""游泳小常识——查查说说"三个版块，将蛙泳、仰泳、自由泳以图文形式进行编写，在学生中尝试使用。通过开设游泳课程和"校园游泳周"活动，学生不仅学会了游泳，还在活动中感受到运动的魅力，推动了学校游泳文化的发展。学校连续六年获得区域级游泳比赛第一名，并向上级专业队输送20余名队员，有5位学生以游泳特长升入优质初中。游泳学校课程的开发，使每一个学生感受着阳光，体验着成功，润泽着心灵，纯真、执着、向善、和谐的阳光体育氛围已逐渐形成。

班级必修课：重在培养情趣。明德实践活动围绕"绿丁香绽放　明德行芬芳"主题，结合重大节日开展文明礼仪、敬老孝亲、仁爱团结、爱国奉献、遵法守规等教育活动，将明志之德、孝亲之德、奉献之德、自省之德、勤俭之德、宽容之德、诚信之德、自强之德、感恩之德、仁爱之德、责任之德、自律之德蕴于一年12个月的实践活动之中，悟于行动之中，传承百年文化，践行明德修身。

班级特色课程体现"传统"，按照"动手实践—技能学习—探索研究"低、中、高三个层次和课程特点，学校将班级课程分为以传统手工艺为主的穿针引线、编花绳、编蝴蝶结、缝沙包、传统剪纸……以传统文化为主题的国学、成语、对联、民谣、戏曲、书法……以拓宽视野为主题的明德家长讲堂，依托社区和家长资源，积极邀请家长进班级、级部进行职业讲座。孩子们在课程中学习，在课程中成长，达到"班班有特色，生生有发展"。在课程实施的过程中，各班利用校园网、班级博客、QQ群、微信公众号进行课程的展示，不断提升学生综合素养。

（二）学校选修课的组织与实施

学校选修课：重在培养兴趣和特长。分为走班兴趣课程和社团特长课程。

走班兴趣课程：从学生差异和兴趣需求出发，开设人文素养、科学益智、艺术审美、身心健康类的兴趣选修课程。

社团特长课程：从学生特长出发，展示优势潜能、发展特长提供舞台，分为体育类、艺术类、信息科技类。快乐动感的篮球、排球、健美操社团，让孩子们感受运动带来的愉悦；科学创新、动手实践的科技、创客社团，让孩子们走进丰富的科技世界；合唱、小剧、舞蹈、绘画社团，让孩子们感悟艺术的无限魅力。

1. 制定校本选修课程申报制度

（1）教师进行校本课程开发，须填写"青岛德县路小学校本课程申报意向书"。

（2）被学校确定为年度开设的走班兴趣课程，要在课程开设前完成"课程纲要、实施计划"、教学进度及备课。

（3）学生进行"走班兴趣"课程时，须根据自己的需求和爱好，进行网上选课，填写优选课程和备选课程。学校根据报课情况进行班级编排。

（4）学生进行校本课程"走班兴趣"的流程为"自主申报—学校汇总—统一分班—走班上课"。

（5）学生"走班兴趣"每学期进行一次选课。

2. 大小课时管理

学校调整课时，尝试进行大小课时管理，为学生提供更充分的课程空间。在原有学校课程的基础上进行了部分课时调整，将周四下午1、2节课调整为小课时，第3节课调整为大课时，开设走班兴趣课程、社团特长课程。

3. 课程超市选课

在每学年选修课开课前，学校通过调查问卷征求学生建议，并根据学生需求进行相应的课程调整。课程超市通过学校微信企业号进行公布，学生根据需求进行选课、上课。

2016～2017学年度学校选修课程一览表

社团特长课程	课程内容	指导老师	上课地点	限定年级	限定人数
	百灵鸟合唱团	张爽	录播教室	3～6年级	30人

续表

	课程内容	指导老师	上课地点	限定年级	限定人数
社团特长课程	金手指器乐团	于沛	音乐教室	3～6年级	30人
	机器人社团	陈宁宁	微机室	3～6年级	20人
	跳绳社团	宋丽娟	校园上院（排球场）	3～6年级	25～30人
	健美操社团	崔家宝	校园上院	3～6年级	30人
	篮球社团	魏宁	校园上院（篮球场）	3～6年级	20人
	游泳社团	常正健	游泳馆	1～6年级	不限
	武术社团	李忆	校园上院	1～6年级	30人
	科技头奥社团	管仪明	科技活动室	3～6年级	10～15人
	明德读书社团	董雪梅	图书室	3～6年级	20～25人
	印象创意社	赵诺	4.1教室	3～6年级	20人
	明德小剧团	庞振婕	4.2教室	3～6年级	20人
	"英语模仿秀"社团	王静、高俊	4.3教室	3～6年级	20人
	"红十字"救护	高占美	4.4教室	3～6年级	25人
兴趣走班课程	课程内容	指导老师	上课地点	限定年级	限定人数
	传统剪纸	外聘、郑文	3.1教室	3～6年级	30人
	穿针引线	外聘、李东遥	3.2教室	3～6年级	30人
	最强大脑	外聘、于青	3.3教室	3～6年级	30人
	围棋课堂	外聘、王素娥	3.4教室	3～6年级	30人
	摄影剪辑班	外聘、赵金燕	5.1教室	3～6年级	30人
	记者编导班	外聘、王俊	5.2教室	3～6年级	30人
	主持表演班	外聘、李婕	5.3教室	3～6年级	30人
	国学课堂	外聘、姜万祯	5.4教室	3～6年级	30人
	软笔书法	外聘、李梦	实验室1	3～6年级	30人
	丁香心理	关佳	心理咨询室	3～6年级	30人
	创客空间	外聘、宋健	实验室2	3～6年级	30人
	橡皮章制作	法昶冬	美术教室	3～6年级	30人

续表

兴趣走班课程	课程内容	指导老师	上课地点	限定年级	限定人数
	国际象棋	外聘、李梦	1.2教室	1、2年级	30人
	魔方	外聘、孙雪娇	1.4教室	1、2年级	30人

（三）"明德文化"课程的校本化评价

当前，世界各国在课改中越来越重视学生的发展，认为学习不仅仅是课程内容的学习，还是学生智力建构与社会性发展的综合过程。这对课程评价提出了新的要求。评价既是一个结果，又是一个过程。评价的功能不是单一的，而是兼具了激励、反馈和鉴别等多功能于一身，蕴含着隐性和显性等不同指标。明德文化特色学校课程从学生核心素养发展出发，就要在学生的核心素养发展落地。基于此，我们在课程的评价中，更多地关注学生活动的情况、参与度、创新度、合作度等要素，既重视成效，更关注过程。

（1）本课程评价的宗旨为促进学生面向未来更加自主地学习，全面提高学生的综合能力，因此我们在学生学习评价中凸显"自主性"和"综合性"，淡化结果，重视过程，多角度、全方位地开展评价。

（2）在评价主体上，转变教师为评价主体、学生为评价对象的模式，采用多元主体评价，把评价主体拓展为学生、教师、家长以及与相关课程有关的跨学科教师、社区志愿人员等。多元主体介入评价，让学生在课程学习和体验中，不仅丰富了阅历、增长了知识，更是在课程学习中不断将道德原则内化于心，进而转变为行动中。

（3）在评价方式上，采用课程档案袋的文本档和课程学习过程的电子档相结合的办法。学生将课程学习过程中的学习计划、资料收集、交流体会、文章作品等进行开放式的管理，学生充分享受自我管理和交流的乐趣；电子档主要体现在将学生的学习过程尽可能地搬到手机、电脑等数字化终端，将学生学习过程产生的数据记录下来，对学生课程学习评价更具科学性、全面性。

在评价中，教师更加关注的是评价对象的改进和提高，每个学生都存在智能强项和智能弱项，教师的责任就是帮助学生扬长避短，朝着最适合自己的方向努力发展。学生在评价过程中，不断提高学习兴趣和自觉性，各个学科相互迁移，以促进学生形成健康的学习品质、科学探究的精神以及正确的人生观和价值观。

第五节 课程的评价

学校课程是一个大课程（体系），它由若干不同类型、不同科目、不同功能的小课程组成，通过众多小课程之间的横向和纵向关系的连接，显现课程合力，发挥大课程体系的整体价值，实现课程的育人功能和教育目标。[①]

"明德文化"学校课程的开发与实施，遵循国家课程校本化、学校课程特色化的原则，用教育启迪智慧，用文化润泽心灵，每个学生在全面发展的过程中快乐成长，每个教师在自主发展的过程中体验成功，学校在推进课程改革的道路上执着前进。

一、学生发展

学生发展核心素养，是指学生在接受相应学段的教育过程中，逐步形成的适应个人终身发展和社会发展需要的必备品格与关键能力。"明德文化"学校课程就是围绕学生核心素养的培养设计与推进的，让课程更加丰富，让课程更受学生喜欢，让课程惠及更多孩子是学校课程的价值追求。

1. 学校课程丰富了学生课程知识和体验

在课程实施过程中，学校结合办学理念，最大限度地根据学生的年龄特点、个体需求以及学校的课程资源，为每一位学生全面、自主发展提供课程选择的空间与平台，落实"促进学生全面而有个性的发展"育人目标。学生在学校课程的学习中，唤起了学习兴趣和志趣，不断丰富课程内容，使学生在愉悦的课程空间中展示自我、张扬个性，发挥学生的自主性和独立性，提升学生的人文素养，增强学生的创新精神和实践能力。

2. 学校课程提高了学生综合能力和素养

在"明德文化"学校课程中，学生在课程引领下参与了丰富多彩的课程学习。国家课程与学校特色的结合、学校社团课程、选修课程都在不同层面体现着学校

---

① 何永红.学校"特色课程"的定位及其发展策略［J］.教学研究，2011（10）.

的办学特色、办学理念，整合课程资源，引领学生课程活动，使学生个性得以充分的展示，同时也在不断推进实施中，培养了学生的兴趣和能力，使他们拥有实现自我、成功生活与融入社会的最关键、最重要的知识、能力与态度，达到"让每个学生都得到发展"。

3. 学校课程培养了学生道德素养和情怀

百年的文化积淀，使"大爱、仁德""宽容、奉献"思想流淌于每个德小人的心中，以"明德"为文化核心的课程建设，使学生在课程活动中体验、感悟，逐渐形成影响一生的优良品格。例如三月"奉献之德"主题，在学校"学雷锋明德儿童在行动"的号召下，在班主任和家委会的精心筹划下，进行了"学雷锋爱心志愿"行动。爱心义卖、微尘在行动、社区清洁环境，关爱自闭症儿童等活动，让学生在活动中融入"明德"精神。通过每月一德活动，引导学生从生活的细微处着手，从身边的点滴做起，培育学生良好品质和美德，造就美好人生。通过"明德儿童护照"的过关签证落实学生的达标情况，通过明德扬善小记者的每周报道激发学生知礼守礼的热情。现在学生拾金不昧蔚然成风，关注他人、懂得感恩的好人好事层出不穷。

二、教师发展

课程开发意味着教师的专业发展，没有教师的专业发展就没有课程的开发。因此，教师必须改变角色，做一个学习者、反思者。在学校课程开发和实施过程中，教师既是开发展，也是受益者。[①]

1. 提高了教师学科专业素养

课程的开发，对于教师专业水平来说是一次全面提高，是教师成长的一次历练。不管是国家课程的校本化改造与实施，还是校本课程的开发，都要求教师在知识方面上做好充分的储备。为了做好课程整合，教师要大量地翻阅、了解相关学科的知识，自身的学科知识在一次次的研究中得到提升和充实，并不断地引发教师对教学方法的思考，及时根据学情变化调整适当的教学方法。课程的开发给教师提供了一个施展才能的平台。这个平台转变了教师的课程意识，更新了教师教育理念，也不断对教师的专业水平提出挑战，使他们认识到只有不断努力提升专业素养才能适应日新月异的教学改革进程。

---

① 钟启泉.现代课程论［M］.上海：上海教育出版社，2015.9.

2. 培养了教师跨界思维习惯

跨界，为"交叉、跨越"之意。所谓跨界思维，就是多角度、多视野地看待问题和提出解决方案的一种思维方式。学科互涉的跨界融合为科学研究带来了发展的机遇和创造的新动力。在我们的学校教育中，由于课时的限制、教师的跨界能力不强等原因，跨界思维在教育教学中运用很少。教师在日常教学工作中，大多是靠一个人的力量独立解决课堂中时刻变化的种种问题，课堂活动是与其他教师的课堂活动相互隔离的，而不是相互依赖的。不同的科目在结构上彼此缺乏联系和整合的问题比较突出，走出封闭与隔绝，跨过学科边界，是国家课程校本化实施的一项策略。[①]学校课程的建设，跨越了学科，整合了课程，教师在不断跨界中思考、实践。在这个过程中，教师重视了目标"整合"，形成教与学的"共同体"，学科与学科、方法与内容、教师与学生之间的壁垒得以打开，实现教师教学思路上的多层次、多角度、多领域、多方向的创新，让教师既成为师生学习共同体的助学者，更成为教师间学习共同体的学习者。[②]

3. 提升了教师课程研究水平

课程开发的主角是教师。课程开发就是教师的专业发展，任何课程改革都需要教师发展新的技能、能力、热忱、动机、信念与洞见，只靠行政命令是不行的。也就是说，每位教师都需要拥有课程开发的愿望和能力。以往的课程开发工作集中在学校领导与骨干教师身上，而校本课程开发要求参与开发的每位教师，特别是青年教师，具有开发的能力。这就需要校内进修，以学校为单位，为提高教学力量与教师专业能力，为解决学校面临问题而计划并实施教师研修。

教师参与课程开发的目的，是使学校课程更加适合学生身心发展的需要，更好地促进学生成长。课程开发是一个持续、动态、逐步完善的过程。课程开发是根据教育的构想，将教材与学习活动加以具体化。课程开发的过程就是教师实践性研究、发现与创造的过程。教师通过参与课程开发，树立研究者意识，促进教师的专业发展。教师参与校本课程开发，能够增进教师之间、师生之间的交流，增强教师的责任感与义务感。

---

① 朱珍.论教育教学改革中的跨界思维［J］.教育探索，2006（10）：328-329.
② 朱珍.论教育教学改革中的跨界思维［J］.教育探索，2006（10）：328-329.

三、学校发展

学校课程建设是指重组、整合国家课程、地方课程与学校课程建设的基础上，建构适合学生发展需求、反映学校特色的课程体系的过程，它主要由课程愿景、课程机构、课程实施与课程评价等要素构成。[①]课程在学校教育与学校发展中处于核心地位，从某种程度上指向了学生发展的可能性。

1. 提高领导课程力，深化教研组建设

前苏联教育家苏霍姆林斯基说过，学校领导首先是思想的领导，其次才是行政领导。领导应该站在新课程改革的最前沿，引导教师增强意识，转变观念，在提升教师开发能力、合作氛围、价值认同的基础上，紧抓课程研究方法、课程资源核心，给予教师相应的信息、文化和制度支持，不断提高学校课程开发建设的环境，激发教师投身课程设计方案的研发中。新课程的实施过程，使我们越来越清晰地看到，没有扎根于教研组的课程实验是无法成功的。我们依托教研组平等合作，在课改中共同探讨、共同创造。在一次次的教研集备中，从研究走向对话，从肤浅走向内涵，老师们的课程开发力、教学研究力、同伴互助力得到了长足发展。

2. 文化融入课程，"文化育人"凸显特色

（1）学科课程校本化，增加"文化育人"的广度。

学校不断改进学科教学渗透德育的方式，充分挖掘语文、英语等课程中人文精神的内涵，数学、信息技术等课程中科学精神的要素，编制具有鲜明学校特色的"明德"学科德育课程标准，并使其在备课里、各学科课堂上及研讨中得以体现。课堂教学是学校教育的主渠道，是学校有目的、有计划、系统地促进学生品格发展的基本途径。学校加强优质课程建设，将学校百年传承的"明德"精神渗透在课程里，加速学生品格形成发展。

（2）德育课程规范化，拓展"文化育人"深度。

德育是学校教育的重要内容，在明德文化学校课程的实施过程，教师以文化育人，学生在学校文化的浸润中成长。通过《明德礼仪》校本课程学习，学生学会了正常的社交礼仪：课堂礼仪、升国旗礼仪、卫生礼仪、餐桌礼仪、使得学生明礼、知礼、懂礼。学校还成立了"明德礼仪社团"，通过社团的活动，学生知行合一，促进了学生对礼仪深层次的认识。

---

① 李润洲.学校课程建设的教学论解读［J］基础教育，2016.6.

（3）校本课程多元化，拓宽"文化育人"宽度。

基础教育课程改革确立了"促进课程的适应性和课程管理的民主化""重建课程结构，促进学生和谐地、有个性地发展""提升学生的主体性和注重学生经验""课程向学校日常生活的回归"四大基本理念。在这种理念指导下，学校努力尝试了"明德一体化"课程体系建设，即整合国家、地方、学校三级课程，开发实施"人文与社会""自然与科学""审美与修养""身心与健康"四大领域课程，将课程分为基础性和发展性课程两大类。基础性课程，教师积极挖掘其中传统德育因素，将"明德"精神在传授知识的同时完成有效渗透；发展性课程推进，立足于实践之德、修身之德、怡情之德、礼仪之德，以必修课和选修课方式落实开展。

第六节　反思与建议

一、基本经验

（一）完整的学校课程开发应该包括的要素

课程决定权以学校为中心。课程开发因校而异、因地制宜，课程发展更能体现学校的办学特点，更具有地方特色，更加符合独特的地方环境和教育需求。

首先，教师要有强烈的课程意识。新课程最显著的两个改革：一是转变教与学的方式，重构了新型师生关系；二是赋予学校课程的开发权，构建基于学校、基于学生的课程建设。从某种意义上讲，教师是课程建设的关键，每位教师致力于校本课程的开发与实施，为学生的个性发展搭建舞台。学校课程的开发为教师和学生开发和设置自己感兴趣的课程提供了参与的机会。

其次，不是每位教师都会成为课程的开发者，需要在专家指导下与家长及其他有关人员一起进行校本课程的开发，共同寻找适合学校的课程资源。课程开发离不开专家的支持，更离不开家长的参与。这种参与，既能提升课程质量，又能提升社会的满意度。

再次，重视学生走出校园、走进社会，建立一些长期合作的教学实践基地，使学生的学习与社会生活联系起来。课程的开发与实施，受益的是学生、教师和学校。课程开发要依据学校的师资、课程专家和社会资源等多方面的努力。

（二）课程内容建构关注的问题

新课改以来，随着国家、地方和学校三级课程管理体制的推行，学校具有了更多的办学自主权。学校课程建设的过程就是学校课程文化重建与创新的过程，而这种创新过程亦是个性化追求的基本内涵与内在要求。

1. 学校课程建设应体现学校的办学理念

学校办学理念是学校发展中一系列教育观念、教育思想及其教育价值追求的概括性表述，也是学校师生共同体关于学校使命与教育真谛的集体性追问与深层次思考，进而体现了学校共同体内对教育本质规定性判断与价值性追求的学校教育哲学。简言之，办学理念凝练了学校教育的发展愿景。鉴于此，学校课程建设有必要体现学校办学理念与发展愿景，通过学校课程创造性地体现办学理念，得以实现引领并逐步实现对学校办学理念的优化。

2. 学校课程建设应彰显学校的办学特色

学校特色是学校在长期办学过程中逐渐形成的，具有某一方面或几方面区别于其他学校的，独特、优质且相对稳定的办学气质、个性风格。在学校课程建设中，将这种学校特色深层次融合在学校课程规划和课程目标的拟订、课程内容的选择与组织以及课程资源的开发与利用等过程之中，最终得以创造性地改进学校课程状况，优化、提升学校课程品质。概言之，学校课程建设在逐步澄清、彰显学校特色的过程中，为学校的特色发展提供了充足的课程空间，从而为学校特色的彰显与发扬提供了现实途径。

3. 学校课程建设应传承学校的历史文化

学校作为人类文化传承与创新的场所，在长时期的办学过程中也积淀了自身的办学历史、文化传统。基于此，学校课程建设难以隔断学校现实发展与学校历史传统之间千丝万缕的密切联系，学校的历史、传统皆是当下学校课程建设的根基与根源。学校课程建设过程中，还需充分挖掘学校历史的课程与教学意蕴，将其作为学校课程建设中主要的课程资源，并在传承、弘扬学校的历史、经验以及传统基础上实现学校课程的新生。

4. 学校课程建设应满足学生个性的长远发展

"重视学生个性发展是现代教育的重要特征之一，培养个性完满发展的人是落实全面发展教育理论的需要，也是素质教育的根本追求。"学校课程建设不仅要为学生全面、均衡的发展提供优质的课程平台，而且要为学生的个性发展提供更多的课程选择机会，而这也成为学校课程建设的根本宗旨；也就是说，学校课程建设不仅尊重、承认学生兴趣、经验等个性的差异性，最大限度地根据学生的年龄阶段、个性需求以及学校的课程资源、学校特色或传统的独特性，为每一位学生自主发展、个性发展以及多样化发展提供课程选择空间与平台。

（三）学校课程实施中需处理好的关系

1. 应确保国家课程的有效实施

国家课程的校本化实施，必须是在国家宏观课程政策和国家课程标准的框架内进行的，要与国家的教育方针、教育目标特别是人才培养目标相一致，确保人才培养目标更好地实现。校本课程可以是国家课程的改造与创新，也可以是学校在国家课程所确定的课程门类以外，新开发、开设的独具特色的课程。无论哪一种，都要求学校、教师要树立课程意识，要了解、熟悉国家课程政策和课程标准。

2. 需做好学校课程的建构界限

如前所述，国家课程注重的是普适性，很难考虑学生的个别差异，无法照顾不同学生的不同需要。而校本课程是以校为开发和实施，可以更好地了解学生不同需要，考虑学生的个别差异，满足学生多样化的需要。但在学校课程建构过程中，需要有一定界限的，不可能无限延伸或任意渗透。无论是怎样的课程来源，都需要全体师生的认同，需要对学校过去教育与课程经验的有效发展，是多种资源、多元思想的融合建构。[①]

3. 要促进教师专业的持续发展

教师具有一定的课程开发能力，不仅有利于国家课程、地方课程的有效实施，也有利于其专业的发展。当前教育的发展，要求学校成为一个不断改革，促进其成员持续发展、充满生机和活力的组织。学校课程的开发，要求教师要成为课程与教学的领导者，要在一定的教育理论和课程与教学理论的指导下，在掌握国家课程政策和课程标准的前提下，在充分了解学生的发展特点和现实需要基础上参与课程改革。这对促进教师的专业发展具有十分重要的意义，是实现教师持续性的专业发展的有效途径。

二、实践反思

在不断进行的学校课程开发和建设中我们还存在不少困惑。例如，如何围绕学校文化、学校办学理念、办学特色进行整体架构全面规划、计划实施，是我们一直在思考和研究的问题；教师是学校课程建设的核心力量，如何调动教师参与的积极

---

① 朱治国.学校特色课程建设的深度思考［J］.现代中小学教育，2013（5）：14–16.

性、提高教师的课程专业素养，也是我们需要解决的一个非常关键的问题。

我们的学校课程开发还处于尝试阶段，还没有形成完整的系统，一些具体深入的问题有待于进一步研究，主要表现在：缺乏对学生个性化发展需求的诊断，课程资源利用率及开发范围存在局限，学校课程评价体系的建构亟待完善，课程管理机制和政策保障尚未成熟。课程开发的主体是教师，目前看来教师的科研意识、课程资源开发能力还有待于提高；家长和社会人士的助教给了学校大力支持，在校本课程开发上还可以发挥更大的潜力；缺乏课程专家的指导，在一定程度上还存在课程开发的随意性，这是课程开发走向科学、规范、完善、发展的瓶颈。

三、改进建议

1. 明晰课程理念，引导课程创新方向

密切学校课程与学生核心素养发展的关系，不仅课程框架上是完整的并指向学生的核心素养，更重要的是这种核心素养是适合这所学校的实际情况。学校育人目标既传承了历史文化，又符合当今国家提出的关于"立德树人""加强传统文化的培育"以及加强"实践能力、创新能力、责任感"等新要求，也是走向世界必须具备的能力。

2. 聚焦培训合作，提升课程领导和开发能力

课程是丰富的，且来源于对教师、学生的广泛调查基础之上的，符合学生的兴趣需要，让课程更加具有可行性。学校应在课程培训中，"走出去，请进来"，充分做好课程开发的过程性培训。

3. 丰富课程资源，重视特色资源整合与开发

课程创新并不是随意增减课程、增减内容，必须尊重规律科学推进，在课程目标的引领下进行课程的重构。面向全体学生的基础课程重在保持课程传统优势的同时，我们加大了关于尊重各相关领域内容的学习，有目的地进行尊重价值观的培育，面向全体和面向差异并存开发与创生主题课程，让学生进入一个主题鲜明的完整的教育情景中进行体验学习、探究学习，获得多元的收获。

4. 注重多元评价，完善学校课程评价体系

每一门课程之间存在相互联系、相互促进，并且具有具体可行的课程评价指标。学生的认知更加系统深刻了，学生的实践能力也就变得更强了。学生带着问题走向实践，在真实、深层次的实践课程参与中回归真实的生活状态，展示真实的自我，获得自由的发展。评价的主体更可以多元化，引入家长评价、社会评价等。

附：

"明德礼仪"校本课程实施方案——从"活动"走向"校本课程"的实践

孔子说："不学礼，无以立。"礼仪是一个人的立身之本，也是一所学校的发展之策。中国自古以就是举世闻名的礼仪之邦，世代相袭的交际礼仪传统文化熔铸中国人的习俗观念，也规范了中国人的举止言谈。

在多年的教育实践中，学校认识到中小学德育工作从内容到形式多有偏颇之处，如脱离儿童实际、口号式的东西较多、抽象的大道理较多，而实质性、基础性、实践性的教育则太少，特别是文明礼仪等的基础道德教育则更少。

作为一所百年老校，明德至礼的学生文化是学生基本素养的体现。2009年，学校确立了"礼仪育人"的德育特色，在学生中广泛开展礼仪教育，学校将"明德礼仪"教育开发为校本课程。

学校紧紧抓住三礼：礼在学校、礼在家庭、礼在社会。开展"明德礼仪常规"管理活动，通过学"礼仪"——明"礼仪"——话"礼仪"——树"礼仪"——践"礼仪"——扬"礼仪"的主题系列教育过程，凸显礼仪养成教育的效果。通过具体的行为规范促进学生的内在自律，提高学生的文明礼仪行为素养，弘扬民族优秀文化，继承传统美德，为学生成为与世界同步的现代中国人奠基。通过"诵礼仪童谣 品明德文化"礼仪童谣诵读比赛、礼仪演讲、礼仪班队会等活动，推进对礼仪的知晓、熟记。通过"明德儿童礼仪护照"的过关签证，落实学生校园礼仪行为的达标情况；通过明德扬善小记者的每周报道，激发学生知礼守礼的热情，弘扬和传承明德精神，将"学生明德行为十条"落到实，打造明德至礼的学生文化。

一、"明德礼仪"课程目标建设

（一）课程理念

基于学校百年"大爱、仁德"思想，学校的"明德"教育即要求学校师生以明德修身为做人之本，认同、践行和彰显美德。明德礼仪校本课程进行"礼仪"专题的探索，呼唤对学生文明健康生活方式的培养，重视学生在规范性的思想道德中实现社会性发展，立足"明德修身、润泽生命"特色，依据《公民道德实施纲要》《基础教育课程改革指导纲要（试行）》的精神，专题加强对小学生文明道德修养的研究，开展"明德礼仪教育"校本课程的研究实验。

（二）课程目标

总目标：在传承中华传统美德的基础上，做文明守礼、宽容诚信、热心互助、尊老爱幼、无私奉献的人。培养具有良好礼仪素养和道德习惯，能健康、文明生活的礼仪公民。

分目标以下。

1. 情感、态度、价值观

（1）自尊自爱，健康向上，认识到知礼、学礼、懂礼、守礼、用礼的重要性，能自觉以礼仪文明的态度面对成长，面向人生。

（2）律己敬人，宽容真诚，修养"恭、宽、信、敏、惠"的礼仪个性，讲究诚信、平等待人，珍视礼仪之邦的民族文化传统，能以开放的意识、尊重的态度正视不同国家和人民的礼俗文化、风格。

（3）认同礼仪规范的社会性，顺应礼仪在人心理需要上的"社交、尊重、自我实现、内涵、自身"的礼仪价值，促进社会文明，营造和谐友善的气氛，加强社会发展进步。

2. 知识、技能

（1）掌握成长中基本的个人礼仪修养知识，以个人为支点，以修养为基础，以尊敬为原则，以美好为目标，在个人仪表、仪容、言谈、举止、待人、接物诸方面主动习知，做到尊重他人，与人为善，表里如一，是非分明。

（2）掌握生活中各类专项礼仪礼节知识，以交往为方向，以交际性、礼节性、规范性为特点，以树立形象，沟通人际，提高效率为目标，在家庭、社交、公务、礼仪文书、外事习俗礼仪、服务礼仪各方面了解准则、明确要求、认知特点、遵守规范，讲究行为的艺术，健康文明生活。

（3）在礼仪学习活动中，能从不同角度观察、认识、分析自身和社会，创造性地以礼仪的态度方法解决生活中出现的各种问题；"以礼立人"、"以礼待人"，学习、掌握一定的仪式礼节、礼仪技能，形成个人特色的礼仪面貌，推动社会礼仪氛围的形成。

3. 行为与习惯

（1）校园礼仪守规范，家庭礼仪行规范，社会礼仪讲规范，养成良好的礼仪习惯。

（2）人人学礼、用礼、彬彬有礼、温文尔雅，举止文明大方，并主动宣传推广礼仪知识行为，为形成较好的礼仪大环境而努力。

（3）积极、热情地参加礼仪校本课程学习及礼仪学校各项活动，不断提高礼素养，形成高雅的礼仪气质。

二、"明德礼仪" 课程体系建构

学校基于校情，提出了创建 "明德" 学校文化的思路，并在明德至真的管理文化、明德至诚的教师文化、明德至礼的学生文化、明德至优的课程文化、明德至美的环境文化五个方面进行系统建构与实践。明德文化的精髓就是 "以德润师，厚德润生；明德修身，润泽生命"，学校秉承 "明德固本　质量立校　启迪智慧　特色发展" 的办学理念，培养立志于德、成志于学、壮志于行、创志于新的小学生。

"明德礼仪课程标准" 规定："明德礼仪" 校本课程是在我校各年级中开设的一门立足学生成长特点，培养高素质的礼仪行为习惯，形成关于优质礼仪生活的综合课程。

课程结构框架：

礼仪校本课程，立足学生成长中的一个基点，围绕三个构架，开展六个内容。

一个基点：礼仪为人，艺术生活。

三个构架：校园礼仪，家庭礼仪，社会礼仪。

六个内容：一般礼仪：礼仪本质特征，礼仪的起源，历史演变，礼仪的功能原则。

个人礼仪：言行举行，服饰等方面的礼仪礼节要求。

社交礼仪：在人际交往中的礼节礼仪。

公务礼仪：在承担一定社会角色所应遵守的礼仪规范及礼仪技能。

礼仪文书：人们在日常交往中，用书信和其他文字方式表达情感的礼仪方式。

习俗礼仪：不同民族、国家的日常生活礼俗、礼仪风俗习惯。

本课程以小学生生活的礼仪规范和成长中的礼仪需要为基础，整合社会约定俗成的为人处世的礼仪准则和新时期儿童成长中道德修养的礼仪规范，进行学生 "礼仪素质" 的专项培养。

"礼仪" 是人在成长发展中必须遵守的律己敬人的习惯形式，是在人际交流中待人接物的艺术技巧，是一个人内在修养和素质的外在表现，是人心灵美的必然的外化。礼仪可以有效地展现施礼者和受礼者的教养、风度和魅力，体现着人对他人的理念认知水平、尊重程度。"明德礼仪" 校本课程正是对学生进行的校园礼仪、家庭礼仪、社会礼仪的三维指导，对礼仪精神、礼仪行为的二元培养。"明德礼仪" 校本课程将成为德小 "红领巾礼仪学校" 实施礼仪育人工程的基石，是学生获得礼仪认知、习得礼仪规范的基本园地，是明德礼仪特色教育实现的重要渠道。

三、"明德礼仪"课程实施

（一）课程化

学生的礼仪行为习惯的养成首先落实于课堂，礼仪教育基地的明德礼仪校本课程继续坚持实施自主开发。

（1）修订"明德礼仪校本课程标准"，制定"明德学生行为十条"。

（2）开发各学段"明德礼仪校本课程教材"。

（3）本课程的具体目标包括校园礼仪、家庭礼仪、社会礼仪三方面外，扩充各方面的礼仪知识含量，设计多种形式的礼仪研修活动，在课程学习方法上注重体验和实践。从一般常用的礼仪、艺术礼仪、体育礼仪、民族礼仪等多方位多角度进行礼仪学习，由班主任团队围绕课程标准自编教材、集体备课，教材编写注重学生的年龄特点和接受能力，联系学生的成长生活，有相当的导行效应，能有力地提升学生的礼仪认知水平。各年级礼仪任课教师根据学校礼仪课程总目标，选择确定本年级的礼仪分目标，制订课程计划，采用现代化教学手段和符合学生心理特点和年龄特点的游戏，整合"道德与法制"和"品德与社会"学科，上好礼仪校本课程，两周1课时，使礼校建设落实于课堂。

（二）生活化

1. 课程开发，来源生活

礼仪校本课程的开发，以学生平日的养成教育为基点，结合学生生活中应具备的各种礼仪常识，针对学生日常行为中存在的问题，按学生不同年龄特点，实行低、中、高分层开发，师生共同围绕课程标准自编教材、互动备课，有力地促进学生礼仪认知水平，开发可操作性强的校本课程。

2. 礼仪课堂，融入生活

任课教师以课本剧、情景剧、论坛等多种形式带领学生学习礼仪知识，使学生在思想和行为上体会文明礼仪的真正含义，并通过"明德礼仪护照"对学生的礼仪行为予以评定；各学科任课教师也结合本学科特点，把礼仪教育有机渗透到课堂教学的各个环节中，把文化知识的传授与礼仪教育紧密结合起来，使礼仪特色教育渗透在各学科的方方面面。

学校每年利用开放日活动，邀请学生的父母到校共同参与礼仪情景剧的表演，参与礼仪实践大讨论，参与到礼仪评价中。家长们表示学校利用活动进行礼仪教育形式新颖活泼，效果显著。

3.学生实践，感悟生活

学生积极参与校本课程的开发，要求低年级学生在"我的小手画一画"中，用五彩的笔描绘文明礼仪场景，在"我的小嘴说一说"中，用充满童真的语言书写对礼仪知识的认识；中高年级学生在"我写我知道""我写我感受""我谈我收获"中生动写出自己对礼仪知识的了解、感悟和收获。

通过生活化的研发方式，使师生"双主"、互动研发，使校本课程来源于生活、融入于生活、用之于生活。

（三）环境化

良好的校园文化环境不仅具有情感陶冶的作用，而且对师生的心理行为有导向作用。我校的礼仪长廊文化分为三大主题：礼仪故事文化长廊、传统美德文化长廊、艺术欣赏文化长廊。礼仪知识文化廊分为校园礼仪文化廊，家庭礼仪文化廊，社会礼仪文化廊；节日礼俗文化廊选取了春节、元宵节、端午节、中秋节、重阳节等中华传统节日礼俗；艺术礼仪修养文化廊选取了欣赏音乐会的礼仪，参加演出的礼仪，参观画展礼仪等礼仪知识。每一种文字都配上与文字相符的卡通图，其中，礼仪知识文化廊都采用通俗易懂的礼仪童谣，读起来朗朗上口，同时本着贴近学生的原则将每一块展牌挂在与学生视线持平处，便于阅读学习，全方位引领、规范着着师生的文明礼仪行为。

（四）活动化

1.编制文明礼仪新童谣——礼仪行为有目标

我们在全校师生中进行礼仪新童谣征集活动，从校园礼仪、家庭礼仪、社会礼仪三方面进行创编整理，结集成册，即《德县路小学文明礼仪新童谣》，学生人手一册；在各中队开展说礼仪童谣、唱礼仪童谣、赛礼仪童谣活动；课间游戏教师带领孩子们唱礼仪童谣，伙伴相处传礼仪童谣；学校组织"与文明同行——唱响礼仪新童谣"大赛，评出"礼仪童谣小金星"，让他们以饱满的热情带领同学们传唱礼仪新童谣。"升旗仪式不迟到，统一着装站整齐，国歌奏响要肃立，面向国旗行队礼。"这些朗朗上口的儿歌，每天都在校园里传唱，它在提醒着孩子们要时时刻刻展现出礼仪学校学生最精彩的风貌。

2.成立礼仪童谣宣讲团——文明使者在行动

学校成立"文明礼仪宣讲团"。"礼仪宣讲团"的小使者们，都是各班定期推荐评选出来的优秀学生。他们佩戴着礼仪使者的绶带，每天早晨在校门口示范着礼仪行为，在课堂上规范着学习习惯，在课间活动时提醒着文明活动。礼仪小使者们活跃在校园的每个角落，用礼仪童谣影响着大家的生活和学习。礼仪童谣已经融入了孩子们的生活、学习、游戏之中，纯真、温暖、友善、和谐的礼仪氛围在礼仪校园内正日益浓厚。

3. 实行礼仪护照签证制——日常行为有规范

学校的文明礼仪教育以护照管理自主化为基本内容，旨在建立一种礼仪教育的评价环节。"明德礼仪护照"对学生在学校、在家庭、在社会的礼仪行为提出了具体要求，如六月第14周的目标为"坦诚面对自己，有错误及时承认"、第15周为"信守约定，借他人物品及时归还"、第16周为"学习讲诚信，自觉完成作业"等。同时，各中队开设"礼仪银行"进行文明储蓄。学生自主聘请父母为"礼仪辅导员"，督促自己在家、在社会的遵礼情况。各班自主成立"礼仪护照管理委员会"，实行分级管理制度，督促反馈学生礼仪行为情况。

每周在礼仪校本课堂、中队会上，学生自我小结本周礼仪收获，提出下周努力方向。每月月末召开"明德礼仪护照"评审会，由班级礼仪护照管理委员会对学生个人的本月礼仪收获进行评定。队员自主申报等级，说明申报理由，学生间互评，班级管理委员和中队辅导员共同对学生的"礼仪存款"进行清点，再由中队辅导员、家长辅导员、礼校小干部对本月礼仪目标的落实进行联合评定，评出星级队员。评定结果以礼仪星级的形式体现在礼仪护照上，由委员会成员签字认证。

在此基础上，各中队民主推选"礼仪之星"，学校把他们的照片和事迹公布在"群星闪烁风云榜"专栏中，让全校学生宣传学习。利用晨会时间请童星介绍自己的事迹，带动更多的学生传播实践文明礼仪。每学期末全校评选表彰"明德礼仪大使"，每学年末全校评选"明德儿童"，使"创星评优"活动贯穿始终，让它成为学生心中的向往、校园的盛事，同时依托"明德礼仪护照"进行"星级班级"的评选。护照管理已成为学校礼仪教育的有效阵地，学生互相督促、自主管理，努力展现自我的精彩。

四、"明德礼仪"课程评价方案

本课程更多地依靠学校、教师、学生进行自主自律的自我评价，不断反思课程开发过程中出现的各种问题，自我批评，自我激励，自我改进，保证校本课程开发的健康顺利运行。

（一）评价原则

1. 评价主体多元性

包括班主任、学生、家长以及在活动中的社区工作人员、跨学科教师等。学生自评、互评、教师描述性、激励性评价。学校不以评比为目的，而以研究或促进为目的的评价等。

2. 评价内容多元性

要更多地关注学生的创新精神和实践能力的发展，以及身体、心理素质、学习潜能、积极情感体验等方面的发展。

3. 评价过程动态性

通过多层次、多角度的评价，使学生逐渐感悟自身的发展，增强进一步提高文明礼仪行为和良好的行为习惯发展的愿望。

（二）评价内容

评价内容包括两个方面。

1. 对课程开发实施者的评价

主要从以下几方面评价：一是学生实际接受的效果，二是领导与教师听课后的评价，三是学生实践作业调查的结果，四是教师采取的授课方式及运用现代教育技术的情况，五是学生学习后文明礼仪养成状况的转变。

2. 对学生的评价

利用"明德礼仪护照"对学生的评价主要采取等级制。等级的给定应考虑三方面的因素：一是学生学习该课程的学时总量；二是学生在学习过程中的表现，如态度、积极性、参与状况等；三是学习的客观效果，教师可采取适当的方式进行考核。三个方面的因素中要以学生参与学习为主、过程与结果为辅，但最终的等级要把三方面的因素综合起来考虑进行综合评定。

学校将立足"培养与世界同步的现代中国人"理念，以明德礼仪浸润童心，带领学生自主学习、实践文明礼仪，传播文明礼仪，提高学生的行为素质，使他们养成良好的礼仪风范，并最终做到在家是个好孩子、在学校是个好学生、在社会是个好公民，实现有礼有节的交往，创造"人和"的境界社会。

（蔡军萍　青岛德县路小学）

第十五章
"静·雅"学校课程建设

第一节　背景与问题

一、课程开发的背景介绍

（一）课程开发的历史渊源

教育与人类社会共生共在。课程与教育共生共在。尽管课程思想源远流长，但是课程作为一个独立研究领域从教育中分离出来，还是20世纪初的事情。美国资深课程学者坦纳夫妇指出："课程有一悠久的过去，但只有短暂的历史。"[1]

20世纪20年代上半叶，课程这一研究领域最先在美国比较完整地确立起来。博比特和查特斯等人的课程开发理论与实践，启动了"课程开发的科学化运动"，他们的课程理论也因而被称为"科学化课程开发理论"。博比特是科学化课程开发理论的奠基者、开创者。他认为，课程开发的具体过程包括：第一，人类经验的分析；第二，具体活动或具体工作的分析；第三，课程目标的获得；第四，课程目标的选择；第五，教育计划的制订。查特斯是与博比特同时代的美国著名课程论专家，他的课程开发理论与博比特极其相似。

在《课程编制》一书中，查特斯指出，从事课程开发"首先必须制定目标，然后选择课程内容，在选择过程中，必须始终根据目标对课程内容进行评价。"[2]博比特和查特斯的理论与实践第一次把课程开发过程本身确认为一个独立的研究领域，

---

① Tanner D，Tanner L N. Curriculum Development：Theory into Practice ［M］.New York：Macmillan，1980.

② Charters W. Curriculum Construction ［M］. New York：Macmillan，1923.

并提出了课程开发过程的一系列问题：课程目标是课程开发的基本依据，课程目标的选择与教育计划的制订是一个科学化的过程等。这些问题一直是课程研究的基本问题。

拉尔夫·泰勒是美国著名教育学家、课程理论专家、评价理论专家。他是现代课程理论的重要奠基者，是科学化课程开发理论的集大成者。由于对教育评价理论、课程理论的卓越贡献，泰勒被誉为"当代教育评价之父"和"现代课程理论之父"。[①]

在《课程与教学的基本原理》一书中，泰勒开宗明义地指出，开发任何课程和教学计划都必须回答四个基本问题：[②]

第一，学校应该试图达到什么教育目标？

第二，提供什么教育经验最有可能达到这些目标？

第三，怎样有效组织这些教育经验？

第四，我们如何确定这些目标正在得以实现？

这四个基本问题——确定目标，选择教育经验（学习经验）、组织教育经验、评价教育计划——构成著名的"泰勒原理"。泰勒把从这四个问题中归纳出的"目标""内容""组织"和"评价"称为课程开发的"永恒的分析范畴"。[③]泰勒整合了博比特、查特斯等先辈们关于科学化课程开发研究的早期成果，充分汲取了他那个时代科学发展的最新成就，从而把科学化课程开发理论推向了顶峰。现代课程开发的理论研究和实践探索可谓蔚为壮观，但都是围绕着这四个基本问题构建起来的。

（二）学校课程发展背景

笔者眼中的某校，有80多年的发展历史，奠定了学校坚实的办学基础，积淀了学校教育的深厚底蕴。该校始建于1933年，由政府出资建楼，就规模来说，在当时还是很气派的。学生进入学校就读，一切按正规要求。学校收费相对比较高，教学要求也高。后历经抗日战争时期，在中华人民共和国成立前夕，将学校原址进行修葺。中华人民共和国成立初期，该校学校面貌焕然一新，教师干劲倍增，接管的第一学期就举行了成绩展览会，各科成绩均获佳绩，出现了前所未有的新现象。1953年，该校被定为市重点小学，直属市领导。20世纪80年代，该校在各级领导的关怀

---

① 〔美〕拉尔夫·泰勒.课程与教学的基本原理，施良方译.北京：人民教育出版社，1994.

② Tyler R. Basic Principles of Curriculum and Instruction，Chicago〔M〕.TL：The University of Chicago Press，1949.

③ Schubert W H.（1986），Curriculum：Perspective，Paradigm，and Possibility，Chapter 8，9，10，11.

支持下，逐步成为一所具有音乐特色的对外开放的小学，向中央音乐学院、中国芭蕾舞剧院、中国舞剧院、总政歌舞团、国家各类艺术学院输送了大量文艺人才，并被授予省艺术教育示范学校等多个荣誉称号。20世纪90年代，为提高教师素质，学校在教师中大力开展苦练教学基本功的活动。教师全员参与，大练教学基本功，使教师教学基本功素质大大提高。该校鼓励教师端正思想、转变观念、大胆创新、锐意改革、深入研究，教育科研在学校蔚然成风，不断形成"团结拼搏 扎实进取 争创一流"的文化底蕴。

新千年以来，该校提出全新办学理念——为每一个孩子的终身发展奠基，致力于打造一支"精干高效""一专多能"的教师队伍，实现学生的三个发展——全面发展、全员发展、富有个性创造的发展；通过有效实施教学质量监控措施，构建了课堂教学新模式，凝练了"静·雅"文化，开创了该校工作的新局面。在"为每一个学生终身发展奠基"理念的指引下，在历任干部教师的共同努力下，该校打造了一支团结奋进、追求卓越的教师团队，培养了一批又一批优秀的人才。多年来，团结奋进的干部、教师团队在教学工作中关注每一个学生的学习状态，把让学生在课堂上得到最大限度的发展作为己任，勤恳敬业，扎实负责。学校一流的教学质量形成了办学的突出特色，赢得了家长和社会的广泛认可，在全市享有盛誉。

二、目前学校课程建设中的问题

课程是什么，好像大家都很熟悉，但是还不能明白地回答。有人说课程就是我们学校开设的一门门学科课程，好像并没有做出进一步的阐述。笔者认为，课程不仅是知识，是师生一起研习并在一定时限内研习完成的预先确定了一定范围的知识。课程还是文化，是学生在学校里可以习得的各种文化的总称。它包括一所学校的学风、校风，以及学校建校以来逐步积淀形成的学校主流观念中的信仰和风格气息；它们通常是看不见、摸不着的，是潜藏着的。它们可以被称为隐性文化，相应地就称为隐性课程。课程即知识，可见，具体，有形，可称之为显性课程。二者相对又相合，共同存在于学校中。相比较而言，显性课程易学，易操作；隐性课程越厚重越凸显个性，越有价值。因此，要甄别两所学校课程建设的优劣，显性课程差不多的情况下，隐性课程才能真正体现它们的差异。随着学校的发展，隐性课程越厚重越能凸显学校特色，隐性课程才是学校特色课程的中流砥柱。由此可见，教师在实施显性课程过程中，所体现出来的态度、信念以及这种内在气质所表现的人格，都在隐性课程之内，要建设学校特色课程，教师具有无可替代的作用。由此看来，我们去探寻"学校特色课程"，不仅要关注教科书这类静态的内容，还有必要关注在这个过程中发生的一切，这些都应纳入我们的研究视野中。

纵观国家八次课程改革，国家对学校课程的目标、内容、方式的指导和要求，从无到有，从零散到集中，从模糊到清晰。课程功能目标强调了课程要从单纯注重传授知识转变为体现引导学生学会学习、学会生存、学会做人。尤其是第八次课程改革对各学科课程内容标准进一步修改，涵盖中小学义务教育18门学科的国家课程标准研制完成，至此，国家对学校课程的整体教学内容有了最全面的一次目标要求。国家课程目标不是"最大限度地控制"而是"最小限度地控制"，赋予基层学校以更大的课程开发权、课程选择权。作为学校，育人目标更加明确，有越来越多的主权和空间，特别是第七次课改直接提出要进行地方课程和校本课程建设以及活动课程建设等研究活动等。学校对课程开发具有自主性和创造性。课程内容不是"囊括"，而是精选。课程内容的改革强调"改变课程内容繁、难、偏、旧"，关注学生的学习兴趣和经验，精选终身学习必备的基础知识和技能，其目的在于培养"21世纪社会所需的能力"。课程实施的方向不再是"教师中心"，而是"学生中心"，提倡建构性学习，强调自主、合作、探究的学习方式。教育教学评价的改革主要在评价的功能和评价的方式上有所突破，充分发挥评价的教育功能，而不仅仅把评价作为筛选与甄别的工具。多年来，量化课程评价一直占主流地位，力图把复杂的教育现象、课程现象简化为数量，根据量化的数据进行分析、比较、推断某一评价对象的成效。20世纪70年代以来，因为重建了"教育""课程""学习""认知"等概念，于是量化课程评价模式的非人性化、脱离教学情境化、低层次认知的导向乃至文化偏见的缺陷暴露无遗。由此，"质性课程评价"的观念与技术兴起，它力图通过自然的调查，全面充分地阐述对象的各种特质，以彰显其意义，促进理解。[1]到第八次课改，基本形成正确的评价观念，建立评价项目多元、方式多样的发展性评价体系，改变过分偏重知识记忆与纸笔考试以及过于强调选拔与甄别功能的评价取向。

学校课程是学校依据办学目标和培养目标，在分析学生需求基础上自主开发与建设的，可供学生自主选择的多样化的课程。它是国家课程的重要补充，是学校校本化课程体系中不可缺少的课程。目前学校课程的建设过程中或多或少地存在着制约因素。

---

① 钟启泉.现代课程论［M］.上海：上海教育出版社，2015：392-393.

学校课程的目标应是以促进学生全面而有个性地发展为核心，要使学生具有爱国主义、集体主义精神，热爱社会主义，继承和发扬中华民族的优良传统和革命传统；具有社会主义民主法制意识，遵守国家法律和社会公德；逐步形成正确的世界观、人生观、价值观；具有社会责任感，努力为人民服务；具有初步的创新精神、实践能力、科学和人文素养以及环境意识；具有适应终身学习的基础知识、基本技能和方法；具有强壮的体魄和良好的心理素质，养成健康的审美情趣和生活方式，成为有理想、有道德、有文化、有纪律的一代新人。课程目标相对完整，但是作为小学课程目标缺乏针对性，针对小学学生年龄特点教育目标还可以更具体一些。

学校课程的内容精选学生终身学习必备的基础内容，增强课程与社会进步、科技发展、学生经验的联系，拓宽视野，引导创新与实践；为适应社会需求的多样化和学生全面而有个性的发展，构建重基础、多样化、有层次、综合性的课程结构；为提高学生自主学习、合作交流以及分析和解决问题的能力而创设有利于引导学生主动学习的课程实施环境。学校在建设学校课程的内容方面，比较重视技能的多样性和广泛性，忽视了学生个体的学情基础、知识基础、兴趣爱好和发展目标。

学校课程的实施途径和管理方法很多，有的与国家地方课程整合进行，有的以开设社团活动的方式推进。由于学校课程管理过程的复杂性和情境的多变性，有时会借助一些管理界人士介绍成功的经验和方法，直接嫁接到自己的实践中，但是脱离具体情境，满足于现存的方法，时时会遇到新情况、新问题，学校课程实践及其管理陷入了得过且过和因循守旧的泥潭。[①]

基于以上认识和该校历史积淀，笔者分析认为，作为一所以教学质量著称的、有着悠久办学历史的传统老校，学校在追求升学率的年代确实创造了一个又一个的"辉煌"，但是，"汗水+时间"的传统教学模式已经不适应现代教育的发展。在继承传统教学精华的同时大踏步前进，改变"教师中心"的课堂模式，走上"以生为本"、师生和谐共生的道路上来，唯有进行学校课程建设。

三、学校课程建设的主要任务

该校有悠久的历史，但是教育的专业化和制度化，造就师本的理念越来越突出。伟大的教育家孔子提出"因材施教"等教育理念，提倡从对学生的了解出发，顺应儿童的特点进行教育。早在18世纪，卢梭就提出："教育的中心要从教师和书

---

① 郑学燕.杨中枢.校课程管理：特点、原则与方法［J］.西北师大学报.社会科学版.2006-11-05.

本转到学生身上。"立足当下，既需要对已有学校精神的传承，更需要有变革和创新。我们的视角必然定位在学生身上。通过分析学生的生源、学生的成长背景、学生的心理性格、学生的行为状态以及学生的价值取向等，需要我们探索出更有实效、更有生命力、更切合学生发展的做法，才能推动学校的内涵发展，通过研究最终构建适合学生发展的"静·雅"课程体系。

静，顾名思义为"安静"。汉，陆贾《新语·怀虑》："调密者固，安静者祥，志定心平，血脉乃彊"中的"静"指"沉静稳重"。《现代汉语词典》对"安静"一词的解释：一是没有声音的，没有吵闹和喧哗的；二是安稳平静，不激动，不焦急，不兴奋。前者表现于外，表现于口、手、足；后者表现于内，表现于心和大脑。后者表现为，因为有安静的能力才有成长的能力。当孩子处在平和、安静的状态下，不仅能主动完成很多活动，而且非常专注。其实，这正是安静的价值——孩子在建构自己的认识体系，控制自己的动作、语言，充分思考。这就是学者说的"静想出智慧"。

《诗经》中的"雅"是"正"的意思。词典中，"雅"指"正规的，标准的；美好的，高尚的，不粗俗的：文雅，高雅，典雅"。"雅"，是人内外兼修的气质，是人内在精神修养不断提升而外显的文雅风范。学生如果从小就能做到行起于正、达成于雅，将为其终身打下良好的道德基础；其内涵包括语言文雅、行为儒雅、形象优雅、情趣高雅，具有内化的丰富的情意素养如同情心、爱美之心等，具有与其年龄相对应的稍微超前的而且不断积淀的文化素养。有道是"腹有诗书气自华"，这不仅是对学生情感素质和情趣特点的要求，还是对学生知识素质或"知"的要求。

"静·雅"课程的建设的主要任务是以生为本，将学生培养成为静心善思、言行蕴雅的新型人才，进而形成学校的文化特色，让生本理念浸润校园、充盈课堂，提升教师的教育教学品质，实现学校育人质量的跨越式发展，从而促进每一个学生的幸福成长。

第二节　课程的目标

学校不是现代化的工厂，教育也不是"流水线"，教育既要成为发展学生个性的途径，也要善于张扬学生的个性，培养学生人格的健全性、独立性与创新性。如果说国家必修课程体现的是国家的教育意志，关注的是未来公民的基本素养，是对全体学生的统一要求，是为了培养学生的健全人格，那么丰富的学校课程则会为学生独立人格的养成、潜能的开发与创新品质的培养"建功立业"。

学校课程开发的整个过程都决定于预定的教育目标。目标是课程的灵魂，它是教育意图或教育方针的一般性叙述。教育目标决定着课程的状态、内容和方向，体现了一定的教学哲学的观点。所以，确定何种教育目标，就决定了课程的内容、方向和性质。教育目标应尽可能地具体化、明确化，以便做出反馈和评价。

一、学生发展目标

泰勒指出："课程的基本原理应该十分强调在课程设计中对学生的兴趣、活动、问题和所关心的事情给予认真关注。凡有可能和合适的机会，应该让学生参与课程的设计和评价。"[①]现代科学技术飞速发展，现代科学知识数量大大增长，更新速度不断加快，课程目标应该为学生参与社会生活做好准备。知识是一种动态的存在，是不确定的，引导人进行批判性思维的力量。学科专家不会以课程专家自居而封闭其思维，而是顺应时代需要，及时更新知识结构，能站在学科的立场上，从更广阔的教育视野出发提出教育目标。

人是万物之灵，教育是对人的发展成全，学校教育是成全学生发展的事业。教育要成全学生的生命成长，成就学生的成功，成就学生当下和将来精致、幸福的人生。教育的实质是成全和造就人格健全并富有个性的人。基于以上认识，该校把"一切为了促进学生健康全面的成长"作为学校一切工作的出发点和落脚点，以"培养具有健康身心，良好习惯，广泛兴趣，发展潜质的全面发展而富有个性的现代小学生"为学生发展目标。

二、教师发展目标

教师的品质决定着课程的品质，决定着教学的质量，决定着学校的品位。为此，在学校特色课程建设中，确立了"依靠教师，服务教师，发展教师，成就教师"的工作理念，以制订"学校、学科、教师三个层面的三年发展规划"为依托，结合"教师专业发展管理控制程序"及相应工作指导书的制定、学习与贯彻，整合内外资源，用足并开发已搭建的教师高位发展平台，用好已有的"教师团队和个

---

① Tyler R. Two New Emphases in Curriculum Development, Educational Lesdership, Oct., 1976.

人" 的校本研训工具，努力从 "设置合理的教师成长目标、关怀教师的生命存在状态、创新教师校本培训机制" 三个方面寻找为教师开发实施课程提供服务与支撑的途径，促进教师专业发展。

三、学校发展目标

为了全面贯彻落实国家、省、市、区的《中长期教育改革与发展规划纲要》精神，落实国家基础教育课程管理政策，以 "生本立校、幸福成长" 为办学理念，以 "培养具有健康身心，良好习惯，广泛兴趣，发展潜质的全面发展而富有个性的现代小学生" 为培养目标，学校确立了 "静·雅" 课程目标，即每一个学生都能静心善思、博学雅行，每一个学生都能身心健康、幸福成长，全面提升学生的生命质量，将学校打造成一所师生健康、幸福成长的乐园。

第三节　课程的内容

一、选择依据

课程内容是以教育目标为选择和组织的基准。在《课程与教学的基本原理》一书中，泰勒提出了选择学习经验的五条原则：为达到既定的教育目标，给学生提供的学习经验必须既能使学生有机会实践该目标所隐含的行为，又能使学生有机会处理该目标所隐含的内。学习经验必须使学生在从事教育目标所隐含的行为的过程中获得满足。学习经验所期望的反应是在学生力所能及的范围之内的。有许多特定的经验能够用来达到同样的教育目标。同样的学习经验通常会产生集中结果。[①]

学校通过 "静·雅" 课程的研发与实施，满足学生多样化发展的需要，面向每一个学生，坚持全员参与，拓宽视野，强化学生对学习内容的自主选择意识，培养学生合作精神和交往、动手、创新、探究等多方面的能力。学生能 "静心"，达到口与心统一，内与外统一。学生还能 "雅行"，实现从 "反应人" 向 "慧中秀外

---

① Tyler R. Basic Principles of Curriculum and Instruction ., 1949.

的人"变化的过程。在当今社会背景下，需要考虑"能行"（实践能力）、"礼行"（文明素养）、"善行"（公民责任），综合起来讲就是博学、智识、雅行、善为、才艺等方面内容。

二、具体内容

在"静·雅"课程目标的指引下，该校确立了"健康身心、良好习惯、广泛兴趣、发展潜质"的学校课程内容。为了满足学生自我发展的需求，该校不断研发学校课程项目，丰富学生学习内容，提高学校课程的整体质量，促进全体学生全面而有特色的发展，凸显学校的"静·雅"课程特色。

（一）健体课程——让学生具有健康的身心

该校是省体育运动项目传统学校。足球是该校的传统体育项目，在区、市级各级各类比赛中多次获奖；足球项目也是教学的重点学习内容。该校不断进行普及教学，编排足球操，每个孩子都能掌握足球基本技能。学校还成立各级别足球社团，定期进行班级联赛，并代表区、市比赛，成绩优异。每个学生能在普及学习足球技能的基础上，不断学习网球、篮球、田径、游泳等特色课程，学生的运动热情不断高涨，凸显了学校体育特色，学生的身心健康水平也在不断地提高。

（二）习惯课程——让学生具有良好的习惯

习惯是养成教育的产物。习惯养成教育是决定学生一生发展的教育，好习惯可以成就人的幸福人生。为此，基于学校多年在养成教育方面的探索与实践，根据孩子的认知特点和成长需求，在专家引领与指导之下，全面实施"好习惯伴成长"活动，逐步推进习惯养成教育的系列化教育内容，力争深化德育课程建设，逐步推进习惯养成教育，让学生做到言行一致，更加自信、成熟、深刻，让每位学生养成受益终生的好习惯。

（三）兴趣课程——让学生具有广泛的兴趣

该校将国家课程与地方课程、学校课程进行有机整合，凸显海洋教育特色，培养广泛学习兴趣。该校创新进行综合实践校本化实施途径，不仅凸显了该校是海洋教育特色学校的活动核心，研发了海洋教育校本教材，还相继研发了青岛名牌、国防教育、美食、民俗、远方的城市、小邮票大世界等近30门校本课程，让学生自主选择进行学习，每学期可更换主题，让学生了解更多的课本以外的知识，不断丰富知识储备，激发学生广泛的兴趣爱好。

该校还开设了丰富的社团活动，为更多在专业上有潜能的孩子发展特长搭建舞台，包括大合唱社团、小合唱社团、舞蹈社团、美术社团、科技社团、机器人社团、趣味数学、海洋研究社团、小浪花文学社、英语模仿秀社团等，感受快乐的童年。

（四）潜质课程——让学生具有发展的潜质

"头脑奥赛匹克竞赛"，简称OM，是一项在国际上有很高知名度的青少年创造力的竞赛。为了更好地培养该校学生的创新精神和实践能力，发展学生的特长和个性，发掘每一位学生的潜质，该校在3，4年级开设"头脑奥林匹克"课程，在5，6年级成立"头脑奥赛"社团，让每一位学生通过系统学习扩大知识面，使思维更加灵活，培养该校学生的创新精神和实践能力，发展学生的特长和个性。

学校"静·雅"课程体系

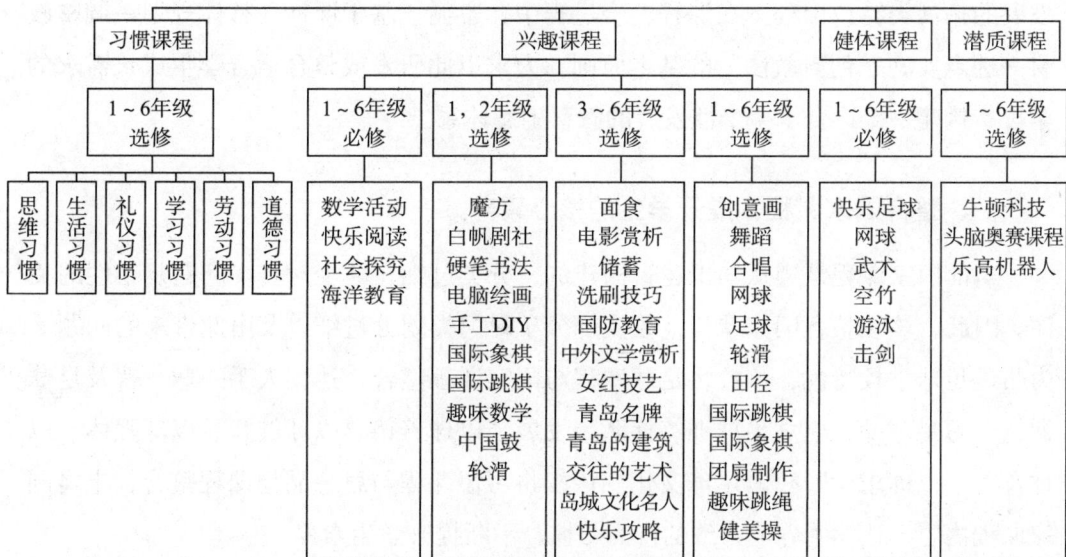

学校"静·雅"课程体系示意图

第四节　组织与实施

为了使教育经验产生累积效应，必须对教育活动进行有效组织，使之相互强化。泰勒提出了学习经验的两种组织：一种是"纵向组织"，指不同阶段（或时期）的学习经验之间的联系，如5年级科学课与6年级科学课所提供您的学习经验之间的联系；另一种是"横向组织"，指不同领域的学习经验之间的联系，如5年级科学课与5年级语文课提供的学习经验之间的联系。有效的纵向组织和横向组织会使不同的学习经验之间相互整合、相互转化；相反，不良的纵向组织和横向组织会导致经验之间相互冲突、相互抵消。

自2008年起该校开始了"静·雅"学校课程的建设，最初由社团活动的开设入手，为学生搭建成长的舞台，逐步架构起学校课程建设的网络体系，通过社团活动、必修课、选修课等不同的途径融入更多学生发展需要的学习活动。随后，结合该校的文化建设以及学生发展目标不断调适和研发学校课程，与学校的文化建设逐步融合。为了实现有效的学校课程，该校采用以下三种形式展开探索：一是调整课程结构，整合与调适国家课程，并进行校本化实施；二是推进学科融合，将国家课程、地方课程和校本特色课程进行有机整合；三是丰富课程内容，创编适合学生发展的拓展类特色课程。在课程整合过程中，遵循"基于课标—整体规划—调整教材—选点实施—创新教法"的基本原则，力求以此研发或整合适合学生成长需求的学校，构建一个适合学生个性发展的教育生态体系。

一、整合国家课程，提升学生的核心素养

当前国家课程是遵从知识逻辑构建的，分类过细，缺少对真实问题复杂性的关注。因此，该校整合国家课程，改变部分学科门类划分过细以及由此带来的问题。为凸显足球学校特色，该校将足球课程与国家课程整合，达到人手一球，普及足球课，学习足球操，建立足球训练梯队，发展"以球养德、以球健智、以球强体、以球育美、以球求学"校园足球文化。该校将习惯课程与思想品德课程整合，丰富国家课程内容，让学生养成雅致的行为习惯，不断提升学生素养。

二、拓展地方课程，激发学生的探究精神

立足学校的办学特点、办学条件，不断开发本校教师的潜能，并借用一切有利于学生发展的"智慧"和"外力"作用于课程的开发建设。"海洋"是该校所在市的地方课程。该校周边有众多的社会教育资源，一方面可作为全校学生的实践基地，在体验中享受研究的乐趣；另一方面，挖掘资源潜力，建设校内"海洋数字博物馆"，培养学生的信息搜集能力和运用知识的能力。奥赛潜质课程与地校课程整合，有力地培养了学生合作探究的科学精神。

三、开发特色课程，促进学生的个性发展

通过走班活动和社团活动，该校涉列20多个学科进行任意选修活动，学生可以

根据自己的喜好进行活动，涉及生活技能、城市文化、城市名片、健脑益智等多个领域，为学生的特色学习和个性发展提供了有效的平台。

第五节　课程的评价

泰勒把评价引入课程开发，通过评价学习经验的有效性（是否达到预定的目标要求）对所形成的教育计划进行价值判断。泰勒指出："评价过程是从教育计划的目标开始的。由于评价的目的是要了解这些目标实际上实现得怎样，因此，很有必要有一个评价的程序，以便给出每一主要教育目标所隐含的每一类行为的证据。"[①]有了评价这一环节的存在，才使得整个课程开发过程成为一个在反馈调节基础上不断往复递进的动态系统。

依据课程研发的目标来看，教师和学生均有所发展状态，并有一定持续的、延展性的提高；相对地说，该校的课程建设有一定的科学性。

一、及时反馈，促进学生主动发展

该校园内醒目处建立"心语信箱"，鼓励孩子们将课堂上所见所闻和对课程开设的建议投入信箱，学校定期收取信件并及时进行反馈交流。每逢期末进行整合后课程的全面汇报展示，执教教师会依据课程特色对学生进行过程性评价。学校定期开展"学校课程设置需求信息采集"活动和"学科兴趣率调研表"调查活动，由级部分管干部负责组织学生填写，真实反馈学生喜欢的课程、课堂，了解学生喜欢的原因，给予教师及时的反馈和指导；期末，通过点赞卡的积攒进行"代言人"评选，引导学生在各类课程的学习中更为自主，促进学生课程学习的主动性。

二、加强研究，促进教师专业发展

教师科研意识和专业水平显著提高。教师通过校本课程开发与实施的收获主要表现为三个方面。一是教育观念的转变。从被动的拘泥、从属于教材，转变为了

---

① Tyler, R.（1949），Basic Principles of Curriculum and Instruction，p.110.

学生的发展主动去开发、寻找课程资源，在这个过程中感受、发挥课程的作用。二是教育行为的转变。为了适应校本课程的开发与实施，教师努力参与课题研究、探索教育规律、反思完善教学行为，促进自身专业素质和教育技能的提升。三是专业水平的提升。通过校本课程开发与实施，激发和鼓舞教师强化学习，在学习和实践过程中完善和提升自己以适应校本课程的要求。

三、注重课程实效，提升学校社会声誉

该校组建了由校外专家、学校干部和课题组长为主要成员的"发展性评估小组"，依据"课程发展性教学评价表"对教师课程实施进行全面评价。该校还通过"行政调研""家长开放""学校特色活动展示"等形式面向社会各界、全体家长全面展示学生在校学习与生活的情况，及时汇总教育专家、社区代表以及家长的评价情况，与任课教师进行分享交流，从而多层面实现了社会各界对该校实施课程水平的评价；打开校园，开放办学，加强社会各界的交流与参与，不断改善办学环境，切实提升了学校在社会的美誉度。

第六节　反思与建议

一、基本经验

该校基于"德育核心，培养实践能力和创新精神"的素质教育实施要求，基于落实知识性课程和构建实践性课程相统一的需要，本着"精致生动、幸福成长"的理念，在特色课程开发、实施和评价上，以"给学生以选择和尝试，让学生去亲历和体悟，服务于学生成长和成才"为出发点，把"可操作、能达成、有趣味、有意义、有挑战"作为衡量课程建设的标准和尺度，努力构建适切学生、方便操作、学生喜欢、家长认同且符合办学理念的特色课程体系，校本化实施国家、地方课程，着力构建多元多维的评价机制，引导学生做"知书达理、勤学善思、能说会做、静心善思、博学雅行"的心灵阳光的人。该校凝聚师生心灵之魂，把成全学生的全面发展、健康发展、个性发展置于学校特色发展、内涵发展的核心地位，做实做细做

强特色课程，全面提升学生的生命质量。

二、实践反思

（一）该校教师课程建设力不足

教师资源是开发学校课程的根本。在课程开发中教师是参与设计的主体，在课程建设中教师是课程改革的实施者和学校课程开发主体中的核心因素，学校发展课程，教师的积极参与是关键。该校教师虽然能熟悉各科教学工作、具有专业素养和教学水平，且在学校教育者中占绝大多数，但该校教师在课程理念的深度理解和课程建设的热情上还有待改善。

（二）该校隐性课程建设不够

课程按其形态载体的表现形式划分为显性课程和隐性课程。从对人的影响的角度讲，隐性课程对学生的身心发展有着重大影响，是人的思想意识形成的重要诱因。隐性课程是指"潜在的课程"即非正式课程，主要特点是潜在性和非预期性。它对学生的知识、情感、信念、意志、行为和价值观等方面起潜移默化的作用，通常体现在学校和班级的情境，如师生关系、同学关系、学风、班风、校风、校纪中。该校地处政治、经济、旅游的繁华地段，学生的智商与家境相对较好，随之而来是每家小皇帝的自我、个性、不服从管理，所以隐性课程中的"教职员工的言行，学生的言行，学生之间、教师之间、师生之间、教师与家长之间、社区与学校之间的交往"，以及"班级的管理与运行方式、规约、惯例"等未被重视，这必然会影响学生良好思想意识的形成，从而又影响学生知识的接受水平的提高和能力的发展。

三、改进建议

（一）学校背景分析，是学校课程目标的基础和起点

课程目标是课程的灵魂。学校课程开发应当存在于发生教育的地方，真正的课程离不开学校。学校是实施课程的场所，也是开发课程的重要机构。只有科学分析本校的经验优势、传统特色、面临的问题和困难等，在此基础上制定的学校课程目标才会有科学性，课程实施才会有针对性和有效性。笔者建议采用SWOT分析法进行学校情况分析；其中，S代表"优势"、W代表"劣势"、O代表"机会"、T代表"威胁"。SWOT分析法又称为态势分析法，它是旧金山大学管理学教授于20世纪80年代初提出的。学校在进行背景分析时，将从学校基本情况、学生情况、教师情况、行政管理和家长情况等方面来进行。

学校背景分析

	优势	劣势	机会	威胁
基本情况	从学校规模、硬件设施、学校历史、文化传统、地理环境特点等角度分析			
学生情况	从学生来源、个性特点、行为习惯、整体能力水平的角度分析			
教师情况	从教师年龄、职称、学历结构、专业水平、课程设计与建设能力、科研能力、教师间能力差异等角度分析			
行政管理	从行政年龄层次、课程领导力、管理策略与风格等角度分析			
家长情况	从家长学历、职业等角度阐述			

我们可借鉴这种分析方法,对学校内部资源和外部资源系统分析,让学校清晰地了解自己的资源优势和缺陷,了解我们面临的机会和挑战。

(二)科学客观地评价,是学校课程建设的动态指标

课程评价指标体系应该科学、客观。课程评价应该科学、客观地反映教育的科学规律,经得起教育改革与发展实践的检验。课程评价指标体系的构建既要考虑评价标准的多元化,又要考虑评价体系的可操作性。笔者认为应从师资队伍建设、课程目标、教学内容、教学资源、教学方法与手段、课程考核、教学效果和课程特色等几个方面构建课程评价体系,每一项目的指标又划分为A、B、C、D四个等级(优、良、中、差),由专任教师、课程专家和学生参与评。评价等级分A级、B级、C级和D级,评价结果大于90分的为优秀,80~89分为良好,60~79分为合格,低于59分为不合格。

评价标准的二级指标:

师资队伍建设(15%)〔包括主讲教师(4%);团队建设(5%);教师教科研成果(3%);青年教师培养(3%)〕。

课程目标(10%)〔包括课程定位(3%);课程设计(3%);课程建设与规划(4%)〕。

教学内容(10%)〔包括课程内容(5%);实践教学(5%)〕。

教学资源(15%)〔包括教材建设(5%);教学文件(3%);校内实践教学条件(4%);校外实践教学基地(3%)〕。

学方法与手段(15%)〔包括教学设计(4%);教学方法(3%);教学手段(5%);教学网站(3%)〕。

课程考核(10%)〔包括考核标准与内容(4%);考核方式(3%);试题库

建设（3%）］。

教学效果（17%）［包括课堂教学效果（3%）；实践教学效果（3%）；同行专家评价（5%）；学生评价（6%）］。

课程特色（8%）［包括课程特色（4%）；课程创新（4%）］。

总之，课程评价的目的在于促进教师更新教育教学思想和教学观念，提高课程教学改革和教学研究水平，不断规范教学管理，确保课程教学质量。这种评价标准既能关注学生的发展，也能促进教师的不断发展。它不仅注重评价结果，更注重学生的成长过程，是一个动态化的评价过程。[①]

综上所述，学校课程改革工作是一项关系重大、意义深远的系统工程，整个改革涉及培养目标的变化、课程结构的改革、课程实施与教学改革、教材改革、课程资源的开发、评价体系的建立和师资培训以及保障支撑系统等，是一项由课程改革牵动整个基础教育的全面改革；应该说，这些项目的改革是相辅相成和互为制约的。作为学校要创造性地实施国家课程、因地制宜地开发学校课程，为学生有效选择课程提供保障；通过课程改革，使基础教育主动适应社会发展和科技进步的时代需要，发展学生自主获取知识的愿望和能力，促进学生全面、幸福、生动地成长！

附：

Ⅰ.兴趣课程研发典型案例——数学活动课程

第一节　背景与问题

一、背景介绍

伴随着21世纪的到来，面对日新月异的社会与经济变革，国家和地区都在思考未来的公民具备怎样的素养才能够更好地适应21世纪的工作与生活。我国已经出台《中国学生发展核心素养》意见，是"以学生发展为中心"，一切为了孩子的成长和终生发展奠基为宗旨。而课程是教育思想、教育目标和教育内容的主要载体，是一所学校的灵魂，学校为学生提供什么样的课程就决定了培养什么样的人。为此，基于学校80多年的发展历程，依托课程改革与实践，通过建构学校课程来激发每一个学生走向个性化的自我发展、精致生动、幸福成长，直到发展成为具有独特生命

---

① 匡明，刘艳霞，刘超.课程评价指标体系的构建［J］.吉林农业科技学院学报.

价值的最好的自己——既全面发展又具有完美个性的人，是学校教育的最终目标。

二、核心问题

学校多年的幼小衔接活动，让我们有机会看到孩子在幼儿园天真烂漫、无拘无束的快乐时光，而小学一年级的学生与幼儿园大班的孩子仅仅只差一岁，俨然更拘谨和胆怯。对此，我们不禁反思，问题出在哪儿？1年级学生入学一个多月，教师就会感觉到学生的基础差异很大，有些孩子睡不好觉，下午第一节课上睡着了，或者听不明白话、看不懂作业，特别是对学科学习很多孩子适应得并不轻松。经过调研，我们发现很多孩子在学前并不是"零基础"，认了很多字，学了不少数学知识，但也有的孩子识字很少，对数字也不敏感，更没建立起学习的概念。孩子们的发展非常不均衡，存在很大的差异性。这个差距直接导致学生的接受速度、学习兴趣、自信心等一系列的问题，那么，如果我们还是按照既定的教材、教学计划，按部就班地开始1年级的教学，学生能继续对学校充满向往、对学习充满兴趣吗？

三、主要任务

在兴趣课程探索过程中，学生的通用素养，可以在跨学科或者本学科的学习过程中培养，如学生的习惯、合作交往的能力、自主学习的能力等。依托课程标准，该校对1年级语文、数学教材进行了适度重组，前两个月不上传统意义上的数学课，而是数学兴趣活动课，重点进行数学习惯培养和数学体验活动。课程内容主要围绕1年级数学教材里的单元情境图，研发出六个主题、共16课时的"读图教材"，内容图文并茂、生动有趣，符合一年级学生的认知特点，受到了学生们的欢迎，两个月之后再按照国家课程要求完成第一学期教学工作任务。课程资源的创造性地开发，尊重了学生的成长规律，树立了学生的学习信心，幼小衔接也更加顺畅。

四、课程目标

（一）学生发展目标

通过数学体验活动和习惯培养，学生依然保持着对知识的好奇，逐步具备了会学习的方法，掌握了数学学习必备的思想和方法，尤其是能主动学习，主动研究性的好习惯，以提出问题、解决问题为主线，学会以学生小组合作为主要形式，在科学研究和准科学研究实践中进行的学习活动。

（二）教师发展目标

学校课程建设的教育哲学需要回归儿童教育的本真，尊重每一个生命的差异，这对教师团队的专业素养和研究力提出了更高的要求。通过学校课程的建设，坚持

"科研训一体化"的推进思路，教师的课程意识和课程领导力都所提升，不断提升教师的专业素养。

（三）学校发展目标

学校借助课程变革，适应每一个新生刚刚入学的成长需求，激发每一个学生走向个性化的自我发展和幸福成长之路，发展成为具有独特生命价值的最好的自己。学校以"精致教育，幸福太平，促师生生动发展"的办学理念为引领，以学生的发展为本位，以师生的幸福成长为宗旨，通过生本课程的推进研究来提升教师的课程领导力和研究力，从而真正关注每一个学生的生命成长。

五、课程内容

（一）选择依据

1.相关性原则

兴趣课程与国家课程两者有机结合，使之与学生现有的思想、知识、技能等关联，注意与社会的需要、时代的变化与学生的未来学习需求相关联。课程要能够贴近多数学生的经验，满足相当部分学生的发展需要。

2.互补性原则

注意兴趣课程与国家必修课程的互补性。国家课程在解决课程的基础性与统一性方面具有优势，学校兴趣课程的开发在培养学生的兴趣、发展个性方面具有优势。兴趣课程的开发主要是为了弥补国家课程与校本课程的差异，要寻找国家必修课程中与学校办学目标、培养目标差距较大的薄弱环节，针对薄弱环节增加兴趣课程开发的力度，拓展校本课程开发的空间，凸显兴趣课程的特有价值。

3.需求性原则

学生具有多彩的个性、多样的需求、多元的目标，因此，在校本课程开发过程中，应当通过广泛的调查，了解不同学生群体的需求差异，尽可能为学生提供品种多样，丰富多彩的课程内容。

4.开放性原则

课程的开放性是兴趣课程的一个独特优势，也是开发的一大原则。这一原则要求校本课程的教学目标、课程内容、教学方式、评价方式及课程本身的开发方式都要具有开放性。学校应当根据对实践的评估对兴趣课程进行适时的调整与优化，教师也应当根据对实践的评估对课程内容、教学方式与评价方式等进行符合学生需要的调整。

（二）具体内容

数学兴趣课程内容：

D1　认识教科书、习惯点：上课姿势；数学用品摆放。

D2　数一数、习惯点：观察顺序；观察方法。

D3　数一数、习惯点：使用圆片学具等；如何摆放。

D4　找找周围的数、习惯点：语言表达；小组合作交流；学会倾听。

D5　分类、习惯点：学具、物品分类；同位合作。

D6　数学书写、习惯点：认识田字格；书写习惯。

D7　认识3~6的数、习惯点：摆放、收取学具。

D8　整理复习、习惯点：表达完整等逻辑思维习惯。

D9　数字的由来、活动点：搜集资料。

D10　比较、活动点：比物品大小、长短、轻重。

D11　数的比较、活动点：比数字大小。

D12　认识1~20的数、活动点：计数器、估数。

D13　认识立体图形、活动点：认识立体图形。

D14　认识平面图形、活动点：认识平面图形。

D15　认识运算符号、活动点：认识数学符号；加法、减法的意义。

D16　认识位置、活动点：认识上下、前后、左右。

第一课　认识数学书

【课时目标】

知识目标：

1. 认识数学书的页数。

2. 能够准确地翻开数学书的页数。

方法与能力目标：

1. 建立初步的数感。

2. 发展动手操作能力和探索意识。

习惯培养目标：

1. 培养学生学会摆放学具。

2. 学会上课听讲的正确姿势。

【活动内容】

活动一： 学具摆放

1. 数学用品摆放（微课：介绍数学学具和摆放要求）

谈话：数学课我们需要做好哪些课前准备？

学生明确：摆放位置，铅笔盒贴桌上边，摆在中间。数学书、数学同步放在右上角，与桌角对齐。学具盒放在另外一侧。

2. 使用方法

教师提出要求再取出相应的文具和学具。学生用完后放回原位；学具盒里的学具轻拿轻放，暂时用完退到铅笔盒边上，全部用完放回盒子里。学生了解本学期学具盒里有哪些东西，学习使用的方法和要求。

（设计意图：落实目标1建立初步的数感）

3. 练习活动

请轻轻拿出铅笔、尺子、橡皮，再轻轻放回去。

拿出学具盒中的小棒摆一摆、玩一玩，再把它们放回学具盒。

活动二： 倾听习惯

1. 微课

结合德育课程内容，学习上课姿势的要求。

2. 学习上课坐姿要求的相关歌谣

小小手，放桌面

小眼睛，看老师

小腰板　要挺直

小耳朵　竖起来

随后进行相应的操作练习。

活动三： 认识教科书

谈话：同学们，今天开始你就是一名小学生了，你想和数学这门知识交朋友吗？我们先来一起和数学书打个招呼吧。上学的第一节数学课，从认识新朋友数学书开始。

微课介绍认识教科书。（以青岛版为例）

数学书的第一页告诉我们学习的第几册。

这是目录，每册书的最开始都会有这样一个目录，告诉我们学习的内容和这些内容在哪一页。具体来看一下目录中的内容，包括单元，什么是单元，就是相对独立的某一部分学习的内容，为一个单元。一起看看我们这册书有几个单元，每个单元在哪一页。

这是"信息窗"，每节课我们要学习的知识的内容都在里边，在观察的时候可要仔细啊，找出信息窗中的有价值的信息，是帮助我们学习知识、解决问题的重要环节。

这是每一课的学习内容，仔细看，里边有红点是重点新知，绿点我们可以尝试自己解决哦！

"自主练习"，是对我们所学内容的巩固和检测。

书中的"小博士"，给我们讲了很多数学小知识。

"问题口袋"，有什么不明白的问题，可以告诉我哦。

活动四：收获

（1）读书、倾听的习惯养成。

（2）知识方面是认识教科书。

第二课　数一数

【课时目标】

知识目标：

通过独立数出图中生物的数量，了解数数的顺序和方法。

方法与能力目标：

学生经历简单的数数过程，教师在过程中引导学生按一定顺序数数，了解学生数数的差异，为今后的教学做好准备。

习惯培养目标：

1.让学生明确观察顺序，能准确、流利地表达出物体的数量。

2.继续巩固课堂倾听习惯的养成。

【活动内容】

活动一：情境导入

出示情境图，说说情境图上都有什么？（注意培养孩子发言时声音洪亮，站直站正）

（设计意图：落实习惯目标1，继续巩固课堂倾听习惯的养成）

活动二：数数（参考青岛版教材情境图）

观察情境图，让学生说一说从图中都看到了什么，重点来数一数1条鲸鱼、2只乌龟、3位潜水员。

（1）注意引导学生表达时正确使用的单位名称。

（2）在数的时候引导学生用手指指着被数的物体，养成良好的数数习惯。

（3）让学生完整地表达所数物体的数量。

（设计意图：落实习惯目标2：让学生明确观察顺序，能准确、流利地表达出物体的数量）

活动三：有序地数

1. 让学生自由展示数水母的过程

按照学生数的顺序，总结出数数的顺序可以是从上而下，也可以是从下而上或者从左往右、从右往左数。对于好的数物方法要及时提出表扬。

总结：通常情况下，我们是按照从上往下，从左往右数。

2. 按从刚才数数的方法来数一数螃蟹、海豚的数量

要求学生在表达时完整，如：我是按照从左往右的顺序数的，1，2，3，4，有4只螃蟹。

（设计意图：落实习惯目标2：让学生明确观察顺序，能准确、流利地表达出物体的数量）

活动四：多种数法

（1）让学生数一数小丑鱼的数量，并完整地表达出自己数的结果。

（2）让数得快的同学说一说自己是怎么数的。

（3）在一个一个数的基础上，引导学生还可以两个两个数数，体现数数方法的多样性。

活动五：练一练（教材统整）

苏教版第2页情境图数一数。根据这节课学习数数方法，正确进行数数，表达流畅完整。

活动六：总结全课，谈收获

第三课 学具盒的使用——数一数

【课时目标】

知识目标：

1. 在实际情境数数的过程中，进一步掌握数数的有序性，能认、读5以内各数，理解数的意义，并体会数与物的一一对应。

2. 学习指物数数，认相应的数字，培养数数能力。

方法与能力目标：

通过帮助学生建立有序观察的意识，进行数数方法的指导，发展初步的数感和符号意识。

习惯培养目标：

1. 学会提出数学问题。

2. 会一一对应的摆点子图。

3. 认识学具盒，能够规范有序地摆放圆片。

【活动内容】

活动一：学会提出数学问题

（出示情境图）

谈话：你能不能提一个数学问题？老师先来提一个，仔细听好，大鲸鱼有几条？像老师这样用一句话来表示一个与数学有关的问题，这就叫提出数学问题。你会像老师这样提出一个数学问题吗？

乌龟有几只？潜水员有几位？螃蟹有几只？海豚有几只？

（设计意图：落实习惯目标1，学会提出数学问题）

活动二：认识学具盒

（1）谈话：鲸鱼有几条？（1条）我们可以用一个简单的图形来表示它的个数。一条鲸鱼就可以用1个圆片来表示。

（2）认识学具盒（边看微课边讲解操作）。请你从学具盒里拿出一个圆片来表示数字1。

（3）教师演示在计数器上拨1。

小结：（关注学习习惯）同学们在拿出学具的时候要轻轻拿，然后轻轻打开学具盒，看看哪位同学拿得又快又好，在摆的时候，要先听清楚老师的要求，然后再摆一摆。

小儿歌：拿学具，快静齐。收学具，快静齐。

（设计意图：落实习惯目标3，认识学具盒，能够规范有序地摆放圆片）

活动三：认识数字2～5

（1）谈话：乌龟有几只？可以用几个圆片来表示呢，请同学在桌子上摆一摆（教师贴图）。

（2）同样的方法认识数字3～5，并用小圆片一一对应的摆一摆。

（3）学生到台上演示在计数器上拨2～5。

（设计意图：落实习惯目标2，会一一对应的摆点子图）

活动四：找一找生活中的1～5

谈话：可以再身上找一找，例如，我有2个胳膊2条腿。

　　　还可以说说哪些同学名字有3个字？

　　　伸出我们的小手指数数有几根？

活动五：练一练（教材统整）

（1）苏教版13页1和2。

（2）北师大版第5页1和2。

活动六：谈收获

（1）习惯养成。

（2）知识：认识数字1～5。

第四课　计数器的使用——数一数

【课时目标】

知识目标：

1. 在实际情境数数的过程中，进一步掌握数数的有序性，能认、读6～10各数，理解数的意义，并体会数与物的一一对应。

2. 学习指物数数，认相应的数字，培养数数能力。

3. 会数1～10（正数、反数、两个两个数……）。

方法与能力目标：

通过帮助学生建立有序观察的意识，进行数数方法的指导，发展初步的数感和符号意识。

习惯培养目标：

1. 学会提出数学问题。

2. 会一一对应的摆点子图。

3. 认识计数器，学会利用计数器拨珠6～10，发展学生的数感。

【活动内容】

活动一：学会提出数学问题

出示情境图：你能不能提一个数学问题？

跑步的有多少人？大树、吊环、向日葵、足球有多少？（板书：问题）

（设计意图：落实习惯目标1，继续巩固学会提出数学问题）

活动二：认识计数器

（1）谈话：跑步的有多少人？（6人）我们可以用一个简单的图形来表示它的个数。6个人就可以用6个圆片来表示。（在问题下面贴6个圆片）指导学生在摆圆片时一行最多摆5个，第6个从下一行的左边一一对应地摆。

（设计意图：落实习惯目标2，会一一对应地摆点子图，继续巩固学具盒的使用）

（2）认识计数器（边看微课边讲解操作）。请你在计数器上拨出6。

小结：（关注学习习惯）同学们在拿出学具的时候要轻轻拿，然后轻轻打开学具盒，看看哪位同学拿得又快又好，在摆的时候，要先听清楚老师的要求，然后再摆一摆。拨计数器时也要轻轻拨珠，不用计数器，小算珠都回家。

（设计意图：落实习惯目标3，认识计数器，能够规范有序地摆放圆片）

活动三：认识数字7～10

（1）谈话：大树有几棵？可以用几个圆片来表示呢，请同学在桌子上摆一摆（教师贴图）。

（2）同样的方法认识数字8～10，并用小圆片一一对应地摆一摆。

（3）学生到台上演示在计数器上拨7～10。

（设计意图：落实习惯目标2，会一一对应地摆点子图；落实习惯目标3：认识计数器，学会利用计数器拨珠6～10）

活动四：找一找生活中的6～10

活动五：会数1～10

谈话：你能正着数吗？

你能反着数吗？

你能两个两个数吗？

活动六：练一练（教材统整）

（1）苏教版14页6。

（2）北师大版第12页2、6。

活动七：谈收获

（1）计数器的使用和习惯的养成。

（2）知识：认识数字6～10。

第五课　结合生活认识0

【课时目标】

知识目标：

1.通过观察图画和直尺，正确理解0的含义，学生的观察能力得到进一步培养。

2.能联系日常生活，寻找出日常生活中的0，进一步理解和认识0这个数字。

方法与能力目标：

感受0与生活的联系，具有在生活中发现数学问题的意识。

习惯培养目标：

1.用自己的方式准确地表达，培养学生完整清楚表达的习惯。

2.能与同位合作交流，进行汇报，认真倾听。

【活动内容】

活动一：小游戏——抽奖

从盒里里抽取奖品，抽到奖品了吗？那用什么来表示呢？

你和老师想到一块去了。对了，我们可以用0来表示没有东西剩下。教师出示0的卡片。

总结：表示一个也没有用0表示。

活动二：发现生活中的0（课程统整）

（1）在生活中，你在哪里见过0，同位互相交流一下。同位交流时（我先说说……你再说说……），仔细倾听同位的发言，想一想哪里和我一样，我也这样说，哪里和我不一样我再进行补充。

（2）苏教版18页第4题。（生活中的0）

（设计意图：落实习惯目标1，用自己的方式准确地表达，培养学生完整清楚表达的习惯。落实习惯目标2，能与同位合作交流，进行汇报，认真倾听）

活动三：尺子上的0（课程统整）

（1）出示直尺图。

谈话：表示什么也没有时用0。直尺上也有0，看看0在哪儿、在几的前面。

通过活动学生知道：

① 量东西长短时，0就是起点。

② 学生起身活动，体会"起点"，见过运动会上赛跑吗？运动员跑步的起点就相当于"0"。见过跳远吗？0也可以表示跳远的起点。

（2）练一练：参考北师大版第10页第5题。

（3）想：生活中还有什么用0表示起点？

（4）比赛中的0表示什么？

活动四：数一数

我们数数的时候都是小的数在前面，那么我们现在把0数进去，怎么数？在1的前面还是后面？下面就请大家一起来数我们学过的数字。全班数，或者几个学生一起数，或者学生个人单独数。

第六课　数字的由来

【课时目标】

知识目标：

1. 学生知道阿拉伯数字的由来，会用1～10各数表示物体的个数。

2. 知道1～10的数序，初步建立的数感。

方法与能力目标：

1. 能通过课前搜集资料，简单说一说数字的由来，培养初步学会搜集信息的能力。

2. 在拨计数器、摆学具的活动中，理解数的顺序，进一步提高数学交流意识，发展学生的数学逻辑思维能力。

习惯培养目标：

1. 在活动过程中，初步会进行简单的资料搜集。

2. 能与组内同学合作交流，进行汇报，认真倾听，表达完整。

【活动内容】

活动一：课前介绍查找资料的方法

（1）你是通过哪些方法知道这些知识的？（看书、询问家长、上图书馆查资料与上网查资料，这是我们现在最常用的查资料的方法）

（2）教师演示：网上查资料的方法。找资料可以去"baidu"，输入"数字的由来"，发现好的文章资料，也可直接存入电脑或整理打印。

（设计意图：落实目标1在活动过程中，初步会进行简单的资料搜集）

活动二：说说数字的由来

（1）小组交流，汇报课前搜集的资料（语言表达完整）会轮流说，组长能够记录同学们的意见。

（2）全班汇报，理解数字的由来（以师生、生生评价为主），关注培养学生的倾听习惯。

活动三：观看微课：介绍阿拉伯数字的来历

通常，我们把1，2，3，4，…，9，0称为"阿拉伯数字"。其实，这些数字并不是阿拉伯人创造的，它们最早产生于古代的印度。可是人们为什么又把它们称为"阿拉伯数字"呢？大约在公元750年左右，有一位印度的天文学家拜访了巴格达王宫，把他随身带来的印度制作的天文表献给了当时的国王。印度数字1，2，3，…及印度式的计算方法，也就在这个时候介绍给了阿拉伯人。因为印度数字和计算方法简单而又方便，所以很快就被阿拉伯人所接受了，并且逐渐地传播到欧洲各个国家。在漫长的传播过程中，印度创造的数字就被称为"阿拉伯数字"了。

活动四：小游戏

（1）一个学生说数字，其他同学用小棒、计数器摆出数字或拿出相对应的数字卡片。（学具的使用）

（2）手部游戏。（苏教版25页"你知道吗"）

你知道吗

可以用下面的手势表示1，2，…，9。

活动五：几和第几

1. 理解数的顺序

（1）学生在计数器上拨1颗珠子，用几表示？（板书：1）再拨一颗珠子，比1再多1是几？（板书：2）

（2）学生在计数器上拨7颗珠子，想一想7前面的是几、后面是几。用计数器摆一摆。

（设计意图：通过亲自摆一摆，让学生感知每一个数都是在前一个数的基础上添1得来的）

2. 微课

几和第几

练习（1）。

练习（2）苏教版15页想想做做1、2。

小鸟回家。

有□只，　排在第□。

两个□里的数表示的意思一样吗？

第七课　找找周围的数

【课时目标】

知识目标：

1. 通过寻找周围数的实践活动，深化对10以内数的意义的认识。

2.进一步体验在现实生活中数字的用途，初步建立数感。

方法与能力：

1.经历寻找周围数的过程，体会找数的方法，获得一些初步的数学活动经验，养成与同伴合作的习惯。

2.初步培养对数学的兴趣和与同伴共同合作的意识。

习惯培养点：

1.培养学生语言表达能力、合作能力、会倾听的能力。

2.搜集资料。

3.初步培养学生在活动中反思的习惯。

【活动内容】

活动一：自我介绍

谈话：我们是1年级的新生，老师都认识大家了，同学之间还不认识，你能用含有数字的语言介绍一下自己吗？

（设计意图：落实目标1培养学生的语言表达能力）

活动二：找找身体中的数字

谈话：我们先在最熟悉的身体中找一找数，找一找身体中的数。说一说有几个手指头、几只耳朵……

（设计意图：落实目标1培养学生的语言表达能力）

活动三：找找教室里的数字

谈话：观察一下你的身边，你能在教室里找一找这里有哪些数字信息吗？（学生可能会找几盏灯、几扇窗户、每排有几张桌子……）

（设计意图：落实目标1培养学生的语言表达能力）

活动四：找找生活中的数字

谈话：刚才同学们跟许多数字交上了朋友，课前同学们还搜集了很多数字资料，和同位交流一下你的发现，交流时女生先说，男生再说，一人大声说，两人小声说。她们同位说得怎么样？

（设计意图：落实目标1培养学生的合作能力、会倾听的能力，目标2搜集资料的能力，目标3初步培养学生在活动中反思的习惯）

活动五：汇报交流

谈话：同学们搜集了这么多数字资料，说明大家非常用心地来观察生活，真棒！其实我们的生活中还有很多数字呢！

微课1：电话中的数字：110这里面有数字吗，它表示什么意思？还有119、120、114呢？像这样数字表示代码的时候该怎样读？这些电话号码在我们的生活中有什么作用？

微课2：马路上的数字，如中山路18号、有数字的红绿灯、223路公交车。学生交流自己了解的相关知识。

微课3：生活中的数字，如身份证、红色的温度计是多少度？

学生寻找这上面的数字信息，交流其内涵。

（设计意图：落实目标1培养学生的语言表达能力，目标2初步培养学生在活动中反思的习惯）

活动六：温度计上的数字

大家看温度计中都有哪些数字？你找到0了吗？这里的0表示什么？学生交流0的用途。

（设计意图：落实目标2搜集资料的能力）

第八课　数学书写习惯

【课时目标】

知识目标：

1.认识田字格，知道数字在日子格中书写。

2.能找出信息中的数，并会用点子图表示，认识数字，会写数字1～5。

3.掌握正确执笔姿势。

方法与能力：

1.能通过摆一摆，说一说认识1～5的数，进一步理解一一对应关系。

2.将数、摆、说、写有效统一，发展学生的思维能力。

3.建立认真书写意识。

4.初步感知数形结合思想。

习惯培养点：

1.能规范摆放、拿取所需要的学具，会合理使用学具盒中的各种学具，收放速度快、效率高。

2.进一步学会观察的顺序，能找出图中的有效信息。

3.培养学生认真书写习惯。

4.学习正确的执笔姿势。

【活动内容】

活动一：找一找

（参考苏教版12页情境图）

（设计意图：落实习惯目标2进一步学会观察的顺序，能找出图中的有效信息）

活动二：忆一忆

请学生从图中找出数量是1的物体，并找出相应的情境图片。

请学生打开学具盒，从中拿出表示数量是1的圆片，并说一说这个圆片表示的是什么，从而对应数字1。

微课：展示计数器拨一个的过程。

说说数字1像什么。

找找周围有哪些东西可以用1来表示。

依次类推，巩固2～5的认识。

（设计意图：落实习惯目标1能规范摆放、拿取所需要的学具，会合理使用学具盒中的各种学具，收放速度快，效率高）

活动三：认一认

微课：正确的执笔姿势

加入儿歌的学习：食指拇指捏着，三指四指拖着，小指身后藏着。

微课：介绍田字格

田字格包括四边框和横中线、竖中线。四个格分别叫作左上格、左下格、右上格、右下格。

使用田字格的方法

在写数字的时候，我们把田字格一半一半地用，一个日子格写一个数字、空一个日字格再写一个数字。

同位互相找一找田字格和日字格。

微课：数字1～5的写法

加入儿歌的学习：头正、肩平、臂展、足安。

（设计意图：落实习惯目标3和4培养学生认真书写习惯。学习正确的书写姿势）

活动四：写一写

活动五：梳理总结今天习惯重点

（1）摆学具怎样摆？拿学具怎样拿？放学具怎样放？

（2）观察情境图怎样观察？

（3）书写时怎么样做到规范？

第九课　整理房间——分类

【课时目标】

知识目标：

1.结合实际生活感受分类的意义。

2.通过动手操作能够按照一定的标准和方法进行分类。

方法与能力：

1.培养学生有序整理的数学思想。

2.发展动手操作能力和探索意识。

习惯培养点：

1.培养学生合作意识，会同位合作。

2.初步学会评价同学的发言。

【活动内容】

活动一：比一比

（教材统整：北师大版57页情境图）你喜欢哪个房间，为什么？互相说给同位听听。进行第一次同位间合作的习惯培养。要求：一人大声说，两人轻声说。

（设计意图：落实习惯目标1培养学生的合作意识，会同位合作）

活动二：找一找

（1）谈话：那怎样整理房间呢？（按照一定的标准分类）进行第二次的同位间合作的培养，教师巡视，给予指导。

（设计意图：落实习惯目标1培养学生的合作意识，学会合作）

（2）同位起来汇报（教师指导：合作后该怎样汇报？）

合作汇报的要求：起立站直，声音响亮。我先说……我再说……

（设计意图：落实习惯目标2初步学会评价同学的发言）

活动三：练一练

（教材统整：北师大版58页练习2、3）

活动四：分一分

（自定标准进行分类）

青岛版教材26页第4题，分树叶。

（分类标准不用得到的结果不同）同位交流，说说自己是按什么标准分的。（可以按形状分，也可以按颜色分）

（设计意图：落实习惯目标1培养学生的合作意识，会同位合作。落实习惯目标2初步学会评价同学的发言）

活动五：整理书包，并说说自己是怎样整理的

活动六：拓展反馈

（教材统整：苏教版第9页）

第十课 数学书写习惯

【课时目标】

知识目标：

1.认识田字格，知道数字在日子格中如何书写。

2.能找出信息中的数，并会用点子图表示，认识数字，会写数字6～10。

3.掌握正确的执笔姿势。

方法与能力：

1.能通过摆一摆、说一说认识6～10的数，进一步理解一一对应关系。

2.将数、摆、说、写有效统一，发展学生的思维能力。

3.建立认真书写的意识。

4.初步感知数形结合思想。

习惯培养点：

1.能规范摆放、拿取所需要的学具，会合理使用学具盒中的各种学具，收放速度快、效率高。

2.进一步学会观察的顺序，能找出图中的有效信息。培养学生认真书写的习惯。

3. 学习正确的执笔姿势。

【活动内容】

活动一：找一找

（参考苏教版23页情境图）图中小朋友都在做什么？按一定的观察顺序完整说一说。

（设计意图：落实习惯目标2进一步学会观察的顺序，能找出图中的有效信息）

活动二：忆一忆

请学生从图中找出数量是6的物体，并找出相应的情境图片。请学生打开学具盒，从中拿出表示数量是6的圆片，并说一说这个圆片表示的是什么，从而对应数字6。微课展示计数器拨6个的过程。

看看数字6像什么。

找找周围有哪些东西可以用6来表示。

依次类推，巩固7～10的认识。

（设计意图：落实习惯目标1能规范摆放、拿取所需要的学具，会合理使用学具盒中的各种学具，收放速度快，效率高）

活动三：认一认

（1）观看执笔：正确的执笔姿势。

加入儿歌的学习：食指拇指捏着，三指四指拖着，小指身后藏着。

（2）继续复习巩固认识田字格，田字格包括四边框和横中线、竖中线。四个格分别叫作左上格、左下格、右上格、右下格。（学生交流）

（3）数字6～10的写法（附件中有微课演示）。

加入儿歌的学习：头正肩平臂展足安。

在写的过程中，教师先示范数字的写法，学生跟着再在书上描红，最后自己独立书写，教师进行巡视并指导。

活动四：写一写

（设计意图：落实习惯目标3和4培养学生认真书写习惯。学习正确的执笔姿势）

活动五：梳理总结

（1）摆学具怎样摆？拿学具怎样拿？放学具怎样放？

（2）观察情境图时怎样观察？

（3）书写时怎么样做到规范？

第十一课　比较

【课时目标】

知识目标：

会比较事物的多少、大小、轻重等。

方法与能力目标：

在操作中提高初步的观察、比较能力。

习惯培养目标：

会正确表达两种比较物品之间的关系，学会与同学合作，共同完成学习目标。

【活动内容】

活动一：比大小

比较学具盒里的红色正方体和蓝色的正方体的大小。

比较同位两个人的橡皮的大小。

活动二：比轻重

1. **游戏**1

找一名学生到台上来，两臂侧平举，将不同重量的两个书包同时放到手臂上。你发现了什么？

2. **游戏**2

拿出数学书和本子，比比轻重。

3. **猜测**

棉花和铅球，你能比比大小吗？你能比比轻重吗？

4. **观看视频**

压跷跷板。你能知道这两个人的轻重吗？

5. **想办法**

大小相同的梨和苹果，怎样比轻重？

活动三：比多少

一堆男生和女生（两组），比多少。

课件出示：不是一一对应的图片，比多少。

活动四：比高矮

（1）游戏：两个学生比高矮。

（2）游戏：一名同学长的高点，站在地面上，另一名同学长得矮点，站在椅子上，他们谁高？

（3）三名高矮不同的同学排排站。谁高？谁矮？谁最高？谁最矮？

活动五：比长短和粗细

1. 游戏1

（先独立思考，再同位合作）同位合作汇报。（两头对齐，用尺子，用手比画；语言训练点：铅笔比水彩笔长，水彩笔比铅笔短）

2. 游戏2

比一比水彩笔和铅笔的粗细。（语言训练点：水彩笔比铅笔粗，铅笔比水彩笔细）

3. 游戏3

一根绳子绕粗瓶子，另一根绳子绕细瓶子，都绕了三圈。哪根绳子长？

4. 游戏4

三支铅笔，比长短。

5. 综合游戏

微课：用天平称量物品。谁最重，谁最轻？

活动六：听故事，悟道理

骆驼和羊

道理：高有高的好处，矮有矮的道理。不能因为各自的高矮，而相互歧视。与做人的道理是一样的，各自有各自的优缺点，不能因为自己能做某种事情而沾沾自喜，也不能因为自己不能做某种事情而垂头丧气。要有一颗平常心。

第十二课　森林运动会——数的比较

【课时目标】

知识目标：

1.认识数学符号：>、<、=。

2.会进行10以内数的大小比较。

方法与能力目标：

1.建立初步的数感。

2.发展动手操作能力和探索意识。

习惯培养目标：

1.培养学生学会使用学具。

2.培养学生语言表达能力。

【活动内容】

活动一：微课展示小故事《符号的来历》

活动二：认识"符号"

（1）认识"＝"（参考苏教版19～20页）

摆一摆"一一对应"是什么样子？会用语言完整表达。

（2）写一写"＝"。

（设计意图：落实目标1培养学生学会使用学具；落实目标2培养学生的语言表达能力）

（3）认识"＞、＜"。

①课件：呈现拔河比赛现场（5人和4人）。

谈话：这个游戏公平吗？为什么？

②比较两个数的大小。会读，会写一写。

③小儿歌：大嘴巴向前是大于号，尖嘴巴向前是小于号。

活动三：组内游戏

1.游戏1

抽数字，比大小。

2.游戏2

同位间比手指的大小。

活动四：练一练

（教材统整）

苏教版20页（同位间互相说说）。

第十三课　认识11～20的数

【课时目标】

知识目标：

正确读、写11～20各数，正确认识计数单位"个""十"和数位"个位""十位"。

方法与能力目标：

1. 经历动手操作初步认识计数单位和数位以及11～20各数的过程。

2. 初步体验计数的发展和作用，培养观察、估算能力，形成初步的抽象概括能力。

习惯培养目标：

1. 能用语言进行清楚地表达。

2. 位间会合作。

3. 初步学会捆小棒。

【活动内容】

活动一：数一数、摆一摆

（参考北师大版74页情境图）

（1）数小棒。

（2）一根一根地数，有10根小棒，也就是10个1。现在我们把它捆成一捆，它就成了1个十。

（3）微课：学习怎样捆小棒？

（4）让学生从学具盒里再拿出来1根小棒，现在是几根？

（设计意图：落实习惯目标3初步学会捆小棒）

活动二：拨一拨；认一认

（1）认识计数器的个位和十位。

（2）让学生在自己的计数器上拨出11，找学生到台上演示。

（3）同位交流：计数器上的两个珠子各表示什么？

活动三：我能行

同样的方法让学生学会数、认、读、写12～20各数。

活动四：快速拨数

（1）教师说数，学生快速在计数器上拨出。

（2）说一说它的含义以及是怎么拨的。

（3）同位互相拨珠：一人说数，另一人拨出，并说一说，两人互换再练。

（设计意图：落实习惯目标2同位间会合作）

活动五：对口令

（1）师生互对：教师说16，学生对1个十和6个一。

（2）生生互对

（设计意图：落实习惯目标2同位间会合作）

活动六：数数游戏

（1）比15小比11大的数有哪些？

（2）17的前面是几？后面是几？

（设计意图：落实习惯目标1能用语言进行清楚地表达）

活动七：生活中的数

（1）读一读生活中的数（参考苏教版83页第5题）

（2）找一找生活中的11~20各数，密切数与生活的联系。

（设计意图：落实习惯目标1能用语言进行清楚地表达）

活动八：古人计数方法

观看微课：古人计数方法。

第十四课　认识立体图形

【课时目标】

知识目标：

1.在拼、摆、摸、滚活动中让学生直观认识长方体、正方体、圆柱和球。

2.能够辨认这些图形，准确地说出它们的名称。

方法与能力目标：

从实物抽象到图形，培养学生的想象能力和初步的空间观念。

习惯培养目标：

1.能规范摆放、拿取所需要的学具，会合理使用学具盒中的各种学具，收放速度快、效率高。

2.能大声准确完整地表达所叙述的内容。

【活动内容】

活动一：认一认

（参考苏教版30页）

教师引导学生观察情境图，说一说物体的形状。

（设计意图：落实习惯目标2能大声准确完整地表达所叙述的内容）

活动二：摆一摆

教师引导学生在小组中把各种形状的物体进行拼搭，重点体会长方体和正方体的特点。

（设计意图：落实习惯目标2能大声准确完整地表达所叙述的内容）

活动三：滚一滚

教师引导学生重点体会球的特点。

活动四：堆一堆

堆一堆

哪种最难堆？

教师引导学生重点体会圆柱的特点。

活动五：找找学具盒里的图形

从学具盒里找出正方体、长方体、圆柱、球，和同位互相介绍一下。

（设计意图：落实习惯目标1能规范摆放、拿取所需的学具，会合理使用学具盒中的各种学具，收放速度快，效率高）

活动六：摸一摸

摸一摸

摸出的是什么？

你能摸出一个 ▯ 吗？

教师引导学生在摸的过程中进一步体会长方体、正方体、圆柱、球的特点。

活动七：练一练

（参考北师大版72页）

请学生根据要求摆出长方体、正方体、圆柱、球。

第十五课　认识位置

【课时目标】

知识目标：

结合现实情境，能够辨别前后、上下、左右，初步学会用前后、上下、左右描述物体的相对位置，在游戏的过程中感知左、右这两个方位，初步掌握判断左右的方法。

方法与能力目标：

在认识左右、上下、前后方位的过程中，培养初步的判断能力。能用左右、前后、上下这些方位解决简单的实际问题，发展学生的空间观念。初步感知参照物的重要性。

习惯培养目标：

语言交流表达清楚；能进行小组间的合作。

【活动内容】

活动一：摸鼻子游戏

学生用完整的语言，洪亮的声音表达：……在……的上（下）面；或……的上（下）面有……。

活动二：找找前和后

（1）我的教室里，教室的前面有什么？教室的后面呢？

（2）我的同学们，你的前面是谁，你的后面是谁？

（3）三位同学，谁在前，谁在后？

游戏三：找找左和右

（1）你是怎么区分左右的？右手都能干什么？左手能干什么呢？身体中还有哪些这样的好朋友？

（2）生活中的左和右。小小驾驶员：手握方向盘，汽车开起来，向右转。汽车开回来，向左转。

（3）镜面中的左和右。

同学们举右手，老师也举起右手，那老师的右手怎么跑到这边来了？

游戏四：摆摆物品

把书摆在课桌的中间，把铅笔盒摆在书的右面，把尺子摆在书的左面，把橡皮摆在文具盒的上面。（摆在最左边的是什么？从右数第2个是什么？谁在谁的上面？）你能像老师这样提出问题吗？

学生表达：铅笔盒在书的右面，书的右面是铅笔盒，

书在铅笔盒的左面，铅笔盒的左面是书。

游戏五：快速找伙伴

你能说说你座位的前后左右都是谁吗？

第十六课　认识加号、减号

【课时目标】

知识目标：

1.认识运算符号：加号、减号和等号。

2.初步理解加法和减法的意义。

方法与能力：

1.引导学生在实践活动中，积累加、减法的运算经验。

2.发展孩子的符号感和抽象思维的能力，培养学生初步的符号观念。

习惯培养点：

1.正确使用学具，熟练掌握操作学具的方法。

2.通过学习加减号的书写，培养学生良好的书写习惯。

3.探究过程中，引导学生会同位合作、小组合作，建立合作意识。

【活动内容】

活动一：认识加号

（1）观看微课立体符号娃娃"+"的自述。

（2）手势操作演示。

（3）学生操作：把两组小棒合起来，就叫加法。

（4）观看微课：加号的应用。

活动二：认识减号

（1）观看微课：立体符号娃娃"−"的自述。

（2）手势操作演示。

（3）学生操作：通过把一组小棒分成不同的两份，理解为什么用减号计算。

（4）观看微课：减号的应用。

（设计意图：落实习惯目标1正确使用学具，熟练掌握操作学具的方法。落实习惯目标3探究过程中，引导学生会同位合作、小组合作，建立合作意识）

活动三：写一写

（1）书写"+""−"符号。

（2）引导学生把"+""−"放在1、2、3中的适合的位置上成为1+2=3或3−1=2的算式，培养学生良好的书写习惯。

（设计意图：落实习惯目标2通过学习加减号的书写，培养学生良好的书写习惯）

活动四：小游戏

（1）找学生到台上演示，理解加法和减法的意义。

（2）小组学生间互说一个算式然后摆图片，讲为什么要用"+"或"−"，并在本子上书写算式。

六、组织与实施

在学科整合的探索过程中，我们认为学生的通用素养，可以在跨学科或者本学科的学习过程中培养，如学生的习惯、合作交往的能力、自主学习的能力等。依托课标，该校对1年级数学教材进行了适度重组，前两个月不上传统意义上的数学课，采用"2+2"模式，将数学每周的4课时拿出2课时来进行数学活动，两节进行学习习惯培养，活动内容主要围绕1年级数学教材里的单元情境图，活动内容图文并茂、动手操作、语言表达为主、生动有趣，符合1年级学生的认知特点，受到了学生的欢迎。课程资源的创造性地开发，尊重了学生的成长规律，树立了学生的学习信心，幼小衔接也更加顺畅。

七、课程评价

（一）学生发展

模块化活动课程实施使95%的学生能用较为规范的数学语言表达自己的观点；98%的学生能初步学会有序、认真地观察；100%的学生能主动、快乐地投入到求知学习中；100%的学生能自觉用直尺连线，认真书写。模块化习惯课程实施使得学生的良好学习习惯正逐步养成，学生的思维能力得到较好的发展。与非活动课程教学的学生相比，该年级学生数学读图、完整表达等方面均较之以往的学生有了明显的进步，学生展现更加积极和自信的精神面貌。

（二）教师发展

课程研究的过程也是教师不断发现问题、研究问题、解决问题的过程。改变教师在教学实践中凭个体经验、机械重复自我的传统发展模式，实现教师在"学习—认识—实践—反思—新认识—再实践"的过程中反思、提升。教师在合作中学习、实践中拓宽视野、多元发展，促进由单一型教师向复合型教师转变。老师们在改革的路上体验着研究的乐趣和职业幸福感，不断提升了自身的专业素养。

（三）学校发展

以学生培养目标为根本，聚焦学生核心素养、符合学生身心发展规律的活动促进了学生全面、个性化、可持续的发展，丰富的课程资源使该校学生综合素质得到了明显提升，学校的发展从师本向生本跨越了一大步。

八、反思与建议

（一）基本经验

在课程实施过程中，实验教师进行了多次的融合式研讨，对学生进行了跟踪观察，通过观测数据分析，得出以下结论。

1. 数学观察能力明显增强

由于加大了对观察习惯的要求，孩子有序观察、有序思考的能力比较强。

2. 表达能力得到迅速提高

学生前期是表达不好的接近31%，到第八周表达不好的只有10%，表达能力进步非常明显。

3. 数学习惯培养效果明显

从开学伊始，教师就细化对学生数学习惯的培养。例如，数数的时候用手指指着，按照一定的顺序数数；用规范的数学语言回答问题，如何使用尺子连线……学生习惯养成正确率达到100%，90%的学生能用规范的数学语言表达自己的观点，100%的学生会用尺子进行连线，学生养成了良好的数学学习习惯。

4. 培养了学生的读图能力

在学习时，培养了学生的读图能力，观察有顺序、观察能抓住重点、观察能找出特点和规律等。数学思维的逻辑性和思维性有很大提高。

数学活动课带来的变化是巨大的。无论是学生还是家长，都对学校和课堂充满了无限的期待。学生有了浓厚的学习兴趣，洋溢着充沛的学习热情，形成了良好的学习习惯，有了良好的思维方式；学生体验到解决问题的成功喜悦，品味了参与实践的无穷乐趣。该校以学生兴趣活动和学校课程实施为载体，加强师资培训，逐步完善和细化适合校情和学情的校本课程，把学生的学习兴趣与课程紧密结合在一起，进一步助推学生的个性化发展，提升学生的生命价值。

（二）实践反思

活动课程实施的班级的效果不一致，需要进一步达到资源共享。参与前期开发的教师把自己的课程纲要、资源包加以整理，提供给新参与课程的教师。新参与学校课程的教师在实践中不断积累经验大家一起修改、完善。观摩教学。有经验的教师可进行展示性教学，其他教师观摩，并领悟教学中的要领与技巧、问题与困难。展示之后，学习者可以发问、讨论、反馈并可以提出问题和建议，使每位教师都能了解此技巧。

学习反馈。每一位新参与课程设计的教师必须有一次教学反馈活动，要将学到的理论和技巧落实到自己的教学活动中。在实施过程中，教师间要相互鼓励、及时交流，让新的方法落实于学校课程实践中。以此，不断培养具有某方面特长的师资梯队，同时提高有特长教师的教学能力，实现师资队伍的专业化发展。

（三）改进建议

（1）搭建学生建言通道。开展面向全体学生的"我为课程提建议"的活动。对于活动课程学校应该调整什么内容，听取学生家长的想法，在整理、总结意见、建议的基础上，规划课程开发的方向。

（2）整合校内外资源。立足学校的办学特点、办学条件，不断开发本校教师的潜能，并借用一切有利于学生发展的"智慧"和"外力"作用于课程的开发建设。

（3）建立课程项目负责制，成立学校课程领导小组。每一个小组成员深入一个教研组，把课程的开发和实施列入教研活动的内容之一，运用集体的智慧对课程内容定位，通过大家的研究、讨论来完善教学规划，最后由授课教师撰写课程方案。

Ⅱ. 健体课程研发典型案例——快乐足球课程

一、背景与问题

（一）背景介绍

《国家中长期教育改革和发展规划纲要》中指出：要树立以提高质量为核心的教育发展观，注重教育内涵发展，鼓励学校办出特色，办出水平，出名师，育英才。为了落实这一精神，该校在学校特色创建过程中，尊重学生个性发展与文化需求，充分利用学校的文化积淀、历史资源以及社区资源，做了学校课程的开发、研究和实践工作。经过学校反复研究，多方征求意见，学校定位"快乐足球"为校本课程内容。快乐足球校本课程中，水平一（1，2年级）主要以球性练习和游戏为主，水平二（3，4年级）用书，主要以基本技术学习为主，水平三（5，6年级）用书，主要以技术和简单战术为主。本课程设计体现了知识衔接的循序渐进性，体现了趣味性，图文并茂，适合学生们学习。希望通过对它的研发，来传承学校多年的历史与文化，将几十年的体育拼搏精神发扬光大。从而增强师生的身体素质，锻炼他们坚强的意志力，让运动永远伴随着大家的成长。

（二）核心问题

学校80余年的历史，留下了闪光的足迹；80余年的团结拼搏，积淀了"止于至善"的学校精神。说到学校，大家不得不用"行胜于言"来形容教师团队的扎实与进取；提到特色，大家不得不说"快乐足球"带给同学们的成功与自信。

为传承学校多年的历史与文化，将几十年的体育拼搏精神发扬光大，增强师生的身体素质，锻炼他们坚强的意志力，让运动永远伴随着师生成长。

（三）主要任务

我们把学校课程足球教学的目标定为：初步了解国内外足球运动的发展，初步掌握足球运动的知识、技能以及比赛规则、足球运动保健常识，感受足球运动的乐趣，激发足球运动健身的热情，初步树立健康第一、终生健身的意识，培养团队精神和合作能力，增强学生的身体素质。

二、课程目标

（一）学生发展目标

学生发展目标是使学生初步学会小足球游戏。学生初步掌握小足球传球、运球动作。学生基本掌握足球运动技术和简单战术在教学比赛中的运用程度。学生能够积极、快乐地上好足球课。学生能够乐于参加足球游戏和竞赛。学生能够体验足球运动的乐趣与成功。初步发展学生的协调性、灵敏性、柔韧性。学生努力完成课堂任务，培养对新环境的主动合作意识，爱护和帮助同学。学生坚持完成有一定困难任务的能力，乐于交流合作，遵守规则并初步自我规范体育行为；具有坚决果断的决策能力，树立集体荣誉感，在日常生活中具备良好的体育道德行为。

（二）教师发展目标

教师设计开发系列校园足球游戏，并在各年级组织进行系列足球游戏比赛活动。撰写校园足球教学设计，在低、中、高年级段实施足球教学，取得良好的教学效果。教师能编写校园足球教材，撰写校园足球教学论文以及校园足球技战术训练方法和计划。

（三）学校发展目标

营造充分的活动氛围，为师生搭建平台，初步了解国内外足球运动的发展，初步掌握足球运动的知识、技能、比赛规则以及足球运动保健常识，感受足球运动的乐趣，激发足球运动健身的热情，初步树立健康第一、终生健身的意识，培养团队精神和合作能力，增强师生的身体素质，将学校打造成一个健康快乐的乐园。

三、课程内容

（一）选择依据

1.科学性原则

足球教学与足球运动要充分尊重学生的年龄特征和足球教学的本身规律，由浅入深，循序渐进，以兴趣为重，以培养健身意识为重，不超重，不加压，不偏执，以学生的全面发展为主。

2.快乐性原则

注入式教学模式变为以诱导、启发为主的现代"快乐体育"教学模式，引导学生由被动吸收向主动领悟感知的方向发展，突出学生的主体地位个性化教育。

3.层次性原则

把握好学校体育与竞技体育的区别，把握好队伍训练与普及教学的不同；充分尊重学生个体存在的差异以及发展的不平衡，对不同学生给予不同的要求、引导及帮助，为每个学生的个性特长发展提供机会。

（二）具体内容

水平	年级	学期	具体内容	学时
一	一	一	1. 认识足球 2. 熟悉球性	8
		二	1. 了解足球起源 2. 熟悉球性及足球游戏	8
	二	一	1. 了解足球的发展史 2. 简单运球及踢球动作	8
		二	1. 短距离脚内侧传接球、踢球、运球等 2. 足球游戏	8
二	三	一	1. 了解足球场地 2. 掌握运球、传球、踢球等	10
		二	1. 学习简单规则 2. 掌握射门、停球等	10
	四	一	1. 了解足球运动的价值 2. 掌握守门员技术以及基本踢球技术	10
		二	1. 了解五人制足球 2. 掌握简单技术组合、简单体能练习方法	10
三	五	一	1. 学习竞赛规则 2. 掌握曲线运球、掌握运球过人	10
		二	1. 学习裁判法 2. 传球技术（长传球）、头顶球技术	10
	六	一	1. 了解7人制足球 2. 传切配合、定位球	10
		二	1. 了解7人制足球的阵型 2. 简单的战术及比赛	10

四、组织与实施

1. 营造浓厚的足球运动氛围

建设以足球为主题的校园文化，学校宣传板设有"足球专栏"。

2. 建立学校课程管理系统

建立学校行政领导小组。由校长任组长，副校长任副组长，教导主任和体育教研组长为成员。

3.保证课程实施时间

贯彻新课程理念为指导,在保持体育课的系统性与完整性的基础上,把足球作为校本教材引入课堂,把足球课列入学校授课计划;体育课每周至少有一节足球课内容,体育活动课以足球为主,兼顾其他。

4.构建足球课堂教学模式

在教学实践中我们摸索出"以学生为主体,以教师为指导,以活动为主线,以身心健康为宗旨"的"四主"足球活动课课堂教学模式。各教学班在体育教学中渗透快乐足球,快乐足球以游戏为主,包括运球、传球、射门攻擂赛、绕杆比赛、四对四比赛、五人制足球比赛等,包含一定的技能训练或竞技对抗的内容,使学生都能在其中找到适合自己参与的项目,积极参加足球活动。

5.丰富大课间的足球活动

加入一些有趣的足球游戏与对抗比赛,创编校本足球操。

6.打造学校梯队社团

在普及的基础上,选拔更多的有兴趣和特长的学生参与,挖掘潜力队员,形成男生、女生的甲级、乙级、丙级足球队,参与各级各类比赛,凸显学校足球特色。

五、课程评价

(一)学生发展

根据足球课程的特点和学生的实际情况,学校制定相应的评价指标与标准以及具体的操作办法,力求对参与课程学习的每一个学生做出恰当的评价,主要从评价指标、参与程度、合作精神、拓展能力和其他几方面相结合:定量与定性相结合、形成性评价与终结性评价相结合、自评与互评相结合。在教师点拨、质疑下,学生主动参与,富于创造,不断提高观察能力、模仿能力、个性判断能力、归纳总结能力等,从而掌握足球基本的练习方法,并能够主动地、生动活泼地学习。通过足球教学与活动,凸显玩中学,以趣味性足球游戏吸引学生参与,让学生以愉快的心情学习各种足球技术,在参与中育人、促智、追美,达到身心健康,从而培养学生健身的兴趣、爱好和习惯。

(二)教师发展

体育教师坚持单元集体备课制度,系统学习《体育与健康课程标准》,依据新课程标准,结合学校的实际,研发了具有学校特色的足球校本教材,占整个课时数的30%~35%。内容主要包括足球基本技术、日常的足球教学活动、足球基本规则,充分反映了学校体育足球教学特色。

（三）学校发展

通过快乐足球校本教材的研发，不断传承学校的体育特色，不断锻炼学生的身体素质，给师生们创造更为广阔的发展空间，让足球运动伴随着同学们幸福的童年，让校园成为师生幸福成长的美好家园。

六、反思与建议

（一）基本经验

体育具有教育、健身和娱乐等本质功能，足球校本课程教学的基本任务是促进学生的身心健康。足球运动强调团队精神，强调顽强拼搏等。该校在有目标、有组织、有计划地传授足球知识与技能的过程中，学生的身体素质不断增强，足球技艺不断提升，各级各类比赛均取得优秀成绩；教师也更好地在健体基础上发挥出了育心的功能，重视对学生的兴趣、情感、意志和自信心的培养，指导他们养成良好的自我健身习惯，促进学生身心健康。

（二）实践反思

足球作为一项竞技运动项目，既需要整个团队的通力合作，又需要队员们遵守一定的球场规则，还需要队员们既能共同分享成功的喜悦，又能勇敢地面对挫折。

1. 以球辅德，促进学生良好的意志品质的形成

足球运动使队员们养成遵守行为规范、积极向上、团结合作、相互帮助的良好品质。队员们在快乐的足球活动中，快乐参与、快乐体验、快乐成长。

2. 以球健体，促进队员们强壮体魄的形成

球场上的奔跑、运球盘带、各种动作技巧等是平时刻苦训练的积累，足球活动、足球游戏等都能活跃身心。足球运动使学生的动作协调能力、反应能力以及身体素质都有明显提高，学生的身体形态、生理机能等得到了很好的发展。

3. 以球促智，带动学生文化课的学习

强健的体魄是学习的基础，凭借学生在足球运动中养成的良好的意志品质更能促进其智育的良好发展，实现素质教育的全面丰收。

（三）改进建议

足球运动不仅对学生的身体素质的提高是十分有益的，对学生的内部机制跳动也是很有帮助的。学生积极乐观的心态，可以从足球体育运动中得到指导和培养。在足球运动中，对学生的一点一滴的提高都要给予激励，让学生享受成功的快乐，形成反复成功的循环体系，形成学生自我学习、自我教育、自我发展的学习内部动力机制。

Ⅲ. 潜质课程研发典型案例——牛顿科技

一、背景与问题

创新是一个民族进步的灵魂，是国家文明发展的不竭动力，一个没有创新力的民族难以屹立于世界民族之林。科技创新的重要性由此可见一斑。其实，纵观人类的发展史，就是一部科技创新史，每一次科技的重大进步标志着一个新时代的到来。中国学生发展核心素养中明确指出，学生应具备能够适应终身发展和社会发展需要的必备品格和关键能力。它是适应世界教育改革发展趋势、提升我国教育国际竞争力的迫切需要。

（一）背景介绍

牛顿科技课程的教学内容与学生的日常生活相结合，具有趣味性，能够调动学生的积极性，提高学生动手实践、动脑思考、合作探究、积极探索的能力。牛顿体系课程有助于加深我们对牛顿科技课程的理解，锻炼逻辑思维的教具装饰能直接有效地训练学生的创新思维、培养分析问题、解决问题能力。牛顿科技有助于学生根据已有的学习经验与年龄特征，自主探究，为学生今后的发展打下牢固的基础。

（二）核心问题

牛顿科技课程以培养学生的科技探索意识、发散思维和创新能力为目标，要求学生综合运用各个学科的基础知识与基础技能，旨在培养学生解决问题的核心素养；以"做中学"为基本特征，将学生参与创造活动的亲身体验作为知识建构与意义生成的直接来源。

（三）主要任务

在课程中，学生可以将想法运用所学知识动手实现，在碰撞、分享的自主、开放氛围中，激发他们的想象力，他们的创新能力得以培养，自主学习与思考的能力得到锻炼。通过学习，增加了学生的知识储备，拓宽了他们的视野，使他们掌握了相应的技巧与方法，使他们热爱生活，学会感恩，注重细节的情感，养成良好的批判性思维、合作与沟通能力，同时提高并锻炼学生的审美能力与动手制作、动脑思考能力。

二、课程目标

（一）学生发展目标

潜质课的开设，突出学生的主体地位，让他们在活动中收获成功，逐步成长为"合格+特长"的小学毕业生，并为他们成为现代社会生活的合格公民奠基。学生根据自己的兴趣和努力把自己的兴趣变为特长，学习中互助互学，学会倾听别人的意见，学会表达自己的观点，学会分享共同的成果，形成积极、主动、自信、勇敢、开放的良好个性心理品质。学校展现"以科学实践为载体，培养创新型人才"的办学特色，精心培育以创新精神为灵魂的具有鲜明个性、健全人格和高综合素质的创新型人才。

（二）教师发展目标

教师是学校的支柱，教师的"成色"，决定了学校的"基色"。在潜质课程的发展中，坚持把教师队伍建设作为优质办学的核心保障，致力于培育精品教师，让专业成长成为教师的自觉。潜质课程的实施中，树立科学的学生观，善于反思和学习，懂得自我完善之道，强化自我提高的意识，增加专业储备，提升教学能力。

（三）学校发展目标

在潜质课中，拓展学生的知识面，锻炼学生的动手制作能力。激发学生对牛顿科技课程的兴趣，养成善于动脑、动手的良好学习习惯。开拓学生的视野，发展学生的智力，培养具有探究精神和创新意识的综合型人才，为我国科技事业的发展做出一定贡献，即把"科技教育"作为学校的生命力，用文化引领学校发展，用精神激励师生成长，努力创建精品化、优质化、特色化的名校。

三、课程内容

（一）选择依据

教材内容的选编原则：根据学生的身心发展规律、年龄特征与动手能力，开发相关课程，能自主完成课程任务，选编内容应该紧跟时代的步伐，适应世界发展的潮流，努力为学生提供更为鲜活的知识或信息。

编排的原则：首先以不同课堂任务的作品为序；其次以不同内容的制作作品为序；最后以时间为序。

（二）具体内容

牛顿科技课程是以科学知识为基础，结合物理、化学、天文、地理等知识展开教学活动，在教学活动中培养学生兴趣，为学生今后的学习打下牢固基础，课程有简单的电路知识、天文知识、身体结构……各个知识串联，学习来源于生活中的事例，培养学生善于观察生活的能力，通过教具的展示，激发学生的课程学习兴趣，不断调动学生学习积极性，充分将课程还原给学生，使课程充满科学探索的氛围。

美国教育家布鲁纳一再强调教师对儿童成长的意义："教师不仅是知识的传播者，而且是模范。"牛顿科技课程要求教师能在课堂中完成引导对话、参与探究的基本职责。牛顿科技课程针对学生的年龄特征以及动手动脑的接受能力，在极大程度上使学生的各项能力得到锻炼，并开发学生各个领域的知识学习兴趣。

第一课时：DIY钟表

教学目的

1. 让学生简单了解钟表的分类和电子表的基本组成结构。

2. 培养孩子的学习兴趣和探索精神以及独立动手操作能力。

3. 让学生清晰区分时针、分针、秒针，掌握电子表的工作原理。

教学重点

电子表基本组成结构的认识与区分（时、分、秒针）。

教学难点

电子表的工作原理。

课时安排

1课时

课型

创新实践课

教学过程

一、导入

这节课老师带来了一个很有趣的谜语，老师要考考同学们，看谁回答得最快、最准。老师这里有我们牛顿科技特有的顿币奖励哦！"一家三口真奇怪，天天跑步不吃饭。一天到晚不休息，起床没它准要晚。"谜底是：钟表（导入课题）

二、探究新课

认识电子表的基本组成结构并学会如何区分时、分、秒针、表盘、指针（爸爸是时针、妈妈是分针、宝贝是秒针）、电池、机芯。

钟表的工作原理：电生磁，磁生动能。

手工制作：准备材料（时针、分针、秒针、表盘、机芯、电池、螺丝帽）。

制作过程：

把机芯扣到表盘中央的圆孔上。

把螺丝帽拧到表盘中央突出的机芯上。

拿出时针，黑漆面朝上扣到表盘上突出的机芯上（扣紧）；与安时针要求一样安上分针；最后把秒针扣到机芯上并压紧。（安装指针过程中注意保持指针的平整，不要把指针压弯）

三、安装电池

（略）

四、作业

请同学们回家对自己制作的钟表进行装饰。

第二课时：万花筒

教学目的

1. 让学生了解平面镜成像原理。

2. 培养学生的动手动脑能力，提高孩子的学习兴趣。

3. 让学生掌握平面镜在万花筒内的多次反射原理。

教学重点

平面镜的反射特点。

教学难点

平面镜在万花筒内的多次反射原理。

课时安排

1课时

课型

创新实践课

教学过程

一、导入

春天，我们经常去踏青游玩，春暖花开百花齐放，但是美丽的花朵终会有凋谢的时候，不过没有关系。老师今天带来了一个神奇的宝盒，里面就装了许多美丽的花朵。同学们信不信？

二、工作原理

平面镜的多次反射原理。

三、手工制作

1.核对教具

（万花筒卡片、镜子、透光纸、彩色胶带、彩色花）。

2.制作过程

（1）把卡片折好。

（2）把镜子安装好。

（3）把透光纸粘好用彩色胶带装饰好。

（4）完成。

四、作业

1.回家之后装饰一下万花筒。

2.跟爸爸妈妈分享一下在牛顿科技课上的乐趣。

3.把装饰好的发到QQ群里，便于老师点评。

第三课时：骨骼

教学目的

1.能够借助看图片的方法了解人体骨骼的分布与构成，会拼装一个完整的人体骨骼模型。

2.知道骨骼是人体的支架，成年人的体内一共有206块骨头。

3.通过自己拼装人体骨骼模型，激发学生关注人体结构、研究人体的兴趣。

教学重点

能够借助看图片的方法了解人体骨骼的分布与构成，会拼装一个完整的人体骨骼模型。

教学难点

通过自己拼装人体骨骼模型，激发学生关注人体结构、研究人体的兴趣。

课时安排

1课时

课型

创新实践课

教学过程

一、游戏导入

同学们，老师首先要和大家做一个游戏。游戏是运动我们的身体，现在请全班同学起立。扭头运动：一、二、三、四、五、六、七、八，二、二、三、四、五、六、七、八；换手部运动：一、二、三、四、五、六、七、八。好了，现在同学们有疑惑了，我们上的不是牛顿科技课吗，怎么变成了体育课了呢？在老师帮你们解惑之前，老师想问你们一个问题，刚才运动的时候，你们的身体和平时有什么不同，谁能告诉我？"有响声""有响声，那谁能告诉老师，响声从哪里发出来的？"（引出课题）

二、探究认识

骨骼：骨骼是组成脊椎动物内骨骼的坚硬器官。

骨骼的构成：颅骨、躯干骨、上肢骨、下肢骨。

骨骼的作用：它可以支持和保护我们的身体，它的主要功能就是运动，它还能储存矿物质，制造出红细胞和白细胞。

成年人的体内一共有206块骨头。

三、手工制作

核对材料（红绳1根；小钉1包；骨骼卡片16片）。

制作过程：

（1）头骨和颈骨用小钉相连。

（2）颈骨和躯干骨用小钉相连。

（3）躯干骨和骨盆用小钉相连。

（4）骨盆和股骨用小钉相连。

（5）股骨和胫腓骨用小钉相连，再把趾骨连在胫腓骨下端。

（6）把肱骨连在躯干骨的两侧，再把尺桡骨和肱骨相连，最后把指骨和尺桡骨相连。

作业：

1. 回家跟爷爷奶奶一起和骨骼跳舞。

2. 给骨骼穿一件漂亮的衣服，并发到QQ群里。

第四课时：土豆表

教学目的

1.让学生了解现在有哪些新能源，并了解传统电池的危害。

2.培养学生成为环保小卫士，提高他们的环保意识。

3.知晓土豆表的工作的原理。

教学重点

土豆表的工作的原理。

教学难点

1.让学生了解现在有哪些新能源，并了解传统电池的危害。

2.培养学生成为环保小卫士，提高他们的环保意识。

课时安排

1课时

课型

创新实践课

教学过程

一、导入

同学们，在生活中我们见过哪些电池？（纽扣电池、太阳能电池、锂电池……）你们说得非常好，那你们知道这些电池的危害性吗？老师告诉你们一粒纽扣电池可污染60万升水，一节电池烂在地里会使一平方米土地失去利用价值。可见电池的危害，今天老师给你们带来一种新能源电池，就是老师待会要将的土豆表。

二、探索土豆表

1.原电池

最基本的电化学反应叫作原电池反应。

（氧化还原反应一定有电子得失，利用导线将两电极相连转移电子，就可以得到电流）

2.原电池的构成条件

（1）两极活泼性不同，正电极为惰性（银，铜，碳棒），负电极为活泼金属（锌，铁等）。

（2）两极同时处于电解质中并产生自发氧化还原反应。

（3）蓄电池：原理和普通电池一样，但反应是可逆的。

（4）铅蓄电池：最常用，正极为氧化铅，负极为铅，电解质为硫酸。

三、手工过程

1. 认识器材

锌片、铜片、土豆、导线、电子钟

2. 制作过程

（1）将电极连接好，铜片为正极，锌片为负极。

（2）将电极插入土豆中，每片土豆中两个电极一正一负，来自不同电路。

（3）调整电子钟。

四、作业

回家简单装饰土豆表并掌握其知识点。

第五课时：潜望镜

教学目的

1. 培养学生的动手能力。

2. 掌握平面镜的成像特点。

3. 了解光的反射定律。

教学重点

掌握平面镜的成像特点。

教学难点

了解光的反射定律。

课时安排

1课时

课型

创新实践课

教学过程

一、教学导入

同学们，今天老师带来一个在海里作战必须需要的小模型，是一个很好玩的物理"玩具"。现在老师在黑板上画一幅非常"美丽"的图，好了，现在请同学们看看老师画了什么。（同学答）同学很聪明居然可以看出老师画了一个潜望镜。

二、工作原理

1. 原理

通过平面镜的二次反射形成的。

2. 手工制作

核对材料（潜望镜外壳、平面镜2片、双面胶）。

3. 制作过程

（1）在黑色画线部分贴双面胶。

（2）标注数字，粘贴镜面。

（3）将镜面倾斜45°到数字2和3对折线处将3号纸面与镜面处贴合；同理将另一边的镜面也倾斜45°到数字1和2对折线处将1号纸面与镜面处贴合。

（4）封顶。

（5）将左右两边封闭。

三、作业

（1）请同学们回家装饰一下潜望镜。

（2）同学们回家给爸爸妈妈讲一讲今天在课堂上学习的小知识。

第六课时：四弦琴

教学目的

1. 了解声音的产生。

2. 掌握声音的三大特征。

3. 培养学生对音乐的热爱。

教学重点

了解声音是如何产生的。

教学难点

掌握声音的三大特征。

教学课时

1课时

课型

创新实践课

教学过程

一、导入

今天老师带来了一个故事：相传很久以前，有一个名叫阿布的小伙子爱上了美丽的姑娘阿乃，但姑娘丝毫不为阿布的真情所打动。阿布忧伤地砍下木头，将它的一端刻成人头形状，用羊皮蒙住木头。另一端削成人身形状，把四根麻线绷在这根木头上，制成了"四弦"琴。阿布整天忧郁地弹着，弹出了美妙的乐声。弦声回响在普米寨的上空。第四天，阿乃终于被阿布的真诚所打动，接受了阿布的爱情。从此，"四弦"便成了普米人吉祥幸福的象征。"四弦"音质优美，能弹奏出不同的曲调。当游子归乡，家人团聚，朋友重逢，普米人都用"四弦"来抒发感情。小提琴也是四弦琴，它发出的声音优美动听。夏威夷四弦琴是一种很可爱的拨弦乐器，长得很像小吉他，从琴弦间拨动出是轻快活泼的声音。（四弦琴）

二、工作原理

声音是由物体的振动产生的。

三、手工制作

核对材料（纸盒、双脚钉、橡皮筋）。

四、制作过程

（1）把纸盒按折痕折成琴盒状。

（2）在琴盒的两端安装上八颗双脚钉（使用双脚钉时要注意安全，不要划伤手）。

（3）把橡皮筋用双脚钉固定，成为琴弦。

五、作业

（1）将四弦琴装饰成自己喜欢的样子。

（2）会说科学原理。

第七课时：七彩玫瑰灯

教学目的

1.让学生简单了解一下玫瑰的含义，培养学生的观察能力，丰富学生的感情。

2.各电子元件名称、作用及其符号。

3.让学生自己能装好电路图。

教学重点

各电子元件名称、作用及其符号。

教学难点

让学生自己能装好电路图。

课时安排

1课时

课型

创新实践课

教学过程

一、导入

同学们，你们喜欢花吗？喜欢的话，喜欢什么花？（百合、栀子花、玫瑰……）我们知道花的种类非常多，老师也喜欢花，特别是玫瑰。（手持图片）大家看，图片上的玫瑰漂亮吗？漂亮。那同学们你们的爸爸给妈妈送过玫瑰花没？送过。为什么送玫瑰花，谁能告诉老师？

二、工作原理

1.电池

提供电能；导线：传导电流；开关：控制电路；二极管：消耗电能。

2.变色原理

内部装有七彩二极管，使玫瑰灯可以变色。

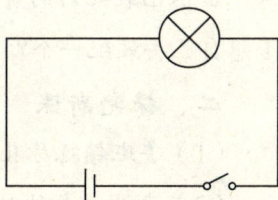

三、手工制作

1.核对材料

（玫瑰模具、导线、二极管、开关、电池、KD板）

2.制作过程

（1）处理导线，连接一个简单电路。

（2）将电路安装在KD板上，并将灯罩固定在KD板上。

四、作业

（1）请同学们回家把七彩玫瑰灯装饰得更加漂亮一点。

（2）回家后，同学们和爸爸妈妈分享今天学习的知识。

第八课时：鲁班锁

教学目的

1. 了解鲁班锁的由来及其生活中的一些应用。

2. 能够自己装配好鲁班锁，并能将之打开。

3. 在学中玩，玩中学，体会古代益智玩具的内涵及其意义。

教学重点

鲁班锁的装配及其在生活中的应用。

教学难点

鲁班锁的装配。

课时安排

1课时

课型

创新实践课

教学过程

一、导入

出示已装配好的鲁班锁，让学生猜测一下，并让学生尝试拆开。最后问学生是否想自己去装配一个？进入课题。

二、探究新课

（1）鲁班锁既称孔明锁、别闷棍、六子联芳、莫奈何、难人才、智慧木等。

（2）来源：春秋时期，鲁国有一位能工巧匠，叫作公输班（因为他是鲁国人，所以又被称为鲁班）。鲁班为了测试儿子是否聪明，用6根木条制作了一件可拼可拆的玩具，叫儿子拆开。儿子忙碌了一夜，终于拆开了。后人把这种玩具称为鲁班锁。

（3）鲁班锁的种类。

（4）鲁班锁在生活中的应用（工艺品、建筑、管道）。

三、手工制作

1.核对材料

（6根形状不同的木条）

2.制作过程

（1）把6根木条按照顺序标上序号。

（2）按照序号的顺序，根据老师讲解的步骤，依次装配。

四、作业

（1）有兴趣的同学可以回家查资料，还有哪些鲁班锁是老师没有讲到的。

（2）回家后给爸爸妈妈展示你会装配鲁班锁的过程。

……

四、组织与实施

学生是学习的主人，是学习活动的真正的主体，学生拥有自己的选择权，决定自己的学习过程，课程目标的实现是由学生的体验活动来完成的。学校根据活动要求，自行调整课时长短，利用学校的各个场所，加大活动的时间和空间，聘用专业指导教师，组织学生充分思考和制作。一段时间普及活动后，选拔出有特长和潜质的学生，组成学校代表队，进行更高层次的学习和锻炼。

五、课程评价

（一）学生发展

一系列丰富多彩的潜质课程，非常切合学生的兴趣爱好和发展需要，大大激发了学生的参与热情，成为提升学生素质、发展学生个性的强有力推手，也促使一大批素质全面、个性特长突出的学生从中脱颖而出。学生各方面素质提高很快，学校教学质量也因此不断提高，培养出适合社会发展的人才，受到广大家长及其他学校的称赞。

（二）教师发展

教师围绕科技特色课程建设展开研究，为学生的发展提供了服务和支撑，切实提升课程实施品质，使科研真正为教研及日常的教育教学服务。全体教师在参与课程研发、建设的过程中，有效提升了课程实施的专业水准。学校、教师和学生也都因此获得了较为丰硕的成果。

（三）学校发展

该课程的评价是建立在课程标准的基础之上，注重教师和学生每次活动的课堂表现、各类考查情况等的记录，评价具有科学性，促进了师生的共同发展，学校在各级各类比赛中，屡获佳绩，学校特色日益凸显，不断成为学生成长的乐园。

六、反思与建议

（一）基本经验

一系列丰富多彩的科技课程，切合学生的兴趣爱好和发展需要，大大激发了学生的参与热情，成为提升学生素质、发展学生个性的强有力推手，也促使一大批素质全面、个性特长突出的学生从中脱颖而出。该校在全国、省、市级科技竞赛、创客比赛、机器人比赛中先后有近百名学生获奖。

（二）实践反思

学校教育、学生升学的大环境背景没有得到根本改变，学生发展的评价仍制约着学校课程的进一步建设。为了提高课程实施的效益，首先要有制度上的保障，增强学校课程的领导，彻底摆脱学校课程的"边缘化"地位；同时，要加强教师校本培训，促进教师专业化发展，也是学校课程领导的重要任务。

（三）改进建议

教育并不是简单的寓教于乐，而是让孩子们通过成长来实现自我认知和自我挖掘，从而找到自我价值定位，如同大人们日常工作。我们都期盼快乐工作，希望通过工作能够自我积累、自我提高，从而生产自我价值，通过教育途径实现孩子们对幸福的追求并与实践相结合，从而生成丰富的幸福资源来满足更多的孩子对幸福的"获得感"。

参考文献

［1］郑学燕.杨中枢.校课程管理：特点、原则与方法［J］.西北师大学报.社会科学版，2016.

［2］吴刚平.校本课程开发［M］.成都：四川教育出版社，2002.

［3］朱慕菊等.走进新课程［M］.北京：北京师范大学出版社，2002.

［4］庞梅.学科特色课程：学科文化与学校特色的深度融合［J］.中小学管理，2015（11）：14-15.

［5］毛佩清.基于学校人文特色——建设特色选修课程［J］.中小学管理，2014（12）：36-38.

［6］彭建平.为了每一个生命的激扬——对学校特色课程建设的实践与思考［J］.中小学管理，2015（12）：53-55.

［7］朱华伟，李伟成.特色课程建设推动学校特色化发展——以广州市普通高中特色课程建设实践为例［J］.中国教育学刊，2015（09）：42-46，76.

［8］何永红.学校"特色课程"的定位及其发展策略［J］.教育科学研究，2011（10）：50-53.

［9］何勇平，范蔚.校本课程的特色与学校更新［J］.课程·教材·教法，2006（10）：16-19.

（李俊青　青岛太平路小学）

第十六章
"致知"学校课程建设

第一节　背景与问题

一、背景介绍

课程在学校教育中处于核心地位，教育的目标，价值主要通过课程来体现和实现。因此，课程改革是教育改革的核心内容。[①]

中国教育科学研究院基础教育研究中心主任李继星曾说过："随着国家课程改革的逐步深入，那些在改革中只做教学改革的学校会发现：课堂教学改革改到深处是课程，改到难处是教师，改到实处是学生。"

作为一所发展中的市南区东部小区配套学校，青岛新昌路小学也积极加入课程改革的大潮中。从1994年建校至今，在四位校长的薪火相传中，学校由45位学生、7位教师发展成为如今的669位学生、51位教师的办学规模。学校从1996年的市南区规范化学校开始，通过立足本土，实施"小班化"特色教学研究，走上了科研兴校之路，并于2002年通过了山东省普实工程和市标准化学校的验收，2003年完成了争创市级规范化的任务，2004年圆满完成了争创省级规范化学校的任务，还代表市南区接受了省规范化学校检查组的验收。2008年，学校确定了让"尊重"渗透到学校的每个角落，渗透到每个人心里的新目标，要让学校成为师生永远难以忘怀的地方，逐步确立了"尊重、激励、生动发展"的办学理念，以及"建设精致学校，成就最好的自己"的办学目标，致力于打造以"点滴尽致"为核心的"致善·致

---

① 朱慕菊.走进新课程——与课程实施者对话［M］.北京：北京师范大学出版社，2002：1.

知·致美"的"致教育"学校文化，努力践行着"给孩子一个幸福而有意义的童年，办一所让师生难以忘怀的学校"的教育理想，实现"好好学习，好好玩，快乐地生活，做最好的自己"教育目标。如今第四任校长履新上任，在传承与发展中让学校的办学影响力在区域层面不断提升，成为一所蓬勃发展的小区配套学校。

随着市南区现代化学校建设的推进，实现学生核心素养培养目标的落实要求，学校如何立足本土创建具有本校特色的课程，以适应时代发展的要求，满足学生成长的需求，促进学校可持续发展已成为学校工作的重要内容。

学校位于市南区东北部辖区，周边5所公办小学，片内有1所初级中学。学校隶属天台路社区。该社区环境优美，并建有文化广场、科技馆、健身房、社区课堂等配套设施。同时学校处在居民区，社区居民职业基本以电视台、医院、教师、民航、银行、区机关工作人员、私营企业为主，大部分学生成长的原生态家庭状况较好，家长比较关注孩子的学业成绩和个性发展，对学校发展和教师情况比较关注。

几年来，学校历经省级规范化学校创建、市规范化学校创建、市南区标准化学校验收等工作，经上级部门支持，加上学校自身努力，学校进行了校舍改造，配齐配足教学设施、设备，建立了设施齐全的舞蹈室、音乐教室、美术室、微机室，重新铺设了操场，有了专门的足球场、篮球场；安装了6个乒乓球台；文化石，等等。目前，学校硬件配套设施在现有空间的条件下已经达到了较高的水平，由于学校面积相对较小，在基本设施建设上发展空间已不大。

由于走廊较窄，教室空间也不大，学校就充分利用每一面墙的教育作用，在每层楼上有全校师生照片组成的"微笑墙"、由学生人人参与亲手绘制的"责任、自信、智慧"文化长廊、"精彩瞬间"、各楼层展板和班级宣传栏等，体现学校的"致教育"文化，并在校门口设置了"点滴尽致"文化石。专用教室复用情况比较多，缺少一个体现学校特色的类似于校史馆的记录学校成长过程的空间。

学校以学校型团队为基础的阳光团队文化吸收了所有教师参与其中，"和气、正气、大气"的团队氛围渗透到各项工作中，学校在职教职工51人，专任教师51人，本科及以上学历48人，占94.1%（其中硕士4人）。教师年龄结构相对年轻化，45岁以上7人，35岁以下的教师21人，平均年龄36.7岁，青年教师占大多数，教学经验相对不足。学校拥有市级以上业务称号的教师仅有1人。学校师资构成存在以下需要进一步加强和改进的问题：师资队伍年龄结构不尽合理，高层次的优秀教师、市级学科带头人缺失，青年优秀专业人才比例太低，青年教师培养急待加强。

学校推行项目管理，实施"精细+落实"的管理模式，并将管理重点逐步下移到级部组，以通过团队的力量影响带动每位教师积极参与到学校各项工作中，从而逐步形成民主、开放、点滴尽致的管理文化。学校以"职责所在，智慧所出"的研修文化，激励教师走向专业化，但教师中跟随的较多，追求卓越的专业精神动力不足。

学校从建校伊始的和谐教育文化到生命教育文化再到如今的"点滴尽致"的"致教育"文化，一直丰富着校训的内涵："关爱生命，关注世界，关心成长"，彰显了文化的传承与创新，引领着学校正在努力建高精致学校。

学校的办学理念："尊重、激励、生动发展"

尊重：教育的灵魂，是对人的尊重。尊重教师、尊重学生，承认并欣赏个体的差异，培养有个性的学生，是现代教育的特征之一。唯有尊重，才有自尊；唯有自尊，才有自强。

激励：激励是评价体系中最具有动力成效的因素。我们不知道每一个老师和学生到底有多大的潜质，我们所能做的是：为老师和学生提供一个表现、施展、发展的平台，激励成长。

生动发展：生动发展就是主动地，充满活力、多样而富有个性地发展，每位教师的生动发展是学生发展的前提。

尊重、激励、生动发展的关系是尊重是前提，激励是手段，生动发展是终极目标。

学校的办学目标：建设精致学校，成就最好的自己

学校从"十二五"期间致力于"致教育"文化的探索。"致"取其两个含义：一为达到，达成；二为精致、极致。教育的过程不仅仅是达成育人目标的过程，更是一个享受达成、积累自信、精致发展的过程。

建设精致学校。过程造就人，细节教育人。"致教育"作为学校文化，对学校工作的方方面面都具有导向功能、凝聚功能、规范功能。因此，学校各项工作的目标都凝聚在"致教育"的要求下，一是塑造精致典雅的学校环境，彰显环境育人的功能；二是提升学校的精致管理品质，大处着眼、小处入手，塑造和谐至美的发展氛围；三是培养宁静致远的精致教师队伍，发展教师的核心素养；四是建构生动别致的学校课程，发展格物致知的课堂教学；五是开展尽善尽致的德育实践，成就一所生动发展的精致学校。即：

学校环境——典雅有致　　　　学校管理——和谐致美

课程建设——生动别致　　　　课堂教学——格物致知

教师发展——宁静致远　　　　学生成长——尽善尽致

成就最好的自己。这既是"致教育"的育人愿景，更是过程中始终坚持的行动指南，即"致善·致知·致美"。致善，突显德育的核心作用，把道德实践作为道德教育的重点，培养学生高尚的情感、态度、价值观。致知，即学会学习。突破传统教学模式，将被动学习变为主动学习，将适应性学习改为探究式学习。致美，构建和谐的师生关系、生生关系、家校关系，打造和谐的教育互动过程，努力使每一个教师、学生充分展示自己的个性、才能，使每一个新昌人尽可能得到最大限度的发展。（引自青岛新昌路小学"学校五年发展规划"）

因此，在充分考虑学校师资条件的情况下，考虑学生的年龄成长特点和家长情况，依托着学校的"小班化"教学模式，我们力求通过普及与提高相结合形式，希望在孩子们的成长过程中，帮助他们播下一颗颗求真、向善、阳光、自信的种子，做到激趣、启智、拓展，从而让学生会学、会玩、会生活，过一个快乐而幸福的童年。学校因此确立了"致教育"学校课程，即"1+X"致知学校课程。

二、主要问题

课程的价值是作为客体的课程与作为主体需要之间的一种特定关系。课程的价值应分为社会价值与个人价值两类，两者结合起来就可构成课程价值的完整体系。[①]而这两种价值的实现，就恰恰是我们课程建设中所存在的主要问题。

（一）学生成长的需求

（1）依托于国家经济的繁荣和社会的发展，人们的需求层次在不断地从最基本的生理需求逐步向自我实现需求的转变。因此，要逐步达到自我实现的需求就必须回归到"以人为本"的教育本质上来。这是课程建设的必然选择，也是人类可持续发展的客观需要。

（2）"中国学生发展核心素养"的提出，让我们认识到单一的课程将不能满足学生个性成长的需要，不利于学生核心素养的培养。而学生核心素养的培

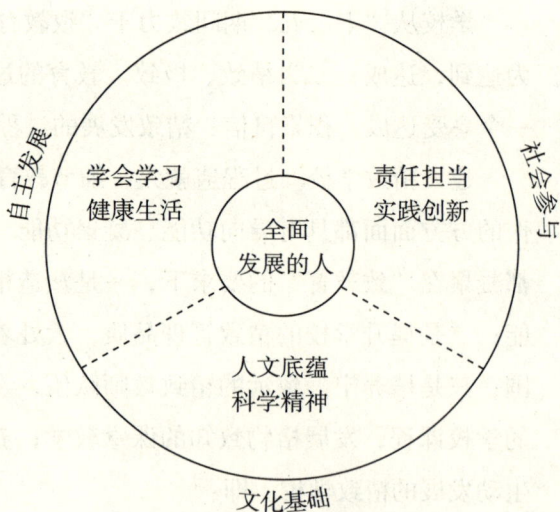

中国学生发展核心素养示意图

---

① 廖哲勋.课程论［M］.武汉：华中师范大学出版社，1991：260-261.

养将是相当长一段时期内学校所要做的重要内容。今后学生发展核心素养将成为课程设计的依据和出发点，引领和促进教师的专业发展，帮助学生明确未来的发展方向；作为检验和评价教育质量的重要依据，核心素养将明确学生完成不同学段、不同年级、不同学科学习内容后应该达到的程度要求。

（3）学校自建校以来一直都依托"小班化"办学模式来实现学生的个性化成长。但随着家长对优质教育的需求增长，学校入学人数的逐年增加，办学规模的不断扩大，学生个性化成长的空间正在逐步缩小。由于学校面积相对较小，目前学校硬件配套设施在现有空间的条件下已经达到了较高的水平，在基本设施建设上发展空间已不大。其次，在现有的班级授课制的条件下，如何面对学生成长过程中的差异、尊重学生的差异问题，让"小班化"这种模式作为一种理念继续实施下去，让学生不同的个性潜能得以挖掘，让学生可以得到教师专业的指导，可以通过自己喜欢和擅长的方式体会到求知的快乐，可以在个性品质的相互融合中不断完善自己的个性品质，从而实现每个学生都能努力"做最好的自己"，这些都是需要思考并要努力解决的问题。

（二）教师成长的需求

构成教师专业素质的四大系统包括知识系统、观念系统、能力系统和动力系统。从某种意义上说，课程的变革不仅仅是变革教学内容和方法，而且也是变革人。[①]课程开发是手段，教师的发展才是目的，教师通过特色课程的开发，使自己的专业得到一定程度的发展。

作为学校的重要因素之一——教师，不仅是促进学校发展的主体，也是课程建设的主体。教师在促进学生成长过程中也需要自身不断完善提高，从而努力成为那个"最好的自己"。但是，目前学校的青年教师占大多数，师资队伍年龄结构不尽合理，高层次的优秀教师、市级学科带头人缺失，青年优秀专业人才比例太低；教师的职业认同感存在差异，具有专业特长的教师人数不多，年轻教师虽有教育理想，当理想与现实发生矛盾时，缺少承担风险的勇气和方法。学校通过学习型组织建设，进行设施、资源、经验等分享，优化培训形式，通过专家、专题、请进来走出去、网络培训、高格培训、家长培训等力求提高教师的专业水平和能力。如果要求全部教师都参与到课程开发中，还存在一定困难。如今，学校只有小部分教师承担起课程建设的开发与实施，大部分借助外部资源，通过校外教育机构的教师引入来

---

① 施方良.课程理论——课程的基础、原理与问题［M］.北京：教育科学出版社，1996：135.

实施课程。

（三）学校发展的需求

现代化教育改革的要求"以课程的改变来促进学校的改变与发展"。学校经过几任校长的不懈努力，"点滴尽致"文化核心的影响已深入到学校发展的各个层面。学校无论是硬件设施还是教师、学生发展都有了不同程度的提高。但是，如何依托"小班化"这一特色，在遵循教育本真的过程中真正实现学校可持续发展，努力办一所小巧而精致的，开放而现代的，时时、处处充满童年快乐的"新畅园"，让每个在这里学习生活过的孩子都喜欢它、爱上它、记住它；如何依托市南区现代化教育大环境的优势，把学校"小班化"办学优势，通过关注差异、个性化的成长的引导，让学校的现代化建设再上一个新台阶，成为市南区的名校，成为区域内具有一定影响力的特色学校，实现学校教育社会化价值的最大化，与社会发展同步，与教育宗旨相吻合，完成学校教育的使命，这也是我们需要面对并要努力实现的。

课程是实现教育目的的重要途径，是组织教育教学活动的最主要的依据，是集中体现与反映教育思想和教育观念的载体，因此，课程居于教育的核心地位。基础教育课程改革，不是纯粹主观意志的产物，而是人们对特定社会政治经济发展的客观需要所做的主观反应。因此，社会政治经济发展的需要，不仅决定了一定社会中的教育是否要进行改革，而且也从根本上决定了改革的方向、目标乃至规模。①

三、主要任务

课程，是作为实现学校教育的课题与目标的手段（或曰"媒体"）而存在的，它反映学校教育的有目的的计划及其展开过程。

基于学校发展、教师发展和学生发展需求的现状。学校当前的主要任务一是构建满足学生成长需要的"1+X"致知学校课程。

通过这样一个本土化学校课程的构建，能够激发学生的内在潜能，让每个孩子在不同的体验中得到充分的发展。

通过这样一个本土化学校课程，不仅提高、拓宽教师的专业水平及教学科研能力，还要帮助教师提升教育哲学意识和水平，在成就学生的同时成就自己。正如马克思主义认为的那样，"人在改造客观世界的同时也在改造自己的主观世界"，使教师专业发展的意愿在参与课程建设中得以体现。

---

① 朱慕菊.走进新课程——与课程实施者对话［M］.北京：北京师范大学出版社，2002：2.

通过这样一门本土化的学校课程，找到学校发展的关键因素是什么或要培养学生哪些独特的品质，让孩子经过学校六年的学习，走出校门后别人一看就知道这是新昌路小学培养出来的孩子，他（她）的身上一定有了学校育人文化的烙印，这样学校的办学特色就彰显出来了，学校的品牌效应就形成了，学校就真正成为一个有故事的地方。

第二节　课程的目标

全面落实《关于全面深化课程改革落实立德树人根本任务的意见》要求，培养学生核心素养，从学生发展、教师发展和学校发展三个层面确定学校"1+X"致知课程的目标。

一、学生发展目标

（1）"美德即知识"是苏格拉底伦理学最重要的命题。通过"1"即新昌致善小公民课程，让学生习得一个好习惯、收获一个好榜样、习得一个好品格、成就一个好公民。

（2）通过"X"包括致美缤纷社团和致知兴趣拓展选修课两部分，充分挖掘学生的多元智能，在小学阶段，给他们播下一颗颗求真向善、求知探究、实践创新的种子。在这一过程中，有兴趣的萌芽即可，有开阔的眼界就行，有特长的生成更妙，让学校真正成为学生喜欢的乐园。

（3）通过"1+X"新昌致知课程，尊重学生生命的本真，保留童趣、童真，引导学生会学、会玩、会生活，个性化地自主成长，努力做"最好的自己"，从而使每个新昌人都具有新昌行为特质，即文明、广识、具有良好习惯和终身学习的能力。

二、教师发展目标

（一）提高教师科研实践能力

教师通过积极参与课程建设，就会掌握课程开发的一般原理技巧，并能根据自己的优势智能，对所教授的内容有一个新的认识和理解，做出符合学生发展的课程计划和实施方案，并在实践过程中，不断反思与学习，从而提高自己驾驭课程的能力，实现自身的个性成长。

（二）提升教师教育哲学意识和水平

"以人为本"这一教育本质，也应包括关注与尊重教师的主观感受。教师在课程开发和实施过程中，可以体会到创造的乐趣，成就学生的快乐，还有知难而上的勇气和毅力等，从而减轻或消除职业倦怠，让自己每天以一种积极、健康的心态投入到工作中，做一个阳光、幸福的教师。

（三）提升教师团队水平

基于学校现状，通过学校课程的建设与开发，培养出具有自主开发课程的优秀教师，并通过多种形式的学习、交流、示范、引领，让其成为学校课程建设的排头兵，以点带面，逐步创建出课程开发团队，在成事中成人，以成人促成事，实现教师整体水平的进一步提升。

三、学校发展目标

（一）软硬件设施再上新台阶

结合学校自身现有资源，通过课程建设，积极引入互联网+入校园，通过企业号平台实施签到，发布最新校园通知及信息，建立课程资源库、创客工作室、机器人工作室等，从硬件方面进一步提升学校办学品质。通过学校课程的实施，进一步提升学校课程的领导力、学习型组织的分享力、阳光团队的执行力、管理机制的持久力等，由内而外地丰富学校发展的内涵。

（二）学校课程体系形成

通过学校课程的建设与开发，在实践中逐步构建出具有新昌特色的课程体系。这一体系以"致教育"文化为核心，以尊重学生成长规律为基石，依托"小班化"办学模式，把国家课程的二度开发与校本课程的特色开展有机结合，丰富、完善学校课程，实现以课程的改变来促进学校的改变与发展。

（三）学校文化自信形成

国学大师钱穆说过："一切问题由文化产生，一切问题也由文化来解决。"通过学校课程的构建与运作，实现"双成"管理理念、精细化管理机制、学习型组织建设、努力"做最好的自己"的教育目标，使"点滴尽致"的"致教育"文化核心渗透到学校的各个方面，逐步形成全体成员的共同价值观，培养出一种自觉的意识及一种自我约束的意识，使这种简单积极的学校文化具有稳定性和承继性，彰显出鲜明的办学特色，形成新昌教育品牌。

第三节 课程的内容

一、课程开发原则

面向学生、针对课程、凸显个性、动态发展。

面向学生：以促进学生发展为本，以激发学生兴趣为点，以满足学生个性发展为目标。

针对课程：要认真研究国家课程的内容和目标，将国家课程延伸，从兴趣、体验、动手实践等角度形成课程，使学校课程与国家课程有机统一为大课程。

凸显个性：学校课程要有利于张扬学生个性，体现教师个性，突出学校"致教育"的办学理念。

动态发展：优质课程保留完善，新的课程不断增加，一些不受学生欢迎或准备不足、教学效果不好、目标不明确的课程将被淘汰，教师的课程开发水平在实践过程中不断提高，逐步形成稳定、完善的"致知"学校课程体系。

二、选择的依据

（一）根据本校的办学理念、办学特色及育人目标选择课程内容

只有育人目标明确了，我们才能选择符合学生发展的、具有学校特色的课程内容。学校一直以"尊重 激励 生动发展"为办学理念，以"点滴尽致"为"致教育"文化核心，以"建设精致学校，成就最好的自己"为办学目标，努力践行着"给孩子一个幸福而有意义的童年，办一所让师生难以忘怀的学校"的教育理想，实现着"好好学习，好好玩，快乐地生活，做最好的自己"的教育目标。

（二）依据学校师资配备情况选择课程内容

教师即课程，只有了解教师的能力水平和专业志向，我们才能确定什么样的教师开发什么的课程，让课程建设有落脚点。基于学校教师开发课程的现状，学校部

分艺体类课程及机器人、心理等课程由学校专任教师承担，大部分课程借用外部教育机构资源，用专业的课程团队人员辅助学校课程建设的开发与实施。

（三）依据学校的文化传承选择课程内容

任何学校的发展都不是依靠单独的一种文化来支撑的，是需要在文化的不断传承中丰富并保持这种文化。课程内容的选择不能没有文化的引领，要以学校文化为魂，才能是本土化的课程。学校从建校伊始的"和谐教育"文化到"生命教育"文化再到如今的"致教育"文化，其文化内涵的本质可以归结为"以人为本"，都是以尊重学生个体成长规律为前提，以追求生命的和谐致美发展为使命。

（四）依据一定的资源选择课程内容

在信息化社会，资源共享是大趋势，可以借助资源让我们的课程内容更充实、完善，从而让课程内容更具时代性，更符合学校发展需要，满足学生个性成长的需要。专业的教育机构、课程建设的开发团队、丰富的家长资源、社区资源及互联网、校园智慧平台的使用等都是我们课程建设的强大支撑和资源保障。

三、具体内容

特色课程是以学生的"特需"为核心，有着独特的课程理念、目标内容、实施与评价方式的课程；特色课程实施有其独特的价值追求，"益智增趣""体验超越""实践创生"是特色课程实施的"航标"。因此，学校"1+X"致知课程的设立，就是秉承"尊重 激励 生动发展"的办学理念，把尊重放在第一位，把学生的个性成长摆在重要位置上。

"1+X"致知课程，即学校将学生的一切教育活动都纳入课程范畴，构建了"1+X"致知课程；"1"即致善小公民课程；"X"包括致美缤纷社团和致知兴趣拓展选修课两部分（见附Ⅰ）。

学校开设"致善小公民"课程，实施"一线三点"的教育策略，即以品格教育为主线，以文明礼仪教育为突破点，以班级团队教育为立足点，以中国梦的教育为升华点，提升学生的小公民道德素养。学校基于学生生动发展的需求，把品格教育、校本节日、典礼仪式、班本课程、实践活动等以课程形式呈现，做到有目标、有内容、有流程、有评价。

"X"课程中的兴趣拓展致知课程分为四大类：科学激趣类、艺体拓展类、人文素养类、语言启智类。在教学目标和内容上是国家课程的拓展，是学生学习国家课程内容的延伸体验（见附Ⅱ）。

科学激趣类：此类课程旨在充分利用学生的好奇心，培养科学兴趣，激发学生进一步探究的欲望；提倡让学生动手动脑，获得动手实践的过程成功体验，培养学生按程序操作、认真仔细的习惯和个性特征。

艺体拓展类：此类课程旨在提高学生感知美、表现美、创造美的能力，增强学生的身体素质，重视艺体活动中的交流与合作，通过沟通与互相学习，引导学生形成尊重、关怀、友善、分享等个性品质，塑造健全人格。

人文素养类：此类课程旨在传播人文知识，陶冶高尚情操，提升学生的人格、品质修养，培养学生树立正确的人生观和价值观，增强他们的社会责任感和使命感。

语言启智类：此类课程旨在引导学生掌握语言表达技巧，感受语言艺术魅力，体验传统文化内涵，培养流畅表达和生动表达的能力。读书讲坛要大幅度提高学生的阅读量，提高他们的人文素养，促使他们形成正确的价值观和世界观。

第四节　组织与实施

一、课程计划安排

学校"1+X"致知课程的中"1"，即致善小公民课程。

品格教育课程：每周一升旗仪式的"我来点赞"；每周二早上的"品格讲堂"；每周三中午的红领巾广播站；每学期开学的品格教育周；每天的品格微课程。由学校德育处负责组织与实施。

校本节日课程：3月读书节，4月体育节，5月电影节，10月科技节，11月艺术节。做到有主题，有计划，有人员安排，有评价展示，由各分管部门干部带领相关老师组织与实施。

典礼仪式课程：开学第一天的开学典礼、每学年开学第一天的入学仪式、"六一"儿童节前的入队仪式、每学期放假前的休业仪式与毕业考试后一个星期的毕业典礼，有规定的流程和统一的主题，由学校德育处负责组织与实施。

班本活动课程：主题班会每周一第一节课，经典诵读每周三、五晨读时间，安全日课每天放学前5分钟，学生讲堂每周一讲，家长课堂每月一次，做到有计划、有组织、有反馈，由各班主任负责组织和实施。

实践活动课：为期一周的传统节日民俗课程、相关时间的主题节日、春、秋两季及家委会每月的社会实践及社区服务与少先队的阵地活动，做到主题鲜明、活动丰富、实效性强，由学校德育处及各班家委会负责组织与实施。

学校"1+X"致知课程的中"X"，即包括致美缤纷社团和致知兴趣拓展选修课。

每周二下午的3：50开始是致美缤纷社会活动时间，每学期有课时计划，每次有活动记录，有学生参加活动次数考核及最后的作品展示，学校学科分管干部及相关教师负责组织与实施。

学校致知兴趣拓展选修课课程实施长、短课时。为保证课程的实施与质量，学校调整了每周四下午的原40分钟的课时，改为周四下午第一、二节课时调整为30分钟/课时的短课时，下午2：50～3：50一个小时的长课时为学校致知课程时间，并把其纳入学校总的课时计划中。

二、管理流程与实施

学期初，在前期调研基础上，经学校课程研发团队进行审核并确定开设学校课程内容。由于学校场地和人员限制，学校致知课程1～3年级按班级为单位进行授课，4～6年级为选修走班上课。在开学第二周，学校将拟开设的选修课程目录会同年级组向4～6年级学生公布。学生根据年级课程开设的年级范围和个人兴趣爱好进行选课。班主任要做好选课的指导，对首先选课未成功的学生应及时通知学生重新选课，确保每一个学生都能选择到自己喜欢的学校课程。原则上每门课程应有10人以上学生选课才准予开课。如遇人数达不到开课要求可根据实际情况由班主任老师负责调剂，每个学生可以根据兴趣和自己的想法，下学期还可再自由选择其他课程。学校课程于每学期的第三周开始正式上课。

拟开设的学校课程原则上由申请该课程的教师本人承担，特殊情况可聘请专业机构的教师入校进行授课。授课教师接到学校课程开设任务通知后，要提前做好本学期的课程计划和课时备课，做到有目标、有内容、有反馈。课程实施过程要做好学生每次学习的签到与过程性资料的留存。在学期末要对学生的学习成果进行评价，如需要可以邀请家长入校一起进行教学的评价，在本课程结束后要把学生参与课程学习的考核签到表、学生成绩册、相关过程性及终结性评价等材料上交到学校归档。学校教导处全面负责学校课程实施的管理与监控，保证学校课程按计划有序、高效进行。

三、教学评价

学校致知课程的评价，是依托学校的"喜报制"评价制度来进行的（见附Ⅲ）。对于学生日常参与课程次数及课堂表现、任务达成情况及作品完成情况等颁发不同类型的喜报。在学期末时主要通过表现性的评价方式，创设某种现实情境或任务让学生完成，或最后制作出个人作品和展示，通过师生、家长等对其学习效果进行评价。例如，书法课程要求学生通过一学期的学习完成班级新年联欢会春联的撰写，教师通过对学生在活动中的不同表现颁发相关的喜报，并邀请家长来参加班级联欢会，欣赏学生的作品，让学生体会到成功的喜悦和与人分享的快乐。这一评价，给学生创设了一个模拟的生活环境，让学生运用获得的知识来综合解决问题，从而使教师了解学生的知识与技能、实践与应用、合作与交流等多种能力的发展，使特色课程更接地气，更具人文性。

每学期，学生参与学校课程学习所获得的喜报均可以和日常学习中所获得的喜报进行累积，作为期末参与学校"致美"少年评选的依据，这样就与学校整体评价有机结合，形成较为完整的学生评价体系，促进学生的发展。

第五节　课程的评价

李希贵校长曾说过："评价必须以促进成长为基本目标。如果评价的目的是为了改进，而不是为了审判，那么被考评的对象就比较容易接受。"课程评价也是如此。

课程的意义就在于提供孩子更多成长的可能性。学校的"1+X"致知课程，从学生的成长规律出发，以溯本求真的教育情怀，通过给每个学生的成长以"点滴尽致"的关怀，让学生的校园生活丰富而多彩。通过课程的精彩呈现，让教师的职业幸福感不断丰富，用课程成就师生，以实践发展师生，从而让学校真正成为教师成长的沃土、学生成长的乐园。

一、学生发展

（1）课程是作为学校的产品存在的，而产品的消费者便是学生。消费者有选择的权利，甚至也具有开发新产品的能力。在学校特色课程建设中，学生既可以在课程开发的前期调研中表达自己想学什么、喜欢什么样的课程，还可以在从学校提供的特色课程超市里选择自己喜欢的课程进行选修或走班上课，或者在后期的实践过程中，学校不断筛选、取舍合适的课程以供学生选择等。

以激趣拓展为主的4～6年级学生可以选修走班上课，每个学期可重新选择开设的科目。"选择可以产生意想不到的生产力，学生有了选择，才有可能有动力。"①这样就给学生的个性成长提供了一定自由发展的空间环境，学生可以根据自己的兴趣爱好来做出个性化的选择或判断，而不再被动参与学习；只要我喜欢，我就要来学习学习、体验一下，满足学生的求知欲和个性特点，体现了学习的主体意识与自我成长的需求，激发学生不同的潜能个性发展。

（2）从课程实施效果来看，每周四下午都是学生最开心的时刻，因为他们可以走班，每个学生根据自己的兴趣选择合适的科目，到固定教室去上课。课程的内容大多是激趣类和拓展类内容，不用课本，多为动手实践、亲身体验与合作交流等内容和形式，学生在这期间可以和不同年级、班级小伙伴进行合作交流，可以做自己喜欢的事情，可以接触到课本以外的知识……在这一过程中，学生可以根据兴趣爱好自主选择，可以通过体会到课程带给自己的快乐体验而形成积极主动的心理品质，可以在实践过程中享受成功带来的满足感，从而真正确立"使每个学生都能得到充分的发展"②理念。

（3）通过丰富多彩的学校课程，学生个性特点的展现、兴趣爱好的激发、意志品质的培养都得到了很好发展。如今学生积极参与各种层面活动的人越来越多了，获奖的也越来越多了，大胆展示自己才能的也越来越多了，学生良好的学习品质与行为习惯正在影响着每个学生努力成为"最好的自己"。学校已经初步形成篮球特色，篮球操在全校普及并在区运动会上进行展示。学校合唱队、器乐队的表演均获市南区一等奖并在青岛市庆"六一"文艺会演中展示，戏剧社团排练的戏剧登上山东省戏剧节的舞台，科技社团的同学们在全国创新大赛中获奖，啦啦操队同学们的表演获青岛市特等奖，美术社团的同学们在全国中小学生建筑模型大赛中摘金夺银……新昌的毕业生更是深受上级学校的青睐，会玩，会学，有习惯，有思想……让我们看到了成长的力量。

---

① 李希贵.新学校十讲［M］.北京：教育科学出版社，2013：7，32.
② 教育部.基础教育课程改革纲要（试行）［S］.北京：教育部，2001.

二、教师发展

一所年轻的学校，一群年轻的教师，在与学生一起成长的过程中，经历着蜕变与生长。通过参与"1+X"致知课程的开发与实施，教师的眼界不断拓宽，专业技能不断提升，职业幸福感不断丰富，"职责所在，智慧所出"研修文化浸润到每个新昌教师的心中，激励着教师不断的自我成长。

（1）教师专业技能水平在课程建设中不断加强。虽然目前学校只有部分教师参与到"X"的选修课授课教学中，但这部分教师在参与课程建设过程，无论是从专业水平上，还是敬业态度上都发生了很大的改变。对学校其他教师正在发挥着一定的引领作用。同时，未参与到选修课的教师，也积极参与到小公民教育课程中，从活动的策划到组织，从实施的监控到反馈，对教育内涵的理解进一步丰富，管理教育学生的水平日益提升。另外，还有一部分教师正在积极参与到学校学科主题式课程研究中，学科内、外的整合，专业知识领域的拓宽，科研能力的进一步提升，让教师的教育教学工作不再枯燥，而是再一次焕发生机与活力；让教师感受到教科研的魅力之所在，促教师专业化成长。

（2）当今社会，我们提到教师的专业成长不应仅仅局限在学科与教育教学方面，教师精神世界的丰富与职业幸福感的体现也是重要的一个方面。在学校"致知"课程的建设过程中，教师的角色正在发生的转变。教师从特色课程开发与建设的观望者，到认同者，再到积极参与及拥护者。这种转变正是源于教师对自我精神追求的一种改变，体现了教师更高层次的需求以及对于职业幸福感的一种追求，更体现出教育的"以人为本"的本质；在成就学生的同时成就教师的幸福成长，幸福的教师才能培养出幸福感强的学生，从而让我们的教育真正成为有温度的、温暖的教育。

（3）在学校"致知"课程的建设过程中，教师需要不断地学习各方面知识，需要不断地与各种人打交道（其他教师、家长、不同职业人员、社区居民等），教师不再是关着门教学，低着头搞研究，而是需要融入团队建设中，需要改善一定的人际关系、掌握一定的沟通技巧、接受一定的新鲜事物，从而实现着由个人成长到团队进步的良好氛围，这也正是学校教师发展目标之所在。

三、学校发展

"只有课程变了，最终才能改变学校。"新昌路小学虽然是一所小区配套的小小学校,但从未放慢前行的步伐。教育现代化有三个要素:国际化、数字化、标准化,还应该有个别化。学校正是依托"小班化"教学模式,从小处着手,以小学生的年龄特点和成长规律来思考,以尊重生命、关注习惯潜能和激趣为主要依据来设置课程目标的,努力做到小而精,打造现代化的精致学校;让成长在这里的孩子们,具有好奇心,喜欢玩且会玩,喜欢学习且会学习,具有良好的个性品质和行为习惯,在不断的探索与创造中成为一个"真正的自己"。

(1)通过课程建设,学校最大限度地开发和利用现有设施和资源,让学校面貌焕然一新。学校重新修缮了操场,铺设了人工草皮,校园网全覆盖,每个学生配发一个电子校牌,企业号平台实施签到,建立了课程资源库。学校电视台、录播教室、机器人教室、3D打印设备等投入使用,让学校的硬件设施与时代同步。同时,学校通过外部资源的引入,在英语课开设外教进课堂活动,开拓学生的国际视野;体育课引入游泳、击剑、足球、武术等竞技体育项目进课堂,通过专业的技术指导,提高学生的体育素养。家长每月进课堂,从职业启蒙到心智体验,给了学生不一样的成长课程。

(2)通过"1+X"致知课程的建设,让国家课程的本土化运作有了一定的延伸和拓展。虽然学校对国家课程的二度开发正处在起始阶段,但目前的学校课程正是与国家课程进行了互补相融。这里既有道德与法治课程内容的丰富与提升,也有艺术、体育等课程的充实;这里既有对科学课程的补充,也有对语文、数学、英语等学科的融入。学校"1+X"致知课程的系列基本形成,在不断地更新与完善中形成了动态的学校课程,并成为学校大课程体系的一个重要内容,对构建完整的学校课程体系起到了引领与促进作用。

(3)通过"致知"学校课程建设,学校师生所展现的精神面貌更加富有朝气、活力。幸福感洋溢在每个新昌人的脸上。学校持开放办学的心态,做到家长驻校办公常态化、社区互动常态化、展示宣传常态化。开放的"三常态"让家长和居民走入校园,走进班级,参与课程建设,感受到学校变化,也让各级各类评估督导看到了学校日常工作的"点滴尽致",并让师生的成长在相互成就中更加富有生命力和幸福感。新昌的孩子是幸福的,新昌的教师是幸福,新昌的家长是幸福的。学校先后荣获全国学习型学校,山东省规范化学校,山东省校本培训示范学校,全国、省级艺术教育先进单位,山东省及青岛市远程研修先进单位,青岛市文明单位,青岛市规范化学校,青岛市依法治教示范学校,青岛市校本培训示范学校,青岛市"创建学习型组织,争做知识型职工"先进单位等荣誉称号。学校办学影响力在区域层面不断扩大，现代化水平在不断提升。如今，学校已发展成为一所市南区东部的品牌学校，成为学生家长喜欢的"新畅园"。

第六节　反思与建议

现代化教育改革要求"以课程的改变来促进学校的改变与发展"。只有课程变了，结果才会改变；流程变合理了，结果才会理想。基于学校"1+X"致知课程的探索与实践，笔者认为一个学校要做好课程，以下八个因素是需要认真思考的。

一、基本经验

（一）课程目标是否明确

1. 课程目标要与时代发展一致

《国家中长期教育改革和发展规划纲要（2010—2020年）》《关于全面深化课程改革落实立德树人根本任务的意见》等文件，进一步明确了教育要培养什么样的人的问题。这是时代发展的讯号，是我们确立课程目标的风向标。

2. 课程目标要与学校理念吻合

学校课程就是要体现出本学校特色，因此课程目标设立，要深入理解学校办学理念与课程之间的关系，把理念融入课程建设过程中，才能实现学校课程特色发展。

3. 课程目标要体现的是学校文化的传承与发展

国学大师钱穆说过："一切问题由文化产生，一切问题也由文化来解决。"因此课程目标是否确立准确，要与学校文化有紧密的关系。只有让课程目标的确立成为全体人的共同价值观的体现，课程建设才能发生深厚并长远的影响，真正成为学校发展的助推剂。

（二）课程诊断是否准确

1. 前景诊断

学校要依托课程建设来促进学校的改变，因此在课程设置前要做好课程的前景规划，不能只是看当前立竿见影的效果或追求所谓的高大上的形式，要用基于学生发展的、全方位的视角审视我们的课程，从目标到内容的选择，从形式到评价的使用，能否做到长期、持续地对学生产生影响，从而使我们的课程真正有生命力。

2. 自我诊断

学校的产品是课程，学校的消费者是学生。只有消费者满意了，我们的产品才是合格的、过硬的。因此，产品的生产（课程的设置）必须把消费者（学生）的需求放在第一位；可以通过调查问卷、访谈等形式走入学生中间，了解他们的需要，在需要与实际之间做一个自我诊断，从而开设适合的、操作性强的课程，以满足学生成长的需要。

3. 条件诊断

课程不是个体的存在，需要具备相应的条件做支撑。因此，在课程开设之前还要做条件诊断，看看目前学校的软、硬件设施及条件能否满足课程建设的需要，有哪些条件是优势、哪些是不足，或者急需解决的问题是什么，都要做好相应的调研及反馈，并做出合理的规划和处理，以确保课程能否顺利实施。

（三）课程内容是否合理

1. 课程内容要体现本土化

特色课程的"特"才是本课程的主旨所在。此课程不同于彼课程，因此，学校的特色课程一定要具有"本土化"味道；要与本校的办学目标及理念、与本校的文化及师生特质有关，而不是流行什么课就开什么课，或完全借鉴其他学校的课程等。

2. 课程内容要符合学生成长规律

互联网+下的课程可以说是多姿多彩的，我们可以选择的内容和途径也是多种多样的，如何来选择适合本学段学生的课程，其自身的身心发展特点及成长规律是必须要考虑到。只有这样，课程内容才能够与学生的基本知识与经验有一个很好的衔接点，课程才会在吸引学生的同时给学生带来获得成功体验的满足感，从而让学校课程真正为学生的成长服务。

3. 课程内容与国家课程内容要保持相对的平衡

学校特色课程是对国家课程的二度开发或创生，但无论是哪种内容的选择，都要考虑到课程平衡的问题。特色课程建设不能是简单加法或减法，那样只会增加老师的负担或消减课程的影响力，而应该在内容的选择上保持质量的守恒，有侧重，有创新，有点有面，形成系统的、有层次的特色课程。

（四）课程流程是否恰当

1. 流程具有连续性和规律性

在《牛津词典》里，"流程"是指一个或一系列连续有规律的行动，这些行动以确定的方式发生或执行，促使特定结果的实现；而国际标准化组织在ISO9001：2000质量管理体系标准中给出的定义是"流程是一组将输入转化为输出的相互关联或相互作用的活动"。我们课程编制目前最权威的就是"泰勒原理"，即学校应该达到哪些教育目标、提供哪些教育经验才能实现这些目标、怎样才能有效地组织这些教育经验、怎样才能确定这些目标正在得到实现。

2. 要依据时序关系展开，具有动态性

流程具有动态性，因此，在相互作用过程中，从一个活动到另一个活动，要按时序关系展开，因此要明确先做什么、再做什么。我们在做课程时，首先要做好课程的诊断，只有前期有了充分的调研和诊断，才能制订出合理的课程建设实施方案，再依据方案分步骤来完成各阶段的目标和任务。

3. 寻找看不见的流程缺陷及时加以改进

流程合理了，结果才会理想。而在实际工作中，我们流程需要不断改进，才能提高工作效率。因此，在课程建设中要能够及时寻找那些看不见的流程缺陷。比如，我们的走班课程，都是签到的。每次在签到纸签到时，教师那里都会聚集很多人，而且还可以出现代签的现象；之后改成了电子签到，学校在教室门口设置了电子班牌，每个学生都有自己的校园卡。把选修学生名单提前输入到课程中，学生进入教室只要打一下卡，头像就会显示到该课程的签到表中。这个改进的流程，既让学生感到有意思，又提高了每堂课签到或点名的效率。"鱼骨图"分析法是一种很有效的分析解决问题的方法，会对我们改进工作有很大的帮助。

（五）课程开发人员是否匹配

1. 课程建设的共同价值观要一致

课程开发的主体是教师，他们是课程决策的审议主体，是课程实施的实践主体，是课程评价的反馈主体。只有教师认同了我们的课程文化，由内而外地产生一种积极主动参与的愿望，才能真正发挥其主体作用，参与到课程建设中。

2. 师资水平符合课程建设要求

学校的教师是否有课程的意识和课程能力、是否拥有一定的教育哲学、是否具有一定的批判能力和创新能力等，包括在师资的年龄结构及学识等方面，都是制约着课程建设的重要方面，不能忽略。

3. 学生具备参与此课程的相应知识和能力要求

如前所述，课程内容的选择要以学生学习的"最近发展区"为基础，让学生在原有知识与经验基础上自主参与并建构知识，而不是回归到应试教育那种接受式学

习，为了课程学习而学习。

（六）课程保障是否完备

1. 要有充足的经费

任何一项活动都要有充足的经费，这是不可避免的一个话题，尤其是当今这样一个人工费用相对高的时代，无论是设施的配置还是人员聘请或是外部资源的借用等，都需要有经费做保障。因此，在进行课程建设过程中，经费问题是需要提前做预算的。

2. 相应的设施建设要到位

课程建设可能改变原有的教学方式，也可能会改变一些学习模式，或者需要开设一些具有特色的实践课程等，这些都需要一定的软、硬件设施的更新或添置。因此，在开设相应课程时，要提前做好这方面工作。

3. 丰富的资源做支撑

课程丰富的内容与形式，很多时候不能仅局限在课堂上，因此，丰富的资源如互联网的介入、家长资源的融入、专家资源的使用等，都是必不可少的。只有这样，课程建设才会充满生机和活动。

（七）课程评价是否有效

有这样一个观点：有工作就一定有评价，因为任何一个体系都建立于评价体系之上。评价必须以促进成长为基本目标。如果评价的目的是为了改进，而不是为了审判，那么被考评的对象就比较容易接受。

1. 教师评价要重态度与创新

课程建设的参与，是教师在原有常态教学中的一种实践与探究，需要花费一些时间和精力来改进教育教学观念与方法，尝试与反思课程建设的实践。因此，对教师要有一定的评价，而且这种是评价更要关注的态度与创新，让教师自觉进行不断改进与提高，从而提高课程开发的水平。

2. 学生评价要重个性与发展

特色课程的评价更多应该以"质性"评价为主，通过研究性学习展评、调查报告的交流、不同主题作业的展示及学习共同体的形成等，或让父母参与到评价中来，都是很好的评价方式；在这样的评价过程中，让学生的人格塑造和情商培养得以实现，核心素养水平得以提升，个性品质得以改善。

3. 团队评价要重合作与协调

"合作"和"协调"在评价制度上显得特别重要。"一个人可以走得很快，但不可能走得很远，只有一群人才能走得更远。"（非洲谚语）课程建设就是一群人在原有的知识、经验基础上，通过学习、实践、反思、合作、协调、共享来研发而不是开发课程，从而实现课程体系的建立。因此，评价团队建设，不仅要看结果，更要看过程，看结果背后那些看不到的共同的努力。

（八）课程效果是否明显

1. 树立起文化自信

"文化自信"是习近平总书记在2016年7月提出的。当一个人对一种文化进行认同的时候，首先培养的就是一种自觉的意识以及一种自我约束的意识。课程文化形成并具有领先性或者发挥引导权、话语权、领导权时，就能带来课程的质的变化，而不是简单的量的变化。例如，北京十一学校的课程文化，不能不说是一种成功的"文化自信"，它的影响是深厚并且长远的。

2. "本土化"特色突显

特色课程在课程目标上有极强的针对性，要针对本校的实际情况；在内容上有很强的开放性、灵活性；课程决策上强调民主性：决策者为学校的校长、教师。因此课程效果是否明显要看目标的实现是否与本校的理念吻合，课程内容是否体现本校师生的个性品质，课程影响是否体现出本校的文化传承等，从而形成了"一校一特"的课程。

3. 师生共同成长

在课程建设过程中，学生是产品消费者，教师是产品研发者。在消费过程中，消费者（学生）要享受到产品带来的便捷与实现，体现到快乐与满足。好的课程就要充分挖掘学生的个性潜能优势，让学生的个性全面和谐发展。在研发过程中，研发者（教师）要不断研究与反思，专业知识与能力得到不断提升，团队中的自身价值得到不断体现，促进教师综合素质的发展，从而实现师生的"双赢"。

二、实践反思

目前学校的"致教育"课程以活动课程的丰富性内容，追求学生和谐至美的成长，在课程建设中秉承"尊重　激励　生动发展"的办学理念，通过激发兴趣、培养爱好，采用普及与提高相结合的形式，重在播下一颗颗兴趣的种子，关注学生生命成长的过程，与学校的理念及育人目标基本一致。

学校课程目标的制定较清晰、具体，具有一定的针对性。由于学校是一所小区配套学校，受设施和资源等因素的制约，学校课程设置的目标没有那么高大上，而是从小处着手，以小学生的年龄特点和成长规律来思考，以尊重生命、关注习惯潜能和激趣为主要依据来设置课程目标的，以大板块形式呈现，没有较好地细化到目标的各个层面，因面显得比较笼统。

学校的特色课程缺少一根主线，因此在内容选择上有些铺开做的感觉，各个内容平行、并列的较多，阶梯、螺旋关系的较少。在课程内容设置方面偏重动手操作和体验，需进一步明晰每学段课程开设的目的，以对应课程目标的达成和课程规划性的体现。

从课程实施效果来看，每周四下午都是学生最开心的时刻，因为可以到不同的教室去上课，可以做自己喜欢的事情，可以和更多的小伙伴进行有意思的交流等。学生参与积极性高。教导处组织有序，教师能够各司其职，秩序井然。

从发展的角度来看，目前本校的学校课程只是作为校本课程呈现的，还未形成完整的学校课程体系。因为一个真正课程除了有"校本课程"的开发外，还应该有"校本的课程"开发（也就是对国家课程的二度开发），从而使国家课程、地方课程与学校课程真正统一起来，构建出具有本校特色的学校课程体系，以课程促进学校的可持续发展。学校在这方面正在做有益的尝试和探索，但还未形成系列化，需要我们继续做下去。

三、改进建议

1. 对学校课程目标的再思考

学校的文化核心：点滴尽致。

学校的课程目标：会学习，爱运动，做榜样。

学校课程核心目标：做最好的自己。（满足学生成长的个性化需要）

在此基础上，可以结合着"三爱工程"，即爱上一门学科、爱上一项运动、爱上一个榜样，把擅学、会玩、乐活作为学生培养目标的关键价值取向，进一步明晰确定为如下课程目标。

努力让每一个学生都能够具有扎实的知识、强健的体魄、健全的人格，努力做最好的自己。

前三个目标是基础性目标，面向全体学生。后一个目标既是个性化发展目标，也是终极的培养目标。

其中扎实的知识，是在激发广泛兴趣的基础上，通过让学生选择不同的课程来体验和感受丰富的知识世界，通过这样的选择在学生的心底某处也许就会激起小小的涟漪，一颗兴趣的种子就会种下，为后面的个性发展提供可能。

强健的体魄，是在丰富的实践体验活动基础上，通过兴趣引导、积极参与、手脑并用、合作探索，在不断学习与坚持中掌握技能、强身健体，为学生的个性发展提供基础的保障。

健全的人格，是要通过全校性的课程参与，以一种积极的态度、主动的意识、多样的选择、自信的展示来完善学生道德情感和意志品质，为学生的个性化成长健康提供保障。

努力做最好的自己，是要尊重和关注差异，以满足学生个体成长的需要，在不同的课程中，根据不同的水平和能力，在不同层次上获得不同的成功体验，从自身发展的纵向来达到一个完美的程度，让每个学生都成为那个独特的他（她）自己。

2. 对学校课程内容的再建构

目前的学校课程只是校本课程，我们可以融合入对国家课程的二次开发。把 "1+X" 致知课程结合着学校的办学特色，重新建构成 "致善　至美" 课程。课程结构如下。

致善：即原来的 "1+X" 致知课程中的 "1"（致善小公民活动课程），做成德育活动课程，有统一的序列和相应的资源库。在此基础上加入学科课程（即对国家课程的二次开发）。目前学校已经尝试在同级部进行跨学科的整合（具体内容见附件Ⅳ）。因为在《国家中长期教育改革和发展规划纲要（2010—2020年）》和教育部《关于全面深化课程改革落实立德树人根本任务的意见》中明确指出把要育人为本作为教育工作的根本要求，把 "立德树人" 作为教育工作的根本任务，突显了德育的核心作用。而对于学校来说，落实上述要求的主阵地是在课堂，而不单单是活动，因此二者有机结合起来构成面向全体的、基础的课程。

至美：即原来的 "1+X" 致知课程中的 "X"（包括致美缤纷社团和致知兴趣拓展选修课两部分），其中致知兴趣拓展选修课程是面向全体的。通过设置不同类别的课程，来激发学生的兴趣，而缤纷社团则是面向其中在某一方面有特长的学生，给予其更高层次的学习和提升，以此来促进学生全面而有个性的、和谐至美的发展。

由于受学校现有设施和场地的因素，我们开设课程数量有限。同时，考虑低年级学生人数较多、年龄小等特点，我们1～3年级暂不实行走班选修，主要以形式多样的动手操作活动课为主，以此来激发和培养学生的兴趣及动手操作能力，发挥想象力及具有初步的 "美" 的意识。如果以后条件允许情况下，我们可以把1～3年级也调整为选修走班，把学科特色活动有机融入X课程并与之进行有效统合，从而形成类别清晰、序列得当的课程设置，使特色更鲜明、体系更完善，如开设篮球不同级别的选修课程，以建立梯队满足不同年龄学生的成长需要等。

3. 对学校课程实施的建议

目前学校课程实施中已把其纳入学校课程管理平台，已具有了相应的管理和组织流程，再做进一步细化和完善即可。但是，这只是实施的一部分，对于课程以何种形式进行开展、学生通过什么载体进行学习、在学习过程中又以什么样的流程进行学习等，还需要我们在后期做深入的研究。

目前学校正在进行的主题式学习方式，就是一种很好的尝试。围绕同一主题，把相关的学科和课程内容进行整合，这一整合不能只是简单的加入。为了保证课程的"质量守恒"，有些内容可以适当减少。另外，如此多学科围绕主题进行整合，不大好进行统一操作和协调。从内容来看，可以把语文、英语和音乐整合一下，把数学、科学和美术整合一下，这样分成两个小板块的整合，相对来说，团队研讨和内容安排在实际操作中比较容易些；同时还要适当调整好课时安排，各学科也要有所侧重。虽然是整合，但作为某一课时的主学科，其要围绕学科特质，选择最佳的视角，以可视可感的、实体实用的、动态动手的环境，促进学生的体验性学习、实践性学习和探究性学习。

虽说课程整合要打破学科壁垒，但也不能为了整合而没有了学科特征，这也是不符合教育规律的。而且，既然是国家课程参与再开发，那么评价就不能只限于这种过程性评价了，学科知识的量性的评价必须还是要有的；否则，就达不到国家课程标准中要求达到的目标了，从而削弱了国家课程的核心作用，使课程整合的作用发生了偏离，是不可取的。

4. 对学校课程评价的建议

学校课程的评价可以充分发挥互联网作用。利用好学校的网络平台，做好课程的过程性评价，如学生的签到、日常活动的展示、课题作品的发布及家长关注的评价等。同时，把学校的"喜报制"在学校课程中的使用准则和流程进一步明确，范围和要求进一步规范，也可适当建立学生课程资料包或课程资源学习影视包，给学生一个留存学习过程的平台，为后面的自我学习与提高提供一个自我评价与调控的参考。

另外，加大对教师的评价力度，在前期做好教师课程开发参与的基础上，除了在量化考核中对课程教师有评价，在外出培训与评优方面有侧重，更要在一定的范围内给教师一个体现自身价值或团队价值展现的机会，如定期进行经验介绍、教学分享、团队交流等，或者通过学生问卷了解教师课程的开设情况给予及时反馈和有针对性指导。这样，既可以让教师在课程实施过程有法可依，也可以充分发挥个人和团队优势，从而激发教师不断自主完善课程，不断自主提高专业水平与科研能力，打造优良的课程建设团队。

5. 对学校课程建设中关键问题的建议

课程开发（Curriculum Development）是指通过需求分析确定课程目标，再根据这一目标选择某一个学科（或多个学科）的教学内容和相关教学活动进行计划、组织、实施、评价、修订，以最终达到课程目标的整个工作过程。课程开发包括课程目标、课程内容、课程实施和课程评价四个环节。

而教师是校本课程开发的主要力量，任何课程改革如果没有教师的积极参与都是不可能成功的，从校本课程开发角度而言，"没有教师发展就没有课程开发"。学校目前在课程开发过程中，面临的最大问题就是教师课程开发能力的问题。学校在教师培训方面做得一直很有特色，是全国学习型组织，但比较多地关注教师的职业素养、课堂教学及团体素养方面，对于教师课程开发意识及能力的培养关注度还不够，应该及时做出调整。主要建议如下。

（1）转变校本培训方向，在基于前期校本培训的基础上，重点做好课程开发方面的培训。

通过校本培训及师德培训等，再次激发教师自主学习的内驱力。这种学习包括日常的本体性知识、条件性知识、实践性知识的学习，还应包括课程开发的相关知识及兴趣爱好的挖掘与提升。

通过团队的学习与打造，充分让教师体会到自身在团队中的价值，从而进一步强化教师团队意识、发挥自身优势、参与团队管理、提升团队价值感、激发教师不断成长的驱动力。

通过邀请专家、名师等介入培训，从宏观层面为教师尽快提高课程开发能力助力；同时，也加大外出学习力度，到课程做得好的区域或学校进行 "全员+重点" 的直接引领，全方位提高教师课程开发的能力和水平。

（2）在学校做好顶层设计的基础上，成立学校课程研发团队。

可以分类组建项目组开发，也可以依据教师个人特长设立专业课程开发，还可以借助外力加自身力量组建校内外团队联合等。在课程研发过程中，学校要给予开发团队或教师以专家的高位引领、实践的追踪指导、问题的协同解决、经费的有力保障及评价的激励有效等，从而使教师真正主动参与到课程开发中，使教师从特色课程开发与建设的观望者转变为认同者再转变为积极参与及拥护者，实现由个人成长到团队共进的良好氛围，并能够在课程开发与实施中体会到自我成长及自我价值的实现，不断提升职业的幸福感，以更饱满的热情投入到学校发展中，实现学校、教师、学生的和谐发展。

课程开发的主体是教师。教师不是孤立于课程之外的，而是课程的有机构成部分，是课程的创造者、课程开发与实施的主体。如果没有教师参与，我们的课程开发只能是框架式的、模型式的、不接地气、没有生机，甚至是短命的。教师的实践性学识是教师知识中最宝贵的财富。只有教师参与到课程开发，我们的课程才能与学生生活经验和学习水平有效地衔接起来，才能让课程变得有内容、有内涵，从而让课程焕发生命力。

因此，形成一个操作性强、具有学校特色的课程体系，需要全校师生全方位、多角度进行充分调研和思量，反复求证和探索，不断修正与完善，在学习中实践，在反思中进步。

教育的出发点和归宿是育人，课程的基本职能是育人。只有开发出适合学生的课程，才能促进学生个性的成长。只有改变了课程，才能最终改变学校，让学生的核心素养不断提升，让学校的整体变革不断迈向深入，最终由优质走向品质，成为一所现代化的、有品质的学校，为学生的终生发展奠基。

参考文献

［1］朱慕菊.走进新课程——与课程实施者对话［M］.北京：北京师范大学出版社，2002.

［2］廖哲勋.课程论［M］.武汉：华中师范大学出版社，1991.

［3］施方良.课程理论——课程的基础、原理与问题［M］.北京：教育科学出版社，1996.

［4］钟启泉.现代课程论［M］.上海：上海教育出版社，2015.

［5］教育部.基础教育课程改革纲要（试行）［S］.北京：教育部，2001.

［6］李希贵.新学校十讲［M］.北京：教育科学出版社，2013.

［7］约翰·埃里奥特.教师在课程发展中的作用：一个英国课程改革尚未解决的问题［J］.外国中小学教育，1993（4）.

附：

I. "1+X"新昌致知课程体系

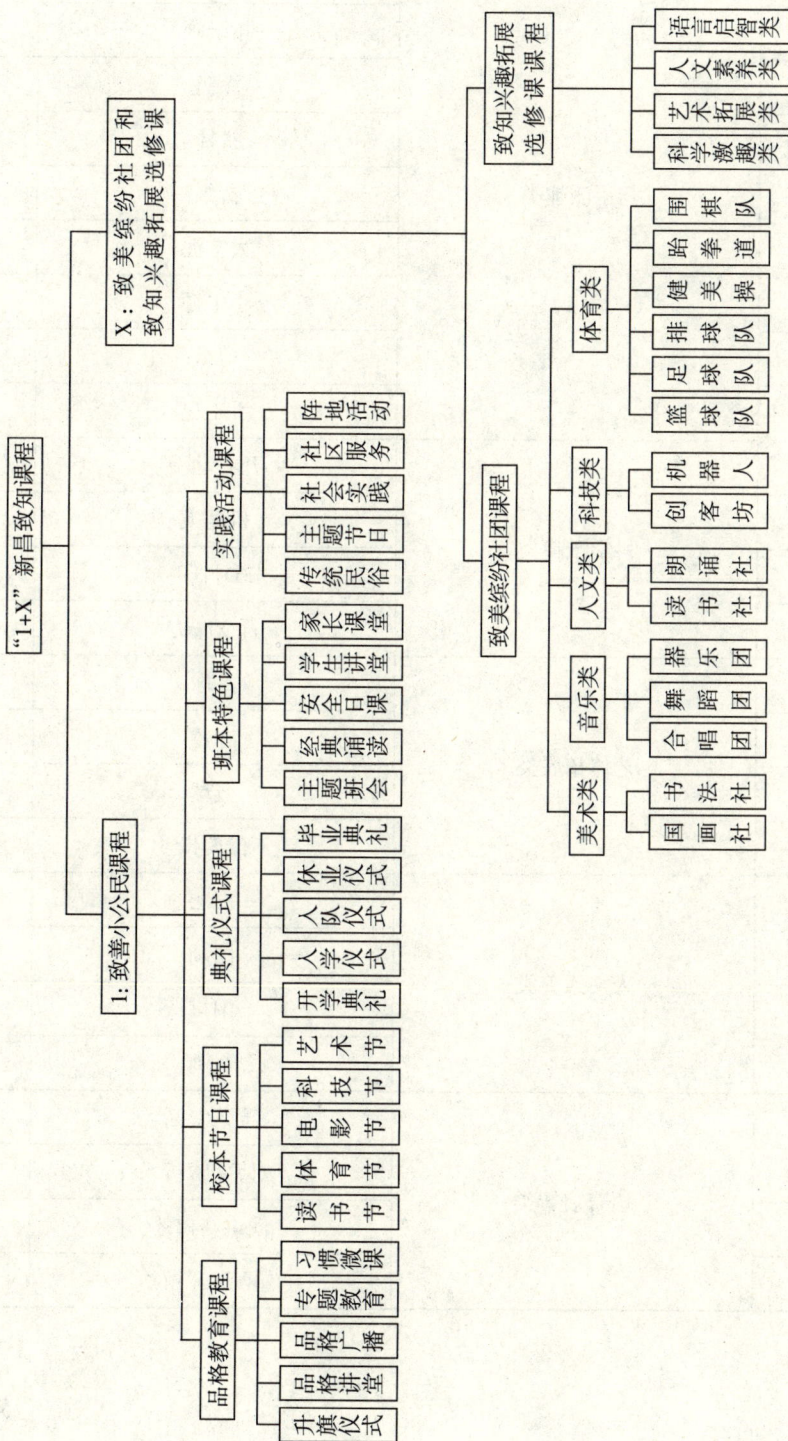

"1+X"新昌致知课程

- **1：致善小公民课程**
  - 品格教育课程
    - 升旗仪式
    - 品格讲堂
    - 品格广播
    - 专题教育课
    - 习惯微课
  - 校本节日课程
    - 读书节
    - 体育节
    - 电影节
    - 科技节
    - 艺术节
  - 典礼仪式课程
    - 开学典礼
    - 入学仪式
    - 入队仪式
    - 休业仪式
    - 毕业典礼
  - 班本特色课程
    - 主题班会
    - 经典诵读
    - 安全日课
    - 学生讲堂
    - 家长课堂
  - 实践活动课程
    - 传统民俗
    - 主题节日
    - 社会实践
    - 社区服务
    - 阵地活动
- **X：致美缤纷社团和致知兴趣拓展选修课**
  - 致美缤纷社团课程
    - 美术类
      - 国画社
      - 书法社
    - 音乐类
      - 合唱团
      - 舞蹈团
      - 器乐团
    - 人文类
      - 读书社
      - 朗诵社
    - 科技类
      - 创客坊
      - 机器人
    - 体育类
      - 篮球队
      - 足球队
      - 排球队
      - 健美操
      - 跆拳道
      - 围棋队
  - 致知兴趣拓展选修课程
    - 科学激趣类
    - 艺术拓展类
    - 人文素养类
    - 语言启智类

Ⅱ. 致知兴趣拓展分学段课程设置（2016年9月）

序号	课程分类	课程名称	开设年级
1	巧手激趣类	布贴画	1
2		扣子画	1
3		涂鸦	1
4		拼插	2
5		折纸	2
6		太空泥	2
7		小牛顿	3
8		剪纸	3
9		手工皂	3
10	科学激趣类	开心动漫	4，5，6
11		机器人	4，5
12		3D打印	5，6
13		百变魔方	4，5，6
14	艺体拓展类	足球	4，5，6
15		空竹	4，5，6
16		篮球	5，6
17		健美操	4，5，6
18	人文素养类	书法	4，5，6
19		国画	4，5，6
20		围棋	4，5，6
21		版画	4
22	语言启智类	英语漫话	4
23		诗文赏析	5，6
24		演讲与口才	5
25		心灵驿馆	4，5，6

Ⅲ. 青岛新昌路小学 "做最好的自己" 喜报制

一、指导思想

"建立多元评价机制，激励学生全面发展"是基础教育的核心任务之一，也是教育成败的关键环节。为了推进学生评价制度的改革和完善，我校将继续秉承 "尊重 激励 生动发展" 的教育理念，以赏识、关爱学生，激发学生的自尊、自信和潜能为根本出发点，以让每个孩子体验成功，鼓励他们做最好的自己为最终目的，特制订喜报制如下。

二、实施原则

（1）面向全体原则。

（2）面向学生全面发展原则。

（3）激励性原则。

（4）关注差异原则。

（5）公开、公正、公平原则。

（6）关注过程原则。

三、实施内容

1. 品德习惯

（1）学科发展性目标达成情况（即情感、态度、价值观目标的达成情况）。

（2）学习、活动中 "两惯" 养成达成情况（即学生学习习惯与行为习惯的达成情况）。

2. 学业水平

（1）日常学习目标达成情况。

（2）各级各类知识竞赛成绩。

3. 个性发展

（1）特长展示。

（2）创新成果。

（3）实践收获。

四、实施建议

班主任和任课教师定期或不定期向学生颁发 "最好的自己" 喜报，表彰学生在某一方面达到了 "自己的最好"。记录点滴成绩，关注学习过程，进行多元评价，激发学生潜能，促进学生全面健康、有个性的成长。

（1）每学期，每个孩子至少收到8张喜报（班主任负责统计协调）。

（2）每学期，每位教师保证所任教的学生每人至少收到1张喜报。

（3）学生所获喜报可作为参评学校"致美"少年的依据。

（4）每位教师在制定实施各自的颁发喜报细则时，要标准统一，以激励为主，力求操作流程简单有效，学生积极性高。

Ⅳ.4年级学科主题式学习计划

年级及主题	4年级级部 主题：地球，我们共同的家	主持人	级部组长
参与学科：语文、数学、英语、音乐、美术、科学			
达成目标 （包含三维目标）	1. 通过学习和阅读《走，我们去植树》《燕子》《鸟语》《天鹅的故事》《云雀的心愿》《生命的壮歌》《沙漠中的绿洲》等文章，体会动物的可爱、感受环境改造与保护的重大意义，激发学生用实际行动绿化祖国，改造自然的决心，帮助学生从小增强环境保护的意识。 2. 通过学习第二单元《节能减排》——用字母表示数，结合信息窗1和信息窗2中"节约用水"和"新能源汽车"两个情景，对学生进行节能减排，保护家园，保护地球的环保教育。 3. 通过用英语讲述澳大利亚的环境和动物，介绍袋鼠等澳洲特有动物的生活习性，了解我们生活的自然环境，激发学生探索自然奥秘的兴趣，培养学生爱护稀有动物、保护生态环境的意识。 4. 通过《生命之源——水》《材质的美》两课内容，激发学生对水资源的珍惜之情和对不同材质的喜爱，关注生活本身最原始的美，提高保护环境的意识，感受美术对社会和生活的独特作用。 5. 通过《地球上有什么》的学习，了解地球地形、地貌状况，知道地球是由小部分陆地和大部分水域构成的，了解地球物质对人类及其他生物生存的意义，了解地球仪、地图的主要表示和作用。在活动过程中，能够查阅、交流、整理资料，学会交流分享自己的劳动成果，学会合作性学习，能选择自己擅长的方式（语言、文字、图表、模型等）表述研究过程和结果。树立保护环境和资源的意识		
主要内容及 课时安排	**语文**（随堂进行，拓展3课时） 1. 学习课文《燕子》《鸟语》《天鹅的故事》《生命的壮歌》。 2. 学习课文《走，我们去植树》《沙漠中的绿洲》《云雀的心愿》。 **课外拓展：** 1. 课外阅读《漂泊鸟》《麋鹿》《死海不死》。 2. 结合读书节进行好书推荐，读关于地球家园的书籍。 3. 课本剧展演。 **数学：**（2课时） 1. 通过学习第二单元信息窗1：《用字母表示数》，第二单元信息窗2：《用字母表示数》。		

主要内容及 课时安排	**课外拓展：** 1. 让学生调查生活中的浪费现象，通过统计用数据说明浪费的严重性。 2. 调查研究日常生活中类似"节能灯和普通日光灯耗电量对比"，这样的节约能源的实际例子，进一步提高节约意识和科学素养。 **英语：**（2课时） 新标准英语一年级起点第八册 Modle 9　Unit 2　Kangaroo lives in Australia. **课内整合内容：** Book 8　Module 8　Unit 1　He lives in the east of the US. Module 8　Unit 2　It's in the north of China、 Book 8　Module 9　Unit 1　Why do you like Australia? **课外拓展：** 　　尝试用英语3～5句介绍某一城市或者某一国家的风土人情，特色景点或者特色事物。使用I went to XX.I saw... I ate... I had... There is/are...等句型介绍自己感兴趣的地方或者动物等等。 **音乐：**（2课时） 1. 聆听《大象》，演唱歌曲《小雨沙沙》。 **课外拓展：** 　　聆听迈克·杰克逊《手拉手地球村》，《给未来一片绿》让学生意识到地球环境的危机，并在各种教学活动中，激发学生保护地球的热情，帮助学生树立环保意识。 **美术：**（4课时） 1. 美术4年级下册《生命之源——水》 2.《材质的美》 **课外拓展：** 1. 引导学生关注生活中常见日用品的材质，学会运用多种材质进行手工制作，发现各种材质和我们的生活密不可分的关系，并能树立材质价值意识，从而更好地关注生活。 2. 查找、搜集与节约用水有关的素材、新闻和故事，丰富创作的版面和内容，举行交流。 **科学：**（1课时） 第五单元《地球上有什么》 **课外拓展：** 1. 利用学到的方法，快速找到地球上的任意一点。 2. 观看科学视频

评价方式	个人评比和小组评比相结合。 班级展示、小组互评、喜报卡评价，小组评比。

	自评	互评		自评	互评
举手发言			上课倾听		
口头表达					

成果展示	以"我是环保小达人"为主题，将手工环保作品和节约用水的手抄报进行班级展示。 根据整合内容结合自己的感受体会写一篇习作。 成果展示—小组调查汇总相关资料。 制作小小地球仪
备注	

（韩敏　青岛新昌路小学）

第十七章
"致知明德"学校课程建设

第一节 背景与问题

一、背景介绍

《国家中长期教育改革和发展规划纲要（2010—2020年）》中提出："学校在执行国家课程和地方课程的同时，应视当地社会经济发展的具体情况，结合本校的传统优势、学生的兴趣和需要，开发或选用适合本校的课程，即学校课程。"基于此，我国基础教育的发展进入了一个新阶段，其中国家、地方、学校三级课程管理为各校的发展带来新的契机，特别是体现多样化和特色化的学校课程的开发，为打造学校特色带来了机遇。

多年来，尤其是课改前，我们的教育实践常常是凭着教育者的良好愿望让学生去知道是什么、应该怎样做，这违背了学生的意愿和需要。而学校课程的实施恰恰是从学生的兴趣、需要、情感和个性特长出发，为学生创造丰富多彩的教育内容和教育情境，让学生通过亲自体验、实践活动、自主学习、合作交流和自我调适等大大提高他们的个性化学习能力，促进他们创新品格的形成。所以《国家中长期教育改革的发展规划纲要（2010—2020年）》强调开发学校课程一要依据学校的传统和优势，二要依据学生的兴趣和需要。在这个前提下，学校课程资源开发与实施要与时俱进，呈多样化，具有选择性，能满足不同学生的需要。

青岛五中学生来源比较复杂，受地区传统的影响，造成了我们的孩子比较本色；外来务工家庭教育资源的缺损，造成了我们的孩子缺乏个性特长。如何通过学校教育，在促进学生个性发展的基础上达到和谐发展，从而促进学校质量的全面提高，是新时期教育对学校提出的一个全新命题，也是我们在新一轮课改中面临的挑战。

自2000年以来，学校坚持在7年级每学期设置近20门课程供学生自主选择，实行走班上课。这些课程主要分为"实践类""学科类""手工类"和"活动类"四类。其中，"实践类"课程主要包括军训、学工、学农、志愿者活动、社区公益劳动和研究性学习等；"学科类"课程针对尖子生、苗子生开设促使学生冒尖的校本课程。这两类课程是对国家课程的继承与发展，"手工类"课程和"活动类"课程是属于本土的学校课程。这些课程，提高了学生的学习兴趣，活跃了学生的思维，开阔了学生的视野，为学生更好更快发展发挥了积极作用。但因为没有系统的、完整的学校课程体系，如一盘散沙无法集中闪烁课程"特有"的光芒。

2011年，学校确定以构建"致知明德"学校课程引领带动师生发展。"致知明德"学校课程是指根据新一轮课程改革精神和要求，结合我校2010–2012三年发展规划所提出的"致知明德"新办学特色，基于学生发展的全面性、多样性、个性化需要，可供学生选择的多样化课程。该课程力求满足学生兴趣和全面加特长发展，促进学生"快乐学习，健康成长"（青岛五中校训）。

二、主要任务

走过了近20年，可以说我国第八次基础教育课程改革是对前七次改造的课程进行"脱胎换骨"的改革。教育部基础教育司"新课程实施过程评价"课题组对部分国家级实验区进行了调查评估。调查结果显示，在对新课程与教材的适应、教学观念与教学行为、教学评价、学生学习方式等方面，新课程改革实验都取得了显著的成效。例如，在课程功能上实现了从学科本位、知识本位向关注每一个学生发展的历史性转变；改变了单一的学科课程结构，建构了具有均衡性、综合性、选择性特征的课程结构；建构了"立足过程，促进发展"的新的教学评价体系等等。[①]

简而言之，我国的基础教育改革之路经历了从落实双基到关注"人"正在逐步向高阶能力培养的转变过程。而在这个过程中，不难看出，课程也因此变成一种动态化、生长性的"生态系统"和完整文化，成为国家省市教育前行、学校特色建设的重中之重。

我们启动的"致知明德"学校课程的开发与实施研究，就是期望在科学实施国

---

① 教育部"新课程实施与实施过程评价"课题组.基础教育课程改革的成就、问题与对策——部分国家级课程改革实验区问卷调查分析［J］.中国教育学刊，2003（12）：39–43.

家课程、地方课程，探索各学科教学模式，提高教学质量的前提下，根据市南区、青岛五中的特点，从师生实际出发，充分利用学校、社区的课程资源，发挥学校的现有硬件、资源等优势，完成学校课程开发和第一轮实施，通过开发、实施学校课程，进一步拓宽评价的渠道，提高学生的素质，促进教师的专业素养提升，彰显学校"致知明德"办学特色。

（1）构建一种以学校课程开发与实施为支撑的教师教育科研行动研究模式。

（2）打造一支教育科研骨干队伍，培养一批教育科研骨干教师，为教师专业化成长助力。

（3）开发出适应本校学生需求的学校课程，为学生"快乐学习，健康成长"助力。

（4）促进学校教育教学质量不断提高，助力学校可持续发展。

第二节　课程的目标

课程目标是教育目的和培养目标的具体化，也是课程与教学价值观的具体化，这是课程与教学内容选择的关键。课程目标确定要依据学习者、当代社会生活和学科发展三个需要。①

作为一所比较年轻的学校，重视学校文化的持续发展，学校走内涵发展之路，2008年在"两德双馨"的基础上倡导"教学相长"，倡导全体师生读书，"以书养德，相伴成长"；2010年，随着《国家中长期教育改革和发展规划纲要（2010—2020年）》中培养目标"树立人人成才观念，面向全体学生，促进学生成长成才。树立多样化人才观念，尊重个人选择，鼓励个性发展，不拘一格培养人才"的明确提出，学校在此基础上，对本校师生需求、学校所拥有的教育资源以及教育环境等进行分析调查，依据学校的浓厚的国学氛围、传统文化教育的积淀，重新建构确立学校独特的、适应新课程改革要求的"致知明德"办学理念，写入新三年规划，并以此作为学校特色课程建设的宗旨。

致知、明德，出自《大学》。

---

① 课程培养目标是教育目的的具体化［J］.课程教材教学研究（中教研究），2002（Z1）：22.

"致知"的三层含义：① 学习知识；② 探究知识的规律和方法；③ 提高每个人的智慧。关键词：读书——做有智慧的五中人。

"明德"的三层含义：① 教师师德影响学生品德；② 弘扬中国传统美德和现代文明；③ 知行统一，做美德少年。关键词："明德"育人——信念立德　师爱润德　读书养德　管理育德　实践修德。

"致知明德"四字源自先秦时代，此时期诸子思想虽不同但和谐共生共存，其文化是以"人"为中心且为落脚点的。"致知明德"取意远古先训又融入现代精神，蕴含现实与传统教育的传承关系，构成了五中精神的丰富内涵，着重突出了学校"质量立校、明德兴校、文化强校"的发展之路，充分表达了我校特有的办学理念、人文追求和文化精神内核。

基于办学特色的解读，立足于学生、教师和学校发展的三个层面，确定了"致知明德"学校特色课程的总目标是"努力培养'有理想、爱读书、有潜质、乐健美'的个性化学生，让每位学生快乐学习，健康成长；培养'有理想、师德好、业务精、爱健美'的发展型教师；建设成为青岛市优质学校"（《青岛五中章程》）。

一、学生发展目标

当今世界，各国之间激烈的经济竞争和科技竞争，归根到底是人才的竞争。20世纪80年代以来，发达国家教育改革与发展就已拉开帷幕，其共同特征是以全体学生为本，以创新为导向，明确以培养适应明天社会的人作为当代教育的基本目标。新课程改革以来，我国也越来越注重学生全面素质的发展，注重发掘潜能，培养创造性，推行面向未来的教育。

美国国家教育与经济中心一次系统调查结果显示，未来30年世界对人才素质要求需具备六种能力[1]，团队协作和独立思考能力以及具有全球视野的文化意识就是其中的三种能力。初中阶段必须适应时代需要，主动迎接这种历史挑战。所以，"致知明德"学校特色课程就将学生发展目标定位为有民族情怀、责任意识、国际视野的现代小公民。

1. 民族情怀

立足社会主义核心价值观的基础教育，传承中国文化和中华灵魂，不卑不亢的胸怀，不屈不挠的志趣和不偏不倚的气度。

---

[1] 柯进.未来人才需具备6种能力［J］.中小学电教，2009（11）：80.

2. 责任意识

做好中学生分内的事，学会知识，学会做事，学会做人，服务社会，无私奉献，敢于担当，勇于负责。

3. 国际视野

以平视的眼光来审视世界，面对世界以平等对话的方式，使世界能够真正地认识中国文化，树立世界眼光、博采众长的品质。

二、教师发展目标

通过校本课程开发实施的研究与实践，努力使全体教师树立终身学习、终身发展的理念，不断提高教师的教育教学与终身发展能力，组织他们参与学校课程教材的开发，从经验中学习，在反思中成长，提高自身专业素养，与课程改革共同成长。

（1）促进教师转变观念，转换角色。要求教师不仅要成为课程高水平的实施者，而且要努力成为课程的建设者、研究者、开发者。

（2）促进教师转变教学方式，实现教学方式由注重结论的"传承式、灌输式"转变为注重过程的"探究式、互动式"。

（3）促进教师提高教学能力。引导教师不断反思和改进教学，研究、创造、发展、丰富教学方法，逐步形成具有个性的教学风格。

（4）促进教师提高科研能力。引导教师钻研教育理论，培养探究意识，积累课程资源，挖掘自身潜能，提升科研水平，提高创新能力，促进专业能力的持续发展。

三、学校发展目标

围绕"致知明德"办学特色，学校课题研究与学校特色文化建设和学校课程开发三者相结合，用文化的方式"寻根""构魂""拓源"，发展有生命的学校课程，力求在不断的学习中弘扬"和而不同"精神，构建"百家争鸣""百花齐放"的现代学校，逐步实现国家课程校本化、地方课程特色化、学校课程人文化的教育愿景。

第三节　课程的内容

新课程价值观认为，课程内容是生活世界的表达，是生命意义的阐释，不能将其作为客观对象去认识，应与它相遇并进行对话，站在自身的经验和时间中去理解它。①

学校课程不是某个学科课程或活动，而是以学校核心文化为基础的具有综合性、有鲜明发展方向特征的课程。它的发展途径是：学校特色项目——学校特色——学校特色课程——特色学校，特色学校是最终追求目标。②

学校课程建设必须融入办学理念，才能真正发挥引领和促进育人的作用。办学理念是学校办学最重要的因素。各学校往往因为办学理念不同，而产生不同的办学效果。特色课程的设置，通过校本课程的实践，学校可以在充分认识学校的传统、特色、优势与劣势的基础上，逐步澄清学校教育哲学，进而回答"把学校办成什么样子，把学生培养成什么样的人"这一基本问题。

"致知明德"学校课程是学校教育目标实现的载体，体现了学校的办学理念，具有独特的课程观和课程体系。

一、选择依据

"致知明德"学校课程的构建是国家课程、地校课程的校本化的过程，仍然围绕着三级课程内容展开，不是凭空自行创造一个新的课程体系，只是补充或者重新整合，内容选择遵循五个原则。

1.目标导向性原则

"致知明德"学校课程建设中首先将国家确立的教育目标作为其行动导向与准则；与此同时，又结合了学校自身特点，遵从学校核心教育价值观，从学校松兰文化出发，将凸显学校特色的特殊培养目标、课程目标与国家、地方教育的一般目标相结合，从而减少学校特色课程建设过程中的随意性，增强科学性。在这种目标导

① 左菊，孙泽文.课程内容选择：取向、依据及其环节［J］.教育与职业，2012（12）：135-137.
② 江东.书香绵远笃行日新——在广州市普通高中特色课程工作会议上的讲话［M］，2011.

向的指引下，既能够满足国家对基础教育的基本要求，又可以体现学校教育理念的独特性、针对性和多样性。

2. 协调性原则

在进行"致知明德"学校课程"知类""德类"两类建设中，为防止三级课程间发生简单重复或随意加深拓展，避免学校课程体系的混乱，首先是保证国家、地方、校本三级课程之间的协调一致性；同时，也谋求了学校课程建设与学校核心教育价值观间的统一协调性，以行动的方向与目标相一致寻求在学校课程的内容选择、规划安排中充分地体现先进的学校文化。

3. 整合性原则

在"致知明德"学校课程体系下，在国家课程、地方课程校本化，校本课程开发深入化构建时，每个课程首先以学生的成长需求为本位，关注学生能否以原有生活经验和学习经验能够融会贯通、综合应用原有知识，注重学校课程内容、编排等与学生原有认知结构的整合性。

4. 个性化原则

"知德合一"类学校课程建设结合每一个学生发展的差异性，一切都从其具体情况出发，来完成学校课程建设，主要是在走班选修的学校课程设置时，以学校、学生的独特性与差异性为出发点和归宿，设置了三个模块20多门课程，为学生提供全面发展的学习机会，让学生按照自己的兴趣和发展需求进行课程选择与学习，最终形成独具学校特色的课程体系。

5. 适宜性原则

学校课程建设应因地制宜、循序渐进、量力而行。进行课程建设时，学校充分评估了自身物质基础、师资水平和生源水平，积极调整，深入挖掘，以保证学校课程建设的质量。在学校课程内容编排时力求易于学生接受掌握，进而更有利于学校教育理念的实现，学校教育目标的达成。

有了以上五条原则的规范，"致知明德"学校课程建设工作有据可循，能够顺利开展。

二、体系架构

"致知明德"学校特色课程建设是对学校所提供的一切有助于学生发展的机会进行全面整合，以期最大限度地满足学生发展需要，实现学校自身教育目的的一项系统工程。那么，本学校课程建设就不能简单地进行某个或某些校本课程开发、校本教材编写等，而应该呈现出一个完整的学校课程体系。

学校课程的课题开发研究中融入"致知明德"的成分，结合学校实际，最终确定了"知类""德类"和"知德合一"类共三类课程。

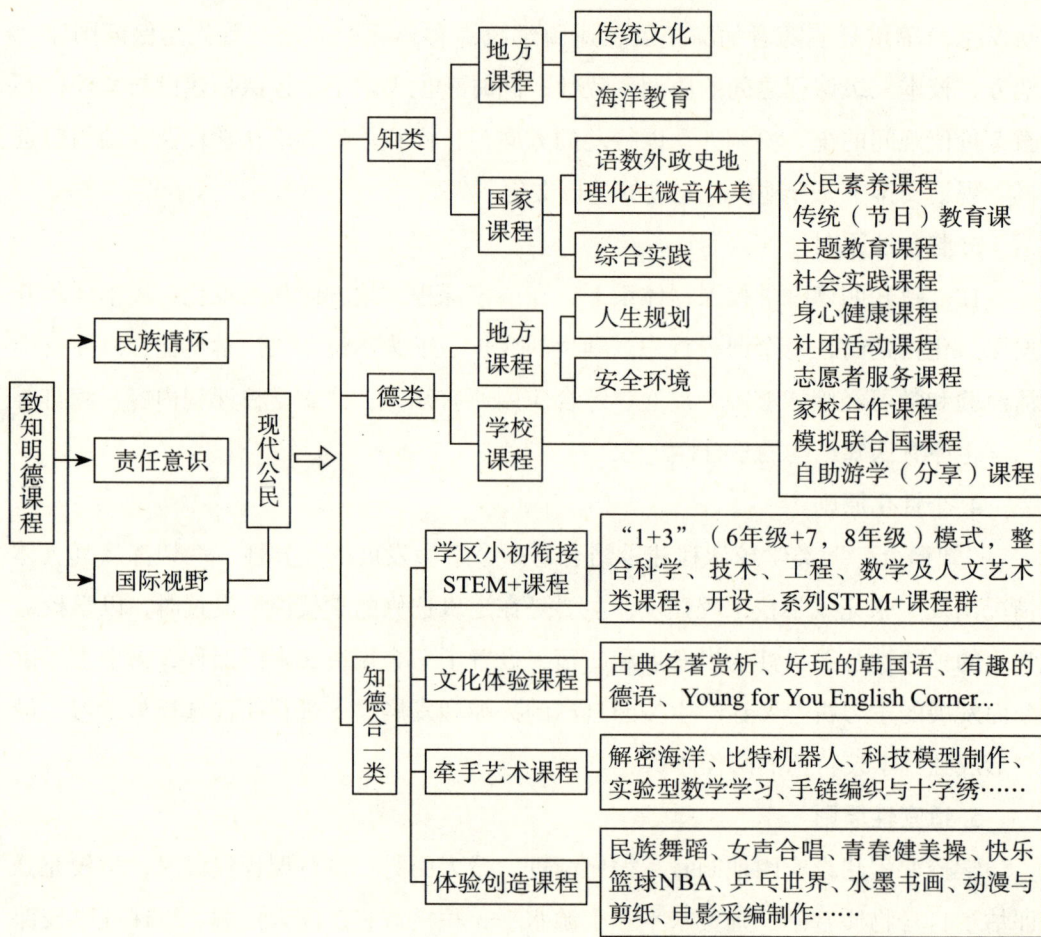

"致知明德"特色课程内容体系

三、具体内容

1. "知类"课程

主要由所有国家课程和两个地方课程的校本化课程组成。

国家课程校本化实际就是指授给学生可再生长包括语文、数学、物理、化学、英语、政治、生物、历史、地理、体育、音乐、美术等的基本知识和可再发展的基本技能的课程。依据学科生活化理念，选取如生活中和身边的数学、地理、法律、心理、物理等具体案例与学科内容融合，开发出了倾向于综合实践、研究性学习及"引桥"等课程，既适合初中学生的特点，又能弥补国家课程知识的趣味性不足的缺憾。例如，数学学科开发的适合7，8年级综合与实践课程"生活中的数学问题"，培养学生用数学的思维关注现实生活并解决实际问题。

7年级和8年级综合与实践目录

7年级综合与实践目录 第一章　丰富的图形世界 1. 生活中的立体图形 2. 正方体的展开与折叠	8年级综合与实践目录 第一章　一元一次函数的应用 1. 哪一款手机资费套餐更合适 2. 生活中的"一次模型"——家庭用电成本问题
第二章　整式及其加减的应用 1. 探索神奇的幻方 2. 制作一个尽可能大的无盖长方体盒子 第三章　数据的收集与整理 第四章　关注人口老龄化	第二章　数据的分析的应用 1. 哪个城市夏天更热 第三章　多边形知识的应用 1. 平面图形的镶嵌

"知类"课程中的地方课程校本化主要是对青岛市海洋教育读本和山东省传统文化读本的校本化开发。

"奇妙的蓝色家园"海洋课程主要包含着"海洋+实践""海洋+课程""海洋+特色"三部分，对应着"学科引领，校本深化，活动助推，文化升华"的思路，充分利用青岛市《蓝色家园》读本，增设海洋生物实验课，从海洋科普探究实践活动等方面给予学生研究性学习指导，构建学科教学渗透、海洋知识普及、海洋基地实践、海上帆船活动为一体的海洋教育。

"中华情·中国梦"传统文化课程借助余秋雨的《中华文脉》一书，结合初中学生特点，加入国际理解教育的背景进行课程构建，旨在提高学生国际视野、民族自豪感，树立正确的世界观、人生观和价值观，而这恰恰很好地体现了学校教育的理想追求和特色所在。

2. "德"类课程

"德"类课程也就是学校的"明德"体系课程，主要以专题教育、专题活动或特色项目为主要外在呈现形式，由八大系列课程组成，确立了以"立德""尚学""明志"多元化的发展目标，构建德育"明德"体系，对学生在校三年的重大活动进行了课程统整，从入校到毕业进行精心设计、整体规划，每月按主题实施，有效地提升了活动的育人功能。7年级以"立德"为切入口，以爱国主义教育为主旋律，以入学教育为切入口，着力培养学生的孝心、爱心和责任心，信念立德；8年级以"尚学"为切入口，以终生学习力为抓手，着力培养学生具有国际视野、尊重多元文化的复合创新能力，读书养德；9年级以"明志"为切入口，以公民教育、生命教育为主要内容，加强生涯规划指导，促进学生可持续发展，实践修德。

7年级　立德［正心立德　自强不息］

端正诚恳，刚毅坚卓，培养健全的品格来实践良善行为，永不停息。

8年级　尚学［尚学明理　天道酬勤］

尊重学问、勤奋学习，并追求学问以明白事理，从而贡献于社会。

9年级　明志［明志力行　宁静致远］

目标明确，积极进取，努力实践并从容应对一切的挫折与困难，志以成学。

3."知德合一"课程

"知德合一"课程分为两大类：一类是学区初小STEM+课程，一类是7年级走班选修课程。

学区初小STEM+课程：每周一下午开课，开设了科学、数学、文学、英语、创意设计五类课程；集学区之合力，以基础型课程为核心，启动学区小初衔接课程STEM+课程项目实施，贯通"1+3"（6年级+7，8，9年级）模式，整合科学、技术、工程、数学及人文艺术类课程，开设STEM+课程群。

内容模块设置包括科学素养、技术素养、工程素养、数学素养和人文素养五个模块。前置必修课程包含台湾力翰科技课程以及语、数、外优化课程。私人订制课程包含机器人计算机编程课程，AMC美国数学竞赛课程（根据比赛安排相应的辅导课程）。项目研修课程包括海洋实验研学行训练营（平日与周末相结合）活动体验等学科拓展和兴趣类的课程，适性扬才，以培养学生的核心素养。

7年级走班选修课程：形成了"文化体验、牵手艺体、体验创造"三个模块，每个课程都有相对应学科的主讲教师和助教老师授课和管理。

"知德合一课程"三个模块

课程模块	课程名称
文化体验课程	古典名著赏析、好玩的韩国语、有趣的德语、Young for You English Corner……
牵手艺体课程	民族舞蹈、女声合唱、青春健美操、快乐篮球NBA、乒乓世界、水墨书画、动漫与剪纸、电影采编制作……
体验创造课程	解密海洋、比特机器人、科技模型制作实验型数学学习、手链编织与十字绣……

第四节　开发与实施

学校课程的开发与实施必须在国家方针政策指导下，以学校为基地、以教师为主体，进行自主开发。学校课程的开发也就是创生有两种基本方式：一种是通过选择、改编、整合、补充、拓展等方式，对国家课程和地方课程进行再加工、再创造，使之更符合学生、学校的特点和需要；另一种是在学校已有课程中筛选，考虑当地社区和学校课程资源的基础、发展学生个性特长的可供学生多样选择的且与学校发展方向契合度高的某门（类）课程，进行特色引导和重点培育，使其逐步成为能够凸显学校特色的课程。

一、课程开发

"致知明德"学校课程体系下的所有的学校课程，无论是采用何种方式进行创生的，都是经历了在实践中发掘、发现、发展以及在实践中检验与完善的过程，并且这一过程不可能是一蹴而就的，没有一门课程是主观臆造的产物。

那么，怎么能保证创生出与学校整个课程体系规划高度吻合的学校课程呢？

下面就以笔者主持负责的"中华情·中国梦"为例来呈现我们的实践研究。该课程历经五年的实践，于2017年被评为青岛市中小学校（幼儿园）精品课程。

（一）课程介绍

"中华情·中国梦"学校特色课程隶属于我校学校特色课程"知类部分"，最初的实施也是按部就班的依据教材来备课授课，但是发现学生在小学时有的没有进行"传统文化"的系统学习；进入初中后，教材的内容和深度上就不能很好衔接，恰逢学校提出学校特色课程校本化，就进行了大胆的改革和尝试。

第四稿"中华情·中国梦"课程内容设置为历史印记、传统节日、杰出人物和蔚蓝海洋四个篇章，涵盖文化经典、历史名人、名胜古迹、民俗风情和科技发展等优秀传统文化内容，根据五中历史传统和学校发展，借鉴有关专家的研究理论，通过研究、开发、整合，突出本土化，构建以民族精神为核心的文化体系，并借助信息化的大趋势和我校优势，着力从学科内整合和跨学科整合两个角度，从语、地、史、思品等学科入手，以主题和版块为整合形式，带领学生领略中华民族在实践活动中创造积累的文明成果，见证中华民族精神的代代传承，引导学生积极去探索、发现、体验，亲身感悟文化的魅力。

（二）课程内容

一般而言，课程与教学内容选择的基本环节包括以下几个方面。[①]

1. 价值观

学校课程是学校教育目标实现的载体，应该体现学校的办学理念，具有独特的课程观和课程体系。"中华情·中国梦"学校课程就是秉承学校"致知明德"的办学理念，以学生民族精神素质的提升这当今中国社会研究主课题为出发点，针对"当前，随着改革开放的进一步深化和上海建设国际大都市步伐的加快，为学生提供的精神产品愈加丰富，当代学生的视野更加开阔。与此同时，他们也不可避免地受到西方意识形态、价值观念和生活方式的影响。少数学生不同程度地存在国家意识不强、民族优秀文化传统淡薄、民族自信心和自豪感有所减退、对中华民族的归属意识还有待提高等问题，在行为上就表现为诚信意识淡薄、社会责任感缺乏、勤俭自强精神淡化、和谐相处能力较差"[②]，热爱劳动、勤俭节约、艰苦奋斗、诚实守信、知恩图报、团结合作等传统美德在如今的孩子们身上有所淡化，孩子们的母语表达能力在下降而热衷于过西洋节日、攀比享受等现象，整合学校各教育资源将民族精神具体化、形象化、生动化，使学生的"知"得到丰富、"情"得到激发、"意"得到锤炼、"行"得到引导，形成提高教师的课程整合、设计、实施和评价的能力，丰厚学校的松兰文化特色，最终打造出独具五中特色的"松香兰韵"教师和"松贞兰雅"少年。而这恰恰很好地体现了学校教育的理想追求和特色所在。

2. 课程目标

"中华情·中国梦"的课程总目标是让学生感受先贤的哲思和智慧，领悟中华五千年文化的精髓，着力培养他们具有仁爱爱国、懂事明理、勇于探索等优秀的中华民族精神，为他们的健康成长奠定坚实的基础。

分类目标——

知识与技能：认识优秀传统文化的丰厚博大和价值意义，担负起传承的重任，做勇于追梦的中国人。

过程与方法：将历史与现实相结合，学会从历史中借鉴经验，古为今用，初步

---

① 张华.课程与教学整合论［J］.教育研究，2000（2）：52-58.
② 翁铁慧.民族精神教育乃德育根基［N］.解放日报，2005-03-22（007）.

形成全面思考问题的意识。

情感态度与价值观：逐步形成积极的人生态度和正确的价值观，使我们的民族更具未来性、世界性。

值得注意的是虽然课程目标同教学目标一样，也涉及知识与技能、过程与方法以及情感态度和价值观等方面，但课程目标不等于教学目标。课程目标是根据教育宗旨和教育规律提出的课程的具体价值和任务指标。而教学目标指在教育教学过程中，教育者在完成某一阶段工作时希望受教育者达到的要求或产生的变化。

3. 基本取向

课程内容的基本取向主要包括学习者的经验、当代社会生活经验和学科知识三个方面。是注重一方还是三者并重？对这三者关系的理解与处理，绝不能采取非此即彼的思维方式，应取决于特定的课程与教学价值观和学生观等，结合具体学科的特点，做到合理综合、取长避短，以保证比例关系的协调，发挥其综合效用，力求让每个学习者都能结合个人的兴趣和特长，找到他们自我发挥的空间。

"中华情·中国梦"学校特色课程建设以如何宣扬传统美德（如积极进取的人生态度，"世界大同"的理想精神，民族团结、协和万邦的宽容精神，忧国忧民、献身祖国的爱国精神，"先天下之忧而忧，后天下之乐而乐"的博大胸怀等等这些中华民族精神的精华）以及如何品味和积累祖国语言文字、解读民族文化典籍和如何把传统文化内化为学生的思想内涵为主要内容。

（1）以古代作品为传统文化的主要载体。充分利用现用教材上的古代作品，在日常教学中针对学生的文言水平，推荐适合学生阅读的课外古代作品。初一推荐读篇幅短小的文言作品，到初二推荐学生读语言较浅易的较长作品。

（2）以蕴涵丰富传统文化的现当代作品为辅助。这一部分，我们主要是依托教材，在教材选编的名著片段及名著导读基础上，利用学生的节假日时间，开列一些现当代名著书目，由学生自主选择他们喜欢的作品，可以独立研读，也可以组成小组进行研读。

（3）以经典外国名著为文化对照。通过对比阅读，旨在引导学生认识中国传统文化与西方文化的各种异同，明白了当今文化的源头，甚至自主去了解一些文化思想的流变。

4. 组织原则

确定课程内容的组织原则是达成课程内容组织功能的根本保证。泰勒曾提出过"怎样有效组织学习经验"的问题，并确定了组织课程内容的"三原则"——连续性、顺序性和整合性。

"中华情·中国梦"课程内容组织就遵循了这三个原则。在历史印记和传统节日两个篇章中，突出连续性，侧重把选出的各种课程内容要素直线式地加以叙述，使学习者在不同学习阶段不断地予以"重提"，学习者能够有机会反复地、连续地学习、练习与复习，避免遗忘；在传统节日和杰出人物篇设计中，在前面学习的内容要素基础之上，对课程内容要素做从已知到未知、从具体到抽象、从简单到复杂的处理，又增加了拓展延伸环节，对有关内容深入、广泛地展开，在更高层次理解后续内容，体现顺序性；在传统节日和蔚蓝海洋篇中，强调的是整合，关注的是内容的广度而不是深度，比如附录中的《清明时节话"清明"》的设计，加强语文历史思品学科之间、课程内容和个人需要和兴趣之间、课程内容和校外经验之间的广泛联系。

尤其需要注意的是，整合内容时不能忽视各门学科的差异性，否则就会变成各门课程的大杂烩和一种课程拼盘。

5. 教学内容

现代课程与教学内容选择的趋势是以学习者的经验为主导取向，以学习者的经验为核心整合学科知识、社会生活实践。

在对国内外国际理解教育和校本课程研究的研究综述中，笔者发现课程开发研究重点放在吸纳，这是无可厚非的，但令人担忧的是目前的状况是出现一种教育西化、欧化与美国化的倾向。我们所希望和要求的教育国际化，是在中国传统教育现代化的基础上取得世界教育的认同。正如香港著名的幼儿教育专家陈淑安说的，"作为炎黄子孙，不骄傲自己是中国人，却要把孩子国际化，变成国际人，这是没有国家和民族观念的，并且是没有根的，将愚昧国人的'国际化'和'国际人'的观念硬塞入我们幼儿小脑袋里是极其危险的"。

基于此，我们的课程内容与教学内容也在不断地调整。下面呈现出的课程目录是修订的第四稿。"中华情·中国梦"课程经过两轮的实践，修订完成了课程与教学内容的主要表征形式——教材和教学设计（见文后附Ⅰ、Ⅱ）。

第一章《历史印记篇》由5课组成。

第1课《猜测黄帝感悟神话》从祖王传说和神话传说入手，激发学生作为中华儿女的自豪感，树立正确的世界观、人生观与价值观，担负起继承传统、传承文明的重任，做一个勇于追梦的中国人。

第2课《来自文字的记忆》在探究中搜集并整理殷商时代的文化记忆，体验文字学家们的探究精神，激发学生对祖国语言文字的热爱，做堂堂正正的中国人。

走近《祭侄文稿》，感受行书"颜体"之美的同时，更深切地感受大书法家颜真卿的一腔忠烈和一股浩然正气，做铮铮铁骨的中国人。

第3课《走进唐诗，沐浴文化精华》通过对唐诗的各种信息的搜集、整理、探究，感受祖国语言文字的精华，使学生懂得古诗文是我国文学宝库中的瑰宝，蕴含着丰富的中华民族传统文化。

第4课《梦寻中华，中华锦绣》，这个主题学习是以小组微课题探究的形式感受中国传统习俗、传统建筑、传统文艺和传统思想等对现实生活的深远影响，认识优秀传统文化的积极作用，了解文化的继承性及传统文化的特点，明确正确对待传统文化对一个民族、一个国家以及个人发展的重要性；通过赏析生活中的传统文化，领悟中国传统文化的价值，激发学生热爱传统文化、学习传统文化、继承传统文化的热情，引导他们树立正确"看待传统文化价值的态度"。

第5课《不要让国宝再哭泣》则对我国的世界文化遗产有一些基本的了解，知道古遗迹的价值，知道这些古代的文明是失而不能复得的；学会搜集整理资料，并从中归纳概括出有价值的信息，了解我国的丰富文化遗产的价值；感受中国古代文明的辉煌，体会中华文化的丰富与精深；透过探究历史遗迹背后的故事，引发学生对中国历史的兴趣和探究欲望，树立保护古遗迹和文物的意识。

第二章《传统节日篇》由4课组成。

第1课《清明时节话"清明"》通过开展清明节主题教育活动，使学生了解清明节的渊源、含义、习俗以及纪念方式。丰富清明节的节日含义，参与文明祭扫，引导学生树立正确的人生观、价值观，推进孝在当下的民族精神教育。

第2课《一个真正的世界奇迹》通过端午节主题活动的开展，让学生了解端午节的相关来历、传说故事和习俗活动，感受中华民族传统节日中折射出的浓郁的民族文化气息；讲屈原的故事，以屈原的人物故事为材料，向学生宣扬中华民族气节，同时通过活动使学生体会端午节的节日主题内涵，促使学生在丰富的活动中树立健康的身心意识，快乐地成长。

第3课《走进中国传统节日》引导学生对中国传统节日有正确认识和理解，弘扬民族精神，激发爱国热情，培养学生对中国传统文化的热爱之情。

第4课《中国传统节日的未来与保护》是研究性学习指导课，引导学生探寻研究中国传统节日的方法，确定实践活动课题，制订初步的活动方案；从亲身调查访问中，培养收集筛选信息等能力，小组合作中培养团队的合作精神和研究兴趣，汇报交流中学会倾听，提高学生的语言表达能力；通过研究性学习的开展，激发学生的民族自尊心和自豪感以及热爱自己伟大祖国的情感，引导他们探寻中华民族的根、感受中国传统文化的魅力、传承优秀的传统文化。

评价表1　学生自评

自评内容	文字表述
1. 你是否一直积极参加主题活动？	
2. 你是否对主题活动进行过认真思考，精心甄别筛选？	
3. 你通过哪些途径搜集信息资料？	
4. 你在活动中遇到的最大障碍是什么？	
5. 本次活动你最感兴趣的是什么？	
6. 你对活动成果是否满意？	
7. 本次活动中你最大的贡献是什么？	
8. 本次活动你最大的收获是什么？	

续表

自评内容	文字表述	
9. 如果用五星级来评价,你为自己的表现打几星?	小组意见	
	教师意见	

评价表2　小组评价

互评内容	文字表述	
1. 小组成员合作是否愉快?		
2. 你们在活动遇到哪些障碍?		
3. 你们是如何克服障碍的?		
4. 你们认为下次活动还应从哪些方面加以改进突破?		
5. 如果用五星级来评价,你为你们小组的表现打几星?	教师意见	

评价表3　教师评价

评价内容	评价指标	等级(星级评定)
活动态度	A. 态度是否积极,是否主动组织或参与活动	
	B. 与小组同学合作是否良好	
	C. 活动是否勇于创新	
	D. 是否勇于克服障碍	
知识技能	A. 查阅资料技能	
	B. 采访记录技能	
	C. 研究能力	
	D. 整理材料能力	
完成活动任务	A. 运用工具的能力	
	B. 交往与表达能力	
	C. 报告写作能力	
	D. 分析总结能力	
创新实践能力	A. 选题新颖独特	
	B. 研究问题多样性	
	C. 活动方法灵活性	
	D. 独立设计开展活动	

第三章《杰出人物篇》由4课组成。

第1课《寻找真实的孔子》识记孔子生平的主要史实，了解孔子儒家思想核心内容——"仁、礼和中庸"，理解孔子思想在后来中国历史发展过程中能够成为中国传统文化的正宗的原因，学会通过分析孔子的生平大事总结他的理想追求，明白孔子思想对现阶段我国建立和谐社会的现实意义，运用孔子的教育思想探索符合自己的学习方法。

第2课《一世之师范仲淹》组织学生查找关于范仲淹所处的朝代资料及小故事，了解范仲淹的思想与事迹，学习其优秀品质，锻造自己的意志品质；6人小组合作确定一个主题制成手抄报，学会搜集整理资料，并从中归纳概括出有价值的信息，概括其事迹；感受范仲淹在中国历史上做出的伟大功绩，增强民族自豪感，培养学生对中华文化的认同感。

第3课《"毕昇"们的梦想》通过毕昇发明活字印刷术起于民间等事例，领会到民众是创造和传承文明的主体，他们不懈努力地追梦精神是中华民族精神精髓的重要构成；了解中华民族是一个历史悠久的文明古国，领悟到科技和生产力是推动历史前进的动力。

第4课《千年梦圆飞天》通过开展走近中国航天这一主题活动，激发学生对航天知识的兴趣，引导他们学习航天人身上的勇于创新、勇于探索的航天精神。学生运用信息化手段了解我国的航天史，明确未来的发展路线，产生热爱的航天，热爱祖国的情感。在活动中培养学生小组学习、分工合作、积极参与、乐于表现的意识以及与他人分享的态度，引导他们重视别人的意见和建议，能够在反思的基础上不断地改进。

第四章《蔚蓝海洋篇》由3课组成。

第1课《中国航海人的探海之旅》了解郑和下西洋对世界文明的交流和发展所做出的重要贡献，体会东西方文化互相渗透交融在人类文明史上留下的辉煌篇章，培养将历史与现实相结合的能力，从历史事件中借鉴经验。

第2课《国际海洋新秩序》了解和认识《联合国海洋公约法》等关于海洋的法律制度，了解重要的国际海洋组织。了解各国关于海洋方面的合作，知道解决海洋争端的有效途径；通过了解当今世界关于海洋权益的争端，增强学生海洋权益意识。

第3课《守护蓝色国土，从我做起》引导学生树立整体国土观念，牢记蓝色国土是国家领土的一部分，了解我国海军的现代化建设成就，了解现代海洋军事力量及其发展趋势，关注我国海防建设，培养国防意识；培养学生的爱岛意识，引导他们从自身做起，做知我爱我青岛的海洋小卫士。

学习经历学习过程，是学生最真实发展的过程，也是体现课程价值的过程。"中华情·中国梦"学校课程开发团队在设计课程的学习活动方式时，遵循校内与校外相结合、课堂与课外相结合、活动与体验相结合的原则，开展多种多样的学习活动，保证了课程静态的设计真正走向动态的实施。

二、课程实施

每一门课程开发完成后，需要提交学校进行课程审批，通过后才能进入实施环节。

（一）"知"类课程

国家和地方课程课时安排就按照省市的义务教育阶段的对应年级设置安排，授课按照学校统一课表，如前面提到的"中华情·中国梦"课程开发与实施任务由学校语文教师承担，采用"开发—实践—反思—改进"的循环开发模式，利用7,8年级每周一课时的传统文化课完成授课，保证校本课程的顺利实施。课程实施的基本策略是发挥学生的自主性，将学生的兴趣和需要置于核心地位，让学生自主选择探究，去体验、实践，从中体验愉悦；坚持让学生体验感悟，丰富学生的情感，引导学生在实践中逐步发现自我和文化、社会的内在联系，促进全面发展。

"知类"课程评价注重评价主体的多元性、个性化和评价形式的多样性；借助学生自评、同伴互评、教师评价等多元评价方式促进目标的达成，评定分为优、良、合格和不合格四个等级。学生自评主要是评价自己学习的平日表现，同伴互评重点评定小组合作中的表现，教师评价主要是对学生参与学习时的能力、态度、情感、价值观等方面予以综合性评价。

（二）"德"类课程

"德"类课程安排则比较灵活，原则上是以特定的节庆或阶段来组织实施，如每年的寒暑假开展"青五飞扬"爱心实践课程、5月家长节、6月开展"14岁青春礼"课程、7月组织毕业课程，8月组织始业课程、10月组织团团课程、11月班主任节课程、12月的读书节课程等。

例如，主题教育课程中的《14岁青春礼》活动课程在8年级学生最后一个"六一"儿童节前实施，分为三个篇章：

"感恩篇"——看短片，重温入队誓词，感恩父母师长，珍藏红领巾环节；

"立志篇"——抒发青春畅想，授青春旗帜；

"尽责篇"——全体学生进行青春礼宣誓，青春礼礼成环节。

通过"集体离队"等学生自我教育的活动形式，帮助学生迈好"青春第一步"，真正理解"摘下红领巾，便意味着鲜艳团旗在召唤；走进青春，便意味着独立人生的开始"，从而使学生明确将要肩负的历史和社会责任，培养开拓进取、奋发向上的拼搏精神，激发学生热爱祖国、热爱共青团、热爱少先队的思想情感；指导学生学会感恩，向自己承诺，培养责任感，怀着对未来的憧憬，带着父母老师的期待，背负着振兴祖国的责任，迈好青春第一步，让青春扬帆起航。

（三）"知德合一"类课程

7年级周一下午第3节全部是"知德合一"类走班选修课程活动时间，每一门课一般为10～12课时，每学期的第3周开始上课。此类课程实施流程如下。

1. 教师申报

学校期初制订总计划，教师自主申报课题，学校通过问卷调查，审核后确定最终学校的课程。教师的申报要有课程简案，并对本课程有简单介绍、报名要求、自备物品及教室的要求等说明，有助于学生的自愿选修和学校教室的统一安排。

比如，《生物的玩中学》课程简介为：

本课程通过自己动手，包括采集和制作植物标本，拓印植物叶片等方式，体现学生对生物学的乐趣，培养热爱生命的情感和一种积极向上的人生态度。

报名要求为：

（1）热爱生物学科，对深入探讨生物学科有兴趣。

（2）勤奋好学，乐于动手操作。

（3）遵守纪律，一切行动听指挥。

自备物品是：毛笔、16K的图画纸，彩色染料。

教师将这些要求及作品展示图片制成powerpoint演示文稿或动画，以备学生选择报名。

2. 学生选课

学生根据自己的兴趣爱好自由申报，教导处再根据报名人数协调，确定最终名单，上报学校，学校重新编班。

3. 走班上课

学生根据学校的最终公布，学生在指定时间到指定教室上课。课程教学组织的要求与国家、地方课程的要求相同。建立临时班级、组，加强考勤和考核。教师要精心备课，认真上课，并根据实际情况，及时完善课程内容，调整教学方式；学生应根据教师的要求，严格遵守学习纪律，积极参与学习活动，认真完成学习任务。

4. 课程监控

学校成立调研小组，加强对校本课程实施的全过程调研和监控。通过听课、问卷、座谈、个别访谈等形式，从课程内容、教学过程、学习效果等方面，全面分析该课程的实施质量和学生的认可程度，及时反馈，并为校本课程的后续开设提供决策依据。

5. 期末考核

质量是校本课程能否继续开展的前提，如果没有质量的管理，校本课程的开展便会流于形式，就会出现"人一走，茶就凉"的现象。为保证校本课程实施常态化，我校一开始就遵循过程评价与结果评价相结合的原则，把对学生的评价原则定为：鼓励、鼓励、再鼓励！尊重和体现学生个体发展，以促进实现自身价值为最终目标。

期末根据平日出勤+课堂表现+作业成绩给每个学生评定等级。学生中的优秀作品，专门陈列于展室中，供老师和同学们学习欣赏：一串串的手链、项链错落有致、巧夺天工；一朵朵的纸花、绢花栩栩如生、宛若天成；一颗颗的印章勾画清晰、彰显个性；一幅幅的书法、绘画妙趣横生、精彩纷呈，老师和同学们无不驻足停留、欣赏品味。学生的努力得到了极大的肯定，参与热情更加高涨。

第五节　课程的评价

一、学生发展

依托"致知明德"育人体系，培养松兰少年。学校坚持"立德树人"，将社会主义核心价值观融入课堂教学、社会实践、校园文化建设和学校管理全过程。每月评选"我身边的青春人物"，每学期评选"松兰少年"，开展"14岁青春礼"活动，活动得到各级共青团、教育官微网站报道。

开发学校德育校本课程及学校社团课程，开设了"经典诵读"第二课堂、新生入校第一课、社会公益和毕业离校等课程。通过模拟联合国等社团活动培养学生的语言表达能力、思维敏捷性、人际交往能力等，让学生通过亲身经历熟悉联合国等机构的运作方式、基础国际关系与外交知识，了解了世界发生的大事对他们未来的影响，了解自身在未来可以发挥的作用，为学生提供了展现自己的一个舞台，让他们关心世界，用国际眼光来思考问题、讨论问题。

学生的学习方式不断改善，兴趣爱好更加广阔，个性特长得到了充分发挥。近几年毕业生中高天翔、王乐晨、温少逸等同学高考前被保送至国内外重点大学；刘佳阳夺得青岛市区高考理科状元，进入清华大学；共青团青岛市第十六次代表大会代表郭婉祺，青岛市南区首届十佳美德少年应皓，2014年、2016年考入西安交大少年班本硕连读的徐宁、赵明翰等都是杰出的代表。学生300人次在全国、省、市大赛中荣获艺体、科技、创新大奖奖项。

学生徜徉于传统经典文化和现代文明的殿堂，尽情发展个性特长。2015~2016学年度获市南区健美操社团十佳社团，市南区运动会团体总分第三名，市南区女子足球赛亚军、男子足球季军，市南区女子篮球赛冠军，市南戏剧表演一等奖、合唱比赛二等奖，建筑模型比赛市一等奖，科技社团获青岛市航模、海模比赛中学组第一名，市头脑奥赛中学组二等奖，2016年山东省青少年机器人竞赛一等奖。

二、教师发展

教师不断更新教育理念，转换角色，改变教学方式，由传统的"灌输式"课堂转变为注重生本的"探究式""合作式"课堂。信息技术与学科深度融合，利用电子书包，提高课堂效率。课题还促进了教师科研能力和水平提高。"十二五"期间，我校共承担国家级课题1个，省级课题7个，市级课题2个，区级课题5个。教职工102人，专任教师90人，硕士研究生8人，本科学历81人。市级劳动模范1人，市级优秀教师3人，市级教学能手7人，市青年教师优秀专业人才24人次，25位教师获得市南区教学能手称号，25人次获得全国、省市优质课比赛一、二等奖，市级获奖人数占在职教师的人数比例由5年前的25%提高到38%。

三、学校发展

无论是先进的国际准二代学校硬件建设，还是卓有成效的学校课程研究实践，归根结底都是围绕"人"的全面发展，而这不仅关乎个人的幸福，更关乎民族的命运。我校将课题研究与打造校园文化相结合，广泛开展了创建"书香校园""书香班级""亲子阅读"等活动，促进教师、学生、学校的可持续发展，正在形成独特的校园文化。

1. 课题研究收获教育教学芬芳

教育教学在科研带动中不断提升，中考成绩连续五年不断提升，每学期都有10位以上的教师开设各级开放课、公开课，干部教师撰写的多篇文章在省、市比赛中获奖或发表。

2. 课题研究净化了校园人文环境

通过深入实施课题与读书相结合工程，教师把业余时间、精力聚集到读书学习上来，谈读书心得、交流学习体会成为教师生活工作中的重要内容，儒雅之气溢满校园，和谐优雅的教师团队正在形成。

3. 课题研究培养了教师课题意识

各学科将学习纳入教研活动，通过引发组内老师的思考，并付诸之课堂实践，形成教研组、集备组的研究主题。我校共有4个教研组课题经山东省教学研究室评审被批准立项，经过1～2年的研究顺利通过了结题鉴定，政治组、物理组课题均荣获山东省三等奖。

4. 课题研究促进了校园文化的培育

我校将实施读书工程与打造校园文化相结合，广泛开展了创建"书香校园""书香班级""亲子阅读"等活动，促进教师、学生、学校的可持续发展，正在形成独特的校园文化，这对形成学校品牌价值、提升学校核心竞争力、促进学校可持续发展产生了深远影响。

5. 课题研究多措并举，彰显特色护航学校发展

"致知明德"学校课程课题研究取得了一些成绩，源于学校科研课题与学校特色文化建设和学校课程开发相结合，三者的结合正逐步构建出特色鲜明的校园文化体系，为教育教学提供优质资源。课题研究成为有效夯实"致知明德"书香校园的基石。

第六节　经验与反思

五年的时间，"致知明德"学校课程设计了内容清晰的"知类"课程、"德类"课程、"知德合一"课程三大课程门类，着手开发了"中华情·中国梦""综合实践——生活中的数学""生活中的法律""机器人创意""物理引桥""研究性学习""社团活动设计"等学校课程,并在全校进行全面推广,其中"中华情·中国梦""机器人创意""物理引桥"课程内容已经结集成册,"中华情·中国梦"课程被评为2017年青岛市中小学(幼儿园)精品课程。

但是,在实践中我们清醒地看到我们的研究离我们的预期目标还有很大的差距,只是完成了部分内容的开发与实践,课程评价还在规划实施中,这些都需要我们下一步去探索研究。

一、"致知明德"学校课程建设的基本经验

(一)用文化的方式构建学校特色课程

"致知明德"学校特色课程的构建取得的一些成绩,主要得益于用文化的方式"寻根""勾魂"和"拓源"实现了多元课程的建构。

1. 文化寻根,理清思路

文化是一个学校的隐性学校特色课程。因此,学校特色课程课题探索的第一步,就是将学校文化"致知明德"进行多次解读。2013年借助清华大学专家在儒家文化基础上纳入现代精神,赋予五中以特色,新的解读也成为我校德育课程构建的根基。

2. 文化构魂,"多点"推进

课程改革要求促进学生个性发展,因此,课程开发必须基于儿童这一特定的课程载体,为此,建构推进中体现"多点"——着眼学生群体的成长,关注到儿童个体的需求,着眼孩子当下的快乐成长,关注到他未来的幸福。

一是调整重组,学科内容结构化。通过补充、整合、拓展等方式进行再加工,再创造,最终确定"致知明德"三类课程。这些课程的有效开发,帮助学生树立起积极的生活态度,形成健康人格,并能让每一个学生在这种课程结构中,知识、情感、品格和能力都得到充分发展。

二是整体规划,学生活动系列化。学生实践活动是学校特色课程的重要内容。对于每个学生来说,有序的、有组织的完整体系有助于是锻炼学生各项能力、提升学生意志品质、思想境界等综合素养,活动对于学生的发展和成长意义重大。

三是走班选修,特色课程多样化。每周一次的走班选修课是以学校和教师为主体,开发可供学生选择的、多样化的学校特色课程。自新课程改革十几年来坚持在开设学校特色课程,最终形成了"文化体验、牵手艺体、体验创造"三个模块的课程。

3. 文化拓源，定向深入

"多点"推进，研究的触角伸到了方方面面，但是精品课程还没有凸显。学校在充分了解学生的个别差异的基础上，在众多学校特色课程中，关注到国学对学生发展的巨大价值，因此集中骨干力量开发、实践"传统文化——中华情·中国梦"课程。

（二）三种途径聚焦"生本化"打造特色课程

笔者所在学校站在为每一个孩子终身发展奠基的角度，通过三种途径聚焦"生本化"，不断调整、开发适合每一个学生的课程。

1. 关注需求，变问题为课程

学生的自身发展需求是学校特色课程建设的首要出发点。"这些年，我们的电影梦"课程就来源于微电影比赛。它以"自编自导自演"为目标，系统设计了编剧、拍摄、出镜、后期等多种形式的活动，给学生以不同的滋养。实践证明，学生在"这些年，我们的电影梦"课程中学到了语言表达的技巧，拥有了当众发言的自信，收获了成功，也喜欢上了集体生活。相信不久的将来，一批批优秀的五中学生电影人将脱颖而出。

2. 挖掘内涵，变活动为课程

"读书节"是五中一年一度的传统节日。2014年的第6届读书节中，7年级首届"课本剧表演"将课文搬上了舞台。教师发现孩子们都能利用课余时间认真地排练，还自己制作道具、挑选服装、设计海报、选配音乐等，参与戏剧表演的学生都觉得综合能力得到了锻炼。

3. 开发潜能，变资源为课程

著名教育学者朱永新说，一个真正好的教育，应该帮助每一个人在原来的基点上有更好的发展，帮助把他的潜能，特别是他的特长得到充分的发挥和张扬。有特长的老师们带领孩子们编织、舞动青春，学习德语、韩语口语，健美操、机器人大赛在青岛市、全国大赛中荣获一等奖……不少孩子颇有钢琴弹奏才艺，学校为他们提供场地，"每日晨曲"成为学校的亮丽风景线。每日清晨，小乐手们端坐在大厅的三角钢琴前，美妙的曲子开启师生们一天的学习生活。

二、"致知明德"学校课程建设的实践反思

同绝大多数学校一样，"致知明德"特色课程构建过程中也出现了诸多问题：课程内容设计的泛化，课程内容之间交叉重复、结构混乱，课程开发随意性强，课程

之间缺乏逻辑等，而导致出现这些问题的原因有理念架构层面也有实际操作技术层面的。[①]

（一）愿景没有形塑出来导致泛化

学校特色课程发展的基础是特色课程愿景的塑造。清晰的课程愿景实际上就是准确回答以下问题：最能体现学校理念的学科领域是什么？对学生最有价值的知识是什么？最终学校期望的学生行为是什么？

这个形塑过程一般要经历四个步骤：第一是学校课程领导者要先有自己的个人愿景，利用自己的个人愿景来引导大家进行讨论；第二是通过充分协商形成共同的课程愿景；第三是将共同的课程愿景转化为课程文本陈述；第四是让所有的教师明了学校课程发展愿景。这四个步骤必须夯实每一步，逐一推进。

（二）课程内容没有理清主次导致混乱

日常工作中，我们常常会陷入这样一个怪圈，那就是把专项工作当作一个大箩筐，学校所有工作都白菜萝卜一般塞进去，看似色香味俱全，实际上是一锅乱炖的大杂烩。回看学校的"致知明德"特色课程，很大一部分课程是不属于"特色"的，比如开设的走读选修课，科目名字不同实质大同小异而已。这就是没有理清主次导致的。对于特色课程方案的主要内容来说，其实就是弄清"学校到底需要哪些课程、怎样提供这些课程、提供这些课程需要怎样的条件"这些核心问题，抓住主要问题提出的课程建设方案才可能是"独一无二"的特色课程。

（三）评价标准难统一导致课程开发随意

新课改以来，课程评价的评价主体和评价方法发生了很大的变化，越来越突出评价的发展性功能和激励性功能，重视对学生学习潜能的评价，立足于促进学生的学习和充分发展，为"适合学生的教育"创造有利的支撑环境。但在实际课程实施与管理中，即使学校、教师在课程方案中制定了详细的评价标准，也难以很好地完成。课程评价一旦流于形式，学校就会无法监控课程的实施，那么此课程的价值意义能否有效支撑学校特色课程的内涵就不得而知了。

三、"致知明德"学校课程建设的改进建议

现阶段，国家对教育质量提出了更高要求。教育质量的提高，面临的最大难题

---

① 周海银.学校课程建设的内涵、取向与路径分析［J］.山东师范大学学报.人文社会科学版.2015，60（01）：123-129.

是"适合"，体现在课程上，就是要适合地区、学校、孩子的发展。资料显示，学校的特色课程都紧紧围绕着新课程改革的三个主要任务——更新教与学的观念，转变教与学的方式，重建学校管理与教育评价制度。教学已经开始走向教育，也就是从关注一课变为关注一个学生。

"致知明德"学校课程建设就像是开拓新的疆土，学校管理层几乎没有任何现成模板可以参考，更别说对技术层面实际操作的指导了。在前期研究中聚焦于学校核心问题，学校边实践研究边总结反思，发挥了科研服务于教育教学的作用，科研服务于学校、教师、学生发展。但是，对于关注细节、关注教师专业成长、关注学生生涯规划，还应该进一步提高认识，做出更有实效的研究成果。

课题研究与教育教学密不可分。如果要在教育事业做出精彩、做出特色、焕发出勃勃生机，那捷径就是：教育科研。同时，只有基于课堂的、基于问题的、基于学生成长的、基于教师发展的研究实践才是有效的科研，才是真正为教育的科研。

附：

I."中华情·中国梦"课程

第一课　清明时节话"清明"

清　明

[唐]杜　牧

清明时节雨纷纷，路上行人欲断魂。
借问酒家何处有，牧童遥指杏花村。

- 你认为该用怎样的心情来读这首诗？
- 你知道清明节的源来吗？

【清明节的由来】

阅读感悟：

寒　食

［唐］韩　翃

春城无处不飞花，寒食东风御柳斜。

日暮汉宫传蜡烛，轻烟散入五侯家。

● 你认为这首诗反映了当时一种什么社会习俗？

知识链接：

　　春秋时期，晋国公子重耳为躲避祸乱而流亡他国长达19年，大臣介子推始终追随左右、不离不弃，甚至"割股啖君"。重耳励精图治，成为一代名君晋文公。但介子推不求利禄，与母亲归隐绵山，晋文公为了迫其出山相见而下令放火烧山，介子推坚决不出山、最终被火焚而死。晋文公感念忠臣之志，将其葬于绵山，修祠立庙，并下令在介子推死难之日禁火寒食，以寄哀思。这就是"寒食节"的由来。

【扫墓祭祖、踏青郊游是基本主题】

知识链接:

节气是指二十四时节和气候,是中国古代订立的一种用来指导农事的补充历法。

二十四节气分别为:立春、雨水、惊蛰、春分、清明、谷雨、立夏、小满、芒种、夏至、小暑、大暑、立秋、处暑、白露、秋分、寒露、霜降、立冬、小雪、大雪、冬至、小寒、大寒。

2016年11月30日,中国"二十四节气"被正式列入联合国教科文组织人类非物质文化遗产代表作名录。

你还知道哪些清明节的习俗,分享一下。

【文明祭祀 孝在当下】

你如何看待这种行为?

近几年网络祭祀流行，有人提议取消清明节举行祭祀扫墓活动，你怎么看？

【孝，其实是陪伴】

公益广告

老爸的谎言

父亲欺骗不能回家的女儿，说自己一切都好，老伴出去玩了，还交代女儿不用担心，挂了电话，画面一转，是父亲去医院照顾自己的老伴。

"父母的谎言你听得出吗？"

常回家看看，别让爱来得太迟。

"读尽天下书，无非是一个孝字。"

——［清］曾国藩

教学设计

【传统节日篇】

第1课 清明时节话 "清明"

活动目标

1. 通过开展清明节主题教育活动，使学生了解清明节的渊源、含义、习俗以及纪念方式。

2. 丰富清明节的节日含义，参与文明祭扫，引导学生树立正确的人生观、价值观，推进孝在当下的民族精神教育。

教学准备：PPT、百度等网上相关资料。

教学方法：师生交流、同伴互助、感悟总结。

活动过程

一、游戏互动，导入新课

1. 后羿——长生不老药——嫦娥奔月（中秋节）

2. 爱情故事——牛郎织女——女子乞巧（七夕节）

3. 神农老祖——"年"兽——过年（春节）

4. 战国楚怀王——汨罗江——屈原（端午节）

5. 汉高祖刘邦——吕后——月圆花灯（元宵节）

6. 东汉瘟疫——恒景学艺——茱萸叶、菊花酒（重阳节）

7. 晋公子重耳——放火烧绵山——介子推母子（清明节）

猜一猜，打一传统节日——导入课题"清明祭——清明时节话'清明'"。

二、探究活动一

A. 出示杜牧古诗《清明》，诵读赏析品味

思考：你认为该用怎样的心情来读这首诗？

你是从哪里看出来的？

路上的行人为什么会"欲断魂"？

B. 小组探究想一想，过清明节还有哪些习俗？

扫墓祭祖、踏青郊游是基本主题。

清明节已有2500多年历史，古时又叫作踏青节、三月节、祭祖节、扫墓节、扫坟节、鬼节等。

公历4月5日前后为清明节，是二十四节气之一。

二十四个节气中，既是节气又是节日的只有清明。

三、探究活动二

（1）寒食节的起源寒食是我国古代一个传统节日，一般在清明前两天。古人很重视这个节日，按风俗家家禁火，只吃现成食物，故名寒食。

（2）诵读探究：出示［唐］韩翃《寒食》，诗中有没有写到寒食节的习俗特点？

四、探究活动三

材料一：清明节是中国人集中表达对逝者哀思的特定时间，祭祀扫墓是其中一项重要的节日活动。

材料二：每到这个时期，一些陈规陋习便有所回潮，有的在墓地燃香放炮，把墓地搞得乌烟瘴气，引发山火事故；有的搞祭品攀比，助长奢靡之风；有的借祭祖扫墓之名，搞封建迷信；有的在祭扫活动中动用公车，甚至用公款支付有关费用；在农村一些地方还因扫墓产生山林争执，使生态环境遭到破坏。如此等等，不一而足，使清明节变得不再清明。

因此有人说我们应该取消明节举行祭祀扫墓活动，你赞同吗？说明你的理由。

五、探究活动四

阅读后谈一谈：

① 用生动的语言描述画面内容。

② 这幅图表现了什么主题？

出示资料1：山西"最美女孩"孟佩杰

最打动你的是什么？

出示资料2：昨日母亲节晒母爱刷屏，相信很多网友感同身受。

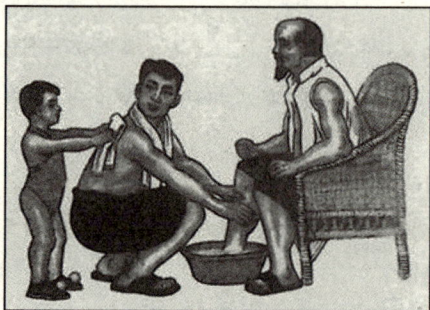

网友调侃：看到孩子们这么孝顺，我也就放心了。但是，你的母亲玩微信吗？

有网友打趣："什么地方儿女最孝顺？朋友圈。"对此一些人表示，在朋友圈表心意，"是秀给朋友看的"，有作秀之嫌。

你如何看待这种孝顺？对于"中学生如何尽孝"，你有什么好的建议？

六、课堂总结，畅谈收获

生谈感受，师补充小结。

结束语："读尽天下书，无非是一个孝字。"

——［清］曾国藩

中华传统美德：孝在当下！

Ⅱ. "致知明德" 学校课程开发申报表

教研组：_____　　申报时间：_____年_____月_____日

课程名称			课时数	
负责人		成员		
开设课程的基础				
课程教学目标				
课程内容概要				
课程实施计划				
课程评价模式				
学校课程领导小组意见	年　　月　　日			

Ⅲ. "致知明德" 学校课程审议表

课程名称:

审议标准	分值	得分
课程目标是是否科学、合理、有效	15	
是否与 "致知明德" 学校课程总体规划的一致性	10	
目标的陈述、内容的选择与组织、关于实施与评价的建议等是否规范与可行	20	
课程内容及实施是否有利于学习方式的改变或实现学习方式的多样化	15	
需要的条件或资源是否具备	15	
课程评价的方法是否多元,是否有利于促进学生的发展和教师的发展	15	
教案要素是否完整? 各要素之间是否一致性	10	
合计		

审议人签名: _____

IV. "致知明德" 学校课程开发课程纲要

课程负责人：_____

课程名称			总课时数	
课程类型		授课对象		
课程简介 （200字内）				
背景分析 （300字内）				
课程目标				
学习主题/活动安排	课时安排	内容	实施要求	
	第一课时			
	第二课时			
	第三课时			
	第四课时			
	第五课时			
	第六课时			
	第七课时			
	第八课时			
	第九课时			
	第十课时			
评价活动/成绩评定				

V.学校课程课堂教学评价表

课题		执教者		
指标			参考分值	得分
指导思想 15分	1.体现教为主导、学为主体的教学原则		5	
	2.重视实践能力和创新思维的培养		5	
	3.注重德育渗透和情感熏陶		5	
目标内容 10分	4.目标明确具体、符合学生实际		5	
	5.内容开放，层次分明，针对性强		5	
指导过程 30分	6.结构合理，讲授时间不超过1/2课时		5	
	7.重点突出，难点突破，善于设趣导疑		5	
	8.富有节奏，善于激起学习高潮		5	
	9.面向全体，反馈及时，环节合理		5	
	10.注重学法指导，启迪思维		5	
	11.训练针对性强，课堂灵活、生动		5	
教师素质 15分	12.教态自然大方、语言规范，应变力强		5	
	13.合理使用教具、电教媒体		5	
	14.板书科学、新颖、美观		5	
学生参与 30分	15.学生全体参与，积极性高，训练面广		10	
	16.全体学生都有收获，主动投入		10	
	17.自主学习，善于思考，勇于质疑		10	
等级分数	优秀90分以上，良好80分～89分，合格60分～79分， 不合格60分以下		总分	

（姜爱杰　山东省青岛第五中学）

第十八章
梦想课程建设

第一节　背景与问题

一、背景介绍

青岛第二十四中学坐落在青岛市南区西部老城区，50%的生源是外来务工子女，5.1%的家庭是城市特困户。这些孩子带着纯朴、本分而来的同时，也遇到了一些城市生活中的适应问题。特别明显地表现在成长中缺乏自信的问题。这种不自信，既表现在对成长的期望值不高，带来的是学习动力的不足；也表现在缺乏选择的意识，不愿承担责任；还表现在参与活动的目标定位不高，缺乏积极主动性。因此，帮助这些孩子自信、主动成长，就成为学校课程建设的重要任务。学校沿着梦想课程激发自信、模块教学和选课走班践行自信、体验教育内化自信的思路，发挥了课程帮助学生自信成长的作用。

科学、新颖的理念，是梦想课带给老师们最大的受益，转变理念—转换角色—改变教学方式，由传统的"灌输式"课堂转变为注重生本的"探究式""合作式"课堂。"十二五"期间，我校共承担省级课题1个，市级课题2个，区级课题5个。学校现有教职工113人，专任教师105人，其中研究生学历12人，本科学历92人；高级教师20人，一级教师55人；有市学科带头人4人，市优秀教师4人，省教学能手1人，市教学能手10人，市优秀班主任2人，市德育先进4人，市青年教师优秀专业人才18人。

国家课程校本化实施，校本课程特色化实施，是青岛第二十四中学课程建设的目标和方向。梦想课程的吸引力："为了一个自信、从容、有尊严的未来"的先进理念；"问题比答案更重要，方法比知识更重要，信任比帮助更重要"的核心理念。梦想："多元视角、宽容心态、创新精神"的课程的价值观。梦想课程是基于"全人教育"理念，跨学科综合素质课程。这样的课程跟学校"一切皆有可能"的发展理念相契合，也适合学校的学情。2013年下半年，学校坚持在七、八两个年级每学期设置20多门学校课程的基础上，重点提供了梦想课程菜单：共创成长路、理财、家乡特产、梦想与团队……梦想课程以其新颖的理念，契合孩子们成长的特点，以及完整、科学的体系吸引了教师和学生。

二、主要任务

我们启动的梦想课程学校课程的开发与实施研究，就是期望在科学实施国家课程、地方课程，探索各学科教学模式，提高教学质量的前提下，根据市南区、青岛第二十四中学的特点，从师生实际出发，充分利用梦想课程资源，完成学校课程开发和实施，通过开发和实施梦想课程，进一步拓宽学生视野，提高学生的素质，促进教师的专业素养提升，彰显学校"提供适合人的发展的教育"办学理念。

（1）构建一种以学校课程开发与实施为支撑的教师课程研究模式。

（2）培养一批梦想种子教师，为教师专业化成长助力。

（3）完善适应本校学生需求的学校课程，为"一切皆有可能"的目标助力。

第二节　课程的目标

依托课程的育人功能，立足学情寻求师生发展的新路径。坚持走内涵发展之路，尊重人，发展人，成就人。以优质高效为目标，以尊重个性为特征，是一所有60年发展历史积淀的学校确定的课程目标，也是课程与教学价值观的具体化。

梦想课程解读：教育的目标应该是培养"全人"。所谓"全人"，是指"躯体、心智、情感、精神、心灵力量融汇一体"的人。梦想课程是以培养全人为目标，以帮助学生成为"求真、有爱的追梦人"为价值追求，以学生适应社会所必需的健全品格和关键能力为课程建构的主要方向；以合作、体验、探究为基本的学习方式，与基础教育国家课程互补的结构化的课程体系。它是真爱梦想公益基金会推动素养教育、促进教育均衡、支持学校发展、助力学生成长的核心产品，为学校课程体系的建构与丰富提供了重要的资源，为学生在成长道路上发现更多的可能性提供了更多的体验机会。梦想课程是共情、启发、赋能、自省的成长"土壤"——让孩子们在这片土壤根基的孕育支持下，成为真正的求真、有爱的追梦人，大胆、自信且充满兴致地探索世界与未知，是梦想课程的使命。

在研发上，梦想课程基于四方面的基本理念：在教学关系定位上，重塑教师与学生的角色关系，学生是"自我实现者"，教师是"引导员"；在教学设计上，提倡多元体验，探究合作的学习过程；在教学评估上，强调教学评一体化；在教学生态上，倡导学生、教师、课程及教育空间协同的理念。在教学上，"梦想课程"提倡三大理念：问题比答案更重要，方法比知识更重要，信任比帮助更重要。

基于办学特色的解读，立足于学生、教师和学校发展的三个层面，确定了学校课程育人总目标是培养个性健康、自主发展、诚实勤勉的学生，育人典范、师德表率的教学专家型教师，建设成为适合学生成长、满足教师发展、适应社会需求的优质初中。

一、学生发展目标

培养自信、诚实、勤勉、健康品质。

（1）诚实、勤勉。

（2）大胆、自信。

（3）自主、个性。

二、教师发展目标

通过梦想课程的完善、开发与实施，使全体教师树立终身学习、终身发展的理念，不断提高教师的教育教学与终身发展能力，从经验中学习、反思和成长，成为教学专家、育人典范、师德表率。

（1）促进教师转变观念，转换角色。要求教师不仅要成为课程高水平的实施者，而且要努力成为课程的发现者、研究者、完善者。

（2）促进教师转变教学方式，实现教学方式由注重结论的灌输式转变为注重过程的探究引导式。

（3）提升教师专业素养。引导教师不断反思和改进教学，学习、研究、创造、丰富教学方法，提升理念，进而提升教师的专业素养。

三、学校发展目标

围绕"提供适合人的发展的教育"办学理念，学校课题研究、学校特色文化建设和学校课程开发三者相结合，寻梦，发展有生命力的学校课程。通过培训、学习、交流，提升全体教师的素质教育理念；借助精简、完善制度之际，提高学校管理效能；以科学评价的实施，搭建教师发展平台；以全人课程体系的建设，实现学生智能和人格的和谐发展，将学校建成适合学生成长、满足教师发展、适应社会需求的优质初中。

第三节　课程的内容

学校课程不是某个学科课程或活动，而是以学校核心文化为基础的、以学情为基础的有鲜明特色的课程。师生共同发展是最终追求目标。梦想课程的课程内容分为三部分：我是谁？我要去哪里？我如何去？学校根据学生年龄特点和所处的地域特点，在自主选择的基础上，确定将梦想与团队、梦想剧场和去远方作为核心引领课程，辐射带动了十几门梦想课程的开发和实施。

学校课程融入办学理念，才能真正发挥育人作用。"提供适合人的发展的教育"这一办学理念通过梦想课程的实践，充分把学校课程是学校育人目标实现的载体这一理念体现得淋漓尽致。

一、选择依据

"推进素质教育是每一个教育工作者的历史重任，梦想课程就是上海真爱梦想公益基金会为教育工作者搭建的推进素质教育的平台和抓手。"这是华东师范大学课程与教学研究所崔允漷教授2012年在梦想课程研讨会开幕式致辞中的一句话。崔教授也是梦想课程首席教育顾问。教育专家对课程的全面、科学的设计，也成了我们义无反顾选择梦想课程的重要依据和保障。

梦想课程的内容选择，涵盖了从戏剧表演到情绪智能、从互联网应用到理财创业的探究性课程。梦想课程在内容设置上以"全人教育"为核心，从人的完整性和生活的完整性两个层面来帮助孩子拓展心灵和视野的格局；同时，在授课方式上也更注重以儿童为中心，强调以问题导引的团队探究和以游戏达成的体验学习，教师不再只是知识的传授者，而是积极的提问者和共同学习的伙伴。梦想课程奉行的原则是"问题比答案更重要，方法比知识更重要，信任比帮助更重要"，其理念是"帮助孩子自信，从容，有尊严地成长"。梦想课程不仅把课堂还给孩子，而且通过梦想课程的学习与体验，支持孩子们获得一份自信从容的能力，为自己找到有尊严的生活。

1. 目标导向性原则

一切为了人的全面发展，一切为了全人的发展。

2. 整合性原则

在梦想课程体系下，学校以学生的成长需求为本位，关注学生原有生活经验和学习能力，适当删减、选择、整合课程内容，注重编排与学生原有认知结构的整合性。

3. 自主选择原则

学校关注每一个学生发展的差异性，学期初组织学校课程推介会，给学生提供丰富菜单，让学生按照自己的兴趣和发展需求进行课程选择与学习，关注学生个性发展。

二、体系架构

梦想课程在借鉴、选择、完善已有课程体系的基础上，结合学校实际，最终确定了"共创成长路"必修课和"全人教育"选修课两类课程，以期在最大限度上满足学生发展的需要。

三、具体内容

（一）共创成长路

该课程围绕青少年正面成长所需的能力素质模块进行研发。每一个年级的课程均涉及这些能力素质，每个能力素质配有2~4个课时，不同年级之间同一能力模块的侧重点有所不同，内容程度有递进关系。

为了达到这些目标，老师们通过对现有课程内容整合的基础上，提取出了七项青少年正面发展所必需的核心能力素质。这些能力素质能够帮助青少年较好地应对生活、学习中的压力和挑战。这七项能力素质是：① 与别人建立联系；② 抗挫折能力；③ 社交能力；④ 情绪控制和表达能力；⑤ 分辨是非的能力；⑥ 建立目标的能力；⑦ 参与亲社会活动。

1. 与别人建立联系

与别人建立联系是指青少年对不同社交关系的情感投放和承诺，这些关系包括父母、照顾者、兄弟姊妹及家庭其他成员、朋辈、同学、老师和社会内其他人。这项核心能力素质意味着青少年能够与别人建立健康的情感关系，学会健康互动。

2. 抗挫折能力

抗挫折能力所指的是个人健康地适应事情转变和处理压力的能力。通过培养学生的潜能、灵活性及适应策略，发展他们的抗挫折能力，使他们能应对成长转变和生活压力。

3. 社交能力

正面的人际关系为主要范畴。培养与不同人发展正面及互相扶持的关系的能力。在青少年的成长阶段，发展正面的人际关系是重要的成长任务。

4. 情绪控制和表达能力

情绪控制和表达能力包括识别自己和别人的感受、管理情绪反应和表达以及建立自我管理策略来处理负面情绪。以下这些技巧是培养其情绪能力所需的：

（1）识辨自己的情绪；

（2）识辨他人的情绪；

（3）运用不同词汇及方法表达情绪；

（4）对他人的情绪经验有同理心及同情心；

（5）了解个人内在情绪与外在表达的差异；

（6）以健康的方法处理负面情绪。

5. 分辨是非能力

分辨是非能力指对规章及法律的取向、个人自律、基本权利及普遍正义的正确理解。培养分辨是非能力即鼓励青少年发展正义感及利他的行为。利他行为是指自愿进行有利他人的行为，且并不期望回报。

6. 建立目标的能力

建立目标能力界定为对可能出现的结果所持盼望及乐观感的内化过程，包括对将来有正面和实际的期望，正面评价自己的能力和努力，在出现困难时使用其他方法的能力。

7. 参与亲社会活动

了解社会规范并能用来指导自己的行为。社会规范通常包括利他主义、团队精神及义务精神。亲社会活动精神包括互助合作、分享、提供帮助与支持及对别人的责任感。日常生活中，亲社会活动可指帮忙、慷慨行为，也可以指参与公益活动。

7年级和8年级课程安排

级别	课时	目的	教学目标
七年级	SE1.1 天生我才	辨识在不同领域里的自我价值	明白自己在学业和生活习惯方面的自我价值感
	SE1.2 我做得到	通过成功的经验体验自信	从以往的生活中寻找成功的经验
	SE1.3 我值得赞赏	学会体谅父母说负面话语时的心情，以提升自我价值感	了解父母的期望，自我肯定
	SE1.4 我为我掌舵	体会成功实现目标后带来的自我效能感	能确立实际可行的目标，并能根据实际做出调整
八年级	SE2.1 学习全攻略	提升学习方面的自我效能感	了解不同的学习策略，并发掘适合个人的学习策略
	SE2.2 扭曲怪兽屋	减少扭曲思想对自我效能感的负面影响，预防抑郁	感知、认识扭曲思想
	SE2.3 谁是富翁	培养财富管理的能力	明白自控能力及延迟满足能力有助提高个人的理财能力
	SE2.4 理想发电站	透过对未来的憧憬激发实现理想的动力，并努力实践	明白理想对人生的重要性

（二）全人教育

初一、初二年龄阶段的青少年发展目标主要包括生理发展、认知发展和社会性发展。全人教育课程旨在通过体验式学习，帮助他们在当前适当的发展阶段达成适当的人格完善和才能习得。全人教育课程培养的才能包括自我认知、自我激励、人际关系、积极思考和解决问题等才能，包括生活伦理、体验拓展、体育文化、艺术体验和环境意识五个模块，分别在7，8年级实施。

以环境意识为例，课程框架包含我的家园和从我做起两个单元。

第1课时：环境意识——我的家园（1）。

课程名称	全人教育	课题名称	环境意识
单元	我的家园（1）	课题课时	第1课时
执教教师		授课班级	
背景分析	环境意识的体验学习，目标是增强学生的环保意识和社会责任感。本课时是让学生感受大自然，生成对大自然的欣赏和热爱		

教学目标	•培养对大自然的欣赏之情。 •在大自然中思考。 •学会珍惜自然，达到人和自然和谐共存	
教学资源		
		备注
教学活动	**活动一：感受自然（25分钟）** 1. 在校园或附近公园里，寻找一段自然环境比较好的路为活动地点。 2. 让学生蒙上眼睛，由教师或一个未蒙眼的同学用一根绳子牵引蒙眼学生以纵向队伍漫游于树和植物之间。 3. 教师引导学生安静用心感受大自然中的声音、气味、风的感觉，带领学生触摸不同的物体，如树干、树叶、花草、石头、泥沙、流水甚至小动物。 4. 走完一圈后，学生摘下眼罩，围坐于自然的地上，分享刚才的感觉和收获 **活动二：角色扮演（15分钟）** 1. 让学生融入自然，体会各种生命体的喜怒哀乐。在自然活动的地方，选出一种动物、植物或其他物品，然后假装自己就是它，让想象力支配自己去体验万物的存在、活动或感受。 2. 可以做一朵蒲公英、一片嫩叶、一只松鼠，或者一只藏在树洞里冬眠的熊……模仿这些动植物的声音、动作、形态、感觉和想象的情景。当学生全心全意去想象体会时，就会感悟到，任何一种生命都会有令人激赏的特质和禀赋。 3. 围坐一圈，互相分享自己和他人的角色扮演。 4. 引导学生： •培养对大自然的欣赏和热爱之情； •学会珍惜自然，达到人和自然和谐共存。 **活动三：布置课后任务（5分钟）** 1. 每人做一件对保护自然有贡献的事情。 2. 可以亲手栽种一些花草，回收一些垃圾，制作环保标语，减少制造塑料、饭盒等垃圾，设置垃圾分类回收箱，废物利用，制作一些有用的物品，写一篇提倡人们环保的文章等	•要求学生调动全部感官去摸、听、闻

第2课时：环境意识——我的家园（2）。

课程名称	全人教育	课题名称	环境意识
课题	我的家园（2）	课题课时	第2课时
执教教师		授课班级	
背景分析	本课旨在通过制作主题展板，让学生了解自己生活的环境，加深环境意识		

续表

教学目标	• 加深对地球的了解 • 唤醒学生的环保意识	
教学资源	展板和各种制作材料	
		备注
教学活动	**活动一：制作主题展板（40分钟）** 1. 全班分组，要求每一小组按以下两个主题制作展板。 主题一：地球的宝藏 • 人类拥有一个共同的家园——地球，在这个家园里，有山川、河流、森林、牧场及万物生灵，你对它到底了解多少？ • 在地球上有着无穷的宝藏：森林、水源、阳光、矿山……这些与我们的生活有什么关系？ 主题二：地球的呼唤 • 地球超员，土地沙漠化日益严重，森林正在以可怕的速度减少，淡水资源污染严重，大气环境日趋恶化，物种灭绝速度加快…… 2. 小组展板展示。 **活动二：小结和引导（5分钟）** • 引导学生加深对地球的认识，唤醒环保意识	

第3课时：环境意识——从我做起（1）。

课程名称	全人教育	课题名称	环境意识
课题	从我做起（1）	课题课时	第3课时
执教教师		授课班级	
背景分析	本课时旨在让学生体验和了解各种环保的重要节日，帮助他们学会从我做起		
教学目标	• 了解各种环境的重要节日。 • 学会从自己做起		
教学资源	展板和各种制作材料		
			备注
教学活动	**活动一：制作主题展板（40分钟）** 1. 全班分组，要求每一小组按以下主题制作展板，展示在这些重要的日子我们该有何行动。 • 世界环境日（6月5日） • 中国土地日（6月25日） • 世界水日（3月22日） • 世界人口日（7月11日） • 世界防治荒漠化和干旱日（6月17日） • 环保湿地日（2月2日） • 国际生物多样性日（5月22日） • 国际保护臭氧层日（9月16日）		

续表

		备注
教学活动	• 世界气象日（3月23日） • 世界粮食日（10月16日） • 地球日（4月22日） 2. 各小组展板展示 **活动二：小结和引导（5分钟）** • 引导学生树立环保意识，从自己和日常生活做起	

第4课时：环境意识——从我做起（2）。

课程名称	全人教育	课题名称	环境意识
课题	从我做起（2）	课题课时	第4课时
执教教师		授课班级	
背景分析	本课时旨在让学生体验环保时装的设计和制作，实践环保从我做起		
教学目标	• 让学生实践环保从我做起		
教学资源	每个小组A4纸50张，废旧报纸20张，透明胶带和双面胶各1卷，剪刀1把，彩笔1盒		

		备注
教学活动	**活动一：环保时装（40分钟）** 1. 将学员分成6～10人一组，发给每组一套制作材料，要求设计一套漂亮的环保时装。 2. 每一组选出一个人解释小组的环保时装的设计过程。 3. 由每个组为本组设计的时装设计解说词。 4. 环保时装秀展示，展示过程中宣读解说词。 5. 由大家选出最有创意、最有美学价值的，最简单使用的环保时装，胜出者可以获得一份小礼物。 6. 引导学生参与实践。 **活动二："环境意识"体验学习总结（5分钟）** • 引导学生增强环保意识和社会责任感	

第四节　开发与实施

一、课程开发

梦想课程的开发和创生经过了两个过程。首先是通过选择、改编、整合、补充、拓展等方式，对梦想课程进行再加工、再创造，使之更符合学生、学校的特点和需要；然后在已有课程中筛选，考虑学生的家庭环境、文化基础和个性特长教师和学生双向选择，进行课程推介，提供网络平台，实现自主选择。

二、课程实施

梦想课程虽然有完整的体系，但不能拿来就用。要上好梦想课，需要接纳其理念、理解其精髓，因此培训必不可少。2013年暑假，基金会派出了种子教师和志愿者培训团队，到我校培训我区教师，我校的全体班主任和部分干部30余人参与了培训活动。通过短短两天的培训，参训人员对"真爱梦想基金会"有了初步的了解，对于梦想课程的理念、内容、形式有了表层的认识，也认可这种理念，在课堂上尝试梦想课，并取得好的效果。

2013年9月，梦想基金会在北京市石景山中学举办了"共创成长路"课程的专项培训，并给了我校两个免费参训的名额。这时，刘晓云校长刚调任我校，在初步了解了梦想课之后，她敏锐地判定，梦想课必定成为我校育人工作的有力载体。她决定，利用好这次培训机会，不仅自己要亲自参加培训，还要学校自费多派两名教师参加培训。为期三天的培训内容很充实，节奏十分紧凑。说实话，大家很少参加这种高强度的培训，培训结束时参训四人身体都有些疲惫，但精神上却是兴奋的。因为这次培训的内容是"共创"课程，试点学校授课教师的现身说法，贵阳地区的中学教师实例展示，给了我们信心。我们不仅对该课程的理念、形式认可，更重要的是对于可操作性坚定了信心。回程赶往机场的地铁上，大家就忍不住开始探讨回校后怎样让更多的老师了解梦想课、认可梦想课，怎样尽快地开启梦想课程的问题。

参加培训—汇报展示—激发带动—体验尝试，我们踏上了梦想课程的探究征程。学校开始招募"梦想沙龙"志愿教师，语文、思品、英语、地理和心理教育等学科的21位教师报名加入沙龙，2013年11月梦想沙龙成立。自此，在我校梦想课程成为一帮有共同教育理想的教师的共同奋斗目标。沙龙成立后，为了让每位成员对梦想课都有切身的感受，所开展的第一项工作就是每人试上一节体验课。根据孩子的年龄特点，我们选择了"共创成长路"的前两个课题"天生我才"和"我做得到"作为示范课，听课、集备再上体验课。教师和学生的切身感受让所有的参与者都打心底认可了梦想课。

从内容到形式，从理念到实践，这为梦想课在我校起航扬起了风帆。

2014年寒假前，学校对新学期的梦想课授课做出了较详细的规划：新学期，初一年级全面启动"共创成长路"课程，以课程整合的形式，占用思品、心理、语文、班会课的部分课时，由思品、心理老师为主，班主任和语文教师为辅进行授课（后附2013～2014第二学期梦想课程授课计划）。接到任务的相关老师利用寒假就分工进行了首轮备课。开学后"共创成长路"按照计划开课了，这时梦想沙龙的志愿老师们担负起了集备教研的任务，间周一次的教学研讨有力地保障了梦想课的授课质量。

一学期下来，共有16名不同学科的教师上了梦想课。新颖的学习内容和丰富的学习方式，不一样的课堂气氛，不仅给学生带来全新的感受，让他们在课堂上找到了自信、从容和尊严，体味到成长的快乐，激发出学习的兴趣，同时也激发了教师对育人目的和育人方式的深层思考，帮助教师形成正确的人才观、分数观，提升了教师的职业幸福指数。

在这么多教师与学生收获与感悟的同时，临近期末，刘晓云校长再次赴上海参加了基金会组织的"真爱梦想校长工作坊"培训，而且梦想基金会的志愿者、知名培训师任伟先生也专程到我校，同我们干部、教师进行了基于梦想课的"跨界、混搭、感悟"的深度交流，这一切都滋养着我校的梦想之树更加茁壮。

2014年9月，学校将"共创成长路"编入必修课的课程安排之中，固定时间、纳入课表上课，必修类梦想课程一跃成为跟语数英这些国家课程一样的地位。刘晓云校长身先士卒，主动承担了初一两个班的梦想课程授课任务，汤仁姿、王琳、张晓玉、宋川四位老师共同组成了"共创成长路"完善的集备组，每周组织集备，讨论、完善教案，相互听评课。从此，初一级部全面深入地铺开了"共创成长路"的授课。

如果说上学期16位老师的实验只是尝试，那么，这次，五位老师共同集备、探讨，则是希望能够深入挖掘"共创成长路"的文本内容，从更深层次来充分运用"共创成长路"课程作为我校教育的有力载体。

我们的努力与成绩也有目共睹。本学期，我校刘校长和唐校长分别带领汤仁姿老师、宋俊和宋川老师，参与了分别在山东宁阳和五莲举行的梦想课程1.0级培训。我们的老师作为种子教师成功地上了展示课，两位校长也分别做了经验介绍，助力山东省其他地区梦想课程的开展。12月份，我校又接待了天津市教育局一行十几位校长考察团，两位老师通过"共创成长路"两节课的展示，也使他们感受到了梦想的力量。培训他人，对于我们教师同样也是主动学习与付出，我们也同时享受到了给予的幸福。同时，对"真爱梦想基金会"的贵阳种子教师培训，我们派出了唐校长带队的五人团队参与升级培训，收获满满，教师的软素养在培训中得到了极大的提升，为本校"共创成长路"课程的开展更是带来了许多新思路与新方法。

梦想课程实施流程如下。

1. 教师申报、推介课程

学校期初制订总计划，教师自主申报课题，学校通过问卷调查，审核后确定最终学校的课程。教师的申报要有课程简案，并对本课程有简单介绍、报名要求、自备物品及教室的要求等说明，有助于学生的自愿选修和学校教室的统一安排。

比如"去远方"课程简介为：

本课程通过人人参与，包括手机信息、绘图等方式，体现学生对参与社会活动的乐趣，培养热爱生命的情感和积极向上的人生态度。

报名要求为：① 懂合作，对团队共同达成一个目标有兴趣；② 会思考，具备组织能力；③ 乐于参与，乐于动脑设计和动手操作。教师将这些要求及作品展示图片制成powerpoint演示文稿或动画，向全体学生推介，以备学生选择报名。

2. 学生网络自主选课

学生根据自己的兴趣爱好，借鉴教师的推介，网络平台自由申报，每人三个志愿，先到先得。根绝学生的志愿选择顺序，教导处再根据报名人数协调，确定最终名单，自由组班。

3. 走班上课

根据网络选课平台的最终生成结果，学生在指定时间到指定教室上课。课程教学组织的要求与国家、地方课程的要求相同。建立临时班级、组，加强考勤和考核。教师精心备课，上课前，上交备课审核，并根据反馈及时完善课程内容，调整教学方式。梦想课堂五步骤：热身导入—目标说明—主题活动—展示分享—评价总结。老师们一开始是完全接纳过来，模仿梦想课五步骤上课；后来在实践中体验到目标说明的环节完全可以不用展现，目标内化入脑，于是完善梦想课堂变成四步，简洁而高效。

4. 课程管理

学校成立调研小组，加强对校本课程实施的全过程调研和监控。通过听课、问卷、座谈、个别访谈等形式，从课程内容、教学过程、学习效果等方面，全面分析该课程的实施质量和学生的认可程度，及时反馈，并为校本课程的后续开设提供决策依据。

质量是校本课程能否继续开展的前提，如果没有质量的管理，校本课程的开展便会流于形式，就会出现应付的现象。为保证校本课程个性化实施的有效性，我校一开始就遵循过程评价与结果评价相结合的原则，教师每节课都有定量评价。对教师的评价则是采用学生在家网络评价和问卷调查相结合的原则，保证真实有效。学校根据学生和老师的双向评价，最终确定等次，反馈给师生。

2013～2014第二学期梦想课程授课计划

时间		课题		授课人	集备时间
第二周 （2.24～2.28）	1	SE1.3	我值得赞赏	汤仁姿	2.27 沙龙集备 （1～6课）
	2	SE1.4	我为我掌舵	程秀玲、王红	
第三周 （3.3～3.7）	3	BC1.1	为我好	程秀玲、王红	
	4	BC1.2	如何道歉	汤仁姿	
第四周 （3.10～3.14）	5	MC1.1	谁可先上车	程秀玲、王红	3.12 沙龙集备 （7、9课）
	6	MC1.2	同一车厢内	汤仁姿	
第五周 （3.17～3.21）	7	EC1.1	情绪字典	程秀玲、王红	
	8	EC1.2	真情流露	语文老师	3.11 语文集备
第六周 （3.24～3.28）	9	BF1.1	是好是坏	程秀玲、王红	3.26 沙龙集备 （11、12课）
	10	BF1.1	人生指南针	班主任	3.10 班主任集备
第七周 （3.31～4.4）	11	PN1.1	国有国法家有家规	汤仁姿	
第十周 （4.21～4.25）	12	PN1.2	入乡随俗	程秀玲、王红	4.23 沙龙集备 （13～15课）
第十一周 （5.5～5.9）	13	RE1.1	一起走过的日子	程秀玲、王红	
	14	RE1.2	钱包失踪案	汤仁姿	
第十二周 （5.12～5.16）	15	RE1.3	笑临功夫	程秀玲、王红	5.7 沙龙集备 （17、19、20课）
	16	RE1.4	冲突教室	班主任	5.5 班主任集备
第十三周 （5.19～5.23）	17	SD1.1	自主执照	程秀玲、王红	
	18	SD1.2	明智之举	语文老师	5.13 语文集备
第十四周 （5.26～5.30）	19	SD1.3	梦想号列车	程秀玲、王红	
	20	SD1.4	志趣饼店	汤仁姿	

以上种种是我们的尝试和体验。我们知道，学校在共创成长的路上仅仅只迈出了一小步，我们所了解和实践的还有欠缺，但我们一直在行动着。

第五节　课程的评价

梦想课程评价注重评价主体的多元性、个性化和评价形式的多样性，借助学生自评、同伴互评、教师评价等多元评价方式促进目标的达成，评定分为优、良、合格和不合格四个等级。学生自评主要是评价自己学习的平日表现，同伴互评重点评定小组合作中的表现，教师评价主要是对学生参与学习时的能力、态度、情感、价值观等方面予以综合性评价。

学生自评评价表

自评内容	文字表述	
1. 你参加过几次主题活动		
2. 你进行过认真思考、精心甄别筛选的主题活动有几次		
3. 你通过哪些途径搜集信息资料		
4. 你在活动中遇到的最大障碍是什么		
5. 你是怎么克服障碍的		
6. 本次活动中你最大的贡献是什么		
7. 本次活动你最大的收获是什么		
8. 如果用五星级来评价，你为自己的表现打几星	小组意见	
	教师意见	

小组评价评价表

互评内容	文字表述
1. 小组成员合作最愉快的一件事是什么	
2. 你们是如何克服活动中遇到的障碍	

要素重构 学校课程建设的实践与思考
续表

互评内容	文字表述
3.你认为下次活动还应从哪些方面加以改进突破	
4.你对小组最大的贡献是什么	
5.如果用五星级来评价，你为你们小组的表现打几星	教师意见

教师评价评价表

评价内容	评价指标	等级（星级评定）
活动态度	A.态度是否积极，是否主动组织或参与活动	
	B.与小组同学合作是否良好	
	C.活动是否勇于创新	
知识技能	A.查阅资料技能	
	B.采访记录技能	
	C.整理材料能力	
完成活动任务	A.运用工具的能力	
	B.交往与表达能力	
	C.分析总结能力	
创新实践能力	A.选题新颖独特	
	B.研究问题多样性	
	C.活动方法灵活性	

俗话说得好：金杯银杯，不如老百姓的口碑。对梦想课的评价，学校还通过网络问卷调查、小检测等手段，形式丰富多样，真正让学生敢开口，愿意开口，能说实话。

倾听孩子们的感受：

梦想课堂上没有学业的压力，没有老师的斥责，没有所谓的正确答案，也不需要权威的认同，在梦想课堂上同学们可以真正畅所欲言、自由呼吸。这个舞台让同学们有了发挥自己才能的机会，给了同学们充分展示的机会，我喜欢梦想课程。

——初一（2）班 姜雨佳慧

我很喜欢梦想课程，梦想课程可以让我们敞开心扉，让自己放松下来。梦想课程让我们面对最真实的自己，不断寻找到自己的闪光点。梦想课程更能让我们学会

566

团队合作、互相促进，在追梦的过程中不断提升自己。

——初一（3）班　李萌婷

升入青岛第二十四中学以来，我才知道这所学校有一项有趣的课程——梦想课程。上完第一节梦想课我就喜欢上了这门课，每个星期我都盼着上这门课。梦想教室五颜六色，在这门课上我们可以缓解学习的疲劳，上课不用像其他课一样约束。这门课上我们可以大胆说出心里话，可以让压力山大的我们无比放松。在梦想课上我们可以肆意放飞自己的梦想，畅谈自己的理想与追求，我们甚至可以不断挖掘我们自己和身边伙伴的潜力，只有在梦想课上才能看到最真的我们。梦想课题幽默风趣，引人思索。我们都喜欢上梦想课。

——初二（4）班　康婉滢

来自教师的声音：

作为教师，如何快乐地教，如何让学生快乐地学，总萦绕于心头。思考了很多，尝试了不少，成败得失的欣喜焦虑也不少。教的方法真的需要我们去努力开发。教师教得快乐了，学生学得岂能不快乐？梦想课给我们提供了很好的课例，让我找到了解决传统教学一系列问题瓶颈的办法，真可乐而为之。

——刘凤芝

梦想课堂让学生在游戏中学习，让学生真正感受到学习是一种发现、一种创新、一种享受、一种乐趣、一种价值的体现，也让学生养成一种积极、乐观、向上、求实、进取、竞争、协作的人生品质，这也是每个人终生受用的宝贵财富。在以后的教学中，我会在我的课堂中适当穿插学生喜欢的游戏，让学生真正感受到学习是一种享受、一种乐趣，从而达到掌握知识的目的。

——张玉秋

如果一个老师有能力把学生的学习兴趣调动起来那他就成功了一半。梦想课堂就是这样的课堂。在课堂教学中，我根据教材内容，设计各种游戏，创设教学情境，以满足学生爱动好玩的心理，产生一种愉快的学习氛围。这种氛围不但能增长学生的知识，还能发展学生的语言表达能力，提高他们的观察、记忆、注意和独立思考能力，不断挖掘学生的学习潜力，同时巧妙设疑激发求知欲培养了学生的合作、探究、交流能力。

——王超

梦想教室带给孩子们的不仅仅是优良的设备，还有全新的教育形式，它强调自我学习能力、主动意识和自我表达能力，它提供给学生们富有创造性的学习环境和多元化、信息化的学习手段。孩子在这里是最大的主人，这不仅是间"教室"，它是我们为孩子们开启通向外面世界的一扇窗，可以让学生有机会发现自我、展现自我，是一个承载弱势学校孩子们梦想的地方。既然它能给孩子们那么多，我们就要充分利用它的资源和设备。在以后的工作中我一定把学到的知识运用到梦想课程之中，把梦想课程的教学理念和学校的老师们分享，大大提高梦想教室的使用效率，让梦想空间真正成为孩子们放飞梦想的乐园。

——杨莹

梦想课程让孩子们心中有梦想，用梦想引领孩子们成长，让孩子们体验筑梦、寻梦、圆梦的过程。

——郗卫卫

梦想课程教给孩子们的是一种心态，一种积极向上的生活态度。我在这个课堂上看到了不一样的他们：不是机械的、面无表情的接受而是完全的敞开心扉去诉说；我也看到了另一个自己：不再板着脸要求孩子必须掌握，提高声调去训斥，而是柔声细语、循循善诱，为他们的分享而感动。我想这就是我想要的教育，通过这种另类的课堂发掘了每个人内心的财富和梦想。

——尚建伟

梦想课堂是让师生快乐的课，是拉近师生关系的课，是让我们共同成长的课。老师跨越自己的学科，打破原有的惯性思维教学方法上课，这个过程对平时备课是一个尝试与积累。老师们通过上课更热爱教学，能获得更好的专业发展。对学生而言，可以让他们拓展视野、敞开心扉，在课堂上放飞梦想，快乐地收获知识，变得期待学习、享受学习。

——沈毅

教师的职业幸福感在梦想课堂中得以实现，快乐的教学，幸福的育人，满满的收获。

——韩美香

梦想课程帮助孩子们插上了梦想的翅膀，让孩子们不断挖掘自身、放飞心情、愉快地生活，孩子们喜欢梦想课。为老师的我也喜欢梦想课带给我的一次次冲击与孩子们带给我的惊喜，让我们一起度过欢乐的梦想时刻！

——汤仁姿

宋川：我自信，我成长

真正感到震撼其实是在自己的课堂上。短短几节梦想课，孩子们的表现让我叹为观止。

第一节共创成长路，孩子们要沉默着按照年龄顺序站队，他们迅速利用了手、纸条和黑板，整个教室鸦雀无声，但每个学生都在参与，这在传统课堂上是无法想象的。"天生我才"这堂课，让孩子们写下自己的十个优点，尽管提示他们像"字迹整洁""表达清晰""仪表整洁"等细小方面都可以写，还是有不少孩子不够自信，写不满十个手指，我感叹如今孩子们的压抑，反思自己平时的"负面评价"。理财课，用智慧创造财富时，我惊叹于孩子们能够想出百余种完全不同的方式。"制造水立方"，我震撼于孩子们五花八门的叫卖方式；创意十足，却也能免费伸出援手；缺少材料，却也能就地取材完成任务……

我发现，孩子们居然喜欢拖堂了。几乎没有一节课可以正常到点下课的，因为孩子们太珍惜梦想课，他们不舍得下课。"我们组还没有表演完，我们组还想再补充一点……"孩子们会用各种理由央求我拖一会儿堂，这是在其他课堂上几乎不可能发生的奇迹。孩子们太喜欢梦想课，在那个多彩的梦想教室里，孩子们可以敞开心扉、畅所欲言；可以尽情表演，展示自我；可以消除差距，编织梦想。

我发现，原本"不可爱"的孩子居然变可爱了。他们从第一节课的羞涩、畏缩，渐渐能够敞开心扉、畅所欲言，尤其是文化课基础有点差的孩子，在平常课上从来没有发言的机会，被老师叫起来回答问题就相当于在罚站，但在梦想课上，他们是最踊跃的，我看到他们脸上洋溢的笑脸，是自信的模样。梦想课程给了孩子们一个最理想的造梦平台。在这里，没有压力，没有权威，没有比较，自然也没有优劣，只有平等、放松、交流、碰撞，孩子们怎能不喜欢梦想课？同样是这些初中孩子，在文化课上他们或许连小学的四则运算都会算错，古诗背不过，单词不会读，但他们都有自己的感受，都有自己的梦想，都可以在梦想课上尽情分享，尽情做梦。而当我把梦想课的心态和态度带到平常课堂时，我也惊奇地发现，只要给他们机会，给他们鼓励，他们一样能够自信、从容、有尊严地成长。

我发现，不板着脸居然也能控场了。娃娃脸的悲哀，使我混在学生堆里都可能分不出来。初中孩子，既不像小学孩子好吓唬，又不如高中孩子够自觉，所以入职以来，我都被教育着要板下脸来，才不会被孩子们"欺负"。可装一天容易，装一辈子好难。为了装深沉，我每天也生活在压抑中，每天怀疑自己千军万马考教师的初衷，是不是为了看到孩子们规矩却冷漠的脸。孩子们也容易人前老实，人后撒欢。而在梦想课堂上，我不再板着脸，而是给予孩子们充分的信任，他们居然也越来越收放自如，控场也变得没有那么难，没有那么痛苦。似乎梦想课上的孩子，就是我当年满腔热血想要做老师时理想中的样子。现实的骨感，终于开始像我的身材一样，有越来越胖的迹象。

梦想课改变了孩子，孩子们改变了我，梦想课改变了我。

在梦想课收获的快乐让我上班的心情不再比上坟还沉重，对教师这个职业有了更多的认同感，因为师生关系的融洽、孩子们的认可，家长自然也会对我这个看上去挺好欺负的年轻班主任多一些信任，认可我的付出，家校沟通也变得顺畅起来。

在梦想课收获的信任让我也更加的自信，自信成就成长。梦想课这近一年，我的感悟比工作了三年还要多。

梦想的团队是个充满正能量的团队。在英语集备时，我们经常说，这个教不会，那个没法教，这个算了吧，那个没可能，别人学校的孩子怎样怎样，咱们的怎样怎样……而在梦想集备时，我们经常说，他们能够，我们能够，我们还可以，他们还可以，没关系，没问题……而随手转发这些正能量，也渐渐改变了文化课的集备，不管什么课，我们都信心满满，力量倍增。

站在梦想教室里，我似乎成为一个魔法师，跳出思维定式，放手才能抓住，放下才能获得。真心期待着更多的同仁们加入"魔法师"的行列！

汤仁姿：梦想启程的地方

谈上梦想课的感受，感到百感交集，各种紧张、激动、兴奋，似乎不知该从何谈起。万事开头难，就从我的学生谈起吧。

这是孩子们正在上课，请大家关注右下角这个孩子。他是现在初二的一名学生，去年初一入校，他几乎立刻就"闻名全级部"！我至今还清楚地记得，语文课第一篇课文《春》是要全文背诵的，"盼望着，盼望着，东风来了，春天的脚步近了……"这孩子半个月都背不过第一段这一句话！怎么可能！我们请他来办公室准备一句一句监督他背诵，可是难题来了。"老师，这几个字怎么念？"一句话，他画出了五个红圈圈。"不认识不要紧，老师告诉你，你标上拼音，下次见到就认识了。""可是我拼音也不会写不会读呀！"这可怎么办？老师们都沉默了，于是不识字、不认拼音的他闻名全级部了！所有的课堂上他都是这样趴在桌上"游离"的，他真听不懂呀！就是这样一个孩子，我们看看在梦想课堂上不一样的他！他直起身子开始感兴趣了，他开始参与小组讨论了，小组成员轮流发言。看，他举手了，他也有机会发言了。我想，这就是梦想课堂的魅力了！

在梦想教室里孩子们围桌而坐，学生们是平等的合作关系，老师也不再是高高在上的学究，而是走入每个小组去聆听、去感受。这种新的授课方式带给孩子们的不仅仅是新奇、意外，更多的是放松。在这里，孩子们可以畅所欲言、高谈阔论，没有标准答案，没有权威，孩子们都兴致勃勃、争先恐后地发表自己的见解，连平时最腼腆、不被人注意的孩子们也在肆意绽放自己的光彩。作为老师的我常常淹没在孩子们讨论的群体中忘乎所以，看着孩子们在我的引导下尽情表演、展现，甚至用英文交流，不断彰显自身的特色；往往是下课了，孩子们还不愿意停下，不断央求我再多上一会儿课。看着孩子们眼睛里闪烁的光芒，我突然觉得那么耀眼。这是平常的课堂中很难以看到的情境，我怎能不被他们感动、感染？所以，作为梦想教师的我是幸福的，我幸福于孩子们的兴奋与成长！

是的，40岁不再年轻的我，本来已经中规中矩不再期待课堂上的激情四射了，可是自从2013年接触梦想课以来，也许是被课堂上孩子们的精彩表现所感动，也许是被来自全国各地的"梦想同路人"的满腔激情所感染，不知不觉间我跨越了课堂授课的瓶颈，重新找回了年轻时的热情和奋发。

总之，梦想课程帮助孩子们插上了梦想的翅膀，让孩子们不断挖掘自身、放飞心情、愉快地生活，孩子们喜欢梦想课。作为老师的我也喜欢梦想课带给我的一次次冲击与孩子们带给我的惊喜，梦想课便是我们师生梦想启程的地方，让我们一起度过欢乐的梦想时刻！

郇新红：参与·体验·感悟

认真倾听了韩老师和唐校长的梦想课，结合自己的参训和上课，感受如下。

（1）两节课中体现过程与方法的东西更多一些，情感、态度与价值观是渗透于每一个环节和步骤中的。两节梦想课的共同特点如下。

生本。以学生为本，学生为主体，教师只是活动的设计者和评价者。

体验。梦想课特别注重学生的参与，让学生在参与中体验，在活动中体验主观感受，体验中感悟。

交流与合作。两节课的形式都十分鲜明地体现了小组合作，培养了学生的合作意识和合作能力。

我个人认为，以上三点通用于所有学科的学习，它（梦想课程）更重要的是渗透了一种教育观。这种以生为本、以活动体验式为主的学习方式，是真正意义上的情感、态度、价值观的教育渗透。教师所需要做的是在生本的理念支撑下设计主题活动，并做好引导、评价和总结。

参与了才会有体验，体验了才会有感觉，有感觉才会有思考，有思考才会有改变，有改变才会有成长。愿梦想课程改变老师的思想，改变教育行动，推动师生的成长。

（2）坦白地说，自己的课堂更注重的是对知识的传授，是"知识与技能"层面的活动更多一些，忽略了教学过程中学生主体的参与，或者说参与不够，教师讲授的东西还是多了，情感、态度与价值观的渗透在普通的课堂上还远远不够，但个人感觉已经有了这种意识，如课堂上讲授知识的环节开始关注学生的参与、在备课中开始思考活动的设计、课前2分钟播放英语经典歌曲或者介绍西方文化习俗等，长此以往，对孩子们将是一种耳濡目染的学科文化渗透，对孩子长远的发展和人文的关怀是可圈可点的。

梦想课程更是一种先进理念的渗透。"有什么样的教育观，就有什么样的实践观"。希望梦想课程带给自己、带给学生不一样的体验和幸福。梦想，让改变发生。

第六节　经验与反思

推动素质教育的发展，梦想课程成为实现目标的载体。青岛第二十四中学与梦想课程的结缘，可以形象地比喻为恋人间相识、相知、相恋、走进婚姻殿堂的过程。

我校与梦想课程结缘的5年时间里，我们用真诚付出感恩接纳，给全校师生留下了一串清晰的脚印。从2013年2月第一个多彩的梦想中心建成，到2013年7月被梦想伙伴的激情打动；从2013年9月，共创成长路的尝试、11月梦想沙龙的成立，到2014年9月梦想教研组的成立；从部分教师梦想试水课的成功，到大量教师走出校门承担种子教师的任务；我校开始有宋川、沈毅、宋俊、张晓玉等十几位老师承接外出培训任务，接待全国学习团，传播梦想种子。"帮助孩子自信、从容、有尊严的成长"——"自信、从容、有尊严"正是我校孩子特别需要的。"问题比答案更重要，方法比知识更重要，信任比帮助更重要"也正是我们老师所需要的。而梦想课程的理念和课程恰恰给了我校育人理念"提供适合人的发展的教育"一个有力的支撑。学生发自内心的自信、从容，师生和谐、融洽的互动，让大家感慨这正是教育应有，而我们也一直在追求的教育状态。梦想种子教师身上所焕发出的对教育的热忱、对学生的挚爱形成了一个强大的正能量磁场，教师的软素养在培训中也得到了极大的提升。2017年2月，我校牵头建立青岛市梦想沙龙，组团走向全国。

卓有成效的梦想课程研究实践，让青岛第二十四中学也在传承与创新中迈开了新的步伐：2016年我校获得全国梦想课程示范校，学校将梦想课程建设与打造校园文化相结合，与教师培训相结合，与课堂改革相结合，与问题集备相结合，与课题研究相结合，广泛开展了"问题式集备""引导式会议""体验教育"等活动，促进教师、学生、学校的可持续发展，形成了核心价值、和谐团队、情感教育、全人课程、优质课堂和绿色评价为主体的"适合教育"体系，"提供适合人的发展的教育"理念深入人心，学校向着适合教师发展、适合学生成长、适合社会需求的目标迈进了一大步。

梦想课程引入五年的时间里，参与的学生和教师的变化是明显的，学生唤起了对学习的热爱，对老师的热爱，教师则唤起了对教书育人工作的热爱。我们对梦想课程的未来充满信心。我们将且行且思且幸福，相信未来的"共创成长路"必定越走越宽广。

（郇新红　山东省青岛第二十四中学）

余论　学校课程建设与教师专业发展

教师的专业发展已成为当今世界各国广泛关注的教育热点问题。作为参与主体，教师在深化教育改革中发挥着重要作用，因此无论是理论研究者还是基层实践者，都在探寻教师专业发展规律、创变培养模式、引领教师专业发展方面做了大量的尝试。教师专业发展从实践主体看，涉及教师个体和教师群体两个层面[①]。有研究者认为，"集体受训"的统一培养模式下的教师，"顶多只能成为一个能干的学徒"，相对于"内烁式"的培训模式，人们认为要真正尊重教师个体的专业意向和主体能动性，应当帮助教师形成"内发式"的专业成长和发展模式[②]。

我区在对有一定经验的熟手型教师进行培训时，聚焦"提升课程建设与实施能力"，尝试采用项目式研学的方式，激发教师专业发展的内驱力，推动教师的"内发式"专业成长和发展。

一、教师是学校课程建设的主体

信息时代的到来和知识经济的崛起，对教育提出了新的要求。中共中央国务院办公厅、国务院办公厅在《关于深化教育机制体制改革的意见》中明确提出了全面落实立德树人的根本任务，培养学生具备支撑终身发展、适应时代要求的关键能力。新的人才观引发的是新型的课程观、教学观、教师观。作为育人体系中的主要因素，教师必须拥有并践行这种课程观、教学观。

深入教学一线，我们发现，当下课程实施中出现的问题大多集中在以下几个方面。

首先，课程观念滞后，过于强调课程的学科属性，而忽视了人的全面发展，人才培养目标已经不能完全适应新时代的需求。2017年中共中央办公厅、国务院办公厅印发的《关于深化教育体制机制改革的意见》提出，"要注重培养支撑终身发展、

---

① 钱旭升，靳玉乐.教师个体专业发展与教师群体专业发展［J］.教育科学，2007（4），29–33.

② 转引自江勇：论教师的个人知识——教师专业发展的新转向［J］.教育理论与实践，2004（6），56–60.

适应时代要求的关键能力。在培养学生基础知识和基本技能的过程中，强化学生关键能力培养"。其次，课程目标偏离"双基"目标的完成，课程存在过于注重知识传授的倾向，忽视了思维能力的培养和发展，轻视对学生情感、态度与价值观的培养。再次，过于注重书本知识，部分课程内容"难、繁、偏、旧"。以"难、旧"为例，课程内容偏难是导致学生负担过重的一个重要原因。厌学呈现出低龄化倾向，其中一个重要原因就是很多学生学习跟不上，失去了继续学习的动力和基础。课程内容的现状难以适应社会和儿童发展的需要。最后，课程结构过于强调学科本位，科目过多，缺乏整合，课程结构过于单一，学科体系相对封闭，以致难以反映现代科技、社会发展的新内容，脱离了学生经验和社会实际。

上述问题提醒我们关注以下三个方面。

（1）教师在课程实施中处于被动地位。因为缺少基于实际改造课程、建设课程的意识，教师只是被动的接受者，甚至有的教师习惯于依照教学参考书来备课，照本宣科来上课。教师需要改变课程观念，培养和增强自己的课程意识，需要主动地进行角色转变，从单纯的课程执行者转变为课程的建设者、实施者和评价者。

（2）教师的知识本位观阻碍了对学生综合素养的培养。由于学科划分过细，很多原本有关联的知识被归属到某个学科中，并按照本学科的知识体系出现在某个学段中。很多教师在教学中往往只关注本学科，而忽视了知识的关联性，以至于"目无旁科"。更有甚者，有的老师目光只停留在任教学段的知识，既不"仰望"又不"俯视"，只盯着某几个知识点的熟悉情况，以片段式的学习取代了学生对知识的建构，更无法谈及学科核心素养的培养。

（3）教师缺少课程实施的整体优化意识。无论哪个课程都是陈述性知识、程序性知识和策略性知识的统一体，因此教学目标不能仅仅停留在知识层面、认知层面，还要关注知识所承载的情意因素，要让学生逐步形成建构知识的意识，实现通过学科育人的目的，就需要将这三类知识有机协调在一起。

教师在课程实施中表现出的问题，究其原因是教师课程全局观的缺乏和课程权利的缺失。早在20世纪60年代，美国课程论实践者施瓦布就曾提出"实践的课程观"，斯坦豪斯也基于他在英国的课程改革实践提出了课程开发的"过程模式"，初步确立了中小学教师在课程开发与课程实施中的地位与作用。

2001年颁布的《国务院关于基础教育课程改革与发展的决定》指出，改变课程管理过于集中的状况，实行国家、地方、学校三级课程管理。但在课程实践中，中小学教师的课程权力却仅仅体现在课程的实施中，而在课程决策、课程设计、课程评价中处于附庸地位。我们看到由于特定文化下科层制的影响，教师在课程标准、教学建议指导下，甚至是在校长及教研员的指导下实施教学，以专业服从为主；谈及课程，经常说的是"校长课程领导力""教师执行力"，这已经将教师定位于"我讲你听"的操作工具、没有思想的执行者。

新课程改革要求中小学教师进行校本课程开发，要求他们参与课程决策与设计，这是对教师的一种新要求。新的时代召唤教师赋权的精神，在学校课程建设中要充分发挥教师的主体作用，引导教师通过研究课程，准确把握学生发展目标；通过建设课程，提高施教能力和专业地位。正如后现代主义课程理论学者吉鲁、派纳、多尔等人在课程、教师、学校的后现代转化与发展路径中提出的，教师要由"技术熟练者"转变为"反思性实践者"[①]。

【案例】

从懵懂者走向引领者

从教20多年，真正带给我最直接改变和成长的就是课程建设。近三年来，围绕着课程，我先后学习了课程论、课程建设与核心素养、课程建设与高阶思维、学科课程建设、课程评价等内容，自己对课程的理解也逐渐由懵懂走向深入，经历了颇似大师王国维所说的三层境界，并且尝试结合学科特点、学校特色，进行了个人学科课程的开发和学校特色课程的构建。

"昨夜西风凋碧树，独上西楼，望尽天涯路。"

课程，作为学校教育的核心任务，真正含义是什么？如何进行课程建构？虽然前期多有耳闻，但我始终找不着有效路径，因此而迷茫、犹豫、等待，总想试图用"拿来主义"来实现课程的建设。在学科带头人培训班"学—研—做—创"一体化研学中，我不断被吸引。在行动学习中，我进一步明晰了课程研究、课程建设势在必行，那种将课程弄明白的情结也愈发笃定，那种成为课程的参与者的想法也愈发强烈。

"衣带渐宽终不悔，为伊消得人憔悴。"

内心笃定，步履也就坚定。接下来，在专家教授的引领指导下我开始了瞭察路径、探究本源的尝试。为此，结合自己任教的语文学科，我开始了"教育戏剧"课程的独立开发，从教育戏剧的背景介绍、核心问题、主要任务，到学生、教师、学校课程目标的设立，到教学内容、教学目标的确定，再到课程的组织与实施、实施环节与

---

① 刘永林.论中小学教师的课程权力与制度保障［J］.课程.教材.教法，2005（6）：13-16.

策略，以及课程的评价，真正游走在课程开发中，亲历了课程开发的全过程。

课程开发的过程是充实的，更是艰辛的。新手上路，借助于已有的经验、沉静下来的积淀，边学习，边开发，边修改，边反思，边完善。书籍、期刊，短时间内，大量的信息补充入脑，再经过筛选、提取，结合学科特点、学生发展，多次易稿又多次在教授的指导下推翻、改进，如同孕育了一个宝贝。期间，繁重的工作压力、突发的疾病、课程开发中的瓶颈——袭来，但是内心那份情结终究让自己坚持下来，并变得越发坚强和从容。无问西东，只问内心，我终于完成了自己课程开发的处子作"教育戏剧"课程。

"众里寻他千百度，蓦然回首，那人却在灯火阑珊处。"

在这个课程的学习、开发过程中，慢慢地，我对课程有了更深的领悟和些许的感情。在我看来，课程不再是一个事物，也不仅是一个过程。它将成为一种行动，一种社会实践，一个人的发展和希望。我的个人成长也应该建立在一个更加有长度、有深度、有广度的空间，不应只是专注于个人的成长，更应将自己所积累、所收获的付诸实践，影响辐射并能够带动周围的人。向内生长，向外吐哺。

因此，如何搭建具有特色的学校课程，搭建学生与社会、世界打交道的平台成了我新的思考和尝试。由于有了之前的课程开发经历，此时的自己更加自信。在我看来，决定一个人成长、改变一个人的不仅是思想的改变，更是思维方式的改变。接下来，在学校领导的支持下，以课程哲学去思考、达成学校的课程愿景、确定"阳光文化携手思维与设计"课程定位开始，到通过KISS（保留、改进、启动、停止）分析对现有课程项目进行检视，再到将和思维与设计具有逻辑联系的多门课程在知识、方法、问题等方面进行系统规划，我整合构建而成有机的课程体系，以实现"以学生需要着手搭建，以高阶思维做出改变，以设计方式完成突破"的课程目标，学校独具特色的课程群由此建构完成并有序推进。

目前，具有学校特色的师生自己造纸、自己编写故事、自己绘画、自己设计LOGO、自己用鱼线装订的"向海而生"海洋书已经诞生。它由师生在四门课程的教学中通力合作完成，是将想法变成产品落地的实践，也是一种深度的学习和实践体验。这种适合学生特点，着眼未来发展，与海洋深度融合的课程得到了各级领导的赞赏。经历了独立开发学科课程到引领并主持建构学校特色课程，内心那种欣喜和激动，那种充实和丰盈只有自己能深深地体会到。

——李欣　青岛贵州路小学

二、课程建设与项目式研学

未来社会必将是一个学习化社会，培养学习力不仅是对学生的要求，更是对教师的要求，这已经成为当下世界范围内教师教育的共识。作为教育者，教师利用大量的时间研究课程与教学，研究的过程其实也是教师主动学习、提高的过程。如何把这种非组织性、非功利性的学习植入到教师的专业生活中？教师学习的载体是什么？如何评价、使用教师的学习成果？这都成为教师教育的关注点。

我们尝试在区域教师培训中引入项目式学习的理念，并将其拓展为项目式研学。项目式学习（project-based learning），是一种通过让学生开展一段时期的调研、探究，致力于用创新的方法和方案解决一个复杂的问题、困难或者挑战，从而在这些真实的经历和体验中习得新知识和获得新技能的教学方法。

项目式研学，是指在"学—研—做—创"的闭环中，引导教师参与实践研究，研究的过程往往伴随着已有知识和经验的输出，随之而来的是对新知识输入的需求，在任务驱动下教师的自主学习成为一种自觉的活动。教师通过自主学习不仅能够满足知识更新的需求，同时会在知识迁移中生成新的智慧，指导岗位实践，进而创生出新的研究成果。

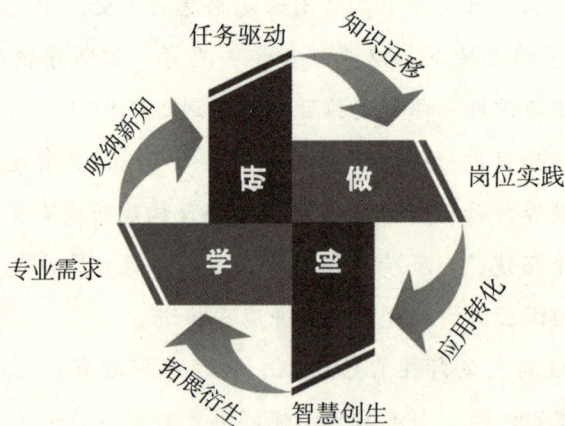

"学—研—做—创"项目式研学示意图

项目式学习的关键是抛给学生最能驱动他们思考和探索的问题。这些源于真实生活的问题，必须能够引起学生的兴趣，具有思维启发性。唯有如此，他们才能通过积极解决问题获得新知识。

教师研学的选题亦是如此。作为一线教师，日常的教学工作促使他们形成了思考、研究的习惯，但是由于任教学段、学科的长期聚焦，教师研究和思考的方向、范围、深度都明显受局限。而作为教师，不仅要传递知识，更需要用自己的思维方式、研究方式、学习状态影响学生，正所谓"传道、授业、解惑"。这样，教师才能够真正地从"知识的搬运工"转变为"学习的促进者"。

基于这样的认识，我们在"关注教师专业发展，满足教师成长需求"的理念下，从深化课程改革的时代背景和课程理论的发展趋势中，选取了学校课程建设作为学科带头人培训班学员研学的项目，伴随着"我们究竟要如何引导教师专业发展"的思考，立足学校课程的建设，从教师学习和研究中需要解决的实际问题出发，打破了传统的培训组织方式，通过定制动态课程、导师跟踪指导、团队行动学习的方式，引导教师参与学习、研究。

【案例】

在项目式研学中提升

新时代的教师不仅要有崇高的敬业精神、先进的教育理念、娴熟的职业技能、勤奋的探索精神、创新的思维方式，还要学会用"发展"的眼光看待课程。

参加区学科带头人培训班的课程建设研究项目组后，专题学习、专家跟踪指导、脱产培训、项目式研学、团队行动学习、个人自学研修等，使我的专业知识更加丰富、视野更加开阔了。课程研究项目组的导师徐文彬所长、彭小虎校长作为课程建设的先行者与研究者，起到了很好的引领和示范作用，使我更加深刻地认识到好的课程能使教学和学生的生命活动产生关联。

在课程建设研究项目组的研学中，我对课程的认识从模糊逐步到清晰。进入项目组以前，我对课程的认识仅停留在我校已经进行了一年多的"魔方"课程实践上，认为按照课程设置的内容，教会学生玩魔方就是完成了课程任务。我自以为用已有的学校课程内容，来编撰导师们要求的课程不会太难。可是，徐所长看到我整理的"魔方"活动课材料后，一针见血地指出：完整的课程需要目标设定、内容制定、组织与实施以及评价体系。这时我发现自己虽然有实践中积累的阶段性活动材料，但因为缺少理论的支撑和指导，离形成一个完整的课程还相差很远。在听了关于课程建设的讲座之后，我开始从单纯地教学和单一地指导学生活动改为及时地记录、深入地思考，对"魔方"课程的目标定位也更为明确。我校设置"魔方"课程，不仅是因为魔方的趣味性、神秘性，更是因为对魔方的探究可以提高学生诸多数学能力，学生在掌握基本手法与技能的同时训练手眼协调、动手又动脑，着重培养专注力、空间想象能力、分析推理能力等多种能力，使学生身心得到健康发展。

两位专家给予了我充分的指导，并结合不同学科分享了他们对课程建设的思考与实践。在不断地积累资料、挖掘课程资源的过程中，我对课程建设的内容与实施有了更深刻的认识和理解，并领悟到：课程是学校组织成员共同创造对学校成员产生影响的教育环境和教育活动，学生的发展决定于生活在其中的课程；学校的"产品"是课程，教师生活的价值在于提供对学生发展有利而合理的课程，课程的意义在于帮助学生学习生存的智慧、体验生命的意义和价值。

在接下来的课程研究过程中，我不断地改进、调整课程内容，并梳理实践中发现的问题。比如，我发现并不是所有的学生都适合玩魔方，如何指导学生协调"玩魔方"与其他活动之间的关系？因此制定课程目标、设置合理的课程内容成为当务之急。随后，我开始思考：怎样满足学生的个性发展需求，引导对玩魔方有悟性的学生更深入地了解魔方，提高他们相应的能力。针对自我约束力较差的学生，如何引导他们规范、控制自己的行为，保障正常的学习秩序，养成良好的学习习惯？在不断反思、不断改进的过程中，我认识到"魔方"课程应该寓游戏于教学中，充分利用学生的年龄特性，通过小讲师授课引发学生的探究兴趣，将游戏用于课堂学习中，通过竞赛激发学生的学习兴趣。在教授的启发下，我对"魔方"课程的研究工作逐步完善、更加合理。在自我反思、不断改进的过程中，我感受到课程建设是促进教师专业成长的有效方式，它促使我对教学方式，教学内容的选择、教学评价方法有了新的思考和认识。

项目式研学提升了我的学习力、研究力，使我成为课程建设的明白人。我将放眼于将来，通过眼前的研究与思考，对自己教学行为背后的观念进行反思、重建，继续深度参与到课程建设活动中，促进自身专业的持续发展，同时将在引领教研组建设中，应用课程建设与实施的研学成果，为学校的课程建设和发展出谋划策。

——李妮妮　青岛贵州路小学

三、课程建设与教师深度学习

深度学习原是计算机领域中关于人工神经网络研究的术语。近年来，深度学习在教育领域中受到广泛关注，意为"一种能够使学生将某一情境中的所学应用到学习新情境中的学习过程"。富兰在《极富空间：新教育学如何实现深度学习》中提出"深度学习的目标是：使学生获得成为一个具有创造力的、与人关联的、参与合作的终身问题解决者的能力和倾向"①。深度学习的产物是可迁移的知识，包括

---

① 迈克尔·富兰.极富空间：新教育学如何实现深度学习［M］.重庆：西南师范大学出版社，2016.

某一领域中的内容知识，以及如何、为何、何时应用这些知识来回答问题和解决问题。深度学习的最大挑战在于如何迁移所学的知识，并在不断应用中加深对知识的理解，甚至重构知识本身[①]。

就教师的专业成长而言，在特定的环境下教师也是学习者，同样需要学习，特别是深度学习。因为知识的更新和技术的迭代，对教师专业发展的需求不断提高，而常规的培训与学习转化为教学行为和实践成果的少之又少，教师迫切地需要基于情景化的深度学习。

教师的深度学习，通常是围绕着具有挑战性的学习主题，全身心积极参与、体验成功、获得发展的有意义的学习过程。在这个过程中，教师掌握核心知识，把握理论的本质及思想方法，形成积极的内在学习动机、高级的社会性情感、积极的态度、正确的价值观，成为既具独立性、批判性、创造性又有合作精神、基础扎实的优秀的学习者。

一线教师从课程执行者转身为课程建设者，正是经历着深度学习的过程。通过对学习内容、学习过程与方式的精心设计，教师简约地、模拟地"经历"课程建设的关键环节，通过自己的行动研究将符号化的课程建设理论知识"打开"，将静态的知识"激活"。在确立课程目标、选择课程内容、设计课程组织与实施的过程和方法、进行课程评价的过程中，教师经历了探究、发现，体验了课程理论知识本身蕴含的丰富复杂的内涵与意义，既习得了课程理论这些"干货"，又体会到课程建设的思想方法。

在深度学习中，教师经历着"知识迁移与应用"。在学校课程的建设中，教师以往对学校办学理念的认识、对立德树人目标的理解不断扩展、提升并逐步聚焦为

系统认知　　　　　　　　聚焦目标
学习课程论　　　　　　　建设并实施

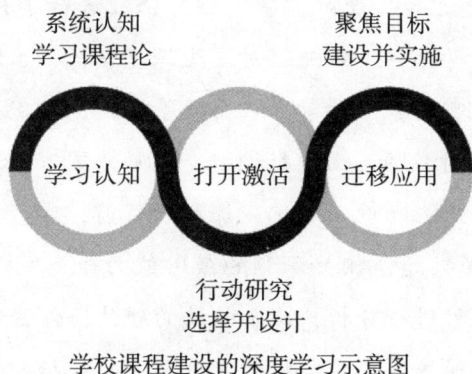

学习认知　打开激活　迁移应用

行动研究
选择并设计

学校课程建设的深度学习示意图

---

① 郭华.深度学习及其意义［J］.课程·教材·教法，2016（11）：25—32.

课程目标，这正是"知识的迁移"；基于学校发展定位、生源特点选择课程内容、设计实施与评价方式，正是对内化了的课程理论知识外显化、操作化的过程，也是将间接经验直接化、将符号转为实体、从抽象到具体的过程。这正是"知识的应用"，是教师学习成果的体现。

【案例】

潜心学校课程，描绘育人蓝图

课程是学校工作的重要抓手，是教育教学活动的特质载体，它联结着学校文化的传承与创新。在融合学校文化基础上，整体构建课程体系，逐步形成与完善学校课程，可以发展学生个性、促进教师成长、形成学校特色。

随着对课程理论的学习和思考，我逐渐认识到：要做好学校课程建设，需要弄清以下三个问题。一是什么是学校课程建设？学校课程是基于国家教材、地方教材的统一要求前提下，找准自己学校基本的历史背景和育人目标，而进行的教育教学行为的规范和学科间的有机整合。二是为什么要建设学校课程？国家教材是为国家建设的整体育人目标而设计的统一教材，它是地方教材和校本教材的母本。地方课程是基于一个区域性质的地方共性，是对国家教材的进一步具体化。学校课程则是建立在国家教材、地方教材要求的基础上，学校的管理者依据校情和目标，对国家教材和地方教材所要求的目标的落实，因此做好学校课程势在必行。三是怎样做学校课程？必须做好以下六个方面，即找准切入点、课程架构、凝心聚力、营造气氛、制度保障、专家跟踪。学校课程建设是一项艰辛而庞大的工程，它既需要全员参与，又需要专家指导和帮助。

弄清以上三个问题之后，我对"静·雅"课程进行了科学和全面的审视和反思，主要做了以下几方面工作。首先，对学生调查分析，了解有多少学生对所开设的相关课程有兴趣，他们的家庭背景和社会背景如何，学完相关课程后可能会达到什么效果等。其次是针对教师层面进行调研，教师是国家课程校本化实施和学校特色课程开发利用的实践者。为此，在确定课程项目前，学校对教师深入调查，了解教师的开发水平和开发兴趣、相关课程的教学能力等影响课程效果的主要因素。再次，结合学校自身条件进行分析，比如学校的硬件条件、教学资源以及专家指导团的设立予以考虑。同时统筹考虑学校的发展因素，包括学校的地理位置、社会资源、家长资源等。由此，学校逐步构建出了具有学校特色、深受学生和教师欢迎的课程体系。

在专家引领下我深入学习了课程理论，并进行了实践探索。我对"静·雅"课程的建设有了全新的认识和思考：学校作为特有的社会组织，要促进学生持续不断地获取知识、持续发展，需要教师的心灵浸润，用人格去塑造学生的人格发展，以"学校文化"的底蕴奠定新一代学习力的发展。

学校课程的整合，可以从简单的内容整合向高层次目标整合转变，还可以从艺体课程、人文课程等板块课程，以主题课程群的形式实现课程的横向联动和纵向衔接，不断拓展课程建设的广度和深度，力求"基于课标，课堂增值""自主选择，关注差异""注重体验，内外衔接"。

通过学校课程，可以促使学生学会自我发现——发现一个问题，产生一种愿望；学会自我设定——了解一个需求，设定一个目标；实现自我参与——扮演一个角色，承担一种责任；获得自我实现——体验一种感受，收获一份成果。学生在学习、体验和践行中，丰富学习经历，提升学习素养，助推个性发展。

通过课程建设研究项目组的研学，使我进一步坚定了课程改革的决心，努力打造出具有学校特色、符合学生多元智能发展的快乐课堂。每一次学习，都是一次知识与知识、经验与经验的碰撞，不断擦出成长的火花，必将点燃我专业发展路上的一盏又一盏明灯。

——李俊青　青岛太平路小学

四、课程建设与教师创造力

新时代日益重视和强调人才的创造性素质。这种人才标准的嬗变对教师的职业定位、专业素养提出了新的要求，仅就课程与教学领域而言，教师要由课程的实施者、实践者转变为课程的建设者、研究者、创造者，因此教师的创造力成为教师必备的专业素养。教师创造力表现在课程的创生，对教学方式和策略的研发，将学科知识或教学内容（CK）转化为整合信息技术的学科教学法知识（TPCK）[①]。从CK、到PCK、TPCK体现了一种转化、融合的智慧，这种智慧的源头在于"学科知识"与"一般教育知识""技术知识"的交叉之处，其功用是将学科知识转化为可让学生学习的形式。

---

① 潘晓明.学科教学知识（PCK）的理论及其发展［J］.教育探索，2015（1）：20-28.

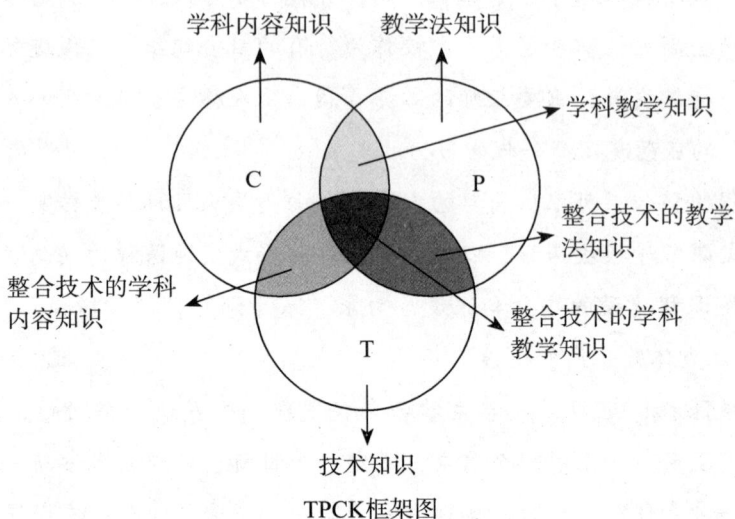

学科内容知识　　教学法知识

学科教学知识

整合技术的教学
法知识

整合技术的学科
内容知识

整合技术的学科
教学知识

技术知识

TPCK框架图

　　有创造力的教师是有智慧的教师，他并不是只对概念、原理或理论有所理解，而是为了促进学生理解，知道如何把"学术形态知识"加以变化转换。"转化"本身体现了学术知识表征和学生理解，是多种知识和过程的融合，所以转化的智慧也是一种融合的智慧。这种教育智慧反映在课堂上，表现为课程实施中的策略与方法；反映在课程建设中，表现为基于培养学生的核心素养，拓展课程资源，整合课程内容，优化课程结构，进行科学评价。这样的教育智慧、创造力使得教师工作具有专业性，同样因为工作的创造性，使教师摆脱职业倦怠，持续地发展。

　　在深化课程改革的时代背景下，教师参与课程建设成为必要行为，这也给教师提供了发挥创造力的机会。特别是国家课程校本化实施，既给了教师进行教学的纲与魂，又给了教师展现个人创造力和团队智慧的机会。在进行学科课程的建设中，教师深研课程标准、国编教材、学习规律，拓展研究视野、寻找学习资源、探究课程建设的方法，在课程内容整合、课程资源拓展、学习形式转变上积极尝试，使学科课程建设呈现出序列化、主题化、个性化、生活化的趋向，充满了生命力。经济合作与发展组织（OECD）在"教育2030"课程设计框架中，突出强调创新价值的重要性[①]，这就意味着教师参与课程建设，极大地激发了教师的创新精神和创造力。而教师的生命创造力、生命活力也在课程建设的过程中不断爆发，真正的在工作中感受到幸福感，在岗位上感受到成就感。

――――――――

① 〔德〕安德烈亚斯·施莱歇.教育要面向学生的未来，而不是我们的过去〔J〕.全球教育展望，2018（2）：3-18.

【案例】

在课程建设中实现创造

在此之前，谁要是和我说起课程建设来，那我一定得仰视，总感觉高高在上、不可触摸；但通过这几年的培训和学习，加上自己的实践，我慢慢地摸索出一些门道，算是终于踏进了课程建设的大门。

首先，确定创建课程的主题是一项创造性工作。最初比较茫然，如何把自己的想法和已经成型的东西整理、总结出来，并且形成一个学校课程，这些都是以前所不曾接触到的，或者说接触过，但是没有深思过。通过几次培训之后，我的目光聚焦到信息技术与教学融合上联系到现在的慕课和"互联网+教育"，我最终选定了微课程辅助教学这个主题。课程主题确定的过程中，激发了我创造力的潜能，让我意识到原来我也可以做到。

其次，在创建课程内容的过程中，很多的东西都是边学边做。学到手的知识，立即应用在自己的实践中，而在实践的过程中又会产生很多新的问题，然后带着这些问题，在平日的培训中，再与专家进行交流、碰撞。在微课程建设中，有一个内容是关于"求比值和化简比"的。最初的微课中，我只举了一个例子，但是通过实践，我发现学生的错误类型不是只有一个，于是又整理归纳三大类的化简比的方法，对微课进行了补充。就是在这个学中做、做中学的过程中，我逐步明晰了微课程内容选择的依据，在翻阅相关书籍和查阅资料的过程中，我了解到了很多关于本课程的知识，开阔了眼界。从新的维度上，我发现了创造力很多是在实践的基础上迸发出来的。

再次，课程的应用与实践很重要。我把自己研发的微课程与教学结合起来，直接应用到自己的教学中，实现了"学以致用"。微课中的很多内容，其实都是数学课本后面的练习题中易错难懂的题目，因为教师在课堂上讲一遍，有的学生反应慢不一定能听懂，有了微课的帮助，他们就可以反复学习直到弄懂。微课程给予学生的是另外一种看问题的角度，孩子们很多不会的题目，都通过这个办法得到了解决。使他们看到问题背后的深层原因，从而发现问题的解决之道，这又何尝不是视野的创造性提升？我不再局限于眼前，而是打开了自己的思路。

总结与反思是课程建设最重要的一环。通过在学科带头人班的学习，我认识了课程，了解了如何开发和建设一门课程，从课程的选题到课程内容的设计，从总结反思到参考文献等，要静下来思考，俯下身子认真实践。在思考中创造，在实践中反思。

课程建设与创造力的提升是不可分割的。不是所有的东西，学了就一定能用得好，这其中需要自己不断地琢磨、不断地创新，根据具体的学情，要具体地应对并做出改变。在课程建设的过程中，需要创造性地开拓，同时也要扎实地去做。我决心把这种创造力保持下去，在课程建设中实现可持续发展。

——魏鹏　青岛德县路小学

五、课程研究与专业自信

自信是一种反映个体对自己是否有能力成功地完成某项活动的信任程度的心理特性。在学校里，常常会听到有老师说"上公开课时有些紧张和惶恐"，这种在同行、家长面前上课的紧张和惶恐说明了教师对个人专业的不自信。

从职业组织的角度来看，教师可以算是一个专业的行业，1996年，联合国教科文组织在《关于教师地位的建议报告》中提出，教育工作应被视为专门职业。但是迄今为止，人们还是认为，教职仅在非营利服务这一点上符合专门职业的标准，在专业技术和长期训练、特别的才能与素质这一点上还逊于其他专门职业，教师的工作只能作为"半专业"或"准专业"。教师在具体问题上所做的专业判断，很容易遭遇争议，特别是家长对个别青年教师的质疑也恰恰说明了此问题。这种对教师专业认定的质疑也是影响教师专业自信的因素。

作为教师，必须建立自己的专业自信，这种自信来源于专业素养和专业基础，教师要有看家的专业知识和教育技能，更要有不断学习、不断创新的能力。因此，教师要加强个人的学习，对自己所任教的学科、课程进行深入的研讨，形成对教学内容的独特的理解；抑或是立足学生核心素养发展，站在课程体系架构的角度深入研究，形成独特的教学研究成果。这种额外的、个性化的努力，能够使教师在同行面前取得内部自信[①]，从而增强专业自信。

美国联邦教职工发展理事会针对美国教师对专业发展的不自信，提出以下几个方面的改进策略：创造个性化教师专业发展计划，制订高质量的教师专业发展计划，设立激励驱动的专业发展项目[②]。我们的课程建设项目就是为激励驱动教师专业发展而设立的。下图是在区域学科带头人培训班中设立课程建设项目的思路。由

---

① 丁道勇，张锦玉.教师的专业自信及其发展［J］.中小学管理，2012（9），32-34.
② 刘林林，靳昕.美国教师对专业发展不自信［J］.上海教育，2011（9），44-45.

课程建设项目研究示意图

在全面深化课程改革的当下，要培养教师的专业能力必须与课程改革的进度匹配，应当结合课改的需要锁定培养目标，在教师原有的教育学、课程与教学理论基础之上引导教师的专业学习和发展方向。

要拥有专业自信，就需要教师有敏锐的视角、好学的精神、海纳百川的心态、勇于实践的作为，唯有这样才能不断丰富自己、提高自己。教师因专业而美丽，人生因自信而精彩。

【案例】

唤醒课程觉知，走向学术人生

历时近一年的课程建设项目研究随着近3万字的课程资料的梳理成稿已近尾声，我个人的课程认知和课程行为也悄然发生着变化。在学科带头人培训班里，参与了南京师范大学、华东师范大学的封闭研修，体验了学员协作的行动学习，经历了聚焦实境的岗位实践，我有了对习以为常的课程现象的审视，有了对经久不变的教学行为的剖析，更有了源于内心深处促动课程变革的一种追求。

结构性认知能引发思考，催生顿悟。在学科带头人培训班学习，我有幸得到徐文彬教授和彭小虎博士的指导，得以了解课程建设前沿的理论和实践研究。当触碰到那些鲜活的课程实例而被其中的课程智慧所感染之时，我便燃起了一探究竟的冲动，然而深入的理解必然以丰富的认知为支撑，系统的理论学习就成了一种迫切的需要。随着"课程类型与划分""课程编制与结构""课程目标与内容""课程实施与评价""课程开发与整合"等专题培训和主题交流逐渐丰富，课程概念在每一个学习者的头脑中逐渐清晰和完整起来，渐渐地独立的价值判断代替了人云亦云的含糊陈词。这是课程觉知的唤醒，执教动力的唤醒，更是专业自信的唤醒。由此，我能够更加确定地表达出课程探索的目标与方向。

研究性思维会激发潜能，创造价值。课程建设项目组的修习是学习的过程，更是研究的过程，它引导我们走出自己的专业局限，去广博地涉猎、严谨地分析、精细地梳理，从而把握国内外课程研究的热点和特点；它还导引我们再度重回自己的教育阵地，用一种学术研究的态度剖析自我，进而找寻当下教师个体在课程建设中的难点与发展点；它已成功地将单纯的课程执行者转化成了有自主研究动力的探索者、建构者。当我查阅了近百篇资料，完成了"小菜农"科学实践课程的前期综述之时，我不再怀疑开展这一课程建设的意义与价值，因为我知道基于学生科学思维培养的小学中年级科学课外实践课程的研究成果在国内有多么缺乏；当我在专家的指导下建构起课程的目标体系之时，我真的难以相信自己能够将科学学科核心素养与生命科学领域的教学目标贴合地如此紧密。教育科研中的一个个惊喜，让教育的灵感不断生发，也让专业的自信不断升华，便有一种渴望——让课程建设的研究离学术近些、更近些。

无疑，课程建设项目研学让教师的课程行为发生了根本性的改变，课程觉知和学术向往的双重激发，更让我们重拾专业发展的底气，不断提升学的厚度、做的效度、研的深度和创的热度成为一种愿景，这将促使我们带着更强烈的专业自信，为学生打造更加优质的课程，创造更为广阔的发展空间。

——孙达勋　青岛天山小学

六、课程建设与教师职业幸福感

近年来，幸福感成为热词。所谓幸福感，是指人类基于自身的满足感与安全感而主观产生的一系列欣喜与愉悦的情绪。在《中共中央国务院关于全面深化新时代教师队伍建设改革的意见》中也提到了"教师在岗位上的幸福感"。教师的职业幸福感是衡量其工作生活质量的重要标志，是需要得到满足、潜能得到发展、力量得以增加的持续快乐体验。它是教师做好教育工作的重要前提，是教师专业发展的动力。

教师的这种职业幸福感大多超越了物质层面，更多是自己的能力、业绩得到认可的内心满足感。如果教师的工作仅仅停留在传递知识上，是很难有这种满足感、幸福感的。韩愈说：师者，传道授业解惑。这种为人解惑的满足感才是教师的职业幸福感。在信息高度发达的时代，学习的方式有很多种，跟老师学的就不只是学科本体性知识、经验性知识，更多的是经教师深度学习、实践研究后生成的，将本体性知识、条件性知识、实践性知识与先进的教育教学理念、前沿知识与技术融合后的综合知识。这就需要研究型的教师。

教师作为研究者的理论，是由英国学者斯腾豪斯于20世纪70年代提出来的。作为研究者的教师，可以把教育理论应用到具体的教学实践中，有利于提高教学质量和水平。作为研究者的教师，可以在实践中学习成功的教学经验，把它上升为教学理论，优化教学并丰富相关教育理论。教师作为研究者，更需要进行积极的反思，在教学实践中不断反思的习惯，可以让教师发现自身的不足，以反思促进步，有利于提高教学水平和实施新课程的能力[①]。

---

① 陈然.浅谈教师专业发展与基础教育课程改革［J］.现代教育科学.普教研究，2015（6），117–119.

......革进入深水区，迫切要求教师提高课程意识，提高课程实施的能力。教师要积极参与新课程，这样才能不断提升自己的专业素养。为了成功实施新课程，教师必须转变角色，从单纯的知识传授者转变为学生学习的促进者、课程的开发者和研究者。教师是课程的开发者，意味着教师要参与课程开发的全过程，为课程的开发献计献策，这有利于学生个性的发展和课程的有效实施。教师开发课程有两层意思：第一就是要根据具体的教学情境和学生的实际情况，对教学内容进行适当的调整，增减和加工，这体现了教师对课程的理解，更适用于教师的个人需要，也更加适用于具体的教育教学情境；第二教师是课程的开发者，表现为开发出新的课程，这有利于实现课程的综合化，并实现课程向学生的经验和体验回归的趋势，通过教师对课程的深入理解，创造性的二次开发，教师的专业得以发展。参与课程开发，既是对教师已有知识、经验的挑战与升级，又是满足教师创造力需求。在课程建设与开发、实施与评价中，教师如同面对一个新生儿，幸福伴随着辛劳，成为教师专业发展的不竭动力。

【案例】

幸福是奋斗出来的

有人说，2017是我的丰收之年。盘点一下，收获确实不少。自主开发的"中华情·中国梦"荣获青岛市中小学（幼儿园）精品课程，本人被评为区首届学科带头人，完成了特色学校课程的初稿2万多字，总结的《培育有灵魂的现代中国人》在区年会上进行典型交流并被《山东教育》全文刊发，荣获青岛市第二届教学成果二等奖……

这些成绩的取得源于我多年坚持的课程研究，源于参与培训班得到了高位引领与指导的蜕变，我深切地感受到所有的幸福都是奋斗出来的。

有梦方有远方

俗话说："人生要有高度，态度决定一切。"其实，"人生的高度"对我们教师来说，更多地应该体现在日常教育教学生活中，备课、上课、批改作业、辅导、谈心等等，哪怕多么细小的工作，都应该渗透着认真和智慧。

我们身处的是一个飞速发展的时代，似乎在一夜之间，新课程、专业化、教师职业生涯等新概念和新事物充斥了我们的生活，我们陷入了前所未有的挑战与危机之中。我们要战胜这挑战与危机，成为一名称职的新时代教师，成为一名专业发展成熟的骨干教师，就必须树立起足够的信心，让自己"跑起来"。

　　我的"起跑线"是在语文老师兼任传统文化课上。最初的实施，我也是按部就班地依据教材来备课、授课，但是我发现很多学生在小学时没有进行过关于传统文化的系统学习，进入初中后，教材的内容和深度上就不能很好衔接。恰逢学校提出开发学校课程，我就进行了大胆的改革和尝试，借助余秋雨的《中国文脉》一书，结合了初中学生特点，进行了第一轮课程建设，深受学生喜欢。

思而学方不殆

　　孔子说过：学而不思则罔，思而不学则殆。的确如此，在两轮四年的实践中经历了三次课程调整，学校课程建设进入瓶颈期，似乎一直缺少本土时代特色。

　　我一直在寻找，直到2016年11月在南京师范大学的一周封闭培训。白天高密度的知识汲取，在黑夜正好得到了喘息和沉淀。6个夜晚的学习与思考的完美结合，终于让我的课程研究迎来了黎明的曙光——将优秀传统文化作为课程的重点，根据五中历史传统和学校发展，借鉴有关专家的研究理论，通过研究、开发、整合，突出本土化，构建以民族精神为核心的文化体系，并借助信息化的大趋势和我校优势，着力从学科内整合和跨学科整合两个角度，从语文、地理、历史学科入手，以主题为整合形式，开发"中华情·中国梦"课程，培养独具五中特色的"松兰教师"和"松兰少年"。

　　"中华情·中国梦"课程以学生民族精神素质的培养这当今中国社会研究主课题为出发点，设置为历史印记、传统节日、杰出人物和蔚蓝海洋四个篇章，涵盖文化经典、历史名人、名胜古迹、民俗风情和科技发展等优秀传统文化内容。

　　我的课题"国际理解教育视野下的民族精神教育校本课程开发研究"成功立项为区"十三五"教师专项课题并书面开题。2017年7月，我开发的《中华情·中国梦》校本教材正式完成，并被评为青岛市2017年中小学（园）精品课程教材。

厚积方能薄发

　　2017年，我参与了学科带头人培训班的课程建设研究项目组。南师大课程与教学研究所的教授指导的小团队发展平台，更让我对自己有了新的自我期许。这次的自我期许就是和同伴们一起完成学校课程研究成果专著，这其实更是对自我的一种挑战。正如魏书生在《骨干教师成长》一书中谈到自己的教学理念时强调的：教书第三位，育人第二位，自强第一位。

　　这个自我期许让我的工作生活更加忙碌了，我始终觉得自己可以按照用实际行动来印证"骨干教师＝好的制度＋自我期许"这一公式。周末和假期成为我做功课的闭关自修时间，100多篇的文献资料学习给我带来思想和认识上质的飞跃。当把到"十三五"七年的课程开发实践梳理成为厚厚的书稿时，我在自豪的同时不由感叹：正如很多哲人所说的那样人生的高度不是遥远缥缈的，而是在对各种细致琐碎的承担中实现的。

用我最近读过的一首小诗来为本文画一个句点。

风在水上写诗，

云在天空写诗，

灯在书上写诗，

年轻人用青春写诗，

人民教师用人格写诗。

走上三尺讲台，教书育人。虽感忙碌、虽感辛劳，但每天沐浴着太阳的光芒。在平凡的岗位上，只要我们心中依然装着美、追求着美，我们就是美丽的、幸福的。

奋斗着本身就是美丽的、幸福的。

——姜爱杰　青岛第五中学

（杨国青　青岛市市南区教育研究中心）